[제4판]

사회복지행정론

황성철 · 정무성 · 강철희 · 최재성 공저

JUNGMINSA
정민사

제4판 머리말

한 권의 책이 출간되고 18년이 지나는 시점에 제4판으로 다시 책을 펴내는 일은 저자들로서 매우 영광스럽지만 큰 부담으로 다가왔다. 그동안 사회복지 관련 법과 제도들의 변화로 말미암아 사회복지조직이 환경에 적응하는 양태도 다양해졌다. 특히 기존 사회복지조직들은 공공기관과의 관계도 더욱 긴밀해졌고 다른 민간기관과의 관계는 과거에 볼 수 없는 더욱 복잡한 형태를 띠고 있다. 이러한 관점에서 사회복지조직을 둘러싼 네트워크 체계는 기존의 선형적 구조보다는 비선형적 집단네트워크의 모습을 보이고 있다. 그래서 이번 개정에서 역점을 둔 영역이 제5부 사회복지조직의 환경관리 부분이었다. 제14장의 환경변화와 조직혁신의 내용도 필요하지만 최근 강조되는 협력과 집합적 임팩트라는 개념으로 사회복지조직의 환경관리 영역을 새롭게 구성했다. 강철희 교수가 한국사회복지학회장직을 맡으면서도 새로운 15장을 집필하여 내용이 더욱 풍성해졌다.

현재 사회복지행정론 저서 가운데 가장 많은 독자를 확보한 공로는 아마도 이 책을 학습교재로 채택한 동학재현의 선생님들께 돌려야 한다. 우리 저자들은 그동안 부단히 이들의 피드백을 개정 시마다 반영하려고 애썼다. 이번에도 마찬가지로 제기된 문제 중 이론적 부분은 다소 혼란스러운 곳이 있어서 말끔히 정리해서 크게 고전이론과 현대이론으로 분류해서 제시하였다. 그리고 프로그램 관리 영역에서도 정보관리와 관련하여 현재는 법제 및 체계와 맞지 않는 부분을 수정 보완하였다. 여하튼 해를 거듭할수록 복잡하고 변화무쌍한 사회복지행정의 주요 과제를 시대 상황에 맞추어 개정과 재개정을 해야 하는 일도 우리의 몫이다. 그러나 한편으로 그래도 다행스러운 부분은 이렇게 이 책이 복잡 다양한 사회복지행정의 핵심적 내용을 조직관리, 자원관리, 프로그램관리, 환경관리라는 큰 네 가지 수평적 영역 속에서 체계적으로 다루고 있다는 점이다.

마지막으로 이번 제4판 개정작업에 적극적으로 지원해주신 정민사 박세원 대표님께 감사의 인사를 드린다. 그리고 원고의 수정과 교정을 담당한 출판사 편집부 직원들과 중간 연락을 담당한 윤형선 과장께도 감사의 마음을 전하고 싶다.

2020년 2월

저자 일동

제3판 머리말

최근 우리나라 사회복지는 전대미문의 급격한 변화양상을 보이고 있다. 보편적 복지가 단지 복지 전문가의 용어가 아니라 일반 국민들의 상용어가 된 마당에 기초노령연금제도의 도입에 따른 각 정당들과 국민들의 의견도 분분하다. 사회복지행정과 관련해서 최근 민영화와 지방화는 전체 사회복지공급체계의 변화를 가져와 기존 사회복지기관의 운영에도 상당한 영향을 미치고 있다. 사회복지 전달체계의 개편, 바우처 제도의 확산, 사회적기업의 출현 등 다양한 사회복지행정관련 제도 변화는 사회복지기관을 운영하는 관리자에게 새로운 방식으로 환경에 대응하는 전략을 수립하도록 요구하고 있다.

개정 3판은 이러한 사회복지행정과 관련된 변화양상을 수용하기 위해서 각별한 노력을 기울였다. 우선 제2장 사회복지행정의 역사에서 최근 2000년 이후 사회복지행정의 역사를 민영화와 지방화 관점에서 보완했다. 제3장 사회복지행정이론에서도 체계이론의 내용을 첨가하고 리엔지니어링과 같은 이론의 소개도 곁들였다. 3판의 핵심은 새롭게 구성된 제4장의 '사회복지조직과 전달체계'와 제7장의 '사회복지조직 관리자의 역할'이다. 제2부 사회복지조직관리의 첫 장인 제4장에서 사회복지조직의 유형에 관한 논의가 필요했고 이러한 사회복지조직은 전체 사회복지 전달체계 관점에서 어떤 기능과 역할을 수행하는가에 관한 지식이 추가되었다. 제7장의 '사회복지조직 관리자의 역할'은 변화하는 복지환경에서 요구되는 리더십과는 다른 실제 사회복지조직 관리자가 수행해야 할 8가지 역할을 상세히 다루었다. 다른 교재와 차별성이 부각되는 제7장의 집필은 강철희 교수가 분명한 신념과 의지를 갖고 정성을 들여 완성시켰다. 제9장과 10장의 재정관리와 마케팅도 각종 법령의 개정으로 바뀐 부분을 수정 · 보완했다. 제4부의 사회복지프로그램관리에 속하는 3개 장에 관한 내용은 기존의 체계를 탈피하여 새로운 틀에서 재구성되어 보완되었다.

세 번째 개정이 이루어질 수 있었던 추동력의 근원은 이 교재를 사용하면서 부족한 부분을 지적해 주신 동료 교수들과 강사 선생님들에게 있다. 그분들의 진지한 고민과 충고가 없었다면 개정판을 낸 지 5년만에 제3판의 발행은 불가능했을 것이다. 또한 양서원 출판그룹에서 별도로 사회복지관련 교재를 발간하는 정민사의 박세원 부장이 지속적으로 제3판의 필요성을 역설하여 오늘날 그 결실을 보게 되었다. 마지막으로 새 학기 출간의 시간에 쫓기면서 이 교재가 새롭게 태어나도록 편집의 수고를 아끼지 않으신 정민사 편집부 관계자에게도 깊은 감사의 마음을 전한다.

2014년 2월

저자 일동

개정판 머리말

초판이 발행된 후 4년이 지난 시점에서 개정판의 필요성이 크다는 사실을 저자들이 공감하고 있었다. 그러나 제각기 다른 대학에 근거를 두고 바쁘다는 핑계로 개정판 집필에 관한 진지한 논의를 갖지 못했다. 2년을 더 보낸 이 시점에 개정판 작업을 더 이상 미룰 수 없는 과제임을 직시하고 올 여름방학에 에너지를 집결시켜 6년 만에 이 책이 다시 나오게 되어 매우 다행으로 생각한다.

그동안 사회복지환경, 특히 사회복지조직과 행정영역에서 변화는 매우 크다. 변화된 우리나라 사회복지환경이 사회복지행정에 주는 시사점을 잘 담아내자는 노력이 있었다. 사회복지행정의 기초를 비롯하여 조직관리, 프로그램 관리, 환경관리의 각 장들은 대폭적인 수정과 보완이 이루어졌다. 보는 관점에 따라서 개정판에 포함되지 못한 사회복지행정의 이슈와 관심사도 있으리라 생각한다. 그러나 우리는 초심으로 돌아가 사회복지행정에서 가장 기본적으로 다루어야 할 내용을 다시 다듬고 충실하고자 하였다.

초판이 발행된 후 지금까지 미흡하지만 이 책을 교재로 사용해 준 학계의 여러 교수님들과 학생들에게 진심으로 고마움을 전한다. 이번 개정판이 출판되어 독자들이 보다 체계적으로 사회복지행정에 관한 지식을 확립하기를 진심으로 기원한다. 그리고 개정판 출판을 위해서 힘써 주신 학현사 박철용 회장님과 임직원 여러분께 감사의 말씀을 드린다. 마지막으로 그동안 부족한 점이 있음에도 불구하고 이 책에 대한 열정과 애정을 보여준 많은 분들께 이 자리를 빌려 감사드리며 동시에 아낌없는 충고와 조언을 부탁드린다.

2009년 9월

저자 일동

머리말

우리나라에서 사회복지가 학문으로 도입되기 이전부터 사회복지사업을 전개한 사회복지조직이 존재했다. 학문 도입 이후에도 각종 생활시설 중심의 사회복지조직이 생겨났으며 최근에는 이용시설 중심의 다양한 사회복지조직이 급속도로 팽창되고 있다. 종합사회복지관을 비롯한 노인복지관과 장애인복지관 등 통칭 사회복지관의 증설은 괄목할 만한 현상으로 받아들여지고 있는 가운데 자활후견기관, 사회복귀시설, 쉼터, 그룹홈, 상담소, 수련원, 주간보호소 등 취약계층과 일반주민을 대상으로 한 여러 형태의 사회복지조직이 속속 출현하고 증가하고 있다.

행정은 조직을 전제로 해서만 성립될 수 있는 개념이다. 비록 각종 사회복지조직이 급격히 증설되고 이에 따라 수많은 기관장과 사회복지사들이 이러한 조직에서 제각기 업무를 수행하고 있지만 어떻게 조직을 효율적으로 관리하고, 프로그램을 효과적으로 수행하며, 서비스의 질을 향상시킬 수 있을 것인가에 대해서는 모두들 확신이 부족한 듯 보인다. 이러한 현상의 주된 원인은 사회복지행정에 대한 체계적인 지식과 기술이 결여되어 있기 때문이다. 급속히 변화하는 조직의 외부환경에 적응하고 내부적으로 복잡·다양한 업무를 효과적으로 조정하여 미래에 대한 비전을 갖고 조직을 운영하기 위해서는 새로운 지식과 기술이 반드시 필요하다. 그러나 기존의 사회복지행정에 관한 교재는 이론과 실천의 측면에서 이러한 것들을 강조하지는 못했다.

이 책의 저자들은 평소 이러한 사회복지행정의 지식체계에 대한 문제점을 토론하는 과정에서 새로운 시각과 접근법에 의한 교재의 필요성을 절실히 느낀 후 사회복지행정론을 공동집필하기로 합의했다. 저자들이 가진 공통점은 모두 미국 유명 대학 사회복지학 박사학위 과정에서 공히 사회복지행정을 주 전공으로 했으며, 귀국 후 근무하는 대학에서 사회복지행정을 10년 이상 강의했으며, 시설평가, 경영자문, 행정연구 등에서도 탁월한 리더십과 업적을 쌓은 경험을 갖고 있다. 모든 저자들의 풍부한 학식과 경험을 이 책 단 한 권으로 녹여 내기는 힘들지만 최소한 한국의 사회복지행정학에 관한 문제의식과 지향점에 견해를 같이하면서 집필하려고 매우 노력하였다.

이 책을 5부로 나누어 총 12장의 내용을 각자의 세부전공에 따라 집필하였다. 제1부 사회복지행정의 기초에 속하는 3개 장은 황성철 교수가 책임을 맡아, 제1장 사회복지행정의 개념, 제2장 사회복지행정의 역사, 제3장 사회복지행정이론으로 완성하였다. 제2부 조직관리 영역의 제4장 미시적 조직관리와 제5장 거시적 조직관리는 강철희 교수가 집필하였다. 제3부 자원관리 영역에서 제6장 사회복지조직의 인사관리는 강철희 교수가, 제7장 사회복지조직의 재정관리와 제8장 사회복지조직의 마케팅과 홍보는 정무성 교수가 수고해 주었다. 제4부의 프로그램 관리 영역의 제9장 욕구조사 및 설계, 제10장 정보관리, 제11장 프로그램 관리와 평가는 최재성 교수가 책임을 맡아 집필했다. 제5부의 제12장 사회복지행정의 환경변화와 조직혁신은 정무성 교수가 집필을 완료했다.

물론 저자 4인이 각기 맡은 영역과 장은 구별되지만 이 책의 모든 내용은 저자들이 공동 책임지기로 약속하였다. 전국의 사회복지학과 교수들이 요사이 예외 없이 '마당발'이 되어 각종 세미나, 워크숍, 학회, 실천현장에 불려 다니고 있는 형편에서 집중해서 집필할 시간이 부족하여 이 책이 원래 계획된 시간보다 1년 늦게 출판되었다. 오랜 산고를 거쳤다고 반드시 옥동자가 출산되는 것은 아니기에 이 책의 내용 가운데 그래도 미흡한 부분이 많으리라 짐작된다. 차후 이 책을 교재로 선택한 동학제현께서 주저 말고 충고해 주시면 경청하여 더 나은 책이 될 수 있도록 노력하겠다.

끝으로 이 책이 사회복지행정을 공부하는 많은 학생들에게 기본을 확고히 하고 새로운 지식과 기술을 쌓는 밑거름이 되기를 간절히 기원한다. 그리고 이 책이 발간되기까지 음지에서 원고를 정리하고 송부하고 교정을 맡은 출판사 직원들과 각 저자들의 소속대학에서 고생을 한 조교, 대학원생, 사회복지사들에게도 깊은 감사를 드린다.

2003년 8월

황성철 · 정무성 · 강철희 · 최재성

차 례

제 2 부 사회복지조직관리

제 3 부 사회복지자원관리

제 9 장 사회복지조직의 재정관리 · 307

제 10 장 사회복지조직의 마케팅과 홍보 · 337

제 4 부 사회복지프로그램관리 · 371

제 11 장 사회복지 기획과 프로그램 개발 · 373

제 12 장 정보관리 · 397

PART

01

Social Welfare Administration

사회복지행정의 기초

01 사회복지행정의 **개념**

사회복지행정은 사회복지(social welfare)와 행정(administration)의 합성어로 사회복지학의 한 분야로서 독특한 학문체계를 유지하고 있다. 따라서 사회복지학에서 사회복지행정의 위치와 그 성격을 규명하는 일은 매우 중요하다. 여기서는 사회복지의 개념을 간략히 살펴보고 학문으로서의 사회복지학과 사회복지행정의 관계를 설정하고 사회복지행정의 개념적 특성과 일반행정과의 차이점을 논의하면서 이 책의 전체 구성과 체제에 관한 기초를 마련하고자 한다.

1. 사회복지와 사회복지행정

1) 사회복지의 개념과 기능

사회복지의 개념을 명확히 하는 것은 쉽지 않다. 왜냐하면 사회복지의 개념에 대한 정의는 학자마다 천차만별하기 때문이다. 그러나 일반적으로 인정되는 사회복지의 개념적 정의에 따르면 사회복지는 인간의 기본욕구를 충족시키고 사회적 기능을 유지 또는 증진시키기 위한 모든 사회적 개입을 의미한다(Dolgoff & Feldstein, 2000 : 4-5). 따라서 사회복지는 인간의 기본욕구인 의식주를 비롯하여 소득, 건강, 지식, 여가, 문화 등의 욕구를 충족시키고 정상적인 가족생활과 직업을 유지하고 원만한 대인관계를 이루면서 살아갈 수 있도록 도움을 주기 위해서 마련된 법률, 프로그램, 서비스 등을 말한다.

사회복지가 원조나 도움이 필요한 사람을 대상으로 하는 제도, 법률, 서비스라는 점에서는 이론의 여지가 없다. 그러나 원조나 도움이 필요한 사람을 빈곤계층으로 국한할 때와 일반계층으로 확대할 때 그 뜻은 달라진다. 사회복지가 빈곤계층을 주 대상으로 삼을 때 사회복지는 선별성을 갖게 되고, 일반계층으로 확대할 때에는 보편성을 갖는다. 사회복지제도가 빈곤계층의 기본적 욕구충족과 사회적 기능을 회복시키는 데 주안을 둔다면 이는 잔여적 복지라고 하고, 일반계층의 다양한 사회복지욕구를 충족시키고 그들의 사회적 기능을 유지하고 증진시키는 데 초점이 모아진다면 이것은 제도적 개념의 사회복지라 한다.

Wilensky와 Lebeaux(1965 : 138-140)는 사회복지가 가족이나 시장기구에서 이탈 또는 낙오된 사람을 대상으로 그들이 정상적인 사회생활을 영위하도록 보호, 치료, 재활의 방법을 사용하는 경우 보충적 또는 잔여적(residual) 의미를 갖는다고 보았다. 즉 정상적인 사회적 기능을 수행할 수 없는 사회적 취약계층에 대해서 재정적 원조와 서비스를 제공하는 데 국한한다면 그것은 잔여적 사회복지이다. 반면 산업화의 진전과 가족체계의 변화 등 사회변동으로 개인은 기존의 방법으로 기본적 욕구충족이 어려워지기 때문에 전체 사회구성원을 대상으로 삶의 질을 향상시키기 위해서 각종 서비스가 제공되면 사회복지는 정치, 경제, 종교, 가족 등과 같이 일종의 사회제도로서의 지위를 획득하므로 이를 제도적(institutional) 의미의 사회복지라 보았다.

잔여적 개념의 사회복지는 협의의 사회복지 개념이기 때문에 사회복지정책 수립과 서비스 제공에서 국가의 역할은 축소되어 취약계층을 위한 최소한의 복지가 요구된다. 그러나 제도적 개념의 사회복지는 전체 국민을 대상으로 소득보장, 의료보장, 주거보장, 사회복지서비스 등 다양한 사회복지 프로그램이 요구되므로 광의의 사회복지개념으로 간주되며 국가의 역할은 확대되고 강조된다. 오늘날 거의 모든 산업사회는 복지국가의 형태를 유지하고 있는데 사회복지의 개념을 잔여적으로 규정하는 것에서 벗어나 제도적 개념으로 받아들이는 경향이 있다. 한국의 사회복지제도는 여전히 잔여적 형태로 강하게 남아 있지만 점차 제도적 개념으로 발전되고 있다.

사회복지는 그 개념이 협의로 규정되든 광의로 해석되든 간에 본질적으로 원조, 사회개혁, 그리고 사회통제의 세 가지 기능을 보유하고 있다.

사회복지가 수행하는 가장 근본적이고 중요한 기능인 원조(assistance)기능은 사회복지 프로그램과 서비스가 취약계층과 일반 국민을 대상으로 심리사회적 문제해결을 도와주고 물질적 지원을 할 때 발휘되는 것이다. 예컨대 취약계층인 빈곤모자가정의 가장에게 취업알선과 자녀문제로 상담서비스를 제공하고 일반계층을 대상으로 가족상담을 하는 경우와 무의탁 독거노인에게 결연후원금을 지원하는 경우가 있다.

사회구성원인 개인과 가족을 대상으로 원조서비스를 제공하여 그들의 욕구충족과 사회적 기능을 향상시키는 노력과 더불어 사회복지는 전체 사회를 대상으로 사회개혁(social reform)적 활동의 기능을 보유한다. 정치제도를 보다 민주적으로 만드는 노력, 경제정책과 제도가 사회정의의 실현을 위해 소득재분배의 체계를 갖도록 하는 노력, 인간의 사회적 관계가 상호 간의 성장과 발전을 이루도록 사회의 문화와 관습을 고치고 창조하는 노력 등 사회복지는 각종 사회제도에 개입하여 이러한 사회제도가 인간의 복리증진과 사회적 기능을 향상시키는 데 유리하도록 개혁하는 기능을 수행한다. 사회사업가 또는 사회복지사들은 전통적으로 사회개혁에 앞장서 왔고 오늘날도 각종 사회단체에 가입하거나 자체적으로 사회개혁활동을 전개한다.

사회통제(social control)기능이란 기존의 법, 제도, 규범에 동조하는 형태를 의미한다. 사회복지의 사회통제기능은 특히 취약계층이 일탈행위를 보일 때 현존하는 사회규범에 맞추도록 요구하는 활동을 통해서 수행된다. 예컨대 아동학대를 자행하는 부모가 법적 제재를 받도록 신고하거나, 알코올중독자를 건강한 사회인으로 복귀시키는 노력은 이러한 경우에 해당한다. 사회복지가 현존하는 사회규범과 법에 동조하지 않는 한 합법적 활동으로 보장받지 못하고 그 활동에 대해서 법적·재정적 지원을 얻지 못하기 때문에도 사회통제기능의 수행은 당연시된다.

이상에서와 같이 사회복지는 원조라는 본질적 기능을 핵심으로 하고 있으면서 한편으로 사회통제와 다른 한편으로 사회개혁의 기능을 수행한다. 사회통제는 보수의 의미를 내포하고, 사회개혁은 혁신의 의미를 갖고 있기 때문에 양 기능은 상호대립적이고 모순적으로도 보인다. 그러나 이러한 기능은 역사적으로 긴 사회복지발달사의 관점에서 보면 시대상황에 따라 어느 한 기능이 강조되거나 또는 다른 기능이 약화되거나 유보되는 과정을 거치기 때문에 이것은 상호모순적으로 보기보다는 상호순환적이며 상호보완적인 관계에 있다고 보는 것이 타당하다.

2) 사회복지학과 사회복지행정

사회복지학은 사회복지와 관련된 제반 인간행동과 사회현상을 탐구하는 학문으로 정치학, 경제학, 사회학, 심리학, 정신의학, 인류학, 경영학, 법학, 철학 등 광범위한 인문사회과학의 이론과 지식을 활용하는 응용사회과학의 성격을 갖는다. 사회복지학은 단순히 사회복지와 관련된 인간행동과 사회현상을 설명하는 이론의 개발에 머무르지 않고, 이것을 인간복지의 구현과 사회의 안녕을 위해서 적용하는 것을 강조하는 실천지향적(practice-oriented) 학문이다. 따라서 사회복지학은 복지제도와 복지정책을 과학적으로 연구하고 분석하는 데 그치지 않고 제도와 정책의 개혁과 개선을 강조하며 인간의 사회적 기능을 증진시키는 여러 가지 실천방안을 강구하는 데 학문적 중심이 놓여 있다. 그래서 사회복지학에서는 사회복지실천의 방법과 기술을 매우 중요시한다.

사회복지실천(social work practice)은 인간의 욕구충족과 사회적 기능을 회복・증진시키고 사회제도와 환경을 이러한 목적달성에 유리하도록 개혁하고 창조하는 작업에 전념하는 원조 전문직 사회복지사에 의해서 수행되는 계획된 변화(planned change) 활동이다. 사회복지실천의 방법은 과거 대상체계가 개인, 집단, 지역사회로 세분화되어 3대 실천방법으로 나누어졌으나 오늘날 모든 대상체계에 공통으로 적용되는 원리를 중심으로 통합되어 소위 일반사회복지실천(generalist social work practice)이란 개념이 형성되어 전면적으로 수용되고 있다. 일반사회복지실천이 더욱 설득력을 얻게 된 이유는 대상체계가 개인이라 하더라도 때로는 조직과 지역사회에 개입할 수도 있는 것이 현실이며 또한 이러한 개입방법이 효과적이기 때문이다.

일반사회복지실천 또는 사회복지실천은 미시적 실천과 거시적 실천으로 나누는 것이 일반적이다. 미시적 실천(micro practice)이란 사회복지사가 주로 개인, 가족, 집단을 대상으로 원조활동을 전개하고 대상체계의 변화를 유도하는 활동을 일컫는다. 반면 거시적 실천(macro practice)이란 조직과 지역사회의 계획된 변화를 도모하는 전문가의 개입이다(Netting et al., 1993 : 3). 거시적 실천을 하는 사회복지사도 미시적 실천을 주로 하는 사회복지사처럼 개인을 상대로 또는 대인관계에 개입하는 경우도 있다. 그러나 이러한 경우 그 개인도 조직의 대표나 위원회의 주요 구성원이라는 점에서 성격이 다르다. 또한 거시적 실천에서는 미시적 실천의 기술과 방법인 의사소통과 면접 등이 적용되는 경우도 있지만 주로 자원개발, 정책분석, 프로그램 관리, 대변 또는 옹호의 기술 등이 널리 사용된다.

거시적 실천의 주요 영역은 사회복지행정과 지역사회조직이다. 왜냐하면 거시적 실천의 주요 대상체계가 조직과 지역사회이기 때문이다. 따라서 사회복지행정은 사회복지실천에서 거시적 실천방법이 공공연히 적용되는 일종의 실천방법과 실천영역으로 사회복지조직에서 원조를 요청하는 클라이언트가 효과적이고 효율적인 사회복지서비스를 받을 수 있도록 조직 차원에 개입하여 자원을 동원하고 조직구조를 변화시키고 프로그램을 수행하고 평가하는 과정에 관여한다.

사회복지행정은 사회복지학이란 실천학문의 실천방법에 관한 분과 학문 중의 하나로 기본적으로 사회복지의 이념, 가치, 주요 이론을 수용하지만 경영학과 관리과학 그리고 일반행정학의 이론과 기법들이 포괄적으로 적용되고 있다. 사회복지행정은 사회복지가 전문직으로 발전하는 초기부터 비영리민간기관을 중심으로 기관관리의 실무에 관한 지식과 실천지혜(practice wisdom)가 축적되어 오늘날에 이르고 있기 때문에 사회복지학에서도 독특한 역사와 학문적 체계를 유지하고 있다고 볼 수 있다.

2. 사회복지행정의 개념 및 정의

1) 사회복지행정의 개념

사회복지행정은 학자에 따라 다양하게 개념정의가 되고 있는데 대표적인 학자의 정의를 중심으로 그 개념을 파악해 보자.

우선 Kidneigh(1950 : 58)에 의하면 사회복지행정은 사회복지정책을 서비스로 전환시키는 과정으로, 정책을 구체적인 사회복지서비스로 전환시키고 그 경험을 다시 정책수행에 반영하도록 제의하는 양 방향의 과정 속에 있는 것이라고 보았다. Stein(1970 : 7)은 사회복지행정을 사회복지조직이 조정과 협력활동의 체계를 통해서 목표를 설정하고 달성하는 과정이라고 정의했다. Patti(1983 : 24-25)는 사회복지행정을 조직목표를 달성하기 위해서 관리자가 수행하는 상호의존적인 과업, 기능, 활동 등의 체계적이고 개입적인 과정이라고 하면서 사회복지행정을 사회복지실천의 한 방법으로 개념화했다.

Kidneigh의 정의는 최초로 사회복지행정의 본질을 잘 파악하고 있다는 점에서 주목할 만하다. 단순히 사회복지행정을 기술적인 면과 프로그램의 측면을 강조하는 학자도 있으나 사회복지조직구조와 기능을 결정하는 것은 결국 정책이므로 정책을 서비스로 전환시키는 과정을 사회복지행정의 주요기능으로 보는 시각에 관해서 대부분의 학자들도 동의

한다(Gates, 1980 ; Au, 1994). 또한 사회복지조직의 생존과 성패가 환경에 크게 의존하기 때문에 환경적 요소에서 가장 중요한 사회복지정책을 고려한 점과 사회복지조직을 개방체계로 보아 정책적 투입과 서비스를 받는 클라이언트로부터의 피드백을 무시하지 않는 측면에서 오늘날 사회복지행정의 특성을 잘 설명해 주는 정의로 볼 수 있다. Stein의 정의는 사회복지행정조직의 내부적 특성을 강조한 정의로 간주된다. 특히 여타의 전문직을 포함하는 사회복지조직의 다양하고 때로는 상호 갈등을 야기할 수 있는 목표설정과 목표달성을 위한 내부적 조정과 협력활동을 강조한 측면이 부각된다. Patti의 정의는 사회복지조직의 관리자가 수행하는 특정한 과업과 기능을 강조하면서 명백하게 사회복지행정을 사회복지실천의 일종으로 파악한 점이 사회복지실천에서 사회복지행정의 성격을 분명히 해 준다는 의미에서 주목할 만하다.

2) 사회복지행정의 정의

이 책에서는 사회복지행정을 "사회복지정책을 서비스로 전환시키는 사회복지조직의 목표달성을 위한 조직구성원의 협력적인 활동의 체계와 과정"으로 정의하고자 한다. 이러한 사회복지행정의 개념정의는 다음과 같은 독특한 의미를 내포하고 있다.

(1) 사회복지조직을 중심으로 정책이 서비스로 전환되는 과정이다.

행정은 본질적으로 정책을 집행하는 일과 관련된다. 따라서 사회복지행정도 복지정책을 집행하기 위해서 프로그램을 계획하여 서비스를 산출하는 과정으로 볼 수 있다. 이러한 과정에서 중심적 위치를 차지하는 것이 사회복지조직이다. 그래서 조직관리는 사회복지행정에서 매우 중요한 요소 중의 하나이다.

(2) 사회복지조직의 목표를 달성하기 위해서 인적 · 물적자원을 관리하는 과정이다.

어떠한 조직도 그 존립의 근거와 설립취지가 있게 마련이다. 이러한 것은 조직의 목표로 수렴된다. 사회복지조직의 행정도 특정한 조직의 목표를 달성하기 위해서 자원과 프로그램을 관리하는 일련의 과정으로 볼 수 있다.

(3) 관리자를 포함한 모든 조직구성원의 역동적인 협력활동이다.

행정은 반드시 관리자만이 수행하는 기능이 아니다. 사회복지조직의 프로그램과 서비스는 일선 사회복지사와 중간관리자에 의해서도 수행된다. 또한 관리자의 리더십은 조직구성원을 위해서 수용될 때 비로소 효과적으로 발휘될 수 있기 때문에 사회복지행정은 모든 조직구성원의 역동적인 협력과정으로 보아야 한다.

(4) 조직을 변화시키고 발전시키는 사회복지실천의 개입방법이다.

사회복지행정은 전술한 바와 같이 거시적 실천의 한 방법으로 조직을 표적체계로 개입하는 실천방법의 일종으로 간주된다. 따라서 사회복지행정에서는 조직혁신과 발전을 위해서 구체적인 사회복지실천방법과 기술이 광범위하게 적용된다.

3) 유사개념과 그 의미

(1) 복지행정

복지행정(welfare administration)은 행정학의 한 분야로 사회복지정책이 수립되어 정책의 목표를 달성하기 위해서 조직화된 정부기관의 복지정책결정과 사회복지 업무관리의 의미를 갖는다. 따라서 복지행정은 국가의 존립목표를 달성하기 위해서 정부가 수행하는 안보행정, 치안행정, 경제행정, 환경행정, 교육행정, 보건행정 등과 같은 수준에서 국민의 복리증진과 사회취약계층의 보호를 근본목적으로 정부기관과 같은 공공복지기관의 정책결정과 복지사업 및 프로그램의 관리로 볼 수 있다(황진수, 1990 : 18). 이러한 의미에서 복지행정의 주체는 정부기관이 되며 빈민과 같은 사회취약계층을 포함하여 모든 국민이 복지행정의 대상이 된다.

행정학의 한 분야로서 사회복지행정을 다룰 수는 있지만, 문제는 복지행정의 주된 내용이 사회복지학에서는 사회복지정책의 영역과 크게 중복된다는 점이다. 즉 복지행정의 핵심적 내용을 구성하는 정부의 빈곤정책, 공공부조, 사회보험, 사회복지서비스 등은 사회복지정책에서 다루는 내용과 거의 일치한다. 따라서 복지행정의 개념은 용어상 일면 사회복지행정과 유사하지만 실제는 사회복지정책의 내용을 다루고 있기 때문에 사회복지에서는 복지행정이란 용어를 사용하지 않는다.

(2) 사회복지정책

사회복지정책(social welfare policy)을 사회구성원인 모든 국민의 삶의 질에 영향을 주는 정부의 행위로 매우 광범위하게 해석하면 거의 모든 정부의 정책을 사회복지정책으로 볼 수 있다. 국방정책도 국민의 생명과 안전을 보장한다는 의미에서 삶의 질을 좌우하고, 조세정책 또한 가계소득의 증가와 감소를 결정하기 때문에 삶의 질과 관련된다. 그리고 주택정책 역시 쾌적한 주거환경을 마련해 줄 수 있다는 의미에서 사회복지정책에 포함될 수 있다. 그러나 이러한 개념정의는 너무 광범위하며 다른 학문의 연구대상과 중첩되기 때문에 학문적으로나 현실적으로 접근하기가 거의 불가능하다.

많은 학자들이 일반적으로 동의하는 사회복지정책의 개념은 사회구성원 또는 국민에게 서비스와 재화를 제공함으로써 그들의 복리에 직접적으로 영향을 주는 정부의 정책으로 정의된다(Gilbert & Terrell, 1998). 이러한 정의에서 중요시되는 서비스는 사회복지서비스(social services)를 의미하며 보편적으로 상담, 치료, 교육, 재활, 보호, 의뢰 및 정보제공 서비스를 일컫는다. 또한 재화란 주로 사회취약계층에 지원되는 현물과 현금(소득)을 의미한다. 따라서 사회복지정책은 크게 세 가지 형태로 구분된다(DiNitto, 2000 : 4).

① 공공부조

공공부조(public assistance)는 국가가 빈곤계층에게 지원하는 현물과 현금 그리고 의료서비스를 제공하는 사회복지정책이다. 한국에서는 기초생활보장제도가 공공부조정책으로 간주되고 빈곤계층을 대상으로 주로 소득과 의료서비스를 국가의 책임하에 제공하고 있다.

② 사회보험

사회보험(social insurance)은 사회구성원 또는 국민의 빈곤을 예방하기 위해서 만들어진 사회복지정책이다. 한국에서는 국민연금, 건강보험, 고용보험, 산재보험 등 4대 사회보험제도가 소득상실, 질병, 고용기회상실 등 사회적 위험요인을 사전에 제거하여 빈곤을 예방하려는 의도에서 만들어져 시행되고 있다.

③ 사회복지서비스

사회복지서비스(social services)는 아동, 청소년, 노인, 장애인, 여성 등 사회취약계층의 기본욕구를 충족시키고 문제를 해결하기 위해서 마련된 사회복지정책이다. 한국에서는 「아동복지법」, 「장애인복지법」, 「노인복지법」 등 개별 입법을 통해서 부모로부터 학대받는 아동이 사회적 보호서비스를 받고, 장애인이 직업능력을 증진시켜 사회로 복귀하고, 재가노인이 가사서비스와 반찬서비스 등을 받게 된다.

사회서비스

최근 우리나라는 전통적인 사회복지서비스의 개념을 포괄하여 보다 확대된 사회서비스 개념을 사회복지정책에 포함시키고 있다. 2012년 개정된 「사회보장기본법」에 따르면 사회서비스란 "국가·지방자치단체 및 민간부문의 도움이 필요한 모든 국민에게 보건, 보건의료, 교육, 고용, 주거, 문화, 환경 등의 분야에서 인간다운 생활을 보장하고 상담, 재활, 돌봄, 정보의 제공, 관련시설의 이용, 역량개발, 사회참여 지원 등을 통하여 국민의 삶의 질이 향상되도록 지원하는 제도"를 말한다. 우리나라 사회서비스 정책은 2007년 '사회서비스 바우처 사업'이 시작되면서 본격적으로 시행되었는데 노인돌봄서비스, 아동돌봄서비스, 장애인지원서비스, 기타 서비스로 분류된다. 노인돌봄서비스는 노인돌봄서비스와 노인장기요양보험, 아동돌봄서비스에는 보육료 지원, 드림스타트, 지역아동센터, 교과부의 초등돌봄교실, 여가부의 아이돌보미 등이 있고, 기타 서비스는 가사간병도우미, 산모신생아도우미, 지역사회서비스투자사업 등이 있다. 이러한 사회서비스 공급방식은 기존의 공급자에게 보조금을 지원하는 방식에서 탈피하여 사회서비스 수요자에게 바우처(voucher)라는 교환권을 제공하여 수요자가 원하는 공급자를 선택할 수 있도록 변화되었다.

3. 사회복지행정과 일반행정

일반적으로 우리 사회에서 행정(administration)이라 함은 공공행정(public administration)을 지칭한다. 공공행정은 정부조직에서 이루어지는 행정과정이지만 행정은 기업, 학교, 병원 등 다른 조직에서도 존재한다. 따라서 행정이 기업조직에서 이루어지면 기업행정 또는 경영, 학교조직에서 이루어지면 교육행정, 병원조직에서 행해지면 보건행정이라 한다. 사회복지행정 이외 여타의 행정을 일반행정으로 규정하고 사회복지행정과 다른 여타 조직의 행정을 비교분석해 보면 사회복지행정의 독특한 성격에 관한 이해의 폭을 더욱 넓힐 수 있을 것이다.

사회복지행정과 일반행정의 유사성과 상이성에 대해서는 상당한 논란이 전개되어 왔다(Sarri, 1987 ; Patti, 1983 ; Spencer, 1959). 사회복지행정과 일반행정은 너무 유사하여 차별성이 크게 부각되지 않는다는 입장을 견지하는 동질론자는 우선 어떤 조직에서도 행정의 기능은 고유하다는 전제를 제시한다. 비록 제각기 다른 조직들이 각기 추구하고자 하는 목표, 구조, 기술 그리고 서비스 대상인 클라이언트의 유형에서 차이는 있지만 그러한 조직들의 본래의 목표를 달성하기 위해서 기획, 예산편성 및 집행, 직원배치 및 인사관리, 사업 및 서비스 평가 등 기본적 행정기능은 공통적으로 수행된다는 점을 강조한다. 사회복지조직도 다른 조직과 마찬가지로 조직목표를 달성하고 일정한 서비스를 산출하는 조직체로서 이러한 보편적인 행정기능을 공유하고 있으며, 미국과 한국에서도 사회복지기관의 최고관리자가 사회복지사 출신보다는 행정관료, 전문경영인 그리고 여타의 행정경험을 가진 사람들로 충원되고 있다는 사실은 동질론의 논거를 강하게 뒷받침해 주고 있다.

한편 사회복지행정은 일반행정과 본질적으로 다르다는 입장을 보이는 이질론자는 사회복지조직의 독특성을 강조하고 사회복지전문직의 성격을 부각시키는 경향을 보인다. 먼저 이질론자는 사회복지조직의 목적, 가치, 활동 등 조직의 특성을 고려한다면 사회복지조직을 여타의 다른 조직과는 다른 관리방법이 요구된다는 기본전제를 제시한다. 사실상 사회복지조직은 본질적으로 휴먼서비스(human service)조직으로 삶의 과정, 사고유형, 행동양식, 가치관 등에서 천차만별한 인간을 변화시키는 독특한 조직으로 일반행정의 원리와 방법이 그대로 적용되기는 어렵다는 것이다. 또한 사회복지조직의 관리자는 전문가인 사회복지사를 다루기 때문에 일방적으로 지시하고 통제하는 데에는 상당한 한계가 있고 문제가 발생될 수도 있다. 그리고 사회복지조직에서는 다양한 전문직종의 인력이 혼재되어 있는 경우가 허다하기 때문에 내부적인 목표설정과 활동방향에 합의를 이루기가 매우 힘들고, 서비스를 제공하는 차원을 넘어서 때로는 클라이언트 집단의 이익을 대변 또는 옹호(advocacy)하는 역할의 수행이 요구되기 때문에 더욱 일반행정의 원리가 그대로 적용되기는 어려울 수 있다.

이상과 같이 사회복지행정과 일반행정의 동질론과 이질론의 기본전제와 논거를 바탕으로 보다 구체적으로 동질론에 근거한 유사점과 이질론에 바탕을 둔 차이점을 살펴보자.

1) 유사점

(1) 기본적으로 문제해결과정이다.

행정은 기본적으로 문제해결과정(problem solving process)을 내포한다. 따라서 사회복지행정도 사회복지조직이 당면한 인력, 재정, 프로그램 및 서비스의 전달상의 문제를 규명하고 대안을 모색하여 선택한 후 평가하는 일반적인 문제해결과정을 거친다.

(2) 조력의 과정을 공통적으로 요구한다.

행정은 조직 내 개인과 집단이 조직목표달성에 적절히 활동할 수 있도록 힘을 북돋워주는 조력(enabling)의 과정을 요구한다. 사회복지조직의 관리자가 수행해야 할 가장 중요한 역할 중의 하나가 조력자(enabler)이다. 따라서 사회복지조직의 관리자는 전문직 사회복지사들이 능력을 최대한 발휘하여 최선의 서비스를 클라이언트 집단에 제공할 수 있도록 동기부여와 직무만족을 위한 가능한 방법을 사용한다.

(3) 인적·물적자원을 동원하고 조직화하는 기능을 갖는다.

기본적으로 행정은 최적의 제품 또는 서비스를 생산하도록 인적·물적자원을 조직화(organizer)하는 것에 관심을 둔다. 사회복지조직도 효과적이고 효율적인 사회복지서비스를 산출하도록 부서화와 팀제를 형성하여 적절한 인력배치와 프로그램 수행에 필요한 예산을 관리하는 과정을 거친다.

(4) 공공의 의지를 실현시키는 것과 관련되어 있다.

사회복지조직과 기관은 사회적 필요성에 의해서 설립되고 유지되고 있다. 주로 민간조직 또는 비영리조직의 형태로 존재하는 사회복지조직도 정부나 공동모금회의 자원에 의존하는 경향이 농후한데, 정부가 공공자원을 사회복지기관의 운영이나 프로그램에 지원하는 것도 어느 의미에서 공공의 의지(public will)를 간접적으로 실현시키는 것이라 볼 수 있다. 한국의 사회복지기관은 주로 비영리민간법인에 의해 운영되고 있지만 정부의 사업을 대행하는 모습을 보이고 정부지원금에 크게 의존하기 때문에 준공공적(semi-public)

성격을 보유한다. 따라서 한국 사회복지기관의 관리는 표면적으로 민간복지기관의 행정이면서도 내용적인 측면에서 공공성을 배제하지는 못한다.

2) 차이점

(1) 사회복지조직이 산출하는 서비스는 독특한 성격을 갖는 사회복지서비스이다.

사회복지서비스는 본래 무형의 즉시성과 소멸성을 갖고 있으며 비축이 불가능하므로 일반행정과 관리의 원칙이 적용되기 어렵다. 특히 상담서비스의 경우 클라이언트가 요청할 때 즉각적으로 제공되기 때문에 재고로 보관할 수도 없는 성질을 갖고 있다.

(2) 사회복지행정은 일반행정과 관리에 관한 지식을 초월하는 범위를 갖는다.

사회복지조직은 그것이 위치한 지역사회의 각종 사회문제해결과 지역주민의 욕구충족을 위해서 존재하기 때문에 조직내부의 관리문제와 더불어 환경관리의 문제가 대두된다. 따라서 관리의 범위가 환경영역으로 확대되어 지역사회의 정치, 경제, 사회적 변화에 관한 다양한 지식과 관리기술을 요구한다.

(3) 사회복지행정은 행정가 또는 관리자에 의해서만 이루어지는 것만이 아니다.

사회복지행정의 주체는 관리자를 포함한 사회복지조직의 모든 구성원으로 이들이 복잡다양한 행정 및 관리과정에 참여하고 전체 조직의 목표달성에 크게 영향을 주고 있다. 일반적으로 행정은 최고관리자인 행정가에 의해서 수행되는 과업과 기능이라는 의미를 초월하여 사회복지조직의 일반직원은 비록 그들이 조직의 하층부에 위치해 있더라도 상당한 재량권을 갖고 직접 프로그램 및 서비스 관리와 사례관리 등의 업무를 수행한다.

(4) 사회복지행정의 성패는 전문사회복지사의 직무수행에 크게 의존하고 있다.

사회복지조직의 핵심구성원인 사회복지사는 전문성과 자율성을 갖고 다양한 계층의 클라이언트 집단에 서비스를 제공하므로 그들의 업무수행능력과 자질이 조직의 성패를 좌우하기 때문에 전통적으로 사회복지행정은 사회복지사의 전문성을 인정하는 방향으로 민주적 행정의 성격을 보유한다.

지금까지 사회복지행정과 일반행정의 유사점과 차이점을 분석해 보았다. 사실상 사회복지조직도 일반 다른 조직과 마찬가지로 조직의 목표를 설정하고 인력과 재정을 관리하는 이른바 행정의 기본과정 또는 요소인 기획(Planning), 조직(Organizing), 인사(Staffing), 지시(Directing), 조정(COordinating), 보고(Reporting), 재정(Budgeting), 평가(Evaluating)인 POSDCORBE 과정을 포함하고 있다는 점에서 동질론을 무시할 수 없다. 그러나 사회복지행정은 사회복지조직이 갖는 원래의 특성을 충분히 고려해야 하고 사회복지전문직의 역할수행과도 밀접히 관련되어 있기 때문에 이질론에 무게를 실어 주는 학자들이 대부분이다. 이 책에서도 사회복지행정과 일반행정의 유사성을 인정하지만 차별성을 강조하는 입장에서 접근하고자 한다. 따라서 사회복지조직의 본질과 사회복지행정의 특성을 보다 체계적으로 이해할 필요가 있을 것이다.

4. 사회복지조직의 본질

사회복지행정의 특성을 이해하는 출발점은 사회복지조직의 원래 성격인 본질을 규명하는 일이다. Hasenfeld(1992 : 3-23)는 사회복지조직을 학교, 병원, 정신건강센터, 공공부조조직 등과 같은 일종의 휴먼서비스조직(human service organization)으로 보고 원래 고유한 속성을 아래와 같이 설명하고 있다.

1) 사회복지조직의 원료는 인간이다.

모든 조직은 산출물을 생산하기 위해서 원료(raw material)를 투입한다. 사회복지조직의 원료는 가치중립적이지 않고 고유의 가치와 인간성, 도덕성, 정체성을 갖는 인간이기 때문에 그들이 조직의 서비스 산출과정에 참여하고 영향을 미친다. 사회복지조직의 핵심활동은 사람을 분류(process), 유지(sustain), 변화(change)시키는 기술(technologies)을 주로 사용하는 일과 관련을 맺는데 이러한 기술의 사용이전에 행정의 대상이 되는 인간이 고유의 존엄성, 독특성, 잠재력 등을 갖고 있다는 사실을 인식하는 것이 매우 중요하다.

2) 사회복지조직은 클라이언트의 가치에 대해 도덕적 판단을 한다.

사람을 대상으로 일을 한다는 것 자체가 도덕성을 내포한다. 왜냐하면 사람은 소득과 직업에서도 차이가 있고 재산문제의 심각성에 따라 다르게 평가되기 때문이다. 사회복지조직은 클라이언트에게 생계비 지원, 투약, 상담 등의 구체적 서비스를 제공하는 것과 동시에 진단명의 부여와 클라이언트를 유형화하는 작업에서 도덕적 판단을 한다. 가치 있는 빈민과 그렇지 못한 빈민의 구별이 오랫동안 지속되어 왔고, 조직의 규칙에 동조하거나 저항하는 클라이언트를 달리 취급하는 것도 클라이언트에 대한 사회적 가치판단에서 연유한다. 따라서 이러한 클라이언트에 대한 가치판단이 클라이언트에게는 어떤 의미를 주고 그들의 사고와 행동에 어떠한 영향을 주는지를 심각하게 고려해야 한다.

3) 사회복지조직은 여성인력이 지배적인 조직이다.

역사적으로 사람을 돕는 일은 여성의 몫이었다. 사회복지서비스가 발전되어 관료조직화됨에 따라 여성이 주도적으로 이 일에 참여하게 되었다. 그래서 거의 모든 휴먼서비스 조직은 여성이 수적으로 절대적 우위를 차지하고 있다. 문제는 감정적이고 보호본능적인 여성의 본성과 경쟁적이고 일관성을 유지하려는 관료조직의 속성이 서로 갈등을 빚게 될 수 있다는 것이다. 여성 중심적인 사회복지조직에서도 주로 일선업무는 여성이, 행정과 관리업무는 남성이 적합한 것으로 간주되기도 한다. 여성이 지배하거나 여성 중심의 인력구성을 갖춘 사회복지조직의 사회적 지위가 낮게 평가되는 경향이 있다. 그래서 사회복지조직은 재원이 충분히 공급되지 않아 서비스의 질이 저하되는 경우도 발생한다.

4) 제도화된 조직으로 다양한 환경적 · 이념적 요구를 수용해야 한다.

사회적으로 낮은 가치를 지닌 사람을 대상으로 사회적 지위가 낮은 여성인력이 중심이 되어 서비스를 제공하는 사회복지조직은 사회로부터 합법성과 승인의 기반이 취약하다. 따라서 사회복지조직은 제도화된 사회적 이념이나 가치에서 숭배되거나 권장되는 것을 수용하는 방향으로 노력하여 합법성과 자신의 가치를 더 높여야 한다. 다원화된 사회에서 수많은 환경적 요구를 수용하려다 보면 사회복지조직 자체의 목표가 애매해질 수 있다. 이러한 이유로 사회복지조직은 주기적으로 합법성의 위기(legitimacy crises)에 봉착하기도 한다.

5) 조직기술은 사회적 이념 또는 실천이념을 반영한다.

사회복지조직이 사용하는 기술은 클라이언트 상태를 변화시키는 일련의 절차와 방법이다. 사회복지조직은 학계나 연구기관 또는 전문가조직이 승인하는 기법을 사용해야 한다. 그러나 사람을 다루는 기법은 원래 완전할 수 없고 지속적으로 발전되는 과정에 있으며 어떤 시대의 특정한 기법은 당시의 클라이언트에 대한 이념과 철학을 반영한다. 이러한 기법을 사용한 결과의 효과성에 대한 판단도 실천의 이념과 가치판단에 의해서 이루어진다. 따라서 사회복지조직이 사용하는 기술과 기법도 불완전한 상태에 있다.

6) 클라이언트의 반응성으로 서비스의 과정상 왜곡이 발생할 수 있다.

사회복지조직의 서비스는 주로 클라이언트와 전문직원 간의 관계에서 이루어진다. 클라이언트는 사회복지사와 함께 문제를 사정하고, 서비스를 계획하고, 서비스를 받는 전 과정에 깊숙이 개입하여 서비스의 방향과 내용을 수정할 수 있다. 이러한 이유로 서비스는 원래 계획된 것에서 크게 벗어나 왜곡될 수도 있다. 사회복지조직이 클라이언트와 직원 모두를 완전히 통제하는 데에는 어려움이 있기 때문에 직원과 클라이언트의 관계에서 발생될 수 있는 우발성을 최소화하고 클라이언트의 동조(compliance)와 협력을 최대한 이끌어 내야 한다. 이렇게 함으로써 서비스 전달과정에서 발생할 수 있는 서비스의 왜곡을 방지할 수 있다.

7) 클라이언트의 동조가 필요하다.

사회복지조직의 효과성을 확보하기 위해서 사회복지사의 활동과 서비스와 기술의 사용과정에서 방해받지 않도록 클라이언트는 적절히 통제되어야 한다. 통제의 의미가 강제성을 내포하기 때문에 통제보다는 동조유발이 더욱 적절한 용어로 사용되고 클라이언트로부터 자발적인 동조(compliance)를 불러일으키게 하는 노력이 조직 차원에서 필요하다. 따라서 사회복지조직은 클라이언트가 초기에 서비스를 요청하는 시점에 일정한 수의 클라이언트를 부적격자로 탈락시키는 방법을 사용하여 클라이언트의 동조를 유발시키거나, 서비스 제공의 전 과정에서 서비스의 종류나 범위를 한정시키는 두 가지 방법을 사용한다. 이러한 과정에서 때로는 유인(inducements)과 설득(persuasion)의 방법이 사용되나 궁극적으로 사회복지조직은 사회통제의 기제를 활용하여 클라이언트가 사회와 조직이 규정하는 적절한 역할을 수행하도록 요구한다. 병원에서 환자의 역할을 수용하지 못하는 사람을 퇴원시키거나, 학교의 규칙을 잘 지키는 학생을 훌륭한 학생으로 칭찬하는 것은 통제와 동조의 목적으로 사용되는 것이다.

8) 클라이언트와 직원의 관계가 중요하다.

사회복지조직의 핵심은 클라이언트와 직원의 관계에 있으며 이러한 양자의 관계를 통해서 클라이언트의 욕구가 파악되고, 서비스가 전달되며, 클라이언트 동조도 확보될 수 있다. 따라서 클라이언트와 직원 간 관계의 질이 서비스와 조직의 효과성을 좌우할 수 있다. 클라이언트와 직원의 관계는 신뢰성(trust)을 바탕으로 설정되는 것이 바람직한데 이러한 신뢰관계는 비정의적(impersonal)이기 때문에 기관에서 서비스를 주고받는 관계에 국한되기에 시간과 공간적인 측면에서 한정된다.

사회복지조직에서 직원은 클라이언트에 대해서 재량권(discretion)을 행사할 수 있기 때문에 그것을 잘못 사용하는 경우 클라이언트에게 피해를 줄 수도 있다. 또한 사회복지조직과 직원은 클라이언트에 대해서 권력(power)을 행사할 수 있는 위치에 있다. 왜냐하면 조직과 직원은 클라이언트가 필요로 하는 자원과 서비스를 통제할 수 있는 권한이 있기 때문이다. 이러한 조직 또는 직원과 클라이언트 간의 비대칭적인 힘의 균형이 긍정적으로는 클라이언트의 동조를 유발시키도록 작용한다. 반면 사회복지조직과 직원이 클라이언트에 대해서 권력을 남용하는 경우도 있기 때문에 이러한 현상을 방지하기 위해서 서비스 계약(contract)을 체결하는 것이 일반적이다.

5. 사회복지행정의 특성

사회복지행정은 독특한 조직의 내외적 환경과 맥락에서 다양한 집단과 클라이언트의 요구를 수용하여 개별화된 서비스를 산출하여 전달하는 과정을 거치기 때문에 일반 조직의 행정과는 다른 특성을 보이고 있다. 여기서는 Patti(1983)의 견해를 중심으로 사회복지행정의 특성을 살펴보겠다.

1) 조직목표에 대한 사회적 태도의 모호성과 지지결여

사회복지조직의 목표는 추상적으로 표현되는 경우가 허다하다. 그 이유는 사회일반의 사회복지조직에 대한 기대와 태도가 모호하고 분열되어 있기 때문이다. 또한 비교적 분명한 조직목표가 설정되어 있어도 위정자나 일반사회의 지지가 결여되는 경우가 흔히 있다. 특히 빈민, 정신질환자, 범죄자, 미혼모 등 정상적인 생활에서 일탈된 행동을 보이는 클라이언트 집단을 대상으로 하는 사회복지조직이 이러한 스티그마(stigma)를 갖는 사람에게 어떤 서비스와 혜택을 주고 어떻게 변화시킬 것인가에 대해서 사회적 지지가 결여되고 합의된 요구가 없기 때문에 조직의 목표추구활동이 매우 어렵다. 예컨대 빈곤계층에 대한 소득지원은 반드시 필요하다는 견해가 있는 반면 그것은 일반 국민의 세금을 낭비하고 그들의 의타심을 조장하므로 철회되어야 한다는 견해도 있다. 비록 현재 진보적이고 혁신적인 프로그램이 존재하더라도 그것은 잠정적이며 정치사회적 분위기가 보수화되면 예산삭감과 프로그램 종결 등의 방법으로 사회적 지지는 철회될 수 있다.

이와 같이 불확실하고 비우호적인 사회적 분위기가 사회복지행정에 미치는 영향은 세 가지로 집약된다. 첫째, 사회복지기관의 관리자는 조직의 목표를 승인받기 위해서 정치적으로 또는 사회적으로 기관에 대한 지지를 확보하려는 환경관리의 역할이 크게 요구된다. 둘째, 사회복지기관의 관리자와 직원은 사회복지기관의 클라이언트와 기관의 프로그램 및 서비스에 대한 지역사회의 태도를 수정시키려는 각별한 노력이 필요하다. 셋째, 현존하는 기관의 프로그램과 서비스는 기존의 사회적 가치와 규범을 침해하지 않는다는 사실을 지역사회나 일반에게 주지시키는 노력이 요구된다.

2) 다양한 기대를 갖는 과업환경으로부터 지원과 협력확보

사회복지기관은 누가 클라이언트가 되어야 하고, 어떤 과정을 거쳐 어떤 목적으로 서비스가 제공되어야 하는가에 관해서 다양하고 때로는 상호모순적인 기대를 갖는 조직과 집단으로 구성된 과업환경(task environment) 속에서 운영되고 있다. 예를 들면 만성정신질환자에 대한 서비스에서 정부기관은 이들의 철저한 관리와 예방에 강조점을 두는 반면 정신의학전문가 조직체는 치료와 재활에 치중해야 한다는 입장을 보일 수 있다. 사회복지기관 운영에 직접적으로 영향을 미치는 정부기관, 전문직 조직체, 지역주민, 경쟁기관과 유사기관 등으로 구성된 과업환경의 요소 가운데 어떤 기관은 자신의 기대와 요구를 노골적으로 제시하는 경우도 있는데 사회복지기관은 이러한 요구를 수용하거나 협력적인 자세를 보여야 한다. 만일 그렇지 않을 경우 힘이 있는 과업환경의 기관으로부터 소외되거나 피해를 볼 수도 있다. 이러한 과업환경에서 사회복지기관의 관리자는 다양한 이해관계집단과 부단한 접촉을 유지하고 그들의 변화되는 요구와 기대를 이해하면서 그들에게 사회복지기관의 요구와 사정도 알려 주고 필요한 서비스와 자원을 상호교환하는 협상을 취할 수 있는 능력이 요구된다.

3) 다양한 조직구성원의 관점과 요구의 조정

사회복지기관은 과업환경적 요구의 다양성만큼 조직내부 구성원의 관점과 요구도 다양하다. 우선 클라이언트는 개인적으로 또는 집단적으로 조직의 목표와 서비스 종류와 범위에 대해서 특별한 견해를 표명한다. 때로는 그들의 요구와 기관의 방침이 마찰을 빚는 경우가 있기에 갈등해소와 조정이 필요하다. 또한 사회복지기관은 다양한 전문직종의 사람들이 혼재되어 있는 경우가 일반적인데 직원들의 전문분야에 따른 강조점이 상호 다르기 때문에 조정이 필요하다. 예를 들면 참여관리체제에 대해서 의사와 같은 전문직의 직원은 비효율적이고 시간낭비라는 시각을 갖는 반면 일반직원은 민주적 관행으로 찬성하는 입장을 표명한다. 따라서 사회복지기관의 관리자는 서비스의 수혜자인 다양한 클라이언트 개인과 집단의 요구와 상호모순되는 견해를 조정해야 할 뿐만 아니라 내부적으로도 다양한 직원의 관점과 요구를 적절히 조정하는 관리전략과 기술이 요구된다.

4) 서비스 기술의 불확실성과 관리통제의 한계

사회복지서비스를 표준화하기는 무척 어렵고 이에 관한 지식과 기술도 완전한 상태에 있는 것이 아니다. 따라서 서비스 제공과 기법의 사용에 대한 효과성 평가에도 어려움이 많다. 그것은 복잡 미묘한 인간을 다루는 지식과 기술이 완전할 수 없기 때문에 나타나는 현상이다. 예를 들면 자폐성장애아동의 사회성 향상을 위해서 개별서비스가 효과적인지 집단활동을 통한 것이 효과적인지에 관해서 확실하고 완전한 지식의 체계는 없다. 사회복지 프로그램의 경우에도 어느 정도의 자원과 어떤 인력을 투입해야 최선의 결과가 산출될는지에 대해서 확실한 방안이 마련되어 있지 않다. 그러므로 사회복지기관의 서비스나 프로그램을 질적으로 관리하고 통제하는 데에는 상당한 한계가 있다.

6. 사회복지행정의 영역

사회복지행정의 범위를 어떻게 정할 것인가에 관한 문제는 사회복지행정의 영역을 확정하는 방법으로 해결될 수 있다. 사회복지행정의 영역(domain)은 시대상황의 변화에 따라 그 영역이 사회복지정책수립과 집행을 포함하여 지역사회조직활동까지 확대되는 경우도 있었으나 오늘날에는 사회복지조직관리를 중심으로 조직내부의 영역과 더불어 환경과의 관계를 주된 활동영역으로 삼고 있는데 학자들 간에 거의 일치된 견해를 보이고 있다(Lewis et al., 2001 ; Skidmore, 1995).

여기에서는 사회복지행정의 영역을 평면적으로 보았을 때 그 속에 포함될 수 있는 다양한 사회복지행정 관련 활동과 요소를 수평적 영역(horizontal domain)으로 보고, 사회복지조직구성원이 행정활동 또는 관리활동에 관여하는 범위와 수준을 중심으로 일어나는 것을 수직적 영역(hierarchical domain)으로 보아 접근하겠다. 그리고 사회복지조직의 관리자가 행정활동에서 필요한 관리기술의 유형에 따라 달라지는 관리기술영역(management skill domain)도 설명하겠다.

1) 수평적 영역

앞서 사회복지행정을 사회복지정책을 서비스로 전환시키는 사회복지조직의 목표달성을 위한 조직구성원의 협력활동의 체계와 과정으로 정의했다. 그래서 사회복지행정은 사회복지조직을 중심으로 조직외부의 환경에서 요구하는 정책적 요구를 조직의 목표에 수렴시켜 이러한 목표달성을 위해서 조직구성원이 프로그램을 기획하고 인력과 자원을 배치하여 서비스를 클라이언트에게 제공하는 일련의 활동과정의 총체로 간주된다. 그렇다면 사회복지행정은 행정보다는 관리(management)의 의미가 강하게 내포되어 그 다양한 활동의 영역은 크게 조직관리, 환경관리, 자원관리, 프로그램 관리로 압축될 수 있을 것이다.

그림 1-1 사회복지행정의 수평적 영역

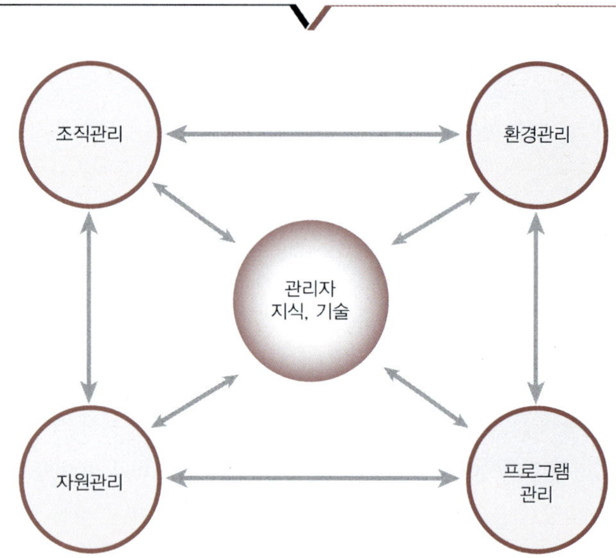

여기서 조직관리(organizational management)란 사회복지조직의 유지와 발전을 위해서 주로 조직의 내부적 구조인 계층제와 팀제 형성을 비롯하여 조직기술, 클라이언트, 문화, 리더십 등의 작용과 활동도 포함한다. 이 책에서는 이러한 행정의 영역을 미시적(micro)

조직관리로 취급할 것이다. 한편 오늘날 모든 조직은 개방체계(open system)로 환경과 부단한 상호작용을 통해서 성장과 발전을 할 수 있기 때문에 환경과 조직 간의 관계는 조직관리에 반드시 포함시켜야 한다. 사회복지조직에 크게 영향을 미치는 환경적 요소를 관리하고 지역사회 내에서 다른 조직들과의 관계를 적절히 유지하고 관리하는 활동영역은 환경관리(environmental management)에 속한다. 이 책에서 환경관리는 거시적(macro) 조직관리와 환경변화 그리고 전달체계를 논의하는 장에서 다루게 될 것이다.

사회복지행정의 또 다른 주요 영역인 자원관리(resource management)는 인적자원과 물적자원의 관리로 나누어진다. 인적자원관리의 핵심은 인사관리이기 때문에 사회복지조직구성원인 직원을 선발하고 직무를 분석하고 성과를 평가하고 직원을 개발하는 관리활동이 이에 포함된다. 물적자원관리는 조직의 관점에서 예산을 편성하고 집행하는 행정행위를 포함하여 프로그램과 서비스 제공에 필요한 재원을 동원하고 관리하는 활동을 말한다. 재정관리와 마케팅 및 홍보에 관한 장에서 자세히 논의될 것이다. 프로그램 관리(program management)는 사회복지 프로그램을 기획하고 수행하는 과정을 모니터하여 프로그램의 목표달성 정도를 평가하는 전 과정에 이르는 과업과 활동을 체계적으로 관리하는 활동이다. 프로그램 관리는 최고관리자가 관여하는 부분이 있지만 주로 중간관리자의 주요 행정영역이라 볼 수 있다.

2) 수직적 영역

사회복지행정을 행정관리자가 수행하는 관리활동으로 본다면 사회복지행정의 영역은 관리자의 위계수준에 따라 그들의 주된 활동영역이 달라질 수 있다. 일반적으로 사회복지조직의 관리자는 최고관리자(top manager), 중간관리자(middle manager), 일선관리자(supervisor)로 나누어지며, 이들이 제각기 수행하는 관리활동과 영역은 상호중첩되는 부분도 있지만 확연히 구별되는 각자의 영역이 있다. Kouzes와 Mico(1979 : 449-469)는 사회복지조직 관리자의 활동영역을 정책, 프로그램, 서비스 등 세 가지 영역으로 나누어 각기 다른 수준의 관리자가 주로 활동하는 영역을 구별하였다.

정책영역(policy domain)은 주로 조직의 외부환경과의 관계에서 일어나는 활동을 중심으로 하는 영역으로 정부의 각종 법률과 규칙의 집행과 관련된 업무와 이사회의 지침을 받거나 건의하는 활동을 포함한다. 여기서 정책이란 의미는 사회복지정책에서 사용되는 정부의 미래 행동계획이나 법률과 규칙의 시행이라는 의미가 아니고 기관의 주요 방침과 운영규칙을 의미한다. 이러한 사회복지조직의 정책영역은 최고관리자가 정부, 이사회, 기타 기관과의 관계를 유지하고 발전시키는 활동과 관련된 관리영역이다.

관리영역(management domain)은 통제와 조정활동이 중심이 되는 조직의 영역으로 최고관리자에서부터 중간관리자까지 모든 조직구성원이 관여하는 활동영역이다. 이것은 주로 조직의 프로그램을 기획하고 수행하는 과정에서 일어나는 행정관리영역으로 인적・물적자원을 결합하여 효과적인 프로그램의 목표달성을 위한 활동에 초점을 둔다.

서비스 영역(service domain)은 일선관리자가 직접 클라이언트에게 서비스를 전달하는 과정에 필요한 관리활동으로 주로 문서관리와 기록관리를 포함하여 클라이언트에게 양질의 서비스를 제공하는 활동과 관련되어 있다. 물론 최고관리자나 중간관리자도 궁극적으로 조직의 서비스가 어느 정도 효과적인가에 관심이 있기 때문에 서비스 영역에 어느 정도 관여한다고 볼 수 있으나 서비스 영역은 대부분 일선관리자가 재량권을 갖고 수행하는 조직 내 활동영역이다.

표 1-1 **사회복지행정의 수직적 영역과 관리자 활동**

조직관리자의 활동영역	관리자 수준	활동내용
정책(policy) 환경관계	최고관리자 (top manager)	정부의 법령, 이사회 관련, 지역사회
관리(management) 조정・통제	중간관리자 (middle manager)	인사 및 재무관리, 프로그램 관리
서비스(service) 서비스 전달	일선관리자 (supervisor)	클라이언트 관리, 문서 및 기록관리

3) 관리기술영역

사회복지조직의 관리자는 관리자의 위계수준에 따라 주로 관여하는 활동의 영역도 다르지만 그들의 관리활동에 사용되는 기술의 유형에 따라 사회복지행정의 영역도 달라질 수 있다. Katz(1974)는 일찍이 관리자의 위계수준에 따라 주로 사용되는 관리기술을 세 가지로 나누어 사회복지행정의 영역을 설명하였다. [그림 1−2]는 관리자의 수준에 따라 필요한 기술을 나타낸 것이다.

그림 1-2 관리자의 수준과 관리기술의 종류

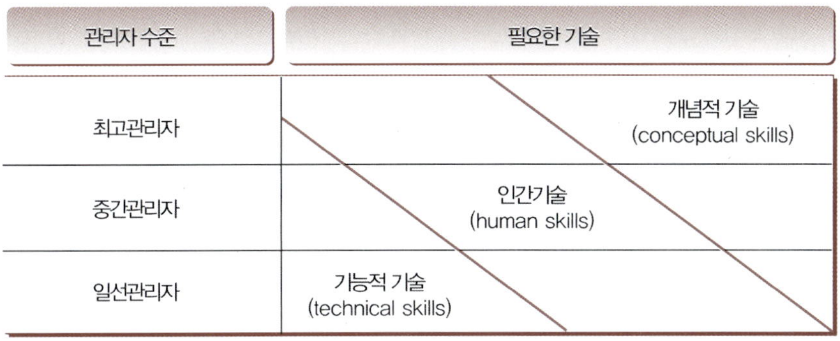

출처 : Hersey & Blanchard(1988)

기능적 기술(technical skills)이란 기관의 핵심활동을 성취하는 데 필요한 기술로서 주로 상담, 사례관리, 프로그램 기획과 점검 등 클라이언트에게 서비스를 전달하는 데 필요한 기술이다. 기능적 기술은 주로 일선관리자가 반드시 갖추어야 할 기술이며 최고관리자는 의사결정을 위해서 최소한 요구되는 기술이다. 이에 비하여 최고관리자는 개념적 기술이 크게 요구되고 있다. 왜냐하면 개념적 기술(conceptual skills)이란 조직의 비전을 제시하고 문제상황을 규정하고 해결하는 기술이기 때문이다. 인간기술(human skills)은 사람을 다루는 기술로 조직 내에서 매우 필요불가결한 기술이면서 모든 수준의 관리자에게 공통적으로 요구되는 기술영역이다. 따라서 사회복지조직의 모든 관리자는 사람을 다루고 대인관계를 원활히 유지하는 기술을 공통적으로 구비할 필요가 있다. 면접과 인터뷰 기술이 이에 해당한다.

일선 사회복지사가 승진되어 최고관리자가 되는 경우 그들은 자주 비효과적으로 기관을 운영하고 관리업무를 제대로 수행하지 못하는 사례가 발생하는데 그것은 관리자의 직급이나 위치상승에 따른 적절한 관리기술을 갖추지 못한 경우로 풀이된다. 즉 일선관리자가 중간관리자의 과정을 거쳐 최고관리자가 되면 일선관리자에게는 크게 요구되지 않는 개념적 기술을 이해하고 능숙하게 활용할 수 있어야 한다.

이상에서와 같이 사회복지행정의 영역을 수평적·수직적·기술적 관점으로 나누어 앞으로 다루게 될 사회복지행정의 요소와 범위를 살펴보았다. 이 책에서는 이러한 세 가지 차원의 사회복지행정의 영역들 중에서 수평적 영역을 기준으로 서술해 나갈 것이다.

제2부는 조직관리를 제4장 사회복지조직과 전달체계로 시작하여 미시적 조직관리와 거시적 조직관리로 각각 나누어 제5장과 제6장으로 구성하였다. 그리고 제7장은 관리자의 역할에 관해서 논의하였다.

제3부에서는 자원관리를 제8장 인적자원관리, 물적자원관리는 제9장 재정관리로 구성하였다.

제4부에서는 제11장 프로그램 기획과 프로그램 개발을 다루고, 제12장은 정보관리, 제13장은 사회복지평가라는 제목으로 구성하였다.

제5부는 사회복지조직의 환경관리와 과제란 타이틀 아래 제14장은 앞서 언급된 환경관리의 중요성을 다시 강조하여 조직이 환경과의 관계에서 변화와 혁신을 추구해 나가는 이론과 방법을 살펴볼 것이다. 그리고 제15장은 사회복지조직에서 협력이 왜 필요하고, 협력의 성공과 실패 요인을 분석하고, 협력의 새로운 트렌드인 집합적 임팩트의 개념과 성과를 논의할 것이다.

수평적 영역을 중심으로 이 책이 구성되었다고 해서 수직적 영역과 관리기술영역이 과소평가되는 것은 아니다. 왜냐하면 이러한 것들은 수평적 영역에 따른 각론에서 주제별로 서술해 나갈 때 필요시 논의되고 적절히 다루어질 것이기 때문이다.

요약

사회복지행정의 기초를 확립한다는 차원에서 사회복지의 개념과 기능을 살펴보았다. 협의와 광의의 사회복지개념을 규정하였고 원조, 사회개혁, 사회통제의 기능을 갖는 사회복지의 기능들이 상호보완적 관계가 있음을 확인하였다. 사회복지학에서 사회복지행정은 거시적 실천방법이 적용되는 실천방법임과 동시에 경영학과 관리과학 그리고 일반행정의 이론과 기법이 적용되는 학문영역이다. 사회복지행정은 사회복지정책을 서비스로 전환시키는 사회복지조직의 활동과 체계라는 정의를 기반으로 유사점과의 차이점을 규명하였다. 사회복지행정의 일반행정과 유사점과 차이점을 동질론과 이질론의 관점에서 구체적인 내용을 살펴보았다. 사회복지조직의 본질을 휴먼서비스조직의 고유 속성으로 보아 기본성격을 파악하였으며 유사하게 사회복지행정의 특성을 확인할 수 있었다. 사회복지행정은 대외적으로 조직목표에 대한 사회적 태도의 모호성과 지지결여의 특성 때문에 다양한 기대를 갖는 과업환경으로부터 지지와 협력을 확보하려는 특성이 나타났다. 또한 사회복지행정은 대내적으로 다양한 조직구성원의 관점과 요구를 조정하는 특성과 서비스 기술의 불확실로 인한 관리통제의 한계를 보이는 특성을 보유한다.

사회복지행정의 범위 또는 영역을 확정하기 위해서 수평적 영역, 수직적 영역, 관리기술영역, 세 가지 차원에서 분석하였다. 수평적 영역에는 조직관리, 자원관리, 프로그램 관리, 환경관리 등 네 가지 영역으로 나누어진다. 거의 모든 사회복지조직의 활동이 이러한 네 가지 영역에 포함되기 때문에 이 책의 구성은 이러한 수평적 영역으로 나누어 서술되었다. 수직적 영역은 정책영역, 관리영역, 서비스 영역으로 나누어지는데 최고관리자는 정책영역을 담당하고, 중간관리자는 관리영역을, 그리고 일선관리자는 서비스 영역이 주된 활동영역임이 파악되었다. 관리기술영역에서 최고관리자는 개념적 기술이 크게 요구되고 일선관리자는 기능적 기술을 비교적으로 많이 갖추고 있어야 함을 알 수 있었다. 인간기술은 사회복지조직이 본래 휴먼서비스기관이기 때문에 관리자의 수준에 상관없이 공히 요구되는 기술이다.

02 사회복지행정의 역사

사회복지행정에 관한 다양한 지식과 기술은 하루아침에 형성된 것이 아니다. 그것은 오랜 시간에 걸친 사회변동과 사회복지제도 및 학문의 발전과정에서 서서히 이루어진 것이다. 사회복지행정의 역사를 규명하는 데 있어서 중요한 것은 역사연구의 필요성과 시대구분이다. 우리가 역사를 고찰하는 이유는 과거를 통해서 현재의 위치를 정립하고 미래를 위한 방향을 설정하기 위해서이다. 그래서 먼저 사회복지행정이 독립된 학문분야로 가장 먼저 발전한 미국에서 어떤 시대적 상황과 여건 속에서 어떤 동인에 의해서 학문적 정체성을 확립하게 되었는지를 살펴보기로 한다. 미국은 거의 100년에 걸친 사회복지학문의 발전과정과 축을 같이하면서 형성된 사회복지행정의 역사가 길기 때문에 분명한 시대구분이 필요하다. 그러나 한국은 사회복지행정의 역사가 일천하기 때문에 현재로서는 시대구분이 큰 의미가 없다고 본다. 아무튼 역사연구에서 시대구분은 중요하지만 학자마다 다른 시각과 역사적 전환점에 관한 해석을 달리하기에 매우 주관적이고 다양하게 제시되고 있다.

1. 미국 사회복지행정의 역사

미국 사회복지행정의 역사를 규명하는 데 있어서 선행되어야 할 작업이 시대구분이다. 그러나 역사적 시대구분은 학자마다 중요한 역사적 사건에 부여하는 의미를 달리하기 때문에 각양각색이다. 여기서는 미국 사회복지행정의 역사를 3기로 나누어 고찰하였다. 우선 제1기인 형성기는 미국에서 민간사회복지기관이 출현한 남북전쟁 이후 1870년대부터 사회복지가 전문직으로 출발하는 시기인 1920년대까지이다. 제2기인 발전기는 1935년 사회보장법의 제정으로 공공복지행정이 시작되어 1960년대 연방정부 지원하에 설립된 각종 민간사회복지기관이 양산된 시기가 해당한다. 제3기 확립기는 사회복지행정이 사회복지학에서도 정체성이 확립된 시기로 1970년대 이후 민간사회복지기관의 재정적 위기가 닥쳐옴에 따라 효율성과 책임성이 강조되는 감축행정이 시작되는 시기에서 오늘날 다양한 행정이론과 기법이 활용되는 시기인 1990년대까지로 잡았다. Austin(2000 : 27)은 초기 미국 사회복지행정의 역사적 발전에 크게 영향을 미치는 요인으로 지역 상공인의 활동, 비영리민간자선조직의 창설과 움직임, 사회복지전문직과 전문가 훈련의 발전, 그리고 전국적인 공공복지행정의 출현 등 네 가지를 제시했다. 여기서도 이러한 주요요인을 고려하면서 미국 사회복지행정의 발전과정을 크게 사회복지학의 발전 테두리 안에서 행정에 관한 실천영역의 확대와 학문적 체계의 발전을 중심으로 앞서 제시한 시대구분에 따라 고찰해 보겠다.

1) 형성기(1870년대~1920년대)

미국 사회는 남북전쟁 이후 급격한 사회변동을 겪게 되었다. 특히 미국의 동북부와 중서부는 산업화와 도시화의 중심이 되었으며 유럽으로부터 대규모 이민자들이 집중적으로 정착하게 된 곳이었다. 이러한 도시지역의 급격한 사회변동은 빈곤, 실업, 범죄, 공중위생, 아동유기 등 각종 사회문제를 야기했기 때문에 이에 대한 대책이 마련될 필요성이 있었다. 전통적으로 미국은 영국식 사회복지제도를 그대로 답습하여 지방정부 중심의 소극적인 빈민구호사업을 전개하였고 교회를 중심으로 별도의 민간자선활동이 전개되어 왔다. 당시 대도시지역의 각종 사회문제의 분출은 지역실업인을 중심으로 한 지배계층에는 불안요인으로 작용하여 뉴욕, 필라델피아, 시카고 등 대도시의 사업가와 지배계층은 이러한 사회적 불안과 유럽에서 일어나는 사회주의 혁명운동의 위험성을 제거하고자 민간복지사업을 확충하는 데 주안하게 되었다(Lubove, 1965). 그 결과 자선조직협회(COS)라는 사회복지기관이 출현하였다.

1869년 영국 런던에서 처음으로 시작된 COS(Charity Organization Societies)는 1877년 미국 동부 버팔로에서 처음으로 조직화된 후 점차 확산되어 1894년 미국 전역에 92개소에 이르게 되었다(Day, 2000 : 207). 미국에서 민간사회복지의 체계적인 시작을 COS 기관의 창설로 보는 데는 이론의 여지가 없는데 이러한 COS 기관은 바로 부유한 지역실업가에 의해 주도되었다는 점을 기억할 필요가 있다. 지역사회의 부유한 실업가들은 각종 사회문제의 분출에 따른 사회불안을 제거하고자 복지제도의 확충이 필요하다는 데 인식을 같이하고 있었으나 공공복지행정의 확충은 정부의 무능과 부패로 인해 그들이 낸 세금이 낭비된다고 생각하여 바람직한 대안으로 고려되지 않았기 때문에 자연히 민간복지의 확충으로 가닥을 잡아 COS 기관을 설립하고 재정적으로 지원하는 일에 힘을 기울였다.

COS 기관의 설립과 운영이 사회복지행정에 던져 주는 특별한 의미가 있다면 그것은 COS 기관의 설립 그 자체가 민간복지기관의 효율성과 효과성을 향상시키려는 노력의 일환이었기 때문이다. 즉 COS 기관은 지역사회에 분산되어 있는 각종 자선기관과 사업을 조정하여 서비스의 중복과 누락을 방지하고자 수혜자 명단을 교환하고 사례회의를 하면서 공동으로 지역의 빈민문제에 대처하고자 하였다. 이러한 기관의 운영을 근본적으로 통제하는 조직은 이사회였으며 이사회는 주로 지역실업인과 지방유지들로 구성되었다. 그러나 이 기관을 실제로 운영하는 사람은 봉급을 받는 기관장과 자원봉사자들로 활동하는 우애방문원(friendly visitor)이었다.

초기 COS 기관의 행정가들은 사회복지조직의 인력을 양성하고 훈련시키는 프로그램에도 관심을 가졌는데, 처음으로 존스홉킨스(Johns Hopkins)대학에 사회과학 박사과정이 설치되어 졸업생들이 COS 기관과 다른 사회복지조직의 사무국장으로 진출하였다. 대학교육을 받은 자선행정가로 유명한 사람으로는 Amos Warner가 있었는데 그는 볼티모어 COS 기관의 사무국장으로 활약했다. 당시 가장 영향력 있는 대학교육을 받은 COS 기관의 지도자는 Edward Devine으로 펜실베이니아대학의 와턴(Warton)경영대학원 출신으로 29세의 나이에 뉴욕 COS의 사무국장으로 있으면서 1898년 뉴욕하계자선학교(New York Summer School of Applied Philanthropy)를 설립하여 사회복지사 양성교육을 처음으로 제도화하였다. 뉴욕하계자선학교는 더욱 발전되어 1910년 사회복지에서 미국 최초로 2년제 대학원 교육과정으로 정착하게 되었다. 따라서 미국에서 사회복지에 관한 정규교육은 1910년 뉴욕자선학교로부터 시작되었다. 1900년에서 1909년까지 필라델피아 COS 기관의 사무국장을 역임한 Mary Richmond는 최초의 여성 사회복지행정 전문가로 자선조직의 행정과 관리에 관한 수많은 저술과 연설문을 남겼다(Pittman-Munke, 1985).

20세기에 들어서서 COS 기관을 중심으로 한 사회복지기관의 행정가 역할은 지역공동모금회(Community Chest)와 지역사회복지기관협의회(Council of Social Agencies)의 창설과 더불어 더욱 강화되었다. 왜냐하면 제1차 세계대전 전후로 지역사회복지기관의 공통적인 재정문제에 효과적으로 대응하고 지역 차원에서 사회복지협의체 구성의 필요성을 느낀 사회복지기관의 행정가들이 이러한 조직체를 만드는 데 앞장섰기 때문이다. 실제로 지역 내의 개별복지기관이 연중 내내 재정적인 원조를 요청하는 번거로움을 없애고 일시에 집중적으로 모금해서 배분하는 방법에 지역사회복지기관의 행정가와 실업가는 모두 동의했기 때문에 공동모금회가 창설될 수 있었다(Cutlip, 1965). 그리고 지역사회의 빈곤문제와 사회복지욕구를 공동으로 조사하여 전체 지역사회문제를 체계적으로 계획수립하여 대처해야 할 필요성이 모든 사회복지기관들에 의해서 인정되었기 때문에 지역사회복지협의회가 생겨나게 되었다.

1920년대에 접어들어 민간사회복지조직의 행정에 상당한 변화가 일어났다. 즉 COS 기관을 중심으로 한 민간사회복지기관의 직원은 점차 사회복지전문가의 교육과 경험을 갖춘 인력(사회복지사)으로 충원되기 시작했으며, 행정기능과 이사회의 기능도 분화되어 행정기능은 행정가가 맡아 기관의 일상적 서비스 제공업무와 직원채용과 같은 인사업무를 담당하고 이사회는 재정과 기관의 주요정책을 결정하는 업무로 나누어지게 되었다(Kirschner, 1986). 이러한 실천영역에서의 발전에도 불구하고 1920년대 전반적으로 사회복지실천과 사회복지교육제도가 전문화되는 중요한 시점에 사회복지행정가를 교육하고 훈련하는 활동은 사회복지교육에서 충분히 인정받지 못했다. 그래서 Patti(1983)는 이 시기를 사회복지학문에서 사회복지행정이 명목적으로 인정되는 시기로 보았다.

그럼에도 불구하고 Hagerty(1931)는 1920년대 사회복지교육을 연구한 뒤 사회복지교육은 개별사회사업에 지나치게 집중되어 있다고 비판하면서 사회복지조직의 지도자, 지역사회조직가, 행정가를 위한 교육이 필요하다고 주장했다. 1929년 사회복지의 본질을 규명하려는 전국적인 학술대회인 Milford Conference에서 사회복지행정은 개별사회사업, 집단사회사업, 지역사회조직과 더불어 기본적인 실천방법으로 인정되었지만 구체적인 행정가의 역할과 기능에 관해서는 논의가 없었으며 사회복지행정의 영역과 지식체계에 관해서도 더 이상의 언급은 없었다. 그래서 Dunham(1939)은 이 시기 사회복지행정을 직접적 실천(개별사회사업)과 구별되지도 않고 분리된 기능으로도 생각되지 않았다고 주장했다.

전반적으로 미국 사회복지행정의 역사적 발전과정에서 형성기는 대도시를 중심으로 각종 사회문제를 효과적으로 대처하는 하나의 방법으로 지역실업인이 주축이 되어 형성된 민간사회복지기관인 COS와 공동모금회, 지역사회복지협의회의 창립과 운영을 중심으로 사회복지행정이 시작된 시기로 볼 수 있다. 초기에는 이사회가 민간사회복지조직을 전반적으로 통제하고 있었으나 20세기 이후 점차 정책을 담당하는 이사회와 관리기능이 분화되고 1920년대에는 직원들도 사회복지전문가로 충원되기 시작했다. 그러나 이 시기는 전체적으로 사회복지는 개별사회사업(social casework)을 중심으로 학문적 정체성과 전문성을 강화하려는 움직임을 보였기에 교육적으로나 학문적으로도 사회복지행정에 대한 특별한 인식과 관심은 미약했던 것으로 보인다.

그러나 마지막으로 이 시기 보스턴(Boston) 시에 있었던 Roxbury 지역사회복지관의 사회복지사와 행정가로 일한 경험이 있는 Mary Follett이 경영학과 사회복지행정학에 끼친 영향은 매우 크기 때문에 특별히 언급할 필요가 있다. 25년간 지역사회복지관의 행정가와 정부의 노사분규 조정관으로 활동한 Follett은 1920년대 미국과 전 세계의 경영학계에서 가장 영향력 있는 학자로 인정되어 각종 연설문과 저술을 남겼다(Graham, 1995). 그녀는 당시 유행하고 있던 합리적이고 기계 같은 조직관리원리가 강조되는 과학적 관리론에 반기를 들고 리더십, 건설적인 갈등해결, 조정, 조직과 사회에서의 인간 등을 강조하는 인간 중심의 조직관리를 주장했다(Selber & Austin, 1966). 그녀가 제시한 이러한 개념들은 1930년대 이후 거의 무시되어 오다가 최근 Drucker와 같은 세계적인 석학에 의해서 재조명되어 1990년대 이후 오늘날 유행하는 참여관리(participatory management), 임파워먼트(empowerment), TQM(Total Quality Management)과 같은 조직이론의 개념적 토대가 되었다. 따라서 Follett은 사회복지행정학의 선구자였으며 초기 경영학의 학문적 토대를 마련한 석학으로 간주되고 있다.

2) 발전기(1930년대~1960년대)

이 시기는 1930년대 경제대공황, 1940년대 제2차 세계대전, 1960년대 민권운동 등 급격한 사회변동의 시기로 전통적인 사회복지기관의 행정은 크게 도전을 받게 되어 상당한 변화와 발전을 이룩한 시기였다. 우선 1930년대 초반 경제대공황에 따른 대량실업과 빈곤문제는 미국 사회복지제도의 근본적인 변화를 초래했다. 그동안 지방정부의 소극적인 빈민구호 프로그램으로는 이러한 문제를 해결하기 어렵다고 판단한 연방정부가 1935년 사회보장법(Social Security Act)을 제정하여 사회보험과 공공부조 프로그램을 비롯한 다양한 사회복지서비스 프로그램을 제도화하였다. 미국 최초의 공공부조 프로그램인 ADC (Aid To Dependent Children)와 노인 및 장애인복지 프로그램들은 당시 사회개혁운동을 주도했던 시카고 헐하우스(Hull House) 사회복지관(settlements)의 행정가인 G. Abbott, E. Abbott, J. Lathrop과 Loosevelt 대통령의 측근 자문가인 H. Hopkins 사회복지사 등의 주도적인 활약에 의해서 만들어졌다(Austin, 2000 : 35). 아무튼 1930년대에는 연방정부의 복지제도확대정책에 따라 공공복지행정이 대규모로 확충되어 공공부조와 사회복지서비스를 제공할 사회복지사들이 채용되어 정부기관에서 본격적으로 공공복지행정이 시작된 시기로 볼 수 있다.

이와 같이 공공복지분야에 공무원으로 진출하려는 사회복지사에 대한 수요가 급증하면서 기존 사회복지대학원 졸업생으로는 공급이 부족하여 학부과정에서도 사회복지사가 배출되기 시작했고 민간기관의 개별사회사업 중심의 기존 교과과정은 공공복지행정가의 양성과 교육에 알맞지 않은 것으로 도전을 받게 되었다(Patti, 1983 : 8). 그래서 각 대학들은 기존의 개별사회사업과 집단사회사업의 지식과 기술이 공공복지의 행정과 슈퍼비전에 적용되는 방법을 교육내용에 포함시키려는 노력을 보였고, 사회정책 또는 복지정책이라는 교과목도 개설하며 부분적으로 가르치게 되었다. 그리고 사회사업가들은 당시 Follett, Gullick, Urwick, White 등의 학자들로 대표되는 행정학자들의 이론탐구에도 눈을 돌려 민간사회복지기관 운영에서도 분업, 통솔의 범위, 조정, 인사관리 등 행정개념을 적용시키기 시작했다. 그러나 이러한 노력은 산발적으로 이루어졌으며 1940년대까지 사회복지행정은 여전히 전문화를 강조하는 주류 사회복지에서 주변분야로 인식되고 있었다.

1930년대 말에는 두 가지 모델로 상호구별되는 사회복지행정가가 뚜렷이 나타났다(Austin, 2000 : 37). 하나는 민간사회복지기관의 행정가인데 그들은 사회복지대학원에서 수여하는 전문가 자격증을 갖추고 직접적인 실천인 개별사회사업의 실천경험을 보유한 사람으로 중소규모의 사회복지기관을 이끌고 인사관리에 관한 책임을 맡고 직원인 사회복지사와 이사회 사이를 조정하는 기능을 수행하면서 이사회에 협력적인 태도를 보이고 적절한 관계를 유지하면서 기관에 대한 지지를 획득하는 관리자이다. 다른 하나는 공공복지행정가인데 그들은 직접적인 실천의 경험이 없는 일반행정가 출신으로 주로 대규모 관료제적 조직을 이끌고 법과 규정에 의해 시행되는 복지 프로그램을 관리하면서 인사권과 재정권을 행사하는 관리자이다.

제2차 세계대전을 전후로 한 1950년대에 들어서서 행정학의 발전이 가속화됨에 따라 사회복지의 기본적인 가치, 지식, 기술의 토대에 일반행정의 이론과 기법을 접목시켜 사회복지행정을 체계화하려는 노력이 이루어졌다(Patti, 1983 : 9). 그 결과 사회복지행정은 일반행정과 분명히 구별되는 속성이 있다는 것이 인정되었고 개별사회사업적 지식인 대인관계기술들이 행정에도 적용되어 리더십과 직원의 동기부여에 활용되었고 사회복지행정은 일반적으로 민주적이고 참여적인 특성이 강조되는 개념으로 인정되었다. 이와 같은 초기의 사회복지행정 개념은 오늘날에도 여전히 유효하며 다양한 형태의 사회복지기관의 효율적인 관리 및 운영에도 시사하는 바가 매우 크다.

1960년대에는 연방정부의 공공부조 프로그램 개혁조치와 지역사회 중심의 다양한 사회복지기관이 출현함으로써 사회복지행정에 큰 변화와 발전을 이루게 되었다. 1962년부터 연방정부는 공공부조사업인 AFDC(Aid to Families with Dependent Children)의 수혜자 범위를 확대하여 대도시 중심에서 농촌지역에도 적용시켰으며 사회사업가의 상담에도 비용을 지불하게 되어 공공복지행정가와 사회사업가의 인력수요 및 활동을 더욱 촉진시켰다. 또한 1960년대 이후 미국 전역에서 일어난 흑인인권운동, 반전운동, 복지권운동 등 각종 민주화 운동의 결과로 생겨난 다양한 사회행동기관(social action agencies)의 출현과 정부지원으로 설립된 지역사회정신보건원(community mental health centers)의 탄생과 확충으로 이러한 기관을 관리하고 운영하는 사회복지행정가의 필요성이 더욱 증대되었다. 특히 사회행동기관을 설립하고 운영하는 개혁적인 시민운동가들은 전통적인 사회복지기관인 COS와 사회복지관(settlements)의 행정가들이 보여 온 기존의 보수적인 관행과 정책을 비판하기 시작했다. 이에 대하여 기존 사회복지기관의 행정가들은 행정을 정치와 구별하는 정치행정 이원론적 입장을 보이면서 행정은 정치적으로 중립적이며 관리기능이 강하다는 점을 강조하면서 대응하였다.

이 시기에는 사회복지사의 교육과 연구에 있어서도 사회복지행정의 중요성이 강조되어 상당한 발전을 이룩했는데 Hollis와 Taylor(1951 : 397)가 미국 사회복지교육제도를 연구한 결과 사회복지교육자는 행정, 슈퍼비전, 조사와 같은 영역에서 보다 큰 관심을 보여야 하며 이러한 과목을 교과과정에 반드시 포함시킬 것을 권고하였다. 그래서 1952년 미국 사회복지교육위원회(Council on Social Work Education)의 대학원 교과과정 규정에 조직과 행정절차에 관한 지식이 학생교육에 포함되어야 한다는 문구가 삽입되었다. 차후 Boehm(1959)은 그의 유명한 교과과정 연구에서 사회복지행정은 개별사회사업, 집단사회사업, 지역사회조직, 사회복지조사 등과 마찬가지로 다섯 가지 전문적 실천방법으로 간주되어 대학원 교과과정에는 반드시 사회복지행정이 포함되어야 한다고 주장했다. 그리고 1960년 미국사회복지사협회(National Association on Social Workers)는 사회복지행정과 지역사회조직을 연구하는 한 연구소를 후원하여 학자와 실무행정가들이 사회복지행정과 조직에 관한 연구를 수행하게 하여 보고서를 출판하였다. 이어 NASW는 1963년 사회복지행정에 관한 관심의 증대를 반영하여 협회 내에 사회복지행정위원회(Council on Social Work Administration)를 설립하기도 하였다(Patti, 1983 : 11-12).

이상에서와 같이 발전기는 민간복지행정에 덧붙여 공공복지행정이 가세되어 사회복지행정가에 대한 수요가 급격히 증가하여 사회복지전문직에서도 이를 수용하게 되어 행정의 중요성을 인정하고 교과과정에도 이를 반영하기 시작했으며 사회복지행정에 관한 학문적 연구가 증대되었다.

3) 확립기(1970년대~1990년대)

1960년대 Kennedy와 Johnson 대통령 시절 비약적으로 확대된 정부의 사회복지 프로그램들은 1970년대 들어서서 사회보장법과 공공부조 관련 법률들이 개정되어 더욱 복잡하게 세분화되면서 지속적으로 신장되어 왔다. 예컨대 사회보장법 제20조(Title XX)의 신설로 공공부조 수혜자들에게는 보육서비스나 가족계획서비스가 추가되었고, 식품보조서비스(food stamps)는 시범사업을 거쳐 전국적으로 확대되어 모든 빈곤계층에게 지원되는 프로그램으로 정착화되었다. 이러한 연방정부 사회복지 프로그램의 확대와 다양화는 조정과 관리의 문제를 야기해 사회복지행정가에 대한 교육과 훈련의 필요성이 대두되었다. 그 결과 사회복지대학원들과 미국공공복지협회(American Public Welfare Association)는 연방정부의 재정지원을 받아 민간사회복지행정가와 공공사회복지행정가를 대상으로 보수교육 및 훈련을 실시하였다(Austin, 2000 : 38). 연방과 주정부의 사회복지 프로그램이 세분화되고 다양화됨에 따라 지역 차원에서는 서비스 파편화에 따른 조정의 문제가 심각하여 통합적이고 효율적인 서비스 제공이 가능한 사례관리(case management)가 본격적으로 등장한 것도 1970년대 이후이다.

한편 이와 같은 사회복지 프로그램의 팽창과 다양화는 이에 대한 반사작용으로 사회복지 프로그램의 책임성과 효과성에 관한 논의를 촉발시키는 계기가 되었다. 그래서 확대된 사회복지서비스는 수혜자들이 복지에 대한 의존성을 심화시킬 수 있다는 사회적 우려를 낳기도 하였다. 사회복지계 내부에서도 자성의 목소리가 큰 반향을 일으키게 되었는데 Fischer(1973)는 그의 연구에서 1960년대 개별사회사업이 전혀 효과적이지 않다는 충격적인 연구결과를 발표하였다. 그 후 수많은 사회복지계 학자와 실천자들이 사회복지실천의 효과성 여부에 관한 논란을 계속하게 되었다. 아무튼 1970년대에 들어와서 일반사회나 사회복지계의 관심이 프로그램과 서비스의 팽창과 확장에서 효율성, 효과성, 책임성으로 바뀌기 시작했다.

1980년대에는 기존의 사회복지 프로그램이 확대에서 축소로 급격히 방향이 선회되었다. 연방정부의 사회복지 프로그램을 비롯하여 각종 지역사회행동, 도시재건, 지역사회정신보건사업 등의 예산은 크게 삭감되고 점차 정부직영 프로그램은 민영화되는 경향을 나타냈다(Kamerman & Kahn, 1989). 이러한 현상은 전술한 바와 같이 사회복지 프로그램의 확대에 대한 회의론이 득세한 것과 무관하지 않으며 효율성과 효과성을 더욱 강조하는 사회적 분위기를 만들어 내었다. 이와 같은 감축경영의 시대에는 사회복지행정가의 자격요건이 사회복지학으로는 충분치 않다고 판단되어 프로그램 평가, 비용-효과분석, 자원동원 등의 분야에 능력과 자격을 갖춘 관리자가 더욱 각광을 받게 되었다(Austin, 2000 : 39). 실제로 1980년대 말에는 사회복지 프로그램의 민영화(privatization)가 더욱 심화되어 민간사회복지기관 관리자에 대한 수요도 팽창하였고 그들의 직무수행에서 능력평가는 얼마나 많은 정부지원 프로그램을 계약으로 유치하는가의 여부와 정도에 달려 있었다.

1970년대 초반 CSWE의 조사에 의하면 상당한 수의 대학들이 사회복지행정을 포함한 거시적 실천전공교과과정을 운영하고 있었지만 실제로 전공을 선택한 학생들은 전체 학생 수의 10%~15% 정도에 머무르고 있었다(Kazmarsk & Macaror, 1976). 그러나 사회복지행정가에 대한 수요증대를 반영하듯 사회복지행정의 전공교과과정을 운영하는 대학의 수는 점차 증가하기 시작했다. 그 결과 1975년 전체 84개 사회복지대학 중 19개가 사회복지행정에 관한 교과과정을 운영하였는데, 1977년에는 35개 대학으로, 1991년에는 59개

대학 중에서 44개로 증가하였다(McNutt, 1995).

사회복지행정가의 전국적 조직체와 협회활동의 양상에서 공공복지행정가들은 주로 미국공공복지행정협회(American Public Welfare Association)의 개인회원으로 가입하여 활동하였고 민간복지행정가들은 아동복지, 가족복지, 정신보건, 사회복지관 등 분야별 협회에 가입하였을 뿐 별도의 전국적인 조직체를 구성하지 못하다가 1985년 전국사회복지사협회(NASW)의 행정가들만의 회의에서 사회복지관리자 네트워크(The Network for Social Work Managers)가 처음으로 결성되어 1998년에는 회원 500명의 규모로 발전되어 전문사회복지관리자 자격증(Academy of Certified Social Work Managers)을 부여하는 프로그램을 시행하고 있다(Austin, 2000 : 43). 1987년 사회복지행정을 대학에서 가르치는 교수들은 CSWE가 사회복지행정을 포함한 거시적 실천을 등한시하는 데 반발하여 사회복지행정 전공교수들의 연합체인 사회행정과 지역사회조직협회(Association for Community Organizing and Social Administration)를 결성하여 별도의 심포지엄을 개최하기 시작했으며 최근 회원의 수는 400여 명에 이르고 있다.

학문의 발전은 학술지의 발간과 전문학술서적의 출판과 깊은 관련을 맺고 있다. 1970년대 이후 사회복지행정은 학문적으로 독특한 정체성이 확립된 시기라 보는 까닭은 바로 전문학술도서가 대량으로 출간되었기 때문이다. 1970년 CSWE는 『*Social Work Administration : A Resource Book*』을 출간했는데 이 책은 사회복지행정에 관한 기존의 이론을 체계화하고 사회복지행정의 독특한 학문적 성격을 여실히 나타내는 저술로 평가된다. 또한 1976년에는 최초로 전문학술지인 『*Administration in Social Work*』가 출간되어 지금까지 가장 영향력 있는 학술지로 간주되고 있다. 사회복지행정에 관한 교재는 1970년대 후반부터 발간되기 시작했는데 지금까지 30여 종을 넘고 있다.

1990년대 미국의 복지국가는 낮은 경제성장과 국제경쟁의 심화로 인해서 후퇴하는 기미를 보이고 사회계층 간의 소득불평등은 더욱 확대의 골이 깊어 민간사회복지기관이 빈곤계층의 다양한 복지수요에 대응할 자원부족현상을 겪게 되었다. 1980년대 이후 시작된 사회복지서비스의 민영화(privatization)와 상업화(commercialization)는 1990년대 더욱 강화되어 전통적으로 비영리민간복지기관과 영리민간복지기관의 구분도 모호해졌으며 사회복지기관의 관리자는 정부지원, 후원금, 클라이언트가 지불하는 이용료 등 자원획득의 통로를 다변화해야 하는 상황에 직면하였다(Hasenfeld, 1996 : 192-193). 또한 미국 사회의 정보기술혁신으로 클라이언트에 관한 정보수집과 관리를 비롯하여 기관운영과 의사결정에 필요한 정보관리의 방법에도 큰 변화를 초래하였다. 그래서 최근에는 클라이언트와 상담을 하면서 동시에 컴퓨터에 수록된 사정기록지에 정보를 입력시키는 방법이 보편화되고 있다.

아무튼 1990년대 이후 미국 사회복지서비스조직이 이와 같이 변화하는 환경에 적응하기 위해서 보이는 양태는 각양각색으로 나타나고 있는데 그중 두드러진 현상 몇 가지를 살펴보겠다.

우선 1990년대 이후 미국 사회복지행정에서 강조되는 것은 재정관리와 마케팅(marketing)이다. 사회복지서비스의 민영화와 상업화가 급속도로 진행되고 빈곤계층의 다양하고 증대된 복지욕구를 충족시키기 위해서는 안정적인 재원확보가 무엇보다 중요한 과제로 제기되고 있다. 그래서 조직내부적으로 비용절감의 경영이 강조되고 외부적으로는 전략적 계획(strategic planning)을 수립하여 보다 공격적인 마케팅과 홍보를 강화시키고 있다(Gronbjerg, 1993). 이러한 재정관리의 중요성과 마케팅 강조 현상은 사회복지사와 같은 전문직 종사자의 클라이언트 선정과 예산관리에서의 자율성과 재량권을 제한하는 기제로 작용하기도 한다.

사회복지조직의 환경변화는 기존 조직구조의 변화와 리더십 변화를 가져다주었다. 전통적으로 관료조직구조를 형성하던 사회복지조직들이 수직적 조직구조를 수평적(flat) 구조로 변화시켜 여러 형태의 팀(teams)제와 태스크포스(task force) 집단을 형성하여 이들 하부조직들이 유기적인 네트워크를 구성하며 작동하도록 하였다(Hasenfeld, 1996 : 197). 이러한 조직구조는 환경변화에 매우 유연하게 적응할 수 있으며 조직운영의 효율성을 증대시키는 것으로 인식되었다. 또한 사회복지조직의 관리자 리더십에도 변화가 초래되었는데, 그것은 내부지향적이며 성과에 의한 보상을 강조하는 거래적 리더십(transactional leadership)보다는 외부지향적이며 새로운 아이디어와 도전을 중요시하는 변혁적 리더십(transformational leadership)이 점차 강조되고 있는 경향을 보인다(Lewis et al., 2001 : 269). 변혁적 리더십과 사회복지조직에서 구성된 사회복지조직의 직원에게 비전을 제시하면서 동기부여하는 적절한 인사관리의 방법으로도 효과성이 입증되고 있다.

마지막으로 1990년대 미국 사회복지조직의 관리 및 사회복지행정의 변화양상으로 크게 눈에 띄는 것은 사회복지조직의 합병과 연합이다. 이미 공공복지행정체계는 본래의 기능을 민간에 이양하는 민영화가 진행되고 있기 때문에 지역 차원에서 계약과 서비스 구매가 활발히 이루어지는 상황 속에서 위기감을 느낀 영세 민간사회복지조직들이 보다 경쟁력 있는 대규모 조직으로 합병(consolidation)과 협력으로 공동사업과 클라이언트 확보전략을 세우고 있다(Kettner & Martin, 1996). 이러한 합병과 연합에 의해서 새로운 형태의 사회복지조직이 출현하는 것은 특히 지역사회의 희소한 자원확보에 경쟁적 우위를 확보할 수 있기 때문에 더욱 가시적인 현상으로 나타나고 있다.

결론적으로 최근 30여 년 동안 미국의 사회복지행정가는 공공복지행정과 민간복지행정을 막론하고 급격한 사회변화로 인해 전통적인 조직관리와 행정가의 역할에 큰 변화가 일어나고 있다. 21세기에는 이러한 환경변화를 정확히 예측하고 효율적으로 대응하기 위해서 새로운 경영철학과 기법이 대거 사회복지행정에도 도입되어 적용될 것으로 전망된다.

2. 한국 사회복지행정의 역사

서구에서 사회복지학문 태동 이전 이미 자선조직협회(COS)와 지역사회복지관(settlement) 등 각종 사회복지기관이 있었으며, 학문의 태동은 자선 및 원조기관들이 직원을 교육시키고 자선활동을 체계화하려는 노력에 의해서 시작되었다(Austin, 2000 : 32-33). 마찬가지로 한국에서도 학문으로서의 사회복지가 미국으로부터 도입되기 이전에 현대적 의미의 사회복지사업을 전개하는 복지기관이 존재했기에 기관을 운영하고 관리하는 행정활동은 오래전부터 있어 왔다. 한국 최초의 민간기관으로 지역사회복지관은 1906년 미국 감리교 선교단체에 의해서 원산에 반열방이라는 이름으로 설치되었다. 그 후 1921년 미국 감리교 선교부는 서울 인사동에 태화여자관을 설치하며 현대적 의미의 민간사회복지관 활동을 전개하였다(황성철·강혜규, 1994 : 216). 한편 1930년대 조선총독부에서도 서울의 종로, 왕십리, 마포, 영등포 등에 지역사회복지관을 설치했으나 이러한 지역사회복지관은 공공구제기관의 성격을 갖고 있었으므로 민간의 자발적인 복지관운동으로 보기는 어렵다.

한국에서 민간에 의한 대대적인 사회복지사업의 참여는 1945년 광복 이후 한국전쟁을 거치면서 전쟁고아, 월남피난민, 부랑인 등을 위한 긴급구호와 수용시설에 의한 보호사업이 활발히 전개됨으로써 비롯되었다. 이러한 민간사회복지기관들은 주로 외국 원조기관의 지원을 받아 자선사업과 구호사업을 전개하였는데 이들 기관을 운영하는 사람들에게는 행정과 관리의 방법보다는 희생정신과 봉사정신과 같은 것이 더욱 중요시되었다. 1952년 내한한 캐나다 유니테리언 봉사회의 지원을 받은 사회복지관의 관리자에게는 체계적인 조직관리와 인사관리보다는 구호물자의 효율적인 배분이 사회복지행정과 관련된 주요 관심사였다(최원규, 1998 : 170).

한국에서 사회복지학문이 최초로 도입된 시기는 1947년으로 이화여자대학교에 기독교사회사업학과가 설치됨으로써 시작되었다. 그 후 1953년 현재 강남대학교의 전신인 중앙신학교에 사회사업학과가 설치되었고 1959년에는 서울대학교에서도 학부과정에 사회사업학과가 설치되었다. 당시 이들 대학교의 교과과정에 사회복지행정 과목이 있었는지는 확인되지 않고 있다. 1954년 미국 미네소타대학의 사회사업대학원장인 Kidneigh가 내한하여 미국식 사회사업 전문교육이 필요하다고 역설하여 교과과정으로 제안한 내용에서 사회복지행정이 포함되었고, 1961년부터 서울대학교에서 3학년 과목으로 사회사업행정을 가르치기 시작했다는 기록이 있다(최성재 · 남기민, 2000 : 54). 따라서 한국에서 학문으로서 사회복지행정은 이때부터 시작되었다.

이상에서와 같이 근대 이후 현대에 이르기까지 한국에서 사회복지가 학문으로 도입되기 훨씬 이전부터 민간에 의한 사회복지사업을 시작한 사회복지기관이 있었기 때문에 자원 및 서비스 관리와 같은 사회복지행정활동이 전개되었다고 짐작되지만 체계적으로 기관을 관리한 흔적은 엿보이지 않는다. 1950년대 이후 자생적으로 양성된 민간구호기관과 시설보호기관도 주된 재원의 공급체인 외국 원조기관과의 관계만 중요시되고 사회복지행정은 단지 구호물자의 효율적 관리에만 초점이 모아졌다. 따라서 전반적으로 이 시기의 사회복지행정은 사회복지의 전부인 개별사회사업에서 분화되지도 않았으며 행정의 중요성에 대해서도 인식의 정도가 매우 낮았다고 판단된다.

1960년대는 군사정부가 경제개발정책을 강력히 추진한 시기로 사회복지에 투자할 자원은 절대적으로 부족했기 때문에 여전히 민간복지기관들은 외원기관의 원조에 의존할 수밖에 없었다. 당시 123개 외원기관이 있었는데 이들 중 일부는 미국적 사회사업의 방법론을 적용하려는 노력은 있었지만 사회사업의 전문성은 크게 발휘되지 않았고 이러한 노력이 사회복지행정의 실천과 연구에 연결되지는 못했다(최성재·남기민, 2000 : 55). 그러나 1960년대는 7개의 대학이 새로이 사회사업학과를 설치하여 총 10개 대학에서 사회사업교육이 이루어졌다. 이때 신설된 학과에서 거의 대부분 사회복지행정이 교과목으로 채택되어 교육이 이루어졌으므로 사회복지행정의 학문적 중요성이 인식되었다고 볼 수 있다.

1970년대 정부의 경제개발정책이 서서히 효과를 나타내어 국민의 소득수준이 점차 향상되었고 국가의 재정능력도 어느 정도 향상되어 외원기관들이 점차 원조를 줄이거나 철수하기 시작하여 민간사회복지시설은 시설운영에 필요한 자원의 결핍이라는 문제가 더욱 심화되고 있었다. 이러한 와중에서 대학교육에서는 3개의 대학이 새로 사회사업학과를 설치하여 1970년대 말에는 총 13개 대학에서 사회사업이 교육되고 있었다. 하지만 이들 대학에서 사회복지행정의 중요성을 강조하는 정도는 달랐다. 즉 사회복지행정을 전공필수과목으로 인정하는 대학과 그렇지 못한 대학이 반반 정도 되었다(남세진, 1979 : 59).

이상에서와 같이 1960년대와 1970년대는 실천현장의 사회복지행정은 여전히 외원기관의 지원 아래 수용시설 위주의 긴급구호와 시설보호가 민간사회복지기관의 주된 업무였고 체계적인 기관행정과 관리의 요소는 찾아보기 힘들었다. 1970년대 민간사회복지기관들은 외원기관의 원조감소와 철수에 대비하는 조직 및 자원관리의 문제를 안고 있었으나 별다른 대책을 마련하지는 못했다. 한편 대학에서 사회사업학과는 꾸준히 증설되어 13개 대학에서 사회사업을 가르쳤는데 거의 모든 대학에서 사회복지행정의 중요성이 인정되어 교과목으로 채택된 점으로 미루어 보아 학문으로서 사회복지행정의 중요성은 어느 정도 인정되고 있었다고 생각된다.

한국에서 사회복지행정의 실천이 본격적으로 전개된 것은 1980년대와 그 후반부터로 각종 사회복지기관이 탄생하고 공공복지행정체계가 마련됨으로써 시작되었다. 특히 이 시기는 급속한 산업화와 도시화의 부산물로 각종 사회문제가 분출하였고 군사정부가 퇴진하고 사회의 민주화가 급속도로 진행되어 사회 각 계층에서 나타난 사회복지욕구의 분출도 폭발적이었다. 이러한 각종 사회문제의 대두와 국민의 복지수요의 팽창으로 정부는 아동, 노인, 장애인 등에 대한 각종 사회복지서비스 관련법을 제정 또는 개정하여 민간사회복지기관으로 하여금 이러한 서비스를 제공하도록 복지정책을 시행하였다. 그 결과 1980년대 후반 전문적인 사회복지조직이 나타나기 시작했는데 특히 종합사회복지관을 비롯한 상담 및 치료전문 사회복지기관도 이 시기에 급격히 증가하기 시작했다(김영종, 2000 : 70).

1980년대 사회복지학과 또는 사회사업학과를 신설한 대학은 급속도로 늘어나 30여 개 가까이 이르렀고 사회복지행정은 거의 모든 대학에서 주요전공과목으로 가르치고 있었다. 한편 1980년대 말 국가공무원 임용에서 5급 사회직이 신설되어 사회복지행정에 대한 관심이 고조되었다. 또한 1987년부터 공공부조업무를 담당하는 사회복지전문요원제도가 시행되어 1990년대까지 6대 도시 동사무소에 324명이 배치되어 차후 연차적으로 전국 읍・면・동사무소에 2,900여 명(7급 2,481명, 8급 519명)이 임용・배치되어 생활보호업무와 사회복지서비스업무를 담당하는 공공복지행정의 체계를 마련하였다. 이 시기에는 사회복지행정에 관한 단행본과 교재가 출현하게 되었는데 주로 행정학계에서 복지행정의 관점에서 교재가 발간되었다. 사회복지학에 기초한 사회복지행정 교재는 1988년 연세대학교 사회사업학과에 재직 중인 성규탁 교수가 출간한 『사회복지행정론』이 처음이다.

사회복지행정이 실제적으로 중요성을 인정받고 사회복지행정에 관한 연구활동도 활성화된 시기는 1990년대 이후부터이다. 특히 사회복지시설 및 기관에서 사회복지행정에 관한 수요를 촉발시킨 계기는 다음과 같은 세 가지 요인에서 찾을 수 있다.

첫째, 민간복지재단이 사회복지사업에 관한 사업계획서를 엄격히 심사하여 재정적인 지원을 하기 시작한 것과 사회복지공동모금제의 본격적인 시행으로 사회복지프로그램관리에 관한 중요성이 크게 부각되었다. 1995년부터 삼성복지재단은 전국 사회복지시설 및 기관을 대상으로 접수된 체계화된 사업계획서를 철저히 심사하여 지역적 특성에 부합하고 우수한 프로그램이라고 인정되는 사업을 선별하여 재정적인 지원을 함으로써 사회복지기관의 프로그램 기획 및 수행에 전문성을 향상시키는 계기를 마련하였다. 또한 1998년부터 본격적으로 민간 주도의 공동모금제도가 시행됨으로써 공동모금회의 재정지원을 받게 된 사회복지기관은 프로그램 관리와 재정관리에 보다 많은 노력과 관심을 기울이게 되었다.

둘째, 사회복지시설 및 기관에 대한 평가제도의 시행이 사회복지기관의 조직관리, 인사관리, 프로그램 관리, 재정관리 등 사회복지행정 전반에 대한 관심과 실천적 노력을 증대시켰다. 1997년 정부는 「사회복지사업법」을 개정하여 보건복지부 장관이나 시・도지사는 사회복지시설을 3년에 1회 이상 평가하도록 규정하였다. 이에 따라 1999년 보건복지부는 한국보건사회연구원으로 하여금 사회복지관을 비롯한 각종 사회복지시설에 대한 평가지표를 개발하게 하고, 2000년 전국 사회복지시설에 대한 대대적인 평가를 실시하였다. 시설 및 기관평가는 기관운영의 책임성, 효과성, 효율성을 높일 수 있다는 관점에서 사회복지행정의 중요성을 더욱 증대시키는 데 큰 역할을 하였다.

셋째, 사회복지시설 및 기관의 증대에 따른 지역사회에서 기관운영에 대한 경쟁적 분위기가 고조되고 이에 따른 자원확보의 중요성이 강조되었다. 사회복지관의 증가는 1990년대 후반 급증하였고 IMF 외환위기 이후 제정된 「국민기초생활보장법」의 시행에 따른 자활후견기관과 지역사회 각종 NGO 기관의 출현은 기존 사회복지시설로 하여금 한정된 지역사회의 자원을 놓고 서로 각축을 벌이는 상황이 되었다. 이에 사회복지시설 및 기관을 운영하는 데 필요한 현대적 관리 및 경영기법이 요구되어 사회복지행정에 대한 관심이 크게 고조되었다.

1990년대 이후 사회복지학과 또는 사회사업학과를 설치한 대학의 수는 꾸준히 증가하였고 사회복지학에 바탕을 둔 사회복지행정의 교재 출판은 3~4권으로 늘어나 학문적으로도 사회복지행정의 개념 및 범위에 관한 논의가 활발히 일어나고 한국사회복지학회지에 게재된 연구논문도 점차 구체적인 행정과정과 활동에 관한 것으로 초점이 모아지고 있었다. 이러한 과정에서 사회복지행정의 학문과 실천의 발전에 큰 획을 긋는 일이 발생하였다. 1999년 2월 전국 사회복지학과 교수 중 사회복지행정을 전공하는 교수 30여 명이 한국사회복지행정학회의 창립을 위한 발기인 대회를 개최한 데 이어 3월 27일 청주대학교에서 한국사회복지행정학회가 창립되고 창립기념학술대회를 개최하였다. 학회의 탄생은 학문과 연구활동의 활성화를 의미한다. 한국사회복지행정학회는 1999년 창립된 이후 매년 봄과 가을에 정기학술대회 및 워크숍을 개최하며 학술연구뿐만 아니라 실천영역에서 필요한 지식과 기술을 체계적으로 보급함으로써 학문발전과 사회복지기관 운영에도 크게 이바지하고 있다.

2000년 이후 한국 사회는 새로운 형태의 사회적 위험요소들이 나타나기 시작했다. 우선 저출산·고령화 문제는 지속가능한 경제성장에 위협을 가하고 정부의 복지비용 지출에 상당한 부담을 주게 되었다. 또한 여성의 사회참여 확대와 가족 구조와 기능의 변화로 인한 아동, 노인, 장애인의 가족돌봄 기능도 위협을 받는 가운데 결혼이주여성과 탈북이주자의 사회적응문제와 더불어 사회의 양극화 문제도 그 심각성이 날로 심화되고 있었다.

이러한 신사회적 위험에 적극적으로 대처하기 위해서 정부는 복지정책에서도 상당한 변화를 추구하였다. 2000년 이후 사회복지행정의 범주에서 포착되는 정부의 복지정책 변화 중 가장 두드러지는 것은 사회복지서비스의 민영화와 지방화이다.

민영화(privatization)란 공공재나 준공공재 성격의 사회복지서비스를 민간 영리기관도 제공할 수 있도록 허용하는 것을 말한다. 1997년 「사회복지사업법」의 개정으로 사회복지시설의 설치기준을 허가제에서 신고제로 바꾼 것은 민간 개인과 단체에 대해 일정한 요건만 갖추면 사회복지서비스 제공기관으로 인정한다는 것이다. 이러한 법 개정을 시초로 본격적으로 민영화가 추진된 것은 2007년 사회서비스 바우처 제도의 도입과 2008년 장기요양보험제도의 시행이다. 정부는 기존의 사회복지서비스에 교육, 고용, 문화, 환경 등의 분야를 포괄하는 사회서비스 바우처 제도를 시작함으로써 노인과 아동에 대한 돌봄서비스, 장애인지원서비스, 지역사회투자사업 등 다양한 프로그램을 개발하여 사회복지기관뿐만이 아니라 민간 영리기관에도 참여를 허용하였다.

사회서비스 바우처(voucher) 제도는 정부의 사회복지 공급자에게 지원하는 보조금 교부방식과는 완전히 다른 획기적인 조치이다. 이것은 정부가 사회서비스를 제공하는 기관에 보조금을 지원하는 대신 사회서비스 이용자격을 갖춘 자에게 직접 이용권인 바우처를 제공하여 서비스 수혜자인 클라이언트가 공급기관을 스스로 선택하여 결정하는 제도이다. 마치 의료보험증을 가진 일반 국민이 본인에게 적합한 의료서비스를 제공하는 병의원을 선택하는 것과 같은 이치이다. 참여정부에서 보건복지부의 지역사회서비스투자사업으로 시작된 바우처사업은 사회서비스 대상을 취약계층뿐만이 아니라 중산층까지 확대하여 보편적 사회서비스로 간주된다는 측면에서도 의의가 있지만 사회서비스 공급방식을 획기적으로 변모시키면서 서비스 공급기관의 진입장벽을 허물고 기존 사회복지기관을 포함하여 민간 영리기업도 참여할 수 있도록 했다는 측면에서도 주목을 끈다. 따라서 사회서비스의 민영화는 상업화의 의미도 함축하고 있다. 전자바우처 제도는 지역사회투자서비스 이외 보육서비스를 포함한 아동돌봄서비스, 노인돌봄서비스, 장애인지원서비스 등에도 도입되고 있다.

최근 우리나라 사회복지 환경변화 가운데 사회복지행정에 지대한 영향을 주는 또 다른 하나의 현상은 지방화이다. 2003년부터 국고보조사업으로 운영되던 사회복지사업 중 상당부분이 지방으로 이양되고 국고보조사업 예산에 해당되던 부분이 지방정부의 교부세로 전환되었다. 소위 분권교부세로 지방정부는 지역 특성에 맞는 사회복지계획을 수립하고 시행할 수 있도록 했다. 따라서 각 시·도는 지방의 실정에 알맞은 사회복지기관의 신설과 각 유형별 사회복지기관에 대한 예산지원도 달리하고 있다. 2003년 「사회복지사업법」 개정으로 지자체 지역복지계획 수립과 동시에 지역복지협의체(현, 지역사회보장협의체) 설치를 의무화하였다. 전국 230개 시·군·구는 5년에 1번씩 지역사회복지계획을 수립하여 기초자치단체별 지역복지의 활성화에 기여할 수 있다. 지역사회복지협의체는 민주화, 지방화 등 사회환경적 배경과 사회적 자본, 거버넌스(governance) 등 이론적 배경을 바탕으로 민관의 협력적 파트너십 및 시민사회의 참여를 통해 지역단위 구성원들이 자율적이고 책임있게 복지사업의 역할을 수행하도록 도입되었다(이현주 외, 2003). 지역사회복지협의체의 주요 기능은 지역복지에 관한 주요 사항을 민간과 공공이 협의하여 심의하고 개선이 필요한 사항을 시장, 군수, 구청장에게 건의하는 기능과 지역사회 인적·물적자원을 연계 및 조직화하고 통합서비스 제공을 보건과 복지 및 타 영역과 연계하는 기능을 수행한다.

2000년 이후 사회적기업에 관한 관심의 고조로 인해 고용노동부는 2007년 「사회적기업 육성법」을 제정하여 사회적 목적으로 설립되지만 수익창출을 위한 영업활동을 하는 새로운 조직이 출범했다. 주로 비영리법인, 비영리민간단체, 생활협동조합, 사회복지법인, 공익법인만이 사회적기업을 설립할 수 있다. 그리고 사회기업은 취약계층의 고용비율을 30% 이상, 수혜자 중 취약계층 비율을 20~30% 이상으로 한정하고 이윤의 ⅔ 이상을 사회적 목적으로 사용하여야 한다. 고용노동부의 인증을 받은 사회적기업의 유형에는 노동통합 일자리제공의 사회적기업, 사회서비스 제공 사회적기업, 혼합형 등이 있다. 보건복지부에서도 사회서비스 선도사업과 성과관리형 자활시범사업이 넓은 의미에는 사회적기업에 속하나 법률 규정에 따라 그 명칭을 사용하지 못하고 있다. 사회서비스 선도사업에는 취약지역 지원사업, 돌봄서비스 네트워크화/공동사업화 사업, 신규/고부가가치형 사회서비스 육성사업이 있다. 성과관리형 자활시범사업은 2009년부터 '희망리본프로젝트'라는 명칭으로 각 시·도에 광역자활센터가 설립되어 수급자와 차상위계층에게 각종 복지서비스를 제공하면서 취업이라는 목표달성의 여부에 따라 예산을 차등지원하는 방식을 사용한다.

3. 전망과 과제

현재 한국의 전반적인 사회복지 현실에 비추어 볼 때 사회복지행정에 대한 지식적 기반 확대의 필요성이 크게 나타나고 있다. 오늘날 점진적으로 사회복지의 총량적 규모가 팽창함으로 인해 사회복지조직들의 양적 증대가 이루어짐에 따라 사회복지서비스는 다양화되고 그 규모도 확대되고 있다. 따라서 사회복지정책 변화에 따른 사회복지서비스 제공에 대한 체계적 관리와 운영이 그 어느 때보다 절실히 요구되고 있다. 사회복지행정에 대한 수요와 도전은 단지 사회복지조직의 환경변화에 의해서만 증대되거나 발생되지는 않는다. 조직관리의 전근대성을 탈피하고 지식경영과 인적자원의 활용을 극대화하는 방향으로 선회하는 것이 현대의 조직경영에서 요구되는 것이므로 이러한 것들은 사회복지행정에 대한 새로운 도전으로 자리 잡는다.

역사적으로 사회복지행정은 실천영역에서 먼저 시작되었다. 비록 학문적으로 사회복지행정은 1960년대부터 대학교육에서 비롯되었지만 실천과 학문영역은 최근까지 거리를 좁히지 못하고 평행선을 이어 왔다. 1990년대부터 본격적으로 이루어진 실천과 학문의 연계 및 공조체계는 사회복지행정에 관한 다양한 지식이 산출되었지만 여전히 단편적인 지식의 나열 그 이상의 무엇을 발견하기는 어렵다. 사회복지학의 한 분야로 사회복지행정에 관한 연구의 역사가 일천한 탓도 있지만 실천의 기반이 되는 사회복지조직의 확충과 발전 또한 최근에 이루어진 현상이기 때문이기도 하다. 우리나라 사회복지조직의 변화와 발전 그리고 사회복지행정의 학문성에 영향을 주는 요인을 살펴보고 실천영역에서 사회복지조직이 당면하는 과제와 사회복지행정연구의 발전을 위한 과제를 도출해 본다.

1) 사회복지조직의 변화와 향후과제

사회복지행정활동이 일어나는 거점이 되는 한국 사회복지조직의 변화에 지대한 영향을 주는 요인은 크게 세 가지로 압축할 수 있고 그에 따라 사회복지조직이 해결해야 할 과제는 다음과 같다.

첫째, 사회복지서비스 공급조직의 확대에 따라 조직경쟁력이 강화되어야 한다. 한국에서 사회복지서비스는 현재 총량적인 차원에서 지속적으로 확대되고 있기 때문에 지역사회에 기반을 둔 기존의 사회복지서비스조직은 새로운 조직의 증가로 한정된 지역사회의 자원을 놓고 서로 경쟁하거나 갈등하는 상황이 예견된다. 특히 2007년부터 시작된 사회서비스 바우처 사업과 2008년 시행된 노인장기요양보험제도는 기존의 비영리사회복지조직이 거의 독점하던 사회복지서비스를 영리기관, 종교기관, 가족과도 경쟁해야 하는 상황으로 바뀌었다. 따라서 사회복지서비스조직은 관리 및 행정체계를 정비하여 경쟁우위를 확보하지 않으면 생존에도 크게 위협을 받게 될 것이다. 사회복지조직은 그 특성상 외부자원에 크게 의존하기 때문에 조직의 외연을 확대하는 차원에서 경계 잇기와 적극적인 환경관리가 절실히 요청되고 있다(김영종, 2000 : 52). 이러한 관점에서 사회복지조직의 행정가와 관리자는 외부지향적이고 변혁적인 리더십을 발휘하여 사회복지조직의 환경변화에 능동적으로 대응해 나가야 할 것이다.

둘째, 책임성 요구의 증대에 따른 사회복지조직관리 및 행정의 과학화가 필요하다. 전술한 바와 같이 정부는 사회복지조직에 의무적으로 3년에 1회 이상 평가를 하도록 법률로 규정하였다. 사회복지기관을 운영하는 관리자의 입장에서는 부담스러운 법조문이지만 이를 보다 긍정적으로 해석하여 시설 및 기관평가를 해당 기관의 문제점 분석과 개선의 기회로 활용할 수 있을 것이다. 평가의 핵심은 책임성 요구이고 책임성은 앞으로도 지속적으로 사회복지행정에서 가장 큰 이슈의 하나가 되기 때문에(정무성, 1999 : 15) 사회복지기관은 더 이상 회피할 수 없는 명제로 받아들여야 한다. 책임성의 올바른 이행은 시설 및 기관의 전반적인 운영과 프로그램, 재정, 클라이언트와의 관계에서도 합리성과 전문성을 향상시키는 길이다. 그래서 조직관리자는 주먹구구식의 기관운영을 탈피하고 새로운 경영과 행정철학을 바탕으로 전문적 서비스를 제공할 수 있도록 행정체계를 과학화할 필요가 있다. 이에 따라 MIS(경영정보시스템)의 도입과 적용, 욕구조사방법의 체계화와 다양화, 각종 과학적 프로그램의 관리기법 등이 절실히 요구된다.

셋째, 근로환경의 변화에 따른 조직의 근로환경 개선과 새로운 사회복지서비스조직의 문화창달이 요구된다. 사회복지기관은 전통적으로 불우계층과 소외계층을 대상으로 서비스를 제공하기 때문에 사회적 지위가 낮다(Hasenfeld, 1992 : 25). 이러한 이유로 사회복지기관에 근무하는 사회복지사를 비롯한 전문직원은 다른 직종의 인력보다 사회적 처우가 열악하다. 최근 사회 전반의 근로환경이 급속히 향상되고 변화되고 있는 흐름에 편승하여 기존의 열악한 근로환경을 개선시키려는 노력이 절실히 요구된다. 사회복지서비스의 질이 전문성을 갖는 직원의 사기와 노력에 의해 크게 좌우되기 때문에 서비스의 효과성을 발휘하기 위해서 직원의 동기부여, 참여확대, 보수수준의 향상 등을 위한 인사관리계획의 수립과 시행이 시급하다. 이러한 근로조건의 향상으로 보다 긍정적이고 발전적인 조직문화(organizational culture)를 형성해서 유지하는 일이 사회복지기관 관리자에게 부여된 중요한 과제 중의 하나가 될 것이다.

2) 한국 사회복지행정의 전망과 과제

사회복지행정은 사회복지서비스조직을 중심으로 복지정책과 복지서비스를 이어 주는 가교 구실을 한다. 그래서 사회복지행정은 때로는 복지정책의 수립과 집행에 영향을 줄 수 있고 사회복지서비스의 제공방법과 질을 결정하기도 한다. 이러한 측면에서 사회복지행정은 사회복지실천의 전 영역을 망라하는 광범위한 범위로 확대될 수도 있다. 사회복지행정학은 비록 사회복지학의 한 분과학문이지만 사실상 학문연구의 활동은 전 방위에 걸쳐 광범위하게 전개될 수도 있을 것이다. 향후 사회복지실천현장에서 요구되는 바가 사회복지학과 다른 분과학문에서 적절히 수용되지 않을 때 사회복지행정학은 그 학문연구활동이 위로는 정책이나 아래로는 서비스 영역으로 광범위하게 확대될 수 있을 것이다. 그러나 사회복지행정학의 일차적인 관심영역은 사회복지서비스조직을 중심으로 하는 행정 및 관리활동이기 때문에 당분간 이러한 연구활동의 범위는 크게 변화되지 않을 전망이다.

사회복지서비스조직의 팽창과 더불어 경쟁력의 강화가 요구되고, 평가로 인한 책임성이 중요시되어 기관관리 및 운영의 과학화가 이루어져야 하고, 근로환경의 변화에 따른 직원의 근로조건 향상과 생산적 조직문화의 형성이라는 중차대한 과제를 안고 있는 오늘날 한국 사회복지서비스조직은 이러한 당면과제를 합리적으로 해결하기 위해서는 사회복지행정에 관한 지식과 기술이 필수불가결하다. 이러한 관점에서 향후 한국 사회복지서비스조직의 사회복지행정학에 대한 의존도는 더욱 증대하리라 예상된다. 따라서 향후 한국 사회복지행정학계가 수행해야 할 과제와 방향은 다음과 같다.

(1) 학문적 정체성의 확립

한국 사회복지행정학은 초기 사회복지학에서 크게 분화되지도 않았고 학문공동체인 학회의 창설도 최근에 이루어져 전반적으로 사회복지학의 학문적 특성을 그대로 유지하고 있는 형편이다. 한국의 사회복지학이 서구 이론을 무비판적으로 수용하거나 진지한 한국적 실천현장의 고려 없이 연구되고 있다는 학계의 자성적 비판이 사회복지행정학에도 그대로 적용된다고 본다. 따라서 한국의 사회복지행정학은 학문발전의 초창기인 지금부터 외국 이론을 그대로 수용하는 것보다 한국 사회복지서비스기관 및 시설의 고유성에 기반을 둔 조심스러운 이론의 도입과 적용이 필요하다. 이러한 접근이 사회복지행정학의 한국적 토착화를 선도하고 사회복지학에서도 독립된 학문영역으로 그 정체성을 확립하는 지름길이 될 것이다.

(2) 기초이론의 정립과 연구방법론의 다양화 및 정교화

사회복지행정학은 인접사회과학인 정치학, 경제학, 행정학, 관리과학, 경영학의 지식과 기술을 차용하고 있다. 그러나 최근 한국에서 연구된 논문과 발간된 단행본을 면밀히 살펴보면 인접학문의 이론을 비판 없이 소개하거나 적용의 근거로 삼는 경우가 허다하다. 사회복지행정의 실천현장을 체계적으로 지도하기 위해서는 기초이론을 정립하는 문제가 선결되어야 한다. 한국 사회복지행정학의 연구동향을 면밀히 분석해 보면 이론연구에 대한 갈증과 빈곤문제가 있으며 행정역사, 행정철학, 재정관리 등 비교적 소외된 영역에서의 기초이론을 확립하는 작업과 노력이 필요하다. 또한 연구방법론의 차원에서는 대부분 계량적 연구방법을 사용하고 있기 때문에 질적 연구가 활성화되어야 하며 계량적 조사분석의 경우에도 인과관계를 기초로 한 체계적인 자료분석의 방법이 적극 활용될 필요가 있다.

(3) 사회복지관리자 아카데미의 설치 및 운영

한국사회복지행정학회는 실천현장의 관리자를 교육·훈련시키는 사명을 저버려서는 안 된다. 최근 급속히 양산된 사회복지서비스조직의 관리자는 효과적인 기관운영을 위한 노하우와 기술이 부족하다. 그래서 사회복지조직 관리자의 능력을 개발하고 효과적인 리더십을 발휘할 수 있도록 지속적인 교육훈련의 과정을 마련해 주어야 할 것이다. 사회복지관리자 아카데미는 한국사회복지행정학회가 주도하여 연중교육계획안을 마련하여 사회복지조직운영, 인력개발과 관리, 재원관리와 마케팅 등 최근 급격한 수요를 보이는 일선기관 관리자의 학습욕구를 충족시키는 교육 프로그램을 제공하여 일정 시간을 이수한 관리자를 대상으로 유능한 관리자로서의 소양을 갖춘 자로 보아 학회가 공인하는 자격증을 부여하는 방식으로 운영할 수 있다.

(4) 사회복지행정 지식정보시스템 구축 및 확산

지식정보화 사회에서 지식경영은 지적 능력을 자산으로 관리하는 제도를 중요시한다. 한국사회복지행정학회는 사회복지기관의 관리자와 실무자들이 쉽사리 접근하여 필요한 지식을 얻을 수 있도록 지식정보시스템을 구축하고 이를 활용하게 할 필요가 있다. 학계에서 지금까지 연구된 각종 논문과 발표문의 수록은 물론 사회복지기관 관리에 관한 다양한 기술과 기법을 취합하여 실천현장에 보급해야 한다. 실천학문으로서 사회복지에 바탕을 두고 사회복지기관의 관리활동에 초점을 둔 사회복지행정에 관한 연구는 학계와 실무계의 상호협력적이고 유기적인 정보교류의 흐름에서 더욱 큰 결실을 맺을 수 있을 것이다.

(5) 공공복지행정 연구 및 공공복지행정가 교육 · 훈련

한국의 사회복지행정학은 미국에서 발전된 사회복지행정학을 모체로 형성되었다. 미국의 사회복지행정은 전형적으로 민간사회복지기관을 중심으로 인력, 재정, 프로그램 등에 관한 관리과정에 초점을 맞추어 왔다. 이러한 전통이 그대로 답습되어 한국의 사회복지행정에 관한 학문과 실천활동도 민간기관을 중심으로 다루어져 왔다. 그러나 한국의 사회복지행정의 범위를 이제는 공공복지행정을 포함하여 보건복지부의 행정조직에 관한 연구를 비롯하여 정부의 복지정책결정 및 시행과정에 관한 연구도 필요하며 사회복지전담공무원의 행정활동에 관한 연구도 심도 있게 다루어져야 할 것이다. 사회복지사 자격증을 소지한 자로 지방공무원 시험에 합격하여 공공부조업무를 담당하는 사회복지전담공무원의 직무수행과 행정활동을 연구대상에 포함시킬 필요가 있다.

(6) 민영화와 복지경영의 대두

최근 한국의 사회복지서비스는 민영화(privatization)라는 커다란 조류에 휩쓸려 있다. 사회복지시설 및 기관운영이 허가제에서 신고제로 변화된 것을 필두로 각종 복지서비스 이용권(voucher) 제도의 시행과 제3자 지불형태의 강조 등으로 전통적 비영리조직인 사회복지기관은 기관운영에서 영리조직과 경쟁하는 체계에 놓이게 되었다. 따라서 기존의 정부보조금의 효율적 집행이라는 명제는 그 빛이 바래고 사회복지서비스 공급체계의 다원화에 따라 비교 우위를 확보할 수 있는 경영자 입장이 강조되고 있는 추세에 있다.

요약

이 장에서는 사회복지행정의 역사를 고찰하였다. 우선 미국 사회복지행정의 역사를 형성기, 발전기, 확립기의 3기로 나누어 접근하였다. 형성기는 1870년대부터 사회복지가 전문적으로 출발하는 1920년대까지이다. 형성기는 자선조직협회(COS)가 출현하여 Richmond와 같은 초기 전문가가 활동하던 시기로 사회복지행정이 명목적으로 인정되었으며 사회복지실천의 한 방법으로 간주되었지만 교육의 지식과 실천적 체계를 갖추지 못한 시기였다. 발전기는 1930년대 사회보장법의 제정과 더불어 공공복지행정이 싹트기 시작한 시기로 일반행정 이론이 적용되기 시작했다. 결국 이 시기 사회복지행정가는 자선조직협회와 지역사회복지관을 중심으로 활동하는 민간복지행정가와 주정부와 공공기관에서 일하는 공공복지행정가로 나누어졌다. 발전기에 사회복지행정이 전문적 실천방법으로 간주되기도 하였으며 미국사회복지사협회에는 사회복지행정위원회가 설립되는 진전을 보였다. 1970년대 이후 확립기에 다시 사회복지행정에 관한 전문서적과 학술지가 발행되고 본격적인 연구가 시작되었다. 1980년대와 1990년대 재정관리와 마케팅이 강조되며 경쟁력 확보의 차원에서 사회복지조직이 대규모 조직으로 합병되거나 연합되는 양상을 보였다.

한국에서 사회복지행정의 시작은 미국과 마찬가지로 학문발전 이전에 이미 사회복지조직이 설치되어 행정이 존재했다. 일제강점기 시절에 설치된 지역사회복지관 활동에서 한국전쟁 이후 우후죽순처럼 설치된 각종 구호 및 수용시설이 초기의 사회복지행정에서 중심축으로 자리매김하였다. 그러나 이 시대의 사회복지행정의 관심은 구호물자의 효율적 배분에만 치중하였다. 광복 이후 각 대학에서 사회사업학과가 설치되고 있었지만 사회복지행정의 교육은 1961년 서울대학교에서 사회복지행정이 교과목으로 채택됨으로써 시작되었다. 그 후 전국 각 대학에서 사회복지행정은 거의 필수과목으로 선정되어 가르쳤으나 현장의 사회복지행정과 밀접한 관련성을 맺지는 못하였다. 1990년대 이후 한국의 사회복지행정은 학문적으로나 실무적으로 비약적인 발전을 보였다. 특히 지역사회복지관을 비롯한 각종 사회복지기관의 증대와 민간복지재단의 출현, 그리고 사회복지기관평가의 제도화 등으로 사회복지행정에 대한 지속적 수요는 과히 폭발적이었다. 1999년 한국사회복지행정학회가 창립되어 한국의 사회복지행정에 관한 연구가 본격적으로 이루어지기 시작하였다.

03 사회복지행정이론

사회복지행정이론의 핵심은 조직이론이다. 왜냐하면 행정은 조직을 전제하지 않고는 성립될 수 없는 개념이기 때문이다. 사회복지행정의 개념을 정의할 때도 언급되었듯이 조직이 중심적인 위치를 차지하여 정책을 서비스로 전환시키는 것이 행정이므로 실제로 각종 사회복지서비스는 개인사회복지실천가(private practitioner)를 제외하고는 거의 공공과 민간기관의 조직 내에서 행정과정을 통해서 서비스가 산출되고 있다. 조직에 대한 이해의 중요성에 관해서 Drucker는 "우리의 선조들이 농사짓는 것을 자연스레 배웠듯이 현대인은 조직을 배워야만 한다."고 말했다. 그만큼 현대인의 생활에서 조직과 관련되지 않는 영역은 찾아보기 힘들다. 이 장에서는 사회복지조직을 체계적으로 이해하기 위해서 먼저 다양한 조직이론의 분류에 대한 접근과 함께 새롭게 부각되는 조직이론들을 간략하게 살펴보고자 한다.

1. 사회복지행정조직이론의 개관

조직을 어떻게 이해하는가는 조직을 보는 관점과 시각에 따라 달라진다. 지금까지 여러 학자에 의해서 수많은 조직이론이 제시되고 있지만 실제로 그 어떤 이론과 시각도 완전히 복잡다양한 조직의 본성과 활동을 통합적으로 설명하는 데에는 실패하고 있다. 그것은 각 이론 또는 관점마다 조직의 특정한 활동과 측면을 강조하거나 다른 측면을 소홀히 다루거나 간과하는 데서 비롯된 것이다. 예를 들면 조직을 특정한 목적을 달성하기 위한 도구로 보는 시각이 있는 반면, 조직을 하나의 체계로서 내부적 역동성과 외부적 영향을 강조하는 시각도 있다.

사회복지행정조직을 이해하는 데 도움을 주는 조직이론도 여러 가지이다. 문제는 어떻게 이러한 수많은 조직이론을 체계적으로 분류하고 선별하는가에 달려 있다. 유명한 조직이론가인 Scott(1998)은 다양한 조직이론은 크게 세 가지의 체계적(systemic)인 시각 또는 관점으로 수렴될 수 있다고 보았다. 즉 조직은 목표, 구조, 참여자, 기술, 환경의 기본요소를 갖춘 체계로 보아 제각기 다른 조직이론들은 비록 강조점은 달리하지만 이러한 조직의 구성요소를 갖춘 하나의 체계(system)로 보는 데에는 일치한다는 점에 착안하여 조직이론을 분류하였다. 그래서 과학적 관리론과 관료제이론을 조직목표의 구체성과 공식화를 강조하는 측면에서 합리체계관점(rational systems perspective)에 속하는 이론으로 분류하고, 조직의 인간적인 측면과 비공식조직의 중요성을 특별히 강조하는 인간관계이론과 제도적 접근을 자연체계관점(natural systems perspective)에 속하는 것으로 보았으며, 조직구조와 내부적 활동에 크게 영향을 주는 요소를 환경으로 보아 환경과 조직과의 관계를 유난히 강조하는 상황이론과 Weick의 조직이론 등을 개방체계관점(opens systems perspective)에 포함되는 이론들로 분류하였다. 이상과 같은 세 가지 분류체계를 다소 통합하려는 노력을 보인 통합적 관점의 이론으로는 Etzioni의 구조모델, Lawrence와 Lorsch의 상황적합이론, Thompson의 조직이론 등이 포함된다고 보았다.

표 3-1 **Scott의 조직이론 분류체계**

이론적 관점	주요 학파 및 이론
합리체계관점	Taylor의 과학적 관리론, Weber의 관료제이론
자연체계관점	Mayo의 인간관계이론, Selznick의 제도적 접근
개방체계관점	상황이론, Weick의 조직이론
통합적 관점	Etzioni의 구조모델, Lawrence와 Lorsch의 상황적합이론, Thompson의 조직이론

한편 Hasenfeld(1992)는 사회복지조직을 포함한 넓은 의미의 휴먼서비스조직을 설명하는 유용한 이론을 두 가지 축으로 구분하여 분류할 수 있다고 보았다. 하나는 조직이론이 환경에 대해서 개방적으로 접근하는가, 그렇지 않는가의 관점에 따라 폐쇄이론과 개방이론으로 나누고, 다른 하나는 조직이 자신의 운명을 결정하는 데 수동성과 능동성의 정도가 어떠한가에 따라 주도적 조직이론, 적응적 조직이론, 수동적 조직이론으로 구분된다고 하였다. 수동적 조직이론은 환경이 조직의 존립과 성패를 좌우한다는 이론이다.

표 3-2 Hasenfeld의 사회복지조직이론의 분류

구분		환경에 대한 관점	
		폐쇄적	개방적
조직의 운명 결정력	주도적	합리합법모델(관료제이론, 과학적 관리론)	상황적합이론
	적응적	인간관계이론	정치경제이론
	수동적		조직군생태이론, 제도이론

Hasenfeld에 의하면 관료제이론과 과학적 관리론은 조직을 폐쇄적 체계로 보고 목표달성을 위해서 효율적인 내부체계를 유지한다면 자신의 운명을 스스로 적극적으로 개선해 나갈 수 있다고 보는 관점에서 일치한다고 보았다. 따라서 이러한 이론들은 합리합법모델(rational-legal model)이라고 칭하였다. 반면 인간관계이론은 조직의 목표달성에서 목표 자체에 대한 회의적인 시각에서 출발하여 조직내부 참여자의 복리증진과 동기부여가 궁극적인 조직의 목표달성에 더욱 중요하기에 조직은 내부구성원과의 타협에 의해서 조직의 성패인 운명이 결정될 수 있다고 보았다.

상황적합이론, 정치경제이론, 조직군생태이론은 조직을 개방체계로 보면서 환경과의 관계를 중요시하는 이론인 점에서 공통점을 갖지만, 상황적합이론이 환경을 적극적으로 변화시키거나 조직을 환경에 매우 적합하게 내부구조와 기술을 개발하여 효과성을 극대화하며 조직의 생명력을 능동적으로 창조한다는 입장인 반면, 조직군생태이론은 환경의 중요성을 너무나도 강조한 나머지 조직의 성패와 운명은 환경에 의해서 거의 결정된다는 관점을 보여주고 있다.

다음에서는 대표적인 조직학자들에 의해서 제시된 조직이론의 분류체계를 충분히 고려하고 또한 사회복지조직을 설명하는 데 유용성의 정도가 어떠한가를 기준으로 조직이론을 선별해서 설명하려고 한다. 우선 조직을 합리적인 목적달성을 위한 폐쇄체계로 접근하는 관료제이론과 과학적 관리론을 전통적 고전이론이라는 이름하에 다루기로 하고, 인간관계이론은 전통적 고전이론에 대한 반동으로 출발한 조직내부의 인간관계와 비공식적 조직의 중요성을 강조하는 폐쇄체계에 속하는 이론으로 신고전이론이라 부르면서 별도로 급하고자 한다.

현대 조직이론들을 조직 행동의 논리를 보는 관점에 따라 합리적 조직관, 자연적 조직관, 그리고 현상학적 조직관으로 나누어 보는 견해도 있다(이창순, 2009). 합리적 관점에서 보는 조직은 기본적으로 특정한 목적을 효율적으로 달성하기 위한 합리적 도구이다. 조직 구조란 "조직의 합법성을 획득하기 위한 수단"으로 설계된다(Thompson, 1967). 고전이론 특히 과학적 관리론이 합리성을 중심 가치로 두고 개발된 이론이지만 여기서 다루는 현대적 조직이론들은 고전이론이 전제했던 합리성의 개념을 현실적으로 수정하며 발전시킨 이론들이라 볼 수 있다. 여기서 속하는 이론들은 상황이론과 의사결정이론이 있다.

자연적 체계로서의 조직관은 조직의 의도적인 합리성보다는 체계로서의 조직의 생존과 이러한 체계 생존을 가능케하는 조직과 환경의 상호의존성, 그리고 조직 내의 인간관계 등의 측면을 강조한다. 여기에 속하는 이론에는 정치경제이론(자원의존이론), 제도이론, 조직군생태이론 등이 있다.

마지막으로 현상학적 관점은 조직을 조직행위자들 간의 상호작용 속에서 공유의미가 출현하고 유형화되는 현상으로 이해하며 연구 관심도 사회적으로 구성되는(socially constructed)조직 실재의 사회정의적(social-definitional) 측면에 비중을 둔다. 따라서 이러한 관점에서 조직은 고정된 실체가 있는 것이 아니고 조직구성원들이 의미를 부여하는 모습에 따라 다양한 형태로 나타날 수도 있다. 현상학적 관점의 조직이론에는 조직화이론, 무정부조직이론, 신제도이론 등이 있다.

표 3-3 이 책의 사회복지조직이론 분류

구분	이론의 분류	
고전이론	전통적 고전이론	관료제이론, 과학적관리론
	신고전이론	인간관계이론
현재이론	합리적 조직관	상황이론(구조상황이론)
	자연적 조직관	정치경제이론(자원의존이론), 제도이론, 조직군생태이론
	현상학적 조직관	조직화이론, 무정부조직이론, 신제도이론
기타 조직이론	총체적품질관리론(TQM), 학습조직이론, 조직문화이론, 체계이론	

마지막으로 이 책에서는 최근 행정 및 조직이론으로 크게 각광을 받고 있는 TQM과 학습조직이론, 그리고 조직문화이론 등에 대해서도 기타 주요이론으로 간략히 소개하면서 각 이론들의 논점을 소개하고자 한다.

2. 고전이론과 인간관계이론

전통적 고전이론(classical theory)에 속하는 관료제이론과 과학적 관리론은 기본적으로 이론적 전제에서 다음과 같은 공통점이 있다. 우선 조직의 공식적인 목표를 중요시하고 개인의 목표와 조직의 목표는 일치된다고 본다. 그리고 조직은 합리적인 체계로 기계와 같이 설계되면 효율성과 효과성을 높일 수 있다고 보는 시각에서 일치하고 있다.

1) 관료제이론

관료제(bureaucracy)란 개념은 거대한 정부조직을 의미할 때도 있고 조직의 병폐를 의미하는 용어로 사용되는 경우도 있으나 일반적으로 계층적 조직구조를 갖고 합리적인 지배가 제도화된 조직형태를 의미한다. 관료제이론은 Weber에 의해서 확립된 이론으로 Weber는 산업사회에서는 관료제가 발달하고 가장 보편적인 사회조직으로 등장할 수밖에 없다고 주장했다. 왜냐하면 그것이 자유와 권력을 합리적이고 합법적으로 사용하는데 가장 효율적인 조직이기 때문이다.

Weber(1947 : 152)는 조직체는 반드시 권위와 통제가 있기 마련인데 권위의 종류를 전통적(traditional) 권위, 카리스마적(charismatic) 권위, 합법적(rational) 권위의 세 가지로 분류했다. 전통적 권위는 하급자가 상사의 명령을 전통적으로 그러했다는 논리에서 정당한 권위로 받아들이는 것이고, 카리스마적 권위는 상사의 비범한 특성과 자질에 기초하여 하급자가 상사의 명령을 정감적으로 수용하는 것이다. 합법적 권위는 개인이 지닌 법적 지위에서 행사하는 당연한 명령으로 인정된다는 권위이다. 산업사회에서는 전통적 권위와 카리스마적 권위가 더 이상 보편적으로 인정되기 어렵기 때문에 공식적인 조직에서 정당한 합법적 권위의 행사와 지배가 구조화되어 있는 관료제가 이상적인 구조의 형태로 나타난다. 따라서 관료제는 합리적 또는 합법적 지배가 제도화된 조직으로 간주된다. 오늘날 대부분의 사회조직은 Weber가 주장한 바와 같이 다음과 같이 관료제의 주요특성을 가지고 있다.

① 권위의 위계구조 : 관료제는 일련의 권리와 책임을 수반하는 권위의 위계가 있기에 상급직위에 있는 사람은 합법적으로 하급직위에 있는 사람을 통제한다.

② 규칙과 규정 : 모든 관료제는 의도적으로 마련된 일관성 있는 규칙에 의해서 직무의 배분과 인력의 배치가 이루어진다. 이러한 규칙과 규정은 조직활동에 통일성과 안정성을 보장해 준다.

③ 사적 감정 배제 : 관료조직의 운영에 있어서 개인적인 생각이나 감정이 무시되고 공식적인 원칙과 절차가 중요시된다. 조직의 생산성은 조직구성원의 개인적 감정이 배제되고 합리성에 기초한 의사결정에 따라 집행되었을 때 확보될 수 있다.

④ 분업과 전문화 : 조직에서 수행되는 모든 과업은 각 구성원에게 분담된다. 특정한 과정을 분업함으로써 전문화를 추구할 수 있다.

⑤ 경력지향성 : 관료조직구성원은 전문적인 능력과 기술을 중요시하기 때문에 그들은 자신의 직업을 경력으로 생각한다. 따라서 승진은 일정한 규칙하에 연공서열과 실적에 따라 이루어진다.

⑥ 능률성 강조 : Weber가 이념형인 순수한 관료제는 조직에서 최대의 능률을 올릴 수 있다고 말했듯이 관료제는 합리적인 의사결정과 행정능률을 극대화하고자 한다.

Weber는 관료제이론을 이념형(ideal type)이라 했는데 이러한 특성을 갖는 관료조직이 현실사회에서 존재할 수 있고 그렇지 않을 수도 있다는 의미이다. 그러나 그의 관료제이론은 현대사회의 거의 모든 조직이 관료제의 특성을 완벽하게 갖추었다고 보기는 어렵지만 대체로 관료제의 특성을 거의 내포하고 있기에 현실타당성을 확보하고 있다. 현대사회의 거의 모든 조직이 관료제의 특성을 갖고 있다면 관료제는 어떤 기능을 수행하는지가 논의의 초점이 될 수 있다. 따라서 보다 자세히 관료제의 순기능과 역기능에 대해서 이해할 필요가 있을 것이다. Hoy와 Miskel(1987 : 114-115)은 관료제의 특성에 따라 관료제의 순기능과 역기능을 〈표 3-4〉와 같이 정리했다.

표 3-4 Weber의 관료제 특성에 따른 순기능과 역기능

관료제 특성	순기능	역기능
권위의 위계구조	엄격한 지시이행과 조정	의사소통의 저해
규칙과 규정	지속성과 통일성	경직성과 목표전치
사적 감정 배제	합리성 확보	직원의 사기저하
분업	전문성 강화	직무에 대한 권태
경력지향성	유인체계	연공과 업적 간의 갈등

출처 : Hoy & Miskel(1987), pp. 114-115

관료제는 조직의 효율성 증진에 순기능, 즉 긍정적으로 작용하기도 하지만 오히려 부정적인 결과, 즉 역기능을 할 가능성도 존재한다는 것이 그들의 관료제이론에 대한 비판의 주요골자이다. 따라서 권위의 위계질서는 엄격한 지시이행과 조정이 가능하지만 하위 직원의 의사소통을 저해하는 역기능이 나타날 수도 있다. 또한 규칙과 규정은 업무의 지속성과 통일성을 확보해 주는 반면 조직의 규칙이 너무 엄격하면 업무수행이 경직되고 목표전치현상이 발생할 수 있다는 것이다.

목표전치(goal-displacement)는 조직의 규칙과 규정이 전체 목표달성을 위한 수단으로 간주되지 않고 규칙과 규정 그 자체가 목적이 되거나 원래 목적이 다른 목적으로 변질되거나 대체되는 현상을 말하는데 이것은 관료제하에서 직원이 규정에 너무 지나치게 얽매

전문적 관료제

관료제의 특성 가운데 가장 두드러진 현상은 집권화와 공식화이다. 집권화(centralization)란 조직 내 의사결정이 조직의 상층부에 속하는 소수의 사람에게 집중되어 있느냐 아니냐의 정도를 말한다. 공식화란 직무수행활동이 표준화되어 누구나 명확히 기대할 수 있는 정도를 말한다. 관료조직에서는 집권화와 공식화가 필요하지만 전문가집단의 조직(professional organization)에서는 집권화와 공식화가 심각한 문제를 발생시킨다.

왜냐하면 전문가는 전문가집단의 윤리와 행동원칙에 따라 스스로 의사결정하도록 요구되고 개별 클라이언트의 다양한 욕구충족은 표준화된 업무수행을 거의 불가능하게 만들기 때문이다. 전문가집단의 요구에 따라 의사결정이 분권화되고 업무수행이 비공식화된다면 역으로 조직의 목표달성에 관한 문제를 야기한다. Mintzberg(1979)는 이와 같이 전문가집단의 속성을 인정하고 관료제의 특성을 중화시키는 방안으로 전문적 관료제(professional bureaucracy)를 제안했다.

전문적 관료제하에서 의사결정의 책임은 전문가에게 주어 분권화시키면서 공식화의 정도도 낮추나 전문가의 다양하고 기술적인 업무는 전문적 기준에 따라 규칙성과 표준화를 추구하도록 한다. 전문적 관료제는 공공조직에서 특히 전문가적인 판단과 조직의 정책 사이에서 발생되는 갈등이 심각하게 나타난다. 사회복지조직은 일종의 전문적 관료제로 전문가의 자율성 존중과 기관의 정책 사이에서 마찰과 갈등이 일어난다. 또한 사회복지사, 의사, 간호사, 물리치료사 등 다양한 전문직 직원으로 구성된 사회복지조직의 경우 전문가집단 간의 다른 판단기준으로 의사결정이 분권화되어 있지만 조정되지 않아 난맥상을 이루는 경우도 허다하다. 주요조정의 방법이 기술의 표준화인데 사회복지조직기술은 표준화하기도 어렵다는 데 문제가 있다.

이다 보면 적절한 적응능력을 상실하여 원래의 목적달성은 어려워지고 조직이 다른 방향으로 나아갈 수 있다는 관료제의 대표적인 역기능이며 폐단현상이다. Merton(1957 : 199)은 관료제 병리현상으로 목표전치 이외에도 비인간화, 할거주의, 형식주의, 무사안일주의, 번문욕례(red-tape) 등의 폐단이 발생할 가능성이 있다고 지적했다. 비인간화는 사적 감정의 배제라는 관료제 특성에서 연유된 관료제 병리현상이며 할거주의는 자신이 속한 부서의 업무가 지나치게 강조된 나머지 전체 조직의 효율성을 낮추는 분업이라는 관료제 특성에서 발생되는 병리현상으로 볼 수 있다. 또한 형식주의와 번문욕례는 지나친 규칙과 규정의 강조에 의해서 발생되는 관료제 병리현상의 일종이다.

2) 과학적 관리론

과학적 관리론(scientific management)을 창시한 Taylor(1911)는 엔지니어로서 공장에서 직원들이 주요업무를 효율적으로 수행하는 방안을 강구하는 과정에서 그 이론적 토대를 마련했다. 즉 조직 내 직원의 업무를 과학적으로 분석하며 이에 관한 지식을 적극적으로 활용한다면 조직의 능률성은 극대화될 수 있다고 보았다. 그래서 조직에서 개개인의 업무수행에 관한 일의 형태와 소요시간을 표준화하여 적정 일일작업량을 산출하여 분업을 해서 개인별 과업부여와 성과를 임금과 연계시키면 조직의 생산성은 높아질 수 있다는 것이다. 조직의 효율성과 생산성을 향상시키기 위해서 과학적 관리방법은 다음과 같은 4단계를 순차적으로 진행시킬 수 있다.

① 목표설정 : 조직이 달성하고자 하는 목표를 설정하는 단계이다. 산업조직의 경우 생산성은 조직의 산출물을 극대화하는 것이다. 예를 들면 자동차를 10만 대 생산하려는 자동차 공장의 목표가 수량적인 지표에 의해서 설정될 수 있다. 목표달성에 대한 권한과 책임은 관리자에게 부여되어 있다.

② 직무의 과학적 분석 : Taylor는 조직의 직원들이 수행하는 업무를 시간과 동작(time and motion) 연구를 통해서 개개인이 특정 양의 직무를 완성하는 데 걸리는 시간과 동작을 체계적으로 분석했다. 이때 최고의 업무생산량을 달성한 직원을 모델로 시간과 동작을 분석하여 전체 직원이 평균적으로 달성할 수 있는 생산량을 상향조정하여 일정한 기준으로 설정하여 직무성과를 평가한다.

③ 관리원칙수립 : 과학적 직무분석에 기초하여 모든 직무는 분업의 원칙이 적용되고 또한 엄격한 기획과 통제의 관리원칙이 수립되어 시행된다. 이때 관리자(supervisor)와 직원(worker)의 관계는 지시와 지도·감독의 주체와 대상이 된다. 직원의 선발과 배치도 과학적으로 이루어진다.

④ 경제적 보상 : 개별적으로 달성된 직무를 성실히 수행한 사람과 그렇지 못한 사람을 구별하여 임금과 다른 경제적 보상을 달리한다. 즉 주어진 과업을 성실히 수행한 사람에 대해서는 경제적 인센티브를 부여하고 과업을 달성하지 못한 사람에게는 낮은 임금을 주어 전체적으로 조직의 생산성을 극대화하려는 경제적 보상체계를 시행한다.

Taylor의 과학적 관리론은 조직구성원을 단지 기계의 부품처럼 취급하고 인간의 개성과 능력 등을 고려하지 않고 오직 조직의 생산성을 향상시키려는 유일한 최고의 방법(one best way)만을 추구하는 수단으로 보기 때문에 상당히 비판을 받아 왔다(Zastrow, 1999 : 17). 그럼에도 불구하고 과학적 관리론은 20세기 초 산업사회에서 생산조직이 추구하는 목표를 분명히 인식하고 과학적이고 체계적인 지식을 활용하여 조직의 효율성과 생산성을 극대화하려는 관리과학의 효시로서 자리매김을 하고 있으며 오늘날까지 지대한 영향을 미치고 있다.

3) 사회복지조직에의 적용과 한계

관료제이론과 과학적 관리론으로 대표되는 고전이론이 사회복지조직을 설명하는 데 어느 정도 유용성을 갖고 또 한계는 무엇인지를 규명해 보는 일은 매우 큰 의의가 있을 것이다.

우선 관료제이론의 사회복지조직에 대한 설명력을 검토해 보면 거의 모든 사회복지조직은 규모에 상관없이 어느 정도 관료제화되어 있다는 사실에서 현실 적용성이 인정된다고 본다. 미국의 공공부조업무를 다루는 정부조직과 그 밖의 민간복지기관들도 조직의 최고관리자를 정점으로 한 계층적 조직구조를 이루고 있으며, 한국의 사회복지기관도 기관장, 부장, 과장, 일반직원 등으로 직책에 따른 권한과 책임이 명백하고 규칙에 의해서 직무와 인력이 배치되어 분업화가 이루어져 있다. 또한 관료제이론은 전문가의 자율성이 강조되기에 자칫하면 방만하거나 비체계적으로 운영될 수 있는 전문가집단의 성격을 갖는 사회복지조직에서 추구하고자 하는 목표를 분명히 하고 그에 따른 조직구성원의 다양한 활동을 체계적으로 분화시켜 규칙에 의한 서비스의 질적 통제와 관리를 가능하게 해주기에 사회복지조직의 활동을 합리화한다는 측면에서 유용한 이론으로 간주될 수 있다.

그러나 사회복지조직에서 조직구성원들이 수행하는 업무는 클라이언트에 따라 매우 개별화되어 있고 특수화되어 있기 때문에 사회복지서비스를 산출하는 사회복지조직에 관료제이론을 일방적으로 적용시키는 데에는 한계가 있을 것이다. 왜냐하면 관료제이론은 반복적이고 정형적인 업무를 수행하는 조직에는 효과적으로 적용될 수 있으나, 그렇지 않은 조직에서 엄격한 규칙의 적용과 위계질서에 의한 업무의 통제는 비효과적이기 때문이다. 또한 관료제의 특성 가운데 엄격한 규칙과 규정의 적용은 사회복지서비스 전달을 경직화시킬 가능성이 있기 때문에 전문가에 의한 유연한 직무수행이 보다 큰 효과성을 발휘하는 데에는 장해요인으로 작용할 것이다. 그리고 사회복지조직과 같이 다양한 전문가집단으로 구성된 조직구성원을 통제하기 위해서는 관료제에 의한 일방적 지시와 통제가 효과적이지 않을 수 있다. 왜냐하면 전문가집단은 자율적인 의사결정과 자율적인 통제를 선호하기 때문이다. 그리고 사회복지조직에서도 과도한 규칙준수에 따른 목표전치와 분업 및 전문화에 따른 부서할거주의가 나타나고 있으며 이를 조정하려는 노력의 실패와 직무의욕상실 등과 같은 관료제적 병리현상도 발견되고 있다.

한편 과학적 관리론도 사회복지조직에 대한 어느 정도 설명력을 지닌다. 우선 사회복지조직도 조직의 목표를 정하고 업무를 체계적으로 분화하며 특정 업무에 가장 적합한 인력을 모집·훈련하여 배치하고 있다는 점에서 과학적 관리의 원칙과 방법이 적용되고 있다고 본다. 또한 근본적으로 한정된 재원을 갖고 다양한 사업과 프로그램을 수행해야 하는 사회복지조직은 조직관리의 능률성과 효율성을 향상시키기 위해서 비용의 최소화와 낭비요소를 제거하는 노력이 필요하고 오늘날에는 사회복지조직에서 경영효율화의 요구가 중요시되기에 이러한 관리철학과 방법이 강조될 수 있을 것이다. 사회복지서비스가 민영화되어 전통적 비영리조직인 사회복지조직도 영리조직과의 경쟁에서 생존하기 위해서는 서비스의 원가분석과 인력배치의 효율성을 더욱 강조하게 될 것이다.

그러나 사회복지조직과 경영조직은 근본적으로 추구하는 목표의 성격이 다르고 조직구성원을 단지 목표달성을 위한 수단으로 간주하는 과학적 관리론의 한계는 분명하다. 효율성의 정도보다는 서비스의 질(quality)과 효과성이 강조되며 인간을 다루는 데 있어서 윤리적 또는 규범적 문제가 도외시될 수 없는 특수한 형태의 사회복지조직에서 수행되는 상담, 치료, 재활, 보호 등 본질적 업무의 관리에는 적용가능성이 낮아질 수밖에 없다. 그래서 과학적 관리론은 사회복지기관의 전문가에 의한 본질적 업무수행에는 적용되기 힘들고 기관경영과 지원적 업무의 효율화에는 어느 정도 설득력이 있는 것으로 평가된다.

결론적으로 고전이론은 조직을 합리적으로 설계하여 직원을 분업과 전문화의 원리에 의해서 배치하고 그들에게 경제적 유인체계를 마련한다면 조직의 효율성은 달성될 수 있다는 기본전제에서 출발했다. 따라서 사회복지조직을 보다 체계적으로 관리하기 위해서는 이러한 조직관리의 원칙이 당연히 적용될 수 있다고 본다. 그러나 이러한 고전이론의 이론적 전제가 사회복지조직이 갖는 두 가지 특수성에서 한계를 갖는다. 하나는 사회복지조직이 환경에 의존적이라는 점이고, 다른 하나는 사회복지조직은 일종의 전문가조직이라는 점이다. 고전이론의 가장 큰 한계는 사회복지조직이 환경적인 요인의 작용에 크게 좌우된다는 점을 간과했기 때문에 나타난다(Hasenfeld, 1992 : 25-26). 아무리 조직내부를 과학화, 합리화하여 직무를 효율적으로 수행해도 정부의 정책변화에 따른 조직내부의 행정체계와 프로그램의 변화는 필연적이기 때문에 매번 환경 및 정책변화에 따라 기존의 프로그램 구조와 수행과정을 변경해야 하는 문제가 발생한다. 그리고 사회복지조직은 본질적으로 사회복지사를 비롯한 다양한 전문가로 구성된 조직이므로 기관에 대한 충성심보다는 클라이언트와 전문가집단에 대한 충성심을 강조하기 때문에 고전이론의 원리와 지향하는 바와 정면으로 배치되는 경우도 있다(Lewis et al., 2001 : 76). 다시 말해서 합리성과 효율성 추구는 양질의 서비스 제공과 전문가의 윤리와 철학의 관점에서는 갈등과 모순을 야기할 수 있기 때문에 문제시된다는 것이다.

고전적 조직이론의 부활 – 맥도날드의 팽창

George Ritzer는 『*The McDonaldization of Society*』(1993)란 저서를 발간하여 큰 반향을 일으켰는데 그는 미국뿐만이 아니라 전 세계적으로 맥도날드 햄버거 체인점이 갈수록 확대되고 팽창되는 이유를 과학적 관리론과 관료제의 원칙을 철저히 구현했기 때문이라고 역설했다. 맥도날드 회사의 성장과 발전의 동인은 다음과 같은 네 가지 원칙에 충실했기 때문이라고 설명한다.

- 효율성(efficiency) : 오늘날 매우 빠른 속도로 변화하는 시대에서는 효율성이 가장 중요하다. 그래서 햄버거는 1~2분 안에 해결할 수 있는 간편한 식사로 각광을 받게 되었다.
- 계량화(quantification) : 식품을 만드는 작업과 직원의 업무수행과정에서 발생하는 모든 시간과 돈은 철저히 절약되고 관리된다. 따라서 모든 햄버거의 고기 무게와 빵의 크기는 동일하게 표준화되어 있다. 제품의 질은 크게 중요시되지 않는다.
- 예측성(predictability) : 제품의 품질과 맛은 언제 어디서나 예측가능하도록 한다. 그래서 뉴욕, 모스크바, 북경, 서울의 모든 맥도날드 햄버거의 맛은 동일할 수밖에 없다.
- 통제성(control) : 상품생산에 최대한 기계화를 추구하며 질적 관리를 철저히 통제하면서 인력 또한 매우 한정된 업무로 나누고 구체적이고 정확한 업무분장으로 책임성과 통제성을 강화한다.

Ritzer는 이와 같은 맥도날드 경영원칙이 현재 대규모 식품매장, 패키지 여행상품, 대학수능시험과 대학원자격시험, 호텔연합체, 심지어 USA Today 신문에도 적용되어 성공을 거두고 있다고 주장한다.

4) 인간관계이론

인간관계이론(human relations theory)은 Mayo(1933)와 그의 동료들이 미국 시카고 지역에 위치한 서부전기회사(Western Electric Company) Hawthorne 공장의 실험적 연구에 의해서 개발된 조직이론이다. 이 연구자들은 과학적 관리론에 의거하여 작업조건과 능률과의 관계를 분석하는 관점에서 공장의 작업조건, 예를 들면 불의 밝기 등과 같은 것이 작업생산성에 어떤 영향을 미치는지에 주목하였다. 연구결과는 기대한 대로 공장의 불이 밝은 작업반의 생산성은 그렇지 않은 작업반의 생산성보다 높은 것을 확인했다. 그러나 놀랍게도 어떤 작업반에서는 불의 밝기를 낮추어도 생산성이 꾸준히 향상되고 있다는 사실을 발견했다. 그래서 연구자들은 과학적 관리론에서 제시하는 바와 같이 직무를 과학적으로 분석하여 일정한 절차에 의해서 제품을 생산하는 소위 기술적 합리성(technical rationality)의 추구는 생산성을 극대화하는 데 충분한 조건이 되지는 않는다는 사실을 인식했다. 다시 말해서 조직의 목표달성에는 공장의 작업조건인 불 밝기와 같은 기술적 요인(technical factor)보다 더욱 중요한 사회적 요인(social factor)인 직원 간의 인간관계에 보다 큰 관심을 두어야 한다는 점이 강조되었다. 결론적으로 Hawthorne 공장의 실험에서 밝혀진 연구결과는 다음과 같다.

① 직원의 생산성 향상은 근로조건과 환경이 아니라 작업반 내 동료와 상사와의 인간관계에 의해서 좌우된다.

② 조직의 직원은 개인으로서 일하기보다는 비공식적인 집단의 성원으로 행동하며 이러한 집단 내의 인간관계는 비합리적이며 정서적인 요소에 따라 이루어진다.

③ 조직에는 공식적인 부서와는 다른 비공식적인 집단이 존재하며 이러한 비공식적인 집단이 개인의 태도와 생산성에 영향을 준다.

④ 조직에서 개인은 경제적인 동기에 입각한 합리적인 행동보다는 비경제적인 동기인 심리적·사회적 욕구에 따라 행동한다.

1920년대와 1930년대 개발된 인간관계이론은 실험연구의 타당성 문제[1]로 비판의 대상이 되었다가 1960년대 조직인간주의(organizational humanism) 학자들에 의해서 새롭게 조명되어 각광받기 시작했다. 대표적인 조직인간주의 학자인 McGregor(1960)는 XY이론을 제시하여 인간관계이론의 맥을 이어 갔다. XY이론은 조직의 관리자가 직원을 보는 기본적인 시각의 차이에 따라 전혀 다른 관리방법이 고안될 수 있다는 이론이다. 즉 X이론에 의하면 직원은 근본적으로 일을 싫어하고 이기적이며 변화에 저항적이기 때문에 관리자는 엄격한 지시와 통제가 있어야 조직의 효과성이 확보된다는 생각을 하기 때문에 고전적 조직관리이론과 그 맥락을 같이하고 있다. 반면 Y이론에 따르면 직원은 일을 자연스러운 활동으로 받아들이고 자신의 책임하에 스스로 일의 방향을 정하고 창의적으로 활동하며 조직의 목표를 달성하기 때문에 관리자는 그들의 능력과 가능성을 믿고

1) 실험연구의 타당성 문제는 실험조사에서 실험의 대상이 된 사람들이 자신이 실험의 대상이 되고 있다는 사실을 인지하고 바람직한 방향으로 행동할 수 있다는 Hawthorne effect의 가능성을 배제하기 어렵기 때문에 발생된 논란이었다.

자율성을 부여하는 민주적 의사결정이 필요하다는 것이다.

Herzberg(1966)의 연구결과 X이론에 따른 관리방법보다 Y이론에 의한 관리방법이 우수하다는 결론이 제시되지만, Morse와 Lorsch(1970)에 의하면 조직에서 수행되는 과업의 성격에 따라 각 이론의 적용효과성은 달라진다고 보았다. 즉 반복적이고 예측가능한 과업 또는 직무수행은 X이론에 의한 통제 중심의 관리가 효과적이지만 과업이 다양하고 직무의 성격이 전문성을 가질 때에는 Y이론에 의한 민주적 의사결정이 더욱 효과적이라는 말이다. Netting과 그의 동료(1993)는 사회복지기관에서 사회복지사의 업무는 과업이 명확히 설정될 수 없고 사회복지사의 자율적인 판단에 크게 의존하므로 Y이론에 의한 관리방법이 더욱 적합하다는 견해를 제시했다.

이상에서 Y이론을 포함한 인간관계이론은 조직의 목표와 조직구성원의 목표는 일치될 수 있다는 가정하에서 직원의 태도, 사기, 대인관계의 중요성을 강조한 이론으로 관리자는 이러한 조직구성원의 인간적인 측면에 착안하며 그들에게 동기를 부여한다면 조직의 효과성은 높아질 것이라고 본다. 이러한 인간관계이론이 사회복지조직에서 크게 각광을 받는 이유는 두 가지 측면에서 설명이 가능하다. 우선 인간관계이론은 조직에서 인간을 보는 시각이 단순히 조직목표의 달성을 위한 수단이 아니라 인간 자체가 목적이 된다는 점에서 인도주의적 견해를 갖고 있기에 사회복지의 철학과 이념이 부합된다. 또한 조직환경에서 직원의 조직에 대한 태도와 동료직원과의 관계가 직접적으로 클라이언트 관계에 영향을 주기 때문에 더욱 사회복지조직의 조직구성원에게 잘 적용된다는 것이다 (Hasenfeld, 1992 : 27).

또 한 사람의 인간주의 조직이론가인 Likert(1967)는 조직의 주요변수인 리더십, 동기, 커뮤니케이션, 의사결정, 목표달성, 통제 등을 면밀히 조사연구한 결과 네 가지 유형의 조직을 제시했다. 권위적이며 착취적인 체계 1(system 1)은 리더가 부하직원을 불신하고 의사결정과 권력은 상층부에 집중되어 있기에 조직구성원의 목표달성에 대한 인식은 매우 약하다. 권위적이고 온정적인 체계 2(system 2)는 권력이 리더에게 집중되어 있지만 부하직원의 불만을 부분적으로 수용하나 통제해 나가는 조직이다. 자문적 체계 3(system 3)은 계층적 조직구조에서 직원의 의사결정과정에 참여가 허용되고 부분적인 권한위임이 이루어지며 의사소통이 활발한 조직이다. 참여적 체계 4(system 4)는 조직의 리더가 부하직원을 신뢰하고 의사소통이 조직 내에서 자유롭게 일어나고 목표에 대한 모든 조직구성원의 합의가 있으며 의사결정이 분권화되어 있어서 자기의 책임하에 모든 업무의 수행과 자율적인 통제가 이루어진다. Likert(1967 : 46)는 대부분의 관리자는 체계 4가 이론적으로 다른 조직보다 우수하다고 믿고 있으며 다른 조건이 동일하다면 분명히 체계 4는 가장 바람직한 조직의 유형이라고 주장했다. McGregor의 Y이론처럼 Likert의 체계 4 조직유형도 분명히 조직 내 구성원인 직원의 인간적인 욕구에 관심을 두고 집단 간 의사소통의 중요성을 강조하면서 신뢰와 권한위임을 통한 참여적 관리(participatory management)체계를 유지해 나가고 있다는 점에서 인간관계이론에 속한다.

인간관계이론이 사회복지조직에 적용되었을 때 갖는 장점은 사회복지조직의 특수성에서 찾을 수 있다. 사회복지조직의 활동이 직원과 클라이언트와의 관계 속에서 이루어지는 것이 일반적이기 때문에 능력과 동기와 자율성이 인정되는 방향으로 사회복지사에 대한 인사관리가 적절히 이루어진다면 조직의 효과성은 극대화될 수 있다. 또한 기본적으로 전문직이라 인정되는 사회복지사의 활동은 관리자와 슈퍼바이저에 의한 엄격한 통제보다는 자율성을 인정하고 참여를 권장하는 리더십이 더욱 적합하기에 인간관계이론의 적용범위는 더욱 넓어질 수 있다. 마지막으로 인간관계이론은 클라이언트의 가치, 독특성, 강점 등을 강조하는 사회복지실천의 근본적 가치와 조화롭기 때문에 사회복지실천이 행해지는 조직관리의 원칙으로도 일반적으로 수용될 수 있다.

그러나 인간관계이론은 인간의 정서적 측면과 조직에서 인간관계인 사회적 측면을 지나치게 강조한 나머지 조직의 효과성을 결정하는 목표, 자원, 기술, 구조적인 특성 등을 소홀히 다루는 경향이 있기 때문에 비판의 여지가 있다. 사실상 조직은 엄연히 공동으로 추구해야 할 공식적인 조직목표가 있고 이를 달성하기 위해서는 적절한 지도와 통제가 필요하다는 데 이의를 제기할 사람은 많지 않을 것이다. 또한 인간관계이론은 조직구성원인 인간을 너무 단순화한다는 점이 문제로 나타난다. 조직 내에서의 인간관계는 협동과 참여가 일어나기도 하지만 갈등과 지배의 본질을 간과할 수는 없다. 그리고 인간행동의 동인으로 작용하는 경제적 보상이 전혀 고려되지 않았다. 따라서 인간관계이론은 조직 내 인간의 심리사회적 요인을 지나치게 강조한 나머지 조직 내에서 인간의 정치경제적 과정을 경시하고 있다는 비판에서 자유로울 수 없을 것이다.

Z 이론

XY이론이 조직이론을 지나치게 단순화하는 한계를 지적한 학자들이 Z이론을 제안했다. Lundstedt(1972)는 X이론이 독재형이고 Y이론이 민주형에 해당한다고 하였다. Z이론은 자유방임형이라고 지칭하고 자유방임형이 바람직하지 않는 경우도 있지만 순기능적일 때도 많다고 주장한다. Lawless(1972) 역시 XY이론에 따른 고정적이고 획일적인 관리전략의 절대성을 의심하고 변동하는 환경 속에 존재하는 조직, 집단, 사람도 변화되기에 이에 적합한 융통성있는 관리전략이 필요하다는 Z이론을 제시했다. Ouchi(1981)는 일본식 기업조직과 미국 기업조직의 근본적인 차이를 발견하고 미국 시장에서 상대적으로 경쟁력을 보이는 일본식 기업조직의 특성을 반영하는 집단의사결정, 집단책임, 업무경험 다각화, 세부적 분석보다 전체 조직의 관점 중시 등을 강조하는 Z이론을 제시했다.

일본식 기업조직의 특성	미국 기업조직의 특성
• 종신고용 • 장기평가와 긴 승진소요기간 • 비전문적 또는 전인적 경력개발 • 암묵적 통제기제 • 집단의사결정 • 집단책임 • 전체 조직의 관점 중시	• 단기(업적에 따른)고용 • 단기평가와 고속승진 • 구체적 전문화된 경력개발 • 명시적 통제기제 • 개인의사결정 • 개인책임 • 부분적 · 개별적 과제 중심

Key(1995)는 Z이론이 어떻게 일본의 사회복지기관에 적용되고 있는지에 관한 연구에서 사회복지사의 담당직무가 전인적 경력개발에 적합하도록 융통성이 있었으며, 비공식적 집단 의사결정과 합의의 중요성 강조, 협력과 팀워크를 중시하는 노력, 순환보직제도의 운용, 서비스 질의 강조 등 Z이론의 원칙이 보편적으로 활용되고 있다고 보고했다. 일본과 유사한 동양권 조직문화의 특성을 어느 정도 보유하고 있는 한국의 사회복지조직에도 Z이론이 적용될 수 있을 것으로 보인다.

표 3-5 고전이론과 인간관계이론 비교

구분	고전이론	인간관계이론
기본 가정	• 사람들은 본래 일하기 싫어한다. • 일 그 자체보다 보수에 더욱 관심이 있다. • 창의성, 자기통제와 지시에 의해 일을 수행하는 사람은 거의 없다.	• 사람들은 자기 일의 중요성을 알고 노력한다. • 일을 통해서 소속감을 느끼고 개인으로 인정받기 원한다. • 경제적 보상보다 인간적인 욕구가 충족되면 사람들은 책임감을 갖고 자기통제하에 목표를 달성한다.
관리 정책	• 관리자는 부하에게 엄격한 지시와 통제를 강화한다. • 직무를 효율적으로 관리할 수 있도록 분할하여 할당한다. • 직무수행의 절차와 방법을 엄격히 규정하고 공평히 대우한다.	• 관리자는 부하를 인간으로 간주하고 중요성과 의미를 부여한다. • 부하직원에게 정보를 제공하고 자신의 생각과 의견을 수렴한다. • 부하직원이 스스로의 권한으로 의사결정하고 자기책임하에 일을 수행하도록 허용한다.
기대	• 관리자가 공평하고 봉급수준에 만족하면 힘든 일도 참아 낸다. • 과업이 단순하고 적절히 통제된다면 일정 수준 이상의 효과를 발휘한다.	• 정보공유와 참여가 보장되면 소속감을 느끼고 직무에 만족할 것이다. • 인간적인 욕구의 충족은 사기를 진작시키고 공식조직의 권위를 인정하고 협력적일 것이다.

출처 : Miles(1975)에서 재구성

4. 현대조직이론

1) 합리적 조직이론 : 상황이론 또는 구조상황이론

합리적 조직관의 관점에서 도구를 설명하는 이론은 도구를 합리적인 목표달성을 위한 수단으로 본다. 상황이론과 의사결정이론이 여기에 속하는데, 이 책에서는 상황이론 또는 구조상황이론만 소개한다.

고전적 조직이론은 계층제, 직무분할, 전문화, 경제적 보상 등을 통해서 조직화의 최선의 방법을 모색하고자 했고, 인간관계이론은 조직 내 인간의 심리사회적 요소를 중요시하여 정보공유, 비공식조직의 인정, 참여 등을 통해서 최선의 조직화 방법을 모색했다는 점에서 공통점을 갖는다. 그러나 상황이론(contingency theory)의 기본이 되는 이론적 전제는 고전이론과 인간관계이론에서 제시되는 근본적인 전제를 부정한다. 즉 조직화에는 유일한 최선의 방법이 없으며, 조직화는 상황에 따라 결정되어야 한다는 것이다. 여기서 상황이란 조직을 둘러싼 내·외적 환경을 의미한다. 따라서 상황이론은 기존 이론들이 조직을 폐쇄체계로 보고 조직내부의 문제에 주안하여 이론적인 전제와 주요개념을 제시하는 데 반해 조직을 개방체계(open system)로 보고 상황에 적합한 조직구조와 형태를 유지하는 것이 보다 바람직하다는 입장을 보이고 있다.

상황이론이 지니는 핵심적인 이론적 전제는 환경에 적합한 조직구조의 선택이 조직의 생존을 높인다는 것이다(Lawrence & Lorsch, 1967 ; Thompson, 1967). 즉 환경으로부터의 요구에 적합한 조직 내 구조변화가 조직의 생존가능성을 높인다는 것이다. Lawrence와 Lorsch는 조직은 변화무쌍한 환경과 부단히 상호작용을 하는 개방체계로 보고 환경적인 변화에 의한 요구를 수용하는 방향으로 조직구조를 형성하는 것이 조직의 목표달성에 더욱 유리하다는 견해를 제시했고, Thompson은 조직의 환경이 변화할 때 조직 내 의사결정은 분권화되고 조직구조는 고도로 분화하는 것이 더욱 유리하다는 연구결과를 제시했다. 상황이론의 요체를 그림으로 표시하면 [그림 3−1]과 같다.

그림 3-1 **상황이론**

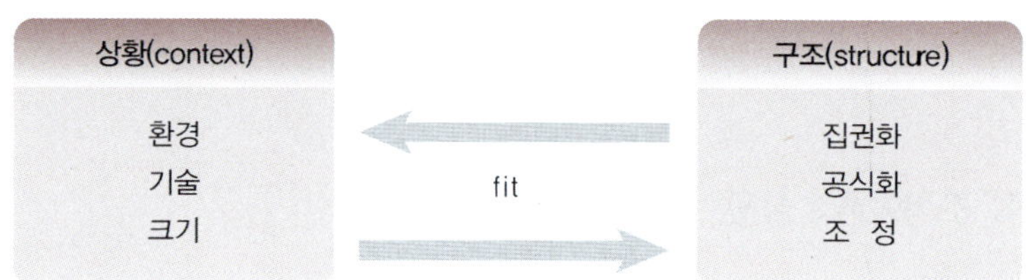

[그림 3−1]에서는 상황(context)을 구성하는 요소는 보다 다각적으로 환경, 기술, 크기 등을 포괄한다. 환경은 안정적인 형태와 변화하는 형태로 나눌 수 있고, 기술은 고도로 복잡하고 전문적인 기술이 있는 반면 단순하고 반복적 사용이 가능한 기술로 나뉠 수 있고, 조직의 크기도 대규모 조직과 소규모 조직으로 나누어 생각할 수 있다. 여기에서 만약 환경이 안정적이면 구조(structure)에서 집권화와 공식화의 정도를 높여도 효과적이고, 환경이 불안하고 변화의 정도가 클 경우 효과적인 대응을 위해서는 분권화의 정도를 높이고 공식화의 정도를 낮추어 신속한 업무처리를 하는 것이 유리하다는 것이다. 기술의 상황에서도 만약 기술이 복잡하고 전문적인 기술을 사용하는 경우 분권화하는 것이

더욱 적합하고 조정의 필요성이 크게 나타날 수 있다는 것이다. 조직의 규모에서도, 대규모 조직이라는 상황이 주어졌다면 공식화의 정도는 높여도 효과적이나 소규모 조직일 경우 공식화의 정도가 높아서 계층별 승인과 결재가 과중하게 요구된다면 도리어 비효율적이라는 것이다.

이상에서와 같이 상황이론에서 조직의 구조는 환경의 변화와 안정성 정도, 기술의 복잡다양성 정도, 조직의 규모에 따라 달리 적절히 결정되어야 한다는 것이다. 결국 상황이론은 조직이 환경에 적합(fit)해야 효과적이기 때문에 상황적합이론이라고 부르기도 한다.

상황이론가들은 특정한 조직구조와 관리방법이 다른 구조와 방법보다 효과적이라는 가정을 부정한다. 따라서 그들은 전통적인 관료조직으로부터 시작해서 항상 변화하는 조직에 이르기까지 거의 모든 형태의 조직이 그 조직의 특성과 요구가 상황이나 환경적 특성과 부합된다면 그 조직은 효과적일 수 있다고 본다. 그러므로 효과적인 조직은 다양할 수 있으며, 그 조직의 특성과 환경과의 적합성이 조직의 성패를 좌우한다고 본다는 점이 독특하다. 사회복지조직 관리자가 상황이론을 활용할 경우 가장 우선적으로 고려해야 할 사항이 자신이 운영하는 사회복지조직의 특성과 욕구를 분명히 파악하는 것이며 그 다음으로 결정할 사항이 환경적 특성을 잘 이해하는 것이다(Lewis et al., 2001 : 95). 그래서 만일 사회복지조직이 단일계층의 클라이언트에게 일정한 서비스를 반복적이며 지속적으로 제공하는 활동으로 특성화되어 있다고 판단하면 정형화되고 기계적인 조직구조와 형태를 활용할 수 있으며, 반대로 다양한 클라이언트 집단에 전문적인 서비스를 제공하는 기관으로 파악한다면 보다 유연한 조직형태를 갖추는 것이 바람직하다.

상황이론의 사회복지조직을 설명하는 데 있어서 유용성을 평가하자면 우선 사회복지조직의 내부적 특성을 잘 설명하고 상황과 환경의 중요성을 강조한다는 점에서 시사하는 바가 크다. 실제로 사회복지조직은 클라이언트 집단에 따라 그 조직의 특성이 매우 다르다. 따라서 제각기 다른 특성을 충분히 이해하고 조직화와 관리방법 및 형태를 결정해야 한다는 점은 매우 유의 깊게 받아들일 필요가 있다. 또한 기존의 조직이론이 환경과의 관계를 도외시한 반면 상황이론은 환경적 변수의 중요성을 강조한 측면이 사회복지조직에 적용가능성을 더욱 크게 하고 있다. 실제로 사회복지조직은 환경적 변화에 크게 좌우되기 때문에 그에 따른 조직구조와 관리스타일의 적용이 절실히 요구되므로 이론적 타당성은 충분하다. 그러나 상황이론은 어떠한 상황이나 환경에 어떤 조직이 효과적이라는 일정한 원칙과 지침을 제공하는 데 실패했기 때문에 실제로 이 이론을 과학적으로 검증하거나 현실에 적용하는 데에는 일정한 한계가 있다.

2) 자연적 조직이론

(1) 정치경제이론

상황이론이 조직과 환경의 상호작용을 기반으로 발전된 조직이론으로 조직구조와 관리방법은 환경에 알맞게 구성되어야 한다는 것을 강조하고 있다. 정치경제이론(political economy theory) 역시 상황이론처럼 조직과 환경의 상호작용에 초점을 두고 있지만 자원과 권력관계를 중심으로 전개되는 역동적인 상호작용의 역할관계에 따라 조직의 성패가 좌우된다는 점을 유달리 강조하는 이론이다(Wamsley & Zald, 1976).

정치경제이론에 의하면 조직의 생존과 발전에는 두 가지 기본적인 자원이 필수불가결하다. 하나는 합법성과 권력과 같은 정치적(political) 자원이고, 다른 하나는 생산과 서비스에 요구되는 경제적(economic) 자원이다. 조직에서 합법성은 조직의 설립기반과 모든 활동의 근거가 되는 중요한 요소이며, 권력과 같은 정치적 자원은 조직의 목표달성 및 생존에 지대한 영향력을 행사하는 요인이라 할 수 있다. 또한 재원, 클라이언트, 인력과 같은 생산과 서비스를 위한 경제적 자원이 확보되지 않는다면 조직은 정상적으로 가동될 수 없을 것이다.

정치경제이론은 조직이 서비스 전달체계를 형성하는 데 있어서 환경의 중요성, 특히 과업환경(task environment)의 중요성, 특히 과업환경에서의 재원을 둘러싼 권력관계를 부각시킨다(Hasenfeld, 1992 : 31). 과업환경이란 조직에 직접적으로 영향을 미치는 환경으로 대개 지역사회 내의 다른 조직과 클라이언트 집단을 포함한다. 이러한 과업환경의 요소들은 조직이 필요로 하는 중요한 자원(합법성, 재원, 클라이언트 등)을 통제하고 있고 조직을 통해서 자신들의 목적을 실현시키려 하기 때문에 밀접한 이해관계를 형성하고 있다. 과업환경의 요소들이 조직에 대해서 힘과 영향력을 행사할 수 있을 정도의 반드시 필요한 정치적·경제적 자원을 보유하고 있다는 설명은 조직의 관점에서 보면 조직은 정치경제적으로 환경에 대해서 반드시 필요한 자원을 확보해야 하므로 의존적 관계를 지니고 있다고 볼 수 있다. 이러한 시각에서 논의를 전개하는 정치경제이론의 하나가 환경에 대한 장에서 소개될 자원의존이론(resource dependency model)이다.

자원의존이론의 기본전제는 조직이 과업을 수행하기 위해서 필요한 자원을 조직 스스로 내부적으로 마련할 수 없으므로 조직은 결국 외부환경에 의존적일 수밖에 없다는 것이다(Thompson, 1967). 따라서 조직의 관리자는 조직의 생존과 발전에 결정적인 역할을 하는 과업환경, 특히 자원과 관련된 요소들을 면밀히 분석하여 능동적으로 대처하는 전략을 수립해야 한다. 자원의존이론에 따라 조직의 관리자가 취할 수 있는 효과적인 전략으로는 완충(buffering)과 연계(bridging) 등이 있다(Scott, 1998 : 48-62). 완충전략은 조직이 과업환경으로부터 야기되는 혼란에서 조직을 보호하기 위하여 조직 내의 구조와 주요 구성요소들을 정비하는 방법이며, 연계전략은 조직이 필요한 주요자원을 획득하기 위해서 다른 조직 등의 환경요소들과 협력 혹은 공조관계를 형성하고 발전시키는 것을 말한다. 완충전략은 내부지향적이며 수동적인 환경대응전략이라면 연계전략은 외부지향적이고 능동적인 조직의 변화전략이라고 볼 수 있다.

완충전략을 선택했을 경우 관리자가 취할 수 있는 구체적인 전술은 분류, 예측, 비축, 평준화 등이 있다. 먼저 분류(coding)는 외부환경으로부터 지속적으로 투입되는 자원의 흐름에 방해가 생겼을 때 또는 새로운 자원확보에 문제가 발생할 경우 기존의 자원과 투입을 재분류하여 정리하는 방법을 말한다. 이러한 전술은 기존의 자원을 보다 효율적으로 활용하는 일종의 관리방법이다. 둘째로 예측(forecasting)은 조직의 투입과 산출에 대해서 미리 예측하여 환경적 변화에 적응하는 방안을 강구하는 전술을 일컫는다. 예를 들면 6개월 후 사업내용과 관련된 소요재원을 미리 예측하여 조달방안을 강구하는 방법이다. 셋째로 비축(stockpiling)은 환경으로부터 유입되는 자원이 불충분하다고 판단될 때 조직의 주요자원을 비축하여 긴급한 상황에 사용할 수 있도록 조치하는 전술이다. 넷째로 평준화(leveling)는 환경적 요소의 변화가 조직에 큰 충격을 줄 경우 조직 내의 특정 부서나 일부 직원이 부담할 충격을 나누어 분담케 함으로써 충격을 완화시키는 전술이다. 예컨대 조직의 재원조달에 심각한 문제가 발생했을 때 각 부서의 지출규모를 약간씩 줄여 나가는 방법을 말한다.

한편 연계(bridging)의 전략을 취했을 때 관리자가 활용할 수 있는 전술도 여러 가지가 있다. 우선 협력(coorperation)의 전술은 충분한 수의 클라이언트를 환경으로부터 확보하기 위해서 다른 기관과 협력관계를 형성하여 클라이언트를 의뢰받을 수 있는 방안이다.

또한 대체자원개발(developing alternative resources)은 의료기관이나 사회복지조직에서 흔히 사용할 수 있는 전술로 인정되고 있는 것으로 적극적으로 환경의존적인 조직의 위치를 변화시킬 수 있다. 그리고 서비스나 프로그램의 다변화(diversification) 전술도 새로운 클라이언트나 자원을 획득할 수 있는 방법으로 유용하게 사용될 수 있다.

그러나 이러한 완충과 연계의 전략이 갖는 장점이 있는 반면 사회복지서비스 대상자에 대한 윤리적인 문제도 야기할 수 있다는 점에서 주의가 요망된다. 크리밍(creaming)은 사회복지조직이 투입비용을 줄이고 자원을 극대화하기 위해서 비교적 성공의 가능성이 큰 클라이언트를 선별적으로 모집하고, 반대로 자원의 소모가 많고 서비스의 수요가 큰 클라이언트를 배척하는 현상이다. 결국 사회복지조직이 희소한 자원확보와 유지에 몰두한다면 서비스를 절실히 필요로 하는 클라이언트가 배제될 수 있기 때문에 크리밍에 따른 윤리적인 문제가 대두될 수 있다.

정치경제이론은 사회복지조직의 내·외부 정치경제적 관계가 조직의 서비스 전달체계에 어떤 영향을 미치는지를 현실적인 차원에서 너무도 생생하게 잘 설명해 주기 때문에 이론적으로 기여하는 바가 크다(Hasenfeld, 1992 : 32). 특히 사회복지조직이 외부환경에 크게 의존하고 있다는 사실을 강조하고 환경의존성을 탈피하려는 조직의 적응전략을 사용했을 때 어떤 영향이 나타나는가를 명확히 설명해 준다는 점에서 사회복지조직에의 적용성은 매우 높다고 평가된다. 따라서 정치경제이론, 특히 자원의존이론은 아마도 한국의 사회복지기관의 본질적인 특성을 가장 잘 부각시키고 환경변화를 위한 구체적인 전략과 전술을 적용하는 데에도 매우 적합한 이론으로 간주된다(황성철, 2000 : 176). 이 이론은 또한 클라이언트를 중요한 자원으로 보면서 동시에 조직에 영향을 주는 이해관계자로 파악하여 조직이 어떻게 클라이언트 집단에 반응해야 하는지를 숙고해 보게 한다. 정치경제이론은 조직과 환경과의 역학관계에서 사회복지조직의 행태를 현실적으로 생생하게 설명하는 잠재력을 갖고 있지만 사회복지조직은 정치경제적인 힘과 자원에 의해서 전적으로 좌우되는 것은 아니며 그 조직을 이끄는 가치와 이념을 간과하고 있다는 점에서 적용상의 한계는 다소 있다고 본다.

(2) 제도이론(신제도이론)

제도이론(institutional theory)도 개방체계적 관점에서 조직에 대한 환경의 영향력을 강조하는 이론이다. 조직군생태이론이 환경을 막연하게 다루는 데 반해, 제도이론은 조직 그 자체의 규범과 조직을 둘러싼 사회적 가치와 규범의 결집체인 제도적 환경을 제시하면서 바로 이 제도적 환경(institutional environment)과의 관계에서 조직의 생존을 보다 정확하게 이해할 수 있음을 강조한다. Meyer와 Rowan(1977 : 343)은 현대사회에서 조직의 위상, 정책, 프로그램, 절차는 사회적 여론, 주요 이해관계자의 시각, 교육과정에서 인정된 지식, 사회적 지위, 법률과 법원의 판결 등의 제도적 환경의 영향력에 의해서 규정된다고 보았다. 이와 같은 제도적 환경이 조직의 구조나 속성에 큰 영향을 미칠 수 있는데, 사회복지조직의 주요 제도적 환경으로는 활동과 관련된 사회적 규범과 가치체계, 정부의 법과 정책, 여론 등을 들 수 있다.

한편 이러한 제도적 환경에 대해서 많은 조직들은 합리적이고 인지적인 적응을 하기보다는 모방적 인지 등을 통해 적응해 나가는 경향을 보이기도 하는데, 이러한 현상을 DiMaggio와 Powell(1983)은 제도화된 규칙에 영향받는 다른 조직들의 성공적인 실천사례에 대한 모방적 행동(mimetic behavior)에 의해서 만들어질 수 있다고 설명한다. 예를 들면 정신보건영역에서는 새로운 정부의 정책이 조직의 생존에 절대적인 영향을 지닐 때, 많은 조직들은 철저한 손익계산의 원리에 의해서 적응해 나가기보다는 대다수의 정신보건조직의 적응관행을 모방하면서 조직의 생존을 지속해 나가는 방식을 취한다는 것이다. 한편 제도이론에서 가장 중요한 개념의 하나가 바로 합법성의 취득인데, 조직이 환경이 요구하는 제도화된 규칙을 받아들이고 지키는 이유는 이러한 행동이 바로 합법성의 원천이 되고 더 나아가서는 자원획득을 위한 통로가 되어 조직의 생존을 보장할 수 있기 때문이라고 설명한다(Meyer & Rowan, 1977). 마지막으로 제도이론에서 조직이 제도환경이 요구하는 바와 같은 모습(conformity)을 취하게 되는 과정을 DiMaggio와 Powell(1983)은 세 가지로 나누어 설명한다. 첫째로는 정부나 법률의 규정에 의한 강제적 과정이 있고, 둘째로는 위에서 언급한 모방적 과정이 있으며, 셋째로는 전문직의 규범으로 자연스럽게 그 절차를 수용하게 되는 과정 등이다.

제도이론은 조직이 자원환경에만 놓여 있는 것이 아니라 법과 가치와 규범 등을 중심으로 하는 제도환경에 놓여 있는 점을 잘 설명하면서 합법성의 취득을 중요하게 여기는 점에서 사회복지조직과 같이 도덕적인 이념이나 가치에 의해서 그 존립의 정당성이 확보되는 조직에서 제도환경이 갖는 중요성과 의미가 무엇인지를 이해하는 데 매우 큰 도움을 준다(Hasenfeld, 1992 : 36). 그러나 이 이론은 핵심개념인 제도화 과정을 명확하게 서술하지 않고 제도화된 규칙을 적용한 결과에 대해서도 언급을 회피하고 있기 때문에 구체적인 조직관리의 원칙을 도출하는 데는 제한성을 지니고 있다고 평가된다.

제도이론을 한국 사회복지조직의 상황에 적용시켰을 때 얻을 수 있는 가장 큰 장점은 사회복지조직들은 정부의 정책 및 사회적 가치와 규범 등 제도적 환경의 영향력하에 매우 강하게 놓여 있다는 사실을 명확하게 이해할 수 있게 이끈다는 것이다. 사회복지기관은 정부나 법률에 의해서 설립이 인가되고 조직운영의 형태나 관행은 대체로 법률이나 규정에 의해서 규제되고 있는 것이 현실이고, 또한 한국의 사회복지기관은 지속적으로 사회적 규범과 가치에 의해서 활동과 조직의 내용이 결정되는 경향성이 있는 것이 사실이기에, 제도이론은 사회조직이 환경관리적 차원에서 무엇을 우선시해야 하는지를 인식하는 데 매우 강력한 시사점을 제공한다.

신제도이론은 기존의 제도이론과 유사하지만 제도이론이 자연적 관점의 이론이라면 신제도이론은 현상학적 차원의 이론으로 제도적 환경에 대한 인지적 측면을 강조하고 분석수준을 개별조직이나 제도보다는 유사조직 간의 영역, 제도와 제도, 제도와 정책 등에 초점을 둔다는 점에서 약간의 차이가 있다. 그러나 근본적으로 조직을 보는 기본 전체와 이론구성은 동일하다고 본다. 신제도이론에 관해서는 제6장의 주요 조직환경이론에서 부연해서 설명되어 있기 때문에 참고하기 바란다.

(3) 조직군생태이론

조직군생태이론(organizational ecology 혹은 population-ecology theory)은 조직을 개방체계로 보아 환경과의 상호작용을 전제로 하고 있지만 조직의 생존을 결정하는 것을 결국 환경이라는 결정론적 입장을 취한다. 조직군생태이론에서 분석의 단위는 개별조직이 아니라 조직의 군 혹은 집합체(a population of organizations)이다. 조직의 생존과 소멸이라는 현상을 전체적으로 볼 때, 유사한 조직들이 일정 기간 동안 생존하지만 결국 일정 시점이 되어서는 특정 형태의 조직들은 도태되고 다른 특정 형태의 조직들이 발전하게 되는 등 환경의 선택에 의해서 조직들이 소멸되거나 생존하게 되는 현상을 갖는 것에 이 이론은 주목한다. 이러한 현상은 조직들 간의 조직군생태학적 역동성과 조직의 생성과 소멸이라는 주기성에 의해서 접근되는데, 궁극적으로 변화하는 환경이 선택하는 조직은 살아남고 그렇지 않은 조직은 도태된다는 점을 강조하고 있다(Hannan & Freeman, 1988).

어떤 조직들이 생겨나고 유사 조직의 수가 점차 늘어나는 것은 사회적으로 그 조직의 필요성이 인정되고 있다는 점을 반영한다. 반면 급격하게 유사 조직들이 소멸되는 것은 사회적으로 그러한 조직의 필요성이 줄어들기 때문이라는 점을 반영한다. 이것은 마치 생물학적 진화과정에서 환경이 생존을 허락하는 생명체를 선택하는 것과 같다고 말할 수 있다. 의료산업에서 최근 임신과 출산의 저하로 인해서 산부인과 의원이 점차 사라지는 이유는 변화된 인구적 환경의 선택 때문이라 할 수 있다. 이러한 환경적 선택에 대해서 조직이 선택만을 당하는 이유는 무엇일까? Freeman과 Hannan(1983)은 조직의 관성 때문에, 보다 구체적으로는 투입비용이 과다하게 투여되었기 때문에 적응이 용이치 않기 때문이라 설명한다. 예로 산부인과 의사가 안과나 다른 임상분야의 전문성으로 재무장하는 것은 쉽지 않은 일이라 할 수 있다.

조직군생태이론은 성공적인 조직과 그렇지 않는 조직을 설명하고 조직의 생성과 발전에 대해 환경이 생존을 선택하는 결정적 역할을 한다는 것을 강조하는 그 점, 즉 지나치게 환경결정론적인 입장을 지닌다는 점에서 비판을 받고 있다. 아울러서 Perrow(1986 : 213)는 조직군생태이론에서 환경의 개념은 매우 모호하고 환경에서의 조직 간의 권력관계, 갈등, 마찰 등 중요한 사항을 도외시하고 있다고 지적했다. 조직군생태이론가인 Aldrich(1979)도 환경이 조직의 생존을 결정하는 주체가 된다면 이에 관한 보다 자세한 분석이 제시될 필요가 있다고 주장했다.

우리 사회가 저출산 고령사회로 접어들게 됨에 따라 과거 의료조직으로 산부인과 병원은 점차 자취를 감추게 되고 대신 노인관련 퇴행성 질환 중심의 의료조직이 급속도로 팽창하고 복지시설도 아동의 생활시설보다는 노인복지관, 노인센터, 재가복지센터 등 이용시설이 급속도로 확산되는 현상은 조직군생태이론이 잘 설명해 준다.

3) 현상학적 조직이론

(1) 조직화이론

현상학적 사고에 기초한 조직화이론(organizing theory)의 기본적인 전제는 다음과 같다. 조직이라는 것은 객관적인 실체로 존재하는 것이 아니고 조직구성원들 간의 상호작용 속에서 형성되는 주관적이고 창조적인 구성물이라는 것이다. 그래서 조직구성원의 활동은 공식적 규칙, 권위, 합리적 행위규범 등에 의해 통제되는 것이 아니라, 사회적으로 형성되는 문화적 규범, 가치, 신념 또는 전제 등에 의해 통제된다는 것이다. 이 이론의 대표적인 이론가인 Karl Weick(1969)는 조직은 구조로서의 조직이 아닌 과정으로서 "조직화"(organizing)의 측면을 강조하면서 조직행위를 생성적이고 상황적으로 보아야 안다는 점을 강조한다. 조직화 이론에서 강조되는 것은 조직구성원들 간의 상호작용 과정에서 의미가 주관적으로 해석되고 창출되어 나오는 능동적인 과정에 있다. 이렇게 생성된 상황적 의미가 조직 내에서 안정화되면 차후 유사한 상호작용에서는 조직구성원들이 당연히 받아들이는 전제로서 기능하게 된다.

조직화이론에서 조직이 환경에 대응하는 방식은 내규화, 선택, 보유의 세 가지 과정을 통해서 이루어진다(이창순, 2009). 내규화는 조직이 환경으로부터 투입물을 능동적으로 규정하는 과정으로 환경의 모호성을 조직 내의 상호 연결된 행동들을 통해서 규정하는 것이다. 이와 같이 형성된 규칙들 중에서 성공적인 것이 선택되고 차후 이것은 조직의 대응방식으로 유지 또는 보유된다는 것이다. 즉 외부환경으로부터 주어진 자극은 일단 내규화되고 그 속에서 조직의 대응방식이라는 조직규칙이 선택적으로 적용되어 조직은 환경에 능동적으로 적응하게 된다. 이 이론은 대부분의 조직이론이 안정되고 객관적인 실체로써 조직을 보는 시각에서 벗어나 조직 구성원간의 상호작용이 반복되면서 유사한 의미가 부여되고, 유형화되고, 제도화되는 즉 사회적으로 창출되는 과정으로서의 조직을 본다는 관점에서 장점이 있다. 그러나 이러한 조직화 이론에 대해서는 조직 현상에 대해 지나치게 주관화시키고 환경을 극도로 관념화 시킨다는 비판이 제기된다(Clegg & Dunkerley, 1980).

(2) 무정부조직이론

정책결정 또는 의사결정 모형에서 강조되는 합리성을 부정하는 시각에서 현상학적 요소를 가미한 독특한 조직이론이 무정부조직이론(organized anarchy model)이다. Cohen과 March(1974)로 대표되는 무정부조직이론가들은 조직상황을 일관성이 결여된 빈약한 선호체계, 모호한 기술, 유동적이고 혼란스러운 참여자로 보고 있다. 이러한 조직상황에서 네 가지 투입물인 문제, 해결책, 참가자, 선택기회 등이 하나의 의사결정과정이라는 통속에 들어와서 투입물 간의 합리적이 연계없이 특수한 혼합에 의해 의사결정이 이루어진다는 것이다. 그래서 이 이론을 쓰레기통 모형(garbage can model)이라고 부르며 조직에서의 의사결정은 진정한 문제해결에 도움이 되지 않는 방향으로 우연, 도피, 회피 등으로 귀결되는 경우가 허다하다.

무정부조직이론은 조직합리성의 가정을 근본적으로 부정한다. 그래서 조직은 명확한 목표가 있고 그 목표달성을 위한 통합된 구성요소가 각자의 역할을 수행하는 체계가 아니다. 무정부조직이론에서 전형적인 조직의 모습은 조직 내 개별 의사결정자가 갖는 인지적 또는 주의 집중의 한계가 있는 상황에서, 문제해결을 위한 대안도 다양하고, 어떤 선택에 대한 결과에 확신도 할 수 없고, 다양한 외적 요구에 좌절하며 올바른 의사결정을 할 수 없는 위치에 놓이게 된다(Cohen et al., 1972). 결국 이 이론은 조직의 주요한 의사결정을 너무 비관적으로 본다는 점에서는 한계가 있지만, 조직구성원의 상황 인지적 의사결정에 주목했다는 점에서 현상학적 이론으로 간주된다.

4. 기타 조직이론

1) 총체적 품질관리

총체적 품질관리(TQM : Total Quality Management)는 조직이 산출하는 서비스의 질을 향상시켜 궁극적으로 소비자 만족을 추구하기 위해서 조직문화와 질적 향상을 위한 효과적인 관리기법을 통합적으로 운영하는 조직관리방법이다. TQM은 일본 기업들이 산출물의 결함을 제거하여 소비자 만족을 극대화하는 조직관리방법을 효과적으로 사용하고 있다는 데 착안하여 1980년대 초반부터 미국 기업에도 적용하기 시작한 경영이론이며 기법이다(Martin, 1993 : 22).

TQM이 전통적인 관리기법과 구별되는 가장 큰 특징은 고객의 욕구나 필요에 따라 조직의 목표가 설정된다는 고객 중심의 관리가 강조되어 조직운영과 서비스의 지속적인 개선을 통해 양질의 서비스를 산출하여 조직의 경쟁력을 증대시키고 이를 위해 전 조직구성원들이 참여하며 노력하는 경영시스템을 갖추는 것이다. 따라서 TQM은 단순히 제품이나 서비스의 결함을 발견하여 그것을 제거하는 것이 아니라 총체적으로 소비자가 만족할 수 있도록 제품과 서비스를 향상시키는 혁신적인 조직관리와 경영기법으로 이해해야 한다. Swiss(1992)는 TQM의 일곱 가지 주요원리를 다음과 같이 제시한다.

① 서비스의 질은 궁극적으로 고객이 결정한다.

② 서비스의 질은 제공과정보다는 서비스의 계획단계부터 고려된다.

③ 서비스의 변이(variation) 가능성을 사전에 방지하는 것이 고품질의 서비스 산출에 중요하다.

④ 고품질의 서비스는 개인 노력보다는 조직의 다양한 직원의 협력적 활동의 결과로 나타난다.

⑤ 투입과 과정에 대한 지속적인 개선노력이 질적 우월성을 가져다준다.

⑥ 질적 개선은 직원들의 적극적인 참여를 통해서 이루어진다.

⑦ 전체 조직의 사명감이 투철해야 질적 개선은 이루어질 수 있다.

이러한 TQM의 기본원리에 바탕을 두어 조직 내 퀄리티 서클(quality circle)과 과정향상팀(process improvement team)과 같은 품질향상을 위한 팀을 구성하여 팀원들이 서비스의 과정흐름도표(process and flow charts), 파레토 도표(Pareto charts), 인과관계도(cause-effect diagrams) 등의 기법을 활용하여 투입과 산출에 관한 전반적인 자료수집과 분석을 하는 과정이 포함된다. 따라서 TQM은 소비자나 고객의 만족도를 높이는 경영철학과 이념을 반영하고 전체 조직이 품질향상을 위해서 참여, 협동, 학습조직 등의 조직화 방안을 추구하면서 효과적인 관리기법을 적극적으로 활용하는 방법이다.

처음에는 기업조직에서 사용된 TQM이 1980년대 후반부터 공공행정분야와 사회복지서비스조직에도 적용되기 시작했다. 사회복지조직도 최근 클라이언트의 삶의 질이 강조되면서 서비스의 질적 향상을 위한 관리이론과 기법을 적극적으로 활용할 필요가 있다는 인식이 확산되면서 미국과 캐나다의 아동을 위한 재가복지 및 지역사회서비스, 보건 및 의료시설, 재활서비스기관, 공공복지서비스기관 등에서 적용되기 시작했다(Gunther & Hawkin, 1999 : 9).

우리나라 사회복지조직에도 TQM을 도입하여 활용할 필요가 있다고 주장하는 학자들(최재성, 1997 ; 김영란, 1999 ; 박경일, 2000)이 있지만 전반적으로 다음과 같은 문제점으로 조심스럽게 그 적용을 탐색하는 것이 바람직하다.

우선 사회복지조직이 산출하는 사회복지서비스의 효과성과 질을 객관성 있고 타당하게 측정할 수 있는 척도가 부족하기 때문에 TQM의 도입 이후 질적 향상을 가늠하기가 어렵다는 문제가 있다. 그리고 성공적인 TQM의 시행은 조직 리더의 의지와 직원의 자발적인 참여가 선행되어야 하는데 한국 사회복지조직의 특성상 이러한 선행요건의 충족은 매우 어렵다. 마지막으로 TQM을 시행하기 위한 다양한 관리기법의 활용에 대한 지식과 기술이 구비되어야 하는데 아직도 한국의 사회복지조직의 관리자나 직원들은 이러한 효과적인 관리기법의 활용에 관한 지식이 결여되어 있기 때문에 조심스럽게 진행시킬 필요가 있다.

리엔지니어링(BPR : Business Process Reengineering)

흔히 일컬어지는 리엔지니어링(BPR)은 TQM과 유사하게 품질향상의 과정을 전체 조직 차원에서 적용하는 방법이다. Hammer와 Champy(1993 : 32)는 BPR을 서비스 제공과정의 근본적인 재검토와 서비스 제공과정의 급진적인 재설계를 통해서 서비스의 비용, 품질, 속도 등과 같은 핵심적인 업무에 관한 성과 지표의 향상을 도모하는 것으로 정의한다. 리엔지니어링이 TQM과 다른 점은 TQM이 일선 업무 차원의 조직과정에 초점을 두는 데 반해 리엔지니어링은 전체 조직 차원에서 경영쇄신을 이루는 방법이다.

리엔지니어링은 조직의 다양한 기능을 수행하는 각 부서들이 상호교류와 의사소통이 단절된 형태로 창고 또는 칸막이 사고(silo mentality)에 매몰되어 있다는 문제의식에서 비롯되어 소비자를 위한 서비스에 부가가치가 발생되지 않는 모든 조직과정을 제거하는 데 초점을 맞추고 있다. 이러한 측면에서 리엔지니어링에서는 조직기구의 축소와 직원의 감축(downsiging)을 비롯하여 다른 여러 형태의 비용절감 노력 등은 자연스럽고 합리적인 조치로 인정된다.

리엔지니어링은 효율성과 합리성을 강조하는 과학적 관리론과 같은 이론적 맥락에서 제시되었다는 데 한계가 있다. 그리고 리엔지니어링의 효과를 분석한 연구(Zell, 1997 : 23)에서 이를 적용한 경영조직 가운데 70~85%가 실패한 것으로 나타났다는 사실은 주목할 만하다. 리엔지니어링의 부작용으로 기업거식증(corporate anorexia)이 거론되는데, 이는 대폭적인 직원감축으로 차후 전개되는 환경변화에 효과적으로 대응할 수 있는 경험 많은 역량있는 직원이 부족하여 생기는 기능실조 현상을 말한다. 사회복지조직도 점차 비대한 관료조직화되는 경향이 있기 때문에 부서 이기주의 또는 할거주의 등의 폐단으로 인한 비용증대와 서비스 질의 문제에 봉착한다면 리엔지니어링을 고려해 볼 수 있다. 하지만 단순한 비용절감과 조직 및 직원감축에 초점을 두는 것보다 서비스 품질 향상을 위해 직원 참여와 인적자원의 가치를 고려한 총체적 접근을 한다면 리엔지니어링도 일정한 효과가 있을 것이다(Lewis et al., 2000 : 91).

2) 학습조직이론

조직의 역량을 강화시키는 방안의 하나로 학습조직이론이 부상하였다. 많은 조직에서 구성원들은 조직생활을 수행해 나가면서 조직의 과제를 수행하는 데 있어 스스로의 내적 학습 차원에 멈추는 경향이 있고, 기껏해야 부서 차원에서의 공유학습을 통해서 문제를 해결하고 과제를 더욱 원활하게 수행하게 되는 방식의 차원에 머무르게 된다. 이는 조직 전체의 차원에서 볼 때, 엄청난 조직 에너지의 낭비이고 조직역량의 소모행위로 볼 수 있다. 개인적 학습을 공유하면서 조직학습화시키고 그러한 학습을 공유시켜 구성원과 개인 모두의 역량을 강화시키는 방법을 추구하는 것이 학습조직이론이라 할 수 있다. 즉 사회복지조직과 그 구성원 모두를 임파워시켜 공유학습을 통해 클라이언트 집단에 효과적인 서비스를 제공하는 방안을 기대해 볼 수 있는데 이러한 접근을 용이하게 하는 것이 바로 학습조직이론(learning organization theory)이라 할 수 있다(황성철, 2002 : 79).

학습조직이란 Senge(1990 : 4)에 의하면 조직구성원이 진정 바라는 결과를 창조할 능력을 확장하고, 새롭고 확대된 사고패턴이 육성되며, 집단적 목표나 열망이 자유롭게 선정되고, 함께 학습하는 방법을 지속적으로 배우는 조직이라고 정의된다. 그는 어떤 조직이 학습조직화되면 다음과 같은 조직의 주요영역이 임파워된다고 보았다.

① 개인적 통제감 : 개인적 통제감(personal mastery)은 단순히 지식의 습득과 능력의 신장을 넘어서 조직구성원이 진실로 원하는 성과를 창조적으로 획득할 수 있는 능력을 확장시킨다.

② 정신적 모델 : 정신적 모델(mental model)이란 사고의 틀을 말하는데 인간의 사고와 정신이 인간행동의 방향을 결정하는 데 중요한 역할을 한다는 전제하에 학습조직은 조직구성원이 상호 간의 대화, 성찰, 질문을 통한 지속적인 학습과정에서 최선의 해결책을 강구하고 현재의 상황과 미래에 대한 사고의 틀을 형성한다.

③ 비전 공유 : 학습조직에서는 조직구성원 개인의 제각기 다른 목표와 지향점이 생산적인 학습과정을 통해서 통합된다. 모든 조직구성원에 의해 공유된 조직의 비전은 다시 조직학습의 목표와 에너지 원천으로 작용한다.

④ 팀 학습 : 조직구조화의 원리를 팀제로 형성하는 학습조직은 조직 안팎의 문제해결을 위하여 팀구성원들이 자유롭게 의견을 교환하여 다른 사람의 생각과 아이디어

를 교환하고 학습하여 문제해결능력을 신장시킨다.

⑤ 체계적 사고 : 체계적 사고(systems thinking)는 조직에 다양한 요소가 상호관련을 맺고 역동적으로 작용하고 있다는 인식을 바탕으로 이러한 요소 간에 마찰과 대립도 있을 수 있다는 것을 인정하는 동시에 타협과 협력으로 전체 조직의 목표달성에 기여한다고 생각하는 것이다.

이상에서와 같이 학습조직은 조직과 구성원을 임파워시켜 조직의 효과성을 극대화시킬 수 있다는 차원에서 조직 임파워먼트의 전략으로 간주되기도 하지만 지속적인 학습과정을 통해 조직변화와 혁신을 위한 전략으로 간주되기도 한다. 따라서 학습조직이란 조직구성원이 지속적인 학습과정을 통해서 조직의 인력, 재정, 구조, 직무성과를 개선해 나가는 혁신적인 조직을 의미한다. 다시 말해서 학습조직은 조직구성원인 개인, 팀, 조직이 지속적으로 학습을 권장하는 분위기를 갖는 조직으로 계속적으로 조직을 변형, 발전시키는 결과를 초래한다. 학습조직에서 강조되는 것이 조직학습의 과정과 방법이다.

Argyris(1999)에 의하면 조직에서 학습은 두 가지 경우에 일어나는데, 하나는 조직의 목표와 성과가 일치하여 성공적일 때와 다른 하나는 조직의 성과와 목표가 불일치하여 시정조치가 이루어질 때 일어난다. 그러나 조직운영의 결함이 발견되어 교정하는 방법이 임시방편적이거나 부분적인 변화를 초래할 때에는 단선적 학습(single-loop learning)만 가능할 뿐이나 시정방법이 전체 조직운영의 틀을 고치는 방향으로 전개된다면 복선적 학습(double-loop learning)이 일어난다. 복선적 학습이 조직과 구성원을 임파워하는 데 더욱 효과적이다. 사실상 단선적 학습은 진정한 학습이라고 보기는 어렵다.

그림 3-2 **단선적 학습과 복선적 학습**

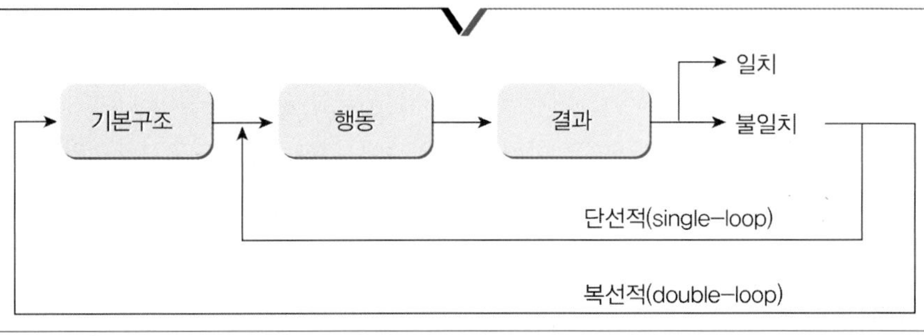

[그림 3－2]에서 보는 바와 같이 조직은 성공했을 때와 마찬가지로 실패했을 때도 학습을 경험하는데, 실패의 결과를 심각하게 생각지 않고 조직운영의 기본 틀을 재구성하려는 노력이 뒤따르지 않는다면 학습의 효과는 거의 나타나지 않을 것이다. 복선적 학습이 이루어지는 조직문화에서 조직학습이 조직구성원과 팀 또는 조직 자체에 미치는 긍정적인 영향은 다음과 같다.

① 조직구성원 개개인에 대한 영향
- 자신의 행동이 조직의 다른 부분에 미치는 영향을 이해한다.
- 조직의 성과에 대해 책임감과 의무감을 느낀다.
- 코치와 자문 등 도움을 주고받는 활동이 증대된다.
- 창조적인 해결방안을 개발하고 업무와 책임을 공유한다.

② 팀과 조직에 대한 영향
- 조직의 서비스에 질적 향상을 가져온다.
- 새로운 서비스와 기술을 발전시킨다.
- 직원이직률이 낮고 직원의 사기가 진작된다.
- 실수와 낭비를 감소시키고 직무를 효율적으로 변화시킨다.

학습조직과 조직학습의 방법을 사회복지조직에 적용시킨 연구는 극히 드물게 이루어졌다. Kurtz(1998)는 미국 남동부의 8개 주를 중심으로 산재해 있는 80여 개 가족복지기관으로 구성된 사회복지기관 네트워킹을 사례연구한 결과 학습조직의 전략이 효과적으로 적용되어 Senge가 제시한 학습조직의 다섯 가지 특성들이 나타나고 관련 기관들을 자원과 협동의 중요성을 강조하고 조직의 혁신과 효과성을 제고할 수 있었다는 연구결과를 발표했다. 또한 시설, 인력, 자원 등에서 극심한 취약성을 보이는 미국의 공립아동복지기관을 개혁하고자 조직학습의 방법을 사용하여 산학협동의 행동연구(action research)를 수행한 결과 학습조직의 긍정적인 영향이 직원개발의 영역에서 여실히 나타나고 있음이 입증되었다(Cohen & Austin, 1994). 한편 조직외부에 의한 평가를 조직학습의 방법으로 활용하여 평가결과를 조직의 전 과정과 요소를 변화시키는 데 유용한 지식과 정보로 활용해야 한다는 연구(Cherin & Meezan, 1998)도 매우 고무적이다.

조직을 학습조직화하는 것은 매우 어렵고 또한 오랜 시간과 많은 자원이 소요될 것이다. 특히 만성적인 인력과 재원의 부족을 안고 변화하는 환경에 적응해야 하는 사회복지 조직은 더욱 그러할 것이다. 그러나 외국의 선행연구결과가 시사하는 바와 같이 어려운 여건에서도 학습을 강조하는 조직문화와 리더십을 갖추어 새로운 지식과 기술을 축적하여 활용한다면 그 조직은 경쟁력 있는 조직으로 변모되고 궁극적으로 조직의 역량은 크게 강화될 것이라는 확고한 신념을 가져야 할 것이다.

3) 조직문화이론

조직문화에 관해서는 조직문화의 장에서 구체적으로 조직문화와 관련된 다양한 내용들이 설명될 것이나, 조직이론과 관련된 새로운 시각의 소개 차원에서 이 장에서 마지막으로 조직문화이론을 소개해 보고자 한다. 조직문화에 대한 학자들의 관심과 연구가 본격화된 것은 1980년 이후부터라 할 수 있다. Peter와 Waterman(1982)은 『수월성 추구(*In Search of Excellence*)』라는 저서에서 성공적인 조직은 조직구성원들이 공유하는 가치, 즉 조직문화가 결정적 역할을 한다고 주장한 이후 이 연구가 여러 학자들의 유사한 연구를 촉발시켜 소위 조직이론에서 문화학파(cultural school)가 만들어지게 되었다 할 수 있다.

조직문화(organizational culture)라는 개념은 문화라는 다소 추상적이고 포괄적인 개념이 조직 내에 적용된 것으로 일반적으로 어떤 조직이 공유하고 있는 가치, 신념, 행동규범 등을 통칭하는 의미로 사용된다. 이런 의미의 조직문화가 중요한 이유는 조직 전체 및 조직구성원의 행동에 영향을 주는 요소이기 때문이다.

Rousseau(1990)는 조직문화를 조직에서 구성원들 사이에 이루어지는 사회적 과정을 통해 형성되는 조직구성원들이 공유하는 가치, 신념, 규범으로 정의했다. 또한 Schein(1992)은 조직문화를 어떤 조직이 외부환경에 대한 적응이나 내부통합의 문제해결과정에서 창조하거나, 발견하거나, 또는 개발한 기본가정(basic assumptions)의 한 형태로 보았는데, 이러한 기본과정은 그 효과성이 입증되어 새로운 조직구성원들에게 문제를 올바르게 지각하고 사고할 수 있도록 가르치고 전수된다고 보았다. 나아가 그는 조직문화를 세 가지 차원으로 나누어 설명하였다. 우선 상징물(artifacts)은 눈으로 식별할 수 있는 조직의 구조와 과정으로 우리가 쉽게 인지할 수 있고 쉽사리 변화시킬 수도 있다. 수용된 가치(espoused values)는 조직의 철학, 목표, 전략에서 파악될 수 있는 내용이다. 마지막으로 기본가정은 조직구성원들이 무의식적으로 당연시하는 사고, 감정, 신념을 지칭하는 것으로 쉽사리 변화될 수 없는 내용이다.

다시 강조하지만, 조직문화를 중시하는 이유는 조직문화는 그 본질적인 속성으로 인하여 조직구성원의 행태와 조직의 성패를 좌우할 수 있는 핵심도구가 될 수 있다고 보기 때문이다. 이러한 측면에서 Smircich(1983)는 조직문화가 조직에 어떤 영향을 미치는가에 관해 논의했다. 그에 따르면 조직문화는 조직구성원에게 일체감을 마련해 주고, 몰입이 발생하도록 촉진시키며, 조직의 사회적 체계에 안정성을 증진시키면서, 조직구성원들의 행위를 지도하고 형성시키는 감지도구의 역할을 수행한다고 한다. 또한 Robbins(1984)는 조직문화의 기능을, 조직을 결합시키는 역할, 개별적 설명서로서 구성원의 태도 및 행태에 대한 이해를 돕는 역할, 태도 및 행태에 대한 규범적 역할, 원활한 의사소통을 돕는 역할 등으로 보고 있다.

조직문화가 어떤 유형과 형태로 나누어지는가에 관한 학자들의 연구결과는 매우 다양하다. 보편적으로 조직문화의 유형을 2분법으로 나누거나 4분법으로 나누는데 이 장에서는 Kimberly와 Quinn(1984)이 제시한 네 가지 유형의 조직문화를 소개해 보고자 한다. 즉 그들은 집단문화, 개발문화, 위계문화, 합리문화 등 4개의 단순형 조직문화를 제시했다. 이러한 네 가지 유형을 제시하면서 그들은 사실 현실의 조직은 다른 문화의 특성을 완전히 배제한 채 전적으로 어떤 하나의 문화적 특성만을 가진 조직은 거의 없다고 설명한다. 다시 말하면 집단문화 특성을 강하게 보유하면서 부분적으로 개발문화와 합리문화의 요소를 어느 정도 갖고 있는 것이 현실 조직 문화의 실제 모습이란 뜻이다. 아무튼 그들의 논의를 단순화시켜 각 조직문화의 유형적 특성을 살펴보면 다음과 같다.

Kimberly와 Quinn(1984)은 조직문화의 유형을 조직을 관리하는 측면에서 크게 유연성을 갖고 있는가 아니면 통제성을 강조하는가에 따라 달라질 수 있고, 또한 조직을 보는 관점의 측면에서 미시적이고 내부지향적인가 아니면 거시적이고 외부지향적인가를 기준으로 집단문화(group culture), 개발문화(developmental culture), 위계문화(hierarchical culture), 합리문화(rational culture)의 네 가지 문화로 구별하였다. 각 문화의 속성을 정리하면 다음과 같다.

① 집단문화 : 집단문화는 내부지향적이고 유연성을 갖는 조직에서 나타나는 형태로 현실에 대해 낮은 확실성을 지각하고 즉각적인 반응이 불필요한 패턴에서 나타나는 유형이다. 인간적인 협력관계(human affiliation)라는 전제에서 출발하며, 구성원

들의 동기를 유발하여 상호 간의 신뢰감과 화목, 집단의식을 강조하는 반면에 환경변화에 있어서는 비교적 소극적인 경향을 보인다. 집단문화는 조직의 유연성과 내부의 체제유지에 가치를 두고 있으며, 이 문화에서는 조직구성원의 참여와 몰입이 조직효과성에 중요한 영향을 미친다. 따라서 집단문화는 구성원들의 신뢰감, 친밀감, 인간적 유대감, 인간적 배려를 우선시하는 업무수행방식을 지향한다.

② 개발문화 : 개발문화는 외부지향성이 강하고 유연성이 있는 조직에서 발견되는 조직문화로 현실에 대해 낮은 확실성을 지각하고 즉각적인 패턴을 나타낼 수 있는 문화이다. 변화(change)라는 전제에서 출발하며, 구성원 상호 간의 협력을 통하여 동기를 유발하고 능력을 최대한 발휘하며, 외부환경에 대하여 적극적으로 대응해 나가는 특징을 지닌다. 따라서 새로운 아이디어의 개발 및 개방적 상호작용, 모험과 도전, 신속하고 융통성 있는 업무처리와 같은 특성이 비교적 강하게 나타난다. 유연성과 변화가 강조되며, 성장, 창조성, 외부환경의 적응이 중요시된다.

③ 위계문화 : 위계문화는 내부지향적이고 통제성이 강한 조직에서 발견되는 조직문화로 높은 확실성과 즉각적인 반응이 불필요하다고 지각한 상황유형에서 나타난다. 안정성(stability)이라는 전제에서 출발하며, 구성원들이 공식조직과 절차에 의한 안전하고 확실한 업무처리, 조직의 장기적인 존속을 위한 운영의 지속성을 강조한다. 또한 환경변화에 적극적으로 대처하기보다는 현상유지에 더 많은 노력을 기울인다. 따라서 위계문화에서는 명확한 공식절차와 규정, 관습화된 업무처리, 직권과 서열의식과 같은 특성이 비교적 강하게 나타난다. 조직내부의 능률, 통일성, 조정, 평가를 강조하며 고도로 일상적으로 표준화된 활동을 수행하며 높은 수준의 복잡성, 공식화, 집권화, 관료제 등의 구조적 특성을 갖고 있다.

④ 합리문화 : 합리문화는 외부지향적이지만 통제성이 강한 조직에서 나타나는 조직문화로 현실에 대해 높은 확실성을 지각하고 즉각적인 반응패턴을 나타낼 수 있는 문화이다. 목표달성(achievement)이라는 전제에서 출발하며, 체계적이고 능률적인 조직관리를 강조하면서 환경변화에 적극적으로 대처해 나가는 특징을 갖고 있다. 따라서 목표설정과 계획수립, 능률적인 과업달성, 실적 위주의 업무관리와 같은 특성이 비교적 강하게 나타난다. 생산성, 성과, 목적달성 등을 강조하며, 리더는 지시적이고 목표지향적이다.

그림 3-3 조직문화유형

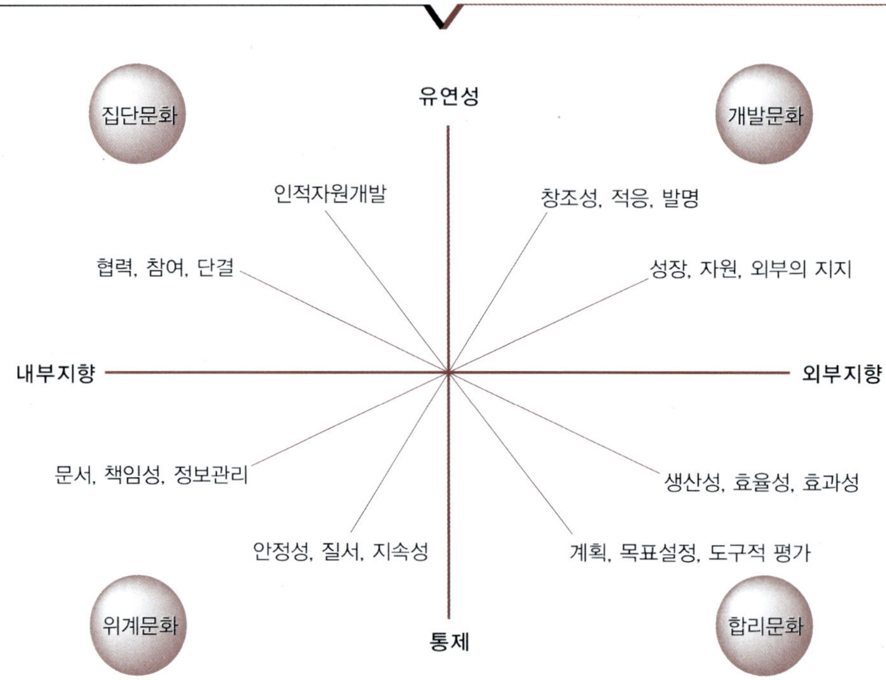

국내에서 이들의 조직문화구분을 활용한 연구가 사회복지영역에서도 상대적으로 많이 진행되었는데, 의료사회복지사를 대상으로 한 강흥구(2001)의 연구, 서울시 소재 사회복지관 사회복지사를 대상으로 최승아(2002)의 연구, 전국 사회복지관 사회복지사를 대상으로 한 황성철(2003)의 연구는 자신이 근무하는 사회복지조직을 집단문화와 개발문화로 인식하는 경우에 직무몰입과 임파워먼트 수준에서 더 높은 경향이 있음을 보고한다. 조직문화에 대한 연구는 향후 분석단위를 개인 차원을 넘어서 조직 차원에서 접근하면서 계량적 연구방법과 질적 연구방법 모두를 상황에 맞게 사용하면서 구성원의 사기와 만족도 및 임파워먼트 그리고 더 나아가서는 조직의 효과성 등의 결과변수들과의 관계를 보다 구체적으로 살펴보면서 사회복지현장 조직문화에 대한 이론적인 토대를 더욱 견고하게 쌓아 나가야 할 것이라고 생각된다.

4) 체계이론

체계이론(system theory)은 생물학자인 Ludwig von Bertalanffy에 의해서 처음으로 이론화되어 발전되었다. 그는 살아있는 유기체의 구성 부분들이 상호의존성을 갖는다는 원리를 인식하고 이를 다른 사물에도 적용했다. 체계이론과 개념을 조직에 적용한 대표적인 학자는 Katz와 Kahn(1966)인데, 그들은 체계이론은 대상체계의 지속적인 속성에 관심을 두기보다는 그 대상체계의 구조, 관계, 상호의존성에 주안점을 두고 사회조직도 살아있는 유기체와 같이 내부 구성 부분들이 상호작용하고 외부환경에 실제로 의존하므로 외부의 열려있는 개방체계의 성격을 보유하고 있다고 보았다. 그들은 개방체계의 특성을 다음과 같이 열거하였다.

① 투입(input : 에너지의 중요성) : 모든 조직은 생존을 위해 환경으로부터 유입되는 에너지를 필요로 한다. 사회복지조직도 하나의 체계로 환경으로부터 유입되는 자원이나 클라이언트가 있어야 생존한다.

② 전환(throughput) : 개방체계는 환경으로부터 투입되는 에너지를 내부과정을 통해서 처리하고 전환시킨다. 사회복지조직에서 문제를 가진 클라이언트에게 서비스를 제공하는 과정이 전환이다.

③ 산출(output) : 조직은 전환과정을 거친 생산물 또는 서비스를 다른 체계나 환경에 내보낸다. 서비스를 받아 변화된 클라이언트가 환경으로 배출된다.

그림 3-4 체계의 요소와 과정

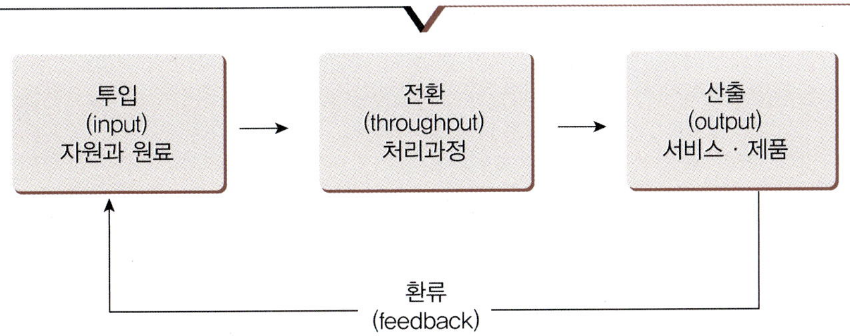

출처 : Kettner(2002), p. 33

④ 순환(circle) : 투입, 전환, 그리고 산출은 순환과정을 이룬다. 에너지 산출은 다시 새로운 에너지의 투입으로 순환되는 과정이 반복적으로 일어난다. 성공적으로 문제가 해결된 클라이언트로 인해 새로운 자원이 획득된다.

⑤ 부정적 엔트로피(negative entropy) : 엔트로피란 모든 조직은 조직이 궁극적으로 해체되거나 소멸된다는 자연법칙을 말한다. 생존하기 위해서 모든 조직은 이러한 과정을 포착하고 저지시키는 노력을 해야 한다. 이러한 생존목적을 달성하기 위해서 더 많은 에너지와 자원을 필요로 한다.

⑥ 환류(feedback) : 개방체계는 환경으로부터 자원과 에너지를 얻는 것과 동시에 정보도 유입된다. 이러한 정보를 분류하는 작업도 중요한데 부정적인 정보의 환류는 종종 조직이 정상적인 운영으로부터 일탈되는 것을 막아주어 안정상태를 유지하는 데 도움을 준다.

⑦ 안정상태와 항상성(steady state and homeostasis) : 조직에 투입의 증감에 따른 변화가 있으면 산출도 변화하여 조직은 안정상태를 유지한다. 항상성은 환경으로부터 받는 변화요소에 능동적으로 자기규제 역할을 수행하며 조직의 본질적인 특성을 유지해 나가는 동태적 개념이다.

⑧ 차별화(differentiation) : 개방체계는 자연스럽게 모든 내부과정을 정교화하고 차별화한다. 조직에서 이러한 노력은 기능의 전문화로 이어지는데, 투입의 요소와 산출에 관한 지식이 축적될수록 차별화를 통한 향상된 서비스나 제품이 나올 수 있다.

⑨ 동귀결성(eguifinailty) : 개방체계에서는 모든 제각기 다른 최초의 출발조건과 통로를 거쳐서도 종국적으로 동일한 하나의 결과로 이어진다는 것이다. 따라서 바람직한 결과를 유도하기 위해서 하나의 방식을 고집할 필요는 없으며 제각기 다른 방법도 동일한 목적지에 도달한다면 효과적일 수 있다는 뜻이다.

체계개념에 관한 학자들의 정의는 다양하지만 일반적으로 체계는 '어떤 목적달성을 위해서 상호작용하는 부분들의 집합으로' 잘 알려져 있다. 따라서 체계는 어떤 사물이나 조직을 내부적으로 보면 그것을 유지·발전시키는 각 부분들이 유기적인 관계를 맺고 있고 그 사물이나 조직도 더 큰 상위체계나 환경의 관점에서는 각 부분으로 기능한다는 것을 말해준다. 체계론적 접근방법의 이론적 전제는 다음과 같이 요약된다(Gawthrop, 1984).

① 총체주의적(holism) 관점: 총체주의는 하위체계로 구성되는 체계 그 자체가 보다 복잡한 상위체계의 부분이라는 뜻이다. 따라서 부분은 전체이며 전체는 부분이라는 명제가 성립된다. 그리고 모든 체계는 하나의 총체 또는 전체로서 그 구성부분들의 단순한 합계와 또 다른 그 이상의 특성을 지니므로 총체에 대한 분석도 필요하다.

② 목적론적(teleology) 관점: 모든 존재나 체계는 유목적으로 설계되었거나 목적을 가진 것으로 본다. 특히 살아있는 유기체의 적응적이고 목적추구적인 속성을 강조한다.

③ 계층적(hierarchy) 관점: 일련의 현상 사이에 형성되는 관계의 배열이 계층적이다. 따라서 하위의 단순한 체계는 보다 복잡한 상위의 체계에 속한다고 이해하는 이 관점은 체계의 발전 방향을 암시해 주기도 한다. 즉 체계는 단순히 하급의 상태에서 복잡한 고급의 상태로 진전되어 나간다는 뜻을 내포한다.

④ 시간중시(temporality) 관점: 체계이론은 시간 차원을 중시하는 관점을 갖고 있다. 따라서 체계들은 일정한 시간선상에서 움직여 나가는 동태적 현상이라고 이해한다. 그러한 움직임은 단순한 수준에서 고급의 복잡한 수준으로 이어지는 계층적 연속성을 따라 진행된다고 본다.

이상에서와 같은 체계이론의 이론적 전제와 기본 개념을 바탕으로 조직을 하나의 체계로 보았을 때 그 구성요소인 하위체계는 제각기 어떤 기능을 수행하는가에 관심을 둘 필요가 있다. 이러한 관점에서 Neugeboren(1985)은 하위체계 각각의 요소들이 어떤 기능을 수행하고 그들 간의 관련성을 다음과 같이 설명하고 있다.

① 생산하위체계: 생산하위체계의 근본적인 목적은 생산과 관련된 과업을 수행하는 데 있다. 이 하위체계의 특성은 조직의 과업과 역할을 설계하는 데 있어서 숙련성과 합리성을 중요시한다. 사회복지조직에서 생산하위체계는 클라이언트에게 재화나 서비스를 생산하며 제공하는 기능을 수행한다.

② 유지하위체계: 이 하위체계의 근본목적은 조직이 현 상태로 영속성을 확보하고 조직 내 안정상태를 유지하는 것이다. 사회복지조직에서 유지하위체계의 기능은 조직 구성원 개개인의 목표를 조직의 목표에 통합될 수 있도록 한다.

③ 경계하위체계: 경계하위체계의 근본적인 목적은 조직의 외부환경에 영향을 미치는 것이다. 사회복지조직도 생존하기 위해서는 부단히 외부환경의 변화를 직시하고 그

에 적절히 대응할 수 있어야 한다. 경계하위체계의 과업은 두 가지인데 그중 하나는 환경 속의 다른 조직과 관계를 맺어 후원과 지지를 유발시켜 서비스 생산을 지원하는 과업이 있고, 다른 하나는 조직의 사명과 업적을 외부에 홍보하여 필요한 경우 지원과 정통성을 확보하기 위해서 지역사회조직과 후원자에게 영향을 미치는 환경조성활동에 초점을 둔 제도적 과업을 수행한다.

④ 적응하위체계 : 이 체계 역시 환경과의 관계를 중시하는 하위체계로 체계적인 연구와 계획을 통해서 조직 외부환경 변화에 따른 요구를 파악하고 이를 최고관리자에게 건의하는 기능을 수행한다.

⑤ 관리하위체계 : 관리하위체계의 근본적인 목적은 위의 네 가지 하위체계들을 조정하고 통합하기 위해서 리더십을 발휘하는 것이다. 관리하위체계의 기본적인 기능은 다음과 같은 세 가지이다.

- 권위를 활용하며 조직 계층 간에 발생하는 갈등을 해결한다.
- 타협과 심의를 통해서 하위체계들을 조정한다.
- 자원을 증대시키고 필요한 경우 조직을 재구조화하거나 재설계할 수 있도록 외부환경과 조화롭게 한다.

체계이론은 사회복지조직을 이해하고 사회복지조직과 환경과의 관계를 설명하는 유익한 개념적 틀을 제시해 준다. 보다 구체적으로 Kettner(2002 : 35-36)는 다음과 같은 두 가지 측면에서 체계이론이 사회복지행정에 주는 유용성을 설명한다.

첫째, 체계이론은 사회복지조직이 점차 재원을 확대함에 따라 책임성에 대한 압박이 가중되기 때문에 한정된 자원으로 최대의 효과성과 효율성을 확보해야 한다는 시대적 소명에 부합되게 조직에서 효율성과 효과성의 중요성을 이해하는 데 도움을 준다. 또한 투입－전환－산출의 과정을 통해서 사회복지조직에서 서비스나 프로그램이 어떻게 기획되고 실행되며 평가되는가에 관한 이해를 증진시키는 데도 도움을 주고 있다.

둘째, 체계이론은 사회복지조직이 외부환경의 주요 요소들과 관계를 유지・발전시키는 방법에 관한 혜안을 제시해 준다. 사회복지조직을 둘러싼 환경의 주요 요소에 관해서는 Thompson(1967)이 과업환경으로 설명하는데, 과업환경으로는 ① 소비자, ② 재료, 노동, 자본, 장비, 작업장을 제공하는 공급자, ③ 자원확보와 시장에서의 경쟁자, ④ 정부기관, 노동조합, 단체나 협회 등 소위 규제집단 등이 있다. 체계이론은 이러한 환경적 중요요소와의 관계에서 다음과 같은 네 가지 점에서 설명력을 보여준다. 우선 사회복지조직은 조직의 안정상태 유지를 위해서 클라이언트의 변화하는 욕구와 서비스 효과성에 관한 정확한 사정을 포함한 클라이언트 집단에 영향을 미치는 조치를 취해야 한다는 점을 시사해 준다. 둘째, 향후 새롭게 부각되는 욕구를 충족시키기 위해서 인적·물적·공간적 자원을 공급하는 체계와 협력적 관계를 유지·발전시키는 일이 중요하다는 것을 말해준다. 셋째, 경쟁조직이나 경쟁자의 노력과 활동을 예의 주시해야 한다. 넷째, 정부기관이나 노동조합 또는 여타의 협회 등 규제집단과의 협력적 관계가 유지되어야 한다는 점을 강조한다.

체계이론은 이와 같이 사회복지조직이 내외적 환경에 적응해 나가는 구체적인 방법을 제시해 주기도 하지만 전체적으로 조직에 적용시킬 데는 상당한 한계가 있다. 우선 이 이론적 접근방법은 거대이론(grand theory)의 성격을 보유하기 때문에 사물을 보는 관점 또는 시각을 제시한다는 유용성은 있으나 실증적 조사연구에는 유용한 길잡이가 되지 못한다는 단점이 있다. 체계이론의 개념들이 모호하고 측정방법도 개발되지 않았고 실제 연구에서 포함될 수 있는 변수도 너무도 광범위하여 상당한 제약이 뒤따른다.

요약

사회복지행정이론을 고전이론과 현대이론으로 나누어 살펴보았다. 고전이론에는 전통적 고전이론인 관료제이론과 과학적 관리론이 소개되었는데 관료제의 특성에 따른 순기능과 역기능을 고찰하였다. 과학적 관리론은 사회복지조직에 적응시키는 데 한계를 갖지만 최근 효율성을 강조하는 사회복지조직에서 새로운 조명을 받고 있다. 신고전이론으로 인간관계이론의 기본전제를 다루면서 그 현대적 변용인 XY이론 그리고 Z이론의 특성과 사회복지조직에서 적용성을 탐색하였다. 현대조직이론을 합리적 조직이론, 자연적 조직이론, 현상학적 조직이론으로 나누어 설명하였다. 합리적 조직이론으로 상황이론과 자연적 조직이론으로 정치경제이론, 제도이론, 조직군생태이론 등 각 이론의 기본적인 전제와 주요개념을 다루었다. 특히 합법성이라는 정치적 자원과 경제적 자원의 주요요소들이 환경에 있기 때문에 조직과 환경의 상호작용에서 사회복지조직이 환경의존성을 탈피하지 못한다는 점에서 정치경제이론은 자원의존이론이라고 부른다. 거시적·정치적 차원에서 사회복지조직의 성패를 좌우하는 설명력을 지닌 조직군생태이론도 사회복지조직에 대한 강력한 시사점을 주고 있다. 사회복지조직을 둘러싼 제도, 가치, 규범의 중요성을 강조한 제도이론 역시 준공공적 특성을 지닌 한국 사회복지조직에 대한 적용성이 매우 강함을 알 수 있었다. 현상학적 조직이론으로 분류된 조직화이론과 무정부조직이론도 간략하게 서술되었다. 그 밖의 주요 조직이론에 속하는 총체적 품질관리(TQM), 학습조직이론, 그리고 조직문화이론에 관한 자세한 설명과 사회복지조직에 대한 적용가능성에 관한 논의에 주목할 필요가 있다. 결국 이상과 같은 사회복지행정이론들은 모든 사회복지행정활동의 기반과 근거로 작용된다는 점에서 각 이론적 특성과 한계에 관한 자세한 학습이 절실히 요구된다.

PART

02

Social Welfare Administration

사회복지조직관리

04 사회복지조직과 **전달체계**

사회복지조직관리의 영역에서 일차적으로 다루어야 할 내용은 사회복지조직의 성격과 유형을 규명하는 것이다. 전형적인 사회복지조직의 유형에 관한 소개를 시작으로 운영주체로 구별되는 공공조직과 민간조직 양 조직 사이 그 경계가 모호한 제3의 융합형 조직이 실제 사회복지조직의 모습을 보여 주기 때문에 이에 관한 논의가 진행될 것이다. 사회복지서비스를 제공하는 개별 조직들 간의 연결상태 또는 관계망을 지칭하는 전체 사회복지서비스 전달체계는 어떤 형태로 존재하고 있는가에 관한 이해를 기반으로 전달체계 구축의 원칙을 서술할 것이다. 혼합경제체계하에서 공존할 수밖에 없는 공공기관과 민간기관이 상호협력하는 형태를 규정하는 협력모형의 유형을 검토한 뒤 실제로 협력관계를 유지하는 수단이 되는 네트워크의 개념을 규명하고, 여러 가지 형태의 네트워크 관계에 관한 내용을 검토하겠다.

1. 사회복지조직

1) 사회복지조직의 성격

사회복지행정은 사회복지정책을 서비스로 전환시키는 사회복지조직의 활동에 주안점을 두기 때문에 사회복지조직에 대한 이해가 선결과제이다. 역사적으로 사회복지조직은 민간의 자발적인 결사체로 이루어져 발전해온 비영리민간조직이 존속하는 가운데 정부의 사회복지에 대한 개입으로 공공조직도 출현하고 오늘날에는 영리형 사회복지조직도 등장하고 있다. 사회복지조직은 우선 사회복지정책의 구성요소를 중심으로 공공부조조직, 사회보험조직, 사회복지서비스조직으로 나눌 수 있다.

공공부조조직은 국가가 빈곤계층을 보호하기 위해서 현물과 현금 등을 지원하는 조직이다. 우리나라를 포함한 현대 복지국가 대부분이 공공부조는 정부조직이 공공전달체계를 통해서 직접 급여를 제공한다. 우리나라에서는 보건복지부가 시·도를 통해서 각 시·군·구에서 국민기초생활급여를 수급자에게 지원한다. 사회보험은 운영주체가 정부와 공공기관을 통해서 기여금을 내는 가입자에게 보험급여를 지급한다. 우리나라에서 국민연금과 의료보험은 보건복지부가 주무 행정기관이고, 고용보험과 산재보험은 고용노동부가 중앙행정기관이다. 사회복지서비스는 전통적으로 민간 사회복지기관의 전유물이었으나 오늘날 공공기관도 직접 서비스 제공에 참여하고 민영화 이후 영리기관도 참여하여 매우 혼란스러운 양상을 보이고 있다.

공공부조와 사회보험의 공급주체는 주로 정부 또는 공공이 담당하기 때문에 전형적인 관료제적 조직구조를 갖추고 공무원 또는 공공적 성격의 종사자가 업무를 수행하기에 그 조직의 성격을 구분하는 것은 어렵지 않다. 그러나 사회복지서비스는 공공 또는 민간, 그리고 영리기관 등 제각기 다른 설치목적과 운영체계를 갖추고 있기 때문에 그 조직의 성격을 일률적으로 규정하기는 어렵다.

2) 전형적 사회복지조직의 유형

사회복지조직은 크게 공공조직과 민간조직으로 나누고 민간조직은 영리를 목적으로 하는가 그렇지 않는가에 따라 비영리(non-profit) 민간조직과 영리(for-profit) 민간조직으로 나눌 수 있다. Karger와 Stoesz(2002 : 144-149)는 사회복지조직을 영리와 비영리뿐만 아니라 규모와 관료제화의 정도, 그리고 민영화의 정도에 따라 네 가지 유형의 사회복지조직을 비교하여 그 특성을 설명하였다.

(1) 전통조직

전통조직(traditional providers)은 미국의 초기 자선조직협회(COS)와 지역복지관(settlement)과 같이 민간의 자발적인 원조 단체로 고유의 설립목적과 재정기반을 갖추고 있기 때문에 전형적으로 소규모 비영리조직의 형태를 갖추고 있다. 이러한 전통조직은 점차 재정적 기반이 취약해서 조직운영에 어려움을 겪고 있다. 참고로 Jane Addams가 세운 Hull House복지관도 재정적인 어려움으로 2012년 박물관만 남겨두고 폐쇄하였다.

그림 4-1 사회복지조직의 유형

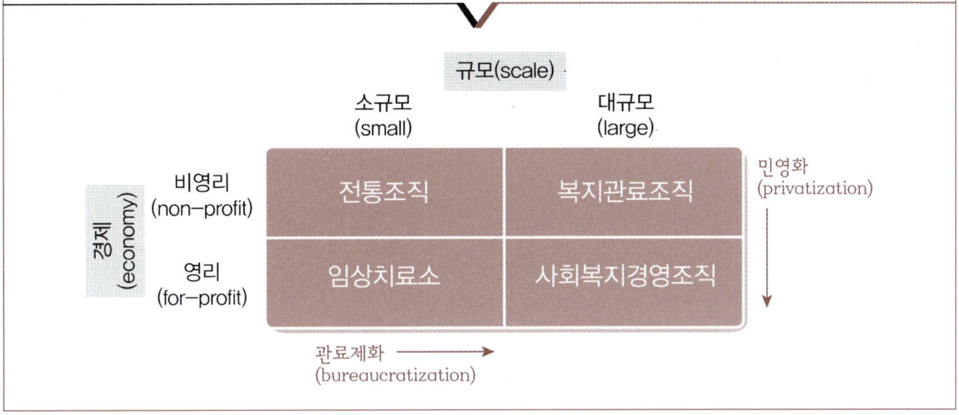

출처: Stoesz(1989), p. 106

(2) 복지관료조직

복지관료조직(welfare bureaucracy)은 공공복지를 담당하는 연방정부와 주정부의 사회복지조직을 말한다. 주로 대규모 조직형태를 유지하고 관료조직화되어 있는 것이 특징이다. 우리나라의 공공부조와 사회보험을 담당하는 정부조직이 이에 해당한다.

(3) 임상치료소

임상치료소(clinical entrepreneurs)는 주로 사회복지사, 임상심리사, 의사 등과 같은 전문가들이 개별 치료소 또는 클리닉을 개원하여 서비스를 제공하는 조직이다. 따라서 영리조직의 형태를 갖추고 관료제화의 정도는 약해서 소규모 조직이 일반적이다. 미국에서 1970년 이후 임상사회복지사들도 개인상담소나 치료소를 개원하여 서비스를 제공하였기 때문에 사회복지서비스 전달체계의 한 축을 담당하고 있다. 우리나라의 경우 특수교사, 언어치료사, 음악치료사 등 정부인정 또는 민간 자격증을 갖춘 사람들이 별도의 소규모 치료센터를 열어 장애아동에 대한 치료서비스를 제공하고 있다.

(4) 사회복지경영조직

사회복지경영조직(human services executive)은 대규모 조직을 갖추고 영리를 목적으로 사회복지서비스 영역에 진입한 조직이다. 이러한 조직은 미국에서 노인건강보험(medicare)과 의료부조(medicaid) 제도가 병원과 요양보호소에 환자의 진료와 케어서비스 비용을 지급하기 시작한 1960년대부터 발전하기 시작했다. 이들 기관은 주로 요양원, 병원, 건강보험회사, 가정보호, 보육 등 가족, 의료 및 복지서비스 분야에 진출하여 사회복지사를 고용하여 임상적 치료와 사례관리 등을 담당케 한다. 사회복지경영조직은 연방정부의 사회복지서비스 민영화 이후 더욱 증가하는 추세에 있다. 우리나라에서는 최근 바우처(voucher) 사업의 시행으로 인해 사회서비스 분야 특히 지역사회서비스투자사업에 진입한 조직들이나 사회적기업의 형태로 운영되는 조직이 여기에 해당한다.

3) 하이브리드조직

사회복지조직의 유형을 구별하는 가장 일반적인 기준이 운영주체이다. 조직설립과 운영의 주체가 정부인 경우 공공조직이라고 하고 그 밖의 다른 조직을 민간조직이라 한다. 공공조직은 법률에 의해서 설립·운영되고 관료조직의 조직구조를 갖추고 조직관리자는 법률이나 지침에 의해서 위임된 권한을 행사하며 조직을 관리한다. 반면 민간조직은 자체의 설립이념과 정관이나 규정에 의해서 설립되고 주로 이사회가 최고 의사결정기구로 그 역할을 수행하며 최고관리자는 이사회에 대해서 책임을 지고 조직구성원은 조직의 의사결정에도 참여하는 형태를 유지한다.

이와 같이 공공조직과 민간조직은 운영주체, 설립근거, 운영체계 등에서 상호구별되는 차이점이 있지만 오늘날 그 경계가 점차 모호하여 중간형태의 조직인 하이브리드(hybrid) 조직이 출현하고 있다. 하이브리드조직은 공공조직과 민간조직의 특성이 상호 융합된 중간형태의 혼합조직을 말하며 준 공공기관(quasi-public agency)과 준 민간조직(quasi-private agency)이 있다.

준 공공조직을 Quangos라고 일컫는데, 이는 준(quasi)과 비정부조직(NGOs)의 알파벳을 합성한 것이다. Quangos는 1980년대부터 미국 언론에서 사용되기 시작한 용어로 정부와의 계약하에 공공 프로그램을 운영하는 조직으로 비영리민간조직의 속성을 갖고 있지만 정부의 재정지원에 의존하는 준 공공조직이다. 준 공공조직은 설립목적 또는 사명이 공공의 목적에 부합하고 별도의 규정과 조직체계를 갖추고 있으나 재원은 전적으로

표 4-1 **사회복지조직의 유형과 하이브리드조직**

공공조직	준 공공조직	준 민간조직	민간조직
전통적 관료조직	Quangos 조직	민간소유와 운영	민간소유와 운영
법률적 근거나 위임	거의 전적으로 공적재원에 의존	이사회에 의한 결정	이사회 또는 자문위원회의 결정
세금으로 운영	공공의 목적에 부합하는 설립목적 또는 사명	공공의 목적과 반드시 부합되지 않는 설립목적 또는 사명	자체 정관에 의한 고유의 설립목적 또는 사명
정부당국	별도 정관에 의해 설립된 공공적 성격의 조직(공사, 재단 등)	자체 정관이 있지만 정부로부터 상당한 재정지원을 받는 조직(요양원, 방문간호와 재가서비스조직)	공공재원의 지원없이 효과적으로 운영가능. 그러나 정부와의 계약도 가능
계약을 통한 책임과 권한	영리 또는 비영리	영리 또는 비영리	대체로 영리, 비영리 지원도 가능

출처 : Gibelman(2000), p. 126의 표 6.3

정부에 의존하는 조직이다. 우리나라에서는 보건복지부로부터 위탁관리를 맡게 될 사회서비스 품질관리원이나 각 시・도에서 설립되고 있는 사회복지관련 재단들이 이에 속한다고 볼 수 있다.

준 민간조직은 법적으로 민간의 소유와 운영권을 인정하고 민간기관의 전형적인 정책결정기구인 이사회에서 모든 주요 사항이 결정되나 정부로부터 상당한 재정지원을 받기 때문에 정부의 규제로부터 자유롭지 못하는 조직이다. 미국에서 요양원이나 방문간호서비스 제공조직 그리고 재가복지서비스 조직 등은 준 민간조직에 속한다. 우리나라에서는 각종 민간 사회복지서비스기관이 이에 속한다고 본다.

Gibelman(2000 : 125-129)은 미국에서 이와 같은 하이브리드조직이 출현하게 된 이유를 비정부조직에 대한 선호(nongovernmental preference)와 정부의 서비스 구매(purchase of services)로 설명하고 있다. 비정부조직에 대한 선호란 공공조직의 서비스보다 민간조직의 서비스에 대한 일반의 선호도가 높다는 것을 말한다. 미국은 1970년대 이후 경제와 복지에서 정부의 역할을 대거 민간에 이양하는 민영화(privatization)를 추진하게 되었는데 민영화의 배경에는 정부에 대한 불신과 민간에 대한 선호라는 정치적 이데올로기가 작용했다. 공공사회복지조직도 관료적 규제와 클라이언트 비인간화, 그리고 비전문적 서비스에 대한 반감이 작용하여 점차 민영화되는 추세에 부응하기 시작했다.

미국은 1967년 사회보장법 개정으로 주정부가 민간의 영리조직이나 비영리조직으로부터 서비스를 구매할 수 있게 되었다. 그 후 서비스 구매는 더욱 확대되어 정부가 비영리 민간조직과 계약을 맺어 그들이 서비스를 제공한 대가로 비용을 지불하는 방식을 취하게 되었다. 정부의 서비스 구매에 참여하게 된 비영리민간조직은 원래의 조직 설립이념이나 사명을 수정할 수밖에 없었고 그렇지 않은 비영리조직도 상당한 갈등을 경험하게 되었다. 왜냐하면 정부와의 서비스 구매에 참여한다면 재정적 어려움은 해결할 수 있지만 원래 조직의 설립취지가 상당부분 훼손될 수 있기 때문이다. 영리민간조직이 정부의 서비스 구매에 참여하는 것은 별로 문제될 것이 없었다. 그 이유는 영리추구를 위해서는 어떤 사업도 가능하였기 때문이었다. 미국에서 정부의 서비스 구매는 노인의료보험제도(medicare)와 의료부조(medicaid)에 참여한 대부분의 병·의원과 사회복지조직에 적용되고 있으며, 심지어 1996년 코네티컷 주정부는 공공부조 수혜자와 차상위 계층의 가정을 대상으로 한 아동보호 프로그램을 민간회사인 막시무스와 서비스 구매계약을 맺어 대신 서비스를 제공하기도 했다.

역사적으로 한국의 사회복지조직도 일제강점기로부터 해방되어 6.25 동란을 겪은 후 주로 순수 민간조직으로 출발하였으나 1980년대 중반 이후 정부보조금을 받기 시작하면서 점차 준 민간 조직화되었다. 오늘날에는 거의 모든 우리나라 사회복지조직은 정부의 재정지원에 크게 의존하고 있다. 따라서 민간의 자율성을 보장받기 어렵고 점차 정부의 규제와 감독의 대상이 되는 것은 당연한 귀결처럼 보인다. 결국 공공과 민간의 성격을 공유하는 하이브리드조직이 출현하는 근본적인 연유는 민간 사회복지조직이 갖는 독자적인 재원동원의 취약성과 외부 특히 정부재원에 대한 의존성이 점차 크다는 데 있다. 정부는 조세를 통한 재원으로 민간에 지원하기에 민간조직을 관리·감독할 권한이 있다.

2. 사회복지 전달체계

사회복지 전달체계란 사회복지 차원의 재화나 서비스가 공급자로부터 소비자로 전달되는 과정에 있는 각종 형태의 조직 간 연결관계를 말한다. 즉 사회복지 공급자인 중앙정부 부서가 지방의 각종 공공과 민간기관을 통해서 복지대상자인 소비자에게 재화나 서비스가 전달되는 조직 간의 관계망을 일컫는다. 사회복지 전달체계는 사회보험 전달체계, 공공부조 전달체계, 사회복지서비스 전달체계로 나눌 수 있다. 사회보험 전달체계는 중앙정부부서(보건복지부와 고용노동부) 산하에 공공조직인 공단(국민연금공단, 건강보험공단, 근로복지공단, 지방노동청)을 통해서 직접 가입자인 국민에게 급여와 서비스가 제공되고 있다. 또한 공공부조인 경우에도 보건복지부가 직할의 지방 사무소를 가지지 못한 까닭에 안전행정부의 시・도, 시・군・구를 통해서 수급권자에게 전달되는 형태를 취하기 때문에 역시 주로 공공조직을 통해서 전달되고 있다. 그러나 사회복지서비스 또는 사회서비스 전달체계는 중앙의 정부조직이 시・도, 시・군・구를 통하나 실제 서비스 전달을 주로 민간의 사회복지관련 조직이 맡고 있기에 공공과 민간조직이 혼재된 전달체계가 특징이다.

그림 4-2 현행 우리나라 사회복지 전달체계

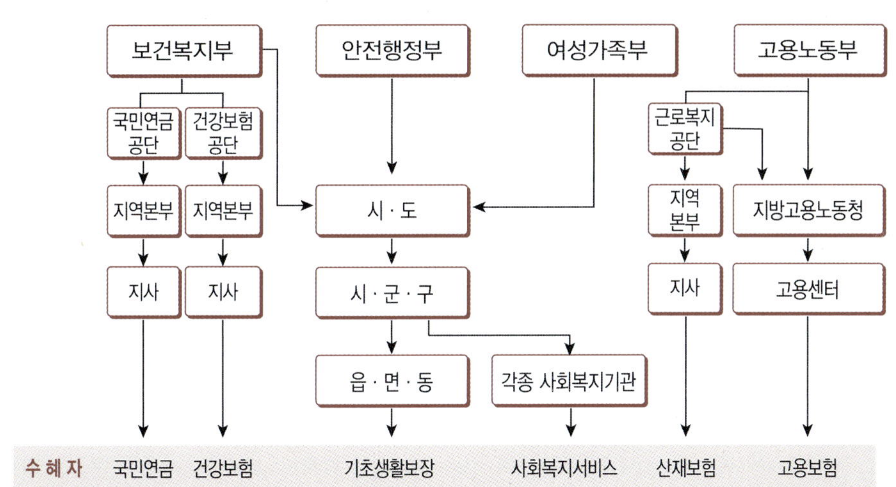

1) 사회복지서비스 전달체계의 개념과 구분

사회복지서비스 전달체계는 사회복지정책을 서비스로 전환시키는 과정에서 관여하는 조직 간의 연결망이다. Gates(1980)는 사회복지서비스 전달체계를 사회복지서비스를 공급하는 자들 간의 조직적 연계 및 공급자와 소비자 간의 조직적 연결이라고 하였다. 성규탁(1998)은 사회복지서비스 전달체계를 사회복지서비스를 고객에서 전해주기 위해서 꾸며진 사회적 조직체라고 보았다. 여하튼 사회복지서비스 전달체계는 서비스 공급자 또는 제공자와 소비자를 상호연결시키기 위한 체계적이고 조직적인 장치를 말한다.

사회복지서비스 전달체계를 구성하는 조직들이 주로 정부기관과 같은 공공조직 중심으로 전달체계가 편성되어 있거나 또는 운영주체가 정부와 공공기관인 경우 공공전달체계라 하고 전달체계의 구성조직들이 주로 민간 사회복지시설인 경우 민간전달체계로 구분된다. 공공전달체계는 공공부조인 경우, 보건복지부→시·도→시·군·구→수혜자로 바로 연결되기 때문에 공공전달체계를 통해서 국민기초생활보장 수급권자는 생계비, 주거비, 교육비 등을 정부기관으로부터 직접 수령한다. 또한 사회보험의 경우에도 보건복지부나 고용노동부 등 중앙정부기관에서 직접 관리하는 공단의 산하기관을 통해서 급여를 지급받기에 공공전달체계를 통한 서비스의 전달이라고 볼 수 있다. 그러나 거의 모든 사회복지서비스 또는 사회서비스는 정부기관이 비록 전달체계 상층부에 위치하지만 하층부에서 서비스 수혜자에게 직접 서비스를 제공하는 기관은 주로 민간기관이기 때문에 공공과 민간의 전달체계가 혼재되어 있다. 따라서 사회복지서비스 또는 사회서비스는 공공전달체계와 민간전달체계로 확연히 구별하기 쉽지 않다. 이러한 관점에서 성규탁(1998 : 75)은 사회복지서비스 전달체계를 구조와 기능적인 측면을 강조하여 행정체계와 집행체계로 이원화하였다.

사회복지서비스 전달체계에서 행정체계는 서비스 기획, 지시, 지원, 관리하는 기능을 수행하며, 집행체계는 서비스 수혜자들과 직접 대면관계를 통해 서비스를 전달하는 조직들을 말한다. 그래서 보건복지부와 같은 중앙정부기관과 각 시·도들은 행정체계에 속하고 그 산하에 위치한 각 시·군·구들과 읍·면·동 사무소, 그리고 각종 민간 사회복지조직들은 집행체계에 속하는 조직들이다.

시·군·구는 직접 수급권자에게 현금과 현물급여를 지급할 뿐만이 아니라 사례관리를 통해서 직접적인 상담과 자원연계를 시행한다. 읍·면·동 사무소에서도 사회복지관련 민원을 접수하면서 각종 후원물품을 제공한다. 그리고 민간의 종합사회복지관을 비롯한 지역사회의 각종 생활시설과 이용시설들은 다양한 사회복지서비스를 직접 수혜자에게 제공한다.

그림 4-3 우리나라 사회복지서비스 전달체계에서 행정체계와 집행체계

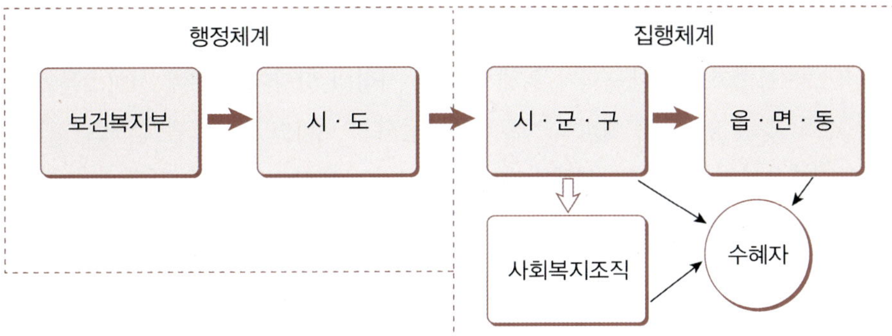

사회복지서비스 전달체계를 구분하는 또 하나의 기준이 되는 것이 사회복지서비스 수혜자이다. 아동복지서비스 전달체계는 보건복지부와 시 · 도, 시 · 군 · 구를 통한 각종 아동복지기관과 보육시설이 포함되며, 교육부를 통한 교육복지서비스와 여성가족부 예산을 지원받는 가족지원센터를 중심으로 한 위기가정 아동서비스와 다문화가정 아동서비스 등도 아동복지서비스 전달체계에 속한다. 노인복지서비스 전달체계도 보건복지부를 중앙행정기관으로 각종 노인복지기관이 전달체계에 포함되는 조직들이다. 장애인복지서비스는 집행기관으로 주로 장애인복지기관이 포함되지만 민간의 병원과 정신병원도 전달체계에 포함되어 있다.

2) 사회복지서비스 전달체계 구축의 원칙

사회복지서비스 전달체계 구축과 관련해서 다양한 사회복지관련 조직들을 어떻게 배열하고 그 조직들은 각기 어떤 기능과 역할을 수행해야 양질의 서비스가 수혜자에게 전달될 수 있는가는 우선적인 과제이다. 따라서 이상적이고 바람직한 사회복지서비스 전달체계 구축을 위해서 지켜야 할 몇 가지 원칙을 살펴보고자 한다(신복기 외, 2008).

(1) 통합성의 원칙

사회복지서비스를 필요로 하는 소비자는 복합적인 문제나 욕구를 갖고 있다. 이러한 문제해결이나 욕구충족을 위한 다양한 서비스가 질서정연하고 종합적으로 제공되어야 한다. 서비스가 통합적으로 제공되기 위해서는 한 사람의 담당자에 의해 서비스들이 제공되고 서비스 제공 장소들도 지리적으로 상호근접되고 서비스 프로그램 간 또는 관련 조직 간에 상호유기적인 협조와 연계체계가 갖추어져야 한다. 서비스의 중복과 누락의 문제는 통합성의 결여에서 연유한다.

(2) 책임성의 원칙

이 원칙은 전달체계의 각 조직들이 서비스 전달을 국가나 국민으로부터 위임받았기 때문에 전문적이고 양질의 서비스를 제공할 책임을 강조한다. 특히 전달체계 내의 민간 사회복지조직들이 갖는 책임의 대상은 국가나 지방자치단체, 그리고 서비스 소비자들이다. 정부의 서비스 품질에 관한 규정을 준수하고 소비자의 불만을 수렴하여 서비스 개선이 이루어지고 있는가의 여부가 중요한 책임성의 내용이 된다.

(3) 접근성의 원칙

사회복지서비스를 필요로 하는 소비자들이 아무런 장애없이 쉽게 서비스를 받을 수 있도록 한다는 것이다. 서비스 접근성의 장애요인은 서비스 제공기관의 지리적 위치, 소비자의 사회경제적 지위, 서비스에 대한 정보차단 등이 있다. 만약 사회서비스 바우처사업에 대한 접근성이 전국가구평균소득 100%(2014년 4인가구 월평균 약 480만 원) 이하의 가구에 한정하는 것은 사회경제적 지위에 따른 접근성 한계의 한 예이다.

(4) 연속성의 원칙

사회복지서비스 소비자에게 필요한 서비스가 일정기간동안 지속적으로 제공되는 것을 말한다. 서비스 소비자의 문제는 속성상 단기간에 해결될 수 있는 문제도 있지만, 어느 정도 시간을 두고 지속적으로 서비스가 제공되어야 해결될 문제도 많다. 연속성은 시간 개념뿐만이 아니라 조직 간 서비스나 프로그램의 연계 정도를 나타내는 개념도 된다. 직업훈련 프로그램과 취업알선 프로그램이 비록 제각기 다른 기관에서 시행되더라도 두 프로그램이 상호연계될 때 서비스나 프로그램은 연속성을 갖는다.

(5) 적절성(충분성)의 원칙

사회복지서비스는 소비자의 문제해결이나 욕구충족을 위하여 적절하거나 충분한 양과 질적 서비스가 제공되어야 한다. 적절성의 원칙을 지키기 위해서는 먼저 서비스 제공 조직의 인력과 재정이 충분해야 하는데 현실적으로 이러한 조건을 충족시키기는 어렵다. 따라서 주어진 조건하에서 어느 정도가 적절한가에 관한 합의가 이루어져야 한다.

(6) 기타 원칙

사회복지서비스는 기본적으로 개인의 성별, 연령, 소득, 지역, 종교, 지위 등에 관계없이 평등하게 제공되어야 한다는 평등성의 원칙이 있다. 또한 서비스 소비자의 복잡 다양한 문제해결을 위해서 서비스는 포괄적이어야 한다는 포괄성의 원칙도 중요시된다. 마지막으로 사회복지서비스는 전문적 자격을 갖춘 전문가가 담당해야 한다는 전문성의 원칙도 준수되어야 한다.

이상과 같은 사회복지서비스 전달체계 구축의 원칙 모두가 지켜지는 전달체계를 갖추는 것은 현실적으로 불가능하다. 왜냐하면 사회복지 전달체계의 구축 작업은 백지 위에 도면을 그려 건물을 설계하는 것처럼 시작할 수 없기 때문이다. 이에 주어진 정부조직과 민간조직들 간의 배열을 점차적으로 조정하면서 최대한 이러한 원칙들이 지켜지기를 기대하는 수밖에 없다. 더욱 심각한 문제는 이러한 원칙들이 상호배타적이기 때문에 특정 원칙을 강조하다 보면 다른 원칙이 잘 지켜지지 않는 경우가 발생한다. 예를 들어 서비스 통합성의 원칙을 강조하여 종합복지타운을 한 장소에 설치하면 원거리의 이용자에 대한 접근성은 떨어지게 되고, 사례관리자에 의한 통합적 서비스 제공을 강조하다 보면 전문성이 약화될 우려가 있으며, 한정된 자원으로 충분하고 적절한 서비스를 모든 계층의 소비자에게 평등하게 제공될 수 있는가에 대한 의문도 남게 된다.

3) 공공과 민간의 역할분담

사회복지 전달체계가 효과적이고 효율적으로 작동하기 위해서 중앙정부와 지방정부, 광역자치단체와 기초자치단체, 공공과 민간 간의 각 주체별 명확한 역할분담이 이루어져야 한다. 이 중에서 정부조직 간의 역할분담은 각종 법령에 의해서 비교적 명확하게 이루어질 수 있는 데 반해서 공공과 민간의 역할분담에 관해서는 논의와 주장이 분분하다.

공공영역에서 직접적으로 다루어야 할 서비스는 시장기구에 의해서 적절한 공급이 어렵거나 민간이 제공하기 어려운 서비스를 제공해야 하는 것이 원칙이다. 민간영역에서는 정부의 자격기준이 엄격해서 욕구는 있지만 서비스를 받지 못하는 사람을 대상으로 하거나 정부가 제공하기 어려운 서비스를 제공할 수 있다. 그러나 혼합경제(mixed economy) 체계하에서는 서비스 전달을 두고 공공과 민간이 협력관계를 유지하는 것이 보편적인데, 공공과 민간의 역할분담에 관해서는 다음과 같은 네 가지 협력모형이 있다(이인재 · 변재관, 2010 : 25-38).

(1) 병행보완모형

병행보완모형(parallel supplement model)은 공공과 민간이 제각기 독자적으로 재원을 조달하나 서비스의 대상이 다른 경우이다. 공공과 민간은 급여대상자를 누구로 할 것인가에 관한 협력이 이루어진다. 가령 민간은 공공급여의 사각지대에 위치한 서비스 대상자에게 서비스를 제공하는 역할을 수행하는 것이다. 병행보완모형의 약점은 공공과 마찬가지로 동일한 수준의 급여나 서비스를 처음부터 독자적으로 재원을 마련하여 일선에서 서비스를 제공할 수 있는 민간조직이 많지 않다는 점이다.

(2) 병행보충모형

병행보충모형(parallel complement model)은 공공과 민간이 각각 재원을 조달하고 급여나 서비스 대상자는 동일하지만 급여나 서비스의 내용을 달리한다는 것이다. 동일한 복지대상자에게 공공은 현금급여를, 민간은 사회복지서비스를 제공하는 경우가 이에 해당한다. 공공과 민간의 협력은 결국 급여나 서비스의 내용을 결정하는 과정에서 이루어진다.

(3) 협동대리모형

협동대리모형(collaborative vender model)에서 공공은 재원조달의 책임을 맡고, 민간은 급여나 서비스 전달의 책임을 맡는다. 단지 공공과 민간의 관계가 일방적이라는 특징을 가진다. 다시 말해 민간은 정부의 대리인으로 기능하며, 정부는 민간의 역할을 세세하게 규정하고 평가와 감독을 시행한다. 정부와 민간의 협력은 재원을 배분하는 과정에서 이루어진다.

(4) 협동동반모형

협동동반모형(collaborative partnership model)은 공공이 재원조달의 책임을 맡고 민간이 급여나 서비스를 맡는다는 점은 협동대리모형과 같다. 그러나 공공과 민간 관계가 일방적이 아니라 쌍방적이라는 차원에서 구별된다. 즉, 이 모형에서 민간은 프로그램 관리나 정책개발에서 상당한 재량권을 가지며 공공의 정책결정 과정에도 영향을 미친다.

이상의 네 가지 모형에서 주의할 점은 공공과 민간의 역할관계에 따라 쉽게 하나의 모형에서 다른 모형으로 변화될 수 있다는 점이다. 가령 협동대리모형에 기초한 협력관계에서 민간조직의 역량이 강화되면 협동동반모형으로 전환될 수 있다. 반대로 협동동반모형에 따라 협력한 민간조직이 공공재원의 활용을 위해 조직의 목표를 변화시키게 되면 결국 협동대리모형에 가깝게 변화된다는 것이다.

우리나라 사회복지 전달체계에서 공공과 민간의 역할분담은 구조기능적인 측면에서는 병행보충모형에 가깝게 보이지만 재원조달의 관점에서는 협동대리모형에 속한다고 볼 수 있다. 정부는 공공부조와 사회보험과 같은 기본적인 국민의 복지욕구를 충족시키기 위해서는 주로 공공조직을 통해서 급여나 서비스를 제공하고 민간의 사회복지조직은 주로 사회복지서비스를 제공하기 때문에 병행보충모형에 가깝다고 생각할 수 있다. 그러나 사회복지서비스로 한정해서 볼 때 민간 사회복지조직들이 정부재원에 의존하지 않고 독자적인 재원을 마련하지 못하는 현실에서 결국 공공과 민간의 관계는 협동대리모형으로 규정될 수밖에 없다. 현실적으로 정부는 각종 법령과 지침으로 민간기관을 규제하고 평가하며 민간을 관리·감독의 대상으로 보는 이유가 이러한 관계에서 연유한다.

표 4-2 전달체계 관련 모형의 특징 비교

항목 \ 모형	병행보완모형	병행보충모형	협동대리모형	협동동반모형
재원조달 책임	공공, 민간		공공	
급여 제공 책임	공공, 민간		민간	
공공과 민간의 급여대상(예시)	다름 (공공: 법정 대상 민간: 사각지대)	동일	-	
공공과 민간의 급여내용(예시)	동일	다름 (공공: 현금급여 민간: 서비스)	-	
공공과 민간의 관계	급여의 대상에 대해 상호보완적	급여의 내용에서 상호보완적	민간은 정부의 대리인	상호 쌍방적 영향

출처: 이태수 편저(2010), p. 38

4) 협력과 네트워크

(1) 협력과 네트워크의 개념

공공과 민간의 역할분담의 이론적 모형 네 가지의 공통적인 요소가 협력이다. 그래서 공공과 민간의 협력과 민간기관 간의 네트워크 체계는 사회복지 전달체계에서 매우 중요하다. 사회복지 전달체계가 제대로 작동하기 위해서는 민관의 협력과 민간 네트워크 체계가 적절히 구축되어야 한다. 협력(collaboration)이란 조직들 간의 자율성을 유지하면서 공유된 자원을 가지고 어떤 서비스나 프로그램을 제공하기 위해서 함께 결합하는 것을 의미하고 협력의 종류에는 네트워크, 조합(컨소시엄), 합작회사 등이 있다(Bailey & Koney, 2000).

네트워크(network)란 사전적 의미로 "그물 모양의 것"을 말한다. 즉 다수의 사람이나 조직이 서로 그물처럼 얽혀 있는 모습을 지칭하는 개념이다. Barker(1999)는 사회복지사전에서 네트워크를 "자원, 기술, 교류, 그리고 지식을 상호공유하는 사람이나 조직의 공식적 또는 비공식적 연계"라고 정의한다. 그래서 네트워크는 사회복지사가 클라이언트 문제를 해결하기 위해서 공식적 또는 비공식적 원조관계망(helping network)을 형성하는 노력에도 적용된다. 여기서는 개별 사회복지사의 원조관계망 형성보다 조직 간의 연계망에 초점을 둔다. 따라서 네트워크는 사회복지조직을 중심으로 조직 간 협력이나 연계망을 갖는 것으로 풀이된다. 조직 간 협력관계를 표현하는 용어로는 파트너십, 전략적 제휴, 조합(컨소시엄) 등이 있다. 이러한 용어들은 참여조직의 수, 관계형성의 목적, 결합의 구조에 따라 약간씩 다른 의미를 갖고 있다. 네트워크와 가장 유사하게 사용되는 용어가 파트너십인데, 파트너십(partnership)은 두 조직 간의 관계를 표현하는 데 반해 네트워크는 둘 이상 다수의 조직 간 교류와 협력관계이다(Alter, 2000 : 284).

오늘날 어떠한 조직이나 기관도 홀로 생존해 나가기 어렵다. 그래서 공공과 민간, 조직의 크기, 서비스 제공 범위에 상관없이 조직은 다른 조직과 협력 또는 네트워크 관계를 추구한다. 특히 조직에 필요한 자원을 외부환경으로부터 조달할 수밖에 없는 사회복지조직의 경우 환경 속에 다양한 조직들과 네트워크 체계를 갖추지 않을 수 없다. 이러한 관점에서 Alter(2000 : 287-289)는 사회복지조직이 네트워킹을 추구하는 근본적인 이유를 다음과 같은 다섯 가지로 설명한다.

① 자원에 대한 필요성

자원에 대한 필요성은 조직이 다른 조직과 협력 또는 네트워크 체계를 구축하는 가장 큰 이유가 된다. 한 조직 단독으로 획득하기 어려운 고도의 전문화된 자원이나 정치적 과정을 통해서 얻을 수밖에 없는 자원을 얻기 위하여 네트워킹을 시도하면 효율적이다. 정부의 특별 보조금(grant)를 획득하기 위해서 유사한 사업을 하는 다수의 기관들이 네트워크를 구성하는 것이 좋은 보기가 된다.

② 조직영역의 확장 필요성

조직이 새로운 사업을 통하여 시장을 확대하여 개척하고자 할 때 개별 조직의 위험을 감소시키면서 새로운 시장에 진입하기 위하여 조직 간 협력과 네트워크를 한다. 예를 들어 요양서비스 기관이 인근의 노인복지관과 연계 내지 네트워크 체계를 구축하여 요양서비스가 필요한 노인을 확보하는 전략이 이에 속한다.

③ 경쟁력 강화를 위한 필요성

조직 간 협력을 통하여 경쟁력을 높일 수 있기 때문에 네트워킹을 시도한다. 갖고 있는 자원이 제한되어 단일조직으로서는 다른 조직과의 경쟁에서 열세에 처하게 되는 경우들이 있다. 특히 비교우위를 점하는 특정 조직이 규모나 지위에서 크게 차이가 날 때 약소 조직들이 서로 협력하여 경쟁력을 높일 수 있다.

④ 변화에 적응하기 위한 필요성

급변하는 환경에 적응할 수 있는 능력을 갖추기 위하여 네트워킹을 할 수 있다. 예를 들어, 새로운 후원사업에 프로포절을 작성할 때 필요한 전문가를 한 조직에서 모두 고용하기 어렵다면 세 조직이 협력하여 전문가를 한 명씩 고용하고 각자의 역할을 통합하여 새롭게 변화하는 재정지원기관의 요구에 응할 수 있다.

⑤ 규모의 경제와 비용절감을 위한 필요성

협력과 네트워크 체계의 구축은 효율성을 담보로 한다. 지역사회 차원에서 유사한 서비스 대상에게 각기 다른 서비스를 제공하는 조직들이 있는 경우 접수나 진단, 평가 단계 등의 업무수행을 공유하여 서비스 제공비용을 절약하거나 감소시킬 수 있다.

(2) 사회복지조직 네트워크 형태

오늘날 사회복지조직 간의 협력과 네트워크는 보편적인 현상이기 때문에 매우 다양한 형태의 네트워크 관계를 발견할 수 있다. 네트워크의 형태는 협력관계 형성의 목적, 상호교환의 영역, 교환되는 자원의 종류, 참여기관 간의 위상과 영향력 정도 등에 따라 다르다. 여기서는 Hardcastle과 동료학자(1997)들이 제시한 기본적인 몇 가지 네트워크의 유형만 살펴보기로 한다.

① 체인 네트워크

체인 네트워크(chain network)는 교환과 협력관계를 맺는 기관들이 사슬처럼 일련 선상에서 상호연결되는 네트워크이다. [그림 4-4]에서 보는 바와 같이 참가기관 2, 3, 4는 참가기관 1, 5보다 유리한 위치에 놓인다. 양 극단에 위치한 참가기관 1, 5는 참가기관 3과 교류하기 위해서는 반드시 참가기관 2와 4를 거쳐야 하기 때문에 중앙에 위치한 참가기관 3이 집중도와 접근도가 높아 영향력이 큰 기관이 된다.

그림 4-4 체인 네트워크

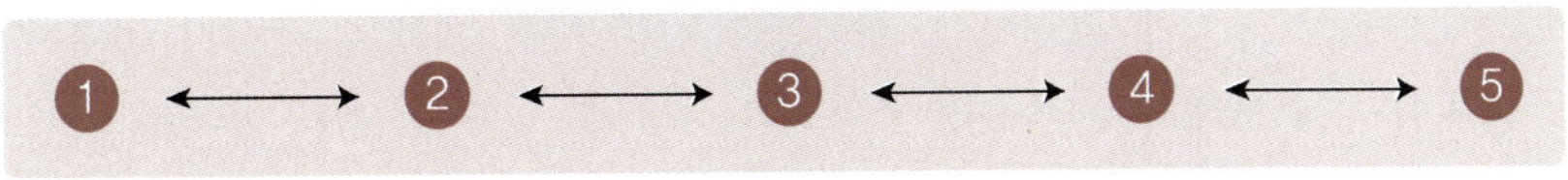

② 스타 네트워크

스타 네트워크(star network) 형태는 별 모양의 관계망으로 모든 참가기관 1, 2, 4, 5는 3을 거쳐야 상호관계도 형성된다. 그래서 참가기관 3이 집중도와 접근도가 가장 우세하기에 가장 큰 영향력을 발휘할 수 있다.

사회복지공동모금회가 군사회복지사업을 활성화시키기 위해서 수도권, 영동권, 호남권, 충청권, 영남권을 설정하여 각 권역별 참여기관을 모집하여 그중 한 기관을 대표기관으로 선정해서 각 권역별 참여기관은 대표기관을 통해서 예산을 배정받고 업무조정과 협의를 하도록 기관 간 네트워크 체계를 만들면 이는 스타 네트워크에 속한다.

그림 4-5 스타 네트워크

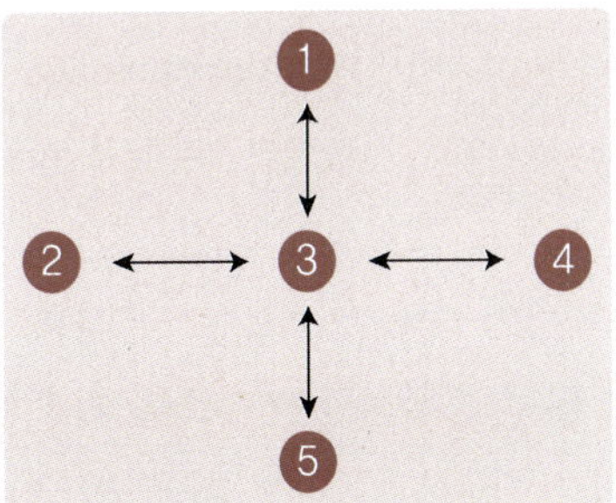

③ 집단 네트워크

집단 네트워크(group network) 체계에서는 체인 네트워크나 스타 네트워크와 같이 집중도와 접근도가 참가기관 3에 모여 있지만 참가기관의 개별적 교환관계가 가능하기 때문에 집중도와 접근도가 어느 정도 감소된다. 그래서 참가기관 3의 영향력은 줄어들고 참가기관들은 동등하게 힘의 균형을 유지할 수 있다.

교육복지네트워크 사업에 참여하는 학교들은 인근 다른 학교와 제각기 협력사업을 추진할 수 있지만 교육청에서 공통으로 수행하는 사업에 모든 학교가 참여하는 경우가 이러한 집단 네트워크 체계에 속한다고 볼 수 있다.

그림 4-6 **집단 네트워크**

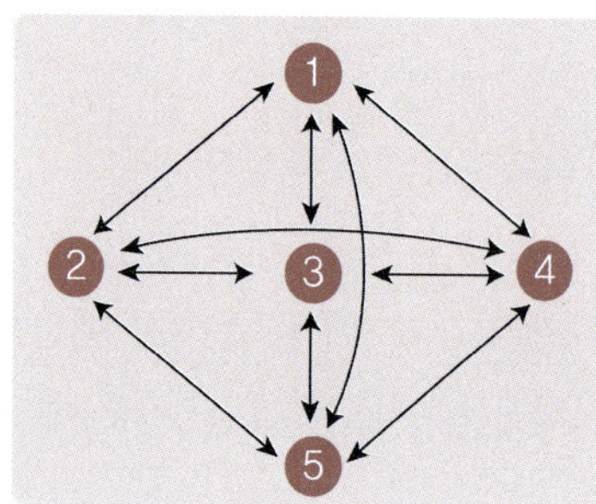

Gilbert와 Terrell(2002 : 166)은 사회복지 전달체계에서 가장 심각하게 제기되는 문제는 서비스의 단편성(fragmentation), 비연속성(discontinuity), 비책임성(unaccountability), 그리고 비접근성(inaccessibility)이라고 지적했다. 따라서 바람직한 전달체계는 제반 사회복지서비스가 통합되어 지속적이고 책임성있게 접근가능하게 전달되는 것이라고 한다. 사회복지 전달체계에서 네트워킹이 중요한 이유는 각 사회복지조직들이 서비스 간 협조체계를 구성하고 단편적이지 않은 통합적인 서비스를 지속적으로 제공하고 접근성을 향상시킨다는 점에서 큰 의의가 있다. 우리나라는 최근 20~30여 년 동안 각종 사회복지시설이 엄청난 속도로 많은 수가 설치 · 운영되고 있으나 지역사회 차원에서 기관 상호 간의 조정과 연계가 부족하여 서비스의 분절성과 중복과 누락의 문제가 매우 심각한 수준에 있다. 따라서 지역사회 차원에서 사회복지조직 간의 네트워크 체계가 잘 구축된다면 사각지대에 있는 대상자에게 접근성을 높여 줌과 동시에 서비스의 통합성과 지속성도 확보될 수 있을 것이라 본다.

5) 서비스 통합을 위한 전달체계 개선전략

우리나라 사회복지 전달체계에서 가장 심각한 문제 중의 하나가 서비스의 분절성과 파편성이다. 서비스의 분절성과 파편성의 문제를 해결하기 위해서 사용되는 개념이 서비스 통합(integration)이다. 서비스 통합에는 물리적 통합과 기능적인 통합이 있다. 물리적 통합은 하나의 장소에서 모든 서비스를 모든 대상자에게 제공하는 방법이다. 물리적 통합은 다른 표현으로 집중화(centralization)를 의미하는데, 영국은 1970년 지방정부사회서비스법의 제정으로 아동복지, 가족지원, 지역사회개발, 기타 복지업무를 담당하는 부서와 직원을 통합하여 지방정부사회서비스과를 창설하였다. 물리적 통합은 현실적으로 제약요인이 많아 실현시키기 어렵다. 설사 가능하더라도 사회복지가 미발전되었거나 전문화의 수준이 매우 낮은 지역사회에서나 가능한 방법이다. 예를 들면 1980년대 후반과 1990년대 초반 종합사회복지관의 급격한 증가는 전문화된 아동복지, 청소년복지, 장애인복지, 노인복지 등에 관련된 이용시설이 거의 전무한 시기였기 때문에 이루어질 수 있었다. 따라서 현재와 같이 제각기 분리된 형태의 각종 전문화된 사회복지조직이 발달한 상태에서는 기능적 통합만이 현실적 해법이다.

지역사회 차원에서 각종 사회복지서비스를 통합하는 기제로 잘 알려진 것이 사례관리(case management)이다. 2010년부터 보건복지부가 전국 시·군·구에서 사례관리를 전면적으로 도입함에 따라 공공사례관리가 정착화되기 시작했다. 공공사례관리자는 국민기초생활 수급권자와 차상위계층의 주민 중 복합적인 문제나 욕구를 갖고 지속적인 서비스가 요구되는 개인과 가족을 대상으로 지역사회 다양한 기관의 서비스 연계와 조정 업무를 맡고 있다. 따라서 사례관리는 실천방법의 차원에서 서비스 통합과 조정을 내포하고 있기 때문에 기능적 서비스 통합방법에 속한다. 그러나 공공과 민간의 사례관리는 여전히 분리된 형태로 진행되고 있기 때문에 서비스 대상자가 중복되거나 누락될 여지가 크다. 따라서 공공과 민간의 통합사례관리체계를 갖추어 접수(intake) 창구의 단일화, 사회보장정보시스템에 의한 클라이언트 정보의 공유화, 이를 통한 과거 클라이언트의 경로와 행적을 추적하는 트래킹(tracking) 시스템을 통한 적절한 기관에 클라이언트를 의뢰(referral)하고 이송하는 기능적 통합의 기제를 활용할 수 있을 것이다.

요약

일반적으로 사회복지조직은 소규모 비영리민간조직이다. 그러나 점차 민영화와 관료제화 될수록 전통조직은 임상치료소, 복지관료조직, 복지경영조직으로 분화한다. 사회복지조직의 유형을 구별하는 일차적인 기준인 운영주체의 관점에서 공공조직과 민간조직으로 대별된다. 하지만 오늘날 공공조직과 민간조직의 특성을 공유하는 즉, 양자의 경계를 넘나드는 준 공공조직과 준 민간조직이 출현하고 있다. 이른바 하이브리드(hybrid)가 점차 증가하는 추세에 있는 이유는 정부조직에 대한 불신과 더불어 정부의 서비스 구매제도의 확산에 있다.

사회복지 전달체계란 사회복지 차원의 재화나 서비스가 공급자로부터 소비자로 전달되는 과정에 있는 각종 조직 간의 연결망이다. 우리나라 사회복지 전달체계는 재화나 서비스 유형에 따라 중앙정부로부터 일선 수혜자에 이르는 과정이 상이하다. 바람직한 전달체계 구축의 원칙으로 강조되는 것들은 통합성, 책임성, 접근성, 연속성, 적절성 등이 있다. 우리나라 사회복지 전달체계에서 공공과 민간의 역할분담모형은 협동대리모형에 가깝다. 대다수 민간 사회복지기관은 정부의 재원으로 서비스 전달의 책임을 맡고 정부의 감독으로부터 자유롭지 못해서 민간은 정부의 업무를 대신하는 성격을 띠고 있기 때문에 더욱 그렇다.

최근 사회복지조직에서 강조되는 용어가 네트워크이다. 원래 협력의 개념을 내포한 네트워크는 두 개 이상의 조직이 상호 자원, 지식, 기술을 공유하기 위해서 연계망을 갖는 것을 의미한다. 사회복지조직이 다른 조직과 네트워크 체계를 구축하는 이유로는 자원의 확보, 조직영역의 확장, 경쟁력 강화, 변화의 적응, 비용절감 등이 있다. 우리나라 사회복지 전달체계에서 가장 심각한 문제는 서비스의 분절성 또는 파편성이다. 이러한 문제를 해결하기 위한 개념이 서비스 통합이다. 서비스 통합을 위한 전달체계 개선전략으로는 물리적 통합과 기능적 통합이 있는데, 기능적 통합의 중요한 기제가 사례관리이다.

05 미시적 조직관리

제5장에서는 조직 내 개인이나 소집단의 행동과 관련되어 가장 중요한 구성요소라 볼 수 있는 조직구성원의 동기에 관한 내용과 조직관리자의 리더십에 관한 내용을 다룬다. 보통 조직 내의 개인, 소집단의 행동을 연구하는 것을 미시조직행동론 혹은 미시조직론이라고 부르는데, 이러한 행동에 대한 관리를 미시적 조직관리로 보고 다음에서는 동기와 리더십에 대한 내용을 소개하고 정리해 보고자 한다. 아울러서 리더십과 함께 조직의 성과에 지대한 영향을 미칠 수 있어 최근 연구 및 논의가 활발해지고 있는 팔로워십에 대한 내용도 소개 및 정리해 보고자 한다.[1)]

1. 동기이론

사회복지조직구성원이 처음과 같은 동기수준 혹은 더 높아진 동기수준을 갖고 사회복지조직의 목적을 위해서 일한다면, 이는 정말로 의미 있는 조직자산일 것이다. 그리고 이를 가능하게 하는 조직의 관리자가 있다면 그러한 관리자는 정말로 위대한 리더라 칭할 수 있을 것이다. 사회복지조직이든 다른 형태의 조직이든 조직구성원이 갖는 동기를 관리하는 것은 매우 중요한 과제이다. 이러한 중요성 때문에 조직 학자들은 동기에 관해서 오래전부터 논의해 왔다. 따라서 이 장에서는 동기에 관한 논의를 정리해 보고자 한다.

작업을 수행함에 있어 동기(motivation)의 정의는 명확하게 합의된 바는 없으나 일반적으로 '일과 관련하여 행동의 강도, 방향성, 지속기간과 유형을 결정짓는 개인의 내·외부적으로 유발되는 일련의 동력'(Pinder, 1998)이라고 할 수 있다. 좀 더 구체적으로, 개인의 동기는 행동을 불러일으키는 개인 내적 힘의 활성화 측면, 어떤 방향으로 개인의 힘을 사용할 것인지 선택하는 측면, 그리고 선택한 방향으로 일정 강도의 행동을 유지하는 지

1) 본 장에서 organizational commitment는 기술 상황에 따라 '헌신' 혹은 '몰입'이란 표현으로 사용됨을 밝힌다.

속성의 측면이 있다. 이러한 개념으로 볼 때 동기가 높다는 것은 특정 행동에 대한 내적인 힘이 강도 높게 활성화되고, 그 행동에 선택적으로 노력을 투입하고, 또한 그 행동을 지속해 나가는 것이라고 말할 수 있다.

동기에 대한 학문적 논의, 즉 동기이론(motivation theories)은 보통 크게 두 가지 범주로 구분할 수 있다. 하나는 구성원들에게 동기를 부여하는 요인에 대해 설명하는 내용이론(content theories)이고, 다른 하나는 구성원들에게 동기가 부여되는 인지과정에 대해 설명하는 과정이론(process theories)이다. 동기와 관련된 내용이론은 사람들이 어떤 일을 하는 데 무엇인가가 에너지를 제공하고, 방향성을 주고 그 행동을 계속하게 한다는 것, 즉 그러한 요인들이 존재한다고 가정한다. 따라서 내용이론에서는 동기를 구성하는 핵심요인들이 과연 무엇인지 그리고 그 요인들 간에 서열 혹은 위계를 갖는지에 초점을 두고 논의되는 경향성이 있다. 반면에 과정이론은 동기의 이면에 존재하는 심리적 인지과정(psychological process)에 초점을 두고 논의되는 경향성이 있다. 즉 과정이론에서는 동기를 유발시키는 것과 관련해서 개인의 인지에 영향을 미치는 요인들이 어떠한 인지과정 속에서 작동(functioning)되는 경향이 있는지를 설명하는 데 많은 관심을 둔다.

표 5-1 동기이론의 분류 : 내용이론과 과정이론

구분	내용이론	과정이론
관심의 초점	동기를 부여하는 요인이 무엇인가? → 동기의 구성요소 → 동기 구성요소의 구조	어떤 과정을 통해 동기가 활성화되는가? → 동기의 인지적 과정
주요이론	Maslow의 욕구위계이론 Alderfer의 ERG 이론 Herzberg의 동기위생이론 McClelland의 네 가지 획득되는 욕구이론	Adams의 형평성이론 Vroom의 기대이론 목표설정이론

1) 내용이론

내용이론(content theories)의 대표적 이론으로는 Maslow의 욕구위계이론(hierarchy of needs theory), Alderfer의 ERG 이론(Existence-Relatedness-Growth theory), Herzberg의 동기위생이론(motivator-hygiene theory), McClelland의 네 가지 획득되는 욕구이론

(four acquired needs theory) 혹은 학습된 욕구이론(learned needs theory) 등이 있다.

Maslow(1954 ; 1968)의 욕구위계이론은 인간의 욕구와 동기에 관련한 이론 중에서 가장 널리 알려진 이론으로서 욕구가 인간행동을 가이드(guide)한다는 것, 특히 충족되지 않은 욕구가 동기의 근간이 된다는 것이 이론의 핵심내용이다. 즉 인간은 자신의 삶에서 생리적 욕구(physiological needs), 안전에 대한 욕구(safety needs), 사회적 욕구(belongingness needs), 자아존중감에 대한 욕구(esteem needs), 자아실현에 대한 욕구(self-actualization needs) 등 다섯 가지 위계적 단계의 욕구를 만족하고자 하는 존재인데, 이때 욕구충족은 가장 하위의 욕구로부터 단계적으로 위계적인 방향으로 진행된다고 보는 이론이다.

구체적으로 보면 1단계 욕구인 생리적 욕구는 물, 음식, 잠, 산소와 같은 신체적인 유지를 위한 인간의 모든 기본적인 욕구를 말한다. 2단계 욕구인 안전과 안정에 대한 욕구는 자신의 신체적인 환경 또는 감정적인 환경에서의 안전이나 보호 및 안정과 연관된 욕구이다. 여기에는 안전을 위한 열망, 질서, 안정, 감정적인 해악의 위험으로부터의 자유, 사고에 대비한 보호가 포함된다. 이것을 직장에 적용해 보면 안전한 근무조건과 안정된 직업에 대한 관심으로 표현될 수 있다. 3단계 사회적 욕구는 타인으로부터 수용(acceptance) 및 인정되는 것에 대한 열망으로서, 조직생활에서 동료직원과의 원활한 인간관계나 사회생활에서 인정받는 경험을 갖는 것 등은 이러한 욕구를 만족시키는 데 도움이 될 수 있다. 4단계 욕구는 자기존경, 자아존중의 욕구로서, 조직생활에서 이런 욕구는 높은 직위에 오르고자 하는 욕구 그리고 과업을 성공적으로 성취하여 자신의 유용성에 대한 의미를 찾고자 하는 욕구로 나타나기도 한다. 5단계 욕구는 자아실현에 대한 욕구인데, 이는 인간으로서의 의미 및 자기만족을 위한 욕구로서 조직생활에서 이런 욕구는 창조적이거나 혁신적인 접근을 가능하게 하는 기술과 능력에 도전하고자 하는 열망으로 나타나기도 한다.

욕구위계이론이 동기이론으로 분류되는 이유는, 위에서 언급한 욕구들은 단계적으로 충족되는데 이때 충족되지 않은 욕구에 대해서 사람들은 이를 충족시키기 위해서 노력하게 되고 바로 충족되지 못한 상위욕구 자체가 사람들의 동기로 작용함을 설명하기 때문이다. 이 이론이 갖는 강점은 인간의 욕구와 동기의 관계를 잘 파악했다는 것이고, 제한점은 욕구의 단계를 단선적으로 한 방향으로만 움직여 나가는 것으로 설명하고 있다는 것이다. Maslow의 욕구위계이론은 사람들이 갖는 욕구의 체계를 기반으로 해서 각 사람이 현재 지니는 동기의 위치를 생각해 볼 수 있게 한다는 점에서 이론의 의미를 찾아볼 수 있다.

그림 5-1 Maslow의 욕구위계이론의 직업환경에의 적용

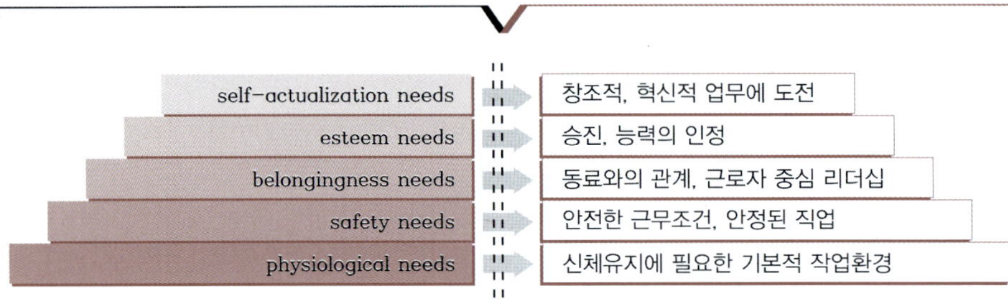

Alderfer(1972)의 ERG 이론은 욕구위계이론의 5단계를 3단계로 축소하였다. ERG 중 현실(existence)욕구는 인간 존재와 관련된 욕구로서 욕구위계이론의 생리적 욕구, 안전욕구와 유사하고, 관계(relatedness)욕구는 대인관계에 있어서의 만족에 대한 욕구로서 사회적 욕구와 유사하다. 성장(growth)욕구는 인간 잠재력의 성장과 발전에 연관된 욕구로서 자아존중과 자아실현욕구의 단계라고 볼 수 있다. ERG 이론의 경우도 욕구위계이론과 같이 인간은 존재의 욕구로부터 시작하여 관계의 욕구를 거쳐 성장의 욕구에 이른다는 단계적 욕구충족에는 동의한다. 그러나 욕구위계이론과 두 가지 면에서 큰 차이점을 가지고 있는데, 첫째, ERG 이론은 욕구위계이론이 설명하는 만족–진보과정에 덧붙여서 좌절–퇴보과정 역시 존재한다고 본다는 것과, 둘째, 욕구위계이론과는 달리 ERG 이론에서는 다음 단계의 욕구가 동기적인 행동을 일으키기 위해서 그 이전 단계의 욕구가 반드시 완전하게 충족되어야 한다고 보지는 않는다는 점이다. 즉 ERG 이론에서는 한 시점에서 한 가지 이상의 욕구가 동시에 발생할 수도 있다고 본다. 이 이론은 욕구위계이론이 갖는 한계를 보다 현실적으로 정리하여, 사람들의 동기가 작용하는 현실을 상대적으로 더 정확히 보여주고 있다는 점에서 의미를 갖는다.

Herzberg(1959 ; 1966)의 동기위생이론(motivator-hygiene theory)은 불만족을 제거하는 위생(hygiene)요인과 만족을 증가시키는 동기(motivator)요인으로 구분하여 설명한다. 이 이론에 따르면 일반적으로는 만족과 불만족은 연속적인 것으로 생각하는데, 실제에 있어서는 사람들을 만족시키는 요인과 불만족스럽지 않게 하는 요인이 따로 있다는 것이다. 즉 어떤 요인들은 그 요인이 충분히 작용할 때 사람들이 만족하게 되고 충분히 작용

하지 않을 때에는 만족스럽지 않게 되는데 이것이 바로 동기요인이다. 그리고 어떤 요인들은 그 요인이 충분히 작용할 때 사람들이 불만족스럽지 않게 되고 충분하게 작용하지 않을 때에는 불만족하게 되는데 이것을 위생요인이라고 본다. 만족하는 데 기여하는 동기요인으로는 성취, 인정, 책임감, 발전, 성장 등이 있고, 불만족스럽지 않게 하는 위생요인으로는 감독, 조직규정, 상사와의 관계, 근로조건, 급여, 동료와의 관계, 개인적 생활, 부하직원과의 관계, 지위, 안전 등을 제시할 수 있다. 물론 이 이론이 나온 이후의 연구들이 모두 일관된 결과를 갖지는 않지만, 동기와 관련해서 다차원적으로 생각해 볼 수 있게 한다는 점에서 이 이론의 의미는 부각된다.

McClelland(1961 ; 1962 ; 1965a ; 1965b ; 1971)의 네 가지 획득되는 욕구이론(학습된 욕구이론)은 인간은 자신이 사회에서 경험하며 살아가는 과정에서 다양한 사건에 의해 사회로부터 특정 욕구를 획득하게 되는데, 특정 시점의 충족되지 않은 바로 그 욕구들이 사람들에게 있어 동기로 작용한다고 설명하는 이론이다. 이때 기본적으로는 네 가지 욕구, 즉 성취욕구(need for achievement), 권력욕구(need for power), 관계욕구(need for affiliation), 자율성욕구(need for autonomy)를 가질 수 있다고 한다. 이 이론에 따르면 인생의 과정에서 획득되는 욕구는 개인은 물론 조직생활의 상황에도 영향을 줄 수 있다고 본다. 즉 사람들은 삶의 과정에서 무언가를 더 나은 방향에서 또는 효율적으로 성취하려는 욕구, 문제를 해결하거나 복잡한 과업을 수행하고자 하는 욕구를 가질 수 있는데, 바로 이러한 성취의 욕구가 그들에게 중요한 동기로 작용할 수 있다는 것이다. 또한 사람들은 삶의 과정에서 환경과 타인을 통제하려는 희망, 타인의 행동에 영향을 미치고 싶어 하는 권력의 욕구를 가질 수도 있고, 타인과 우호적이고 인정 있는 관계를 맺고 그 관계를 유지하고자 하는 관계적 욕구를 가질 수 있는데, 바로 이러한 욕구들이 사람들에게 중요한 동기로 작용할 수도 있다는 것이다. 마지막으로는 사람들은 삶의 과정에서 스스로의 자율성을 확보하는 것에 큰 의미를 둘 수 있는데, 바로 이러한 자율성 욕구가 특정 시점 사람들에게 중요하게 작용할 때 이 욕구가 중요한 동기로 작용할 수 있다. 이러한 논의들은 우리가 조직구성원의 직무설정 혹은 직장 내 배치와 관련해서 그들의 욕구에 대한 정확한 이해가 매우 중요하다는 점을 시사한다.

2) 과정이론

내용이론에서는 동기를 부여하는 요인이 무엇인지에 대해 설명하는 반면 과정이론(process theories)은 무엇에 대한 초점을 넘어 어떻게 사람들이 동기화되는지를 설명하고자 한다. 특히 인지과정의 중요성에 초점을 두어서 동기화의 역동적 과정을 설명한다. 동기에 대한 과정이론에는 Adams의 형평성이론(equity theory)과 Vroom의 기대이론(expectancy theory), 목표설정이론(goal setting theory) 등이 있다.

Adams(1963a ; 1963b ; 1965 ; 1968)의 형평성이론은 기본적으로 사람들은 항상 자신이 투입한 노력과 비교하여 보상결과가 어느 정도인가를 살펴보고, 더 나아가서 이것을 타인의 것과 비교한다는 사실에 주목하면서 사람들의 인지과정에서 구성되는 형평성 그 자체가 바로 사람들의 동기에 큰 영향을 미친다고 설명하는 이론이다. 즉 형평성이론은 사람들이 스스로와 타인으로부터 인지하는 형평의 상태가 바로 동기화에 영향을 미친다고 설명한다. 특히 비교를 통해 불평등이 있다고 인지하는 경우, 즉 본인의 투입에 비해 보상의 비율이 남의 것에 비해서 적다고 인지하는 경우에는 보통 부정적으로 동기에 영향을 미칠 수 있다. 반면 만약 보상비율의 비교에서 본인이 받은 것이 더 크다고 인지하는 경우는 보통 긍정적으로 동기에 영향을 미칠 수 있다고 한다. 즉 형평성이론은 불평등의 상태가 두 형태, 즉 자신이 상대적으로 덜 보상받는다고 느끼는 부정적 불평등과 다른 사람보다는 더 나은 보상을 받는다고 느끼는 긍정적 불평등이 있다고 설명한다.

이 이론에서는 긍정적이거나 부정적인 보상 모두가 동기에 영향을 미쳐, 이런 상황에서는 조직구성원이 일에 대한 투입을 변화시키거나, 받는 보상을 변화시키려 한다거나, 형평성과 관련된 그 상황을 떠나 버리거나, 비교시점을 변화시키거나, 비교에 대해 심리적 왜곡을 일으키는 등의 행동을 일으킬 수 있음을 설명한다. 예를 들어 유사한 직종에 종사하는 다른 사람들에 비하여 적은 임금을 받는다고 인식하는 사람은 일을 적게 하려 하기도 하고, 보수를 인상해 줄 것을 요구하거나, 이직할 수 있다. 또는 같은 직장 내에서 투입에 대해 보상받는 비율에 있어 실제로는 투입은 자신의 것이 더 높다고 생각하는데 결과에 있어 동료가 상대적으로 더 높게 평가되고 승진 등의 심사과정에서 더 높은 수준의 보상을 받는다고 인지하면 조직구성원은 일에 대한 투입을 변화시키거나, 받는 보상을 변화시키려 한다거나, 형평성과 관련된 그 상황을 떠나 버리거나 하는 행동을 통해 동기의 변화를 반영하게 된다. 아울러서 비교시점을 과거로 회귀시켜 스스로를 안위해 보거나, 비교의 대상을 변화시켜 스스로 심리적으로 왜곡해 보려는 등의 행동도 할 수 있게 된다. 형평성이론이 시사하는 가장 중요한 바는 바로 형평성이 보장되는 시스템을 조직이 구축하는 것이 조직구성원들이 긍정적인 방향에서 동기화되게 하는 토대로 기능할 수 있다는 것이다. 그리고 동시에 관리자들은 구성원들의 형평성에 대한 인지, 특히 부적절한 인지 또는 왜곡된 인지에 대해서도 다양한 방식에서 개입하는 노력이 필요할 수 있다는 것을 말해 주고 있다. 형평성이론을 토대로 조직이 보상을 분배하는 과정과 결과에 있어서 공정성(justice)을 확보하고 구성원들이 그러한 인식을 갖게 하는 것이 동기화에 있어 매우 핵심적인 요소임을 설명하는 조직공정성이론 혹은 인사관리공정성이론이 발전되는 등 형평성이론은 다양한 차원에서 그 의미를 더욱 다각적으로 제고시키고 있다고 평가되는 이론이다.

Vroom(1964)의 기대이론은 사람은 과업의 수행과정에서 다양한 차원의 인지를 하는데, 특히 일의 수행을 통한 성과에 대한 기대, 성과의 결과와 관련된 인식 및 그 결과가 자신에게 가져다줄 이익(interests) 등에 대한 가치적 판단 등에 기초해서 행동한다는 것이다. 바로 이러한 일련의 과정으로 구성되는 인식 그 자체가 사람들의 동기에 영향을 미친다고 주장하는 이론이 기대이론이다. 구체적으로는 다음의 세 가지 형태의 인지, 즉 첫째는 일정한 정도의 노력을 함으로써 성과를 얻을 수 있다고 개인이 지각하고 있는 정도(노력－성과 연계: effort-performance linkage), 둘째는 일정한 수준의 성과를 얻음으로써 바람직한 결과(예: 보상) 등이 주어질 것이라고 개인이 믿고 있는 정도(성과－결과 연계: performance-outcome linkage), 셋째는 개인이 직무성과를 통해 얻을 수 있는 잠재적 결과에 부여하는 가치의 정도(valence)와 같은 일련의 과정으로 구성되는 인식이 사람들의 동기를 결정한다는 것이 기대이론의 핵심내용이라 할 수 있다. 단순화하면 이 이론은 사람은 조직생활에서 과업들을 갖게 될 때 자신이 성과를 낼 수 있는지에 대한 인식, 자신이 원하는 결과를 가질 수 있는지에 대한 인식, 그리고 그러한 결과가 자신이 중요하게 생각하는 이익을 가져올 수 있는지에 대한 인식에 기초하여 동기가 구성될 수 있다는 것이다. 즉 이 세 가지 인지요소는 기대, 도구, 가치 등으로 설명되는데, 기대이론은 바로 이 세 가지 인지요소의 결합에 의해서 사람의 동기는 부여되는 것이라고 설명한다.

기대(expectancy)는 과업의 실행 및 성과가능성과 관련된 것으로서 주어진 과업의 수행이 불가능하여 성과가 없을 것으로 느껴진다면 기대의 수준은 0이고, 수행이 가능하고 성과가 있을 것으로 확신한다면 1로 계산될 수 있다. 예를 들어 사회복지사가 후원자 개발과 관련된 일을 수행하는데 새로운 형태의 후원자 개발을 위해 다양한 노력을 수행할 수 있고 그에 따른 성과를 기대할 수 있다면 기대수준은 1에 가깝겠지만, 새로운 형태의 후원자 개발을 위한 노력을 수행할 수 없고 성과 역시 기대되지 않는다고 예상한다면 기대수준은 0에 가까울 것이다.

도구(instrumentality)는 과업을 수행한 후 달성되는 성과가 어떠한 결과를 발생시킬 수 있는지에 대한 인식을 의미하는 것으로 성과에 따른 결과에 대한 기대, 즉 성과가 결과의 관계에서 도구적으로 기능하는지에 대한 인식이라고 말할 수 있다. 이것 역시 0에서 1까지로 계산될 수 있다. 즉 1은 성과에 따르는 결과가 확실히 가장 기대된 결과, 예를 들면 보상 등으로 이어진다는 것이고, 0은 성과가 결과, 예로 보상 등과 전혀 무관할 수 있다는 인식을 의미한다. 즉 새로운 형태의 후원자 개발 노력이 조직이 기대하는 수준으로 달성되고 그러한 성과가 보상 등으로 연계될 수 있다고 판단되면 도구와 관련된 인식은 1에 가까울 것이고, 그러한 결과를 갖는 것이 거의 불가능하다고 믿는다면 0에 가까울 수 있다.

유의성으로도 표현되는 가치(valance)는 기대되는 결과, 예로 보상 등이 개인이 의미 있게 받아들이고 있는 어떤 가치적 기준에 대비하였을 때 실제 얼마나 가치를 지니는지를 나타내는데, −1(전혀 가치가 없는 것)에서부터 +1(매우 가치가 높은 것)의 범위로 전개된다. 예로 새로운 형태의 후원자 개발 노력이 유의한 결과를 가지는데, 그것으로 인해 자신이 지닌 가치적 기준과 완벽하게 연계될 수 있는 경우 그러한 결과에 대한 가치는 +1에 가까울 수 있지만 가치와 부정적으로 연계되는 경우 그러한 결과의 가치는 −1에 가까울 수 있으며, 그 결과와 개인이 지니는 가치와 무관하다면 그러한 결과의 가치는 0에 가까울 수 있다. Vroom(1964)은 이 세 가지 인식이 결합하여 동기화하는 힘을 형성한다고 설명하였는데, 이를 그림의 형태로 보다 단순화시켜 보면 [그림 5−2]와 같다.

기대이론은 기본적으로 이 세 가지 요소의 곱의 관계를 기반으로 한 결합에 의해서 동기가 형성될 수 있다는 것을 나타낸다. 가령 사회복지조직에 후원개발의 업무를 담당하는 직원이 새로운 형태의 후원자 개발 과업에 대해서 그 성과의 가능성을 상대적으로 높게 기대하고(expectancy=0.9), 그러한 성과의 결과, 예로 보상 등이 상대적으로 높은 수

그림 5-2 Vroom의 세 가지 인지적 결합에 의한 동기력(motivational force)

동기력 = 가치 X 기대(수단)

기대	노력 – 성과 연계(성과달성가능성 : 0 ~ +1)
수단	성과 – 결과 연계(결과달성가능성 : 0 ~ +1)
가치	결과 – 가치 연계(결과가 지니는 가치 : –1 ~ +1)

준에서 이뤄질 것으로 예상하고(instrumentality=0.7), 그러한 결과가 지니는 가치가 완벽하게 자신이 긍정적으로 받아들이는 유의성(valance=1.0)을 지닌다고 인식할 때, 새로운 형태의 후원개발업무와 관련된 동기화 수준은 0.63이 될 수 있는 것이다. 만일 새로운 형태의 후원개발을 위한 노력으로 긍정적 수준의 결과를 얻어도 그것이 자신이 중요하게 여기는 가치와 매우 부정적으로 연계되어 있다고 믿는다면 즉 유의성이 하나도 없다면(valence=−1) 새로운 형태의 후원개발업무와 관련된 동기화 수준은 −0.63이 될 것이다. 이러한 기대이론은 조직구성원에게 동기를 부여할 때 특히 구성원의 인식과 관련된 관리자의 과업이 보다 특별하게 필요할 수 있다는 사실을 인지하게 하는 이론이다. 즉 일을 적절하게 수행하여 바람직한 성과를 만들어 낼 수 있다고 지지하고, 그런 방향에서 과업들을 이끌어 주고 각 과업의 결과가 구성원 개인이 생각하는 범위를 넘어 매우 포괄적일 수 있으며, 또한 그러한 결과가 개인이 지니는 가치와 부합할 수 있다는 것을 인식시키면서 직원들을 이끄는 것이 얼마나 중요한가를 인지하는 데 기여하는 이론이라고 평가할 수 있다. Vroom의 동기화에 대한 이론적 공식은 인간의 이성적 선택의 한계와 정보의 제한성 등으로 인하여 현실성이 떨어진다는 비판을 받기도 하였으나, 조직에서 개인의 동기와 관련된 행동예측과 수정에 있어 직관적 설명을 가능케 한다는 점에서 의미 있는 이론이라는 평가를 받는다. 또한 동기제고를 위한 조직에서의 관리적 과제와 관련해서도 그 방향을 설정하는 데 기여한 바가 큰 것으로 평가되고 있다.

이러한 이론들 이외에도 목표설정이론(goal setting theory) 역시 동기에 대한 과정이론으로 간주되는데, 목표설정이론은 목표설정 자체가 사람들의 인지에 영향을 미치고 동기화에 결정적인 역할을 할 수 있다고 설명하는 이론이다. 즉 설정된 목표에 대한 수용, 즉 목표에 대한 인지 자체가 매우 중요한 동기로서 과업의 달성을 결정하는 데 큰 영향력을 지닐 수 있다는 것이다. 따라서 이 이론에서는 조직에서 구성원들의 동기를 형성시키는 방안의 하나로 목표설정에 대한 관리가 필요하다는 것을 지적한다(Locke & Latham, 1990). 특히 조직과 구성원 상호가 수용할 수 있는 의미 있고 도전적인 목표는 조직구성원들의 동기유발 및 제고에 큰 영향을 미치기 때문에, 동기와 관련해서 이러한 방향에서의 접근도 유의할 수 있다고 설명한다.

한편 사람들을 동기화시키는 내용과 과정을 또 다른 시각에서 설명하는 이론이 있는데, 그 대표적인 것이 바로 강화이론(reinforcement theory)이다. 강화이론은 행동수정이론(behavior modification theory)에 기반을 둔 것으로서 기본시각은 행동수정이론에서와 마찬가지로 인간의 행동에 대한 개입과 자극요인의 다양한 설정을 통해 인간의 행동, 보다 구체적으로는 인간의 동기가 변화될 수 있다고 본다(Skinner, 1974). 이 이론은 동기의 형성을 외적 자극과 외적 통제의 차원에서 논의하기 때문에 내적 통제 차원에서 동기에 관해 논의한다고 간주할 수 있는 일반 동기이론의 범주와 함께 논하는 것이 적절하지 않을 수 있다. 그리고 이 이론과 관련해서 인간의 동기와 관련된 외적 통제 시각에 대한 비판 역시 많이 언급되곤 한다. 그러나 근래에는 이 이론이 갖는 현장에서의 효용성 때문에 일반 동기이론과 함께 강화이론이 소개되고 논의되는 경향이 있다(Komaki, Coombs, & Schepman, 1996).

요약

조직의 구성원이 업무수행과정에서 더 높은 수준의 동기를 가지고 과업을 지속하도록 하는 것은 사회복지조직을 포함한 모든 조직에서 매우 중요한 조직관리의 과제이다. 바로 이 점에서 동기가 갖는 의미가 크기에 연구자들은 그러한 가능성을 제고시키는 차원에서 동기에 대한 연구를 수행하며 이론개발에 주력해 오고 있다. 동기에 대한 학문적 정리의 전개는 크게는 내용이론과 과정이론이라는 두 가지 범주로 진행되어 왔다고 볼 수 있다. 내용이론은 조직구성원의 동기의 원천이 되는 요인이 무엇인지를 설명하는 이론이라 할 수 있고, 과정이론은 조직구성원이 동기화되는 과정, 특히 인지과정을 설명하는 이론이라 할 수 있다. 동기와 관련된 내용이론에는 Maslow의 욕구위계이론(hierarchy of needs theory), Alderfer의

ERG 이론(Existence-Relatedness-Growth theory), Herzberg의 동기위생이론(motivator-hygiene theory), McClelland의 네 가지 획득되는 욕구이론(four acquired needs theory)이 있으며, 과정이론에는 Adams의 형평성이론(equity theory)과 Vroom의 기대이론(expectancy theory), 목표설정이론(goal setting theory) 등이 있다. 조직구성원의 동기에 대한 이해가 다양한 차원에서 확장되고는 있으나, 일반적으로 하나의 이론을 통해서 동기에 대한 이해를 완전하게 구축할 수는 없기에 그러한 획일적 이해 및 접근방법은 존재하지 않는다고 볼 수 있다. 그러나 내용이론과 과정이론에서 소개되는 내용들에 대한 포괄적 이해를 통하여 동기요인과 구조 및 과정을 이해하게 될 때, 동기에 대한 보다 효과적인 관리과제를 구체화할 수 있게 될 것이다. 따라서 최근에는 단일이론의 한계를 극복하기 위하여 다른 이론과의 통합을 시도하면서 동기에 영향을 미친다고 가정하는 중요한 구성요소들을 통합해서 동기에 대해 접근하고자 하는 시도가 이루어지고 있기도 하다.

2. 리더십

사회복지조직이든 영리조직이든 어떤 형태의 조직에서든 리더라고 생각되는 이들을 만나는 사람들은 행복할 것이다. 이처럼 조직에서 실제로 리더라 불릴 수 있는 사람은 많지 않다. 이런 실제를 반영해서 "조직에는 관리자(managers)는 매우 많다. 그러나 리더(leaders)는 없다."라는 말이 상당히 일반화되어 있다. 조직의 관리자이면서 동시에 리더의 속성을 갖춘 이들이 많다면 이는 조직에 엄청난 자원이 될 수 있다. 따라서 조직관리의 주제에서는 항상 리더십에 대한 소개와 강조를 하게 되는 것이다. 리더십이 중요하긴 하나, 그렇다고 관리(management)의 의미가 리더십(leadership)에 의해서 가릴 만큼 작은 것은 결코 아니라는 사실을 기억하면서 리더십에 대한 이해와 실천을 강화시켜 나가야 할 것이다. 그 이유는 관리의 토대 위에서 병행되어 실천되는 리더십만이 리더십을 통해 얻을 수 있는 부가적 가치를 실제화할 수 있기 때문이다.

성공적인 조직으로 발전시키기 위해서는 구성원을 관리자이자 동시에 리더로 개발시키는 것이 필요하다. 관리와 리더십과 관련해서 각각의 내용 및 기능을 살펴보면 다음과 같다. 관리자는 조직이 요구하는 과업달성을 위해 공식적 절차에 따라 의사결정을 내리고 작업을 배분하여 감독하고 통제하는 역할을 하는 사람을 의미한다. 이에 반해 리더는 조직구성원들이 동기화되어 목표수행을 위하여 적극적이고 자발적으로 움직일 수 있도록 비전을 제시하며 이끌어 조직과 구성원 모두의 변화와 혁신을 가져오는 사람으로서의 의미가 강하다(Young & Dulewicz, 2005). 리더에 대해서 일반적으로는 태생적으로 타고난다고 생각하는 경향이 있으나, 조직관리론에서는 그런 시각을 취하지는 않는다. 즉 리더는 개발될 수 있다는 입장을 취한다. 실제 리더십 이론들의 발전과정에서 리더는 개발되는 것이라는 시각을 많이 반영하고 있다. 관리자이자 동시에 리더가 되는 것, 즉 관리와 리더십 사이의 동시적 성취가 조직관리에서 무엇보다도 중요한 과제임을 알 수 있다. 다음에서는 리더십의 정의를 살펴보면서 다양하게 발전되어 온 리더십 이론들의 핵심내용들을 정리해 보고자 한다.

리더십에 대한 정의는 매우 다양하다. 일반적으로 리더십이란 주어진 상황에서 목적의 달성을 위해 개인이나 집단의 행동에 영향을 미치는 과정 혹은 동기부여하는 능력이라고 이해된다. 그러나 이러한 정의는 지위로부터의 권력 및 공식적 권한에 기초해서 영향력을 행사하는 것과 별반 차별화되지 않을 수도 있기에 리더십이 갖는 고유한 속성을 부각시키지 못한다고 지적될 수 있다. 즉 동기부여하는 능력을 제외하고는 관리와 큰 차별성을 지니지 못하는 정의라 할 수 있다. 이러한 문제와 관련해서 Katz와 Kahn(1978)은 리더십이란 지위에 따른 권력 및 공식적 권한에 의해서 외재적으로 영향을 미치는 것과는 달리, "조직구성원이 업무를 수행함에 있어 요구되는 수준을 초월하는 수준의 성과를 스스로 수행해 내려는 노력을 불러일으키는 영향력"이라고 정의한다. 즉 이들은 상급자의 지위에 따른 권력 및 공식적 권한에 의해서 행사되는 영향력과는 확연히 구분해서 조직구성원의 자발적 노력을 불러일으키는 영향력을 중심현상으로 두고 리더십을 이해해야 함을 강조한다.

이러한 리더십에 대한 학문적 접근은 크게 세 가지 방향에서 실행되어 왔다. 첫째는 특성론적 접근으로, 리더라 평가되어 온, 혹은 불릴 수 있는 사람들의 특성(trait)에 초점을 두고 그 특성들을 구분해 내는 접근이다. 리더십 초기 연구가 특히 리더의 특성에 관심을 두었던 것은 훌륭한 리더는 타고나는 것이라는 믿음이 강했기 때문이다. 둘째는 행동론적 접근으로, 조직구성원들의 업무성과 및 업무만족과 같은 조직 결과물에 바람직하고 효과적인 결과를 불러일으키는 관리자(manager) 혹은 슈퍼바이저(supervisor)의 행동에 초점을 두고 이러한 결과를 초래하는 행동을 파악해 내는 접근이다. 셋째는 상황론적 접근으로, 리더십 행동과 다양한 조직상황 혹은 구성원 상황과의 적합성(fit)에 초점을 두고 각 상황에서 조직구성원들의 업무성과 및 만족과 같은 조직 결과물에 바람직하고 효과적인 결과를 가져올 수 있는 관리자 혹은 슈퍼바이저의 적합 행동을 파악해 내는 접근이다. 상황론적 접근방법이 개발되었던 이유는, 상황에 상관없이 효과적일 수 있는 리더십 행동이란 가능하지 않고, 리더십 행동은 상황에 적합한 방향에서 실행될 때에만 그 효과성이 발현될 수 있을 것이라는 인식이 대두되었기 때문이다.

최근에는 특성론적 접근의 부활이라 볼 수 있는 카리스마 리더십과 변혁적 리더십(형질변경을 가져오는 리더십) 등이 크게 주목받고 있는데, 이러한 접근이 새롭게 부각되고 있는 것은 조직의 생존을 위한 변화를 요구하는 현대사회의 특성과 매우 큰 관련이 있다. 다음에서는 리더십 분야의 주요 이론을 위 세 가지 연구의 흐름에 따라 설명하고 마지막으로는 최근의 리더십 연구동향에 대하여 간략히 기술해 보고자 한다.

표 5-2 리더십 이론의 연구동향

연구시점	접근방법	핵심주제
1940년대 후반까지	특성	리더의 천부적 자질
1940년대 후반~1960년대 후반	행동 혹은 스타일	효과적 리더의 행동
1960년대 후반~1980년대 초반	상황	효과적 리더십의 상황의존성
1980년대 초반 이후	새로운 리더십	리더의 카리스마, 비전, 영감, 정서적 친밀감

출처 : Bryman(1992)을 Deanne, Hartog, & Koopman(2001)이 재정리

1) 리더십 특성이론

먼저 특성론적 접근방법은 리더십에 대해서 가장 처음으로 접근한 방식인데, 여기서는 기본적으로 일반인들과는 구분되는 리더들의 특성이 무엇인가를 구분해 내고자 한다. 초창기의 특성론적 접근방식에서는 위인의 특성과 자질 등을 파악하려 노력하였다. 즉 이러한 접근에서는 위인들이 평범한 사람들이 지니지 못하는 어떤 특성들을 타고 났을 것이라는 가정하에서, 위인이라 불리는 이들의 특성들을 정리해 보고자 노력하였다.

그러나 이러한 방식의 연구노력들은 과학적 측면에서 보았을 때 큰 의미를 갖지 못했다. Stogdill(1948)은 초기의 특성론적 접근의 결과들을 모두 검토하면서, 훌륭한 리더에

게 발견되는 특성, 즉 상황적응력, 사회환경에의 민감성, 성취지향성, 결단성, 협력성, 단호함, 신뢰성, 타인에 대한 지배욕, 활동성, 지속성, 스트레스에 대한 내성, 책임성과 리더가 갖춘 능력, 즉 지적 능력, 개념파악능력, 창의력, 의사소통기술, 과업에 대한 지식, 행정능력, 대인관계능력을 정리하였다. 그러나 과학적 측면에서 보았을 때, 즉 실증적 분석에 기초해 볼 때 초기 특성론적 접근내용들은 타당성의 차원에서, 그리고 일관된 예측가능성의 차원에서 학문적 가치를 거의 갖지 못한다고 보고하였다. 특히, Stogdill(1948)은 이 연구를 통해 리더의 특성이 상황과 관련되어 있다는 사실을 발견했다. 이러한 결과에 따라 1940년대 말 이후 리더십에 대한 접근방법은 조직구성원의 높은 업무성과 및 만족을 가져오는 관리자 혹은 슈퍼바이저의 행동파악에 초점을 두는 행동론적 접근방법으로 옮겨 가게 되었다.

그러나 특성론적 접근방법이 완전히 없어진 것은 아니었다. 1990년대에 들어, 보다 과학적인 접근방식을 응용하여 보편타당한 결과를 제시하는 특성론적 접근이 다시 부활하였다(Yukl, 1998). 그 결과 다양한 리더십 속성들이 제시되고 있다. 예를 들어 Stogdill(1948)이 보고한 내용을 사회성, 정서적 안정성, 성실성, 상냥함, 탐구성으로 축소하여 이러한 속성들을 중심으로 리더십을 연구하고 있으며(Goldberg, 1993 ; Hogan & Hogan, 1992 ; Ellis, 1998 ; Zaccaro, Foti, & Kenny, 1991), 비전, 지식과 전문성, 동기부여, 정서적 안정, 종업원에 충실, 신뢰도와 자신감, 지구력, 생동감, 통제가 아닌 카리스마 등의 속성들은 리더들에게서 발견할 수 있는 일반적 속성들인 것으로 제시되고 있다. 또한 주의력 관리, 의미관리, 신뢰관리, 자신관리와 같은 기술적 속성 혹은 관리적 속성들이 바로 조직에서 리더로 불리는 이들에게서 발견될 수 있는 의미 있는 속성들이라고 제시되고 있다(Bass, 1990).

최근에 많은 주목을 받고 있는 카리스마 리더십과 변혁적 리더십은 바로 이러한 특성론적 접근방법의 부활이라 할 수 있다. 이러한 접근이 새롭게 각광받고 있다는 사실을 인식할 때, 비록 특성론적 접근이 리더십과 관련해서 상황요소의 영향력에 대한 설명이 부족하고 인과관계에 대한 설명이 과학적으로 보다 체계적으로 정비되어야 한다는 한계가 존재하지만 최근에 특성론적 접근이 보여주는 통찰은 리더십에 대한 이해를 확장하는 데 매우 의미 있는 것으로서 계속해서 주목받을 가치를 충분히 지니고 있다.

2) 리더십 행동이론

초기 특성론적 접근의 제한성에 대한 인식과 함께, 1950년을 전후로 리더십에 대한 새로운 접근이 시작되었다. 이 새로운 접근방식은 효과적인 관리자의 행동, 즉 조직에서 부하 등 구성원의 업적과 만족에 긍정적인 영향을 미치는 행동에 초점을 두고 이러한 행동의 파악을 통해 리더십을 설명해 보고자 했다. 행동론적 접근에서는 특성론적 접근의 가정과는 다르게 바람직한 리더의 행동을 기준으로 삼아 효과적인 리더가 되려는 사람에게 리더십을 전수시킬 수 있고 이를 통해 그들의 리더십을 개발시킬 수 있다고 보았다. 즉 특성론적 접근이 리더의 천부적 속성에 관심을 두었다면 행동론적 접근은 리더가 되려는 사람에게 리더십을 전수하거나 개발할 수 있다는 시각에서 리더의 바람직한 행동에 초점을 두었다. 이러한 시각에서 행동론적 접근에서는 리더십을 효과적인 관리행동의 차원에서 이해하면서 바람직한 리더십 행동은 훈련을 통해 누구나 개발시킬 수 있는 것으로 보았는데, 리더십에 대한 이러한 관점은 리더십 개발의 측면에서 보았을 때 일반적으로 널리 수용되고 있는 관점이다.

행동론적 접근의 발전과 관련해서는 미국의 두 대학교, 오하이오주립대학교와 미시간대학교의 연구가 매우 중요한 기여를 했다. 즉 이 두 대학교에서 거의 동시에 수행된 연구 프로젝트의 결과를 중심으로 리더십에 대한 행동론적 접근의 주장들이 전개되었다고 볼 수 있다. 먼저 Stogdill, Fleishman, Hemphill 등의 오하이오주립대학교의 연구팀은 조직구성원들을 대상으로 업무성과를 제고시키고 만족을 가져오는 슈퍼바이저의 행동이 무엇인가를 질문하여 결국 두 가지 행동을 파악해 내었다(Steers, Porter, & Bigley, 1996). 두 가지 행동은 바로 일에 대해서 상세한 설명과 함께 지도해 주고 완수할 수 있도록 이끄는 것을 내용으로 하는 구조주도행동(initiating work structure)과 일을 수행하면서 구성원들의 어려움과 특별한 상황들을 고려해서 지지해 주고 반응해 주는 배려행동(consideration)이었다. 오하이오주립대학교의 연구는 이 두 가지 행동 차원은 각기 독립적인 것으로서 두 차원을 연계해서 보아야 하는 것이 아니라 분리해서 보아야 하는 행동으로 이해하였다. 즉 두 차원 모두에서 높은 점수를 갖는 이들도 리더십 역량을 갖는 관리자, 즉 리더로 평가받을 수 있고, 두 차원 중 어느 하나의 차원에서 높은 점수를 갖는 이들도 리더십 역량을 갖는 관리자, 즉 리더로 평가받을 수 있음을 제시하였다.

한편 Likert 등의 미시간대학교 연구팀은 많은 다른 요인들의 영향력은 통제시킨 상황에서 높은 생산성을 갖는 그룹과 낮은 생산성을 갖는 그룹의 관리자 행동을 비교함에 의해서 높은 성과를 가져오는 관리자의 행동이 무엇인가를 파악해 내었다(Likert, 1961 ; 1967). 미시간대학교의 연구는 효과적인 관리자들은 효과적이지 않은 관리자들과 두 가지 행동 측면에서 분리될 수 있음을 발견하였다. 하나는 오하이오주립대학교의 배려행동과 유사한 관계지향적 행동이었고, 다른 하나는 오하이오주립대학교의 구조주도행동과 유사한 직무 중심적 행동이었다. 관계지향적 행동 혹은 종업원 중심적 행동은 친근감, 감사의 표시, 인정, 관심 등의 내용을 중심으로 구성되고, 직무 중심적 행동은 기획과 통제, 조정, 업무지원 등의 내용을 중심으로 구성되는 것이었다. 초기에 미시간대학교의 연구는 관리자가 이 두 가지 행동 모두를 동시에 높은 수준에서 실행할 수 있기보다는 어느 한 편의 리더십 행동에 좀 더 높은 비중을 가질 수밖에 없는 형태로 이 리더십 행동들이 실행된다고 보았다. 특히 미시간대학교의 연구는 비록 후기의 보고에서는 오하이오대학교의 연구에서와 마찬가지로 두 가지 행동이 독립적인 것으로서 한 차원에 존재하는 것이 아니라 서로 다른 차원의 것이라는 입장을 선택하긴 하였으나, 초기의 보고에서는 이 두 가지 행동은 하나의 차원의 양 극단에 위치한 것일 수 있다는 시각을 갖기도 하였다. 즉 종업원 중심적 행동을 하는 이들은 직무 중심적 행동에서는 낮을 수 있는 경향성이 있고, 직무 중심적 행동을 하는 이들은 종업원 중심적 행동에서는 낮을 수 있는 경향성이 있다고 보았다. 이러한 시각에서 초기에 미시간대학교의 연구는 두 가지 리더십 행동양식 중 상대적으로 보다 바람직할 수 있는 관리자 리더십 행동이 무엇인지를 파악하는 데 좀 더 많은 비중을 두고 연구를 진행하기도 하였다. 그러나 리더십 행동의 두 차원이 독립적으로 존재할 수 있다는 사실을 인식한 이후의 연구에서는 리더라 칭할 수 있는 관리자들에게는 두 리더십 행동 중 어느 하나의 행동이 보다 높게 관찰될 수도 있고 두 가지 리더십 행동 모두가 높게 관찰될 수도 있다는 사실을 보고하기도 하였다. 이후에 지속된 수많은 실증적 연구의 결과들에서는 미시간대학교 연구에서 제시된 두 가지 리더십 행동과 관련해서 어떤 것이 보다 효과성이 높을 수 있다는 일관된 결론이 관찰되지는 않는다.

이러한 연구결과들을 바탕으로 텍사스대학교의 Blake와 Mouton(1978 ; 1986)은 리더십 행동이 극단적으로 나눠는 것이 아니라고 강조하면서 가장 효율적인 리더는 과업지향적이면서 동시에 인간 중심적인 사람이라고 주장하였다. 이러한 주장과 함께 이들은 관리격자(managerial grid)로 불리는 리더십 행동유형이론을 제시하였다. 이 이론에서는 한 차원에서는 일에 대한 관심의 정도에 따라 리더십 행동의 차원을 9단계로 나누고, 또 다른 차원에서는 사람에 대한 관심의 정도에 따라 인간 중심의 리더십 행동의 차원을 9단계로 나눈 후 이들 두 개의 차원에 따른 81개의 위치를 설정하였다. 그러나 기본적으로는

그림 5-3 **관리격자**

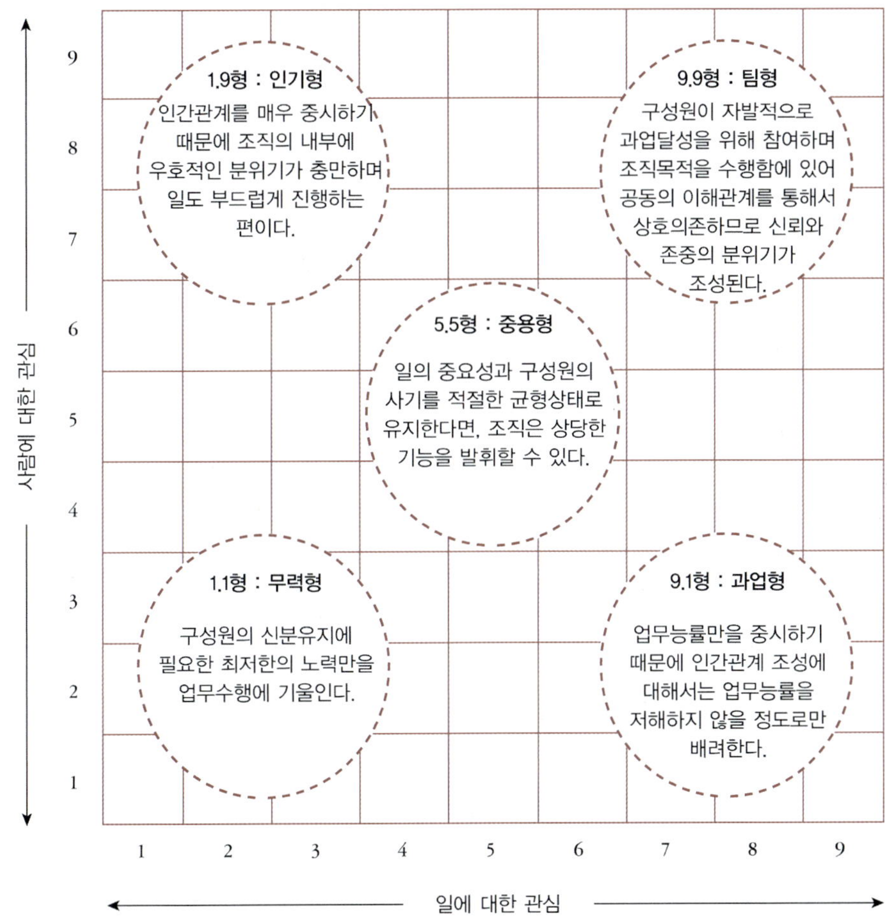

출처 : Blake & Mouton(1986)

이 두 차원에 따라 다섯 가지의 리더십 행동유형을 제시하였다. 그 다섯 가지 기본유형은 첫째, 사람과 일 모두에 대해서 관심이 전혀 없는 무관심형(impoverished management), 둘째, 사람에 대한 관심만 지대하고 일에 대해서는 관심이 전혀 없는 사교형(country club management), 셋째, 일에 대해서만 관심이 지대하고 사람에 대해서는 관심이 전혀 없는 과업형(task management), 넷째, 사람에 대한 관심도 중간이고 일에 대한 관심도 중간인 중도형(middle of the road management), 마지막은 사람에 대한 관심과 일에 대한 관심이 모두 지대하게 높은 팀형(team management)이다.

기본적으로 리더십 행동이론의 결과들은 관리자에게 있어 이 두 가지 형태의 행동들이 매우 중요한 행동일 수 있음을 제시한다. 그러나 이 두 가지 형태의 행동들이 모든 상황에서 항상 일관되게 유효성을 지닐 수 있는 최선의 것은 아닐 수 있다. 즉 리더의 행동양식이 중요할 수는 있으나 그 자체의 항상성보다는 리더가 상황에 적합한 행동을 수행할 수 있는 것이 효과성 측면에서 더욱 중요한 의미를 지닐 수 있다. 이러한 시각에서 리더십 행동에 관해 다음에서 정리할 상황론적 접근방법이 모색되기 시작하였다고 볼 수 있다.

3) 리더십 상황이론

조직목적을 향해 조직을 관리하면서 관리자들은 과업의 성격(과업의 복잡성, 상호의존성 등), 부하직원의 특성(경험, 동기, 역량수준 등), 환경적 요인(조직문화, 조직외부환경의 요구 등)에 따라 너무나도 다양한 상황을 접하게 된다. 리더십 행동에 대한 상황론적 접근방법은 바로 리더가 이렇게 다양한 상황요인에 따라 적합하게 대응하는 행동을 취할 수 있을 때, 이렇듯 적합한 방식으로 대응하는 행동이 바로 리더십 행동으로 간주될 수 있음을 강조한다. 그 이유는 상황요인에 따라 적합하게 대응하는 방식의 리더십 행동이 결과적으로 보다 효과적이고 효율적일 수 있기 때문이다. 리더십 행동에 대한 상황론적 접근방법은 리더십 유형에 있어 유일하게 유효한, 최선의 리더십 유형은 없으며 리더의 행동이 특정 상황에 가장 잘 부합할 때 효과적 리더십이라고 본다. 다음에서는 이러한 시각에서 전개된 리더십 상황이론의 다양한 내용을 정리해 보고자 한다.

그림 5-4 일반적 리더십 이론과 상황이론 비교

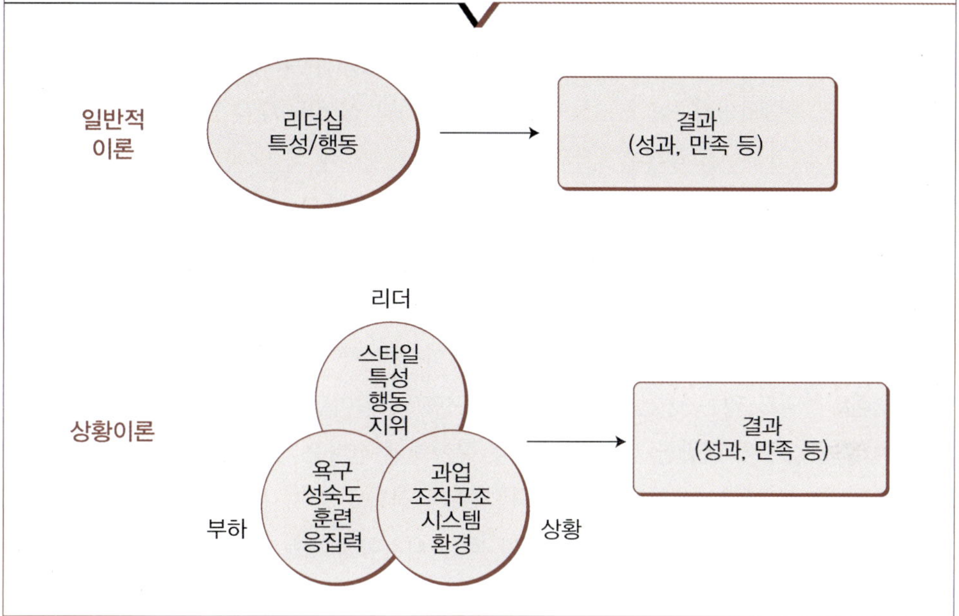

출처 : Daft(1999)

(1) Fiedler의 상황이론

Fiedler(1964 ; 1967)는 기본적으로 조직에서의 상황에 적합한 행동이 관리자에게서 실행될 때 이를 리더십 행동으로 간주할 수 있음을 강조하면서, 관리자가 구성원들에 대하여 지니는 통제권(영향력)의 정도와 관련하여 세 가지 요소에 따른 상황을 여덟 가지로 구분한다. 여기서 상황의 세 가지 요소는 관리자와 부하의 관계, 과업이 구조화되어 있는 정도, 관리자의 지위권력 정도이다. 즉 그는 이 세 가지 요소의 결합에 따라서 관계도 좋고, 구조화도 잘되어 있으며, 지위권력도 강한, 매우 유리한 상황에서부터 관계도 나쁘고, 구조화도 되어 있지 않으며, 지위권력도 약한, 매우 불리한 상황까지, 여덟 가지의 상황을 구분해 낸다.

Fiedler의 상황이론의 핵심은 바로 이러한 상황에 적합하게 기능할 수 있는 리더십 행동을 실행할 때, 조직구성원들의 업무성과가 보다 효과적인 결과를 가져올 수 있다는 것이다. 모든 상황에 한 가지 형태의 행동이 지속적으로 효과를 가질 수 있는 것이 아니라,

각 상황에 따라서 적합한 리더십 행동이 취해질 때 효과를 가질 수 있다는 것이다. Fiedler는 리더십 스타일을 파악하는 데 있어서는 '함께 일하기 가장 싫었던 동료'를 생각하면서 자신의 리더십 스타일의 모습을 점검하는 LPC 점수(Least Preferred Coworker Score)기법을 개발하였다. 이 척도는 함께 일하기 가장 싫었던 사람을 긍정적으로 받아들이는 사람은 관계지향적 행동을 갖는 것으로, 부정적으로 받아들이는 사람은 과업지향적 행동을 갖는 것으로 구분한다.

이러한 척도의 개발과 함께 Fiedler는 그의 리더십 이론에서 다음과 같이 주장한다. 리더십 행동이 효과적이기 위해서는 리더십 행동유형이 상황에 맞춰져야 하는데, 상황이 매우 유리하거나 불리할 경우 과업지향적 리더십 행동이 보다 효과적이고, 상황이 유리하지도 불리하지도 않은 중간상황에서는 관계지향적 리더십 행동이 보다 효과적이기 때문에, 이렇게 상황에 적합한 리더십 행동을 실행해야 한다는 것이다. 즉 이 이론은 상황이 매우 좋을 때 관계지향적 행동은 결국 지속된 성과를 갖지 못하고 오히려 성과를 낮추는 데 기여할 수 있고, 상황이 매우 나쁠 때 관계지향적 행동 역시 관계에 얽매여서 과업들이 효과적으로 진행되지 못하게 하고 그 결과 성과를 낮추게 될 수 있음을 강조한다.

그림 5-5 **상황에 적합한 리더십 행동유형**

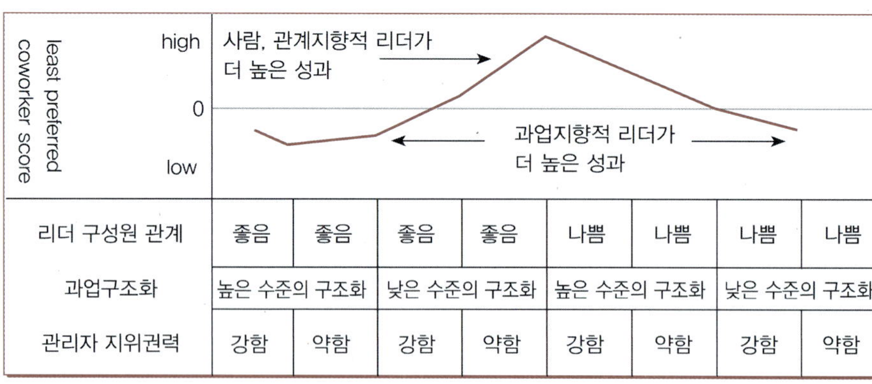

리더 구성원 관계	좋음	좋음	좋음	좋음	나쁨	나쁨	나쁨	나쁨
과업구조화	높은 수준의 구조화		낮은 수준의 구조화		높은 수준의 구조화		낮은 수준의 구조화	
관리자 지위권력	강함	약함	강함	약함	강함	약함	강함	약함

출처 : Fiedler(1972), Daft(1999)에서 재인용

한편 이 이론은 실증적인 결과의 차원에서, 리더십 스타일의 파악을 위한 척도의 적절성 차원에서, 상황과 리더십 척도의 관계설정의 적절성 차원에서 많은 비판이 있다. 즉 현장연구의 결과를 볼 때 결과의 일관성이 없다는 점에서, 리더십 스타일을 파악할 때 가장 함께 일하고 싶지 않는 구성원을 상정하면서 파악하는 데 누구를 설정하는지에 따라 리더십 스타일이 변화될 수 있다는 점에서, 또한 구성원과의 관계는 상황적이라기보다는 오랜 상호작용을 거쳐 형성된 결과적 성격을 더욱 많이 반영할 수 있다는 점에서 이 이론의 유효성은 비판되기도 한다. 그러나 리더와 상황에 적합한 관리적 행동이 실천될 때 효과적인 성과와 연결될 수 있다는 것을 처음으로 부각시켰다는 점에서 이 이론은 중요한 의미를 지닐 수 있다.

(2) Hersey와 Blanchard의 상황이론

Hersey와 Blanchard(1988)의 상황이론(situational theory)은 다양한 상황 중에서 부하직원의 상황에 주목한다. 이들은 부하가 없으면 리더도 존재하지 않는다는 가정을 기반으로 해서 그들의 이론을 전개한다. 즉 리더십은 부하라는 존재에 따라서 의미를 가질 수 있을 만큼 리더십에서 부하의 존재에 유념하며 그들의 상황적 속성에 적합한 관리적 행동이 중요한 것임을 강조한다.

Hersey와 Blanchard는 특히 부하의 성숙도(maturity)를 중요하게 여긴다. 그들은 부하의 성숙도를 지식, 경험, 기술의 보유 등을 포괄하는 능력의 차원과 믿음, 헌신, 동기 등을 포괄하는 의지의 차원으로 나누고 이 두 차원에 따라 부하가 보일 수 있는 네 가지 형태의 성숙도 상황을 제시한다. 첫째는 부하가 능력도 없고 의지도 없는 경우(R1)이고, 둘째는 부하가 능력은 없는데 의지만 있는 경우(R2)이고, 셋째는 부하가 능력은 있는데 의지는 없는 경우(R3)이고, 넷째는 부하가 능력과 의지 모두가 있는 경우(R4)이다. 여기서 Hersey와 Blanchard의 주장은 바로 부하의 네 가지 준비상황(readiness)에 적합한 리더십 행동이 적용될 때 그 결과가 보다 효과적일 수 있다는 것이다. 즉 준비상황 1(R1)에서는 부하가 능력도 없고 의지도 없기 때문에 모든 것을 지시하고 점검해 주는 지시형 리더십이 보다 효과적이고, 준비상황 2(R2)에서는 부하가 능력은 없지만 의지는 있기 때문에 아이디어를 제시해 주고 방향을 제시해 주는 제시형 리더십이 보다 효과적이고, 준비상황 3(R3)에서는 부하가 능력은 있는데 의지가 없기 때문에 참여를 유도해서

그림 5-6 Hersey와 Blanchard의 리더십 상황이론

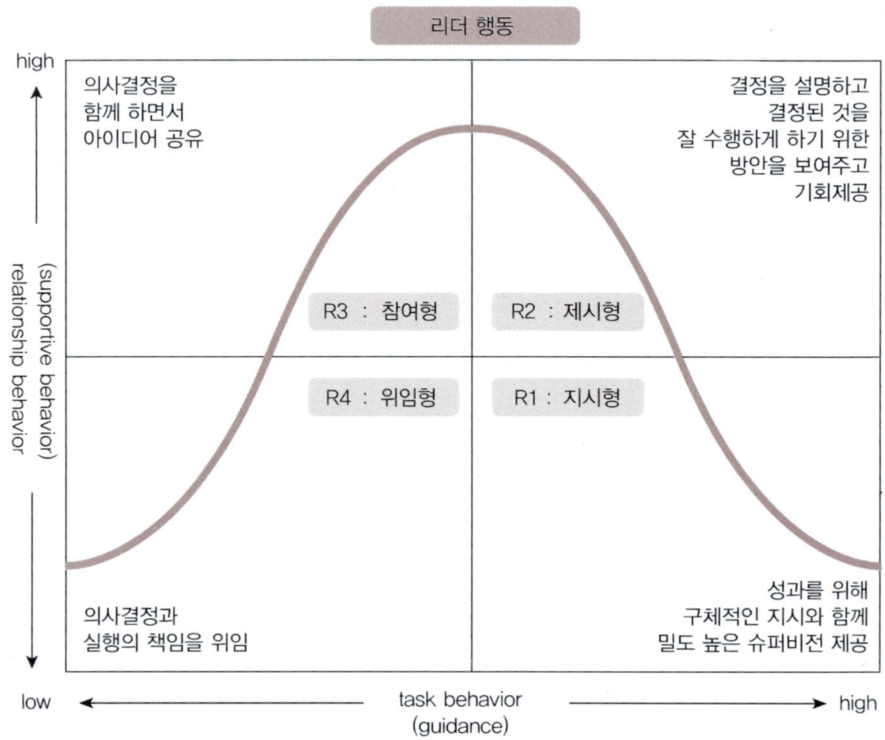

종업원의 준비도

높음	중간단계		낮음
R4	R3	R2	R1
능력과 의지가 모두 높음	능력은 있으나 의지는 약함	능력은 없으나 의지는 강함	능력과 의지 모두가 약함

종업원에 의한 방향 | 리더에 의한 방향

출처 : Hersey(1985), Daft(1999)에서 재인용

부하가 책임감을 느끼게 하고 이를 통해 의지를 성장시킬 수 있게 하는 참여형 리더십이 보다 효과적이고, 준비상황 4(R4)에서는 부하가 능력과 의지가 모두 있기 때문에 일을 위임하면서 함께 일해 나가는 위임형 리더십이 보다 효과적이라는 것이다. 이 이론은 부하의 성숙도, 준비도에 초점을 맞춰서 관리행동을 구성해 나갈 수 있을 때, 이것이 의미 있는 리더십 행동이 될 수 있음을 처음으로 제시한 이론으로 실천적 측면에서 리더십 훈련에 유익한 지식적 기반을 제공하는 이론이라 평가될 수 있다.

(3) House의 경로－목적이론

House(1971)의 경로－목적이론(path-goal theory)은 상황이론 중 상대적으로 보다 다양한 요인을 고려하면서 리더십이 의미하는 바를 보다 충실하게 반영해 보고자 하는 이론으로 평가된다. House는 이 이론에서 효과적인 리더가 되기 위해 관리자는 부하가 조직의 목적을 향해 나아갈 수 있게 방향을 제시해 주고 동시에 조직의 목적과 부하의 업무가 일치되는 방향에서 업무들이 전개될 수 있도록 지원하는 역할을 수행해야 함을 강조하면서 이를 위해 다양한 상황들에 적합하게 적용될 수 있는 리더십 행동이 필요함을 강조한다. 즉 이 이론은 효과적인 리더십이란 조직이 지향하는 목적에 대한 이해와 함께 부하들이 필요로 하는 것이 무엇인지를 명료화하면서 그 필요한 바를 충족시킬 수 있는 행동을 상황에 맞게 선택적으로 수행하고, 이를 통해 부하들이 목표를 달성할 수 있게 그 경로를 제시하고 지원하는 역할을 수행해야 함을 역설한다. 예를 들면 이 이론은 부하가 낮은 지식과 확신을 가질 때에는 목적을 향한 경로를 분명하게 해 주는 일환으로 부하의 지식과 확신을 높이면서 부하가 높은 동기를 지니면서 요구되는 노력을 실행할 수 있게 하는 것이 필요함을 강조한다. 또한 부하의 업무에 대한 욕구가 현재의 과업에 의해서 충족되지 못할 때에는 보다 도전적인 과업을 부여해서 부하의 성취를 향한 욕구를 높여서 부하가 높은 동기를 갖고 도전적 과업을 위한 노력을 실행할 수 있게 하는 것이 필요하다고 설명한다.

경로－목적이론은 부하의 특성에 따라, 과업 등의 업무환경과 관련된 다양한 상황에 따라 관리자가 각 상황에 적합한 행동을 선택적으로 수행하는 것이 부하의 목적을 향한 동기를 제고시키고 이렇게 제고된 동기는 더 높은 수준의 노력, 직무만족 및 성과를 가져온다고 주장한다. 즉 이 이론에서 House는 상황에 적합한 리더의 행동이 바람직하고 효과적인 성과와 직무만족을 가져오는 데 무엇보다도 중요한 것이라고 강조한다. 이러한 내용을 갖는 경로-목적이론에서는 상황들과 리더십 행동에 대한 이해가 핵심적일 수 있는데, House는 상황을 부하의 상황과 업무환경의 상황으로 구체적으로 나누어서 제시하고, 이러한 상황들에 적합하게 적용될 수 있는 네 가지 리더십 행동을 제시한다.

먼저 상황과 관련해서 이 이론은 두 가지 측면의 상황을 제시하는데, 하나는 부하의 상황이고 다른 하나는 업무환경과 관련된 상황이다. 부하의 상황에서 고려하는 것은 통제의 위치(목표달성이 자기의 노력에 의해서 결정되는 내적 통제, 목표달성이 환경에 의해서 결정되는 외적 통제), 욕구(관계욕구, 성취욕구, 권력욕구, 자율욕구), 과업 관련 능력 등이고, 업무환경의 상황에서 고려하는 것은 과업의 속성 및 구조화, 조직에서의 공식적 권위시스템(리더의 합법적 권력, 조직정책과 규칙이 종업원의 행동을 제한하는 정도), 작업집단의 특성(구성원 간의 관계의 질) 등이다. 이 이론에서 제시되는 네 가지 리더십 행동은 다음과 같다. 종업원이 해야 할 사항들에 대해서 정확하게 언급하면서 그들을 이끄는 것을 의미하는 지시적 리더십, 종업원을 그들의 욕구와 복지를 위해 노력하면서 그들을 배려를 통해 이끄는 것을 의미하는 지지적 리더십, 종업원에 대한 믿음과 함께 도전적인 목표들을 제시함을 통해 그들을 이끄는 것을 의미하는 성취지향적 리더십, 종업원의 견해를 존중하면서 참여유도와 격려를 통해 종업원을 이끄는 것을 의미하는 참여적 리더십 등이다.

그림 5-7 경로-목적이론의 상황과 선호되는 리더십 행동

상황	리더행동	종업원에 미치는 영향	결과
종업원의 자신감 부족	지지적 리더십	일의 성과를 성취하기 위한 자신감 증가	더 많은 노력 : 향상된 만족과 실행
모호한 일	지시적 리더십	일을 위한 경로의 명확화	더 많은 노력 : 향상된 만족과 실행
도전적 과업 부족	성취지향적 리더십	동기를 제고시키는 도전적 목적 내재화	더 많은 노력 : 향상된 만족과 실행
부정확한 보상	참여적 리더십	종업원 욕구의 명확화와 정확한 방식의 보상인지	더 많은 노력 : 향상된 만족과 실행

출처 : Yukl(1998), Daft(1999)에서 재인용

결론적으로 이 이론은 다음과 같은 내용을 제시한다. 먼저, 과업이 고도로 구조화된 경우 보다 애매한 상태에 있을 때, 집단 내에 갈등이 있을 때, 수행능력이 낮은 종업원과 함께 일할 때, 외부에 의해서 통제받는 것에 익숙한 외재적인 통제의 특성을 갖는 부하와 함께 일할 때, 지시적 리더십이 더 효과적임을 제시한다. 둘째, 수행능력이 높은 종업원과 함께 일할 때, 구조화된 과업을 수행할 때, 공식적인 권한관계가 분명하고 관료적인 상황에 있을수록 지지적 리더십이 더 효과적임을 제시한다. 셋째, 내재적인 통제의 특성을 가진 부하와 함께 일할 때, 자신감이 높은 종업원과 함께 일할 때, 참여적 리더십이 보다 효과적임을 제시한다. 넷째, 부하의 수행능력이 높을 때, 과업에 의한 도전이 제한적일 때, 성취지향적 리더십이 보다 효과적임을 제시한다. 이 이론은 비록 다양한 상황의 상호작용에 대한 고려가 없이 상황을 단순화하여 바람직한 리더십 행동을 제시하고 설명하는 제한성을 지니고는 있으나, 조직의 상황들을 보다 다양하게 구체화하면서 바람직한 행동유형을 좀 더 다각적으로 제시하며 설명하고 있다는 점에서 리더십 이론의 발전에 큰 기여를 했다고 평가받을 수 있다.

(4) Vroom-Jago 상황이론

Vroom-Yetton의 상황이론(1973)을 개정한 Vroom과 Jago(1988)의 상황이론에서는 리더가 다양하게 결합되어 있는 상황들에 적합한 의사결정방식을 적용하는 것이 무엇보다도 필요함을 강조한다. 즉 이들의 이론에서는 이러한 방식의 의사결정이 만들어질 때 최선의 결과를 가져올 수 있다고 역설한다. 이 이론은 여덟 가지의 순차적 상황들의 결합에 따른 의사결정방식이 보다 효과적인 결과를 가져올 수 있음을 강조하는데, 여덟 가지의 상황은 다음과 같다.

첫째 상황은 질의 요구(QR : Quality Requirement)로서, 여기서는 이 결정이 질적인 측면에서 볼 때 얼마나 중요한가를 중심내용으로 한다. 둘째 상황은 몰입에 대한 요구(CR : Commitment Requirement)로, 이 결정에 대한 부하들의 몰입은 얼마나 중요한가를 중심내용으로 한다. 셋째 상황은 리더의 정보의 충분함(LI : Leader's Information)이다. 이는 리더가 높은 질의 결정을 내리기 위한 충분한 정보를 갖는가를 중심내용으로 하며, 넷째 상황인 문제의 구조화 정도(PS : Problem Structure)에서는 문제가 충분하고 선명하게 구조화되어 있는가를 중심내용으로 한다. 다섯째 상황은 부하의 몰입가능성(CP : Commitment

Probability)으로, 여기서는 리더가 이 결정을 내릴 경우 부하들이 이 결정에 대해서 몰입할 가능성이 확실한가를 중심내용으로 한다. 여섯째 상황은 부하의 조직목적 공유(GC : Goal Congruence)인데, 부하들이 이 문제를 해결하는 데 있어 중요한 조직목적들을 공유하고 있는가를 중심내용으로 하는 상황을 말한다. 일곱째는 부하들 간의 갈등(CO : Subordinate Conflict)으로서, 여기서는 부하들이 선호하는 해결방안들에 대해서 갈등을 갖는가를 중심내용으로 하며, 마지막 여덟째 상황은 부하의 정보 정도(SI : Subordinate Information)로서, 부하가 높은 질의 결정을 만들기 위해 충분한 정보를 갖는가를 중심내용으로 하는 상황을 말한다.

Vroom과 Jago는 이러한 다양한 상황에 요구되는 리더의 결정 스타일을 의사결정에서 부하를 어느 정도 참여시키는지를 중심으로 독재형(AI, AII : Autocratic), 자문형(CI, CII : Consultant), 집단과정형(G : Group)의 세 가지 유형으로 나누고 이 세 가지 유형을 좀 더 세분화하여 다섯 가지 세부 유형을 제시한다. 첫째 유형은 독재형 중 AI로, 이 유형에서 리더는 리더가 갖는 정보에 기초해서 단독적인 결정을 갖는다. 둘째 유형인 AII에서는 리더는 부하로부터 필요한 정보를 취득해서 문제해결을 위한 결정을 단독적으로 갖는다. 셋째 유형의 경우, 자문형 중 CI로, 이 유형에서 리더는 문제에 대한 공유를 부하 각각과 개별적으로 한 후에, 즉 부하들로부터 개별적으로 의견을 청취한 후에 단독으로 결정한다. 넷째 유형인 CII에서의 리더는 문제에 대한 공유를 부하들과 집단적으로 갖고 집단적으로 의견을 나눈 후에 단독으로 결정한다. 마지막 유형은 G로 표현되는 집단과정형으로서, 이 유형에서 리더는 부하들과 집단적으로 문제를 공유하고 의견을 나눈 후에 집단의 지지를 받는 결정을 함께 선택한다.

표 5-3 의사결정 리더 참여 정도에 따른 리더십 유형 분류

리더십 유형	독재형		자문형		집단과정형
	AI	AII	CI	CII	G
의사결정 참여자	리더	리더 부하(개인)	리더 부하(개인)	리더 부하(집단)	리더 부하(집단)
리더-부하의 상호작용 정도	없음	부하와 개별적으로 질문 · 응답	개별적으로 부하의 제언을 받음	부하들과 정보 공유	부하들과 정보공유, 공동논의
최종결정자	리더	리더	리더	리더	리더와 부하

그림 5-8 적절한 의사결정 방법을 결정하기 위한 Vroom-Jago 결정 tree-집단문제에 대해

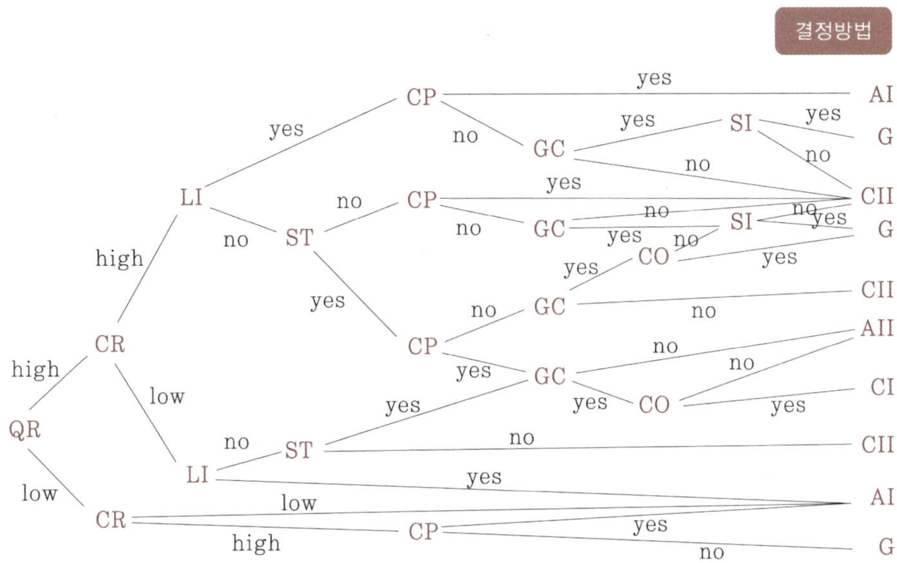

QR : 이 결정이 얼마나 중요한가?
CR : 이 결정에 대한 종업원의 헌신이 얼마나 중요한가?
LI : 높은 질의 결정을 만들기 위해 충분한 정보를 가지고 있는가?
ST : 문제가 잘 구조화되었는가?
CP : 내가 단독으로 결정을 내려야 한다면, 종업원은 그것에 대해 헌신적일 것이 확실한가?
GC : 이 문제를 해결함에 있어 달성될 수 있는 조직의 목적을 종업원이 공유하는가?
CO : 선호하는 해결책에 대한 종업원 사이의 충돌이 있는가?
SI : 높은 질의 결정을 하는 데 종업원이 충분한 정보를 가지고 있는가?

출처: Vroom & Jago(1988)

그러나 [그림 5-8]에서 제시되듯이, 이 이론은 보다 구체적으로는 순차적인 위치, 즉 각 지점에서 제시되는 상황들에 따라 이에 적합한 의사결정 행동을 보일 때 그 의사결정의 결과가 보다 효율적이고 효과적일 수 있음을 강조한다. 비록 이 이론이 리더십 전반에 적용되기보다는 의사결정과 관련해서만 제한적으로 적용할 수 있고, 동시적으로 일어나는 의사결정과정이 연속적으로 일어난다고 가정한 점 등에 따라 문제점이 지적되긴 하나, 이 이론에서 제시하는 내용들이 매우 현실적이라는 평가와 함께 제시된 내용에 따라 의

사결정을 하였을 때, 그렇지 않은 경우보다 보다 효과적일 수 있음을 밝히는 실증연구를 통해 이론의 유효성이 확인되고 있기도 하다(Field, 1982 ; Vroom & Jago, 1974 ; 1988). 즉 이 이론은 관리자가 상황에 필요한 적절한 의사결정을 내림으로써 조직에 보다 높은 성과를 가져오는 리더로서의 지위를 갖게 할 수 있다는 점을 설명하는 데 의미 있는 이론이라 평가할 수 있다.

4) 최근의 리더십 이론

최근에 리더십의 특성론적 접근의 부활이라고 볼 수 있는 카리스마 리더십(House, 1977)과 변혁적 리더십(Bass, 1985)이 점차 많은 관심을 받고 있다. 이러한 이론들은 특정 리더가 어떻게 부하들로부터 현저하게 높은 수준의 동기, 존경, 헌신, 신뢰, 충성을 얻는지, 그리고 어떻게 조직이 이러한 리더의 지휘하에서 혁혁한 성공을 거둘 수 있게 되는지를 설명한다. 이러한 이론들이 차용하는 핵심개념의 하나는 성경에서 예지, 지혜, 치유 등의 은사로 표현되고, Max Weber는 하늘에 의해서 부여받은 예외적인 개인적 특질로서 권력의 원천이라고 설명하는 카리스마이다. 한편 최근에는 힘과 권력에 의한 지배가 아니라 타인의 욕구에 초점을 두면서 헌신 봉사적 태도와 행동으로 타인이 더 높은 차원의 동력을 지닐 수 있게 동기화시키는 리더십인 섬김의 리더십(Greanleaf, 1977 ; Spears, 1995 ; Wilkes, 1996)에 대한 관심이 비영리조직 현장에서뿐만 아니라 연구의 차원에서도 점차 부상하는 경향이 있다. 이는 최근 국내에서 수행된 리더십관련 연구들의 주제가 대부분 변혁적 리더십이나 서번트 리더십에 초점을 두고 조직구성원 개인에게 미치는 영향 또는 조직 차원에서의 영향을 분석하고 있는 연구 경향성에서도 확인할 수 있다.

다음에서는 House의 카리스마 리더십 이론의 내용과 Bass의 변혁적 리더십의 내용을 간단하게 정리해 보고, 마지막으로는 섬김의 리더십의 내용을 간단하게 소개하고자 한다.

(1) House의 카리스마 리더십

House(1977)는 카리스마 리더의 특성, 그들의 행동, 그리고 이러한 카리스마 리더십의 발현에 기여하는 상황들에 대한 설명을 통해 카리스마 리더십의 내용을 구성하였다. 먼저는 이 이론은 카리스마 리더의 특성으로서 높은 수준의 자기확신, 선명하고 강한 비전, 자신의 비전에 대한 강한 믿음, 전통적 규범과는 다른 형태로 나타나는 독특한 행동양식, 개혁적이고 변화지향적인 모습, 조직환경 변화에 대한 민감성, 의사소통의 고수, 높은 수준의 에너지 및 행동지향적 태도 등을 제시한다. 즉 카리스마 리더들은 조직의 구성원들이 리더가 제시하는 바를 수용할 수밖에 없게 만드는 방식에서 자신이 지니는 가치와 믿음을 표현하는 행동을 하고, 성공을 가져올 수 있다는 이미지를 창출하면서 조직의 미션과 관련하여 이상적 목적들을 제시하는 행동과 노력을 한다. 또한 구성원들에게 높은 수준의 기대와 신뢰를 갖고 있음을 전달하는 행동을 하고, 구성원들이 과업성취를 위해 높은 수준의 동기를 지닐 수 있게 동기부여하는 행동들을 실행한다고 설명한다.

이 이론에서 House는 카리스마를 갖는 리더를 필요로 하는 조건의 하나로 상대적으로 보다 열악한 조직환경적 상황을 언급한다. 그러한 상황에서 카리스마적 리더십의 발현이 보다 용이하게 수용될 수 있는데, 그 상황에서 리더는 조직의 위기를 극복하면서 미션을 달성하는 것을 향해 구성원들이 보다 높은 수준의 동기를 갖게 하는 데 큰 강점을 지니고 있다고 설명한다. 또한 카리스마적 리더십은 결과적으로 리더의 믿음에 대한 조직구성원들의 신뢰, 리더의 믿음과 유사한 구성원들의 믿음, 의심 없는 절대적인 수용, 리더에 대한 구성원들의 애정과 복종, 구성원들의 성취를 위한 높은 수준의 목적설정, 목적성취에 있어서의 구성원들 스스로의 기여에 대한 믿음 등을 가져온다고 설명한다. 이 이론은 카리스마 리더십이 조직구성원들에 있어 상상할 수 없는 정도의 효과를 가질 수 있기 때문에 카리스마 리더의 특성, 행동 및 조건들에 대한 이해는 매우 중요한 의미를 지닌다고 역설한다.

그러나 이러한 카리스마 리더십은 조직에서 매우 의미 있는 축복이자 동시에 저주일 수 있음이 또한 지적되기도 한다. 즉 카리스마 리더가 독단적으로 행동할 경우 대인관계의 상호성을 약화시킬 수 있고, 리더의 충동적이고 비정형적인 행동이 지속될 경우 관리의 질이 급격하게 혹은 지속적으로 저하될 수 있으며, 조직 전체보다는 개인의 이익을 위해서 카리스마 리더십을 실행하는 경우에는 조직에 엄청난 해악을 가져올 수도 있음이 지적된다. 전반적으로 카리스마 리더십 이론은 기존의 연구방식을 통해 그 내용을 입증하는 것이 어려워 실증적인 지지가 아직은 미약한 상황이나, 조직을 배경으로 하는 리더십의 내용과 관련해서 이전의 리더십 논의와는 다른 수준의, 매우 의미 있는 통찰을 제공해 주고 있다고 평가할 수 있다.

(2) Bass의 변혁적 리더십

Bass(1985)는 대통령의 리더십을 연구했던 Burns(1978)에 영향을 받아 조직에서 구성원들의 성과를 매우 높은 수준으로 제고시키는 리더십 과정을 연구하면서 변혁적 리더십의 내용을 구성하였다. Bass(1990)는 교환관계에서 부하의 이해관계에 초점을 두고 이해관계를 자극함으로써 동기부여하는 거래적 리더십(transactional leadership)의 단계로부터 기대를 초월하는 수준으로의 조직변화를 가져오기 위해서는 구성원의 형질을 변화시키는 것에 기여하는 변혁적 리더십(transformational leadership)이 요구됨을 강조하였다. 안정된 환경에서, 즉 일반적인 관리의 상황에서 적용될 수 있는 거래적 리더십은 오늘날과 같은 변화의 상황에 적절하게 기능할 수 없기 때문에, 변화하는 환경에서는 조직구성원의 형질, 즉 믿음과 가치, 목적설정 등에 지대한 영향을 미쳐 조직의 혁신을 가져오는 변혁적 리더십이 보다 더 강하게 요구된다는 것이다.

Bass는 변혁적 리더의 특성으로, 비전 제시, 카리스마, 상징적 행동, 부하에 대한 임파워먼트, 지적 자극, 인격적 통합성 등을 제시한다. 그리고 이러한 변혁적 리더십은 기본적으로 거래적 리더십과 다음과 같은 네 가지 차원에서 차별적 효과를 가진다고 설명한다. 첫째, 변혁적 리더십은 조직구성원을 추종자가 아닌 리더로서 개발시킨다. 즉 조직구성원이 조직에서 스스로 일을 수행하고 문제를 해결해 나갈 수 있게 만든다. 둘째, 변혁적 리더십은 Maslow(1943)가 설명하는 낮은 단계의 욕구(안전과 안정욕구)에 조직구성원들이 머물지 않고 높은 단계의 욕구(자기존중 및 자아실현욕구)를 지향할 수 있게 조직구성원들의 관심을 높인다. 셋째, 변혁적 리더십은 조직구성원이 개인의 이해관계를 초월해서 조직의 공공의 선을 지향할 수 있게 만든다. 넷째, 변혁적 리더십은 조직구성원들이 소망하는 미래의 상태, 즉 비전을 이루기 위해 어려움을 극복하면서 높은 수준의 헌신을 실천할 수 있게 만든다.

거래적 리더십과 변혁적 리더십에 대한 논의와 관련해서 반드시 기억해야 할 점은 일반적인 조직의 상황에서는 효과적인 리더가 되기 위해서 거래적 리더십이 절대적으로 필요한 필수요건이라는 사실이다. 즉 거래적 리더십이 조직을 이끌어 나가는 데 있어 결코 열등한 지위를 갖는 부정적 의미의 리더십이 아니라는 사실을 기억해야 할 것이다. 단지 변화의 상황에서는 조직구성원들의 변화와 조직의 변화를 실제로 가져오는 데 있어 변혁적 리더십이 보다 의미 있고 유효한 리더십일 수 있기 때문에, 그러한 변화의 속성을 보다 많이 지니는 현재의 조직상황에서는 변혁적 리더십의 역량을 함양하고 실천하는 것이 보다 더 요구될 수 있다는 것이다. 특히, 조직구성원을 둘러싸고 있는 직무와 조직환경이 동기, 방향성, 만족의 제공과 관련해서 한계를 지니고 있는 상황에서 변혁적 리더는 그의 행동을 통하여 구성원들이 느끼는 결핍, 즉 부족함을 보다 효과적으로 보완해 줄 수 있기에 그 의미가 보다 클 수 있다는 것이다. 그리고 사회복지조직과 같은 비영리조직에서는 적극적인 과업의 수행이 흔히 금전적 보상으로 직접적으로 연결되지 않고 많은 과업들이 가치적 속성을 많이 지니고 있으며 조직의 기술이 불완전성을 지니고 있는 등 조직의 내외적 한계가 변혁적 리더에 의해서 보완될 수 있기에 변혁적 리더십의 유효성이 상대적으로 보다 높을 수도 있다. 전반적으로 변혁적 리더십 이론은 카리스마 리더십 이론과 마찬가지로 기존의 연구방식을 통해 그 내용을 입증하는 것이 다소 제한적이긴 하나, 최근에 많은 실증적 연구가 이루어지면서 그 내용에 대한 입증이 더욱 강화되고 있고, 동시에 변화와 혁신에 직면한 조직의 상황에 필요한 리더십 내용을 적절하게 제공하고 있다는 점에서 매우 의미 있는 기여를 하고 있다고 평가할 수 있다.

표 5-4 거래적 리더와 변혁적 리더

거래적 리더	변혁적 리더
• 부하의 노력과 업적에 따라 보상을 주고 칭찬함 • 높은 성과에 대하여 보상을 약속함 • 부하 행동이 규정이나 관례에 어긋나지 않는지 감독, 관찰, 시정해 줌 • 책임을 피하고 중요결정사항은 위, 아래로 미룸	• 부하들에게 비전과 미션을 제시하고 신뢰하며 자긍심을 유발시킴 • 부하들의 지혜와 논리성, 문제해결력 등을 일깨워 줌 • 부하 한 사람 한 사람을 존중하며 개별적 관심을 쏟음 • 목표를 쉽게 설명해 주고 높은 기대를 갖도록 동기부여시키며 영감을 불어넣어 줌

출처 : Bass(1990), p. 22

(3) 섬김의 리더십

섬김의 리더십(servant leadership)을 최초로 소개한 Greenleaf는 타인을 위한 종의 지위에서와 같은 희생과 봉사라는 좀처럼 쉽게 수행하기 힘든 노력, 이것이 섬김의 리더십이라는 단순한 진리가 갖는 위대함이라고 설명한다(Spears, 1996). 전통적으로 논의되어 온 리더십에서는 타인을 지휘함을 통해 동기화시키는 것에 주목하고 있는 반면, 섬김의 리더십에서는 지휘보다는 타인을 위해 배려하고 희생하며 봉사함을 통해서 동기화시킬 수 있다는 사실에 주목한다(Greenleaf, 1977).

Spears(1998)는 21세기에는 전통적인 권위적이고 위계적인 리더십의 필요성은 점차 약화될 것이고, 개인적 관심과 배려, 팀워크와 공동체의식의 강조, 협동, 그리고 윤리성을 토대로 조직의 질을 향상시키고 근로자의 개인적 성장을 촉진시키는 리더십의 필요성이 부상할 것으로 예상하면서 섬김의 리더십이 갖는 의미를 강조한다. 그동안 섬김의 리더십은 학술적이라기보다는 주로 일화나 사례연구 등의 정성적 방법으로 접근되어 왔으나, 최근에는 실증적 연구를 토대로 섬김의 리더십을 체계적으로 이론화하려는 노력이 진행되고 있다(Livovich, 1999 ; Laub, 1999 ; Farling, Stone, & Winston, 1999 ; Sendjaya, 2003 ; Spencer, 2007).

그러한 노력의 일환으로 Spears(1998)는 섬김의 리더십의 구성요소를 체계화해 보고자 했는데, 그가 제시하는 섬김의 리더십의 열 가지 주요요소는 다음과 같다. 즉 경청(listening), 공감(empathy), 치유(healing), 인식(awareness), 설득(persuasion), 예지(foresight), 개념화(conceptualization), 청지기 정신(stewardship), 구성원의 성장에 대한 헌신(commitment to growth), 공동체의식 형성(community building) 등이다. 이러한 구성요소를 통해 이미지화할 수 있는 섬기는 리더는 권력과 지위에 따른 우월성을 고려치 않고 타인의 상황을 배려하면서 이들의 성장을 통해서 보다 높은 목표를 달성할 수 있다는 점을 인식하는 등 타인을 섬김의 대상으로 보아 명령과 통제보다는 지원과 지지를 통해 함께 발전하는 리더십을 실천한다.

섬김의 리더십은 주로 비영리조직 등의 서비스 조직의 리더십 연구에서 많이 고려되고 있는데, 이러한 경향성이 부상하는 이유는 이러한 형태의 조직 속성 자체가 섬김과 밀접하게 연관되어 있기 때문인 것으로 보인다. 예로 서비스 조직의 경우, 클라이언트에 대한 섬김과 더불어 구성원에 대한 섬김이 동시에 필요할 수 있는 장이기에, 이러한 형태의 조직에서 섬김의 리더십 구현과 실천에 대한 관심과 더불어 이에 대한 연구가 증가되고 있는 것으로 보인다. 섬김의 리더십은 아직까지는 학문적인 체계성에서 다소의 미흡함을 가지나, 논점이 지니는 의미와 중요성 및 사회복지서비스 조직 등의 일정 형태 조직과의 부합성 등을 고려할 때, 지속적인 연구를 통한 이론화 노력의 가치를 충분히 지니고 있다고 평가된다.

5) 팔로워십

'돕다, 후원하다, 공헌하다'의 의미를 갖는 독일 고어 'follazionhan'에서 기원한 팔로워십(followership)은 남의 도움을 필요로 하는 리더를 위해 돕는 역량을 의미하는 말로써 원래 의미는 왕과 원탁의 기사와의 관계와 마찬가지로 평등한 공생의 관계를 반영한 것이다. 그러나 지난 100년간의 사회진화론적 세계관으로 말미암아 위계적 계층의식이 반영되어 팔로워의 이미지가 상대적으로 열등한 것으로 구축되어 왔다. 팔로워에 대한 이러한 사회적 관점은 팔로워십에 대한 제한적 이해에 많은 부분을 기여하였다고 할 수 있다. 즉, 전통적 리더십 이론들은 리더십을 설명하는 데 있어서 지나치게 리더의 특성이나 행동에 집중하면서, 팔로워의 역할을 중시하지 않는 '리더 중심성'의 한계를 노정하고 있다. 최근에는 이러한 한계를 인식하며 리더십은 리더와 팔로워가 함께 형성해 나가는 관계에서 비롯될 수 있다는 새로운 관점의 경향성이 점차 확대되어 가고 있다. 동시에 많은 리더십 연구들을 통해 리더십 과정에서 팔로워 역할의 중요성과 의미가 확인되고 있다. 다음에서는 이러한 새로운 관점에서 제시되는 팔로워의 역할에 대한 내용을 정리해 보고, 팔로워의 형태와 효과적인 팔로워가 되기 위한 방법들을 소개해 보고자 한다.

(1) 리더십 이론에서 팔로워 역할(roles of followers in leadership theories)

전통적인 리더십 이론에서는 팔로워를 리더의 영향을 받는 사람(followers as recipients of leader)이라는 관점을 견지하면서, 리더만이 유일하게 리더십 과정에서 영향을 미치는 원인인 것으로 상정하고 있다. 따라서 전통적 리더십 이론에서는 리더의 특성과 행동을 독립변수로 설정하고 팔로워의 인식, 태도, 행동을 종속변수로 설정해왔다. 이러한 전통적인 관점은 초기 이론들(Fleishman, Harris, & Burtt, 1955 ; Lewin & Lippit, 1938 ; Stogdill & Coons, 1957)뿐 아니라 최근 리더십 이론인 변혁적 리더십이나 카리스마 리더십 이론들(Bass, 1985 ; Conger & Kanungo, 1998 ; Shamir, House, & Arthur, 1993)에서도 적용되고 있다. 이러한 이론들은 리더의 행동(비전을 명확히 하기, 지적인 자극하기 등)이 팔로워의 태도와 행동(조직몰입, 조직시민행동 등)에 영향을 미친다는 주장을 펼치고 있다. 이러한 관점에서 팔로워는 리더십 실행 과정에서 리더로부터 일방적으로 영향을 받는 자로서 전혀 능동적인 역할을 갖지 않음을 상정한다.

그림 5-9 **전통적 관점: 영향을 받는 사람으로서의 팔로워**

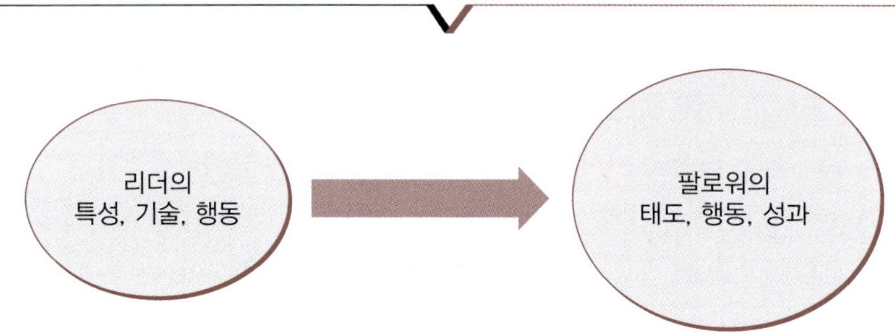

출처: Shamir et al.(2007)

조금 더 발전된 시각에서 리더의 영향을 설명하는 또 다른 이론들도 기본적으로는 여전히 팔로워들을 리더로부터 수동적 영향을 받는 존재로 설정한다. 그러나 조금 발전된 부분은 바로 리더의 영향이 팔로워의 특성에 따라 조절될 수 있음이 인정된다는 것이다. 이런 시각에서는 팔로워를 리더십에 따른 효과를 조절할 수 있는 조정자(followers as moderators of leader impact)로 상정한다. 상황이론이 바로 이러한 시각을 반영하는 리더십 이론이라 할 수 있다. 즉 상황이론에서는 팔로워의 성과에 미치는 리더의 영향은 바로 팔로워의 특성에 따라 달라질 수 있음을 상정한다. Hersey와 Blanchard(1977)는 리더 행동유형의 효과성은 팔로워의 성숙도(역량, 동기수준 등)에 의해 결정된다고 보았고, Fiedler(1967)는 과업지향적 리더와 관계지향적 리더의 효과성은 초기에 팔로워가 리더와의 관계에서 형성한 태도 및 리더에 대한 수용성에 의해 결정된다고 보았다. 또한, House(1971)의 경로-목적 이론에서는 리더 행동의 효과는 팔로워의 욕구(관계욕구, 성취욕구, 권력욕구, 자율욕구)에 의하여 달라질 수 있음을 제시한다. 아울러 Vroom과 Yetton(1973)도 참여적 리더십 행동의 적절함과 그 효과는 팔로워들이 이슈에 대해 알고 있는 지식의 정도 및 리더의 가치에 대한 공유 정도에 의해 결정됨을 상정한다. 이와 같이 상황이론은 팔로우가 리더의 행동으로부터 영향을 받는 대상인 동시에 리더 행동의 효과를 조절할 수 있는 조정자가 될 수 있다는 것을 상정한다.

그림 5-10 리더 영향의 조정자로서의 팔로워

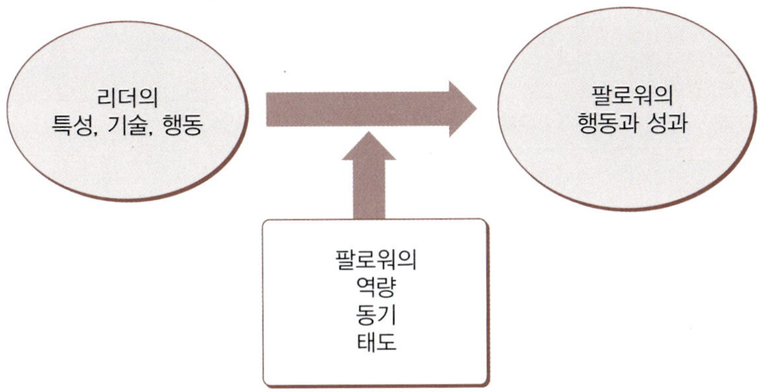

출처 : Shamir et al.(2007)

최근에는 이러한 시각에서 조금 더 나아가서 리더십은 기본적으로 리더와 팔로워의 상호작용에 의하여 형성된다는 것이 강조되기도 한다. 최근의 리더십 연구들(Graen & Uhl-Bien, 1995 ; Grint, 2000 ; Hollander, 1992 ; Jermier, 1993)은 이러한 관점을 견지하면서, 리더십은 리더와 팔로워가 함께 만들어가는 관계라는 것을 강조한다. Graen과 Uhl-Bien(1995)은 리더십 과정을 종합적으로 이해하기 위해서는 리더, 팔로워, 그리고 관계라는 세 가지 영역에 동시에 관심을 두어야 함을 강조하면서 리더-구성원 교환이론(LMX)이라는 새로운 관점을 제시한다. 그러나 여전히 많은 연구들에서 리더십이 실행되는 과정에서 팔로워들에게는 수동적인 역할만을 부여하는 경향이 있다. 예를 들면, 카리스마를 '불'에 비유하는 Klein과 House(1995)는 카리스마 리더십의 실행을 카리스마 자질을 갖고 있는 리더(불꽃), 카리스마에 열려 있는 팔로워(가연성 물질), 카리스마를 이끌어내는 환경(산소) 간의 관계 구조 속에서 설명한다. 이 관점에서도 팔로워를 '가연성 물질'로 비유하며 리더로부터 점화되기를 기다리는 수동적 역할을 지닌 존재로 설명한다. 이러한 견해를 극복하는 차원에서 리더십관련 제반 현상을 종합적으로 설명하기 위해 팔로워를 리더와 함께 리더십 효과의 공동생성자(followers as co-producers of leadership)로 보는 관점을 견지할 필요가 있다. 즉 리더와 팔로워를 리더십 실행과정의 원인변수로 동등하게 설정하여 보다 실제적인 리더십 실행 모형을 구축하는 것이 필요하다. 이런 시각에서는 리더십의 결과는 관계의 속성에 의해 결정되는데, 리더십 관계의 속성은 리더의 특성과 행동 및 팔로워의 특성과 행동 모두의 쌍방적 관계에 기인하는 것으로 본다(Shamir et al., 2007).

그림 5-11 리더십 공동생성자 모델

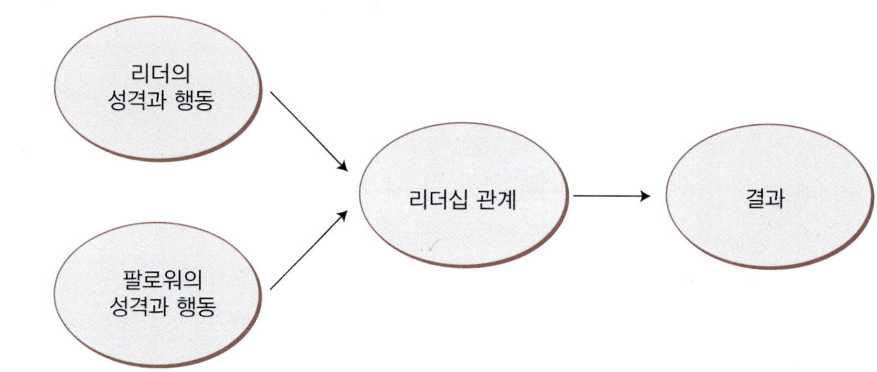

출처: Shamir et al.(2007)

(2) 팔로워 유형

리더와 팔로워가 서로 영향을 주고받는 관계이고, 그러한 과정 속에서 리더십이 제대로 실행된다고 할 때, 팔로워 역시 리더십과 조직의 성패에 결정적인 영향력을 지니는 것이라 할 수 있다. 실제로 많은 연구들에서 제시되는 바와 같이 높은 성과를 내는 대부분의 조직은 모범적 리더와 모범적 팔로워를 갖고 있다. 이렇듯 역량 있고 동기수준이 높은 능동적인 팔로워는 성공적인 조직을 이끌어내는 데 필수적 요소라 할 수 있다.

팔로워도 리더와 마찬가지로 개인적 특성, 동기, 행동 등에 따라 다양한 형태로 구분될 수 있는데, Kelly(1988)는 비판적 사고(독립적인 비판적 사고 대 종속적인 무비판적 사고)와 관여수준(수동적 관여 대 능동적 관여)을 기준으로 팔로워를 5개의 유형으로 구분하여 제시한다.

첫 번째 형태인 소외형 팔로워는 관여수준은 낮지만(수동적), 독립적으로 비판적 사고를 하는 팔로워이다. 이들은 조직 내에서 일어나는 일들에 대해 진실을 보기 위해 건전한 회의를 품고, 논의의 타당성을 높이기 위해 반대의견을 개진한다. 하지만 자신의 재능이나 업적을 조직이 인정하지 않는다고 느끼거나 혹은 조직이 자신을 이용만 하고 아무런 보상을 하지 않는다고 생각하면서 조직의 문제해결이나 팀업무에 자발적으로 참여하지 않는다. 팔로워가 소외형이 되는 원인으로는 냉소와 불만으로 가득 찬 개인 성격과 조직에 의해 충족되지 않은 기대 및 깨진 신뢰관계 등이다.

두 번째 형태인 순응형 팔로워는 관여수준은 높지만 무비판적인 사고를 하는 팔로워들이다. 이들은 리더와 조직을 믿고 헌신하며, 과업을 기쁜 마음으로 수행한다. 하지만 자신의 생각을 중시하지 않고 일의 결과가 어떨지에 대한 생각이 없이 조직의 요구라면 무조건 순응하는 팔로워다. 이들은 어떠한 일이 있더라도 갈등만은 피하기 위해 최선을 다한다. 팔로워가 순응형이 되는 원인은 불확실성을 초래하는 자유함을 두려워하는 개인적 성격 그리고 순응형 인간을 유도하고 양산하는 조직 및 사회환경 등이다.

세 번째 형태인 수동형 팔로워는 관여수준과 비판적 사고수준이 모두 높지 않은 사람이다. 수동형 팔로워는 리더의 판단과 사고에 전적으로 의존하고, 리더가 지시를 내릴 때에만 행동에 나선다. 이들은 조직이 자신들의 아이디어를 원하지 않는다고 생각하고, 개인적인 노력과 헌신은 별다른 효용이 없다고 생각한다. 실제로 이들은 매우 게을러서 시간만 보내는 방식으로 임하고 하는 일이 거의 없는 경우가 많아 필요 이상으로 업무와 관련해서 감독과 지시가 필요하다. 이러한 수동형 팔로워가 되는 원인은 게으르고, 무능하고, 의욕이 없는 개인 성격 그리고 수동형 인간일지라도 생존이 가능할 수 있는 조직환경 때문이다.

네 번째 형태는 모범형−효과적 팔로워로 비판적 사고와 관여수준이 모두 높은 사람이다. 모범형 팔로워는 리더나 팀으로부터 독립해서 자주적인 생각과 비판적 사고를 즐긴다. 따라서 그들의 아이디어는 혁신적이고 독창적인 것들이 많다. 리더와의 관계에 있어서 때로는 리더와 용감하게 맞설 줄도 알면서, 기본적으로는 리더를 도와주려는 태도를 갖고 있다. 이러한 모범형 팔로워가 되는 원인은 타인과 함께 효과적으로 일할 수 있는 역량 및 가치관을 보유하고 있는 개인 특성, 분명한 자기 정체성 그리고 비전을 향한 집중 및 높은 생산성을 유인하는 조직환경적 특성 등이다.

마지막 형태는 실무형 팔로워(또는 중간형 팔로워)다. 이는 위에서 언급한 네 가지 형태를 모두 조금씩 지닌다. 이들은 수시로 바뀌는 조직의 변화에 민감하고 일을 수행하는 과정에서 조직의 욕구를 적절한 수준에서 충족시키는 방법을 알고 있다. 하지만 이들은 개인의 이익을 극대화하기 위해 노력하고 위험은 기피하는 경향이 있다. 그러다보니 일에 있어서는 적당한 열의를 갖고 평범한 수준의 역량을 보유하며 규칙과 규정 준수와 관련해서는 집착하는 관료주의적 성향을 갖는다. 이러한 실무형 팔로워가 되는 원인은 안정적 생존을 택하는 개인적 특성과 실무형 인간을 유도하고 강화하는 리더 및 조직환경 등이다.

그림 5-12 팔로워 유형

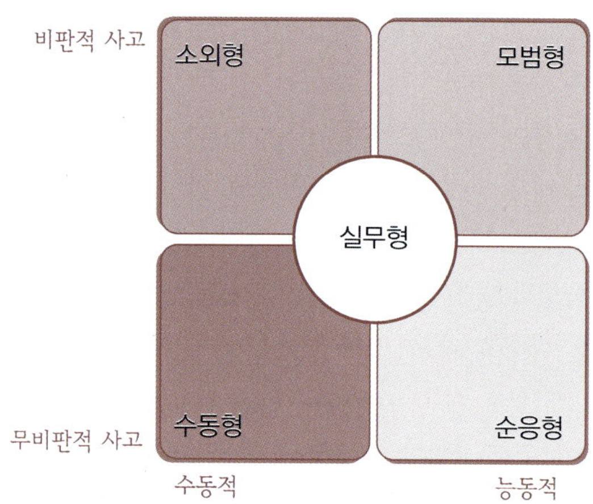

(3) 모범형 팔로워 조건

독립적인 비판적 사고를 가지면서 적극적으로 문제를 해결하는 모범형 팔로워는 조직과 리더십의 성공에 기여하는 중요한 요소이지만, 이러한 모범형 팔로워가 된다는 것은 그리 쉽지 않은 일이다. Daft(1999)는 모범형 팔로워가 되기 위한 조건을 다섯 가지 용기로 설명한다.

첫째는 책임감의 용기이다(courage to assume responsibility). 책임감의 용기를 지니는 모범적인 팔로워들은 조직의 미션하에서 조직의 성장과 발전을 위한 기회를 찾고 자신의 주어진 역할에 대해서 충실하면서 역량을 최대한으로 펼쳐 보인다. 또한, 이러한 모범형 팔로워는 리더나 조직이 자신의 직무 안정성이나 개인적 성장과 발전을 보장하지 않을지라도 스스로의 능력이나 가치에 대한 자부심을 갖고 책임 있는 행동을 한다.

둘째는 봉사의 용기이다(courage to serve). 봉사의 용기를 지니는 모범적인 팔로워는 조직에 필요한 점이 무엇인지를 분명히 파악하고, 이를 달성하기 위해 적극적인 노력과 봉사를 한다. 이러한 팔로워들은 리더를 포함하여 조직에서 자신의 도움과 봉사를 필요로 하는 사람들이 누구인지 분명하게 구별하는 노력을 통해 타인의 성장과 발전을 위한 헌신에도 집중한다.

셋째는 도전의 용기이다(courage to challenge). 도전의 용기를 지니는 모범적인 팔로워는 무조건 평화로움을 유지하기 위해 갈등을 피하거나 개인의 도덕성까지 희생하지는 않는다. 이러한 팔로워는 조직의 진정한 성장과 발전을 위해서는 긴장과 갈등 상황에서도 더 바람직한 선택이 무엇인지를 개방적으로 논의하며, 리더의 권위 앞에서도 도전을 포기하지 않는다.

넷째는 변혁에 참여하는 용기이다(courage to participate in transformation). 변혁의 용기를 지니는 모범적인 팔로워는 조직이 형질을 변화하고 새롭게 변신을 도모하는 과정에서 개인의 기존 형질을 고집하지 않고 이를 초월하면서 조직 전체가 성공적으로 변화하고 변신할 수 있도록 리더와 조직을 지원한다.

마지막으로는 떠날 수 있는 용기이다(courage to leave). 떠날 수 있는 용기를 지니는 모범적인 팔로워는 때가 되면 떠날 수도 있다는 용기를 갖고 과업에 임한다. 즉 조직이 변화를 추구하는 상황에서 자신의 이념과 입장이 조직이 추구하는 방향과 전혀 일치하지 않는다고 판단될 때 그리고 변화하지 않는 조직과 미래가 보이지 않는 리더로 인해 더 이상 조직과 함께 하는 것이 무의미하다고 판단될 때, 이러한 팔로워는 떠날 수도 있다는 용기를 지니면서 과업에 임한다.

요약

조직에서 관리자를 키우는 것을 넘어 관리자이자 동시에 리더십을 지니는 사람으로 구성원들을 개발시키는 것은 조직의 발전뿐 아니라 모든 구성원들의 역량을 다각적으로 확장시키는 데에도 기여할 수 있다. 일반적으로 리더는 조직구성원들이 조직의 과업달성을 위하여 자발적으로 동기화되도록 함으로써 조직에 변화와 혁신을 가져오는 사람을 의미한다. 리더십에 대한 학문적 접근은 다음과 같은 세 가지 흐름에 따라 진행되어 왔다. 첫째 단계에서는 뛰어난 리더라 불리는 이들의 특성에 대한 연구를 중심으로 했고, 둘째 단계에서는 부하의 만족과 성과를 제고시키는 행동에 초점을 두는 연구, 즉 리더십 행동에 관한 연구를 중심으로 했으며, 셋째 단계에서는 리더십 행동이 실제로 보다 효과적이기 위해서는 상황적 요인과의 적합성을 요구하기 때문에 다양한 상황과의 적합성에 초점을 두는 연구를 중심으로 진행되었다.

현재는 이러한 연구의 흐름을 종합하는 시도와 함께 조직환경의 불확실성 속에서 조직에 큰 도전을 제시하며 혁신을 불러일으킴으로써 조직의 생존과 발전을 이끌어 내는 리더십, 특히 카리스마 리더십과 변혁적 리더십에 주목하면서 이러한 속성의 리더십에 대한 연구에 새롭게 주목하고 있다. 아울러서 타인을 위한 봉사적 리더십의 영향력과 그 의미를 부각시키는 섬김의 리더십에 대한 관심이 지속적으로 증대되고 있다.

한편, 대부분의 리더십 이론들은 리더십을 설명하는 데 있어서 지나치게 리더의 특성이나 행동에 집중하면서, 팔로워의 역할을 간과한 경향이 있다. 최근에는 리더십의 구현을 보다 다각적으로 설명하기 위한 시도에서 리더와 팔로워가 함께 만드는 관계에 주목하는 경향성이 높아지고 있다. 즉 리더십 과정에서 팔로우십의 중요성도 강조되고 있다. 사회복지기관 역시 리더십 및 팔로우십과 무관한 조직이 아니기 때문에, 이러한 리더십과 팔로우십에 대한 논의를 지속적으로 확장시켜 그 현실과 과제를 보다 발전시켜 나가야 할 것으로 본다. 위에서 요약한 리더십과 팔로우십에 대한 학문적 정리와 논의는 리더십 현상에 대한 이해를 제고시키고 동시에 실천적인 함의도 다각적으로 제공한다는 점에서 그 중요성이 크다고 생각된다.

06 거시적 조직관리

조직구성원 개인에 초점을 두는 수준을 넘어 전체 수준에서 조직의 행동을 연구하는 것을 거시조직행동론 혹은 거시조직론이라고 정의하는데, 본 저자도 이러한 시각에서 거시적 조직관리 중 매우 중요한 구성요소라 볼 수 있는 조직구조, 조직문화, 조직기술 및 조직환경에 관한 내용을 소개하고 정리해 보고자 한다.

1. 조직구조

어떤 형태의 조직이든 조직을 변화시키는 데 있어 가장 먼저 떠올리는 것이 바로 조직구조로 이는 조직을 구성하는 핵심요소라 할 수 있다. Mintzberg(1979), Kast와 Rosenberg(1979)는 조직구조를 노동을 과업별로 분화시키고 분화된 과업들을 조정하는 방법들로 인해 생겨난 개념으로 보고 조직노동의 분화 및 위계, 조직 내 과업수행과 관련된 규칙과 규율, 통제와 조정, 의사결정의 권한 등으로 그 구성요소를 정의하고 있다.

조직구조가 존재하는 이유는 조직이 설정하고 있는 목적달성을 더 효율적이고 효과적으로 달성하기 위함이며, 조직의 목적을 향한 조직활동의 조직화, 과업이 수행되는 과정의 공식화, 의사결정의 지점과 방식의 결정을 그 기본 내용으로 한다. 또한 조직구조는 업무성과 및 조직성과와 더불어 다른 형태의 조직의 유효성, 즉 구성원들의 사기 및 인간관계에도 영향을 미칠 수 있는 매우 중요한 조직구성요소이다.

따라서 조직구조에 변화를 가져오고자 할 때 혹은 새롭게 설계해 보고자 할 때, 조직관리자는 조직구조의 내용과 기능에 대한 전반적인 이해에 기초해서 구조와 관련된 다양한 요소들을 어떻게 변화시키고 설계할 것인가를 고려하는 것이 절대적으로 필요하다. 그리고 관리의 과정에서도 조직구조의 기본내용과 기능이 제대로 갖춰져 있는가를 살펴보면서 구조에 대해 관리해 나가는 것이 필요하다. 다음에서는 조직구조의 기본내용에 대한 정리와 함께 조직구조의 다양한 형태에 관해서 정리해 보고자 한다.

1) 조직구조의 내용

조직구조와 관련해서 가장 기본이 되는 논리는 노동의 분화와 통합이다. 이를 바탕으로 조직구조를 구성하는 세 가지 하위 영역을 보통 복잡성(complexity), 공식화(formalization), 집권화(centralization)(Penning, 1973 ; Walton, 1981 ; Robbins, 1990 ; Hall, 1991)로 나눠 논의한다.

(1) 복잡성

조직구조의 복잡성(complexity)은 조직 내의 분화(differentiation)의 정도를 의미한다. 보통 조직 내의 분화는 세 가지 차원으로 구성된다. 첫째는 동일 위계수준에서의 과업분화를 의미하는 수평적 분화이고, 둘째는 조직 내 위계구조상의 분화를 의미하는 수직적 분화이고, 셋째는 조직 내 시설 및 인력의 지리적 분산을 의미하는 공간적 분화이다. 그러나 조직구조의 가장 핵심적인 차원인 분화와 관련해서 일반적으로는 수평적 분화와 수직적 분화를 주요내용으로 다루는 경향이 있다.

조직을 설계할 때 과업에 대한 분화를 많이 시키면 시킬수록 수평적 분화가 더 이루어지게 된다. 일반적으로 수평적 분화는 전문화된 분업화(specialization)와 이 전문화된 분업을 유사성이나 상호관련성에 기초해 그룹화하는 것을 의미하는 부서화(departmentalization)를 통해서 그 의미를 이해할 수 있고, 실제 조직에서 그 정도를 관찰할 수 있다. 한편 조직 내에서 수평적 분화가 증가될 때, 조직은 이들 분화된 과업들을 조정하고 통제해야 할 필요성을 더욱 강하게 갖는다. 즉 조직 내의 수평적 분화에 대응해서 조직 내에서 만들어지는 것이 바로 수직적 분화라고 이해할 수 있다. 조직은 수평적 분화가 이루어질 때, 이를 어떻게 조정하고 통제할 것인가의 과제를 갖는데 이러한 차원에서 만들어지는 것이 바로 위계구조상의 분화라고 설명할 수 있다. 보통 이러한 수직적 분화 정도는 통제범위(span of control)라는 것을 통해서 결정된다.

통제범위는 관리자 한 명이 직접적으로 지도하는 부하의 수로 측정할 수 있는데, 같은 규모의 조직에서 통제범위를 좁게 설정할 때 그 조직의 계층은 더 많아지기 때문에 상대적으로 보다 수직적인 조직구조를 갖게 되고, 통제의 범위가 넓을 때 그 조직의 계층은 더 적어지기 때문에 상대적으로 보다 수평적인 조직구조를 갖게 된다. 예를 들어 조직의 일선직원의 규모가 4,096명이라고 할 때, 통제범위를 4명으로 하는가 혹은 8명으로 하는가에 따라 조직의 계층은 일곱 계층이 될 수도 있고 다섯 계층이 될 수도 있다.

수직적 구조는 보다 밀접한 지도·감독이 가능하고 보다 긴밀한 상하관계를 형성할 수 있으나 계층이 많아지므로 조정과 의사소통은 더 복잡해지는 제한점을 갖는다고 평가된다. 수평적 구조는 더 간결하고 편리한 의사소통이 가능하나 지도·감독을 받을 수 있는 기회가 상대적으로 더 적어지고 승진의 기회도 더 어렵게 된다고 평가된다.

분화를 의미하는 복잡성에서 가장 중요한 과제는 수평적 분화와 수직적 분화를 어떤 수준으로 설계하여 보다 효율적이고 효과적인 의사소통, 조정, 통제를 가질 수 있을 것인가를 찾아내는 것이다.

그림 6-1 통제범위의 비교

조직계층	각 계층의 구성원 통제범위 : 4	통제범위 : 8
1	1	1
2	4	8
3	16	64
4	64	512
5	256	4,096
6	1,024	
7	4,096	

출처 : Robbins(1990)

그림 6-2 조직구조의 분화와 통합

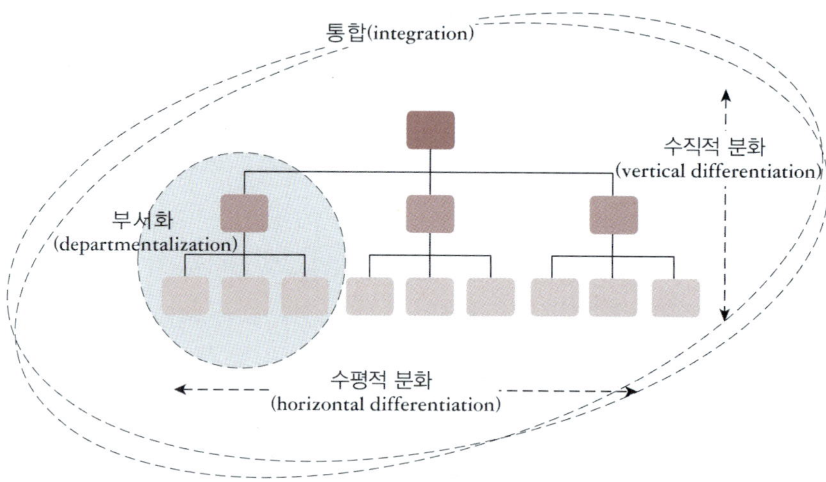

(2) 공식화

조직의 수평적 분화와 수직적 분화만을 통해서 조직활동들이 효과적이고 효율적으로 이루어지게 할 수 없다. 즉 조직에서 수행되는 업무들과 업무의 수행과정에 대해서 공식화를 해 주지 않는 한 그 업무들은 비효율적이고 비효과적인 결과를 가질 가능성이 많다는 것이다. 조직 내 직무와 수행과정을 규칙들로 명문화하는 것, 다시 말해 표준화(standardization)시키는 것을 의미하는 공식화(formalization)는 조직활동의 경제성과 예측성을 높이기 위해서 매우 중요하다. 조직에서 무슨 일들이 언제 어떻게 수행되어야 하는가를 명문화시키는 것을 의미하는 공식화는 조직관리 측면에서 매우 중요한 기능을 한다. 과업실천과정에서 따라야만 하는 규정문서, 각종 지시문, 직무명세서 등이 상세하고 많을수록 공식화 수준이 높다고 할 수 있는데, 이러한 공식화가 지니는 의미는 다양하다.

먼저 공식화는 조직구성원의 행동을 규제해서 재량적으로 일하는 것이 갖는, 사적인 요소의 영향력을 줄인다. 둘째로 공식화는 구성원들의 업무에서 발생하는 편차를 줄인다. 셋째로 공식화는 조정을 보다 용이하게 한다. 조직에서 공식화는 기본적으로 업무분석에 기초한 업무에 대한 기술 및 업무수행절차의 명시 등과 같이 문서를 통한 명문화를 통해서 이루어지는 것이 일반적이나, 명문화되지 않은 조직문화를 통해서 만들어지는 경우도 상당히 많음을 이해하는 것이 필요하다. 공식화는 업무가 안정적이고 단순한 경우 더욱 큰 효과를 가질 수 있으나, 업무가 복잡하고 유동적인 경우에는 자율성과 신축성을 저해하는 요인으로 작용할 수 있다는 지적이 많다. 따라서 조직의 상황 및 업무의 상황에 적합한 수준의 공식화가 조직관리의 효율과 효과를 높이는 데 절대적이라 할 수 있다.

(3) 집권화

집권화(centralization)는 분권화와 대칭되는 개념으로서 조직에서 재량적으로 할 수 있는 의사결정의 공식적 권한이 집중된 정도를 의미한다. 이러한 집중은 개인, 조직의 일정 단위, 부서 등을 의미할 수 있다. 한편 분권화는 이러한 의사결정의 공식적 권한이 분산되거나 이양되어 있는 정도를 의미한다. 조직은 조직활동과 관련된 의사결정의 권한을 적절하게 분산하거나 집중시킴에 의해서 조직관리의 효율성과 효과성을 확보해야 한다. 따라서 조직구조를 설계할 때, 집권화를 어느 정도 수준에서 설계할 것인가는 매우 중요한 과제일 수 있다.

그러나 실제조직에서 집권화의 정도가 어떠한가를 이해하고 판단하는 것이 매우 애매할 수 있다. 이러한 문제와 관련해서 Robbins(1990)는 다음과 같은 업무수행과정에 대한 이해를 통해 집권화의 정도를 이해할 수 있다고 설명한다. 즉 우리가 조직에서 과업을 수행함에 있어 투입(input), 해석(interpretation), 선택(choice), 공식적 승인(authorization), 집행(execution)과 같은 과정을 거치는데, 만약 의사결정자가 이 모든 과정을 다 통제하는 경우 그 조직은 가장 높은 수준에서 집권화되어 있다고 볼 수 있다는 것이다. 그리고 만약 의사결정자가 모든 과정에 대한 통제를 하지 않고 선택과 공식적 승인의 과정에 대한 통제력만을 갖는 경우 그 조직은 상당히 높은 수준에서 분권화되어 있다고 볼 수 있다는 것이다.

이렇게 이해될 수 있는 집권화와 분권화의 장점과 단점에 대해 이해하는 것은 조직구조설계에서 매우 중요한 의미를 지닌다. 일반적으로 집권화의 장점은 분권화의 약점과 연결되고, 집권화의 약점은 분권화의 장점과 연결되는 경향이 있다. 먼저 분권화의 장점을 살펴보면, 분권화는 정보가 과도하게 집중되어서 제대로 처리하지 못할 수 있는 가능성을 줄이고, 새로운 정보에 신속하게 대응할 수 있게 촉진하는 장점이 있다. 또한 분권화는 보다 상세한 정보를 기초로 의사결정을 내릴 수 있게 하고, 구성원이 기계의 부품이 아니라 조직의 중요한 일원으로서 일하고 있음을 인식하게 하여 동기를 북돋우는 기능을 하며, 마지막으로는 시키는 일에만 익숙하지 않고 필요한 의사결정을 내릴 수 있는 준비된 관리자를 훈련하고 개발하는 기회를 제공하는 장점이 있다. 그러나 조직에 대한 전반적인 시각에 기초해서 종합적 관점을 갖고 의사결정을 내리는 것이 필요할 때, 그리고 집권화의 구조가 보다 경제적인 상황에서는 분권화된 구조는 약점이 될 수 있다. 집권화, 분권화와 관련해서 가장 중요한 과제는 어느 하나의 일방적인 선택이 아니라 조직의 상황에 대한 이해를 기반으로 해서 조직의 활동을 어떻게 분화하고 통합하는 것이 가장 효율적이고 효과적인가를 파악해 내면서 이러한 틀 속에서 선택해야 하는 것임을 깨닫고 이러한 노력을 실행하는 것이라고 말할 수 있다.

2) 조직구조의 조정기제

조직 내 다양한 활동의 통합은 분화된 직무들 간의 조정을 통해 이루어지게 된다. 수직적 분화와 수평적 분화에 따라 조직 내에 여러 기능과 작업집단이 만들어지면 각 기능과 부문은 고유의 목적과 관점을 갖게 되기 때문에 이들을 다시 연결시키고 통합해야 할 문제가 대두된다. 예를 들어 종합사회복지관의 상황에서 개인에 대한 심리상담을 중심으로 하는 부서에서는 보다 전문화된 상담사업 전개를 위하여 부서 중심적 사업에 집중하고자 할 수 있음에 반해, 지역주민 다수의 참여를 이끌어 내고자 하는 지역복지 부서에서는 여러 부서가 협력하여 시너지 효과를 낼 수 있는 사업을 확대하고자 할 수 있다. 분화된 다양한 활동들은 개별적으로 각 개별과제를 수행하는 데 효과적일 수 있지만, 보다 높은 효과성과 효율성을 달성하려면 조직 전체의 목적으로 모든 활동들이 통합됨으로써 그러한 조직목적이 달성될 수 있다. 따라서 조직의 목적을 향해 조직활동들을 통합시키는 조정기제의 역할은 조직설계와 운영에 있어 매우 중요하다. Scott(1998)은 조정과 통합의 과제를 강조하면서 조직설계 시 적용 가능한 다양한 조정기제를 적절하게 활용할 필요성이 있음을 강조한다. 그가 제시하는 조정기제로는 표준화된 규칙과 프로그램(rules and programs), 시간계획(schedule), 부서화(departmentalization), 위계화(hierarchy), 위임(delegation) 등이 있다(이창순, 2006).

첫째, 조직에서는 공식화의 방법을 통해, 즉 규칙과 프로그램을 정교화함으로써 조정을 안정화시킬 수 있다. 즉 각 단위 또는 부서활동이나 과제수행방식과 관련해서 공식적 절차나 규칙을 둘 수 있다. 이러한 방식은 가장 표준화된 조정기제로서 반복적이고 안정적 상황에서 적합하다. 둘째, 시간계획을 활용하여 조정을 실행할 수 있다. 즉 여러 활동이 동일 장소에서 이루어지거나 과제들 간에 순차적 상호의존성이 있는 경우에 시간적 변수를 고려하여 계획을 수립하는 방법을 사용할 수 있다. 이러한 방법은 과업의 환경이나 직무의 특성이 다소 동적인 상황에서도 적용할 수 있다. 셋째, 조직에서는 과업들의 수평적 분화를 통해, 즉 부서화 방법을 통해서 조정을 보다 정교화할 수 있다. 즉 조직 내의 다양한 활동들을 과업의 유사성 및 상호연관성에 따라 부서 단위로 나누어 수행케 함으로써 한 부서에서 여러 이질적인 기능을 동시에 수행할 때 발생할 수 있는 복잡성을 줄일 수 있다. 넷째, 조직에서는 과업들의 수직적 분화를 통해서, 즉 위계화를 통해서 조정을 보다 정교화할 수도 있다. 위계화는 분화된 조직활동들 중 상호의존성이 높은 요소들끼리 묶어 나갈 때 상위와 하위수준의 조정을 상정하는 방법이다. 따라서 조직의 위계화는 수평적 분화가 광범위하게 발생할 때 수직적 분화를 통하여 조정상의 어려움을 감소시키는 적절한 방법이라 할 수 있다. 다섯째, 조직에서는 조정의 한 방식으로 위임을 선택하여 사용할 수도 있다. 위임은 전문가 조직과 같이 구성원의 기술 및 지식수준이 높은 조직에서 혹은 조직외부환경이 매우 유동적이어서 조직의 유연한 대처가 요구되는 상황에서 적용할 수 있는 조정기제로서 일선 업무자에게 많은 재량과 권한을 부여하는 방법이다.

최근에는 조직활동의 복잡성과 불확실성이 증폭됨에 따라 조직의 상황대처에 대한 순발력을 향상시키고 조직 상부에서의 의사결정 부담이 과도해지지 않도록 조직구조를 조정하는 방법에 대한 관심이 많은데, 그 방법의 하나로 수평적 연결망 확대에 대한 관심이 높다(Scott, 1998). 수평적 연결망 확대를 실행하기 위한 방안으로는 관련 부서 구성원들 간의 직접적 상호작용을 확대시키는 직접접촉(direct contact)의 방법, 기본적 위계구조는 유지하면서 부서별로 부서 간 연락과 조정을 돕는 전문연락전담역(liaison roles)을 두는 방법, 긴급한 현안처리를 위하여 신속하게 대처할 수 있도록 부서별로 인원을 차출하여 한시적인 팀을 구성하는 임시적 특별과업(task force)형성의 방법, 특정 과제수행을 위하여 비교적 정규적인 체제로 별도의 팀을 구성하는 프로젝트 팀(project team) 구성방법,

그리고 조직의 일상적 위계구조와 프로젝트 수행구조를 병행하는 매트릭스 구조(matrix organization)를 활용하는 방법 등이 사용되고 있다.

3) 조직구조의 형태

전통적인 방식에서 조직구조의 형태를 언급할 때, Burns와 Stalker(1961)가 구분한 두 가지 형태의 구조가 제시된다. 즉 과제들이 각 전문역할들로 세분화되고 구성원들의 상호작용은 주로 수직적으로 이루어지는 것을 특징으로 하는 기계적 구조(mechanistic structure)와 각 구성원들이 자기의 역할과 조직 전체의 과제와 관련지어 일을 수행하면서 구성원들이 수직적·수평적으로 밀접하게 상호작용하는 것을 특징으로 하는 유기적 구조(organic structure)의 형태로 구분한다. 이러한 구분과 함께, 일상적 업무나 정형화된 단순과제를 중심으로 갖는 조직에서는 기계적 구조가 보다 효율적일 수 있기에 더 적합하고, 비일상적이고 항시 예측가능하지 않은 새로운 과제들을 처리해야만 하는 조직에서는 조직의 과제를 수행하는 데 유기적 구조가 더욱 적합하다는 설명이 제시된다. 기계적 구조와 유기적 구조의 일반적 특성과 조건은 〈표 6-1〉에 제시되는 바와 같다.

표 6-1 기계적 구조와 유기적 구조

구분		기계적 구조	유기적 구조
특성	분업	기능적 분업	사회적 분업
	책임	명확	불명확
	인간관계	공식적	비공식적
	상호작용	수직적	수평적·수직적
	의사전달	명령과 보고	조언과 정보
조건	직무	단순·분해 가능	복잡·분해 불가능
	환경	정태적·확실	동태적·불확실
	성과측정	가능	불가능

출처: Robey(1986), 민진(1996)에서 재인용

그러나 위에서 제시된 기계적 구조와 유기적 구조에서 한 단계 더 나아가서 조직구조의 형태는 다양한 조건에 따라 다양하게 구성할 수 있고, 실제에 있어서도 하나의 구조만이 모범적 구조가 되는 것은 아니기에 상황에 맞춰 다양하게 구성하는 것이 필요하다. 이

와 관련하여 현대사회에서 관찰할 수 있는 조직구조의 대표적인 형태인 단순구조(simple structure), 기계적 관료제 구조(mechanistic bureaucratic structure), 전문적 관료제 구조(professional bureaucratic structure), 사업부제 구조(divisional structure), 특별위원회 구조(adhocracy) 등에 관한 내용을 정리해 보면서 우리가 선택할 수 있는 조직구조의 형태들을 살펴보고자 한다.

(1) 단순구조

단순구조(simple structure)는 복잡성의 수준이 낮고, 공식화의 수준도 낮으며, 집권화의 수준은 높은 형태의 구조이다. 일반적으로 단순구조의 형태에서는 통제의 범위가 상당히 넓다고 볼 수 있다. 이러한 구조의 장점은 과업의 처리가 단순하고 신속하며, 과업이 유연하게 진행된다는 점이다. 그러나 조직의 규모가 커질 때 부적절할 수 있고, 한 사람에 의존하는 정도가 너무나 과도할 수 있는 구조이기 때문에 조직의 규모가 작을 때 혹은 조직을 창업하는 시기에 적절하다고 평가되고 있다(Robbins, 1990).

(2) 기계적 관료제 구조

기계적 관료제 구조(mechanistic bureaucratic structure)는 매우 일상적인 과업들로 구성되어 있는 경우 더욱 용이하게 관찰할 수 있는 형태로, 이 구조는 높은 수준의 분화, 높은 수준의 공식화 및 집권화를 특징으로 한다. 이러한 구조에서는 과업들이 기능적으로 매우 세세하게 분화되어 있고, 엄격한 규율과 규칙을 통해 운영되며, 집권화된 의사결정체계와 함께 명령의 사슬에 의해서 수행된다. 이러한 조직구조의 장점은 과업의 중복이 최소화되고, 기능적으로 유사한 일을 하는 이들을 묶어 놓기 때문에 부서 내에서 구성원들이 편안하게 쉬고 빠르게 일을 할 수 있으며, 규율과 규칙에 의해서 관리하기 때문에 매우 효율적일 수 있다는 것이다. 한편 이러한 조직구조의 약점은 전문화된 부서들이 각자의 전문화된 과업 및 이해관계에만 몰두하기 때문에 전문화된 부서 간의 갈등발생이 상대적으로 더 빈번하고, 규칙과 규율에 대한 강조가 지나쳐서 너무나 완고하게 조직이 운영될 수 있다는 점이다. 일반적으로 이러한 조직구조의 형태는 우체국과 같은 정부조직에서 쉽게 관찰할 수 있는 것으로서 조직이 일상적인 조직기술을 가질 때, 조직의 규모가 클 때, 조직의 환경이 단순하고 안정적일 때 매우 높은 효율성을 가져오는 구조로 평가되고 있다.

(3) 전문적 관료제 구조

전문적 관료제 구조(professional bureaucratic structure)는 조직구성원들이 상당히 높은 수준의 전문성을 견지하는 경우, 이들의 전문성을 존중하고 살리면서 관료제의 장점을 지향하고자 하는 형태이다. 전문적 관료제 구조는 높은 수준의 수평적 분화, 전문가집단의 규율과 규칙에 입각한 표준화(내적 공식화), 높은 수준의 분권화를 특징으로 한다. 이 구조의 장점은 전문화된 과업의 수행을 전문성을 가진 그 영역의 구성원들에게 맡김으로써 중앙관리자들은 그 밖의 다른 일에 집중할 수 있다는 것, 즉 관리의 효율성이 매우 높다는 것이다. 그러나 단점은 조직의 목적보다 전문가집단의 목적을 우선시할 수 있는 문제와 함께 전문가집단 간의 갈등이 발생할 수 있고, 전문가집단 내에 내재화된 규칙과 규율이 완고한 경우 조직의 효과성에 방해요소로서 작용할 수 있다는 것이다. 일반적으로 이러한 조직구조의 형태는 병원과 같은 다양한 전문가집단들로 구성·운영되는 조직에서 쉽게 관찰할 수 있는 것으로서 조직이 전문적 기술을 활용해야 할 때, 조직의 규모가 클 때, 조직의 환경이 안정되어 있으나 매우 복잡한 모습을 가질 때 매우 높은 효율성을 가져오는 구조로 평가되고 있다.

(4) 사업부제 구조

사업부제 구조(divisional structure)는 조직이 사업에 대해서 수평적 분화를 진행시키면서 발생한 구조로서 각 사업부문이 독립적인 기능을 수행하게 하는 형태의 구조이다. 예를 들어 미국의 자동차 회사들은 차의 크기 및 고급화의 정도에 따라 독립적인 기능을 수행하는 다양한 사업부를 갖고 있는데, 이러한 것이 사업부제 구조의 대표적인 예이다. 즉 사업부제 구조는 각 사업부가 완벽하게 자기 전략하에서 업무를 수행하면서 자기 사업부와 관련된 의사결정을 내릴 수 있게 조직구조를 구성하여 관리하는 구조이다. 이러한 구조는 같은 기능을 갖는 여러 개의 조직을 조직하부에 두고 관리하는 형태와 마찬가지로 이해할 수 있다.

이러한 사업부제 구조의 장점은 각 사업부별로 책임을 지움으로써 각 사업부가 보다 높은 수준의 책임감과 함께 업무성과를 내기 위해서 노력한다는 점, 조직환경에 대해서 보다 신속하고 유연하게 대처하면서 보다 효과적이고 효율적으로 환경을 관리할 수 있다는 점이다. 아울러 중앙본부의 차원에서 볼 때 매일의 관리에 신경 쓰지 않고 전반적인 방향만을 잡아 주면서 책임경영을 통해 중앙본부는 자신의 역할에 집중할 수 있다는 점, 어느 한 사업부가 직면하는 어려움이 다른 사업부로 이전되는 효과가 미미하다는 점, 그리고 사업부 관리를 통해 전반적인 시각과 경험을 갖춘 관리자들을 개발해서 중앙관리자의 기능을 맡길 수 있다는 점 등이 사업부제 구조의 부가적인 장점이라고 볼 수 있다. 그러나 자원이 중복되는 점, 각 사업부 간의 수평적 조정이 원활하지 못하다는 점, 그리고 실제로 이러한 구조는 책임을 강요하는 자율경영이 될 수 있다는 점 등은 약점으로 지적된다.

일반적으로 이러한 조직구조의 형태는 대상으로 하는 시장이 다각화되는 경우 혹은 각 시장에 같은 종류의 다양한 질과 형태의 상품을 제공하려는 조직에서 쉽게 관찰할 수 있는 것으로서, 조직의 규모가 클 때, 다양한 상품 라인을 갖고 있는 조직으로서 기능의 중복수행에 따르는 비용보다 상품별 관리를 통해서 발생하는 이익이 더 큰 경우에 적합한 구조로 평가되고 있다.

(5) 특별위원회 구조

특별위원회 구조(adhocracy)는 높은 수준의 전문적 지식과 기술을 갖는 전문가들로 조직이 구성되는 구조로서, 기본적으로 높은 수준의 수평적 분화, 매우 낮은 수준의 수직적 분화, 매우 낮은 수준의 공식화와 분권화를 특징으로 한다. 이러한 구조는 임시위원회(Ad Hoc Committee) 및 임시적 특별팀(Ad Hoc Team)에서 연상할 수 있는 것처럼 조직이 이러한 위원회를 통해 현재 처리해야 할 과제들을 수행하는 모습과 같은 형태의 구조를 띠고 있다. 이러한 구조는 기본적으로 일상적인 과제를 표준화된 방식에 의해서 수행하는 것보다는 조직의 생존을 위해서 문제해결역량을 강화하면서 보다 유연하고 신속하게 일을 전개하는 것이 절대적으로 필요할 때 적절한 구조이다. 이 구조에서는 전문가적 역량과 순발력 및 자기통제가 무엇보다도 중요시되며 공식화와 집권화와는 거리가 멀다. 이러한 구조에서 권력은 그야말로 전문성으로부터 발생하지 지위로부터 발생하지 않는다.

이러한 구조의 장점은 언급하였듯이, 전문가집단의 역량을 결집시켜 신속하게 대응하면서 혁신을 만들어 낼 수 있다는 것이다. 그러나 이러한 구조는 동시에 약점을 갖는데, 그것은 상하관계가 분명하지 않음에 의해서 발생하는 모호성과 갈등, 그리고 과업들이 분명하게 나눠지지 않은 상태에서 일들이 전개되면서 발생하는 갈등 등이다. 실제에 있어 이러한 구조는 비효율성의 약점이 워낙 커서 오래 지속되지 못하는 모습을 지니기 때문에, 보다 높은 생존력이 요구되는 조직의 초창기 혹은 조직이 매우 큰 위험에 처해 있는 시기에 적절한 구조라고 볼 수 있다.

정리하면 특별위원회 구조는 유연성과 혁신의 욕구가 이 구조로 인한 비효율성의 문제보다 더 중요하게 여겨질 때, 조직이 매우 큰 위험에 처해 있고 변화의 전략을 가질 때, 조직기술이 전문가집단의 결합을 통해서 보다 높은 수준으로 발현될 수 있는 비일상화된 기술일 때, 조직의 환경이 역동적으로 변화하고 매우 복잡할 때, 보다 적절하다고 평가되고 있다.

〈표 6−2〉에서 제시되는 바와 같이 조직구조의 유형은 매우 다양하며, 어떤 유형의 구조가 보다 적합할 수 있는지와 관련해서는 조직이 처한 다양한 조건들과 상황들을 고려해야만 한다. 즉 조직구조의 설계는 단순하게 진행될 수 있는 것이 아니라, 다양한 조건과 상황 속에서 진행되어야 한다. 많은 결정요인들이 존재할 수 있으나, 그중에서도 자주 언급되는 조직구조의 결정요인으로는 조직환경, 조직기술, 조직전략 등이 있다(Robbins, 1991). 조직구조의 설계를 조직환경의 속성 즉 조직을 둘러싼 환경의 요구에 맞춰 구성하는 것이 필요하고, 조직기술의 속성에 맞춰서 조직목적을 향해 그 기술이 가장 잘 발휘될 수 있도록 구성하는 것이 필요하며, 조직이 추구하는 전략에 따라서 그 전략을 가장 잘 실행할 수 있게 하는 방향에서 구성하는 것이 필요하다는 것이 기존의 연구와 논의에서 제시되는 바다. 조직이론에서는 조직구조의 결정요인과 관련한 다양한 논의를 오랜 기간 동안 진행해 오고 있는데, 위에서 제시되는 결정요인들이 일반적으로 보다 중요하게 부각되는 주제들이라 할 수 있다.

〈표 6−2〉로부터 기억해야 하는 또 다른 중요한 사실은 다양한 형태의 조직구조에 따라 조직관리자에게 요구되는 역할에서도 차이가 발생한다는 점이다. 단순구조에서부터 네트워크 구조로 이어지는 조직구조들과 관련해서 이러한 구조의 다양성은 조직관리자에게 구조의 속성에 따라 각기 다른 조직관리상의 관심과 과업이 요구될 수 있다는 것을

제시한다. 단순구조의 경우, 최고관리자가 모든 조직구성원들을 직접 관리하는 경향이 큰데, 이러한 조직구조에서 가장 관심을 기울일 필요성이 있는 것은 구성원들 간의 업무조정일 수 있다고 한다. 한편 관료제와 사업부제 구조에서 최고관리자는 다양한 부서들 간의 조정에 많은 에너지를 집중하면서 부서별 관리자들이 각 부서의 활동과 구성원들 간의 조정을 담당할 수 있게 하는 것에 가장 많은 관심을 기울일 필요성이 있다고 한다. 마지막으로 특별위원회 구조에서는 최고관리자의 주 역할은 세세하게 분권화된 부서 및 구성원들의 조정과 통합을 위하여 가장 많은 노력을 기울일 필요성이 있다고 한다(Hatch, 1997).

표 6-2 Mintzberg의 5개 조직구조 유형별 특성

구분	단순	기계적 관료제	전문적 관료제	사업부제	특별위원회
주요조정체제	직접감독	작업의 표준화	기술의 표준화	산출의 표준화	상호조절
조직의 중요부분	최고관리층	기술구조	활동층	중간관리층	지원참모
직무의 전문화	거의 없음	높은 수직적·수평적 전문화	높은 수평적·수직적 전문화	약간의 수평적·수직적 전문화(사업부와 본부 사이)	높은 수평적 전문화
훈련과 교화	거의 없음	거의 없음	많음	약간(사업부 관리자에게)	많음
행동의 공식화	거의 없음	많음	거의 없음	많음(사업부 내에서)	거의 없음
단위집단의 구성	일반적으로 기능적	일반적으로 기능적	기능적이고 시장중심적	시장중심적	기능적이고 시장중심적
단위집단의 규모	큼	아래 부분이 넓고 다른 부분은 좁음	아래 부분이 넓고 다른 부분은 좁음	최상위 부분이 넓음	전체적으로 작음
기획·통제체제	거의 없음	활동기획	거의 없음	높은 직접통제	제한된 활동 기획
의사결정체제	집권화	제한된 수평적 분권화	수평적·수직적 분권화	제한된 수직적 분권화	선별적 분권화
조직연령과 규모	젊고 소규모적	오래되고 대규모	다양함	오래되고 대규모적	젊음
기술체제	단순하고 비규제적	단순하고 규제적	단순하고 규제적	분할될 수 있거나 기계적 관료제와 유사	매우 복잡하고 자동화
외부환경	단순, 동태적, 때로 적대적	단순하고 안정적	복잡하고 안정적	상대적으로 단순하고 안정적(다양한 수요)	복잡하고 동태적

출처 : Tosi(1984)

정리하면 조직구조는 단순하게 결정되는 것이 아니며 다양한 조건과 영향요인에 따라서 가장 적합한 길을 따라 모색되어야 하는 것이다. 아울러서 다양한 속성을 지니는 다양한 형태의 조직구조가 설계될 수 있는 것이기 때문에, 이에 맞춰 조직관리의 과제를 이해하고 실행하는 것이 필요할 수 있다. 이런 점에서 조직구조의 유형적 특성에 대한 이해는 실무적 차원에서도 매우 중요할 것으로 본다.

요약

조직은 조직의 목적을 중심으로 다양한 활동을 전개한다. 조직에 참여하는 다양한 개인은 복잡한 과제를 타인의 기술과 능력을 결합하여 공동으로 수행하는데, 조직구조는 조직목적의 달성을 위해서 이처럼 복잡다단한 과제들과 활동들을 조직화하는 기제로서 조직운영에 안정적인 틀을 제공한다. 따라서 조직구조에 대한 이해는 조직의 설계와 관리, 변화를 가져오는 데 있어 필수과제가 된다.

조직구조설계와 이에 기반한 조직의 관리방안 모색을 위해서는 조직구조의 내용과 유형에 대한 이해가 요구된다. 조직구조의 기본내용에 대한 가장 보편적인 이해방식은 그 내용을 복잡성(complexity), 공식화(formalization), 집권화(centralization)로 구성해서 이해하는 것이다. 분화를 내용으로 하는 복잡성에서 가장 중요한 과제는 수평적 분화와 수직적 분화를 어떤 수준으로 설계하여 보다 효율적이고 효과적인 의사소통, 조정, 통제를 해 나갈 수 있을지 찾아내는 것인데, 이러한 과제는 조직의 효율성과 효과성 제고에 절대적인 의미를 지닐 수 있다. 조직 내 직무와 수행과정을 규율화 및 규칙화하면서 표준화시키는 것을 내용으로 하는 공식화는 조직활동의 경제성과 예측성을 높이기 위해서 매우 필요하고 중요한 의미를 지닐 수 있다. 또한 조직활동과 관련된 공식적 의사결정권한에 대한 분산과 집중을 내용으로 하는 집중화 역시 조직이 나아가고자 하는 방향 및 구성원들의 역량과 사기와 관련해서, 그리고 더 나아가서는 조직의 운명과 관련해서 매우 중요한 의미를 지닌다. 따라서 조직설계 시 반드시 조직구조의 구성개념들 각각에 대해서 진지하게 고려하면서 조직관리의 효율성과 효과성을 더욱 제고시킬 수 있는 방향에서 조직구조설계를 실행할 수 있어야 할 것이다.

한편 조직 내에서 수평적으로 또 수직적으로 다양하게 분화된 조직활동들은 조직의 목적하에서 조정과정을 통하여 통합되어야 한다. Scott(1998)은 조정과 통합의 과제를 강조하면서 조직설계 시 다양한 조정기제를 반영해야 함을 강조한다. 그 내용은 표준화된 규칙과 프로그램, 시간계획, 부서화, 위계화, 위임 등이다. 최근 들어 조직활동의 복잡성과 조직환경의 불확실성이 증가함에 따라 조직 내 구성원들의 수평적 연결망 확대, 즉 직접접촉, 전문연락전담역, 태스크포스팀, 프로젝트팀, 매트릭스 구조를 통한 조정방안 등에 대한 관심도 높아가고 있다.

조직구조의 형태는 하나만이 존재하는 것이 아니다. 주어진 조건과 상황에 맞게 조직구조의 형태를 구성하고 구축해 나갈 수 있는데, Mintzberg(1983)에 따르면 현대사회에서 관찰할 수 있는 조직구조의 대표적인 유형은 단순구조, 기계적 관료제 구조, 전문적 관료제 구조, 사업부제 구조, 특별위원회 구조 등이 있다. 실제의 조직들은 이러한 유형에 정확하게 일치하지 않을 수도 있지만 실제 조직구조의 모습을 이러한 유형과 대비하면서 분석해 보는 것은 조직구조에 대한 이해를 높이는 차원에서 그리고 전반적인 관리의 방향과 과제에 대한 인식을 제고시키는 차원에서 필요할 것으로 본다.

2. 조직문화

사회복지조직을 비롯한 현대사회의 모든 조직에서 조직문화가 매우 중요하게 여겨지고 있다. 이러한 현상은 무엇보다도 조직문화가 조직관리의 효율성과 효과성에 큰 영향을 끼칠 수 있기 때문으로 볼 수 있다. 이와 함께 조직에서 일어나는 일들에 대한 해석과 의미부여 즉 상징을 사용하여 조직을 관리하는 것의 중요성을 강조하는 상징적 관리(symbolic management) 역시 조직에 필요한 강한 문화의 형성을 위한 노력이라 볼 수 있다.

이렇게 조직문화에 대한 관심과 개입의 필요성이 논의되는 가운데 조직문화를 과연 변화시킬 수 있는 것인가, 혹은 관리할 수 있는 것인가 하는 질문이 제기되기도 한다. 일부는 조직문화는 관리자가 창조하거나 밖으로부터 유입되는 것이 아니라 조직구성원 간의 상호작용에서 공유되는 상징과 의미체계로서 이를 기계적으로 조작할 수 없기 때문에 다만 기술하고 해석할 수 있는 것이라고 주장한다. 그러나 또 다른 일부는 조직문화 또한 조직관리의 대상이 되는 하나의 변수로서 변화의 시도가 가능하기 때문에 이에 대한 관리를 통해 조직의 다른 부문의 기능에 영향을 미칠 수 있는 것이라고 주장하며, 조직관리의 측면에서 조직문화를 다룰 때는 일반적으로는 후자의 견해에 따르는 경우가 많다. 다음에서는 조직문화의 정의와 함께 조직문화의 구성, 조직문화의 기능, 조직문화의 유형, 조직문화에 대한 관점, 조직문화의 효과성과 제한성, 조직문화의 형성과 변화과정 등에 관해서 정리해 보고자 한다.

1) 조직문화의 정의

조직문화를 한마디로 정의하는 것은 쉽지 않은 일이며, 조직문화의 정의에 대해서는 많은 이견들이 있다. 먼저 조직문화는 무엇일까? 조직구조가 조직구성원의 행동에 영향을 미치는 공식적 실체라면, 조직문화는 "조직구성원의 행동을 지배하는 비공식적 실체"라고 설명되기도 한다(임창희, 2006). 한편 Burger와 Luckman(1967)은 조직문화는 "성원들의 상호작용에 의해서 창조되고 재구성되는 결과적 산물로서의 사회적 실재이자 동시에 조직구성원의 상호작용을 규정하는 메커니즘"이라고 정의한다. Ouchi(1981)는 조직문화는 조직의 전통에 의해서 영향받는 것으로서 조직의 분위기를 결정하는 조직의 가치관, 신조 및 조직 내에서의 행동패턴을 규정하는 기준이라고 정의한다. 한편 Schein(1992)은 조직문화는 "조직이 환경에의 적응 혹은 내부적인 통합의 과정에서 창출, 발견해 내고 발전시킨 조직의 기본전제로 조직의 적응 및 내부통합의 문제들과 관련하여 조직구성원들이 타당하다고 인정하는, 조직구성원 모두에게 주지되어야 할 기본전제"라고 정의한다. 조직문화는 조직구성원들이 집단적으로 공유하는 조직행동의 기본전제로서 여기에는 조직의 가치와 신념, 규범, 관습 및 행동양식이 모두 포함된다(Hatch, 1997). 보다 단순하게는 조직문화는 조직에 대해서 구성원이 공유하는 이해체계 혹은 의미체계라 할 수 있다.

2) 조직문화의 구성과 강도

Schein(1992)은 조직문화는 세 가지 수준에서 구성된다고 한다. 그 세 가지 수준은, 바로 가장 심층부의 잠재적 수준인 기본적인 믿음과 전제, 인식수준인 가치와 규범, 그리고 가시적 수준인 표면에 드러나는 인공물 등이다(이창순, 1998). 믿음과 전제는 조직구성원들이 당연한 것으로 간주하는 원천적인 것을 의미하는데 이는 조직문화의 가장 기본적인 것으로 조직의 가치와 규범으로 표출된다. 조직의 가치는 조직구성원들에게 무엇이 중요한가를 규정하고, 규범은 구성원들에게 기대되는 행동양식을 규정한다. 이러한 가치와 규범에 근거하여 조직에서는 겉으로 드러나는 문화의 인공물을 가질 수 있다. 즉 문화의 표현물(culture's manifestations)이라고 하는 물리적인 것들(shared things), 말하는 방식(shared sayings), 행동하는 방식(shared doings), 이해하고 의사소통하는 방식(shared feelings) 등이 바로 가치와 규범에 근거하여 조직에서 드러나는 인공물이라 할 수 있다.

그림 6-3 Schein의 조직문화구성 3수준 요소

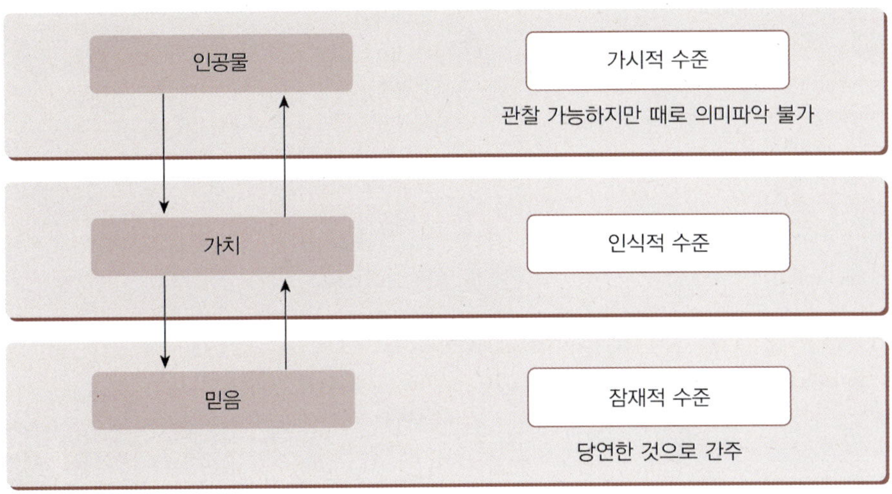

출처 : Hatch(1997)

Pascale과 Athos(1981)는 조직문화의 구성요소를 보다 포괄적으로 논의하는데 7S, 즉 공유가치(Shared values), 전략(Strategy), 구조(Structure), 제도 · 절차(System), 구성원(Staff), 기술(Skill) 그리고 리더십 스타일(Style)이 문화의 구성요소이고 문화는 이들 요소가 상호 관련되어 존재하고 기능하는 실체라고 설명하면서 특히 공유가치가 문화에서 핵심적인 것이라고 주장한다. 또한 이들 조직문화 구성요소들은 상호 간의 밀접한 관계를 맺으며 조직문화를 형성하기 때문에 관리의 시각에서는 이들을 통합적으로 관리하기 위한 노력을 실행함으로써 조직의 유효성을 제고할 수 있다고 주장한다.

Robbins(1990)는 비록 제한적이긴 하지만 일을 시작하는 데 있어서 개인이 갖는 독립성의 정도(individual initiative), 조직이 위험을 감수하는 정도(risk tolerance), 일을 진행하는 데 있어 방향을 제시하는 정도(direction), 일의 조정과 통합에 비중을 두는 정도(integration), 일을 진행하는 데 있어 지원과 지지의 정도(management support), 통제가

표 6-3 조직문화의 요소

anecdotes, organizational	management practices
art	manner
assumptions that people live by	material objects
assumptions, patterns of basic	meanings
assumptions, shared attitudes	meanings, intersubjective
behavioral regularities	mind-set
being	myths
beliefs	norms
beliefs, pattern of shared	philosophy
celebration	physical arrangements
ceremonies	practical syllogisms
climate, organizational	purpose
cognitive processes, patterns of commitment to excellence	rites
communication patterns	ritualized practices
consensus, level of(about myriad organizational variables)	rituals
core	roots
customs	rules, informal system of
doing things, way of	scripts, organizational
enactment	sentiments
ethic, organizational	source of norms, rules, attitudes, customs, and roles
ethos	specialness, quality of perceived organizational
expectations, shared	spirit
feelings	stories, organizational
glue that holds an organization together	style
habits	symbols
heroes	thinking, way of
historical vestiges	traditions
identity	translations of myths into action and relationship
ideologies	understandings, tact
jargon	values
justification for behavioral patterns	values, basic or core
knowledge	values, patterns of shared
language	vision
links between language, metaphor and ritual	way
	world views

출처 : Ott(1989), 김우식(1999)에서 재인용

이루어지는 정도(control), 조직구성원이 조직과 자신을 동일시하는 정도(identity), 일의 결과에 대한 보상방식(reward system), 조직 내 갈등에 대한 태도(conflict tolerance), 의사소통방식(communication pattern) 등과 같은 가시적 변수들을 통해 조직문화를 인식할 수도 있다고 한다. 조직에서 밖으로 드러나는 가시적인 인공적 표현물들을 분석하면 인공적 표현물들 저변에 깔려 있는 가치와 규범의 내용이 파악되고, 다시 가치와 규범에 대한 해석을 통해 가치와 규범 저변에 깔려 있는 조직의 기본적인 믿음과 전제, 즉 조직문화의 가장 심층부에 놓여 있는 잠재적 핵심내용이 도출될 수도 있음을 제시한다(최창현 외, 1996). Ott(1989)는 조직문화 유형화 작업을 위하여 방대한 조직문화의 요소들을 소개하고 있는데, 그가 정리한 조직문화의 요소들은 〈표 6-3〉에 제시되는 바와 같다.

조직문화의 구성요소와 관련해서 생각해 볼 수 있는 질문은 과연 조직문화의 강도는 어떻게 이해될 수 있는지 하는 것이다. 즉 모든 조직에서 위에서 언급한 구성요소가 존재한다고 해도 그러한 요소의 존재 자체가 조직문화의 강도로 연결되지 않을 수 있다. 따라서 조직문화의 강도를 어떻게 파악할 수 있는지와 관련해서 정리해 볼 필요성이 있는데, 조직문화의 강도는 보통 다음과 같은 요인들을 통해서 파악될 수 있다.

첫째, 조직의 믿음과 가치들이 더 깊게 공유될 때, 조직문화의 강도는 더 강해진다고 볼 수 있다. 즉 조직이 추구하는 믿음과 가치에 대한 공유의 깊이, 보다 자세하게 설명하면 내면화시키는 정도가 조직문화 강도의 척도가 될 수 있다. 둘째, 조직의 믿음과 가치들이 더 넓게 공유될 때, 즉 더 많은 구성원들에 의해서 공유될 때 조직문화의 강도는 더 강해진다고 볼 수 있다. 즉 조직이 추구하는 믿음과 가치에 대한 공유의 광범위성, 특히 구성원 전반에 의한 공유인지 혹은 일부 구성원들만에 의한 공유인지가 조직문화 강도의 척도가 될 수 있다. 셋째, 조직의 믿음과 가치가 분명하게 위계화되어 있을 때 조직문화의 강도는 더 강해진다고 볼 수 있다. 즉 조직이 추구하는 믿음과 가치의 체계에 있어 상위와 하위가 분명해서 이들 체계상의 긴장과 갈등이 존재하는지가 조직문화 강도의 척도가 될 수 있다. 넷째, 조직문화와 같이하는 리더십이 보다 강할 때 조직문화의 강도는 더 강해진다고 볼 수 있다. 즉 조직문화의 속성과 일치하는 강력한 리더십을 조직이 보유할 수 있을 때, 조직문화의 강도는 더 강해진다고 볼 수 있다. 다섯째, 조직구성원들의 이직이 적을 뿐만 아니라 조직구성원이 오랜 기간 동안 조직을 위해 헌신하는 조직일 때 조직문화의 강도는 더 강해진다고 볼 수 있다(Gordon & DiTomaso, 2007). 즉 조직을 정확하게 이해할 수 있는 일정 기간을 봉직해 온 구성원들로 채워진 조직, 더 나아가서는 조직을 위해 헌신하는 구성원들로 이뤄진 조직에서 조직문화의 강도는 더 강해진다고 볼 수 있다. 따라서 보다 강한 강도의 조직문화를 구축하기 위해서는 위에서 제시되는 조건들에 대한 이해에 기반을 둔 관리노력이 매우 절실할 것이라 생각된다.

3) 조직문화의 기능

조직문화의 가장 중요한 기능은 구성원들에게 자신이 속한 조직은 어떤 조직인지 그리고 그 안에서 어떻게 행동해야 하는지에 대한 깊은 이해를 만들어 낸다는 것이다. 즉 조직의 최고 자산인 인적자원에 대하여 이들을 직접적인 관리방법으로 관리하는 것과 더불어 문화라는 깊게 뿌리내리는 간접적인 관리방법으로 관리하는 것은 조직의 유효성을 제고하는 데 많은 기여를 할 수 있다. 강력한 조직문화는 구성원들로 하여금 조직이 그들에게 무엇을 요구하는지, 어떻게 행동해야 할지 알려 주는 기능을 갖기 때문에 행동선택과 판단에 필요한 시간과 노력의 낭비를 줄일 수 있다. 또한 문화는 그 구성원들로 하여금 조직과 일체감을 갖게 함으로써 그 조직에 속한 직업인으로서의 정체감을 형성하는 데도 기여한다(Deal & Kennedy, 1982). 흔히 이러한 조직문화의 기능은 내적인 통합과 외적인 적응이라는 큰 범주에서 설명된다(Robbins, 1990). 조직문화는 조직 내적인 측면에서 구성원들이 조직의 정체성을 공유하게 하면서 조직 내에서의 의사소통방식, 의사결정방식, 과업수행방식에 대한 영향력을 통해 조직의 내적 통합 수준을 결정할 수 있다. 또한 조직 환경과의 관계에서도 조직이 행동하는 방식, 즉 고객을 처리하는 방식, 경쟁자에 대응하는 방식 등의 환경과의 상호작용에 영향을 미친다. 즉 조직문화는 이러한 내적 통합과정을 통해 그리고 환경대응방식을 통해 최종적으로는 조직의 성과에 매우 유효한 영향을 미친다.

이러한 기능을 하는 조직문화에 대해서 학자들은 조직문화가 조직에 큰 자산이자 동시에 조직발전에 엄청난 저해요소일 수도 있음을 강조한다. 즉 조직문화가 의사소통에 영향력을 가져 잘못된 의사소통을 줄이고, 조직구성원 헌신에 영향을 가져 보다 높은 수준의 헌신도를 갖는 구성원을 개발하며, 공유된 이해를 갖게 함으로써 의사소통을 원활하게 하고, 불확실성 속에서도 실행을 보다 원활하게 하며, 문화의 코드를 통해 조직의 공식화를 견고하게 구성한다는 점에서 조직문화는 조직에 큰 자산일 수 있다는 것이다. 그러나 많은 학자들은 조직문화가 조직의 욕구, 구성원의 욕구, 혹은 다른 조직구성요소의 욕구와 같은 수준에서 같은 방향에서 존재하지 못할 때, 조직문화는 조직의 발전에 매우 부정적인 요소일 수 있음을 강조한다. 예로 조직문화가 강력한 경우 새로운 구성원의 적응을 가져오는 데 적정 수준보다 더 높은 비용을 가질 수 있고, 구성원이 보유하는 차이를 유연하게 수용해 내지 못함으로써 조직을 획일화시키는 제한점을 지닐 수 있다. 또한 오랜 기간 동안 존재해 온 매우 강한 문화가 존재하고 있을 때, 이 강한 문화는 조직의 변화가 요구되는 시점에서 혹은 조직구성원의 변화욕구와 상충될 경우, 이는 조직의 변화에 매우 큰 저해요소가 될 수 있다는 것이다.

4) 조직문화의 유형

조직문화의 유형에 대해서 체계적으로 일반화할 수 있는 유형을 제시하는 연구는 존재하지 않는다. 단지 자신의 경험과 제한된 관찰을 통해 핵심기준이 된다고 가정되는 일부 요인들을 중심으로 문화의 유형을 대략적으로 파악해 보려는 탐색적 시도만이 있어 왔다(Xenikou & Furnham, 1996). 그러한 시도만이 존재하는 이유는 조직문화를 유형화할 때, 여러 차원에서의 다양한 요인들에 대한 결합을 고려해야 하는데 이는 쉬운 일이 아니기 때문이다. 그럼에도 불구하고, 일부의 학자들은 제한된 차원에서 핵심요인이라 판단되는 요인들만을 고려하여 문화의 유형을 일반화시켜 보려고 노력하고 있다.

Harrison(1972)은 조직구조의 중요한 두 변수인 공식화와 집권화의 두 가지 차원으로 조직문화를 구분하였다. 즉 공식화와 집권화가 모두 높은 관료조직문화(bureaucratic culture), 공식화는 비교적 낮지만 집권화는 높은 권력조직문화(power-oriented culture), 공식화는 높지만 집권화는 낮은 행렬조직문화(matrix culture), 그리고 공식화와 집권화가 모두 낮은 핵화조직문화(atomized culture) 등의 구분을 시도하였다. 관료조직문화는 구성원들의 역할이 분명하고 모든 업무절차가 과학적인 방법으로 설정되어 질서와 규칙이 지배적인 문화이며, 권력조직문화는 구성원의 역할과 업무수행절차가 구체화되어 있지 않고 강력한 실권자와 소수의 핵심인물들이 권한을 행사하며 구성원을 통제하는 문화이다. 행렬조직문화의 경우, 조직의 과업을 중심으로 구성원의 역할과 업무수행이 이루어지게 하면서 관련된 전문기능인력들이 한 팀이 되어 창조성과 다양성을 조화시켜 조직목적을 달성하게 하는 것을 특징으로 하는 문화인 반면, 핵화조직문화는 구성원들의 역할과 상호관계가 조직의 공동목표를 중심으로 자발적인 관심과 협조에 기반해서 이루어지게 하는 문화이다.

Deal과 Kennedy(1982)는 조직환경과의 관계에서 조직이 목표달성을 위하여 얼마나 모험적인 활동을 전개하는가, 그리고 그 결과로 얼마나 빨리 피드백을 받는가 하는 기준에 따라 네 가지 문화유형으로 구분하였다. 첫째는 강인한 남성 문화(though guy, macho culture), 즉 모험감수성이 높고 단기적이므로 거칠고 최신 흐름과 유행에 민감한 문화이다. 둘째는 열심히 일하고 열심히 노는 문화(work hard, play hard culture)로서 단기적이나 위험감수는 낮은 문화이다. 이는 서로 협조하고 팀으로 일하며 빨리 결정하고 신속히 실천하는 것을 특징으로 하는 문화이다. 셋째로 투기적으로 조직이 운영되는 문화(bet your company culture)는 장기적이고 모험성이 강하여 기술력이 높은 반면 환경변화에 약한 문화이다. 마지막으로 과정을 중시하는 문화(the process culture)는 장기적이고 모험을 피하기 때문에 위계적 지시와 절차에 따르면서 일하는 특성을 갖는데, 이러한 문화는 신중하지만 창의성은 다소 부족한 문화라 할 수 있다.

표 6-4 Deal과 Kennedy(1982)의 조직문화유형

구분		모험감수성	
		낮음	높음
시간성	단기	과업·여가 문화	강인한 남성 문화
	장기	과정·절차 중시 문화	투기적 운영 문화

Denison(1990)은 준거의 초점과 변화추구 정도에 따라 집단문화, 개발문화, 위계문화 및 합리문화 등으로 구분하고 이러한 조직문화유형과 조직효과성이 관계를 지니고 있음을 논한다. 먼저 집단문화는 인간관계에 높은 관심을 가지고 내부통합에 일차적 관심을 둔다. 성실과 신뢰관계가 핵심적 가치관이며 구성원들의 동기부여기제로는 애사심, 집단응집력, 구성원으로서의 소속감 등이 강조된다. 개발문화에서는 유연성과 변화를 강조한다. 즉 변화에 초점을 두고 성장, 자원획득, 창조성, 외부환경에의 유연한 적응을 강조하

는 문화이다. 한편 합리문화는 안정성과 외부중심적 적응에 초점을 두는 문화이다. 이러한 합리문화에서는 리더가 목적지향적이고 지시적인 특성을 가지며 생산성과 성과, 과업의 달성을 강조한다. 위계문화의 경우, 조직내부의 능률, 통일성, 조정 그리고 평가를 강조하며 리더는 보수적이고 조직의 안정성이 강조된다.

그림 6-4 Denison의 조직문화유형

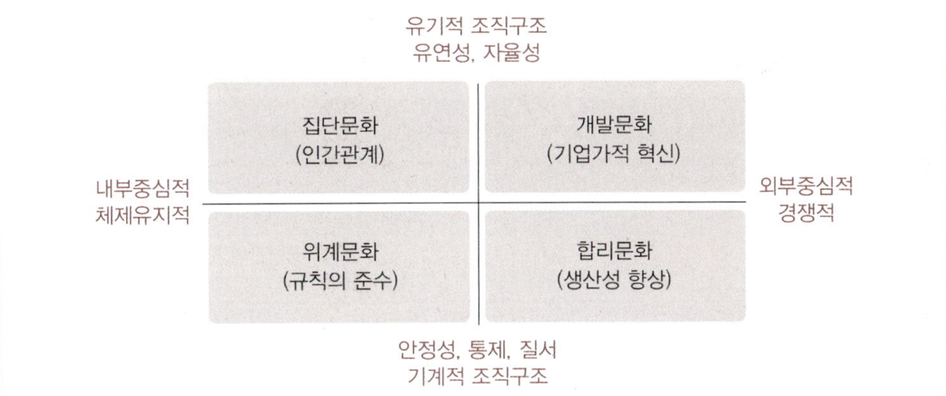

출처: 정동섭 외(2008)

그 외에도 Weiner(1988)는 가치관의 초점과 원천이라는 두 가지 차원에 근거하여 조직문화를 기능적-전통적, 기능적-카리스마적, 우월적-전통적, 우월적-카리스마적 유형으로 구분한다. Jones(1983)는 사회집단의 구성원들 사이의 교환 혹은 거래를 통제하기 위해서 발전된 제도적 장치, 특히 재산권의 교환구조에서 상이한 조직문화가 형성된다고 보았다. 이러한 시각에서 그는 문화유형을 생산적 문화, 관료적 문화, 전문적 문화 등의 세 가지 유형으로 구분한다.

Scholz(1987)는 조직문화 차원으로 환경적 차원, 진화적 차원, 내부적 차원을 제시하고, 각각의 차원을 이용하여 여러 개의 상이한 조직문화유형을 정의할 수 있음을 주장하였다. 환경적 차원은 Deal과 Kennedy(1982)가 구분한 문화유형에 근거해서 구분하는데, 이 차원에서는 과업환경의 위험 정도, 의사결정 결과에 대한 피드백 속도의 고저에 따라 강인한 남성 문화, 열심히 일하고 열심히 노는 문화, 투기적으로 조직이 운영되는 문화, 과정을 중시하는 문화로 구분될 수 있다고 주장한다. 진화적 차원은 조직의 발전단계에 따라 나타나는 문화적 특성을 파악하고자 하는 것으로 내부지향성 대 외부지향성, 시간지향성, 위험부담지향성, 변화지향성 등으로 구분될 수 있다고 주장한다. 마지막으로 내부적 차원은 조직의 다양한 내적 상황에 따라 나타나는 문화적 특성을 파악하고자 하는 것으로서 이 차원에서는 Jones(1983)가 제시한 문화유형에 근거해서 구분한다.

여러 학자들이 문화유형을 파악하기 위해서 이용한 대표적인 차원들을 요약하면 〈표 6-5〉와 같고, 각 연구자들이 파악한 문화유형을 요약하면 〈표 6-6〉과 같다.

표 6-5 조직문화유형분류를 위한 차원

<table>
<tr><th>학자
차원</th><th>Deal & Kennedy
(1982)</th><th>Scholz
(1987)</th><th>Denison
(1990)</th><th>Weiner
(1988)</th><th>Jones
(1983)</th></tr>
<tr><td rowspan="2">환경적 차원</td><td rowspan="2">위험과 피드백 속도</td><td>외부적 차원</td><td rowspan="2">준거의 초점
(내부-외부)</td><td rowspan="2">가치관의 초점
(내부-외부)</td><td rowspan="2"></td></tr>
<tr><td rowspan="2">진화적 차원</td></tr>
<tr><td rowspan="2">내부적 차원</td><td rowspan="2"></td><td rowspan="2">변화추구 정도</td><td rowspan="2">가치관의 원천
(카리스마-조직의 전통)</td><td rowspan="2">재산권의
교환구조</td></tr>
<tr><td>내부적 차원</td></tr>
</table>

출처: 정인근(1996)을 기초로 재구성

표 6-6 조직문화유형분류에 관한 기존 연구

학자	조직문화유형
Harrison(1972)	관료 · 권력 · 행렬 · 핵화조직문화
Handy(1978)	클럽 · 과업 · 역할 · 실존문화
Deal & Kennedy(1982)	강인한 남성형 · 과업-여가병존형 · 투기적 운영 · 관료-절차형 문화
Denison(1990) Kimberly & Quinn(1984)	집단 · 개발 · 위계 · 합리적 문화
Quinn & McGrath(1985)	집단 · 개발 · 위계 · 합의적 문화
Wallach(1983)	혁신적 · 지원(후원)적 · 관료적 문화
Weiner(1988)	기능-전통 · 기능-카리스마 · 우월-전통 · 우월-카리스마 문화
Ouchi(1981)	시장 · 관료적 · 클랜(온정)문화
Jones(1983)	생산적 · 관료적 · 전문적 문화
Lundberg(1984)	정태적 동질 · 변화적 동질 · 정태적 이질 · 변화적 이질문화
Ernest(1985)	상호작용 · 통합적 · 체계적 · 기업가적 문화
Kets de Vries & Miller(1986)	편집광적 · 회피 · 카리스마적 · 관료적 · 정치적 문화

출처: 정인근(1996)을 기초로 재구성

5) 조직문화의 효과

우리가 조직문화에 관심을 갖는 이유는 결국 조직문화가 조직의 성과를 높이는 데 영향을 미친다는 생각 때문일 것이다(Posner, Kouzes, & Schmidt, 1985). 조직문화는 구성원의 공유가치로서 구성원의 행동에 영향을 주고, 조직성과는 근본적으로 조직문화의 영역 내에서 활동하는 구성원의 노력에 의하여 결정되는 만큼 조직문화와 조직성과는 매우 밀접한 관계를 지닐 수 있다. 조직문화가 조직성과에 얼마나 많은 영향을 주는지에 대한 논의는 지금까지 성공적인 조직문화의 특성을 추출하여 사후적으로 문화와 성과 간의 관계를 유추하는 방법으로 접근하는 경향이 있다(정동섭 외, 2008).

지금까지 연구된 조직문화와 성과 간의 연구는 크게 세 가지 관점에서 접근되었다고 설명할 수 있다. 첫째는 '강한 문화가 조직의 성과를 높인다'는 강한 문화의 관점(strength perspective)이고, 둘째는 '상황에 적합한 문화가 조직의 성과를 높인다'는 상황적합적 관점(fit perspective)이며, 셋째는 '환경적응력이 있는 문화가 조직의 성과를 높인다'는 환경적응적 관점(adaptive perspective)이다. 다음에서는 각 관점에 대해서 간략히 정리해 보고자 한다.

(1) 강한 문화의 관점

강한 조직문화의 관점은 강한 조직문화가 조직의 성과를 향상시킨다는 관점이다. 강한 문화에 대한 관심은 1980년대에 조직유효성이 강한 조직문화와 관련이 있다는 기업의 보고를 기반으로 해서 조직문화가 중요한 관리변수로 떠오르면서부터이다(Peters & Waterman, 1982).

Gordon과 DiTomaso(2007)에 의하면 강한 문화는 조직문화 공유 구성원의 규모, 즉 핵심가치를 공유하는 조직구성원이 많을수록, 내면화 강도, 즉 구성원의 조직문화 내면화의 강도가 강할수록, 그리고 지속성, 즉 조직문화가 받아들여지는 기간이 길수록 조직문화가 강하다고 설명한다. Thompson(1967)은 그 외에도 조직문화의 구성요소(인지, 상징, 이미지 등)가 서로 비슷하거나 일관성이 있고 상호보완적일수록, 그리고 내부 구성원 사이에서는 공통적이지만 다른 조직의 문화와는 차별성을 지니는 독특성이 강할수록 해당 조직의 문화는 강한 문화에 속할 수 있다고 설명한다. 마지막으로는 조직의 규모가 조직문화의 강도에 영향을 미칠 수 있다는 견해가 있으나, 이에 관한 실증적인 논의가 더 필요하다고 평가되고 있다.

한편 강한 문화와 반대되는 약한 문화는 구성원이 자신이 소속된 조직에 대하여 피상적으로 느끼며 조직의 로고, 상징, 가치 등이 전혀 존재하지 않거나, 있다 하더라도 서로 유기적 관계가 없이 산만한 경우에 그러한 가능성은 높아진다고 한다. 대개 신생조직 또는 구성원들의 교체가 대규모적으로 일시에 일어나고 지속적으로 교체가 발생하는 조직, 그리고 강력한 지도자 없이 오랜 기간 지속된 조직 등에서 이러한 약한 문화의 현상이 발생할 수 있다(임창희, 2006).

약한 문화와 비교해서 강한 조직문화는 다음과 같은 여러 가지 측면에서의 조직성과에 기여할 수 있다고 한다. 모든 조직구성원들이 공동의 목표를 공유하게 함으로써, 동기유발과 관련해서 조직구성원들이 조직의 가치를 강력하게 추구하게 함으로써, 그리고 통제의 측면에서 강압적 통제가 없어도 조직에 대한 비공식적 통제를 보다 용이하게 함으로써 조직문화는 조직성과에 기여할 수 있는 가능성이 높다고 주장된다.

한편 문화의 성과에 대한 영향력과 관련해서, 조직문화가 조직성과의 결정요인이라기보다는 문화와 성과는 선순환적 관계(virtuous cycle)를 가지면서 높은 성과가 강화(reinforcement)요인으로 작용하여 문화의 강도를 높이고, 강력한 문화는 다시 성과의 향상에 기여한다는 입장도 존재한다. 아울러서 강한 조직문화와 관련된 제한성으로 인하여 강한 문화가 조직이 나아가야 할 방향으로 조직을 이끌지 못할 경우, 즉 강한 문화가 오히려 유연성을 저해해서 외부환경변화에 유연하게 대처하지 못하게 할 때 이는 오히려 성과를 낮추는 요인으로 작용할 수도 있다고 본다.

(2) 상황적합적 관점

상황적합적 관점은 조직문화가 조직의 다양한 상황, 특히 조직의 전략 등과 일치할 수 있을 때 조직성과를 제고시킬 수 있다는 관점이다(Cameron & Freeman, 1991). 조직문화는 오랜 기간에 걸쳐 구축된 하나의 실체로서 지속성이 매우 강한 대신 변화에 대한 적응성은 떨어질 수도 있는데, 상황적합적 관점에서 강조하는 것은 조직의 상황적 변화요구에 유연하게 적응할 수 있는 문화가 보다 바람직한 문화이고, 그러한 적합성을 지닌 경우 이는 조직의 성과와 직결될 수 있다는 것이다. 예를 들어 전통적인 위계구조와 안정성만을 강조하는 조직문화는 창의성과 신속성을 필요로 하는 상황에서는 제 기능을 다하지 못하고 오히려 조직의 생존에 저해요소가 될 수 있다는 것이다. 즉 이러한 속성의 조직문화는 조직의 의사결정 시 다양한 상황적 요인들을 용이하게 반영할 수 없기 때문에 적절한 의사결정을 할 수 없고 이는 결과적으로 조직의 성과에 긍정적인 결과를 가져오지 못할 수 있다는 것이다. 일반적으로 강한 조직문화는 조직의 성과를 높이는 것으로 알려져 있으나 상황적합적 관점에서 본다면, 조직의 내적 환경변화 요구에 따라 상황에 맞춰 변화해 나가는 것이 필요할 때 강한 조직문화는 전반적 변화요구에 저항할 수도 있기 때문에 조직성과에 대한 조직문화의 효과가 미미해져 버릴 수 있음을 시사한다.

(3) 환경적응적 관점

환경적응적 관점은 조직이 환경의 변화에 효과적이고 효율적으로 적응하는 것을 추구하는 문화가 조직의 성과를 향상시킨다는 관점이다. 조직문화는 오랜 기간 구성되고 견지되어 온 실체로서 지속성이 매우 강한 대신 변화에 대한 적응성은 떨어질 수도 있는데, 위의 상황적합적 관점과 유사하게 환경적응적 관점에서 강조하는 것은 급변하는 환경적 변화요구에 유연하게 적응할 수 있는 문화가 보다 바람직한 문화이고 그러한 유연성은 조직의 성과와 직결될 수 있다는 것이다.

환경적응적 조직문화에서 가장 중요하게 여기는 요소는 외부환경적 요구에의 유연한 적응이다. 환경적응적 조직문화에서 관리자는 조직내부상황뿐만 아니라 조직외부의 다양한 이해관계자들의 기대실현을 중시하기 때문에 현 상태의 유지보다는 항상 환경적 적응에 따른 변화를 추구해 나가면서 유연하게 대응한다(Kotter & Heskett, 1992). 환경적응적 관점에서는 조직문화와 상황 간의 적합성을 강조하는 상황적합적 관점의 내적 조망이라는 제한점을 보완하면서 조직의 외적 조망과 함께 보다 능동적인 대응을 강조하는 속성을 지니고 있다. 그러나 환경적응적 관점에서는 조직문화가 조직구성원들에게 깊이 내재되어 쉽게 바뀌기 어려운 속성이 있음을 간과하는 경향도 지니고 있다(황규대 외, 2007). 환경적응적 관점에서 본다면 바람직한 조직문화라는 유형이 따로 존재하는 것이 아니라, 환경적 변화의 요구에 적절하게 적응하는 조직문화가 조직의 성과를 제고시키는, 보다 바람직한 문화임을 제시한다.

세 가지 관점을 종합해 보면 조직문화와 조직효과성의 관계에 있어서 조직문화가 구성원 전체에 깊고 강하게 내재되어 있으면서도 조직의 전략변화 등의 상황에 적합하게 적응할 수 있고 환경변화의 요구에도 민감하게 반응할 수 있는 유연성이 있는 경우에 조직의 성과를 제고시키는 데 기여할 수 있음을 시사한다.

6) 조직문화의 형성, 유지 및 전파, 변화

조직문화의 형성과 관련해서 가장 많이 주목하는 것은 바로 조직설립자 혹은 최고경영자의 경영이념과 철학이다. 즉 설립자나 강력한 리더십을 갖는 최고경영자의 경영이념과 철학이 조직이 지향하는 가치관의 형성에 직접적인 영향을 미치고, 이러한 가치관이 조직의 역사 속에서 구성원들에게 보다 폭넓고 깊게 확산되고 내재화되어 조직문화는 형성된다고 설명된다(이창순, 1999). 양창삼(1993)은 조직문화의 형성에 보다 다양한 요소가 개입된다고 하였다. 즉 가장 거시적인 차원에서 조직이 속한 문화권, 즉 동서양문화 또는 국가의 문화에 의하여 영향을 받고, 다음으로 설립자나 강력한 리더십의 영향, 조직이 거쳐 온 역사, 그리고 업종, 경쟁 정도, 변화의 속도, 정치경제적 위험부담, 지리적 위치 등의 조직환경, 마지막으로 조직 고유의 문화에 대한 대체문화의 유무가 조직문화의 형성에 영향을 미친다고 하였다.

조직문화는 바로 조직문화에 적합한 사람의 선발, 오리엔테이션, 훈련 및 교육을 통한 사회화, 그리고 조직 최고경영자들의 언행과 조직 내에서의 의식(rituals, ceremonies)을 통한 내재화를 통해 유지되고 전파된다고 본다. 즉 조직은 조직구성원이 되고자 하는 사람들 중에서 전반적인 행동체계나 가치체계가 조직의 성향과 맞을 수 있다고 판단되는 사람의 선택을 통해 조직문화를 유지해 나간다. 또한 구성원들을 선발한 이후에는 조직문화에 대해 집중적인 사회화를 시키면서 조직문화에 잘 적응하는 구성원에게는 보상을 하고, 적응하지 못하는 구성원에 대해서는 교정을 통해 조직의 가치와 규범을 내재화시키고 이에 기반을 둔 행동을 할 수 있게 한다. 혹은 조직문화에 일탈하는 구성원들에 대해서는 제거의 방법을 적용함으로써 조직이 고수하는 문화를 정당화시키고 강화시켜 나간다.

일반적으로 조직은 조직문화에 대해 사회화시키는 과정에서 다양한 조직문화 의사소통 방식을 활용한다. 문화의사소통은 크게 명시적 방법과 암묵적 방법으로 나눌 수 있는데,

명시적 방법은 조직이 추구하는 것 혹은 선호하는 것에 관해 메모를 돌린다거나 선포를 한다거나 하는 방식이고, 암묵적 방법은 다양한 방식의 조직의식(rituals and ceremonies)을 통해 조직이 추구하는 것 혹은 선호하는 것을 직·간접적으로 인식시키고 정당화시키는 방식이다. 문화의 의사소통과정에서 특히 최고경영자의 언행은 조직이 추구하는 가치와 규범을 인식시키는데, 이는 조직이 지향하는 합당한 행위규범의 기준들을 인식하게 하는 데 매우 중요한 영향을 미친다.

그림 6-5 조직문화의 유지와 변화

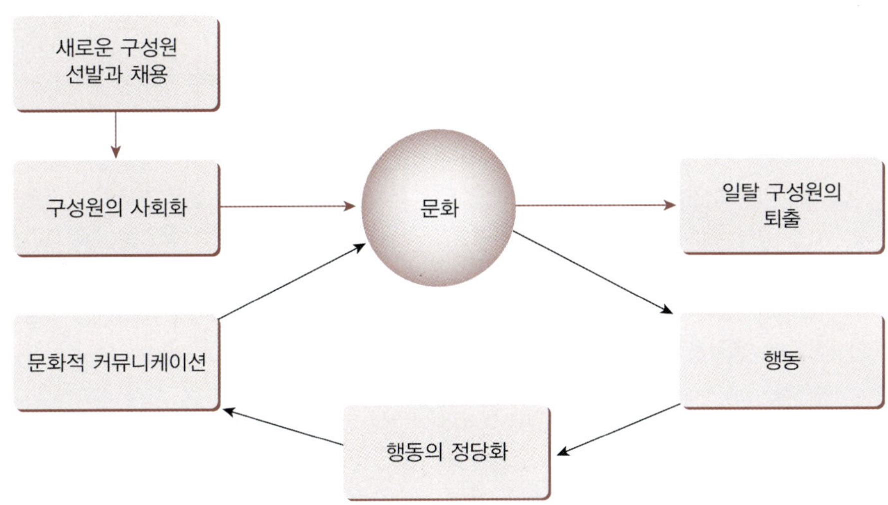

출처: Sathe(1985), 김우식(1999)에서 재인용

조직문화는 변화시킬 수 있는 것인가? 일반적으로 조직문화의 변화는 그렇게 쉽고 용이하지 않다는 사실이 강조된다. 그러나 기존의 문화가 조직의 목표와 상충되거나 변화된 조직목표를 위해 조직에 새로운 변화가 요구될 때, 조직의 생존이 위협받고 있을 때, 혁신과 변화의 시도가 심한 반대에 직면해 있을 때, 조직문화의 변화도 요구될 수 있다(유호룡 외, 2008). Robbins(1990)는 조직이 다음과 같은 상황에 놓이게 될 때 조직문화의 변화가 비교적 용이하게 이루어질 수 있다고 설명한다. 조직이 극단적인 위험에 처해

있을 때, 조직의 리더십이 기존의 가치체계와는 다른 대안적인 새로운 가치체계를 갖는 새로운 리더들로 변화될 때, 아직 조직의 체계를 잡아 나가는 시기, 즉 형성기에 있을 때, 그 외에도 조직의 규모가 상대적으로 작거나 조직의 기존문화가 그렇게 강하게 존재하지 않았을 때 조직문화의 변화는 보다 용이할 수 있다고 설명한다.

요약

사회복지조직을 포함한 현대사회의 모든 조직에서 조직문화가 지니는 중요성 때문에 조직문화에 대한 관리라는 주제가 부각되고 있는 상황이다. 특히 조직문화의 차이가 조직의 성과에 영향을 미칠 수 있기에 효과적이고 효율적인 조직관리의 연장선상에서 조직문화를 설정하는 경향이 크다. 이러한 상황에서 조직문화에 대한 이해의 틀을 보다 포괄적으로 구축하는 것이 무엇보다도 필요하다.

조직문화는 구성원들이 집단적으로 공유하는 조직에 대한 이해체계 혹은 의미체계로서 조직행동의 기본전제라 할 수 있다. 여기에는 조직의 가치와 신념, 규범, 관습 및 행동양식이 포함된다. 이러한 조직문화의 요소들이 강한 리더십과 함께 구성원들에게 넓게, 깊고 강력하게, 그리고 지속적으로 공유될수록 조직문화의 강도는 더 높아진다. 그리고 높은 강도의 조직문화는 대내적으로 구성원들에게 조직의 정체성을 확립시키고 조직에 대한 몰입을 증진시키며, 대외적으로는 외부환경에의 대응력을 제고시켜 조직효과성에 기여하는 기능을 갖는다.

조직문화의 유형에 대해서 하나의 기준에 의해서 일반화할 수 있는 유형을 제시하는 것은 불가능하기에, 조직문화 연구자들은 몇 가지 제한된 차원에서 핵심요인을 중심으로 유형화하는 노력을 수행해 오고 있다. Harrison(1972)은 공식화와 집권화의 두 가지 차원에서, Deal과 Kennedy(1982)는 조직환경과의 관계에서 조직의 모험에 대한 태도와 피드백 속도에 따라서, Denison(1990)은 준거의 초점과 변화추구 정도에 따라 조직을 유형화하는 시도를 하였다. 이러한 유형화 시도들이 조직성과를 제고시킬 수 있는 바람직한 조직문화유형에 대한 제시수준까지 발전되지는 못했지만, 조직문화에 대한 다양한 차원에서의 이해의 폭과 깊이를 넓히고 심화시키는 데 큰 도움을 준다.

조직문화가 조직의 성과에 영향을 미치는지와 관련해서 크게 세 가지 관점이 제시된다. 첫째는 '강한 문화가 조직의 성과를 높인다'는 강한 문화의 관점(strength perspective)이고, 둘째는 '상황에 적합한 문화가 조직의 성과를 높인다'는 상황적합적 관점(fit perspective)이며, 셋째는 '환경적응력이 있는 문화가 조직의 성과를 높인다'는 환경적응적 관점(adaptive perspective)이다. 이러한 관점들을 종합해 보면, 조직문화가 구성원 전체에 깊고 강하게 내재되어 있으면서도 조직의 전략변화 등의 상황에 적합하게 적응할 수 있고 환경변화의 요구에도 민감하게 반응할 수 있는 유연성이 있는 경우에 조직의 성과를 제고시키는 데 기여할 수 있음을 시사한다.

조직문화가 조직의 성과에 긍정적으로 기능하는 경우에는 조직문화를 더욱더 보존하고 강화하는 방향으로의 관리가 필요하고, 그 반대의 상황, 즉 부정적으로 기능하는 상황에서는 조직의 성과를 향상시키는 방향으로 조직문화를 변화시키는 것이 필요할 수 있다. 일반적으로 조직문화의 변화는 그렇게 쉽고 용이하지는 않다. 그러나 기존의 문화가 조직의 목표와 상충되거나 변화된 조직목표를 위해 조직에 새로운 변화가 요구될 때, 조직의 생존이 위협받고 있을 때, 혁신과 변화의 시도가 심한 반대에 직면해 있을 때, 조직문화의 변화가 요구될 수 있다. 그리고 조직문화의 변화가 보다 용이한 시점은 조직이 위기에 처한 경우, 새로운 리더십으로의 교체가 발생하는 경우, 조직이 초기 문화형성기에 있는 경우, 그리고 기존 문화가 너무 강하지 않은 경우라 할 수 있다. 이와 아울러 조직의 문화가 어떻게 형성되고 유지되고 전파될 수 있는지에 대한 이해는 조직문화의 변화와 관련해서 반드시 숙지해야 하는 사항들이라 할 수 있다.

3. 조직기술

모든 사회복지조직은 조직의 목적달성을 위한 기술을 필요로 한다. 자활기관에서 자활대상자가 자활될 수 있게 이끄는 기술, 요양기관에서 요양대상자들을 안정된 상태로 유지되게 하는 기술, 공동모금회와 같은 모금기관에서 모금하고 배분하는 기술 등이 대표적인 사회복지분야의 조직기술이라 할 수 있다. 기술은 조직이 목적하는 바를 달성할 수 있도록 만들어주는 조직의 핵심 요소 및 실체라 할 수 있다. 따라서 조직관리자는 끊임없이 조직의 발전 및 생존을 위해 조직기술을 개발하고 발전시켜나가야 한다.

조직기술은 보통 조직 내에서 투입물을 산출물로 변화시키는 과정 또는 방법으로 이해할 수 있다. 즉 조직기술은 조직의 여러 가지 투입물을 조직이 원하는 산출물로 변환시키는 데 이용되는 지식, 도구, 기법, 그리고 활동을 의미한다(Perrow, 1967).

[그림 6-6]을 통해 이해해 보면, 그림에서 제시되는 변환과정(transformation process)이 조직의 기술로 이해될 수도 있다. 사회복지조직은 사람을 대상으로 해서 다양한 지식, 도구, 기법, 활동 등을 통해 당사자가 혹은 사회가 기대하고 요망하는 상태로 변화시키기 위해 노력한다. 보통 사회복지조직은 사람들이 갖는 문제에 대해서 심리적 안정을 가져

오거나, 인식의 변환을 가져오거나, 행동을 수정시키거나 혹은 동시에 자원이나 기회와 연결시켜 사회경제적 안정을 가져오거나 하는 것들과 관련된 지식과 기법들을 통해 전문적으로 사람들의 문제상태의 변화를 유도하는 활동을 수행한다.

그림 6-6 조직기술 과정도

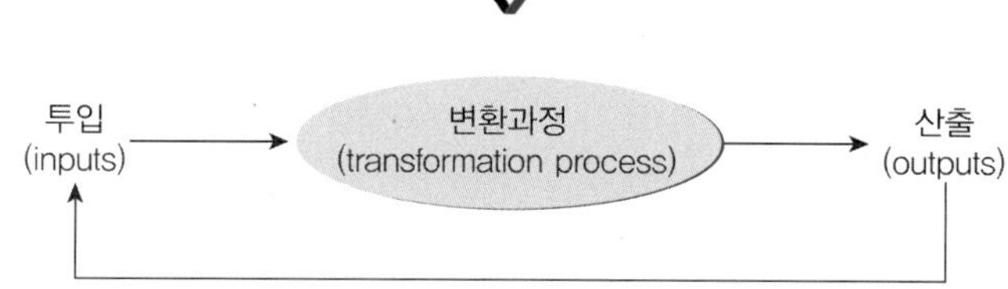

출처 : Hatch(1967)

이러한 사회복지조직의 조직기술의 구성은 다른 조직의 기술보다 특별하다 할 수 있는데, 그 이유는 사회복지조직의 기술은 단순히 지식과 이론 만으로 구성되는 것이 아니라 경험, 믿음과 가치, 기지 등의 다양한 내용을 포괄해서 구성될 수밖에 없기 때문이다. 이처럼 조직기술에 대한 지식과 이론 외의 요소들로 구성된다는 점 때문에 사회복지조직의 기술은 그 타당성과 의미 및 가치에 대한 평가를 제대로 받지 못해 왔을 수도 있다.

그러나 사회복지조직에서도 조직의 목적을 달성하기 위해서 선택되는 조직기술은 매우 중요한 위치를 점하고 있다. 따라서 사회복지조직은 사람을 대상으로 해서 적용되는 다양한 기술들을 지속적으로 개발하고 개선시키면서 기술의 유효성을 제고시킴을 통해 조직 존재의 의미를 더욱 높이는 것이 필요하다. 즉, 사회복지조직은 조직의 목적달성을 용이하게 하는 '다양한 기술을 선택'해서 '조직구성원들을 통해' '선택된 기술을 적용'하여 '욕구를 지닌 사람'이라는 '투입물에 대한 변화'를 추구하는 조직이다. 사람을 대상으로 하는 사회복지조직은 조직의 기술을 통해 사회로부터 지속적으로 그 활동이 존재해야만 하는 이유, 즉 합법성을 인정받으면서 사회로부터 전문적인 기능을 수행하는 조직으로 평가되는 것이 필요하다. 그렇게 되기 위해서는 모든 다른 형태의 조직과 마찬가지로 사회복지조직에서도 기술의 관리가 매우 중요하다. 따라서 다음에서는 조직기술의 요건, 조직기술의 개념과 다양한 구분방식, 사회복지조직기술의 정의와 기능상의 종류, 사회복지조직기술의 과정적 구성, 사회복지조직기술의 특성, 사회복지조직기술의 조작화, 사회복지조직기술의 선택에 영향을 미치는 요인, 조직기술과 조직구조 등의 다른 조직구성요소와의 관계에 관한 논의 등을 정리해 보고자 한다.

1) 조직기술의 요건

Perrow(1967)는 조직의 기술이 기술로 인정받기 위해서는 다음의 최소한의 다섯 가지 속성을 가져야만 한다고 주장한다. 첫째, 개입과 결과의 인과적 관계에 대한 지식을 반드시 지니고 있어야 한다. 발생한 결과가 다른 것 때문이 아닌, 해당기술의 개입에 의해 발생된다는 것을 명시해 주는 지식을 지니고 있어야 한다. 즉, 기대되는 결과가 다른 것이 아닌 바로 사용된 기술에 의한 것이라는 점을 명백히 밝힐 수 있어야 한다. 둘째, 개입의 결과가 객관적인 방식에 의해 평가할 수 있어야 한다는 것으로 주관적 평가체계에 의해서 결과를 해석할 때에는 일관성이 결여될 수 있기 때문에, 반드시 객관적 평가를 위한 환류시스템을 갖추고 있어야 기술의 요건을 지닐 수 있다고 설명한다. 셋째, 그 기술개입의 효과성에 대해서 반복된 입증이 가능해야 기술이 될 수 있다고 주장한다. 즉 단 한 번만의 인과관계가 아니라, 지속적으로 인과관계에 대한 입증이 확인될 수 있어야 기술로 인정받을 수 있다고 주장한다. 넷째, 개입활동에 대한 성공률의 산정과 함께 개입활동에 대한 합리적인 수용범위의 설정이 가능해야 기술이 될 수 있다고 주장한다. 즉 특정한 욕구를 지닌 클라이언트들을 위해서 사회복지조직이 특정 변화노력을 실행했을 때, 어떤 변화가 얼마나 많은 대상자에게 발생하는지에 관해 그 범위를 설정할 수 있을 때 기술이 될 수 있다고 주장한다. 마지막으로는 개입활동이 전수될 수 있어야 한다는 것, 즉 활동내용의 전수가 가능해서 그 활동내용이 타인에 의해서도 전수를 받은 후에 원만하게 수행될 수 있고 같은 결과를 지속적으로 만들어 낼 수 있어야 기술의 요건을 갖춘 것으로 평가할 수 있다고 주장한다.

Perrow(1967)는 이러한 요건을 갖추지 못한 경우 기술이 아닌 개인적인 비법 수준의 객관화할 수 없고 전문적인 것으로 수용할 수 없는 것의 차원에 머무를 수밖에 없다고 주장한다. 그의 이러한 주장은 사회복지조직기술이 실제로 인정받을 수 있는 기술이기 위해서는 어떤 부문에서 어떠한 노력이 배가되어야 하는 것인지를 인식하게 한다.

2) 조직기술의 개념과 조직기술에 대한 구분

조직기술에 대한 관심은 Woodward(1965)의 조직의 생산기술에 관한 연구에서부터 시작하였다. 그녀는 생산기술의 특징들을 분류하고 생산기술과 다른 조직구성요소 및 성과와의 관계를 연구하였다. 기본적으로 그녀가 분류한 생산기술의 유형은 다음의 세 가지로 단위소량생산기술, 대량생산기술, 연속공정생산기술 등이었다. 이러한 기술의 유형은 제조업 등 재화를 생산하는 조직에는 적용될 수 있는 반면, 사회복지조직과 같은 인간봉사조직에는 직접 응용될 수 있는 것이 아니었다.

이러한 문제와 관련해서 Thompson(1967)은 다양한 종류의 조직에 적용 가능한 조직기술유형을 제시하기 위해 노력하였다. 그는 기술이라는 것이 각기 다른 조직의 형태에서 다른 모습을 지닐 수 있다는 점에 착안하여 세 가지 형태의 기술을 제시하였다.

첫째는 여러 단계가 길게 연결된 연결기술(long-linked technology), 즉 여러 가지 활동이 순차적으로 의존적인 관계를 형성하고 있는 기술을 의미하는 것으로서, 선행활동이 완결된 이후에 비로소 그 다음의 활동이 수행 가능한 기술 등이 대표적인 예가 될 수 있다. 이는 대량생산을 하는 작업체제에서의 기술과 유사하다고 말할 수 있다.

둘째는 서로 다른 속성의 고객을 연계시켜 바로 그 연계를 통해 조직 존재의 의미를 살리는 매개 혹은 중개기술(mediating technology)이다. 이는 상호의존상태에 있을 수 있는 고객들을 연결 짓는 활동을 통해서 운영되는 기술을 의미한다. 예로 사회복지조직 중 자원을 개발하는 조직은 도움이 필요한 사람과 도움을 줄 수 있는 사람을 연결하는 중개기술을 통해서 생존하고 있다 말할 수 있다. 만약 이 두 고객 사이에서의 연계가 균형을 잃으면, 예로 도움을 원하는 이는 많은데 도움을 줄 수 있는 이를 확보하지 못하는 경우 혹은 그 반대의 경우에, 이러한 중개기술을 사용하는 조직은 활동에서 엄청난 제한성을 갖게 되는 것이다.

셋째는 단순한 한 가지 방식의 개입만으로는 문제를 해결할 수 없기에 다양한 기술들을 복합적으로 응용하여 변화를 만드는 집약기술(intensive technology)이다. 예로 병원의 응급실에서 이러한 집약기술이 대표적으로 사용된다고 말할 수 있다. 집약기술에서는 어떤 서비스를 언제 어떻게 적용할 것인가를 클라이언트의 상황에 따라 결정하게 되는데, 이러한 측면에서 집약기술은 고객에 대한 맞춤형 기술이라고 말할 수 있다(오석홍, 1999).

그림 6-7 Thompson의 조직기술유형

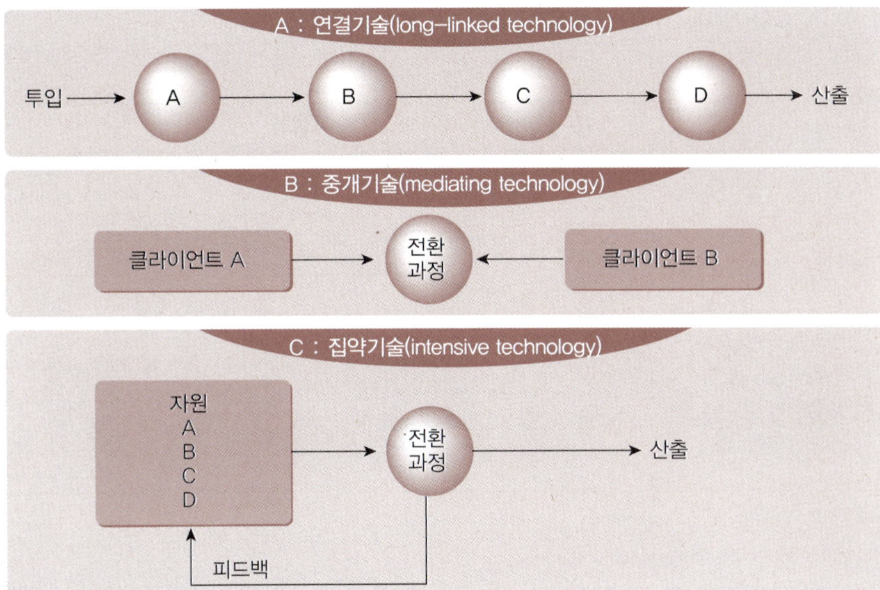

출처 : Robbins(1990)

Perrow(1967)는 이보다 다양한 형태의 조직에 일관되게 적용할 수 있는 조직기술 개발을 위해 조직기술을 "어떤 대상물을 변화시키기 위해 그 대상에 대해 행해지는 모든 활동"으로 정의하고, 과업의 예외성 정도와 과업문제의 분석 용이도 정도에 따라 네 가지 형태의 기술을 제시하였다.

과업의 예외성 정도는 과업 중 예외적인 것과 일상적인 것의 비중이 얼마나 되는지에 따른 것이고, 분석 용이도 정도는 과업이 대상으로 하는 문제가 쉽게 분석될 수 있는 것인가 혹은 쉽게 분석되기 어려운 것인가에 따른 것으로 이를 기준으로 다음의 네 가지 형태의 기술을 제시하였다. 첫째, 장인기술(craft technology)로서, 과업의 다양성도 낮고 문제의 분석가능성도 낮은 경우이고, 둘째, 일상적 기술(routine technology)로서, 과업의 다양성은 낮고 문제의 분석가능성은 높은 경우이며, 셋째, 비일상적 기술(nonroutine technology)로서, 과업의 다양성도 높고 문제의 분석가능성은 낮은 경우이고, 마지막으로는 공학적 기술(engineering technology)로서, 과업의 다양성도 높고 문제의 분석가능성도 높은 경우이다. 그의 이러한 개념적 이해는 다양한 형태의 기술들을 그의 개념에 의거해서 분류할 수 있게 한다는 점에서 높이 평가받고 있다.

그림 6-8 Perrow의 조직기술유형화

		과업의 예외성 정도	
		낮음	높음
과업문제의 분석용이도	높음	일상적 기술	공학적 기술
	낮음	장인기술	비일상적 기술

출처 : Perrow(1967)

Perrow의 기술개념에 대한 이러한 이해와 차원 분류는 사회복지조직기술을 이해하는 데 매우 유용하기 때문에 많이 인용되고 있는데 사회복지조직기술은 많은 경우 비일상적 기술(nonroutine technology)의 모습을 가지고 있는 것으로 평가되고 있다. 즉 욕구를 갖는 사람의 변화를 추구하는 사회복지조직기술은 과업에 있어 일상적이지 않고 예외적인 것이 상당히 많고, 과업의 대상인 문제가 쉽게 분석되지 않는 특징을 가지고 있기 때문에 비일상적인 기술의 모습을 많이 갖는다고 평가된다. 이러한 이해는 사회복지조직기술의 속성에 대한 이해를 제고하면서 기술과 관련된 사회복지조직관리의 과제를 이해하는 데 매우 중요할 수 있다.

3) 사회복지조직기술의 정의와 기능상의 종류

Hasenfeld(1980)는 사회복지조직기술을 "사회복지조직의 대상이 되는 사람들을 현재의 지위에서 새롭게 처방된 지위로 변환시키기 위하여 이들의 신체적·심리적·사회적·문화적 특징을 변화시키는 것을 목적으로 사용되는 제도화된 일련의 절차"로 정의한다.

그의 정의는 사회복지조직기술은 일반적으로 대상이 되는 사람들의 문제 상태에서 문제가 치유된 상태로의 변화를 목적으로 한다는 점을 분명하게 강조한다. 또한 그는 사회복지조직기술은 '제도화된 절차'임을 강조하는데, 이는 사회복지조직기술은 사물이 아닌 사람을 대상으로 하기 때문에 임의로 적용될 수 있는 것이 아니라 일반적으로 사회에 의해서 그리고 조직에 의해서 재가를 받고 합법화되는 것임을 강조하는 것이다. 이러한 정의는 사회복지조직의 대상을 사람으로 하고 있다는 점, 그리고 사회와의 밀접한 관계 속에서 존재하면서 기술을 적용하는 조직일 수밖에 없다는 점을 나타낸다.

Hasenfeld(1980)는 이러한 특성을 갖는 사회복지조직기술은 보통 기능적인 측면에서 볼 때 인간-처리기술, 인간-유지기술, 인간-변화기술과 같은 세 가지로 구분될 수 있음을 강조한다. 첫째, 인간-처리기술은 인간의 문제 혹은 욕구 등의 지위를 판단하는 기술로서 분류하고 배치하는 활동으로 구성된다. 둘째, 인간-유지기술은 인간의 안정화를 가져오기 위한 기술로서, 기본적으로 이 기술은 문제 상태를 악화시키지 않고 그들의 존엄성과 가능성을 유지하고 보호하는 활동을 중심으로 구성된다. 셋째, 인간-변화기술은 인간의 문제 상태에 대한 개입을 통해 지위의 부분적 변화 혹은 완전한 변화를 가져오기 위한 기술로서, 기본적으로 이 기술은 의도되고 계획된 바람직한 변화를 만드는 활동으로 구성된다.

인간-처리기술은 사람들의 문제 상태에 대해서 정확한 판단과 적절한 대응과 처리를 위해서 절대적으로 필요한 기술이고, 인간-유지기술은 장애인이나 노인 등과 같은 실제의 변화가 용이하지 않는 일부 사회구성원을 대상으로 이들의 존엄성을 유지하고 잠재력은 보존하면서 이들의 삶을 안정된 상태로 최대한 유지하기 위해 절대적으로 필요한 기술이다. 한편 인간-변화기술은 사람들의 상태를 보다 바람직한 상태로 변화시키기 위해 사회가 허용하는 범위 내에서 인간이 지닌 지식과 기법들을 적용해서 다양한 형태의 변화를 가져오기 위한 기술이다. 이들 기술 모두는 우리 사회에서 사회복지조직의 존재이유를 보이고 사회복지조직의 기능을 정당화하기 위해서 절대적으로 필요한 것이라 할 수 있다. 사회복지조직은 이러한 기술 중 어느 하나만을 집중적으로 사용하는 경우도 있을 수 있으나, 일반적으로는 이러한 기술들을 혼용하는 경우가 보다 많다고 볼 수 있다.

4) 사회복지조직기술의 과정적 구성

Hasenfeld(1980)는 사회복지조직에 의해서 활용되는 기술은 클라이언트의 모집(recruitment)과 선택(selection), 사정과 분류(assessment and classification), 지위변화(status change), 종결(termination)과 확증(certification)과 같은 과정적 요소들로 구성될 수 있다고 설명한다.

그림 6-9 사회복지조직기술과정

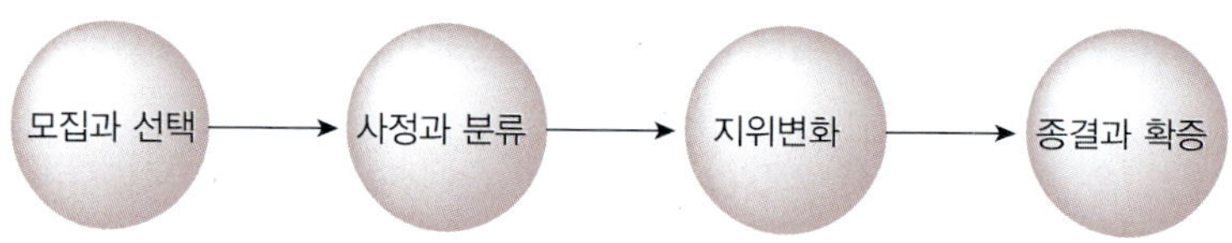

먼저 일반적으로 사회복지조직기술은 클라이언트를 모집하고 선택하는 것, 즉 조직에 의해서 서비스를 받는 것이 적합한 클라이언트를 모집하고 그들의 적격성을 판정하는 기술을 적용한다고 설명한다. 둘째로 이러한 과정 이후에는 사회복지조직이 클라이언트의 문제에 대해서 사정하고 분류하는 기술, 즉 진단을 통해 변환되어야 할 것들을 명료화시키는 기술을 적용한다고 설명한다. 셋째로는 문제 상태에 대해서 미리 처방된 만큼의 변화를 실질적으로 가져오기 위해서 일련의 개입활동을 통해 지위를 변화시키는 기술을 적용한다고 설명한다. 그는 셋째 구성기술이 사회복지조직기술에서 핵심기술(core technology)로서 사회복지조직의 성공과 실패를 가늠하는 기술이라고 강조한다. 그리고 이 핵심기술은 성공을 위해서 클라이언트의 순응을 가능하게 하는 다양한 통제기법을 병행하는 것을 특징으로 한다고 설명한다. 마지막으로 사회복지조직은 문제 상태에 대한 개입활동과 관련해서 종결을 할 것인지 혹은 지속할 것인지를 결정하는 것과 아울러 사회에 클라이언트의 변화된 상태에 대해 공적인 확증해 주는 기술을 적용한다고 설명한다. 이처럼 사회복지조직에서 클라이언트의 문제에 대한 개입을 통해 상태의 변화를 가질 때 언제 어떻게 종결해야 하는지를 판단하는 것은 매우 중요한 기술로 인식되어지고 있다.

5) 사회복지조직기술의 특성

Hasenfeld(1980)는 사회복지조직기술은 매우 독특한 속성을 지니고 있음을 논한다. 그는 사회복지조직의 기술은 다른 조직의 기술들과는 다소 다르게 도덕적 시스템으로서의 특성, 불확정적 시스템으로서의 특성, 실행이념으로서의 특성, 대면적 관계에 기반하는 특성, 클라이언트 통제시스템으로서의 특성을 갖는다고 설명한다.

먼저 도덕적 시스템으로서의 특성은 사회복지조직기술이 사회의 도덕과 가치, 규범을 반영하는 특징을 갖는다는 것이다. 즉, 개입대상에 대한 기술을 구성할 때 사회가 정당하다고 생각하는, 즉 사회가 해당 클라이언트에게 기대하는 가치에 부합하는 기술을 적용하는 경향이 크다는 것이다. 예를 들어, 빈곤가정의 가장에 대한 개입을 한다고 할 때 해당 사회복지조직은 '빈곤 가정의 가장을 위한 개입'과 관련된 사회적 기대에 맞춰 이와 부합되는 기술을 적용해 원조를 진행한다는 것이다. 일반적으로 빈곤층 가장을 돕는 것과 관련해서 사회가 중요하다고 생각하는 것은 '가장의 자립 의지 제고 및 실제적 자립'이라 할 수 있다. 따라서 사회복지조직은 '가장의 자립의지를 강화하기 위한 프로그램 및 자립의 가능성을 제고시킬 수 있는 프로그램'의 실행에 초점을 두며 기술을 구성한다는 것이다. 사회가 기대하는 것에 반하는 조직기술을 구성 및 적용하였을 때 그러한 사회복지조직은 사회의 지지와 지원에서 멀어질 수밖에 없기 때문이다.

둘째로 사회복지조직기술은 불확정적인 특성을 갖고 있는데, 이는 사물이 아닌 인간을 대상으로 하기 때문이다. 인간을 대상으로 하는 개입은 객관적인 지식만으로 그 개입의 효과성을 예측할 수 없으며 인간 그 자체에 대한 지식, 인간과 환경 간의 상호작용에 대한 지식, 그리고 인간의 문제에 대한 개입과 결과에 대한 인과적 지식에 대해 제한된 지식을 갖고 이를 응용하게 되기 때문에 일정부분 불확정적인 특성을 지닐 수밖에 없는 것이다.

셋째로 사회복지조직기술은 실행이념으로서의 특징을 갖는데, 여기서의 실행이념은 사회복지사의 이념을 의미한다. 사회복지조직기술은 앞에서 살펴본것처럼, 사회적 가치 및 도덕기준에 의해서 영향을 받으면서 동시에 불확정성의 특징을 갖고 있는 상태로 클라이언트의 문제해결을 위해 개입활동을 펼쳐야 하는데, 이 상황에서 사회복지조직기술은 과학적 지식뿐만 아니라 사회복지사의 경험, 신념, 지혜와 기지 등을 통합해서 구성된다는 것이다. 개입이 필요한 상황에서 사회복지조직은 과학적 지식의 토대를 일정 부분 활용하기는 하지만 일반적으로는 사회복지조직기술의 토대는 항상 취약한 구조와 구성을 지니고 있기 때문에 그 빈 공간을 조직이 대상 문제에 대해서 지니고 있는 믿음과 가치 및 조직을 구성하는 개인의 경험과 신념 등에 기대어서 원천적 지식의 제한성을 보완해 나가는 속성을 지니고 있다는 것이다. 이념적 경향이 반영되는 특성 때문에 사회복지조직기술은 불확실성과 모호성이 있는 상황에서도 클라이언트를 위한 활동을 지속적으로 수행하고 그러한 개입활동을 정당화할 수 있다고 설명한다. 그러나 한편 사회복지조직기술의 이러한 이념적 특성 때문에 사회복지조직기술은 기존의 실행이념에 합치되는 지식만을 받아들이는 문제를 가질 수도 있다고 설명한다.

넷째로 사회복지조직기술은 클라이언트와의 대면적 관계에서 적용되는 기술이다. 사회복지조직기술은 전문가의 상대적으로 독립적인 권한, 즉 재량권을 상당히 존중하는 환경에서 기술이 적용될 수밖에 없음을 의미한다. 사회복지조직기술의 이러한 특성은 사회복지조직에서 슈퍼비전이 지니는 중요성을 다시 한 번 확인할 수 있게 한다.

마지막으로 사회복지조직기술이 클라이언트 통제시스템으로서의 특성을 갖는다는 것은 사회복지조직기술이 클라이언트에 대한 통제와 순응을 가져오기 위해 다양한 통제수단을 활용하는 것을 특징으로 하고 있다는 것이다. 사회복지조직은 클라이언트에 대한 개입활동을 전개할 때, 개입의 효과를 갖기 위해서는 클라이언트를 적절히 통제해 나가는 것이 필요하다. 사회복지조직은 클라이언트에 대한 통제를 가져야만 조직의 효과성을 담보할 수 있다는 것이다. 일반적으로 사회복지조직에서 사용할 수 있는 통제의 방법은 개입의 효과를 가질 수 있는 클라이언트들을 선별적으로 받아들이기 혹은 비협조적인 클라이언트들은 받아들이지 않고 거부하기 등의 방법과 함께, 클라이언트에 대해 부정적인 영향력이 있는 경우 이들 요소로부터 클라이언트를 격리시키기 등의 방법이 있다. 아울러서 클라이언트의 순응 정도에 따라 보상과 벌칙이라는 다양한 상벌조치의 방법을 적용할 수도 있고, 클라이언트에 대해 긍정적인 이해를 갖는 경우 설득이라는 방법을 적용하기도 한다.

6) 사회복지조직기술의 조작화

사회복지조직은 조직기술의 구성과 내용에 대한 이해를 제고시킬 필요성이 크다. 그 이유는 그렇게 구성과 내용에 대해서 분명하게 이해할 수 있을 때, 기술을 지속적으로 변화시켜 나가면서 더 높은 수준으로 발전시킬 수 있기 때문이다. 즉 사회복지기술의 조작화를 통해 사회복지조직기술의 구성과 내용이 구체적으로 어떤지를 살펴볼 수 있기 때문에 이는 사회복지조직의 관리 과정 중 매우 중요한 과제라 할 수 있다. Hasenfeld(1980)는 사회복지조직의 조작화를 기술의 대상이 되는 클라이언트의 속성 측면, 기술의 토대가 되는 지식의 내용 측면, 기술 적용시의 클라이언트와의 상호작용 측면, 기술 적용시의 클라이언트 통제방식 측면, 그리고 기술의 전반적 운영방식의 측면 등으로 조작화할 수 있어야 함을 강조한다.

먼저 조직기술은 기술의 대상이 되는 클라이언트의 속성 측면에서 그 내용을 살필 수 있는데 그 안에서 보다 세부적으로 다양하게 조직기술의 내용을 살펴볼 수 있다. 먼저, 조직기술이 조직이 도움을 주려는 클라이언트의 생의 범위를 얼마나 넓게 잡고 있는지, 즉 현재라는 생의 범위에 초점을 두고 있는 것인지 혹은 현재와 미래의 범위를 동시에 갖는 것인지 등의 세부 측면에서 클라이언트의 속성을 살필 수 있다. 다음으로는 조직기술이 클라이언트의 얼마나 다양한 부분에 개입하려는지의 측면에서 클라이언트의 속성을 살필 수도 있다. 또한 마지막으로는 조직기술의 대상이 되는 클라이언트 속성의 안정성 수준의 세부 측면에서도 클라이언트의 속성을 살필 수 있다. 예를 들어 자활조직기술은 클라이언트의 생의 범위를 현재와 미래에 두면서, 그들의 경제적 자활 및 사회관계 등의 다양한 부문에 대한 개입을 추구한다. 그리고 이러한 기술은 대부분의 경우 오랜 세월 동안 빈곤하게 생활한 이들을 대상으로 한다. 즉 클라이언트의 안정성 속성 측면에서 보면 그 안정성의 깊이가 매우 깊어 쉽게 변화시키기 어려운 속성을 대상으로 한다고 할 수 있다. 이처럼 조직기술의 조작화 과정에서는 제일 먼저 대상이 되는 클라이언트와 관련해서 어떤 속성의 클라이언트를 대상으로 하는지를 면밀하게 살필 필요성이 있다.

둘째로 조직기술은 지식의 내용 측면에서 그 내용을 면밀히 살펴볼 수 있다. 지식의 측면에서 기술의 내용을 살펴보는 데 있어, 기본적으로는 두 가지의 세부 측면에 초점을 둔다. 첫째는 대상이 되는 문제 상태에 대해서 변화를 가져오기 위해 필요한 개입지식의 내용이 무엇인지이다. 즉 인간의 환경적 지식이 핵심적인지, 신체적인 지식이 핵심적인지, 인지적 지식이 핵심적인지, 혹은 감정적 지식이 핵심적인지로부터 시작해서 어떤 핵심적 지식에 근간해서 조직의 기술이 구성되는지를 살필 수 있다. 둘째는 기술이 개입과 결과의 관계 측면에서 볼 때, 즉 인과관계의 측면에서 볼 때 어느 정도 표준화되어 있는지에 초점을 둬서 조직기술의 지식적 토대를 보다 면밀하게 살펴볼 수 있다.

셋째로 조직기술은 클라이언트와의 상호작용 측면에서 그 내용을 살필 수 있다. Hasenfeld(1980)는 상호작용 측면에서 기술내용을 살펴보는 데 있어, 기본적으로는 세 가지의 세부 측면에 초점을 둔다. 첫째는 클라이언트와 대면적 방식의 상호작용을 하는지 혹은 비대면적 방식의 상호작용을 하는지이다. 둘째는 전문가와 클라이언트가 취하는 태도에 초점을 두어 기술의 구성을 살필 수 있다. 즉 전문가가 능동적이고 클라이언트가 수동적인 태도를 취하는 방식의 상호작용을 하는지, 그 반대 방식의 상호작용을 하는지, 혹은 상호참여적인 방식의 상호작용을 하는지에 초점을 두어 기술이 어떻게 구성되는지를 살필 수 있다. 셋째는 전문가와 클라이언트의 의사소통 형식에 초점을 두어서 기술의 구성을 살필 수 있다. 즉 전문가 개인 대 클라이언트 개인이 의사소통을 하는 형식을 갖는지, 전문가 개인 대 클라이언트 집단이 의사소통을 하는 형식을 갖는지, 전문가 집단 대 클라이언트 개인이 의사소통을 하는 형식을 갖는지, 혹은 전문가 집단 대 클라이언트 집단이 의사소통을 하는 형식을 갖는지에 초점을 두어서 기술이 어떻게 구성되는지를 살필 수 있다.

넷째로 조직기술은 클라이언트를 어떻게 통제하는가의 측면에서 그 내용을 살필 수 있다. 클라이언트의 문제에 대한 개입과정에 요구되는 클라이언트 통제방식은 기본적으로는 두 가지 세부 측면에서 살펴볼 수 있다. 첫째는 통제의 방식이 외부와의 단절을 통한 통제를 하는지 혹은 그렇지 않은 방식의 통제를 하는지이다. 둘째는 확실히 드러나는 직접적인 통제를 하는지 혹은 간접적인 통제를 하는지이다. 설득 등의 방식이 직접적인 통제방식에 속하고, 정보의 조정 등이 간접적인 통제방식에 속한다고 볼 수 있다.

다섯째로 조직기술은 운영방식 측면에서 그 내용을 살필 수 있다. 즉 사회복지조직기술은 일련의 서비스 과정으로 구성되기 때문에 그 활동들을 다양하게 조직화할 수 있는데, 운영방식 측면에서 기술의 그러한 내용을 살필 수 있다. Hasenfeld(1980)는 사회복지조직기술에서 일반적으로 네 가지 형태의 운영방식을 관찰할 수 있다고 설명한다. 첫째는 연속적인 절차로 기술이 운영되는 경우이고, 둘째는 의사와 사회복지사가 병원에서 상호보완적으로 일하는 것과 같이 기술이 상호보완적으로 운영되는 경우이며, 셋째는 전문가들이 함께 동시에 일을 하는 것, 즉 팀 형태로 기술이 운영되는 경우이고, 마지막으로는 기술이 서로 연결됨 없이 완전히 하나하나가 독립적으로 운영되는 경우 등이다.

결론적으로 사회복지조직기술의 조작화는 왜 필요한 것일까? 즉 사회복지조직이 갖는 기술을 다양한 시각에서 다양한 측면을 분해하는 작업이 왜 요구되는 것일까? 이는 사회복지조직이 사용하는 기술이 감정적 집합체가 아니고 유효성을 지니는 전문성의 실체임을 보이기 위해서 매우 필요하다. 즉 사회복지조직이 활용하는 기술의 내용과 속성에 대한 정확한 이해에 기반해서 기술의 타당성을 찾아 나가는 데, 그리고 이를 보다 높은 유효성을 지니는 기술로 제고시키는 데 큰 기여를 할 수 있기 때문에 사회복지조직기술의 조작화 노력은 매우 중요한 과제라고 생각된다.

7) 사회복지조직기술의 선택에 영향을 미치는 요인

사회복지조직기술의 선택은 어떻게 이루어지는 것일까? Hasenfeld(1980)는 조직에서 사용하는 기술은 보통 그 영역(domain)에서 현재 사용되고 있는 현존하는 기술과 기술개발상태 등의 상황에 많은 영향을 받는다고 설명한다. 그리고 동시에 조직에서의 기술선택은 정치경제적 시각에서 이해해 볼 필요성이 있음을 강조한다. 즉 조직환경과의 관계에서 조직이 그 기술로 인해서 더 높은 수준의 합법성을 가질 수 있을 때, 조직의 생존력을 더 높일 수 있을 때, 시장에서 조직의 지위를 보다 강화시킬 수 있을 때 조직은 그러한 것을 가능하게 하는 기술을 선택하는 경향이 매우 높다고 설명한다. 그리고 이러한 정치경제적 시각은 기술선택과 관련된 조직 내적인 상황에도 적용될 수 있다고 설명한다. 즉 조직구성원의 현재까지의 경험상태, 현재의 전문성 수준 등이 기술의 선택에 매우 중요한 영향력을 가질 수 있고, 더 나아가 조직에서 권력을 갖는 이의 특정 기술에 대한 선호도가 기술의 선택에 매우 중요한 영향을 미칠 수 있다고 설명한다.

8) 조직기술과 조직구조 및 전략 등의 다른 조직구성요소의 관계

조직기술은 기본적으로 조직구조와의 관계 속에서 많이 다루어진다. 즉 많은 조직 학자들은 조직기술이 조직구조를 결정한다는 시각을 갖는다. 간단히 설명하면 조직구조를 디자인하는 데 있어, 조직이 갖는 핵심기술이 가장 큰 영향을 미친다는 것이다. 그 이유는 기술이 가장 잘 적용될 수 있게 조직구조를 디자인하는 경우, 조직의 성과가 보다 효율적이고 효과적일 수 있기 때문에 대부분의 조직에서 그러한 관계를 예측할 수 있다는 것이다.

이러한 발견을 가장 최초로 한 연구자는 Woodward(1965)이었다. 그녀는 조직기술에 가장 적합한 조직구조를 갖는 조직이 가장 효과적이었다는 연구결과를 발표함을 통해 조직기술과 구조가 매우 긴밀하게 연결됨을 제시하였다. 조직의 기술에 따라서 조직의 구조가 결정된다는 연구는 Perrow(1967)에 의해서도 지속되었는데, 그는 조직이 일상적 기술을 갖는 경우 이는 높은 수준의 공식화 및 집권화와 가장 적합하게 결합되고, 조직이 비일상적 기술을 갖는 경우 이는 낮은 수준의 공식화와 분권화와 가장 적합하게 결합됨을 제시하였다. 즉 사회복지조직 등의 비일상적 기술을 사용하는 조직의 구조상의 특성을 보면, 먼저 분권화의 측면에서 볼 때 이러한 기술이 보다 유효하기 위해서는 중간관리층과 하급관리층의 권력 및 재량범위가 상대적으로 커질 수밖에 없다는 것이다. 그리고 비일상적 기술을 지니는 조직에서는 이러한 기술이 보다 유효하기 위해서 조정이 일방적인 방식으로 이뤄지기보다는 피드백을 통하여 이루어지는 경향이 높을 수밖에 없다는 것이다. 아울러서 이러한 기술이 보다 유효하기 위해서는 집단 간의 의존도가 높고 중간관리층과 하급관리층은 서로 긴밀한 접촉을 하며 양 계층 사이의 구별은 상대적으로 모호하게 될 수밖에 없다는 것이다. 즉 비일상적 기술을 지니는 조직에서 기술이 보다 유효하기 위해서는 그 구조가 기계적인 모습이라기보다는 상대적으로 보다 유기적인 구조의 속성을 지니고, 관료적인 속성을 갖기보다는 전문적인 것에 대한 존중 그리고 전문인들 사이의 협동체적 이미지를 보다 많이 지닐 수밖에 없는 것이라고 설명될 수 있다(오홍석, 1999).

한편 Thompson(1967)은 조직기술이 조직구조를 결정한다는 시각에서 좀 더 나아가 기술이 조직의 전략선택에 영향을 미치고 동시에 조직구조에 영향을 미치는 관계를 갖고 있음을 제시하였다. 즉 그는 조직기술은 고유한 불확실성을 내포하고 있기에 조직이 기술과 관련된 불확실성을 직면할 수밖에 없는 상황에서 조직은 기술의 속성에 따른 불확실성을 낮추기 위한 전략을 선택할 수밖에 없다고 설명한다. 아울러서 다른 학자들과 마찬가지로 그는 조직기술은 최종적으로는 조직구조의 선택에도 영향을 미친다고 설명한다.

그림 6-10 조직기술과 조직구조

	재량범위	권력	조정	집단 간 의존도	재량범위	권력	조정	집단 간 의존도
중간관리층	소	약	계획	저	대	강	피드백	고
하급관리층	대	강	피드백		대	강	피드백	
	(장인기술)분권화				(비일상적 기술)융통성, 다원적 집권화			
중간관리층	소	강	계획	저	대	강	피드백	저
하급관리층	소	약	계획		소	약	계획	
	(일상적 기술)공식화, 집권화				(공학적 기술)융통성, 집권화			

출처 : Perrow(1967)

그에 따르면 서로 여러 단계가 연결되어 있는 연결기술(long-linked technology)의 경우, 항상 투입과 산출의 연결고리에서 불확실성이 발생할 수밖에 없기 때문에 조직은 투입과 산출을 통합하려는 전략을 사용하게 된다고 주장한다. 그리고 투입과 산출의 클라이언트를 연계하는 매개 혹은 중개기술(mediating technology)의 경우, 불확실성은 이 두 종류의 클라이언트에의 의존성에서 발생하기 때문에 조직은 투입부문의 클라이언트와 산출부문의 클라이언트 모두를 증대시키는 전략을 사용하게 된다고 주장한다. 예를 들어 모금조직의 경우, 기부자는 많이 잠재되어 있는데 클라이언트의 실제 규모가 축소되는 현상이 발생하면 클라이언트를 위한 조직의 존재의 이유와 관련해서 큰 문제를 발생시키기 때문에 기부자와 도움이 필요한 사람들, 즉 클라이언트 모두의 규모를 지속적으로 유지시키고 더 나아가서는 증대시키는 전략을 사용할 수밖에 없게 된다고 주장한다. 마지막으로 다양한 우연적 상황에 대응해야 하는 집합 혹은 집약기술(intensive technology)의 경우, 불확실성은 예기치 못한 우연적 상황들에 의해서 발생하기 때문에 조직은 다양한 우연적 상황에 대비할 수 있는 유연한 시스템을 준비시키는 전략을 사용할 수밖에 없다고 주장한다. 즉 병원 응급실과 같이 집약기술을 사용하는 경우, 불확실성을 낮추기 위해 우연적 상황에 대한 대비능력이 핵심적으로 요구되기 때문에 응급실에서는 예기치 못한 상황에서도 다양하게 적용될 수 있는 대비시스템을 마련하는 전략을 사용할 수밖에 없다고 주장한다.

기술과 구조와의 관계와 관련해서 Thompson(1967)은 연계기술은 규칙과 절차가 매우 중요하기 때문에 높은 수준의 공식화와 연결될 수밖에 없고, 중개기술은 기획이 매우 중요하기 때문에 중간수준의 공식화 및 분화로 연결되는 경향이 많으며, 집약기술의 경우 상황에 따른 상호조정이 너무나 중요하기 때문에 높은 수준의 분화와 낮은 수준의 공식화와 연결되는 경향이 많음을 제시한다.

요약

사회복지조직은 욕구를 가진 인간을 대상으로 그들의 욕구해소와 문제해결을 유도하는 조직기술을 통해 사회로부터 합법성과 전문성을 인정받기 때문에 다른 조직과 같이 기술의 관리가 매우 중요하다. 조직의 기술은 개입에 따른 효과성 확인과 효과성에 대한 평가가능성, 반복입증가능성, 효과성 입증범위의 설정가능성, 전수가능성 등의 요건을 만족시킬 때, 주관적 비법이 아니라 전문적 기술로서 인정될 수 있다.

사회복지조직기술의 속성과 이와 관련된 사회복지조직관리 과제를 이해하기 위하여 몇 가지 차원에 따라 기술의 유형을 분류해 보는 조직기술유형화 노력은 큰 의미를 지닌다. 여러 조직기술유형화 작업 중에서 특히 Perrow(1967)는 조직기술을 두 가지 측면, 즉 과업의 예외성 정도와 과업문제의 분석용이도 정도에 따라서 네 가지 형태의 기술을 제시하였는데, 그의 유형화는 과업의 예외성이 많고 과업문제의 분석이 용이하지 않은 사회복지조직기술의 비일상성을 이해하는 데 유용한 도구가 될 수 있다.

사회복지조직기술은 기능상 크게 세 가지로 구성되는데, 인간의 문제 혹은 욕구를 분류하고 배치하는 것을 기본내용으로 하는 인간-처리기술, 문제상태를 악화시키지 않고 인간의 존엄성과 가능성을 유지하고 보호하는 것을 기본내용으로 하는 인간-유지기술, 의도되고 계획된, 바람직한 변화를 만드는 활동을 기본내용으로 하는 인간-변화기술 등이 그것이다. 기능상 구분될 수 있는 이 세 가지 사회복지조직기술은 단독적으로 사용될 수도 있지만 많은 경우 복합적으로 혼용된다고 볼 수 있다. 이러한 사회복지조직기술을 개입의 과정적 차원에서 재분류하면, 클라이언트의 모집과 선택, 사정과 분류, 지위변화, 종결과 확증의 과정요소들로 제시될 수 있다. 사회복지조직기술의 구성요소들은 사회복지조직이 집중적으로 개발하고 유지해 나가야 할 핵심기술이 무엇인지 파악하는 데 유용하며 개입과정이 체계적으로 진행되도록 하는 이해의 틀을 제시해 줄 수도 있다.

한편 사회복지조직기술은 사회의 지배적 도덕과 가치에 의해서 상당한 영향을 받는다는 측면에서 도덕적 시스템의 특성, 인간 및 인간과 환경 간의 상호작용에 의해서 발생되는 문제에 개입함에 있어 완벽한 지식적 배경을 갖추기 어렵다는 측면에서 불확정적 시스템의 특성, 인간의 문제에 대해서 지니고 있는 믿음과 가치, 신념 등의 실행이념을 통해서 지식의 제한성을 보완해 나가는 속성을 지니고 있다는 측면에서 실행이념으로서의 특성, 클라이언트와 직접 대면을 통하여 서비스가 제공된다는 측면에서 대면적 관계의 특성, 그리고 마지막으로는 개입의 효과를 갖기 위해 클라이언트의 통제와 순응을 위한 통제수단을 사용한다는 측면에서 클라이언트 통제시스템으로서의 특성을 갖는다.

이처럼 사회복지조직기술은 다양한 차원에서 이해될 수 있는데, 특히 기술의 구성을 좀 더 다각적으로 조망하고 분석해 보는 노력이 필요하다. 이를 위해 사회복지조직기술을 차원별로 세부적으로 다양하게 나눠서 기술의 내용을 살피는 조작화의 방법이 매우 유효하다고 할 수 있다. 이렇게 사회복지조직이 활용하는 기술의 내용과 속성에 대한 정확한 이해를 위해 조작화의 방법을 사용해 보는 것은 기술의 타당성을 제고시켜 나가는 데 그리고 기술을 보다 높은 유효성을 지니는 기술로 한 차원 더 높게 발전시키는 데 큰 기여를 할 수 있다.

다른 조직과 마찬가지로 사회복지조직에서도 대상이 되는 문제에 대해서 어떠한 기술을 사용할 것인지를 선택해 나간다. 사회복지조직에서도 정치경제적 상황과 같은 거시적 환경의 영향력에 대한 고려와 함께 기존의 기술들, 기술개발상태, 내부적으로 조직구성원의 현재까지의 경험과 전문성 수준, 조직에서 영향력을 갖는 리더의 선호 등에 의하여 특정 조직기술을 선택해 나가는 경향이 있음을 이해하는 것이 중요하다. 이렇게 선택된 조직기술은 조직의 다른 구성요소에 영향을 미치는데, 일반적으로 가장 많이 부각되는 것은 조직기술이 조직구조의 선택에 영향을 미친다는 것이다. 따라서 사회복지조직에서도 조직의 목적을 달성하기 위해 가장 적합하고 타당한 기술을 선택하면서 이를 관리해 나가고, 한 단계 더 나아가서는 이러한 기술이 조직의 다른 구성요소와는 어떠한 관계를 갖는지를 이해하고 이러한 이해를 조직의 발전을 위해 지속적으로 적용해 나가는 노력을 실천할 수 있어야 할 것으로 보인다.

4. 조직환경

사회복지조직을 포함해서 어떠한 조직도 환경과의 교환관계가 없이는 생존할 수 없다. 조직환경의 중요성에 대한 이러한 이해 및 학문적 정리 작업은 1960년대에 와서야 비로소 본격화되기 시작했다. 즉 조직연구의 초창기에는 조직을 폐쇄체계로 이해하고 조직의 내적 구성요소에 초점을 많이 두었으나, 1960년대 이후에는 개방체계의 관점을 갖는 것이 절대적으로 필요하다는 사실을 인식한 이후에 조직환경에 대한 이해의 폭과 깊이가 확장되고 심화되기 시작했다.

이러한 변화와 함께 근래에는 조직현장에서 그리고 이론적 탐구의 측면에서도 조직환경에 대한 관심이 보다 더 증폭되고 있다. 이처럼 조직환경의 위치가 더욱 핵심적인 위치를 점하는 이유는 무엇일까? 그것은 아마도 조직의 생존이 가장 중요한 문제이고, 조직생존에 있어 조직환경은 항상 불확실성(uncertainty)을 가져오는 가장 위협적인 존재이기 때문일 것이다. 조직환경의 불확실성은 모든 조직에 있어 피할 수 없는 문제이고 모든 조직이 공유하는 문제이다. 사회복지조직에서도 환경의 불확실성은 예외가 아니다. 이렇게 위협적인 의미를 갖는, 그러나 동시에 기회의 원천 혹은 기회의 장이라는 의미도 가질 수 있는 조직환경에 대한 이해는 사회복지조직의 관리에서 절대적으로 필요한 사항이다. 따라서 다음에서는 조직환경의 정의, 조직환경의 차원과 불확실성, 조직환경의 다양한 측면(dimensions), 조직의 네트워크 환경, 설정환경(enacted environment)이라는 조직환경의 실제적 의미와 설정환경관리의 과제, 사회복지조직과 조직환경 간의 관계에 대해 보다 많은 이해를 제공하는 일반 조직환경이론들의 주요내용을 정리해 보고자 한다.

1) 조직환경의 정의

일반적으로 환경이란 개별조직의 외부적인 모든 관련 요소를 의미한다. 즉 조직이라는 경계 밖에 위치하여 조직에 영향을 미치는 제반 요인들을 환경이라고 정의한다. 그러나 이러한 환경의 의미는 너무나 포괄적이기 때문에 일부의 학자들은 과업환경(task environment)이라는 것에 보다 주목한다. 과업환경(task environment)이란 조직의 목적달성에 직접적으로 영향을 미치는 조직 경계 밖의 요인들을 말한다. Thomson(1967)은 과업환경의 개념을 조직이 필요로 하는 자원과 관련하여 실재적인 자원에 대한 접근을 통제하는 모든 외부단체와 조직들을 과업환경이라고 하였다. Dill(1958)에 의해서 사용되기 시작한 과업환경에 대한 정의에 따르면, 경쟁자, 조직과 특별히 관련이 있는 이해집단, 고객이나 클라이언트, 정부조직, 공공압력단체, 사회복지사협회와 같은 전문직업단체, 그리고 노조 등이 바로 과업환경의 주요 구성요소일 수 있다.

2) 조직환경의 차원

조직환경이 가져오는 불확실성은 조직의 생존과 관련해서 매우 중요하지만 실제에 있어서 파악하기 매우 어려운 과제이다. 따라서 조직환경의 불확실성과 관련해서 연구자들은 조직환경의 내용을 다양한 차원에서 파악해 보고자 하는 노력을 수행해 왔다. 특히 조직환경에 대한 이해의 방법으로서 조직환경의 몇 가지 핵심적 특성을 중심으로 차원을 나눠 유형화하는 방법이 가장 많이 사용되어 왔다고 할 수 있다.

Emery와 Trist(1965)는 환경의 안정성과 환경요소 간의 상호작용상의 특성에 따라 정태적 · 우연적(placid-random) 환경, 정태적 · 응집적(placid-clustered) 환경, 교란 · 반응적(disturbed-reactive) 환경, 격동적(turbulence) 환경으로 분류하였다. Duncan(1972)은 환경을 환경요소의 복잡성과 유사성, 유동성을 기준으로 단순 · 정적 환경, 복잡 · 정적 환경, 단순 · 동적 환경, 복잡 · 동적 환경의 네 가지 환경유형으로 구성하였다. 한편 Thompson(1967)은 과업환경을 안정성과 동질성 차원으로 분류하였고, Scott(1998)은 조직환경을 불확실성과 의존성, 즉 환경에서 얻어야 하는 자원의 희소성의 측면에서 환경 차원을 동질성, 안정성, 연결성, 조직화의 차원으로 구분하는 접근을 제시하였다.

위에서도 강조하였듯이, 조직환경의 차원을 논할 때 가장 주목되는 저변의 주제는 바로 환경의 불확실성이라 할 수 있다. 즉 환경이 지니는 예측하기 어려운 미래적 상황으로 인해서 조직의 생존이 위협을 받을 수 있기 때문에 조직환경에 대한 다양한 차원에서의 유형화 노력이 시도된 것이라 볼 수 있다. 조직환경에 대한 유형화 작업을 통해 환경에 대한 이해가 다각적 차원에서 확장되면서 불확실성에 대한 이해도 제고되고 있는데, 조직환경의 불확실성을 구체적으로 파악하기 위해 일반적으로 사용되어 온 환경의 세 가지 하위개념은 동태성, 복잡성, 풍요성 등이라 할 수 있다(Robbins, 1990). 동태성(volatility)은 조직환경의 변화 정도를 나타내는 것이고, 복잡성(complexity)은 조직이 대응해야 하는 조직환경 요소의 수가 얼마나 많은가 그리고 그러한 요소들이 이질적인가 혹은 동질적인가의 정도를 나타내는 것이며, 풍요성(capacity)은 환경의 자원이 조직의 성장을 지지하는 정도, 즉 자원이 풍부한가 혹은 결핍되었는가의 정도를 나타내는 것이다. 조직은 이러한 환경 차원들에 주목하면서 조직환경이 나타내는 불확실성의 정도를 좀 더 구체적으로 이해해 볼 수 있다.

그림 6-11 조직환경의 3차원 모형

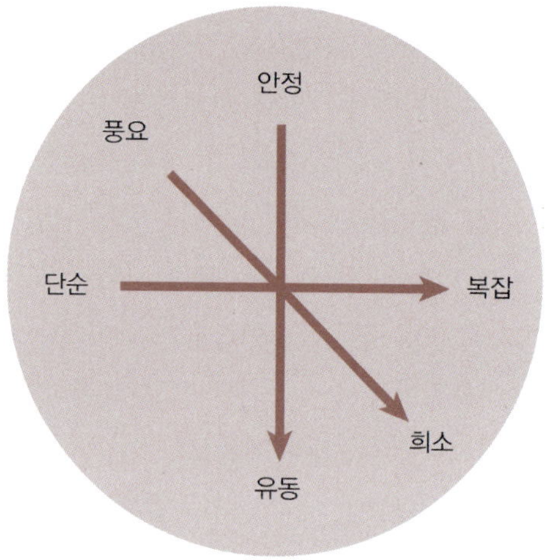

출처 : Robbins(1990)

3) 조직환경의 다양한 측면

조직을 둘러싼 환경의 일반적 측면(general dimensions)은 기술환경, 법환경, 정치환경, 경제환경, 인구사회환경, 문화환경 등으로 구분해서 살필 수 있다(Hatch, 1997).

첫째, 조직은 기술환경을 갖는다. 기술환경은 조직의 핵심기술과 관련된 조직 밖의 전개상황이라 볼 수 있는데, 이러한 기술발전의 전반적인 수준은 조직이 활용할 수 있는 정보나 지식에 영향을 미친다. 따라서 조직은 조직의 성공적인 운영을 위해서 기술의 측면에서 환경적 변화와 보조를 맞춰 나가야 한다.

둘째, 조직은 법환경을 갖는다. 법은 조직의 활동을 가능하게 하기도 하고 동시에 규제하는 기능을 하기도 한다. 특히 사회복지조직은 인간을 대상으로 하기 때문에 다양한 법적 제도들에 의해서 규제당한다. 따라서 조직은 조직의 성공적인 운영을 위해서 조직환경의 법적 측면에서의 변화에 매우 민감하게 대응하면서 활동을 전개시켜 나가야 한다.

그림 6-12 **조직의 일반환경**

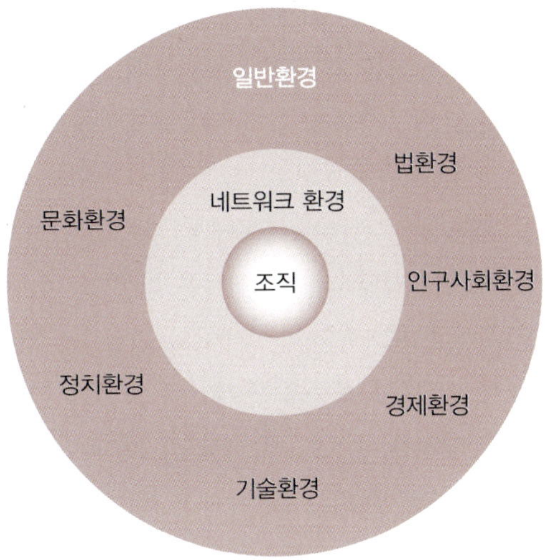

출처 : Hatch(1997)

셋째, 조직은 정치환경을 갖는다. 법제도의 생성 혹은 개정에 앞서, 사회에서는 사람들의 일반적인 관심과 의견으로 표현되는 사회적 분위기를 갖고, 이러한 사회적 분위기는 법의 형태로 전개된다. 따라서 조직은 조직의 성공적인 운영을 위해서 조직환경의 정치적인 측면에서의 변화에 민감하게 대응할 필요가 있다. 예를 들어 입양과 관련된 법의 개정이 이루어지기 이전에, 사회는 입양에 대한 전반적인 관심과 의견을 집중시키는 활동을 갖는데, 바로 이런 활동이 입양과 관련된 정치적 환경을 구성하는 구체적인 예이다.

넷째, 조직은 경제환경을 갖는다. 기본적으로 경제환경은 두 가지 차원에서 고려할 수 있다. 거시적인 차원에서의 경제환경은 국가경제의 현황과 변화 혹은 국제경제의 현황과 변화 등을 의미하며, 미시적인 차원에서의 경제환경은 조직의 운영에 직접적 영향력을 갖는 재원 등의 자원현황과 변화 등을 의미한다. 조직환경의 경제적인 측면에서의 변화에 민감하게 대응하면서 활동을 전개시켜 나가야 한다. 예를 들어 국가경제의 변화와 정부예산의 변화는 사회복지조직과 같은 조직의 생존과 발전에 직접적인 영향력을 가질 수 있는데, 바로 이런 국가경제의 상황 및 정부예산의 구성과 변화 등은 경제적 환경을 구성하는 구체적인 예이다.

다섯째, 조직은 인구사회환경을 갖는다. 인구사회환경의 변화, 즉 계층의 변화, 성비의 변화, 연령의 변화 등은 조직의 활동과 조직의 방향 등에 상당히 영향을 미친다. 예를 들어, 지역사회에서 노령인구의 급속한 증가와 아동인구의 급속한 감소를 경험할 수 있는데, 바로 이런 인구적 변화가 인구사회적 측면에서 조직환경의 내용을 구성하는 구체적인 예라 할 수 있다.

마지막으로 조직은 문화환경을 갖는다. 사회에서 형성되는 가치와 규범 및 생활양식 등은 조직활동의 선택 및 전개에 상당히 많은 영향을 미친다. 따라서 조직은 조직의 성공적인 운영을 위해서 조직환경의 문화적인 측면에서의 변화, 즉 가치와 규범 및 생활양식에서의 변화에 민감하게 대응하면서 활동을 전개시켜 나가야 한다. 예를 들어 사회복지조직이 빈곤한 가정에 대한 개입을 결정할 때, 이러한 가정에 대한 사회의 이해 및 해결의지 등에 큰 영향을 받는데, 바로 이런 사회적 관심 및 해결의지가 빈곤과 관련된 문화환경을 구성하는 구체적인 예가 될 수 있다.

4) 조직의 네트워크 환경

조직은 자원, 정보, 기술 등의 핵심적 구성요소의 원활한 운영을 위해서는 조직 간 연계를 필요로 한다. 즉 조직 간 연계는 조직의 생존을 가능케 하고 제고시키는 매우 중요한 실체일 수 있다. 조직 간 관계에의 접근은 다양하게 시도되어 왔으며, 최근에는 조직의 네트워크 환경이라는 개념을 통해 조직 간 관계를 살피는 경향이 있다. 다음에서는 조직의 관리 측면에서도 매우 긴요한 주제라 할 수 있는 네트워크 환경에 대해서 간략히 정리해 보고자 한다.

일련의 조직들이 환경 속의 다른 조직들과 관계를 맺게 되면서 조직 간 네트워크가 형성된다. 예로 사회복지조직들에 있어 이러한 네트워크는 클라이언트를 의뢰해 오는 공급자, 클라이언트가 속한 공동체, 다른 사회복지조직, 사회복지사협회, 정부기관 등의 다양한 집단들로 구성될 수 있다. 조직네트워크는 이렇게 조직들이 만들어 내는 일련의 관계망으로서 조직 간 자원, 정보, 기술, 기회 등을 중심으로 하는 상호작용의 관계성과 영향력의 흐름을 포함한다. 조직 간의 네트워크 환경을 좀 더 구체적으로 살펴보면 각 조직

그림 6-13 조직 간 관계도

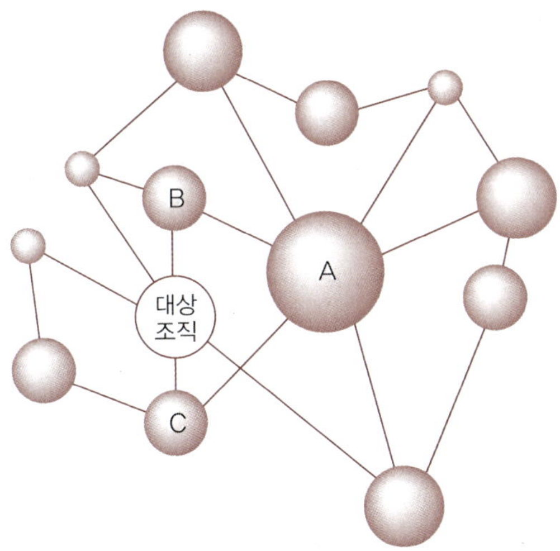

출처 : Hatch(1997)

간의 관계가 다양한 모습으로 드러나는데 즉, 조직 간의 네크워크에서 중심적 위치를 차지하고 있는지(중심성) 혹은 주변에 위치하고 있는지(주변성), 아울러서 조직이 전체 네트워크에서 어떠한 위치를 차지하고 있는지(상대적 위치)를 파악할 수도 있다(Hatch, 1997).

조직 간의 네트워크 환경의 분석방법으로는 조직과 조직 간의 관계양상의 복잡성과 특성을 중심으로 개별조직 간의 관계(dyad or pairwise relationship)에 주목해서 분석하는 방법, 그리고 특정 조직을 중심에 두고 네트워크 내의 다른 조직이나 요소들과의 직접적인 관련성의 정도를 분석하는 조직집합(organization set) 분석방법 등이 있다. 아울러서 특정 조직을 중심으로 두는 방식이 아니라 연계되어 있는 모든 조직들 사이의 관계유형 또는 연결망에 초점을 두고 분석하는 조직망(organizational network or interorganizationl field) 분석방법이 있다. 마지막으로는 조직 간의 관계를 구조적 유사성과 기능적 유사성을 기준으로 유사조직군(population of organizations)을 설정해서 이들 유사조직군의 다양한 내외관계를 분석하는 방법 등이 있다(Hall, 1991).

특히 특정 조직을 중심으로 두고 다양한 조직 간 관계를 분석하는 조직집합의 개념은 조직 간 관계에 대한 관리적 차원에서 매우 유용할 수 있는데, 이러한 개념을 최초로 제시한 Evan(1966)은 중심조직에 초점을 두어 분석하는 조직집합의 접근을 통해 중심조직과 다른 조직 간의 관계에 대한 이해가 보다 선명해질 수 있음을 강조한다. 특히 투입조직과 산출조직, 비교준거조직과 규범준거조직, 조직집합의 규모, 투입조직의 집중도, 구성원의 중첩, 목표와 가치의 중첩, 경계업무담당직원의 규모와 특성 등의 개념을 적용해서 조직집합을 분석할 때, 중심조직과 다른 조직 간의 관계에 대한 이해가 선명해지고 관계에 대한 관리의 과제도 보다 분명해질 수 있음을 강조한다. 즉 조직집합의 개념을 적용해 중심조직과 다른 조직 간의 관계를 파악해 나갈 때, 조직의 내부구조, 의사결정 시의 자율성, 조직의 목표달성수준 또는 효율성, 조직의 대내·외적 인상, 조직집합을 구성하는 조직 간의 정보교류, 인력교류, 경쟁 혹은 협조관계 등을 이해하는 데 매우 큰 유용성을 찾을 수 있을 것으로 보인다.

5) 조직환경의 설정과 설정환경관리의 과제

어떠한 조직도 조직에 영향을 미칠 수 있는 조직환경의 요소 모두를 다 인식해 낼 수는 없다. 그러나 환경은 인식된 만큼에서는 그 변화가 파악될 수 있다. 즉 환경설정을 어떻게 하는가에 따라서 우리는 환경의 변화에 대한 대응력을 가질 수 있다. 이러한 시각에서 많은 연구자들은 조직에서 환경이란 인식의 차원에서 논의될 수 있는 것(perceived environment)이고, 실제에 있어서는 조직에 의해서 설정되는 것(enacted environment)임을 강조한다. 조직의 환경이 설정환경이라는 사실은 우리가 어떤 현상이나 사물에 대해서 우리가 알고 있는 만큼만 볼 수 있는 것처럼, 조직환경도 바로 조직이 설정한 만큼만 볼 수 있음을 시사한다.

조직환경이 설정환경이라는 사실은 조직관리 실제에 있어 조직환경이 어떻게 설정되는가에 대해서 생각하게 한다. Pfeffer(1978)에 의하면, 조직이 환경을 설정할 때 영향을 미치는 요인으로 다음의 세 가지를 제시한다. 먼저 조직구조가 어떻게 구성되었는가, 둘째, 조직의 정보관리시스템의 구조가 어떻게 되어 있는가, 셋째, 조직의 활동 자체, 이 세 가지 요인이 조직의 환경설정에 영향을 미칠 수 있다고 설명한다. Pfeffer(1978)는 조직이 이러한 구조와 과정을 통해 능동적으로 환경을 인식하고 규정해 나가고 있다고 한다.

환경설정에 영향을 미치는 요인에 대해 설명하면서 Pfeffer(1978)는 조직에서 환경을 설정하는 과정에서 일반적으로 다음과 같은 문제를 지닐 수 있음을 강조하는데 이는 관리적 측면에서 많은 시사점을 제공한다. 그는 먼저 많은 조직은 환경요소와의 상호의존적 관계상황을 잘못 인식하는 문제로 인해 환경설정에서 문제를 가질 수 있다고 한다. 둘째, 환경으로부터 조직에 요구되는 것들을 잘못 인식하는 문제로 인해 환경설정에서 문제를 가질 수 있다고 한다. 예를 들면 정부가 사회복지조직에 효율성을 요구하는데, 사회복지조직이 이러한 정부의 요구를 효과성으로 인식, 설정하고 대응함으로 인해 발생하는 문제를 가질 수 있다는 것이다. 셋째, 많은 조직은 과거로부터 설정되어 온 것에 대한 집착으로 인해 조직환경의 설정에서 문제를 가질 수 있다고 설명한다. 마지막으로 조직은 다른 환경적 요소로부터의 요구가 갈등적 상황을 불러일으킬 때 이러한 갈등적 요구들과 관련해서 어느 하나의 요구에만 초점을 두고 선택적 대응을 하는 경향을 갖는데, 이러한 선택적 대응이 환경설정의 문제를 불러올 수 있다고 한다.

조직환경의 설정 문제점 논의에서 인식되듯이, 조직이 정확하고 적절하게 환경을 설정하는 것은 조직의 생존에 절대적으로 중요하다. 이러한 중요성 때문에 조직이 환경적 요구에 대해 상시적으로 사정하는 노력을 갖는 것이 필요한데, 이를 위해서는 다음과 같은 과제들을 수행하는 것은 조직에 매우 큰 도움이 될 수 있다(Pfeffer, 1978).

먼저 조직이 조직의 기능과 관련해서 중요한 이해관계를 갖는 외부조직과 집단을 파악하는 노력을 갖는다면, 이는 조직의 환경설정에 매우 도움이 될 것이다. 둘째, 조직이 이해관계를 갖는 외부조직과 집단의 중요성을 파악해 내는 노력을 갖는다면, 이 역시 조직의 환경설정을 더 정교하게 구성하는 데 매우 큰 도움이 될 것이다. 셋째, 조직이 자기 조직과 이해관계를 갖는 외부조직과 집단이 어떤 기준에 의해서 자기 조직을 평가하는가를 파악해 내면서 그들과의 관계에서 어떠한 대응적 활동들을 만들어 나가는 것이 적절한가를 파악하는 노력을 갖는다면, 이 역시 설정된 환경에 대한 대응적 활동들을 보다 구체화하는 데 매우 도움이 될 것이다. 마지막으로 외부조직의 평가기준을 준거로 해서 자기 조직이 행하고 있는 활동들의 파급효과가 어느 정도인가를 파악해 내는 노력을 갖는다면, 이 역시 설정된 환경에 대한 대응적 활동의 범위와 강도를 결정하는 데 매우 큰 도움이 될 것이다.

정리하면 위에서 논의한 조직환경설정과 관련된 관리의 과제를 수행하는 것은 조직의 생존력을 제고하면서 환경과의 관계에서 적합성(congruence)을 강화하는 데 매우 중요한 기능을 할 것이다. 이러한 과제의 실천은 조직의 환경대응력을 키우면서 조직 생존과 발전을 가져올 수 있다는 점에서 매우 중요한 의미를 가질 수 있을 것이다.

6) 주요 조직환경이론

다음에서는 개방체계이론으로부터 발전되기 시작한 조직환경이론들의 핵심내용을 정리해 보고자 한다. 먼저 구조상황이론의 핵심적 주장으로부터 시작해서, 자원의존이론, 제도이론, 신제도이론, 조직군생태이론의 핵심내용을 살펴보고자 한다.

(1) 구조상황이론

조직환경에 관한 이론의 발전은 개방체계이론의 적용으로부터 발전하기 시작했다. Katz와 Kahn(1978)은 조직을 개방체계의 관점에서 이해하는 것에 대한 당위성을 제시하며, 개방체계로서 조직의 특징을 설명하였다. 조직을 이해하는 데 있어 이러한 체계이론의 도입은 조직현상을 보다 열린 시각에서, 그리고 보다 폭넓은 시각에서 이해하게 하는 것을 가능하게 하였다. 개방체계이론은 너무나 추상적이어서 비록 실제로 적용하기에는 제한적이었으나, 이러한 시각 자체가 조직환경이론 발전의 토대가 되었다. 개방체계관점의 적용을 통해 조직환경과 조직구조의 적합성(fit)이 조직의 성과, 궁극적으로는 조직의 생존에 중요한 영향을 미친다는 것이 구조상황이론이다.

개방체계이론의 시각에 기초하여, 구조상황이론(structure-contingency theory)은 조직구조를 디자인하는 데 있어 단 한 가지의 최선의 방법이란 있을 수 없고 조직의 설계는 조직의 맥락, 특히 조직이 관련을 맺고 있는 환경특성에 의존할 때 최선의 디자인을 구성할 수 있다는 전제들을 구성하였다(신유근, 1998). 이 이론은 조직의 환경적 요구와 같은 맥락적 요구에 적합한 구조를 구성해 낼 수 있을 때, 이러한 적합성을 갖는 조직들은 그렇지 못한 조직들보다 더 효율적이고 효과적일 수 있음을 가정한다. 이러한 가정하에 구조상황이론은 조직의 환경적 제약에 대한 조직의 적응, 즉 환경적 특성에 대한 구조적 적응이 조직의 성과를 높이는 데 무엇보다도 중요할 수 있음을 강조한다.

이러한 내용을 중심으로 하는 구조상황이론의 발전을 이루는 데 있어 Lawrence와 Lorsch(1967)의 실증적 연구는 매우 중요한 기여를 했다. 그들은 특정 산업부문의 환경 불확실성의 특성에 적합한 적응을 구조적인 측면에서 갖는 조직과 그렇지 못한 조직들의 성과를 비교하는 방법을 통해, 환경의 불확실성 특성에 적합한 방식(fit)의 조직구조분화와 조직구조통합의 기제를 갖는 조직들이 성과에서 보다 효율적이고 효과적임을 제시하였다. 이러한 연구결과물에 기초하여, 구조상황이론은 조직구조를 조직의 환경적 상황 혹은 맥락 등과 적합할 수 있게 구성하는 것이 조직을 보다 효과적이고 효율적으로 만들고 조직이 계속 생존할 수 있게 한다는 핵심적 주장을 전개하였다.

(2) 자원의존이론

조직과 환경 간의 관계가 기본적으로는 자원을 중심으로 한 권력관계로 구성되어 있음을 가정하며 조직은 생존에 가장 중요한 자원을 제공하는 외부환경요소에 의존하면서 이의 통제하에 있는 것이 일반적 현실임을 부각시킨 이론이 자원의존이론(resource dependence theory)이다. 자원의존이론은 조직의 환경에 대한 의존적 현실에 대한 설명과 더불어 한 단계 더 나아가 조직이 의존관계를 구성하는 조직 환경에 대해 다양한 전략의 선택을 통해 의존성을 줄이고자 능동적으로 대응하고 적응해 나가는 실체임을 강조한다(Aldrich & Pfeffer, 1976).

자원의존이론의 핵심적 주장은 다음의 두 가지 전제들로부터 이해할 수 있다. 첫째, 조직은 결코 자기 스스로 자원을 만들어 낼 수 있는 자기충족적인 존재가 아니고, 외부환경으로부터 자원을 획득하지 않으면 존속할 수 없는 존재라는 것이다. 즉 조직은 환경에 의존하면서 자원을 획득하고, 획득된 자원의 처분을 위해 끊임없이 상호작용을 해야 하는 존재라는 것이다. 이러한 과정에서 조직은 그 조직에 핵심자원을 제공하는 외적 환경요소에 의존하면서 이 요소에 의한 외적 통제에 의해 영향을 받을 수밖에 없는 존재라는 것이다. 둘째, 조직이 이러한 메커니즘에서 환경과 상호작용을 하지만, 조직은 여기서 완전한 의존을 용인하지 않고 스스로의 자율성을 확보하고 의존성을 줄이기 위해서 노력하며, 동시에 다른 조직을 자기 조직에 의존하도록 하여 스스로의 권력의 범위를 확대하려는 존재라는 것이다. 즉 조직은 전략적 선택행위, 특히 경영자의 전략적 선택을 통해 환경의존요소에 대한 의존으로부터 자율을 확보하고 더 나아가서는 환경을 구성하는 다른 조직들의 자기 조직에 대한 의존성은 확대하려는 존재라는 것이다.

간단하게 정리하면 이 이론의 둘째 전제는 조직은 환경에의 의존성과 불확실성을 제거하고 환경에 대한 통제력을 높이기 위해 자원의존회피전략 등의 다양한 전략을 취하는 존재라는 것이다. 이 이론은 조직이 환경과의 관계, 그리고 조직 간 관계를 어떻게 형성하는 것이 조직에 필요한 자원을 쉽게 획득하고 환경 및 다른 조직에 대한 의존을 회피할 수 있게 하는가에 대해 많은 시사점을 제공한다. 이러한 일반적 평가에 더하여 Hasenfeld (1992)는 자원의존이론이야말로 신제도이론과 함께 사회복지조직의 현실을 가장 잘 설명하면서 사회복지조직의 전략적 선택방향에 대해 핵심적인 시사점을 제공하고 있다고 평가한다.

(3) 신제도이론

신제도이론(new institutional theory)은 제도이론(institutional theory, 구제도이론)의 연결선상에서 발전된 이론이라 할 수 있다. 제도이론이 자연체계적 관점에 기반한 이론이라면 신제도이론은 현상학적 차원의 이론이라고 평가되기도 한다[1)](이창순, 2006).

제도이론은 조직의 합리성보다는 조직의 생존이라는 문제에 대해 관심을 두는 대표적인 자연체계적 관점의 이론으로 후기 베버론적 관료제 연구의 일환으로서 셀즈닉(Selznick, 1949)에 의해 발전되었다(이창순, 2006). 제도이론은 조직에서 목적달성의 수단으로써의 공식적인 조직의 측면이 존재하는 반면, 목적달성의 도구를 넘어서서 가치를 갖게 되는 비공식적이고 비합리적인 조직의 측면들이 존재한다는 것에 주목하고 조직의 공식구조가 조직행동의 비합리적인 측면들을 극복해내지 못한다고 보았다. 조직의 공식적 구조나 대외적으로 표명된 목표보다는 그 이면에 깔린 수많은 비공식적 구조, 집단 간 갈등, 경쟁, 공동체적 가치, 법적 제도 등의 요소가 조직을 좀 더 현실적으로 조망할 수 있게 함을 강조한다. 그리고 이러한 요소들은 조직의 목적을 달성하는 데 있어 외부로부터의 적대적인 환경이나 조직내부로부터의 마찰에 직면해서 발전되는 조직의 생존을 위한 다양한 자기방어적 기제로 보았다. Selznick의 제도이론은 조직환경에 대한 적응과정에서 조직 내에서 형성되는 비공식적인 측면의 중요성을 중시하고 분석수준에서 개별조

1) 자연체계적 조직관은 조직에서 자연스럽게 출현하는 측면들에 관심을 두는 것으로 의도적 합리성의 결과로서 조직을 바라보기보다는, 체계로서 조직의 생존과 이러한 체계생존을 가능하게 하는 조직과 환경의 상호의존성, 그리고 조직 내의 인간관계 등 다양한 비공식적 측면들을 강조한다. 현상학적 조직관은 조직현상의 사회구성적 측면에 관심을 두는 것으로 조직을 사회 행위자들 간의 상호과정 속에서 공유의미가 출현(social construction)하여 유형화되는 현상의 하나로서 이해하며, 사회적으로 구성되는 조직 실재의 사회정의적 측면에 비중을 둔다(이창순, 2006).

직과 개인에 초점을 두는 반면에, 다음에서 설명할 신제도이론은 제도적 환경에 대한 인지적 측면을 중시하고 분석수준에서도 개별 조직이나 하나의 제도를 넘어 유사 조직들 간의 영역, 제도와 제도, 제도와 정책 등에 초점을 두는 점에서 차이를 보인다고 할 수 있다(양원규, 2011 ; 김항규, 2009).

신제도이론은 조직과 환경 간의 관련성을 다룬 여러 이론들 가운데 제도적 환경(institutional environment)의 중요성을 특히 강조한다는 점에서 기존의 다른 이론들과 구별되는 이론이다. 기존의 조직환경이론들은 과업환경에 대해 관심을 집중시켰으나, 신제도이론은 과업환경의 원천적 장이 된다고 평가할 수 있는 제도환경에 주목함으로써 조직환경의 핵심적 요소를 새롭게 인지시키는 기여를 했다고 평가받는다(신유근, 1998).

신제도이론은 개별조직들이 그들이 수행하는 활동에 대한 지원과 정당성을 얻기 위해서 반드시 따라야만 하는 사회적 규범과 가치 및 문화적 규칙시스템, 즉 제도환경에 순응하는 것의 중요성에 관심을 둔다(Scott, 1998). 신제도이론은 이러한 제도적 환경과 조직의 관계 및 조직환경에의 동조(conformity) 등에 주목해서 논의를 전개하는데, 제도적 환경이야말로 조직의 행동과 구조에 영향을 미치는 핵심원천으로서, 조직은 사회적 정당성을 확보하기 위해서 제도환경에서 기대하는 요소나 특성을 조직의 행동이나 구조에 반영하고 정착시켜야 하는 존재로서 동조적인 방식(conformity)을 통해 정당성을 확보해 나가고 생존해 나가는 존재임을 강조한다(Meyer & Rowan, 1977).

신제도이론이 특히 더 강조하는 것은 현대사회에서 고도로 제도화된 환경 속에서 조직은 직접적인 능률과 성과라는 기준보다는 외부환경, 즉 제도환경으로부터의 정당성을 확보하기 위해 제도적 기대들에 순응하는 방식에서 공식구조와 조직활동을 전개시키는 존재라는 것이다. 조직의 입장에서 설명하면, 사회적으로 정당화된 요소들을 공식구조에 편입시키는 조직들은 그들의 사회적 정당성을 증대시킬 수 있으며, 필요한 자원을 환경으로부터 끌어오는 데 유리하고, 궁극적으로 조직의 생존가능성을 증대시킬 수 있다는 것이다.

신제도이론에서 부각되는 것을 정리해 보면, 조직은 사회적으로 정당화된 기대를 내규화하는 존재이고, 이러한 조직은 제도적 환경에 동조적 행동을 가지며, 바로 이러한 동조적 행동을 통해 정당성 및 합법성을 취득하고, 취득한 합법성을 기반으로 조직의 생존력을 강화해 나간다는 것이다. Hasenfeld(1992)는 신제도이론의 사회복지조직에 대한 설명력은 매우 정확하다고 주장한다. 그는 사회복지조직과 환경의 관계를 가장 적절하게 설명할 수 있는 이론이 바로 자원의존이론과 신제도이론인데, 특히 신제도이론은 사회복지조직이 어떻게 생존해 나가고 있는가 그리고 어떻게 생존해 나가야만 할 것인가를 기술하는 가장 중요한 조직환경이론이라고 주장한다. 실제로 사회복지조직은 사회가 기대하는 것들을 중심으로 그 행동을 구성하는 경향이 매우 강하다. 그 이유는 사회복지조직이 그렇게 사회적으로 기대된 바대로 행동할 때, 제도환경으로부터 합법성을 취득할 수 있고 바로 그러한 합법성에 기초하여 자원을 보다 원활하게 유입시킬 수 있기 때문이다.

신제도이론은 조직이 조직환경에 적응하는 과정에 대해 바라보는 시각이 다르다. 즉 조직의 합리적인 선택에 의한 적응을 가정하는 구조상황이론 그리고 조직전략 등에 의한 의도적 선택에 의한 적응을 가정하는 자원의존이론과는 다르게, 신제도이론에서는 조직환경에의 적응에 대해서 목적과 수단의 일치 차원에서의 합리성 논리가 아닌 생존 차원의 논리에 기반을 두고 사회적으로 합리화된 신화를 무조건적으로 내재시키는 차원에서의 조직적응을 가정한다. 이러한 차원에서의 조직적응과 관련해서 DiMaggio와 Powell (1983)은 유사한 제도적 환경에 있는 조직들이 구조적 동일성(institutional isomorphism)을 갖는 이유는 바로 구조적 동일성을 통해서 조직이 합법성을 취득하고 지속적인 생존을 보장받기 때문임을 강조한다.

(4) 조직군생태이론

조직환경이론들은 그것이 합리적 차원이든 무의식적 차원이든 간에 환경에 대한 조직의 적응이라는 현상을 설명한다. 그러나 모든 조직환경이론이 이렇게 조직의 환경에 대한 적응을 논하는 것은 아니다. 조직군생태이론(organizational population theory 혹은 population ecology theory)은 조직과 환경과의 관계에서 환경의 조직선택이라는 환경결정론적 시각을 취하는 이론이다.

조직군생태이론은 Darwin의 진화론, 특히 적자생존(natural selection)이라는 개념에 영향을 받은 것으로서 조직과 환경 간의 관계에 있어 개별조직에 관심을 두지 않고 조직군(organizational population)에 대해서 관심을 두면서 조직군을 둘러싸고 있는 환경적 욕구에 부합하는 조직만이 선택되어 생존하게 되는 원리가 조직과 환경 간의 관계에서 적용됨을 주장한다. 즉 이 이론은 조직군에 초점을 두면서 조직들이 환경에 의해서 선택되는 변천과정을 설명하는 것에 많은 비중을 둔다.

Hannan과 Freeman(1984)은 기존의 이론들이 조직의 적응능력을 지나치게 과장하는 경향을 가지고 있다고 비판하면서, 조직의 능동적인 적응은 극히 제한적일 수밖에 없다고 설명한다. 그 이유는 조직이 적응을 어렵게 하는 구조적인 관성 압력(structural inertial pressures)을 갖고 있기 때문이라고 설명한다. 즉 조직은 움직이지 않고 계속 멈추어 있거나 혹은 결정된 일정 방향으로만 이동하게 하는 구조적 관성(structural inertia)을 갖는데, 구체적으로 조직 내적인 측면에서 설비투자, 매몰비용, 정보처리의 한계, 정치적 제약, 조직의 역사와 전통 등이 그러한 관성을 이끈다는 것이다. 그리고 조직의 외적 측면에서 진입장벽, 철수장벽, 정보유통의 한계, 정부의 입법과 규제, 사회적 정당성 등이 그러한 관성을 이끈다는 것이다. 정리하면 조직군생태이론은 조직은 환경의 변화속도보다 조직의 변화속도가 느림에 따라 구조적 관성을 나타내게 되고, 구조적 관성에 의해서 개별조직의 변화는 일어나기 어렵기 때문에 조직의 환경적응은 어렵게 되며, 이에 조직은 환경에 의해서 선택당하게 될 수 있음을 설명한다.

조직군생태이론은 환경에 의한 선택과 관련해서 그 과정이 변이, 선택, 보전의 단계로 이루어진다고 설명한다. 첫째 단계인 변이(variation)는 기존의 보전기제가 붕괴되고 선택기준이 변화하면서 새로운 조직이 출현하여 기존의 조직군에 유입되는 단계이다. 둘째 단계인 선택은 어떤 변이는 선택되고 어떤 변이는 도태되는데, 이러한 선택은 조직군을 둘러싼 환경이 결정한다는 것이다. 즉 환경에 적합한 변이는 선택되고, 이에 부적합한 것들은 도태된다는 것이다. 마지막 단계인 보전은 선택된 변이들이 보전되는 단계이다. 비록 조직군생태이론이 환경결정론적 논리를 지나치게 강조한다는 점, 즉 조직의 자율적인 선택과 적응능력을 지나치게 과소평가한다는 점에서 많은 비판을 받고, 또한 이 이론의 논리가 소규모 조직이나 자원봉사조직 등과 같은 환경의 영향에 의해 민감하게 영향을 받는 조직들에만 적용될 수 있다는 평가를 받고 있기는 하나, 조직의 진화과정, 산업부문의 진화과정, 즉 조직군의 거시적 차원에서의 변화와 관련해서 매우 높은 수준의 통찰력과 설명력을 가진다고 볼 수 있다(신유근, 1998 ; 이창순, 2006).

요약

조직환경에 대한 이해는 조직의 생존이라는 절대적 과제 앞에서 보다 높은 의미를 지닌다. 조직환경은 불확실성과 함께 조직의 생존을 위협할 수 있으나, 동시에 기회를 제공하는 실체일 수도 있다. 다양한 사회문제, 문제를 지니는 인구, 다양한 형태의 자원, 규제집단 및 이해집단 등으로 둘러싸인 사회복지조직에서 조직환경의 의미는 정말로 절대적인 위치를 차지한다.

조직을 연구하는 학자들은 조직환경이 가져오는 불확실성에 대한 이해를 위하여 조직환경을 다각적으로 유형화하는 노력을 가져왔다. 특히 환경 불확실성과 관련해서, 동태성(volatility), 복잡성(complexity), 자원의 풍요성(capacity) 등의 세 가지 환경 하위개념을 통한 접근은 환경 불확실성의 정도를 이해하고 논의하는 데 유용성이 높다고 할 수 있다.

조직환경에 대한 이해는 일반적 환경을 통해서 접근될 수도 있고 과업환경을 통해서 보다 구체화시킬 수도 있다. 일반적 환경의 측면을 정리해 보면, 기술환경, 법환경, 정치환경, 경제환경, 인구사회환경, 문화환경 등으로 나눠 볼 수 있다. 이렇게 다양한 차원에서 조직의 환경을 이해하는 것이 필요하나, 좀 더 구체적으로 조직과 직접적인 관련성을 지니는 조직 밖의 구성요소들을 중심으로, 즉 과업환경을 통해서 조직의 환경을 이해하는 것은 관리의 차원에서 보다 효용성이 높을 수 있다.

조직환경은 다른 시각에서 보면 조직 간 관계로 규정될 수도 있다. 따라서 조직 간 관계에 대한 논의가 지속되어 왔는데, 다음의 단계를 거쳐 논의가 발전되고 있는 상황이다. 두 조직 간 관계(dyad or pairwise relationship), 한 조직을 중심으로 두고 그 조직과 외부조직들과의 관계(organizational set), 유사영역(domain)에 속한 조직들 모두의 연계관계(organizational network), 그리고 구조적 유사성과 기능적 유사성을 기준으로 관계를 설정하는 유사조직군(population of organizations) 등이다. 이러한 조직 간 관계에 대한 접근방법들 중 중심조직과의 관계에 초점을 두는 조직집합(organizational set)의 접근방식은 자신이 속한 사회복지조직을 중심으로 다른 조직들과의 관계를 다각적으로 파악하는 데 큰 도움을 줄 수 있다.

조직환경은 주어지는 것이지만 그 어떤 조직도 주어지는 모든 실체를 파악할 수는 없기에 이는 기본적으로 조직에 의해서 설정되는 것(enacted environment)이라고 말할 수 있다. Pfeffer(1978)는 특히 조직환경 설정이 환경관리 차원에서 매우 중요한데, 설정의 과정에서 문제가 될 수 있는 요인으로서 환경요소와의 상호의존적 관계상황에 대한 잘못된 인식, 환경에서 요구되는 것들에 대한 잘못된 인식, 과거로부터 설정되어 온 것에 대한 집착, 갈등을 일으키는 다양한 환경적 요구들에 직면하여 일부 요구에만 대응하는 선택적 대응 등을 제시한다. 조직은 항상 환경을 어떻게 설정할 것인지 그리고 설정된 환경에 어떻게 대응해야 하는 것인지에 대한 이해를 구축하기 위해 노력하고 실제적으로 환경관리를 위한 노력을 진행해 나갈 때 환경의 불확실성에 의한 위협은 상대적으로 보다 감소될 수 있을 것이다. 즉 사회복지조직에서도 환경설정과 관련된 과제의 실천은 조직의 환경대응력을 키우면서 조직 생존과 발전을 가져오는 데 중요한 의미를 지닐 수 있을 것이다. 조직환경의 영향력에 대한 이해를 보다 광범위하게 심화시키기 위해서 환경에 대한 이론들은 매우 높은 유용성을 지닌다. 개방체계적 관점에서 발전되어 온 구조상황이론, 자원의존이론, 신제도이론, 조직군생태이론 등의 관점과 핵심 주장에 대한 이해는 환경의 영향력에 대한 이해를 제고시킬 뿐만 아니라 조직의 환경관리와 관련된 시사점을 제공할 수 있다.

07 사회복지조직 **관리자의 역할**

관리자(manager)라는 용어는 관리(management)에서 파생된 것으로 조직의 미션과 목표를 달성하기 위해 조직구성원들을 지도·통제(control)하는 역할을 수행하는 인원을 일컫는다. Daft(1999)나 Mintzberg(1973)와 같은 학자들은 관리자에게 공통적으로 요구되는 핵심적 역할에 대해서 정리 및 제시해 왔다. 그러나 조직의 특성이나 관리계층에 따라 관리자의 역할은 다를 수도 있다. 또한 조직영역에 따라 즉 영리조직(for-profit organization)이나 비영리조직(non-profit organization), 정부조직(governmental organization) 등에서 관리자에게 요구되는 역할이 다소 다를 수도 있다.

한국의 사회복지현장에서는 관리와 리더십은 구별되지 않은 채 혼용되어 사용되기도 한다. 그러나 관리란 개념은 앞선 장에서 살펴본 리더십(leadership)과도 밀접히 연결되어져 있으나 차이를 갖는 개념이다. 따라서 이에 대한 분명한 이해가 필요할 수 있다. 그리고 가장 바람직한 것은 관리자에게 요구되는 관리능력과 리더십이 균형의 차원에서 통합적으로 이해 및 실행되어야 하는 것이다. 즉 리더십을 지닌 관리자의 확보와 개발이 너무나도 중요한 과제이기도 하지만, 현실에서는 이보다 앞선 과제가 모범적 관리 역량을 지닌 관리자를 확보하고 개발하는 것일 수 있다. 그 이유는 일차적으로 관리는 조직이 수행하는 일의 성공적 완수를 가능케 하는 데 기여하기 때문이다. 본 장에서는 관리와 리더십의 관계에 대한 내용을 살펴본 후, 조직 및 부서의 과업을 성공적으로 이끌면서 구성원들을 성장 및 발전시키기 위해 어떤 역할들이 사회복지조직 관리자에게 요구될 수 있는지를 정리해 보고자 한다.

1. 관리와 리더십의 관계

관리(management)와 리더십(leadership)의 관계에 대한 논의에 앞서 관리에 대한 정의 및 관리자의 역할과 기능에 대해 알아볼 필요가 있다.

Mintzberg(1973)는 관리자에게 공통적으로 요구되는 역할을 세 가지 영역에서 총 10가지 역할로 나누어 제시하고 있다. 세 영역은 각각 정보관리 역할, 대인관계 역할, 의사결정 역할로 나뉘어져 있으며, 이를 통해 관리는 조직의 목적달성을 위해 조직 운영의 기준을 마련하고 이에 맞춰 조직이 그 과업들을 충실히 수행할 수 있도록 지원하면서 지도하고 통제하며 교정해주는 활동이라고 보았다.

표 7-1 관리자의 역할

구 분	역할	활동
정보관리 역할	모니터링	정보를 받고 탐구하며, 정기간행물과 보고서를 조사하고 직접적인 접촉을 유지함
	정보나눔	메모와 보고서를 발송하거나 전화를 거는 등 다른 조직구성원들에게 정보를 회람함
	정보대변	연설, 보고서, 메모를 통해 외부에 정보를 전달함
대인관계 역할	대표	손님을 맞이한다거나 법적 문서들에 서명하는 등 의식적이고 상징적인 역할을 수행함
	지휘	부하직원들을 지도·훈련시킴과 동시에 조언 및 의사소통을 함
	연계	우편, 전화, 회의를 통해 조직내부와 외부 간 정보연계를 유지함
의사결정 역할	기업가	개선 계획을 주도하고, 새로운 아이디어를 생각하며, 다른 사람에게 새로운 아이디어에 대한 책임을 위임함
	혼란교정자	혼란과 위기를 바로잡기 위한 행동을 취하고, 부하직원들 사이에 갈등을 해결하며, 환경적 위기를 극복함
	자원배분자	자원배분을 위한 일정, 예산을 고려하고 우선순위를 정함
	협상자	매입과 매각, 예산, 노동조합과의 협상에 있어 부서 및 부서의 권리를 대표함

출처 : Mintzberg(1973)

Daft(1999)는 관리와 리더십의 측면에서 볼 때 네 가지 유형이 존재할 수 있음을 제시하고 있다. 즉 Daft는 현실을 볼 때 실제 대부분의 관리자들은 관리능력과 리더십 모두를 갖추지 못한 경우가 매우 많고, 관리능력만을 갖추고 있는 경우가 많으며, 리더십을 갖춘 관리자는 거의 없는 상황을 보여주고 있다. 이는 조직에게 있어 관리능력과 리더십 모두를 고루 갖춘 관리자를 개발시키는 것이 모든 조직에서의 매우 중요한 과제가 될 수 있음을 시사하고 있다.

그림 7-1 현장에서 관리와 리더십 간 관계에 대한 현황(today's management-leadership mix)

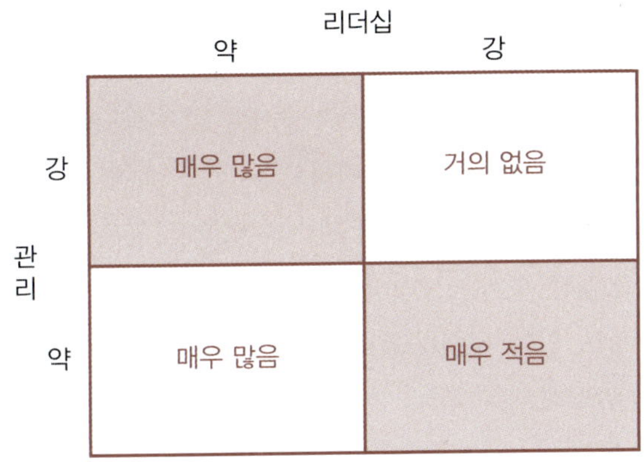

출처 : Daft(1999)

그림 7-2 관리와 리더십의 상호관계 모형

출처 : Kerry & Murdoch(1999)

관리와 리더십에 대한 많은 연구들에서 학자들은 이론적인 차원에서 두 개념은 궁극적으로는 보완적 관계(complementary relationship)를 지닐 수 있어야 함을 강조하고 있다

(Kotter, 1990). 즉, 관리와 리더십은 각기 제한적일 수 있는 부분을 상호 채워 보다 완전한 형태의 결합이 이뤄질 수 있도록 하는 관계를 가장 이상적인 것으로 상정할 수 있다는 것이다. 따라서 사회복지현장에서도 궁극적으로는 관리자들이 관리능력과 리더십을 함께 길러내어 이 둘의 보완적 관계를 성취해 나갈 수 있어야 할 것이다. 그러나 현실적으로 볼 때, 조직관리자들 대부분은 관리능력에 대한 훈련과 개발이 미진해서 이도 미약할 수 있고 리더십도 같은 상황이라 이 역시도 미약할 수 있는데, 이러한 경우에는 위 [그림 7－2]에서 제시되는 바와 같이 먼저 관리의 역량을 구축하면서 그 토대 위에서 리더십을 개발시키는 보충적 관계(supplementary relationship)의 틀 속에서 이 둘의 관계 균형을 모색할 필요성도 있을 것이다(Kerry & Murdoch, 1993 ; Shea, 1990).

관리와 리더십과 관련해서 각각이 가지고 있는 특징을 정리해 보면 다음과 같다. Daft(1999)는 관리(management)와 리더십을 다음의 〈표 7－2〉에서와 같이 비교하여 각 특징을 설명한다.

표 7-2 **관리와 리더십의 비교**

구 분	관 리	리더십
지도 (direction)	• 핵심적 현안에 집중하기 • 기획하고 예산 짜기	• 먼 지평을 바라보기 • 비전과 전략을 구축하기
배열 (alignment)	• 조직의 활동을 조직화하기 • 구성원을 배치하며 지도하고 통제하기 • 과업의 범주를 명확히 하기	• 조직의 문화와 가치 구축하기 • 구성원의 성장을 돕기 • 과업의 범주를 넘어서까지 일할 수 있도록 돕기
관계 (relationship)	• 부하의 과업에 초점 － 생산 － 재화와 서비스 판매 • 지위권력에 입각한 보스로서의 역할에 충실하기	• 부하 자체에 초점 • 동기부여 • 개인적 권력에 입각한 코치 및 촉진자로서의 역할에 충실하기
개인적 자질 (personal qualities)	• 감정적인 거리 • 전문가적인 마인드 • 말하기 • 조직의 기준에 맞춰 행동 • 조직을 통한 통찰을 지향	• 감정적으로 밀착 • 오픈 마인드 • 듣기 • 조직의 기준을 넘어 행동 • 스스로의 완결성을 지향
결과 (outcome)	안정성의 확보	변화의 창조

출처 : Daft(1999)

위에서 제시되는 바와 같이 관리와 리더십은 차이를 지니는 개념이라 할 수 있다. 관리는 현재 주어진 과업을 완벽하게 이루게 하는 통제에 보다 높은 초점이 맞춰져 있다 할 수 있고, 리더십은 동기부여를 통해 역량을 확장시켜주면서 동시에 현재의 것만에 초점을 두는 것이 아니라 먼 지평을 바라보면서 성장하고 발전할 수 있게 하는 것에 보다 높은 초점이 맞춰져 있다고 할 수 있다. 관리와 리더십에 대해서 Czarniawska-Joerges와 Rolfe Wolff(1991)도 이와 유사한 시각에서 그 개념의 핵심 속성을 설명한다. 관리(management)는 현재 진행되는 조직활동의 조정과 통제를 통해 질서를 확보해 나간다는 의미를 담고 있는 개념이라 설명하고, 리더십(leadership)은 조직이 향후 나아가야 하는 그 길에 대한 통제적 희망의 의미를 담고 있는 개념이라 설명한다. 특히 이들은 관리와 관련해서, 관리는 조직의 일상적 합리성을 수호하는 행위로서 조직활동의 기초가 되는 요소이기 때문에 모든 조직에서 관리를 안정적으로 유지·발전시키는 것이 무엇보다도 중요함을 강조한다. 이들은 보통 리더십은 보다 매력적인 것으로 비춰짐에 반해 관리는 조직이 수행해야 하는 필수적인 기능을 수행함에도 불구하고 조직에서 최소한으로만 선호되는 현상인 것으로 인식되는 경향이 있는데, 이에 대해 매우 분명하고 균형적인 이해가 필요함을 역설한다.

2. 관리자에게 요구되는 역할

관리와 리더십의 조화와 균형 가운데 관리자에게 요구되는 역할을 Robert E. Quinn과 그의 동료들(2007)은 조직 내에서 상충되는 경쟁 가치(competing value)에 기반하여 소개한다. 아울러 각 유형의 관리자가 갖추어야 할 핵심역량에 대해 정리하는데, 이들의 정리는 사회복지조직의 관리자에게 많은 시사점을 제공한다. Quinn과 그의 동료들(2007)은 먼저 관리유형을 네 가지로 구분하고 각 유형이 가지고 있는 특징 및 강조점, 효과성을 측정하기 위한 기준 등을 제시한다. 먼저 각 유형은 크게 합리적 목적(rational goal)모형, 내적 과정관점(internal process)모형, 인간관계적(human relations) 모형, 개방체계(open system)모형으로 나뉘며 각 특징은 [그림 7-3]과 같다.

그림 7-3 경쟁 가치에 의한 네 가지 관리유형의 특징

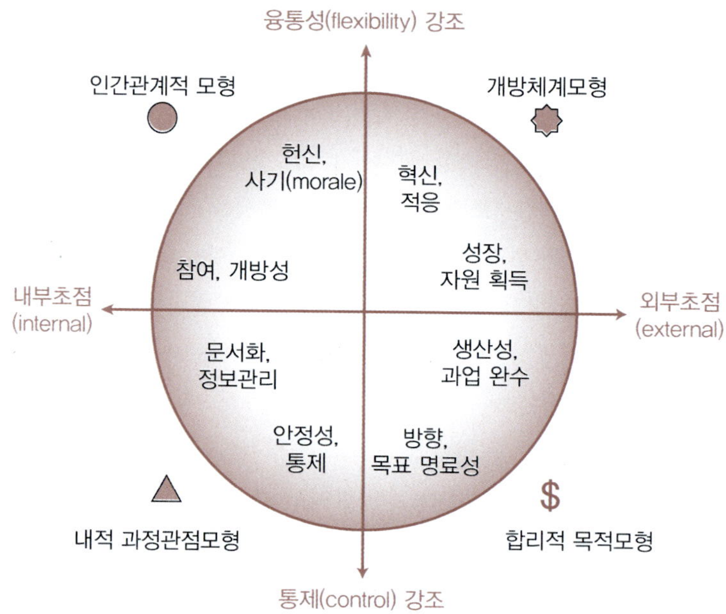

출처 : Quinn(2007)

이어서 Quinn과 그의 동료들은 각 모형이 초점을 두는 바를 수행할 수 있는 관리자가 되기 위해 행해야만 하는 역할을 각기 두 가지씩 총 여덟 가지를 제시한다. 또한 각 역할에서 관리자가 갖추어야 할 핵심역량을 제시하고 있다. 경쟁(competition)의 가치를 지향하는 합리적 목적모형에서는 감독자(director)와 생산자(producer)의 역할을, 협력(collaboration)의 가치를 지향하는 인간관계적 모형에서는 조력자(facilitator)와 멘토(mentor)의 역할을 제시한다. 이어 통제(control)의 가치를 지향하는 내적 과정관점모형에서는 점검자(monitor)와 조정자(coordinator)의 역할을, 창조(creation)의 가치를 지향하는 개방체계모형에서는 중개자(broker)와 혁신자(innovator)의 역할을 제시한다. 각 역할에서 요구되는 핵심역량은 다음 [그림 7-4]에 설명되어 있다.

그림 7-4 관리자의 역할 및 핵심역량

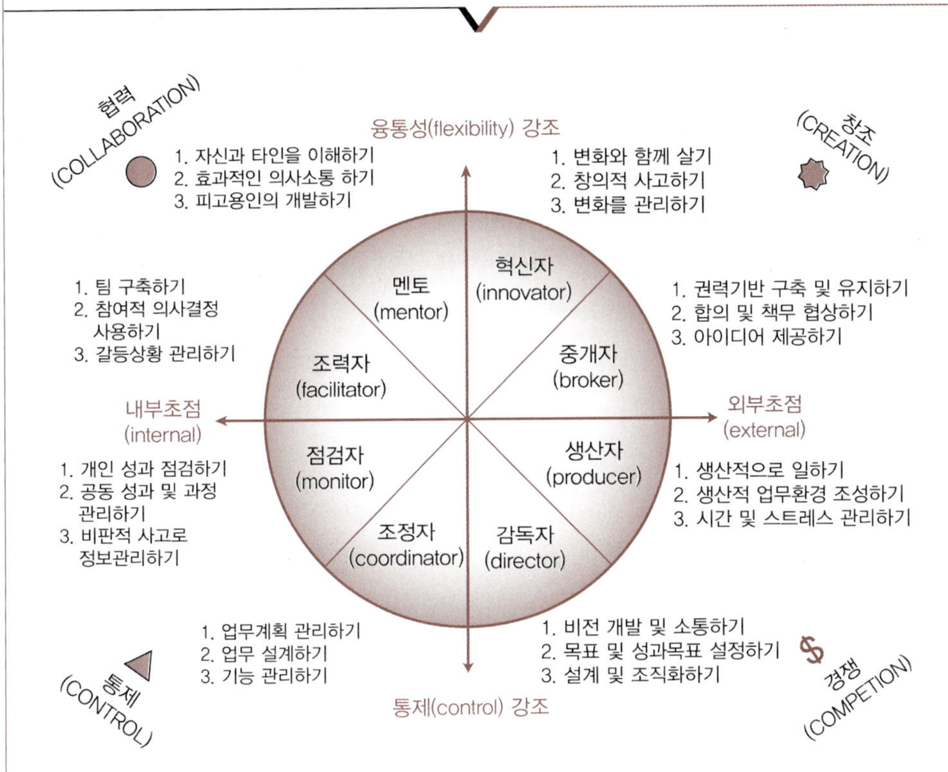

출처 : Quinn(2007)

1) 감독자

합리성 모형에 기반한 첫 번째 역할인 감독자(director)는 조직이 나아가야 할 방향을 제시하면서 이끌어 가는 역할을 의미한다. 감독자는 조직구성원들에게 '우리는 누구이며, 우리와 조직이 왜 존재하는지'에 대해서 끊임없이 알려주고 각인시키는 역할을 수행해야 한다. Quinn과 그 동료들(2007)이 제시하고 있는 감독자에게 요구되는 핵심역량은 총 세 가지로 비전(vision) 개발 및 소통, 목표(goals) 및 목표달성을 측정하기 위한 성과목표(objective) 설정, 업무 설계 및 조직화이다.

사회복지조직에서 가장 필요한 역할 중 하나가 바로 기관이 나아가야 할 방향 그리고 각 프로그램이 가야 할 방향을 명확히 제시하는 것이다. 지역사회복지관의 예를 들면, 기관이 보다 많은 클라이언트에게 서비스를 제공해야 하는 것인지, 클라이언트의 수와 관계없이 클라이언트의 삶의 개선을 위한 서비스에 집중해야 하는지에 대한 기관의 방향 결정은 매우 중요하다. 기관이 나아가야 할 방향을 제시하기 위해 관리자는 가까운 미래에 기관이 성취해 낼 필요성이 있는 모습을 그려내는 비전화(visioning) 능력, 기관이 지향하는 모습을 구체적이고 현실적으로 달성하기 위한 철저한 기획을 수립하는 기획능력, 이러한 기획을 반영한 기관의 각 사업의 목적 및 목표, 과업들로 구체적으로 연결시켜 낼 수 있는 목적 및 목표 설정(goal & objective setting) 능력을 두루 갖추어야 한다.

다음으로 필요한 역할은 기관의 방향을 정한 이후에 그 방향을 향해 기관이 나아갈 수 있도록 일을 조직화하는 것이다. 조직화(organizing)의 의미는 쉽게 말해 업무를 적절하게 나누는 역량에서부터 시작된다고 할 수 있다. 이는 설정한 목적 및 목표를 가장 효과적으로 달성하기 위해 각 업무가 수행해야 하는 핵심 요소 및 활동을 나누어 배치하는 과정에서 비롯되는 것으로 이해할 수 있다. 이를 위해 관리자는 목적과 목표에 따라서 과업들을 적절히 디자인하면서 과업수행을 위한 노력들을 조직화하는 능력을 키울 수 있어야 한다.

방향을 제시하고 업무를 조직화하는 두 역할 모두에서 특히 강조되어야 하는 것은 기관이 그리고 있는 큰 그림과 작은 그림의 조화를 가져올 수 있어야 한다는 것이다. 기관이 추구하고자 하는 큰 그림만을 강조할 경우 실제로 진행되어야 할 각 사업들의 실행가능성(feasibility)이 떨어질 수 있으며, 작은 그림만을 보며 기관을 관리할 경우 기관의 미션 및 목적과 동떨어진 사업 진행이 발생할 수 있기 때문이다.

감독자의 역할에서 방향 제시부터 시작하여 업무 디자인 및 노력의 조직화에 이르기까지 모든 영역에 직접적으로 관여하고 올바른 방향으로 이끌어가는 것이 바람직해 보이지만, 실제로 제한된 인원이 모든 단계에 관여하는 것은 거의 불가능하다. 따라서 조직구성원이 높은 업무수행능력에 의해 준비가 되었다고 판단되는 경우에는 부하직원에게 방향만을 제시한 후 업무 디자인 및 노력의 조직화 등을 포함한 과업들을 과감히 위임(delegating)할 수 있는 역량도 필요하다.

2) 생산자

합리성 모형에서 제시되는 두 번째 역할은 생산자(producer) 역할이다. 이 역할의 핵심은 조직의 구성원들이 생산적(productive)으로 일할 수 있게 하는 것이다. Quinn과 그 동료들(2007)이 제시하고 있는 생산자로서의 핵심역량은 조직구성원들이 생산적으로 일하게 하기, 생산적인 업무환경 조성하기, 시간과 스트레스 관리 및 조직구성원들의 각기 상충되는 요구에 대해 균형을 잡는 능력이다.

관리자의 역할 중 생산자의 역할을 수행하기 위해서는 조직구성원들이 어떤 환경이나 상황에 있을 때 보다 생산적이며 동기가 부여되는지를 파악하는 것이 필요하다. 생산성 향상에 대한 논의는 F.W. Taylor(1911)의 저서 『과학적 관리의 원칙(*The Principles of Scientific Management*)』의 연구대상이었던 육체근로자, 특히 제조업 분야의 조립라인(assembly line)과 같은 생산현장에서부터 시작되었다. 그는 생산성 향상을 위해 경쟁을 통하여 육체근로자의 생산성과 효율성을 극대화시키는 비교적 단순하고 명료한 과학적 관리법을 개발하고 적용하였다. 그러나 사회복지관에 적용될 수 있는 생산성 향상에 대한 논의는 이러한 육체근로자가 아닌 Drucker(1992)가 논의한 바와 같이 지식 근로자(knowledge worker)의 차원에서 접근해야 할 것이다. 따라서 사회복지현장에 있어서 관리자로서 생산성에 대해 개입하는 문제는 매우 중요하면서도 어려운 과제이다. 특히 사회복지기관의 경우 기관의 업무를 둘러싼 환경이 일상적이지 않기 때문에 구성원들이 수행해야 할 업무의 양(quantity)과 질(quality)에 대해 각 상황에 맞게 신중히 접근해야 한다. 생산성 향상을 위해 때로는 완전히 질적인 것에 초점을 두면서 접근해야 할 수도 있고, 어떤 경우에는 질과 양의 조합으로, 어떤 경우에는 완전히 양적인 것을 내용으로 하여 접근할 수 있어야 한다.

육체근로자의 경우 생산수단(means of production)을 소유하고 있지 않기 때문에 조직이 소유하고 있는 수단을 이용해 어떻게 자신이 맡은 과업을 수행해야 하는지를 개선하면 생산성의 향상을 가져올 수 있다. 그러나 지식근로자의 경우 각 근로자들이 생산수단을 보유하고 있기 때문에 근로자들의 지식을 포함한 핵심기술의 향상과 더불어 조직 및 개인의 과업이 이와 통합되어야만 한다. 이와 함께 조직환경적 문제 및 동기 저하와 같은 생산성 향상의 방해요인 제거에도 개입해야만 한다는 어려움이 있다. 즉 생산성을 높이는 관리자가 되기 위해서는 방향주기(direction)가 보다 정확해야 하고, 근로자들의 동기를 자극시킬 수 있어야 한다. 아울러 근로자들의 조직환경적 상황에 대해서 개입할 수 있어야 하며, 근로자들이 보유한 기술에 대해서도 향상(upgrade)과 갱신(update)을 만들어낼 수 있어야 한다.

동기의 강화를 통한 생산성 향상과 관련해서 Quinn과 그 동료들(2007)은 구성원들의 내재적 동기(intrinsic motivation)에 초점을 둘 필요가 있다고 설명한다. 내재적 동기란 조직구성원들이 가지고 있는 고유의 동기로 볼 수 있다. 보상과 같은 외부적인 강화와 상관없이 본인들이 가지고 있는 심리적 욕구에 의해 생성되는 동기로서 개인의 흥미와 같은 것이 한 예가 될 수 있다. 구성원들의 직무 역할과 관련해서 내재적 동기가 발현될 수 있는 상황을 Thomas와 Velthouse(1990)은 크게 네 가지로 제시하고 있다. 첫 번째는 본인이 수행하는 업무가 의미 있다고 느껴질 때, 두 번째는 구성원들이 스스로의 업무역량에 대해 단순히 과업을 완료하는 것을 넘어서 훌륭히 수행했다는 느낌을 통해 경쟁력이 있음을 느낄 때, 다음으로 업무수행에 있어서 스스로의 자기결정권이 있을 때, 마지막으로는 본인이 조직의 전략이나 운영, 업무성과 등에 영향력 및 파급력을 지니고 있음을 느낄 때 등이다. Quinn과 그 동료들(2007)은 생산성 강화를 위해 내재적 동기에 대한 이해 및 활용과 함께 조직구성원들의 과업에 대한 몰입(commitment), 도전(challenge), 이해를 초월하게 만들기(transcendence), 과업과 일상적 삶의 질 사이에서의 균형(balancing) 등의 노력을 통해서도 가능할 수 있기에 이러한 부분에 대한 이해 및 실천역량이 중요함을 강조한다.

사회복지현장의 경우에는 이러한 내적 요인들에 대한 개입과 함께 각 현장에서의 실천의 핵심 도구(tool)인 핵심기술(technology)에 대한 개입, 즉 이와 관련된 지식과 기법 등에 대한 역량 제고 및 확장의 노력도 수반되어야 할 것이다. 아울러서 위에서 논의하고 있는 동기부여 및 기술에 대한 개입이 잘 이루어진다 해도, 업무환경이 나쁘면 기대할 수 있는 만큼의 생산성 제고란 절대로 있을 수 없다. 따라서 생산력 향상을 위해서는 업무환경의 조성이 필요한데, 먼저 구성원들의 조직에 대한 신뢰성(credibility)을 확보할 필요성이 있다. 이를 위해 구성원들의 의사소통이 모두에게 접근가능하도록 개방성을 지녀야 하며, 조직의 비전이 일관되게 수행되게 하기 위한 물적자원 및 인적자원의 조정이 필요하다. 또한 구성원들이 서로를 존중할 수 있는 문화 구축을 위해 노력해야 하며, 업무 절차 및 결과에 대한 공정성을 확보해야 한다. 다음으로 조직구성원 개인이나 부서, 조직이 지역사회에 어떻게 그리고 얼마나 공헌하고 있는지에 대한 인식 제고를 통해 자부심을 고양시킬 수 있어야 하며, 아울러 구성원들이 서로 동지애를 느낄 수 있는 환경을 조성해야 한다.

마지막으로 생산성 향상을 위해 관리자들은 각 개인 및 조직의 스트레스에 대한 이해력 그리고 시간에 대한 관리능력을 갖춰야 한다. 스트레스에 대한 개입은 참으로 어려운 과제이다. 그 이유는 각 구성원들이 가지고 있는 스트레스의 원인이 너무 다양하여 파악하기 어렵기 때문이다. 그리고 파악한다 해도 조직 차원에서 개입할 수 있는 가능성이 낮은 경우가 더 많기 때문이다. 그럼에도 불구하고 스트레스는 구성원 스스로와 동료들의 생산성에서 반드시 문제를 가져올 수 있기 때문에 이에 대한 이해와 함께 개입노력이 수반되어야 한다. 또한 Drucker(1992)가 강조하듯이 시간에 대한 관리는 생산성 향상에 매우 중요한 것이기 때문에 이에 대한 개입 역시 필요하다. 사회복지기관에 있어 업무나 사업의 특성이 매우 다양해서 큰 문제를 가져오는 경우가 많으나, 그럼에도 불구하고 업무나 사업의 특성에 따라 시간에 대한 계획을 미리 구성원들과 함께 구축하며 일할 수 있는 역량을 키워야 한다.

3) 조력자

인간관계적 모형에서 제시되는 관리자의 첫 번째 역할은 조력자(facilitator)의 역할이다. 이는 조직구성원들 간의 협력을 가져오는 역할로서 구성원들이 일치와 단결을 통해 팀워크를 강화하고 구성원들에게 발생할 수 있는 다양한 차원의 갈등을 완화시키는 역할이다. Quinn과 그의 동료들(2007)이 제시하고 있는 관리자의 조력자로서의 핵심역량은 팀을 구성하는 능력, 참여적 의사결정의 사용, 다양한 갈등 상황의 관리능력이다.

팀의 구축을 위해 관리자는 먼저 팀 구성원들이 공동의 목적과 목표에 전념할 수 있도록 개입할 수 있어야 한다. 두 번째로는 팀 구성원들이 각기 독립적으로 명확한 역할과 책임을 가질 수 있도록 분배해야 한다. 이는 후에 발생할 수 있는 다양한 갈등의 조정을 위해서도 필수적으로 선행되어야 하는 사항이다. 세 번째로는 팀 내에서 업무와 관련된 정보를 공유할 수 있는 의사소통 구조를 구축해야 한다. 이는 팀 구성원들이 의사참여에 있어서 보다 적극적인 자세를 가질 수 있게 한다. 마지막으로 각 팀은 상호책무성(mutual accountability)을 지닐 수 있게 해야 한다. 팀 구성원 중 한 명이 업무에 있어 어려움을 가지고 있는 경우, 공동의 목표를 성취하기 위해 다른 구성원들이 언제든지 도와줄 수 있는 준비가 되어 있을 수 있게 해야 한다. 궁극적으로 이러한 방식으로 협력이 싹트는 문화를 정착시켜야 한다.

구성원들의 참여적 의사결정의 사용은 정도에 따라 각기 장점 및 단점을 가질 수 있다. 따라서 관리자는 상황에 맞춰 참여적 의사결정이 가지고 있는 장점 및 단점을 파악하여 그 정도를 결정할 수 있어야 한다. 참여적 의사결정이 가지고 있는 장점은 보다 많은 인원이 의사결정에 참여할수록 보다 높은 수준의 지식과 전문성이 문제해결을 위해 적용될 수 있는 가능성을 높인다는 것이다. 또한 보다 넓은 범위의 가치와 관점을 적용시킴으로써 의사결정 시 발생할 수 있는 각각의 이해관계를 다각적으로 살펴볼 수 있다. 다음으로 구성원들이 보다 넓은 토대 위에서 결정을 할 수 있기에 실행에 있어 합의에 기반하여 몰입도를 제고시킬 수 있다. 또한 구성원들은 조직 의사결정의 제한점들을 이미 다양하게 경험한 인력일 수 있기 때문에 사전에 이러한 제한점들을 발견할 수 있게 하는 장점이 있다. 마지막으로 참여적 의사결정의 강화는 소속감을 높임으로써 별개의 개개인이 아닌 조직 정체성을 지니는 구성원으로서의 성장과 개발에 도움을 줄 수 있다.

반면 참여적 의사결정이 가지고 있는 단점은 먼저 많은 시간이 소요된다는 것이다. 조직이 내려야 하는 의사결정은 그 특성상 신속함을 요구하는 경우가 많은데, 이러한 경우 높은 참여적 의사결정수준은 조직에 피해를 가져올 수 있는 위험을 지닐 수 있다. 다음으로 의사결정에 참여하는 인원들이 해당 안건에 대한 전문적인 기술을 갖추고 있지 못한 경우, 오히려 질 낮은 수준의 의사결정이 이루어질 수도 있다. 이는 조직 회의의 구조가 제대로 구축되어 있지 않을 때 보다 심각해질 수 있는데, 해당 안건에 적합한 전문성을 가진 사람이 결정과정의 논의에서 의사를 제대로 반영하지 못하고, 해당 안건에 대한 전문성이 전무하거나 거의 없는 사람이 논의를 주도하게 되는 형국이 초래될 수도 있다. 마지막으로 구성원들이 의사결정에 지나치게 응집될 경우, 즉 비슷한 의견을 가진 인원들에 의해서만 의사결정이 내려지게 되면 쉽게 합의를 내리고 결정을 내리려는 집단사고(group-think)의 경향을 지니게 된다. 고려될 수 있는 대안이나 이의 등을 반영하지 못해 잘못된 결정을 쉽게 내릴 수 있는 위험을 내포한다. 따라서 관리자는 참여적인 의사결정의 사용에 있어서 획일화된 수준 및 방식을 사용하기보다는 각 안건에 적절한 접근을 적용할 수 있는 역량을 가져야 한다.

마지막으로 조직 내에서는 항상 갈등의 소재가 있다. 따라서 조직의 목표달성과정에서 그리고 조직구성원들의 욕구와 관련해서 발생할 수 있는 갈등에 대해 적절한 관리능력이 필요하다. Thomas(1976)는 갈등에 대한 접근 방식을 다섯 가지로 분류하여 제시한다. 첫째, 경쟁(competition)방식으로 이는 조직의 목표달성을 우선시하여 구성원들의 개인적인 욕구나 필요에 맞추면서 상호협력하게 하는 방식은 아니다. 둘째, 회피(avoidance)방식은 조직의 목표를 구성원들에게 강요하지도 않고, 구성원들의 욕구에 맞추지도 않는 방식을 의미한다. 셋째, 수용(accommodation)방식이 있다. 이는 조직구성원의 욕구 및 필요에 양보하고 조직의 목표를 그렇게 강조하지는 않으면서 구성원들에게 협력하는 방식이다. 넷째, 협력(collaboration)방식이다. 이는 조직의 목표를 주장함과 동시에 구성원들의 욕구에도 적절히 대응하여 협력을 유도하는 방식이다. 조직과 개인의 욕구가 모두 충족될 수 있는 경우 이상적인 방법이 될 수 있지만 현실에서 그 가능성은 다소 낮을 수 있다. 마지막은 타협(compromise)방식이다. 이는 조직의 목표와 개인의 욕구 사이에서 균형적 접점을 찾아 해결해 나가는 방식이다. 구성원들의 응집을 위해서 적절한 방식이나 많은 시간을 소요하며 각기 다른 가치를 가지고 있을 경우 갈등이 조정되지 않을 수 있는 단점을 지닌다. 갈등관리와 관련해서 협력이나 타협의 방식이 조직과 구성원 모두를 만족시킬 수 있는 가장 이상적인 방식으로 보이긴 하지만, 이는 그렇게 쉽게 도달될 수 있는 것은 아니다. 따라서 사회복지현장에서 관리자들은 갈등을 둘러싼 이해관계를 명확히 파악하고 해결해야 할 것의 우선순위와 비중을 적절히 고려하여 적합한 방식을 선택할 수 있어야 할 것이다.

4) 멘토

인간관계적 모형에서 제시되는 관리자의 두 번째 역할은 멘토(mentor)의 역할이다. 실제 조직 현장에서 대부분의 관리자들이 염원하는 것은 스스로가 멘토를 갖는 것이다. 즉 누군가의 멘토가 되기 이전에 멘토를 가질 수 있기를 희망하는 것이 일반적이라고 할 수 있다. 이러한 현실은 역설적으로는 관리자가 멘토로서의 역할을 수행하는 것이 그렇게 쉽게 성취될 수 있는 것이 아님을 시사해 준다. Quinn과 그의 동료들(2007)은 관리자가 멘토로서의 역할을 수행하기 위해서 반드시 갖추어야 하는 핵심역량을 설명하고 강조하고 있다. 그것은 자신과 타인을 이해하는 능력, 효과적인 의사소통 능력, 멘티(mentee)인 구성원들을 성장·발전시키고자 하는 자세이다.

자신과 타인을 이해하기 위해 사용되는 대표적인 이론은 조하리의 창(Johari's window) 이론인데, 이는 이론의 창시자인 심리학자 Luft와 Ingham(1955)의 합성어이다.

그림 7-5 조하리의 창(Johari's window)

이들은 사람의 자아를 네 영역으로 구분하여 각각의 창을 통해 파악하고자 한다. 공개영역은 본인도 알고 있고 타인도 알고 있는 영역이며, 맹인영역은 본인은 모르지만 타인은 알고 있는 영역, 비밀영역은 본인은 알고 있지만 타인에게는 숨기거나 알려지지 않은 영역을 의미한다. 마지막으로 미지영역은 자신과 타인 모두 알지 못하는 부분이다. 관리자가 멘토로서의 역할을 수행하기 위해 우선적으로 수행해야 하는 것은 맹인영역과 비밀영역을 통해 스스로를 이해하고 더 나아가 구성원들을 이해하여 열린 창을 통해 사람에 대한 이해를 높여야 한다. 이를 위해 스스로도 본인과 타인에게 개방된 인간이 되게 하기 위해 노력해야 하고 더불어 공감(empathy)의 능력을 함양해야 한다.

다음으로 효과적인 의사소통능력의 함양은 관리자와 구성원 간의 소통에 있어 불확실함을 가져올 수 있는 요인들을 제거함으로써 이루어질 수 있다. 이를 잘 설명하고 있는 이론의 하나가 Shannon과 Weaver(1948)가 제시한 통신의 수학적 이론(the mathematical theory of communication)이다. [그림 7-6]에서 제시하는 것처럼, 관리자와 조직구성원 간의 소통 과정에 있어서 상호오해를 불러올 수 있는 요인(noise)이 존재할 수 있다. 이 이론은 바로 이런 노이즈를 제거함으로써 보다 효과적인 의사소통에 다가갈 수 있음을 시사하고 있다. 즉 관리자는 의사소통을 행함에 있어 과연 이러한 방해요인들에는 어떤 것이 있는지를 정확히 파악하면서 이를 제거한 후 의사소통에 임할 수 있어야 한다.

그림 7-6 **의사소통의 기본모형**

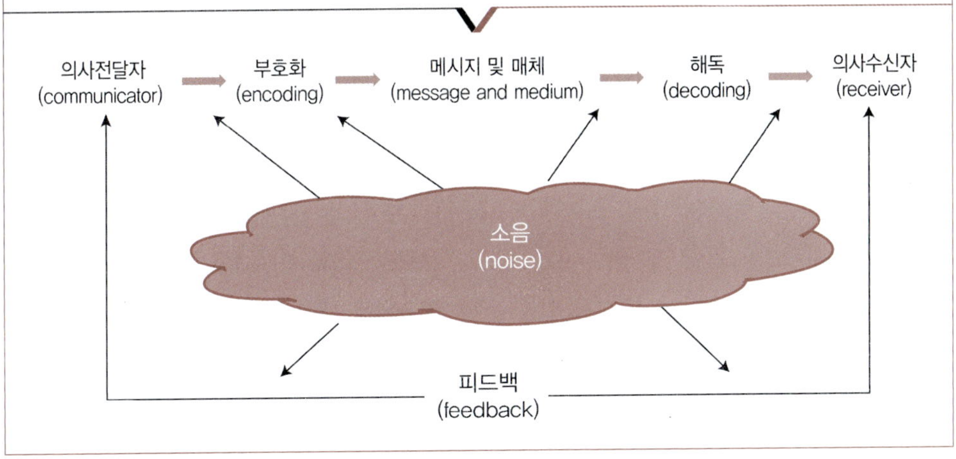

출처: Shannon & Weaver(1948)

마지막으로 멘토가 되기 위해서 부하직원을 진정으로 성장·발전시키기 위한 자세를 지니고 그러한 노력을 행할 수 있어야 한다. 이 측면에서 볼 때, 멘토가 되는 관리자는 부하직원에 비해 최소한 어떤 한 분야나 측면에 있어서는 더 깊고 넓게 생각할 수 있어야 한다. 업무에 필요한 능력과 기술, 대인관계능력, 의사소통기술, 인격 등 모든 측면에서 멘토가 되기는 어렵다. 따라서 본인이 실제로 멘토로서 제대로 기능할 수 있는 영역이 무엇일 수 있는지를 신중히 생각하고 그 역할을 수행할 수 있어야 한다. 즉 현장의 관리자는 스스로에게 '자신이 진정 부하직원의 멘토가 될 수 있다는 확신을 갖는지'에 대한 물음에 대해 깊게 생각해 볼 수 있어야 한다. 이를 통해 관리자는 부하직원의 성장과 개발뿐만 아니라 본인이 수행하고 있는 업무와 관련해서도 스스로의 성장과 개발을 동시에 가져 나가는 모습을 끊임없이 강구해 나갈 수 있어야 할 것이다.

5) 점검자

내적 과정관점(internal process)모형에서 제시되는 관리자의 첫 번째 역할은 점검자(monitor)로서의 역할이다. 점검자로서의 역할과 관련해서 관리자에게 요구되는 것은 어떠한 일들이 진행되고 있는지 그리고 계획에 맞춰 일이 진행되고 있는지 등과 같이 진행되고 있는 일 자체에 대한 완전한 이해이다. 이를 위해 관리자는 과업 진척에 대한 정보를 파악할 수 있어야 하고 관련 정보를 축적하고 정보를 읽어내어 활용할 수 있는 능력을 키워야 한다. 이를 통해 개인, 집단, 나아가 조직 전반의 과업수행에 대한 점검(monitoring)을 수행하며 적절한 조치를 취할 수 있는 능력을 갖추어야 한다. Quinn(2007)이 제시하고 있는 관리자의 점검자로서의 핵심역량은 정보의 과중(overload)을 관리하는 능력, 업무의 핵심과정(core processes)을 분석하는 능력, 성과와 그 질(quality)을 측정하는 능력이다.

정보의 과중을 관리하는 능력은 정보를 다루는 데 있어 기본적인 능력으로, 관리자가 접하게 되는 넘치는 정보들 사이에서 업무 점검에 필요한 핵심 정보들을 분류해 내고 필요하지 않은 정보는 처리해 내는 능력을 의미한다. 이를 위해 관리자는 문서형태의 정보를 처리하는 능력에서부터 시작하여 전자문서 형태의 정보처리능력을 갖추어야 하며, 정보가 담긴 문서를 만들어낼 때에도 핵심적인 사항들만을 담아내는 노력을 행할 수 있어야 한다.

핵심과정(core processes)의 분석이 의미하는 것은 조직의 핵심가치가 반영되는 결과(outcome)와 직접적으로 관련된 절차들을 파악해 내는 것이다. 핵심과정의 절차 파악역량과 관련하여 Porter(1985)의 가치사슬(the generic value chain)모형이 적용될 수 있다.

그림 7-7 Porter의 가치사슬모형

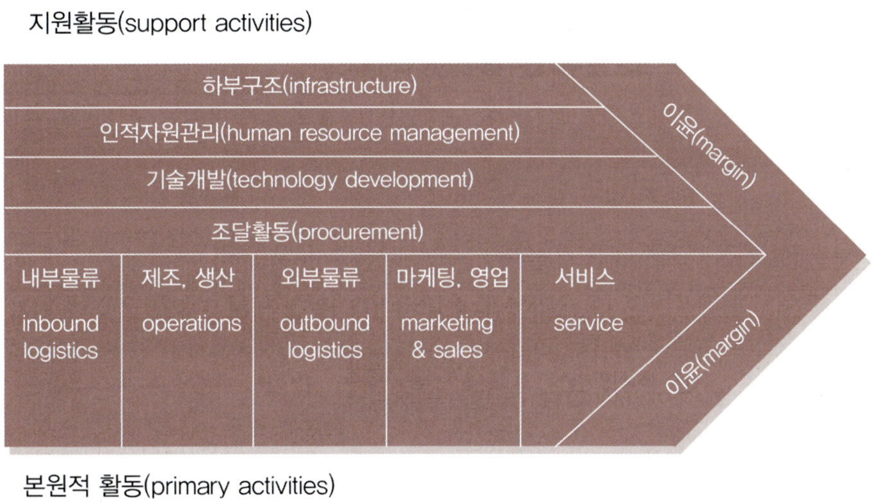

출처: Porter(1948)

위 그림에서 본원적 활동은 직접적으로 부가가치를 창출해 내는 활동으로 볼 수 있으며, 지원활동은 직접적으로 연관되어 있지는 않지만 가치창출에 도움을 줄 수 있는 활동들로 볼 수 있다. 조직에 있어 본원적 활동은 조직에게 물질이나 정보를 가져오는 내부물류(inbound logistics)활동, 가져온 것들은 제조・생산(operation)하는 활동, 물질이나 정보를 내보내는 외부물류(outbound logistics)활동, 마케팅 및 영업활동, 서비스활동으로 이루어져 있다. 바로 이러한 다섯 가지 활동은 조직이 추구하는 가치를 측정할 수 있는 결과와 직접적으로 연관되어 있는 활동이다. 즉 영리의 영역이든 비영리의 영역이든 검점자의 역할을 제대로 수행하기 위해서는 조직의 핵심가치가 반영되는 결과(outcome)와 직접적으로 관련된 절차들을 파악해 내는 역량을 구축하는 것이 필요하다. 예로, 사회복지기관에서도 업무의 절차를 분석함에 있어 본원적 활동과 지원활동으로 나누어 접근하고 본원적 활동에 해당하는 핵심과정에 대한 정보를 구분해 내며 점검활동에 필요한 지표를 구축해낼 수 있어야 할 것이다.

마지막으로 성과와 그 질을 측정하는 능력을 제고시켜야 하는데, 이를 위해 관리자들은 측정에 있어 정말로 중요한 내용이 무엇이어야 하는지를 판단하며 이와 관련된 지표를 구축할 수 있어야 한다. 조직에서 관리자들은 종종 본인들의 편의만을 고려하며 간단하고 측정하기 쉬운 척도와 같은 지표들을 사용하여 되어지고 있는 일들을 측정하고자 하는 유혹을 가질 수 있다. 그러나 이는 중요한 정보를 놓치게 하는 위험을 가져오기 때문에, 관리자들은 핵심적인 사항을 담아낼 수 있는 점검 척도를 개발하여 적용할 수 있어야 한다.

6) 조정자

내적과정관점(internal process)모형에 의해 제시되는 관리자의 두 번째 역할은 조정자(coordinator)의 역할이다. 실제로 조직 내에서의 거의 모든 과업은 수행 중 조정이 필요하다. 조정을 통해 관리자는 과업의 성과를 위해 구성원 간의 협력을 만들어 낼 수 있다. 따라서 관리자는 항상 필요할 경우 각 과업을 적절하게 재설계(redesign)하면서 함께 하는 구성원들의 과업들을 조정할 수 있는 역량을 갖추어야 한다. 이는 다른 부서와의 협력체계 구축과정에서도 항시 필요할 수 있는 역량이기도 하다.

이러한 조정자로서의 역할을 수행하기 위해 필수적인 조건 사항의 하나는 바로 관리자로서 신뢰성을 획득하는 것이다. 그 이유는 조직구성원들이 관리자를 신뢰하지 못하는 상황에서 이루어지는 조정활동은 일부 구성원들에게만 만족을 주기 쉽고 결국에는 구성원 전체의 갈등과 불만족을 가져올 수 있기 때문이다.

여하튼 Quinn과 그의 동료들(2007)이 제시하는 조정자로서의 관리자가 되기 위해 갖춰야 하는 핵심역량은 프로젝트를 관리하는 능력, 직무를 설계하는 능력, 각기 다른 기능을 관리하는 능력이다. 먼저 프로젝트를 관리하는 능력은 관리자 자신과 자신이 속한 부서의 프로젝트를 기획·관리하는 능력을 의미한다. 프로젝트 기획에 있어 관리자는 먼저 과업수행에 요구되는 요소들을 정의할 수 있어야 하며, 각 과업수행에 필요한 업무의 양(quantity)을 예측하여 배분할 수 있어야 한다. 마지막으로 업무수행에 필요한 자원의 종류와 양을 목록화하여 적용할 수 있어야 한다. 다음으로 앞서 언급한 프로젝트 점검(monitoring)의 역할을 수행해야 하는데, 먼저 각 과업의 진행 정도를 추적(tracking)할 수 있어야 하며, 예측된 과업의 진행 정도에 비춰 실제 결과와 진행된 정도를 비교할 수 있어야 한다. 다음으로는 각 과업이 다음 단계 및 전체에 미치는 영향을 분석해 낼 수 있어야 한다. 즉 이러한 분석을 통해 적절한 조정을 할 수 있어야 한다.

다음으로 조정자로서 상황에 맞춰 과업을 설계(design) 및 재설계(redesign)하는 능력을 지녀야 한다. 그런 능력을 함양시키는 데 있어 관리자는 상황에 맞춰 전략적 접근을 시도할 수도 있어야 한다. 과업설계전략(job design strategies) 중 직무설계 및 재설계와 관련해서 참고할 만한 것 중에는 직무확충(job enlargement)과 직무다양화(job enrichment) 등이 있다. 즉 일의 상황 및 구성원의 상황에 따라 관리자가 조직구성원의 업무수행기술 및 완결성을 높이기 위한 방안이 필요하다고 인식하는 경우에는 구성원이 수행해야 하는 과업의 양과 종류를 늘려나가는 작업인 직무확충을 선택할 수도 있어야 한다. 이러한 조정을 통해 업무의 단조성을 극복하여 준비된 구성원들의 성취감을 증대시킬 수 있다. 다음으로 조직구성원들에게 과업의 종류와 내용뿐만이 아니라 보다 높은 책임수준을 부여하는 방식인 직무다양화라는 대안도 고려해 볼 수 있다. 과업의 중요성과 더불어 자율성(autonomy)을 존중하는 방식을 보다 제고시킴을 통해 조직구성원들의 업무수행능력을 향상시키는 전략일 수 있는데, 이 역시도 과업의 조정 가운데 준비된 구성원들의 업무 몰입 및 성취도를 제고시키는 데 기여할 수 있다. 그러나 이러한 접근 역시 상황에 따라 다른 선택이 요구될 수도 있는 것이기 때문에, 재설계를 통한 과업의 조정은 항상 상황에 맞게 그리고 동시에 공정하게 이뤄져야 할 것이다.

마지막으로 각기 다른 기능을 관리하는 조정자 능력은 특히 다른 부서와의 관계를 조정하는 역량에 초점을 둘 수 있다. 다른 부서와의 관계를 조정하는 역량은 조정자로서의 역할 중 가장 어려운 일 중 하나가 될 수 있다. 관리자가 속한 부서 내에서의 조정도 많은 시간과 노력이 필요한 작업이지만, 다른 부서와의 조정을 시도하는 것은 보다 많은 제한점을 갖기 때문이다. 이를 위해 조직관리자들은 상호신뢰성을 확보하고 조직이 함께 공유하고 있는 공동의 목적(common goal)에 대한 합의를 이루어내야 하며, 항상 이를 바탕으로 해야 한다. 특히 상호신뢰성의 확보를 위해 관리자는 상호인정과 공정성(fairness) 확보의 노력에 심혈을 기울일 수 있어야 한다.

7) 중개자

개방체계(open system)모형에서 제시되는 관리자의 첫 번째 역할은 중개자(broker) 역할이다. 이는 협상자(negotiator) 역할과 조직을 둘러싼 이해관계의 중재자(arbitrator) 역할을 모두 포함하는 것으로 조직내부와 외부를 둘러싸고 있는 삶의 현실이 각기 다른 이해관계와 힘의 역학 속에서 움직여나가고 있다는 것을 감안할 때 매우 중요한 의미를 가지는 역할이다. 조직 발전을 위해 행해지는 수많은 노력들 역시 실제에 있어 이해관계 속에서 진행되는 것이고 힘의 역학관계에 따라 실현되지 못하는 경우가 많다. 이 역할은 이해관계 및 힘의 역학이라는 주제에 덜 익숙한 사회복지현장의 관리자에게 특히 더 많은 시사점을 지니는 것으로 관리자 개인뿐만이 아니라 조직의 성장 및 발전에도 기여케 하는 핵심역량이라 할 수 있다.

Quinn과 그의 동료들(2007)이 제시하고 있는 중개자로서의 핵심역량은 힘을 구축하고 유지하는 능력, 합의와 이에 따른 책임있는 실행(commitment)을 협상하는 능력, 마지막으로는 조직의 발전을 위한 아이디어를 제공하는 능력이다. 기본적으로 이러한 핵심역량의 토대는 바로 끊임없이 조직내부와 외부의 구성원들이 가지고 있는 이해관계와 관련된 조직들의 이해관계를 정확하게 파악하는 것이다. 기본적으로 이러한 중재적 역량은 무엇을 양보하고 획득하여 조직이 추구하는 것에 대한 손상을 줄이면서 최선의 성과와 높은 생산성을 확보할 것인지에 대해 크게 영향을 미칠 수 있다.

구체적으로 먼저 관리자는 끊임없이 본인의 권력 기반을 형성하면서 유지하기 위한 노력을 기울여야 한다. 중개자의 역할을 수행함에 있어 아무런 힘과 능력을 소유해 내지 못한다면 중개자로서의 역할 자체의 수행이 어렵기 때문이다. 권력 기반의 원천은 크게 네 가지로 볼 수 있는데, 먼저 조직에 의해 부여된 지위에 따른 권력(position power), 개인적인 카리스마나 투명성과 공정성, 함께 하는 사람들의 지지와 신망과 같은 개인이 타인에 지니고 있는 영향력에 의한 개인 권력(personal power), 조직의 생존에 필수적인 특정 분야에 대한 지식이나 기술의 소유에 의한 전문가 권력(expert power), 정보망, 인적 네트워크, 조직의 생존에 절대적으로 필요한 자원에의 접근능력과 같이 본인에 의해 소유 및 구축된 활용가능한 네트워크 권력(network power) 등이다. 이는 조직 내에서, 부서 내에서, 부서 간의 관계에서, 혹은 조직 간의 관계에서 중개자의 역할을 수행하기 위해 필요한 권력은 다양한 형태를 지닐 수 있음을 시사해 준다. 따라서 관리자는 본인이 형성할 수 있는 권력 기반을 파악하면서 이를 구축하기 위한 노력을 기울여야 할 것이다. 조직구성원을 위한 그리고 조직을 위한 좋은 목적을 향한 권력의 획득과 사용은 선한 권력(good power)일 수 있기 때문에 관리자는 이에 민감해야 하고, 이의 획득과 사용에 대해 보다 적극적일 수 있어야 한다.

다음으로 조직을 둘러싸고 있는 이해관계 및 권력구조에 대한 정확한 이해 및 선한 권력의 실천을 통해 부서 내, 부서 간, 조직 간 동의(agreement)를 만들어 내고, 동의된 사항에 대한 책임 있는 실행을 협상해 내는 능력이 필요하다. 이러한 능력 함양을 위해 필요한 과제는 협상자로서 공과 사의 명확한 구분을 통해 사적인 이해관계는 제시되지 않게 하고 제시된다 해도 받아들이지 않는 것이며, 판단이 힘들 경우 각 협상 대상이 가지고 있는 모든 이해관계를 협상과정에서 공유시키는 것이다. 또한 협상과정에서 사람이 아닌 핵심적인 문제 사항들만을 놓고 협상을 진행한다는 원칙을 지켜내는 것이다.

마지막으로 중개자로서 관리자는 중개과정에 있어 조직 전체의 발전에 기여할 수 있는 바들, 즉 이와 관련된 내용의 아이디어들을 정확하게 제시할 수 있는 능력을 갖추어야 한다. 제시하는 아이디어의 목적(purpose), 대상(audience), 효과적인 제시를 위해 활용가능한 자원(resource) 등을 고려하면서 구두를 통해 효과적으로 관리자 본인의 아이디어를 제시할 수 있는 역량(effective oral presentation)을 갖추어야 한다. 그 이유는 중개의 성공은 제시되는 것의 정확성을 통해서 보다 효율적으로 촉진될 수 있기 때문이다.

8) 혁신자

개방체계(open system)모형에서 제시되는 관리자의 두 번째 역할은 혁신자(innovator) 역할이다. 조직을 둘러싸고 있는 환경은 끊임없이 변화하고 있다. 조직이 생존을 위해 적응하며 변화를 적용시키는 것은 필수적인 사항이다. 이런 현실을 고려할 때 조직에 있어서 그리고 관리자에게 있어서 가장 무서운 적은 변화되지 못하게 하는 관성(inertia)일 수 있다. 이러한 관성을 극복하기 위해 관리자는 스스로 끊임없이 개혁적인 모습을 보여야 하고, 변화에 대한 모험을 두려워하지 않는 기업가정신(entrepreneurship)을 가져야 하며, 이를 얻기 위한 기회를 조직구성원들에게 제공하고 촉진시켜야 한다. 현재 대부분의 성공 조직들은 10년 혹은 20년 후의 조직 성장을 위해 핵심 동력을 찾기 위한 노력을 기울이고 있다. 이러한 모색은 사회복지조직에서도 예외일 수는 없다. 즉 관리자들은 생존의 방향과 방법을 끊임없이 모색하면서 혁신을 이뤄내야 할 과제를 갖는다.

Quinn과 그의 동료들(2007)이 제시하고 있는 혁신자로서의 핵심역량은 변화와 함께 살아가는 능력, 창의적으로 사고할 수 있는 능력, 변화를 관리할 수 있는 능력이다. 먼저 변화와 함께 살아가는 능력은 변화의 필요성에 대한 감지능력과 이를 조직에 적용시킬 수 있는 기획능력의 축적을 의미한다. 다음으로 창의적으로 사고하는 것은 조직의 생존을 위한 변화의 핵심은 무엇인지에 대해 판단하는 능력이다. 이를 위해 관리자는 모든 구성원 각각이 다른 추정(assumption)과 사고 패턴을 지닐 수 있고, 새로운 아이디어를 창출해 내기 위한 정보는 각 사람 안에 내재되어 있음을 인식하면서 이에 대해 열려 있어야 한다. 흔히 창의적 사고와 비판적 사고의 차이를 분명히 인식하지 못하는 경우가 많은데, 이 둘을 비교해 보면 그 차이가 보다 분명하게 파악될 수 있다. 그 내용은 [그림 7-8]에서 제시되는 바와 같다. 창의적 사고와 관련해서 관리자들이 인지해야 하는 것은 비판적 사고와 창의적 사고가 서로 연결되어 있다는 것이다. 따라서 조직을 둘러싼 변화를 판단함에 있어 관리자는 비판적이면서 동시에 창의적적인 사고능력을 배양시킬 수 있어야 한다. 즉 비판적 사고와 창의적 사고가 서로 연계되어 발현될 수 있게 해야 한다.

그림 7-8 비판적 사고와 창의적 사고

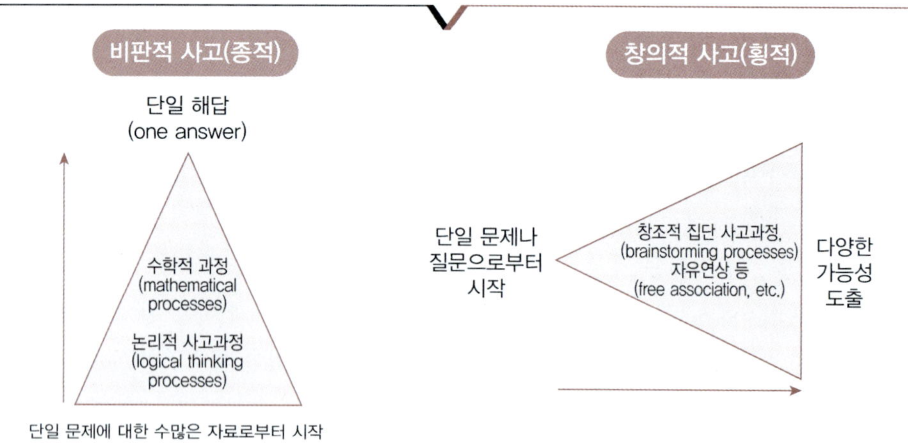

출처 : Quinn(2007)

마지막으로 변화를 관리해 내는 능력은 변화를 적용시키는 과정에서 발생할 수 있는 저항에 대한 대응력 그리고 변화를 부드럽게 조직에 안착시키기 위해서 요구되는 과업들에 대한 이해와 실천력을 갖추는 것을 의미한다. 이러한 역량의 함양을 위해 관리자는 조직에 적용해야 할 변화를 위한 과업들을 치밀하게 준비해야 하며 조직내부의 광범위한 동의 지지 기반에 기초해서 과업을 진행할 수 있어야 한다. 조직의 변화가 의미하는 것은 새로운 기회에 대한 접근을 의미하지만, 다른 측면에서 보면 조직내부와 외부를 둘러싼 이해관계상의 침해라는 위험을 내포하는 것이기도 하다. 따라서 이를 위해 조직관리자는 조직구성원 및 이해관계자들에게 상황에 대한 공유와 설득을 통해 변화의 적용과정에서 발생될 수 있는 갈등상황을 사전에 예방할 수 있어야 한다. 즉 조직관리자는 조직구성원들에게 변화를 위해 한 배를 타고 있다는 동지의식이 뿌리내릴 수 있게 해야 하며, 변화에 의해 영향을 받는 이해관계에 대해 깊은 이해에 기반하여 유연한 변화를 만들어 내고자 함을 의사소통할 수 있어야 한다. 이러한 노력은 변화의 정당성에 대한 확고한 인식과 넓은 지지기반을 확보하는 데 기여할 수 있기 때문이다.

요약

조직관리자들에게 있어 관리(management)능력과 리더십(leadership) 모두는 핵심적 과제이다. 본 장에서는 관리와 리더십에 따른 제 유형에 대한 설명과 이 둘의 관계에 관한 정리와 함께, 조직 및 부서의 과업을 성공적으로 이끌면서 구성원들을 성장 및 발전시키기 위해 어떤 역할들이 사회복지조직 관리자에게 요구될 수 있는지를 정리해 보았다. 조직 내에서 상충되는 내적인 관리와 외적인 관리 사이에서의 균형과, 유연한 관리와 통제적 관리 사이에서의 균형점을 잡아 조직을 관리해야 하는데, 이를 위해 Quinn과 그의 동료들(2007)이 제시하는 여덟 가지의 관리자 역할을 소개했다. 아울러 각 역할을 위한 핵심역량에 대해 정리해 보았다. 감독자(director) 역할의 핵심적 과제는 조직의 방향을 제시할 수 있는 역량의 구축이고, 생산자(producer) 역할에서의 핵심적 과제는 업무의 생산성을 제고시키는 역량의 구축이라 할 수 있다. 그리고 조력자(facilitator) 역할에서의 핵심적 과제는 일치와 단결을 통해 팀워크를 구축하면서 협력을 이루어내게 하는 역량의 구축이고, 멘토(mentor) 역할에서의 핵심적 과제는 부하직원의 성장과 발전에 몰입하며 이를 소통하고 실행해 내는 역량의 구축이라 할 수 있다. 한편 점검자(monitor) 역할에서의 핵심적 과제는 개인, 집단, 조직 전반의 과업수행에 대한 이해를 기반으로 과업을 효율적이고 효과적으로 점검해 내는 역량의 구축이고, 조정자(coordinator) 역할에서의 핵심적 과제는 계획과 현실 사이에서 발생하는

격차를 업무의 재설계 등과 함께 조정해 내는 역량의 구축이라 할 수 있다. 중개자(broker) 역할에서의 핵심적 과제는 조직 내외의 이해관계와 권력의 역학관계에 대한 정확한 파악을 토대로 조직의 발전을 위해 협상하고 중개할 수 있는 역량의 구축이고, 마지막으로 혁신자(innovator) 역할에서의 핵심적 과제는 환경 변화에 대응하며 조직의 성장과 발전을 이루어 내기 위해 조직이 관성을 극복하며 창조적 사고를 통해 새로운 길을 보다 유연하게 적응해 나갈 수 있게 이끄는 역량의 구축이다.

PART

03

Social Welfare Administration

사회복지자원관리

08 사회복지조직의 **인적자원관리**

사회복지조직은 조직구성원을 통해 클라이언트에게 휴먼서비스를 제공하는 조직이다(Hasenfeld, 1983). 사회복지조직의 생존을 위해 필요한 활동, 예를 들어 자원 확보 및 클라이언트에게 휴먼서비스를 제공하는 등의 구체적인 활동이 조직구성원을 통해 이루어지기 때문에 조직구성원의 역량과 성과에 따라 조직성과가 결정되는 정도가 일반 영리기업이나 정부조직에 비해 강하다. 사회복지제도의 발전과 함께 사회복지조직의 양적인 팽창이 이뤄지고 있는 가운데 조직 간 경쟁 및 생존의 시각이 부상하고 있다. 이러한 상황에서 사회복지조직이 조직성과를 제고시키며 생존의 여정에서 경쟁력을 지니기 위해서는 조직구성원이라는 자원에 대한 관리, 즉 인적자원관리(human resource management)는 너무나도 중요하다.

이 장에서는 우선적으로 인사관리(personnel management)에서 인적자원관리로의 패러다임 변화에 관해 소개하면서, 인적자원관리에 대한 정의 및 인적자원관리의 핵심구성요소에 대해 정리하며 인적자원관리의 기본 틀이 어떻게 구성되는지를 소개해 보고자 한다. 이후 인적자원관리의 내용을 과정적인 측면에서 좀 더 세분화시켜서 구체적으로 살펴보고자 한다. 즉 인적자원관리를 수행해 나갈 때 필수적으로 요구되는 과업요소인 구성원의 모집 및 채용(recruitment and selection), 직무분석(job analysis)에 기초한 업무설계(work design)와 업무할당(work assignment), 성과평가(performance appraisal), 구성원에 대한 훈련과 개발 및 경력개발(training, development, career development), 적절하고 공정한 보상(compensation system), 성과문제에 대한 대응과 이직관리(separation) 등의 핵심내용과 방법 및 기술들에 관해서 보다 구체적으로 살펴보고자 한다.

1. 조직구성원의 관리에 대한 패러다임의 변화 : 인적자원관리

전통적 인사관리(personnel management)는 조직경영에 필요한 인력이 조직에 입사하면서부터 퇴직할 때까지의 과정에서 인력을 관리하기 위한 계획을 세우고 실행하며 통제하는 활동을 의미하였다. 즉 조직은 조직목표에 의해 다양한 직무를 구축하고 각 직무에 대한 직무기술서를 만들며, 구성원들이 직무기술서에 의해 직무책임을 다하게 하면서 성과를 평가 및 보상하는 것이 인사관리의 전부인 것으로 여겨졌다. 이와 같이 전통적인 방식의 인사관리는 조직과 구성원들 간의 관계를 다소 기계적이고 획일적으로 이해하면서 단순하게 접근하는 특성을 지녔다.

그러나 인간의 지식을 통한 급격한 기술변화가 사회발전의 원동력으로 인식되기 시작한 21세기 지식사회에서는 지식을 창출하는 인간을 무엇보다도 중요한 자원으로 인식하게 되면서 전통적인 인사관리의 패러다임은 인적자원관리의 패러다임으로 전환되었다. 즉 조직의 부가가치 창출을 위한 단순한 생산요소의 하나로서 조직구성원을 설정하며 구성원을 노동력의 차원에서 바라보았던 전통적인 인사관리적 인식에서 벗어나, 조직의 전략적 목표하에 조직성과를 달성하는 데 있어 가장 핵심적인 역할을 담당하는 전략적 자산이 바로 조직의 구성원이라는 인적자원관리적 인식으로 전환되었다. 이러한 변화와 함께 인적자원관리는 조직목표를 달성하는 데 기여하는 조직구성원의 잠재적 능력이 조직의 전략적 자원이 될 수 있도록 육성하고 개발함과 동시에 이들 자원의 보유를 위한 체계적 관리활동에 많은 비중을 두고 있다.

인적자원관리로의 패러다임의 전환배경을 정리해 보면, 무엇보다도 조직경쟁력 요인의 변화가 중요한 영향을 미쳤다고 볼 수 있다. 즉 이전에 조직의 경쟁력을 좌우하는 요인은 조직규모, 명확한 직무, 전문성, 그리고 조직에 대한 엄격한 관리였다. 즉 조직규모가 클수록 규모의 경제에 기반해서 자원조달의 용이성을 높이고 비용절감과 생산성 향상을 통한 시너지 효과의 창출을 기대할 수 있었다. 또한 명확한 직무를 통해 일의 중복과 갈등을 억제함으로써 경영효율성을 제고할 수 있었다. 아울러서 직무를 기능별로 세분화함으로서 개개인의 직무에 요구되는 전문성을 높여 개개의 직무가 보다 높은 부가가치를 창출해 내는 것이 가능하였으며, 전문성이 높은 직무를 적절하게 관리하고 상호관련된 직무를 조정함으로써 최적의 관리를 이뤄 보고자 했다.

그러나 최근 들어서는 규모의 경제를 통한 시너지 창출효과보다는 고객요구에 대한 신속한 대응 및 시장변화에 따른 빠른 전략전환과 같은 속도와 적응이 보다 중요하게 요구되고, 다양한 고객의 요구에 대응하기 위한 유연한 조직이 보다 중요하게 고려되고 있다. 즉 명확하고 세분화된 직무의 한계가 나타나기 시작했다. 또한 조직 내외의 환경변화에 유연하게 대응할 수 있는 조직을 구축하기 위해 직무의 전문성을 어떤 방식으로 협력시키고 통합시켜야 하는지가 보다 중요하게 고려되고 있으며, 급격한 기술변화에 대응하기 위해 혁신적인 사고와 행동을 강조하는 조직으로의 변화가 새로운 조직경쟁력 요인으로 자리매김하기 시작했다.

요약하면 새로운 조직 내외적 환경의 변화를 반영해 보았을 때, 조직경쟁력 요인의 핵심은 더 이상 조직, 직무, 관리가 아닌 인간이 창출해 내는 부가가치를 극대화시키기 위해 인간을 곧 자원으로 인식하는 변화가 나타났다고 말할 수 있다. 이와 같은 조직경쟁력 요인의 변화에 따라 조직에서의 인적 패러다임은 인사관리에서 인적자원관리로의 전환이 이루어졌다고 정리할 수 있다.

그림 8-1 **인적자원 패러다임의 변화**

	인사관리 (personnel management)		인적자원관리 (human resource management)
조직 경쟁력 요인	조직규모(size) 명확한 직무(role clarity) 전문성(speicialization) 조직관리(control)	→	스피드(speed) 유연성(flexibility) 통합(integration) 혁신성(innovation)
인적 관점	생산요소로서의 노동력	→	조직목표달성을 위한 전략적 자산으로서 인적자원
조직과 구성원 간 관계	기계적, 획일적, 기능적 관계	→	인적자원으로서 육성 및 개발, 보유를 위한 체계적 관리

전통적 인사관리에서 인적자원관리로의 패러다임 변화양상은 사회복지조직의 경우에 있어, 그리고 조직구성원에 대한 접근에 있어 어떤 패러다임을 지니고 있는지, 더 나아

가서는 어떤 패러다임으로의 정착이 필요한지를 숙고하게 한다. 즉 조직구성원을 위해 동일해 보이는 활동을 수행하더라도 보다 발전적 패러다임하에서 그러한 활동을 수행하는 것은 조직의 성장과 발전을 위해서뿐만 아니라 구성원의 성장과 발전을 위해서도 매우 중요한 의미를 지닐 수 있다. 향후 사회복지조직에서도 인적자원관리 패러다임에 기반한 접근이 보다 보편화되고 강화되어서 조직과 구성원 모두의 발전에 큰 기여를 할 수 있어야 할 것이고, 다음에서 제시되는 내용 및 논의들은 그러한 차원에서 이해될 필요성이 크다.

2. 인적자원관리의 정의와 핵심구성요소

인적자원관리란 피고용자, 혹은 근로자의 욕구와 관리자의 기대 및 사회의 욕구에 부합하여 조직구성원들이 조직의 목적달성을 효과적이고 효율적으로 달성할 수 있게 관리하는 것을 말한다(Noe et al., 1997 ; Pecora & Austin, 1987). 이렇게 정의되는 인적자원관리가 좀 더 구체적으로 어떤 내용으로 구성되어야 하는지에 대해서는 대개 해당 조직의 특성들을 반영해서 다양한 논의를 전개할 수 있다. 그러나 그럼에도 불구하고 일반적으로 인적자원관리에 포함되는 좀 더 보편적인 내용들을 다음과 같이 정리해 볼 수 있다.

Flippo(1984)는 인적자원관리의 기본구성요소로서, 조직에 필요한 인적자원의 확보관리(procurement), 구성원에 대한 훈련과 교육에 기초한 개발관리(development), 구성원의 성과에 대한 보답(rewards)을 보증하는 보상관리(compensation), 피고용인, 관리층 및 노조 간의 이해관계를 조정하는 통합관리(integration), 유능하고 자발적인 노동력의 존속을 보증하는 유지관리(maintenance), 그리고 더 이상 필요하지 않게 된 인적자원을 사회에 환원하는 이직관리(separation) 등을 제시한다.

또한 Noe, Hollenbeck, Gerhart, 그리고 Wright(1997)는 영리조직들의 상황에서 인적자원관리의 내용이 어떻게 구성되어야 하는가를 제시하였는데, 기본요소로서 네 가지, 즉 인적자원의 획득(기획, 채용, 배치), 업무활동의 분석과 활동의 결과에 대한 평가, 인적자원의 개발(훈련 및 경력관리), 그리고 인적자원에 대한 보상관리(임금 및 부가임금 등)를 들고 있다.

한편 Pecora와 Austin(1987)은 사회복지조직의 특성을 감안해서 사회복지조직에 있어서 인적자원관리의 어떤 구성요소들이 보다 핵심적으로 중요한 의미를 지니고 있는지를 정리하는데, 기본적으로 일곱 가지의 요소를 제시한다. 그들이 제시하는 인적자원관리의 주요내용은, 첫째, 직원의 모집, 심사 및 채용, 둘째, 직무의 분석과 설계 및 할당, 셋째, 성과평가의 설계와 실행, 넷째, 직원 오리엔테이션, 훈련과 개발, 다섯째, 과업성과를 유지 및 제고하게 하며 직원을 발전하게 하기 위한 지도・감독, 여섯째, 직원성과에 문제가 있을 때의 처리활동, 마지막으로는 직원에 대한 보상과 이직관리 등이다.

표 8-1 **인적자원관리의 핵심구성요소**

<table>
<tr><th>Noe, Hollenbeck, Gerhart, & Wright(1997)</th><th>Flippo(1984)</th><th>Pecora & Austin(1987)</th></tr>
<tr><td>인적자원의 획득(기획/채용/배치)</td><td>인적자원의 확보관리</td><td>직원모집 / 심사 / 채용</td></tr>
<tr><td rowspan="2">직무활동의 분석과 결과에 대한 평가</td><td rowspan="2"></td><td>직무분석 / 설계 / 할당</td></tr>
<tr><td>성과평가설계 / 실행</td></tr>
<tr><td rowspan="2">인적자원의 개발관리(훈련 및 경력관리)</td><td rowspan="2">개발관리</td><td>훈련 및 개발</td></tr>
<tr><td>지도・감독</td></tr>
<tr><td rowspan="4">인적자원의 보상관리(임금 및 부가임금)</td><td>보상관리</td><td rowspan="4">이직 및 보상관리</td></tr>
<tr><td>이해관계 조정에 대한 통합관리</td></tr>
<tr><td>인적자원 유지관리</td></tr>
<tr><td>이직관리</td></tr>
</table>

인적자원관리 핵심구성요소들에 대한 논의를 정리해 보면 〈표 8-1〉과 같다. 〈표 8-1〉에 기초해 볼 때, 인적자원관리의 공통내용으로 논의할 수 있는 핵심구성요소는 Noe 등(1997)이 제시하는 바와 마찬가지로 인적자원의 획득, 직무분석 및 업무성과에 대한 평가, 직원개발, 그리고 보상과 같은 네 가지 요소인 것으로 단순화시켜 이해해 볼 수 있을 것 같다. 다음에서는 먼저 인적자원관리 핵심요소 각각의 내용과 의미에 대해 간단히 정리해 보면서 인적자원관리를 위한 기본 틀에 대한 이해를 높여 보고자 한다.

그림 8-2 인적자원확보의 과정도

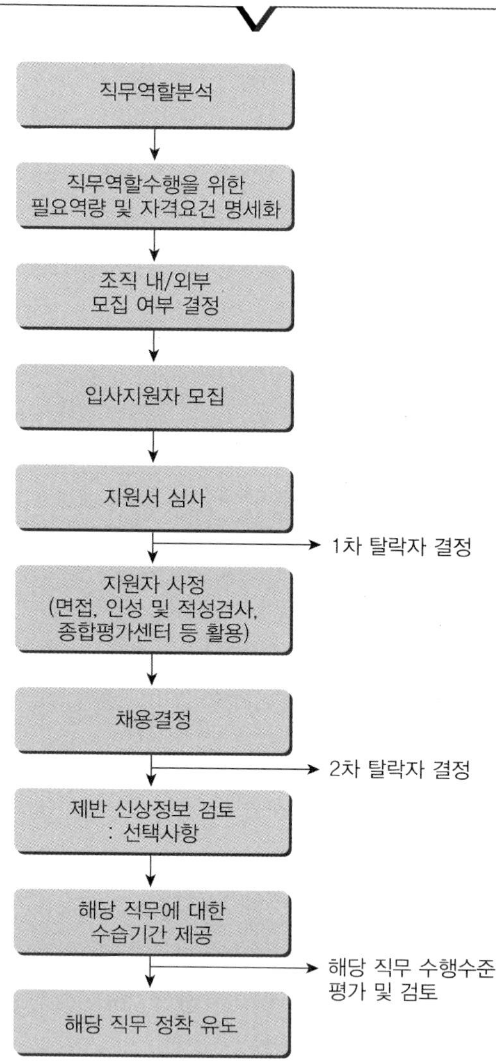

1) 인적자원의 획득

인적자원확보는 전통적으로는 조직의 빈 자리, 즉 직무수행과 관련해서 비어 있는 곳을 채우기 위해 자질을 갖춘 우수한 사람을 선발하는 과정으로만 보는 경향이 있었다. 그러나 인적자원확보와 관련된 실제 업무의 과정과 내용에 대한 인식이 점차 선명해지면서 이는 단순히 필요한 인력의 선발 차원을 넘어 조직의 현재와 미래 모두에 영향을 미치는 핵심적 인적자원관리활동임을 인식하게 되었다. 이에 따라 인적자원확보의 개념은 인적자원의 선발만을 내용으로 하는 것이 아니라 좀 더 다양한 내용으로 구성되기 시작하였다. 즉 조직이 필요로 하는 사람에 대한 정보의 수집과 분석, 이에 기초한 대상자들의 모집, 그리고 선발과정 및 선발 이후에도 공식적으로 진행되는 채용과정 등의 내용을 포괄하게 되었다.

정리하면 우수한 인적자원의 확보를 목표로 조직이 기대하는 역량을 지닌 사람들을 자신의 조직에 유인해서 이들이 조직의 구성원으로 참여하기 위해 지원하게 하는 과제, 조직에 구성원으로 참여한 이후에 뛰어난 직무성과를 내어 조직에 많은 기여를 할 수 있는 사람을 최종적으로 선발하는 과제, 그리고 조직의 다양한 기준에 맞춰 선발을 공식적으로 마무리하는 차원에서 선발된 사람을 조직의 구성원으로 채용하는 과제가 인적자원획득의 중심내용으로 구성되었다(Roberts, 1997). 이상과 같은 인적자원확보의 과정은 [그림 8-2]와 같다.

인적자원확보가 의미하는 바에 대한 위의 정리가 시사하듯이, 인적자원확보는 더 이상 단순하게 접근될 수 있는 것이 아니라 조직의 현재와 미래를 담당할 인적자원을 확보해내는 매우 어려우나 중요한 과제라는 인식, 그리고 이를 통해 조직의 전반적 역량을 제고시킬 수 있는 중요한 관리수단이라는 인식을 확고히 갖는 것이 필요하다. 그리고 이러한 인적자원확보의 노력은 단지 필요한 인력을 선발하는 것에 머무르는 것이 아닌 인적자원관리의 다른 핵심구성요소들과 상호밀접하게 연계되어 있는 것이기에, 인적자원개발전략 및 인적자원보유전략 등의 인적자원관리의 다른 과제들에 맞춰 매우 균형 있게 과제에 대해 접근해야 한다는 인식을 갖는 것이 필요하다. 인적자원확보의 과정과 방법 등에 관해서는 다음의 인적자원 모집과 선발에 대한 논의에서 보다 구체적으로 정리한다.

2) 직무 및 직무평가를 통한 성과관리

인적자원관리는 기본적으로는 직무에 대한 이해로부터 시작될 수 있다. 직무(job)에 대한 이해를 하기 위해서는 직무와 관련된 용어에 대한 명확한 이해가 필요하다. 직무관련 용어로서는 요소(element), 과업(task), 책무(duty), 직무(job) 등이 사용되고 있다. 요소는 업무의 가장 하위개념으로 '전화를 받는다', '기록을 한다' 등의 단위업무를 의미한다. 과업은 요소가 집합된 것으로 일정한 목적을 가지고 근로자에게 부여되는 일의 한 단위로서 분업이나 분담이 가능한 정리된 일을 의미한다. 책무는 여러 가지 과업의 집합으로서 조직구성원 각각에게 할당된다. 직무는 목적이나 수준이 유사한 책무의 집합으로서 보통 조직에서 한 직무는 단일 또는 복수의 조직구성원에 의해 수행된다. 과업과 책무의 예를 살펴보면, 사회복지관에서 사회복지사는 사례관리, 자원봉사자 관리, 프로그램 계획/진행/평가 등의 책무를 가질 수 있고 이런 책무들의 묶음으로 구성된 직무를 수행할 수 있다. 이외에도 직렬(sub job family), 직군(job family), 직위(position), 직급(grade) 등의 용어가 사용되고 있는데, 이와 관련된 정의 및 위계를 정리하면 〈표 8-2〉과 [그림 8-3]에서 제시되는 바와 같다(노동부, 2007).

표 8-2 직무와 관련된 용어정의

용 어	정 의
요소(element)	업무의 가장 작은 단위, 특정한 동작의 분석이나 정신적 과정이 포함되지 않음
과업(task)	요소들이 집합된 형태로 특정 역할을 구성하는 구체적이고 명확한 작업활동
책무(duty)	특정 개인이 수행하는 여러 가지 과업의 집합
직무(job)	목적이나 수준이 유사한 과업 및 책무의 집합
직렬(sub job family)	업무분야가 유사한 직무들의 집합으로 유사한 직무역량이 필요, 직군과 직무 사이에 두는 직무분류단위
직군(job family)	회사 전체의 비전과 전략을 달성하기 위해서 비슷한 특성을 가지고 유사한 성격의 조직공헌을 보여주는 직무의 집합, 직무기반 인사제도 구축 시 구축단위
직위(position)	개인이 업무를 수행함에 있어 의무나 책임이 부여되어 있는 일체의 정신적·육체적 활동의 총체 직무는 유사한 업무의 총체를 의미하며 직위는 한 사람에게 부여된 업무의 집합을 의미(예: 사례관리를 하는 사람, 인사관리를 하는 사람)
직급(grade)	일의 종류나 난이도, 책임도 따위가 상당히 비슷한 직위를 묶어 구분하는 단위(예: 대리, 차장, 부장 등)

출처: 노동부(2007)에서 재인용

그림 8-3 직무관련 용어의 위계와 의미

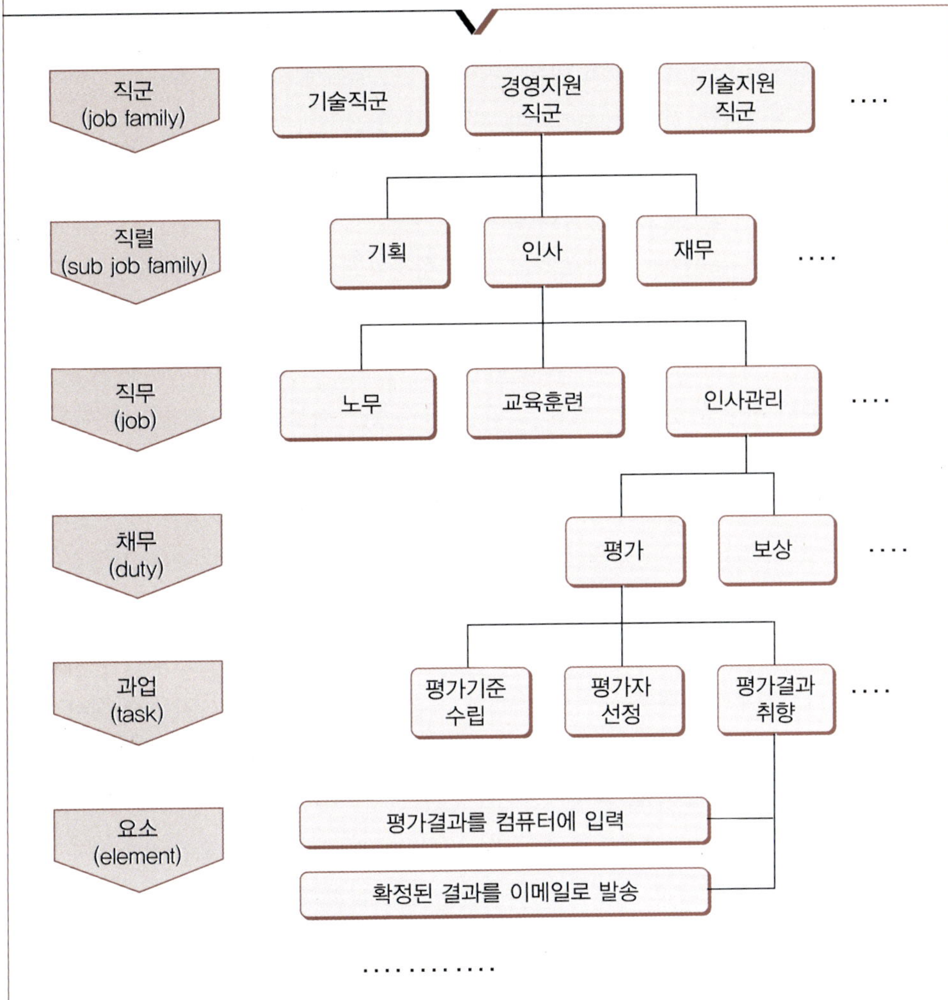

출처: 노동부(2007)에서 재인용

직무(job) 및 직무평가(job evaluation)를 통한 관리에 있어서 가장 중요한 것은 직무분석(job analysis), 업무설계(work design), 그리고 직무성과평가(performance appraisal)라 할 수 있다(Noe et al., 1997). 위에서 직무와 관련하여 상호 비슷해 보일 수도 있는 다양한 개념이 소개되었는데, 이에 관해 정확한 이해를 갖는 것이 필요하다. 먼저 직무에 대한 이해를 위해서는 직무분석(job analysis)이 핵심과업인데, 이는 직무의 산물(product), 혹은 서비스의 생산에 필요한 과업들을 분석하는 과정을 지칭한다. 이와 같은 직무분석을 통하여 직무에서 어떤 활동들이 이루어지며 직무수행에서 사용되는 도구나 장비가 무엇이고 어떠한 환경에서 작업이 수행되며 직무수행에 요구되는 능력들이 어떤 것인지를 알 수 있다. 이러한 점에서 직무분석은 인적자원관리의 출발점이라고 해도 과언이 아니라고 말할 수 있다. 그러나 직무분석의 중요성에 비해 국내의 많은 조직들에서 직무분석은 아직도 체계적으로 이루어지지 못하고 있는 실정이고 사회복지조직에서도 예외는 아닌 듯 싶다.

업무설계(work design)란 서비스 생산에 필요한 과업들을 특정 작업단위들 혹은 개인들에게 할당하는 과정을 말한다. 일반적으로 업무설계는 직무분석에 기초하여 이루어진다. 인적자원관리에 있어서 이러한 직무분석 및 업무설계는 가장 기본적인 사항으로서 이 과정이 결여된 상태에서는 인적자원관리가 무의미할 수 있는 매우 중요한 구성요소라 볼 수 있다. 그 이유는 직무분석을 통한 업무설계의 결과로 인하여 각 직원이 업무에 대해 가지고 있는 기대를 명료화하는 기반으로 사용될 수 있고, 직원의 성과검토를 촉진시키며, 만일 직원이 이직하더라도 업무를 지속적으로 유지시킬 수 있는 기본자료가 될 수 있기 때문이다. 또한 업무설계는 어떤 종류의 직원이 확보되어야 하는가를 사정하기 위한 기초정보를 제공하는 기능을 하며, 직원의 과업수행과 조직의 목적·목표들 사이의 관계성을 모니터링하는 도구로 사용될 수도 있다. 뿐만 아니라 업무설계 프로파일들은 직원의 훈련욕구가 어떠한 양상으로 분포되는지를 파악하는 데에도 유용하게 사용될 수 있고, 업무성과와 임금수준의 형평성을 확인하는 도구로도 사용될 수 있다. 덧붙여 업무설계는 업무기대를 명료화하기 위한 슈퍼비전 모임의 횟수를 줄이고 슈퍼비전 시간을 절약하는 데도 기여할 수 있다.

직무성과평가와 많이 혼동하는 개념인 직무평가(job evaluation)는 성과에 대한 평가와는 다른 내용이다. 직무평가는 조직 내에서 직무들의 내용과 성질을 고려하여 직무들 간의 상대적 가치를 결정하는 절차를 의미한다. 이와 같은 직무평가의 결과는 조직 내에 존재하는 여러 직무들에 대해 위계를 만들고 서로 다른 임금수준을 결정하기 위한 중요한 정보를 제공한다.

한편 직무성과평가(performance appraisal)란 직무에 종사하는 직원들의 업무성과에 대한 평가를 설계하고 실행하는 과정을 의미하며, 주로 인사고과라고 표현한다. 인적자원관리에 있어서 직원이 성취한 업무, 즉 성과에 대한 평가(evaluation)는 다음과 같은 측면에서 인적자원관리의 주요요소가 된다. 첫째 직무성과평가는 종업원의 활동을 조직의 목적에 연계시켜 줌으로써 결과적으로 조직의 서비스 효과성을 보장하는 데 기여할 수 있다. 둘째 직무성과평가는 여러 가지 행정적인 결정들을 위한 기본적 근거자료로 사용할 수 있다. 예를 들면 임금결정, 승진, 근무를 지속시킬 것인지의 여부(retention-termination) 등을 결정하는 데 중요한 근거자료가 된다. 또한 직무성과평가는 종업원 근거자 자신의 업무에 대한 효과성을 제고시키면서 자신의 발달을 가져오는 역할을 할 수 있으며, 이를 통해 궁극적으로 조직의 효과성과 효율성을 제고시키는 기능을 할 수 있다.

한편 직무분석, 직무평가, 직무성과평가 간의 관계를 다음과 같이 논의해 볼 수 있다. 먼저 직무평가와 직무분석은 용어상 유사하지만 내용상으로는 확연히 다르다. 직무분석은 판단자의 가치관이 개재되지 않고 직무의 내용이나 성질을 객관적으로 파악하는 것이 목적인 반면, 직무평가는 직무를 분석한 자료에 기초하여 직무가 조직에 기여하는 중요도 및 가치를 판단하는 것이 목적이다. 즉 직무평가에서는 직무에 대한 가치가 부여된다. 한편 직무평가는 직무성과평가와도 확연히 구별된다. 직무평가에서는 평가되는 대상이 직무 자체인 반면, 직무성과평가에서는 평가대상이 직무에 종사하는 직원들이다. 직무분석, 직무평가, 직무성과평가 각각의 속성을 요약하면, 〈표 8-3〉와 같이 정리될 수 있다.

표 8-3 직무분석, 직무평가, 직무성과평가 간의 관계

구분	직무분석	직무평가	직무성과평가
목적	직무내용 및 성질파악	직무의 상대적 가치결정	직원 개개인의 수행을 평가
대상	직무	직무	직무종사자(직원)
가치판단 개재 여부	개재 안 됨	개재됨	개재됨

3) 개발관리

일반적으로 인적자원관리에 있어서 다소 등한시하는 핵심요소의 하나가 바로 개발관리이다. 그 이유는 많은 비용과 노력을 수반하기 때문이라 판단되는데, 조직의 수월성을 제고시키고 우수한 인력을 지속적으로 보유하기 위해서는 무엇보다도 중요한 내용이라 할 수 있다. 이러한 의미를 갖는 인적자원의 개발관리는 훈련, 개발 및 경력관리 등의 영역으로 나누어 볼 수 있다(Noe et al., 1997). 훈련(training)이란 직원이 업무와 관련된 지식, 기술, 혹은 행동을 배울 수 있도록 촉진하는 조직의 계획적인 노력을 의미하는데, 훈련에서의 초점은 직원이 현재 수행하고 있는 업무이다. 즉 훈련은 조직의 구성원이 현재 행하고 있는 과업들을 보다 원활하게 수행할 수 있도록 지원하기 위한 인적자원관리상의 과제이다.

다음으로 개발(development)은 직원이 조직 내에 존재하는 여러 종류의 업무를 감당할 수 있게 준비되도록 지원하는 것을 말하는데, 개발의 초점은 현재 하고 있는 일에 초점을 두는 훈련과는 다르게 미래에 초점을 두고 있다. 즉 다른 업무로도 이동하여 그것을 수행해 낼 수 있는 능력을 함양하는 데 개발의 초점을 둔다. 인적자원의 개발관리에서 개발은 공식적인 훈련으로부터 시작해서 다양한 형태의 교육, 현재 업무의 확대 또는 순환업무와 같은 다양한 업무의 체험 등을 통해 실행될 수 있다.

경력개발(career development)이란 직무의 수행과정에서 조직구성원이 경력(career)을 개발해 나갈 수 있도록 적합한 과업과 활동들을 경험하게 하고, 적절한 직무 관련 관계 등을 형성해 나갈 수 있도록 지지하고 지원함으로써 경력상의 이동을 위한 직원의 전반적인 직무능력을 제고시키는 과정을 말한다. 경력개발은 직원개발관리의 내용에서 상대적으로 작은 비중으로 논의되는 경향이 있기는 하나, 조직구성원을 동기부여하는 데 개발과 마찬가지로 매우 중요한 기제가 될 수 있다. 특히 사회복지조직의 경우에 있어서 경력개발의 의미는 여타 조직에서보다 더욱 클 것이라고 생각한다.

이상과 같은 훈련, 개발, 경력관리 등은 조직구성원의 업무능력을 향상시켜 조직구성원 개인 및 조직의 욕구를 충족시키고 환경적 요구에 대응할 수 있게 함으로써 인적자원관리의 효과를 증대시킴과 더불어 궁극적으로 업무의 효과성과 효율성을 높이는 데 기여하게 하는 것이다. 이는 조직구성원의 동기 및 사기에 영향을 미쳐 구성원이 조직에 지속적으로 잔류하면서 조직에 헌신케 하는 데 매우 중요한 영향력을 행사하기 때문에, 이러한 개발관리에 관해서 집중된 관심이 필요하고, 개발관리가 상대적으로 많이 미흡한 사회복지조직의 경우에 있어서는 더욱더 큰 관심과 노력이 필요할 것으로 본다.

4) 보상관리

보상(compensation)이란 피고용인이 고용적 관계로 인해 받게 되는 모든 형태의 재정적 보답과 서비스, 그리고 부가임금(benefits) 등을 말한다(Noe et al., 1997). 인적자원관리에 있어서 보상이 특히 더 중요하다고 볼 수 있는 이유는 보상이 직원의 노력에 대한 대가를 지불하는 역할을 하고 이를 통해 업무에 대한 직원의 동기와 헌신을 고취시킬 수 있기 때문이다. 또한 잠재적 직원, 즉 현재는 조직의 구성원이 아니나 그러한 가능성이 있는 조직 외부의 인력을 해당 조직에 합류하게 하는 유인적 요소의 역할을 크게 갖는 것이기도 하다.

일반적으로 보상관리는 직접적 보상과 간접적 보상, 두 가지의 형태로 구성되어 있다. 직접적 보상은 기본임금, 성과적 임금(pay for past accomplishments), 유인적 임금(prior to performance) 등을 포함한다. 간접적 보상은 보호 프로그램 비용부담(의료보험비 등), 근로시간변제(휴가와 안식년 등), 그리고 종업원을 위한 서비스와 부가임금 등이 있다. 서비스와 부가임금의 예로는 주차공간 제공, 장기간의 훈련 및 교육기회의 제공 등을 들 수 있을 것이다.

이러한 내용의 보상을 결정하는 방식은 다음의 요소에 기초하는 것으로 알려져 있다. 첫째는 인적자원관리체계 내에서의 내적 일관성이다. 즉 보상의 결정은 직무분석, 직무평가, 직무구조에 기초한다는 것인데, 이는 조직의 목표에 대한 종업원들의 기여를 업무내용의 측면과 기술적 중요성의 측면에서 비교함으로써 그 상대성에 기초하여 일관성을 가지고 결정해 나가야 함을 의미하는 것이다. 둘째 결정요소로는, 조직 밖의 상황을 고려한 결정, 즉 외적 경쟁력을 갖추기 위한 결정인데, 이는 업무와 관련된 시장의 해당 업무에 대한 평가를 참조하여 경쟁력 있게 보상의 내용과 수준을 결정해야 함을 나타내는 것이다. 마지막으로는 종업원의 기여에 기초하여 보상을 결정하는 것을 중요한 사항으로 꼽는다. 즉 종업원의 기여를 연공서열이나 성과급제 등의 기준을 적용하여 평가하고 이를 보상에 반영해야 한다는 것이다.

이러한 보상관리체계의 운영이 일반적으로 추구하는 원칙은 효율성, 형평성, 법과 규칙에 대한 순응 등이다. 효율성의 원칙이란 보상이 생산성을 향상시키고 인건비를 조절할 수 있어야 한다는 것을 말한다. 다음으로 형평성의 원칙이란 고용관계에 있는 모든 구성원들을 공정하게 대우하는 보상체계를 구축하고 실행해야 한다는 것을 말한다. 마지막으로 법과 규칙에 대한 순응의 원칙은 정해진 보상체계가 합법적이고 합리적이어서 모든 구성원들이 그것을 받아들일 수 있어야만 한다는 것이다.

보상은 일반조직에서뿐만 아니라 사회복지조직에서 너무나도 중요한 인적자원관리의 핵심요소이다. 재정의 제한성으로 보상에서 상대적인 한계를 많이 갖는 사회복지조직에서 직접적인 보상을 강화하는 것은 매우 현실적인 과제이고, 더불어서 장기간의 휴가, 안식년, 교육개발기회제공 등의 제도를 도입해서 간접적인 보상체계를 강화하는 것은 사회복지조직의 상황과 구성원들의 기대를 고려할 때 매우 의미 있는 과제일 것으로 본다.

지금까지 인적자원관리의 핵심구성요소를 인적자원의 획득, 직무분석 및 업무성과에 대한 평가, 직원개발, 그리고 보상으로 구분하여 정리해 보았다. 이와 같은 인적자원관리의 핵심적 네 가지 구성요소들은 앞에서도 언급하였듯이 상호밀접한 유기적인 관련성을 지니고 있다. 예를 들어 정확한 직무분석이 이루어지지 못했을 경우 직무설계와 직무평가의 부정확성으로 연결되며, 이는 성과평가, 직원개발, 보상에 있어서의 제시되는 기준이 현실성을 갖추지 못하게 되는 결과로 연결될 수 있다. 아울러서 조직에 필요한 인적자원의 모집 및 채용에 있어서의 기준설정과 관련해서도 오류를 범할 수 있는 문제점을 야기할 수 있다. 따라서 인적자원관리의 핵심구성요소에 대한 정확하고 균형 잡힌 시각에서 인적자원관리체계를 통합적으로 바라보고 실행해 내는 노력이 무엇보다도 중요하다고 말할 수 있다.

3. 사회복지조직 인적자원관리의 핵심내용

다음에서는 Pecora와 Austin(1987)의 논의에 기초해서, 직원의 모집과 채용, 직원에 대한 오리엔테이션, 직무의 분석과 설계 및 업무분장, 성과평가의 설계와 실행, 직원의 훈련과 개발 및 경력개발, 직원 성과문제에 대한 인적자원관리 측면에서의 대응, 직원에 대한 보상과 이직관리와 관련하여 사회복지조직 인적자원관리과정에서 핵심적으로 요구되는 핵심과업들을 중심으로 그 내용과 방법 및 기술들을 구체적으로 정리해 보고자 한다.

1) 직원모집과 채용

직원모집(recruitment)은 조직이 조직구성원이 될 수 있는 잠재적 역량을 갖는 사람들을 찾아내는 과정이다(Noe et al., 1997). 그리고 채용(selection)은 조직에서 필요한 일을 수행할 수 있는 지식과 기술, 능력 및 기타 자원을 갖는 사람을 구별해 내서 조직구성원으로 선택하는 과정이다(Noe et al., 1997). 이 과정은 전술하였듯이 조직의 성과에 지대한 영향을 미칠 수 있는 매우 중요한 과정이다. 특히 직원의 모집은 조직에 적절할 수 있는 많은 인재의 풀(pool)을 형성해 냄으로써 조직에 가장 적절한 인재를 채용 선택할 수 있는 가능성을 보다 높여 주는 의미 있는 과정이라고 말할 수 있다. 그러나 현실적으로 제한된 조직자원으로 인해 직원모집에 대해서는 그렇게 많은 비중을 두고 있지는 못할 수 있다. 특히 사회복지조직의 경우에는 제한된 자원으로 인해 모집의 노력이 상대적으로 제한적일 수 있는 것이 현실이다.

조직에서 직원을 모집하는 데 있어 일반적으로 사용하는 방법은 내적 모집과 외적 모집으로 나눌 수 있다. 내적 모집은 조직내부로부터 현재 충원시키고자 하는 일에 관해 관심 있고 역량 있는 이들을 찾아보는 접근방식이고, 외적 모집은 조직의 외부로부터 이러한 인력들을 찾아보는 접근방식이다. 내적 모집방법은 그 조직에 관해서 잘 알고 있는 이들이 충원될 수 있다는 점에서 강점을 지니고, 외적 모집방법은 조직이 현재 갖지 못한 자원을 지니는 이들을 새롭게 충원하면서 이들의 새로운 시각 등을 활용할 수 있다는 점에서 강점을 지닌다.

내적 모집방법이든 외적 모집방법이든 구성원을 모집한 후에는 채용이라는 과제를 갖는다. 채용은 정말로 쉽지 않은 과정이다. 채용에서 가장 핵심적으로 문제가 되는 것은 무엇보다도 조직이 필요한 사람을 정확하게 파악해 내서 그러한 대상자들을 최종적으로 채용하였는지 하는 것이다. 일반적으로 채용결정을 위한 도구 및 방법으로는 인터뷰 방법, 추천방법, 이력서를 검토하는 방법, 인지능력검사, 성격검사, 직업능력검사, 정직성검사, 약물검사 등을 이용한다. 한편 각 조직에서 필요로 하는 직원의 지식과 기술, 능력 및 성격과 같은 기타 자원들은 차이가 있으므로 직원채용에 있어 가장 적절한 사람을 구분해 내기 위하여 다양한 채용결정도구 및 방법들을 결합하여 사용한다.

그러나 채용과정에서 다양한 방법을 사용함에도 불구하고 채용결과에 대해 많은 경우

후회와 실수를 할 수도 있다. 이러한 후회를 줄일 수 있는 왕도는 없으나, 어떤 사람을 채용하고자 하는지가 확실하다면 후회를 예방하고 최소화할 수도 있을 것이다. 세 가지 요소, 즉 업무능력, 인성, 헌신 중에서 각각의 비중을 어떻게 설정하여 조직구성원을 채용할 것인지를 미리 결정한 후에 구성원을 채용하는 과정을 갖는다면 채용상의 실수는 감소될 수도 있을 것이다. 일반적으로 위에서 언급한 채용방법은 〈표 8-4〉에서 제시되는 바와 같이 신뢰도(reliability)와 타당도(validity) 측면에서 다소의 제한점을 갖는다고 평가되고 있다. 따라서 채용하는 과정에서 사용하는 방법에 대한 신중한 검토를 통해 사용하는 방법 각각에 대한 이해를 높이고 각 방법들 사이에서 비중을 설정할 수 있다면, 조직은 채용상의 실수를 다소나마 감소시킬 수 있을 것이다.

표 8-4 채용방법에 대한 평가표

채용방법	신뢰도	타당도
인터뷰	낮음	낮음
추천서	낮음	낮음
이력서	높음	높음
신체검사	높음	중간
인지능력검사	높음	중간
성격검사	높음	낮음
직업능력검사	높음	높음
정직성검사	아직은 논란의 여지가 존재함	아직은 논란의 여지가 존재함
약물검사	높음	높음

직원의 모집과 채용과 관련하여 사회복지조직은 채용형태에 대해서도 이해력을 제고시킬 필요성이 있다. 채용형태는 일반적으로 정규직과 비정규직으로 나누어 살펴볼 수 있는데, '비정규직'은 「근로기준법」상 정의되어 있지 않은 개념으로 고용노동부에서는 임금, 근로계약기간, 근로시간 등 중요 근로조건에 벗어나는 근로자를 총괄하여 칭한다. 보통 파견근로, 단시간근로, 계약직, 도급, 위탁, 특수고용계약직에 종사하는 근로자로 구분하고 있다. 관련법률로는 「기간제 및 단시간근로자보호 등에 관한 법률」, 「파견근로자보호 등에 관한 법률」에서 그 내용들이 다루어지고 있다.

비정규직은 정규직에 비하여 고용유연성 확보, 인건비의 절감, 인력관리 및 노무관리에서의 낮은 부담 측면에서 선택되는데, 한국 사회에서도 외환위기 이후 다양한 영역에서 급격히 증가되어 왔다(이용수, 2009). 그러나 이러한 증가 추세는 비정규직 근로자가 겪는 고용불안 및 차별, 노동시장의 양극화 등의 문제 역시 심화시키고 있다(조상균, 2010). 일반적으로 비정규직의 경우 정규직 고용형태와 분리되어 있어 공적복지 및 일반 조직 차원의 사적복지에서 배제되는 경향을 갖고 있으며 아울러서 인적자원관리에서도 중요 대상으로 고려되지 못하는 경향을 갖는다(이주희, 2012). 이러한 경향성은 재정이 제한적인 사회복지조직에서도 엿볼 수 있다. 아래의 통계자료를 살펴보면 사회서비스업분야의 비정규직 비율은 2009년 이래 급격히 증가하여 2011년에는 정규직 대비 45.1% 정도까지 확대되고 있는데(통계청, 2011), 이러한 현상에 대해 심도 있는 논의가 필요하다.

표 8-5 사회서비스업 비정규직(비율) 추이

연도	2007. 8	2008. 8	2009. 8	2010. 8	2011. 8
비정규직 비율	36.4	35.5	44.7	47.0	45.1

출처: 통계청(2011)

제한된 자원 속에서 서비스를 전달하는 인력에 대한 채용을 어떤 형태로 해 나가며 현실과의 균형을 맞출 것인지에 대해 정답은 없다. 그러나 어려운 상황에서도 비정규직에 대해서도 적극적인 인적자원관리를 통해 사회복지조직의 성과를 담보하기 위한 노력을 지속적으로 제고시키는 것은 매우 중요한 과제일 것으로 본다.

2) 직원에 대한 오리엔테이션

직원에 대한 오리엔테이션은 조직구성원을 사회화하는 과정이다. 즉 새로운 직원이 조직의 성과를 더욱 제고시킬 수 있는 역량 있는 직원으로 원활하게 이동할 수 있게 돕기 위해 제공되는 직원사회화 기제의 하나가 바로 오리엔테이션이다(Noe et al., 1997).

일반적으로 신입직원의 오리엔테이션은 형식적으로 진행되는 경향이 있는데, 신입직원의 오리엔테이션은 네 가지 측면에서 실질적이며 체계적으로 실행되어야 한다. 첫째, 조직에 대한 오리엔테이션을 가져야 한다. 조직의 사명과 목적, 역사, 기본정책, 규정, 구조,

위계질서, 일의 절차, 조직의 기본활동과 서비스, 자원, 외부와의 네트워크 등에 관해서 오리엔테이션을 가져야 한다. 이를 통해 조직의 전반에 대한 거시적 이해(understanding at the macro level)를 제고시킬 수 있어야 한다. 둘째, 신입직원의 부서에 대한 오리엔테이션을 가져야 한다. 소속된 부서의 조직 내에서의 위치와 기능, 소속 부서의 전문화된 영역과 다른 부서와의 관계 및 조정체계 등에 관해서 오리엔테이션을 가져야 한다. 이를 통해서 조직과 부서활동의 관련성에 대한 중간단위 수준에서의 이해(understanding at the mezzo level)를 제고시킬 수 있어야 한다. 셋째, 조직과 부서 내에서 신입직원의 위치와 과업 및 기능, 그 과업의 부서 내 관계들과 부서 내에서의 조정체계, 그리고 과업에 대한 슈퍼비전 체계에 관해서 오리엔테이션을 가져야 한다. 이를 통해서 자신의 과업과 부서활동 및 조직활동의 관계에 대한 미시적 이해(understanding at the micro level)를 제고시킬 수 있어야 한다. 마지막으로 업무시간, 임금, 부가임금, 승진시스템 등에 관해서 오리엔테이션을 가져야 한다. 이를 통해서 조직에 대한 애정과 관심을 갖고 경력개발에 집중할 수 있게 하면서 장기적으로 조직에 오랜 기간 동안 잔류할 의지를 갖게 유인할 수 있어야 한다.

오리엔테이션을 다차원적으로, 체계적으로 진행해서 조직에 대한 이해, 부서에 대한 이해, 자신의 과업과 조직 내 위치에 대한 이해, 자신의 경력개발경로에 대한 이해 등을 제고시켜 직원의 사회화를 효과적이고 효율적으로 이끌어 낸다면, 이는 조직의 인적자원개발의 체계를 최적화시키는 데 많은 기여를 할 것이라고 생각된다. 즉 이러한 방식의 오리엔테이션을 통해 새로운 직원의 안정적 진입을 원활하게 이끌어 낸다면, 모집과 선발의 비용효과성을 제고시키고 해당 업무에 대한 집중도도 향상시켜 최종적으로는 조직의 성과를 향상시키는 결과로 이어질 수 있다. 따라서 이러한 효용가치를 고려해서 사회복지조직에서도 직원 오리엔테이션에 대해서 통합적 관점에서 좀 더 진지한 접근을 갖는 것이 필요할 것으로 본다.

3) 직무분석과 설계 및 업무분장

(1) 직무분석의 목적과 용도

인적자원관리의 과정에서 가장 중요한 요소가 무엇일까 하는 질문을 던진다면, 아마도 그 대답은 업무과업에 대한 분석, 즉 직무분석(job analysis)이라고 답할 수 있을 것 같다. 위에서도 언급하였듯이, 조직활동의 생산에 필요한 과업들을 분석하는 과정인 직무분석과 이에 기초한 업무설계(work design)를 갖게 될 때 확보할 수 있는 효용성은 다음과 같다. 첫째, 직원채용 시 어떠한 사람이 채용되어야 하는지에 대한 명료화가 가능해지고, 둘째, 업무에 대해 가지고 있는 기대가 명확해지며, 셋째, 직원의 성과평가를 가능하게 한다. 넷째, 직원의 이직 시 업무를 지속적으로 유지할 수 있게 하고, 다섯째, 직원확보욕구를 파악할 수 있게 하며, 여섯째, 직원의 과업수행과 조직의 목적 및 목표 사이의 관계성을 모니터링하여 업무에 대한 재조정을 가질 수 있게 하고, 일곱째, 직원의 훈련과 개발의 방향을 명료하게 한다. 여덟째, 업무성과와 임금수준의 형평성을 확인할 수 있게 하고, 아홉째, 핵심업무와 주변업무에 대한 파악을 가능하게 하는 등 직무분석은 인적자원관리의 핵심요소이다(Noe et al., 1997). 직무분석의 목적과 용도는 [그림 8-4]와 같이 정리할 수 있다.

그림 8-4 직무분석의 목적과 용도

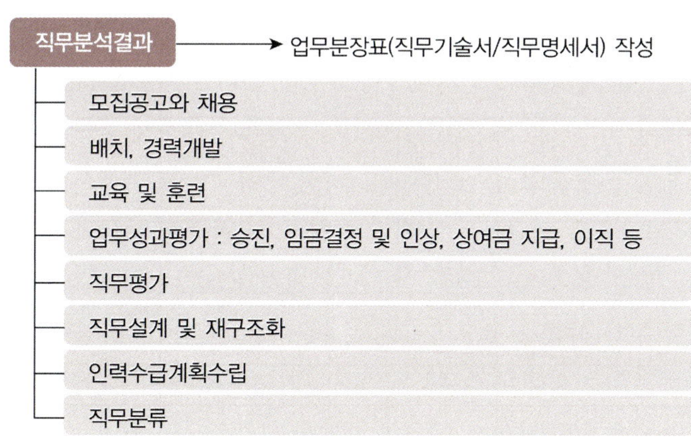

(2) 직무분석의 유형 및 기능

직무를 분석할 때 초점을 어디에 두느냐에 따라 과제 중심 직무분석(task-oriented job

analysis)과 작업자 중심 직무분석(worker-oriented job analysis)으로 구분할 수 있다. 과제 중심 직무분석은 직무에서 수행하는 과제나 활동이 어떠한 것들인지를 파악하는 데 초점을 둔다. 과제 중심 직무분석에 의해 직무에서 수행되는 과제들은 일반적으로 "검사한다", "상담한다", "개수를 센다" 등과 같이 동사의 형태로 표현되는데, 이러한 방식으로 세부적으로 나열해 보면 수백 개까지도 될 수 있다.

작업자 중심 직무분석은 직무를 수행하는 데 요구되는 인간의 재능들에 초점을 두어서 지식, 기술, 능력, 경험과 같은 작업자의 개인적 요건들, 즉 직무수행에 요구되는 인간의 특성들에 의해 직무가 표현된다. 작업자 중심 직무분석의 대표적인 예가 McCormick, Jeanneret 및 Mecham(1972)에 의해 개발된 직책분석설문지(PAQ : Position Analysis Questionnaire)이다. PAQ는 직무를 수행하는 데 요구되는 인간의 특성들을 파악하기 위해 사용되는 194개의 문항들로 구성되어 있다. 문항들은 직무수행에 관한 6개의 주요범주들에 대해 평정하도록 되어 있는데, 그것들은 정보입력, 정신과정, 작업결과, 타인들과의 관계, 직무맥락, 직무요건들이다. 예를 들어서 타인들과의 관계범주에 포함된 문항은 직무수행에서 어떤 수준의 의사소통능력이 요구되는지를 평정한다.

한편 일반적으로 논의되는 과제 중심 직무분석의 단점은 각 직무에서 이루어지는 과제나 활동들이 서로 다르기 때문에 분석하고자 하는 직무 각각에 대해 표준화된 분석도구를 만들 수 없다는 점이다. 반면에 작업자를 중심으로 하는 직무분석은 인간의 다양한 특성들이 각 직무에서 어느 정도나 요구되는지를 분석하기 때문에 직무에 관계없이 표준화된 분석도구를 만들기가 비교적 용이하고 다양한 종류의 직무들에서 요구되는 인간특성의 유사 정도를 양적으로 비교하는 것이 가능하다. 일반적으로는 과제 중심 직무분석을 통해 분석대상이 되는 직무에서 어떤 활동이나 과제가 이루어지고 작업조건이 어떠한지를 파악하면서 직무기술서(job description)를 작성할 수 있고, 작업자 중심 직무분석을 통해 직무를 수행하는 사람에게 요구되는 지식, 기술, 능력 등과 같은 인간적 요건이 무엇인지에 관한 정보를 파악하면서 직무명세서(job specification)의 작성이 가능하다. 각 조직의 업무과업과 관련해서 존재하는 업무분장표(직무기술서와 직무명세서)는 바로 이러한 과정을 거친 직무분석의 결과로 만들어지는 것이다. 즉 업무분장표는 바로 직무분석의 직접적인 결과인 것이다.

업무분장표는 보통 그 업무가 수반하는 과업과 책임들을 기술하고, 이러한 업무를 수행하는 데 필요한 지식과 기술, 능력 및 기타 요구사항들에 대해 기술하는데, 이러한 내용을 갖는 업무분장표는 조직에서 매우 중요한 기능을 갖는다. 무엇보다도 조직구성원 각각의 책임, 즉 조직이 각각에게 기대하는 것이 무엇인가를 분명하게 한다. 아울러 이러한 명확함에 기초해서 구성원이 가질 수 있는 자율성도 제고시킬 수 있으며, 무엇보다도 직원의 성과평가를 가능케 하는 조직관리의 중요한 기제가 된다.

(3) 직무분석을 위한 방법

업무과업, 즉 직무(job)에 대한 분석을 위해서는 보통관찰방법, 개별 인터뷰 방법, 그룹 인터뷰 방법, 구조화된 설문지를 돌리는 방법, 전문가를 초청하여 회의를 통해 파악하는 방법, 관련 부문의 전문가 관찰에 의존하는 방법 등 다양한 방법이 활용될 수 있다. 업무과업을 분석하는 과정에서 보통은 과업을 수행하는 당사자와 상급자를 주요정보자원으로 삼는다. 즉 이들의 정보에 기초해서 업무과업이 분석되는 것이 일반적이다. 그리고 직무분석의 과정에서 정보의 추출은 앞서 논의한 바와 같이 보통 먼저 과업의 핵심내용들을 주요 측면으로 나눈 후 각 측면에서 핵심과제들이 무엇인가를 나누는 과업 중심 직무분석과 이러한 과제를 수행하기 위해 필요한 지식, 기술, 능력 및 기타 요소는 무엇인가를 파악하는 작업자 중심 직무분석과정을 거친다.

이와 같은 직무분석 결과의 예로서 정신보건영역의 외래 클라이언트 서비스를 담당하는 전문가에 대한 직무기술서(Pecora & Austin, 1987)는 다음과 같이 제시될 수 있다.

표 8-6 직무기술서

구분	직무기술내용
직무정의	해당 기관의 정책 및 전문가적인 판단에 의해 외래 클라이언트에 대한 관리, 팀워크 활성화, 지역사회 및 다른 전문분야를 위한 상담 및 정보교류활동 참여, 프로그램 평가절차 참여, 필요시 진찰 후 다른 시설에 대한 환자의뢰, 정신보건서비스에 있어 지역사회 간 연계협력 강화, 실습생에 대한 슈퍼비전 제공
직무내용 및 관련 과업	1. 직접의료서비스(40%) (1)외래 클라이언트에 대한 과거 정신적 상태에 대한 진단차트, 치료경력, 의료적 문제점 등과 같은 기초자료를 수립함으로써 서비스 우선순위 결정을 위한 기준 설정 (2)잠재적인 자살기도, 살인기도와 같은 비안정적인 행위를 예방하는 반면, 적응력을 향상시키고 클라이언트를 적절한 정신보건 프로그램으로 유도하기 위한 위기대처절차 수립 (3)진단, 치료목적, 그리고 현재 진행 중인 치료계획과 관련하여 의사결정을 내리기 위해 클라이언트의 현재 문제점, 정신상태, 관련 정신병력 등과 같은 치료와 관련된 정보수집

구분	직무기술내용
	(4)전문적인 치료계획, 상담을 제공하기 위해 DSM-IV 분류법에 근거하여 클라이언트를 평가하고 사정 (5)향후 클라이언트들, 시민들, 또는 현재의 클라이언트들이 치료 여부를 결정하고, 적절한 목적을 설정하고, 정신보건센터의 기능에 대한 이해를 돕기 위해 정신보건센터(Mental Health Center)의 철학, 절차, 정책 및 치료양식들에 대한 정보공유 (6)클라이언트에게 향후 사정, 치료, 기획을 위한 이해를 도모하기 위해 계약서 내용, 정신보건센터에 소속된 전문가 등에 대해 설명 (7)클라이언트의 바람직한 변화를 위한 환경을 조성하기 위해 희망, 신뢰, 공감 등을 표현함으로서 전문가와 클라이언트 간 치료를 위한 공감대 및 관계를 돈독히 함 (8)가능한 치료적 개입을 위한 가능한 전략을 설정하기 위해 클라이언트의 현재 문제점들에 대한 개선책, 현재 문제점들이 지속되는 원인, 현재의 문제점들이 지속될 경우의 결과에 대해 개념적으로 도식화 (9)현 기관의 수준에서 클라이언트에게 최대한 지원해 줄 수 있는 자원을 고려하여 현재 클라이언트의 문제점들에 대한 시급성, 변화의 목적 및 수준 결정, 그리고 한계점 설정 (10)표적행동 변화, 개인, 부부, 그리고 가족들에 대한 적응적 행동을 안정화시키기 위해 인지행동치료와 개입 등 적용 2. 클라이언트 정보시스템 구축(30%) (1)정신치료학 업무를 기관과 주정부에 제출하기 위한 자료정리 (2)클라이언트의 정보를 정신과 의사, 정신보건전문가, 정신보건기관, 학교, 병원 등에 제공함으로써 상호협력적인 서비스가 가능하도록 함 3. 행정업무처리(20%) (1)기관의 정책방향 및 행정적 절차를 준수하기 위해 직원회의 및 서비스 회의, 필요수시교육 이수 등에 참석 (2)전문가로서의 책임성을 고양시키기 위해 매주 외래 클라이언트 서비스 코디네이터로부터 직접서비스에 대한 슈퍼비전을 받음 (3)현재 진행 중인 학생인턴십 프로그램을 유지하고 향상시키기 위해 대학과 함께 학생들에 대한 평가시행 (4)정신보건서비스를 위한 유용한 정보들을 견지하기 위해 정신요법 관련 문헌조사 4. 외래 클라이언트 팀 기능 향상(10%) (1)기관의 프로그램을 향상시키고, 정신보건에 대해 지역사회의 흥미를 고취시키고, 클라이언트에게 적절한 서비스를 지원할 수 있는 지역사회로 클라이언트를 이관시키고, 치료의 연계를 강화하고, 정신보건에 대한 관심 정도를 평가하기 위해 관심 있어 하는 시민들 또는 잠재적인 클라이언트들에게 정신보건에 대한 정보제공 (2)본 기관 다른 지점(satellite office)의 서비스 수준을 표준화하기 위해 클라이언트에게 공정한 접수절차를 제공하기 위해 외래 클라이언트의 대기순서를 모니터링 (3)최상의 업무환경 구축과 효과적인 서비스 전달을 위해 팀워크의 기능이 적절히 발휘되도록 지원 (4)지역사회에서 정신보건서비스의 개선을 위해 가족, 의사, 공무원, 그리고 모든 관심 있는 기관들 또는 개인들과의 협력적 관계조성
보유해야 하는 지식 및 기술	• 정신보건전문가로서 모든 활동들은 전문가 윤리 및 기밀유지규정에 따름 • 심리적, 행동적, 그리고 사회적 장애들에 대한 원리와 기법들에 대해서는 완벽한 지식을 갖추고 있어야 함

구분	직무기술내용
	• 정신적 및 정서적 장애, 자폐성장애, 그리고 약물에 의존적인 사람들을 위한 옹호 시 대중에게 거부감이 들지 않게 하는 기술이 필요함 • 가족들, 의사들, 기관 인사담당자 및 실무자, 그리고 공무원들과 협력적인 관계를 조성할 수 있는 능력이 요구됨 • 정신보건서비스에 대해 설명 및 이해할 수 있는 능력이 요구됨 • 클라이언트에 대해 정확하고 꼼꼼하게 기록하는 능력이 요구됨
훈련 및 경력사항	• 정규 대학으로부터 정신보건 관련 석사학위 이상의 학력을 소지하여야 하며 정신보건전문가의 슈퍼비전하에서 클라이언트에 대한 직접적인 개입경력이 적어도 2년 이상이어야 함. 정신보건에 대한 경력은 다양한 분야들, 즉 알코올, 약물, 지적장애 등의 영역에서 획득할 수 있음

최근 한국의 사회복지조직들도 직무분석에 따른 업무분장을 보다 구체적으로 체계화시키는 노력을 진행 중인데, 그 구체적인 예는 〈표 8-7〉에서 제시되는 바와 같다.

표 8-7 업무분장표

직원명			
직위	팀장 / 부장직무대리	선임사회복지사	사회복지사
업무	1. 사회복지사업부 부장직무대리 1) 사회복지사업 총괄 2) 통합사례관리시스템 총괄 3) 신규사업 및 핵심사업 총괄 4) 사회복지사업부 직원 역량개발을 위한 지원업무 수행 5) 사회복지사업부 워크숍 총진행 6) 각종 행정업무 수행 7) 부장직무대리에 요구되는 대내·외 역할수행 (1)팀장회의/부장회의/책임자회의/확대책임자회의/규정개정위원회 (2)기타 각종 회의 및 업무 8) 사회복지사업부 개인정보 보호책임업무 총괄 2. 가족복지팀 총괄업무 3. 가족복지팀 팀원 업무지도 1) 개별슈퍼비전: 8명 (1)사회복지사: 월 1회 (2)보육교사: 분기 1회 2) 집단슈퍼비전 (1)초록교실 사례회의(격주 1회) (2)행복그루터기사례회의(월 1회) (3)팀스터디(월 1회)	1. 섬김과나눔사업「도담도담」 1) 프로그램 실무총괄 2) 대상자 모집/프로그램 홍보 3) 강사/자원봉사자 모집 및 관리 4) 실무자회의 진행 및 기록 5) 가족사례관리 6case 진행 6) 오리엔테이션 준비/진행/평가 7) 가족 프로그램 준비/진행/평가 (1)자녀교육/부모교육 (2)테마가족여행 (3)아동수영 및 감사일기 (4)쿠킹패밀리 (5)가족송년모임 8) 평가업무 (1)세대별 사전, 사후평가실행 (2)사업평가 및 2014 사업계획 9) 재단관련 업무 (1)사업중간보고 실시/제출 (2)재단교육참석 및 자문 (3)사업관련 협의 진행 2. 보호처분 2호 청소년 프로그램「행복그루터기」 1) 프로그램 실무총괄 2) 서울가정법원 업무연락 및 추진	1. 우리들세상 실무총괄 1) 사례관리업무 (1)아동모집(초기면접) (2)아동상담 (3)가정방문 (4)자원연계 및 지원 2) 아동보호 및 학습지원 (1)아동보호/생활지도(주 5회) (2)간식/중식/석식 제공 -간식 구입/간식 제공 (3)숙제 및 학습지원업무 -학습지 구입 및 제공, 관리 (4)관 내 프로그램 안내 및 지도 -등록지원/출결관리 및 지도 3) 집단프로그램 계획/진행/평가 4) 특별활동 계획/진행/평가 (1)현장학습(월 1회) (2)생일파티 (3)여름캠프(연 1회) (4)성탄잔치(12월) (5)졸업파티(2월) 5) 멘토링프로그램 계획/진행/평가 (1)홍보 및 멘토모집/교육/배치 (2)멘토링 모니터링/활동지원

직원명			
직위	팀장 / 부장직무대리	선임사회복지사	사회복지사
	4. 가족복지팀 인력관리 1) 사업별 강사 채용 시 총괄진행 2) 초록교실 보육교사 채용업무 5. 협력기관 관리 총괄 1) 가정법원 기관견학 총진행 2) 강남교육청/서울시교육청 3) 초·중학교 4) FC서울	(1)처분결정에 따른 의뢰, 접수 (2)비용청구서 관련 행정업무 (3)처분기관 변경, 기간연장 3) 보호관찰소 업무연락 및 협의 4) 집단프로그램 계획/진행/평가 5) 의뢰대상자 총괄 관리 6) 개별상담 및 사후관리 진행 7) 기수별 결과보고 작성 8) 각종 행정업무	(3)결과보고(강청협) 6) 부모지원서비스 (1)오리엔테이션 계획/진행/평가 (2)교육/간담회 계획/진행/평가 (3)소식지 제작 및 발송(월 1회) 7) 자원봉사자 활동관리 (1)자원봉사자 모집/선발/관리 (2)간담회 계획/진행/평가
업 무	6. 실습지도 1) 실습지도 진행 2) 실습지도자평가회의 필수참석 7. 우리들세상 1) 오리엔테이션 및 부모교육, 부모 간담회 총진행 2) 전문상담서비스 진행 8. 초록교실 1) 보육교사 임면사항 구청보고 2) 교사워크숍 진행 3) 교사 봉급대장 및 자격현황관리 9. 섬김과 나눔 「도담도담」(신규) 1) 프로그램 총괄 지도감독 2) 부모교육프로그램 진행협조 10. 보호처분 2호 청소년 프로그램 「행복그루터기」 1) 개별상담 진행(청소년/가족) 2) 집단프로그램 진행협조 3) 과정기록 및 사후관리 4) 외부슈퍼비전 자문회의 진행 11. 드림하이클럽(신규) 1) 프로그램 총괄 지도감독 12. 신규사업 개발 및 기획 1) 한부모가정을 대상으로 한 신규 사업개발 및 기획업무 13. 기타 행정업무 1) 팀회의 진행(주 1회/목) 2) 팀장회의(주 1회/금) 3) 확대책임자회의(분기 1회) 4) 팀 사업관련 행정업무 수행 (사업계획서/예산서/평가서/실적보고/주간업무보고 및 계획 등) 5) 팀스터디 총진행	3. 지역기반형 교육복지지원사업 「마음에 희망을 품다 : 마을」 1) 공동사업 대표기관의 실무총괄 2) 공동사업계획서 작성 및 공모 3) 서울시교육청 및 강남교육청 업무협의 및 행정실무 진행 4) 중간보고 및 결과보고 실시 5) 네트워크 업무 (1)수서, 세곡동사례협의회 회의 총진행(회의주최/공문발송/장소대여/회의안건 조율) (2)협력기관과의 업무협의 6) 공동사업 진행 (1)대상자사례관리(6case) (2)강사모집/선발/관리 총진행 (3)강사급여 지급 (4)가족캠프 진행 (5)참여가족 중간평가회 총진행 (6)각종 행정업무 수행 7) 교육복지지원사업 담당자 연수 4. 가족복지팀의 제 업무 1) 슈퍼비전(월 1회) 2) 팀회의(주 1회) 3) 행복그루터기 사례회의(월 1회) 4) 팀스터디(월 1회) 5) 분기 및 주간업무보고 및 계획 6) 사회복지 실습지도 7) 신입직원 및 실습생 대상 팀사업 소개 8) 페이스북 팀 홍보활동	8) 전문상담서비스 (1)전문상담서비스 활동인력관리 9) 행정업무 (1)일지 작성(매일) (2)보조금 신청 및 정산(분기) (3)구청 업무연락 및 실적보고 10) 기타 업무 (1)자원개발 및 연계 (2)강사출결관리 및 업무지도 (3)물품 및 비품구입 및 관리 (4)프로그램실 환경구성 2. 강청협 공동사업 「또래리더」 1) 숙명여중 담당부장 업무협의 2) 프로그램 계획/진행/평가 3) 프로그램 진행(10회기/월 1회) 4) 매 회기 과정기록 5) 자원봉사자 관리업무 6) 학교 업무연락 3. 보호처분 2호 청소년 프로그램 「행복그루터기」 1) 개별상담 진행(청소년/가족) 2) 과정기록 및 사후관리 3) 집단프로그램 진행협조 4. 가족복지팀의 제 업무 1) 슈퍼비전(월 1회) 2) 팀회의(주 1회) 3) 행복그루터기 사례회의(월 1회) 4) 팀스터디(월 1회) 5) 분기 및 주간업무보고 및 계획 6) 관내 월별 팀사업계획 안내문 제작 및 부착 7) 협조전 관리 8) 에제르 찬양팀(주 1회)

출처 : 태화기독교사회복지관 제공

4) 성과평가의 설계와 실행

조직구성원 성과에 대한 평가는 구성원의 활동과 산출물이 조직의 목적과 일치되는 방향에서 만들어지고 있는가에 대한 평가를 통해 성과와 조직의 목적 사이의 결합을 만들어 내는 과정이다(Noe et al., 1997). 이러한 성과평가는 성과평가 고려요소들과 결합하여 기본적으로는 세 가지 목적을 추구한다. 첫째는 조직성과의 효율성 제고를 위한 전략적 목적으로서 조직의 전략에 맞춰 조직구성원들의 활동이 수행되고 있는가를 파악하기 위한 것이고, 둘째는 관리적 목적으로서 조직구성원에 대한 관리상에 필요한 정보, 즉 임금이나 승진, 해고 등과 같은 인적자원관리를 위한 정보를 얻기 위한 것이며, 셋째는 개발적 목적으로서 조직구성원의 개발을 위한 방향과 내용을 구체적으로 얻기 위한 것이다. 이상에서 논의한 조직구성원 성과평가 관련 내용들을 모형화하면 [그림 8-5]와 같다.

그림 8-5 조직구성원 성과평가모형

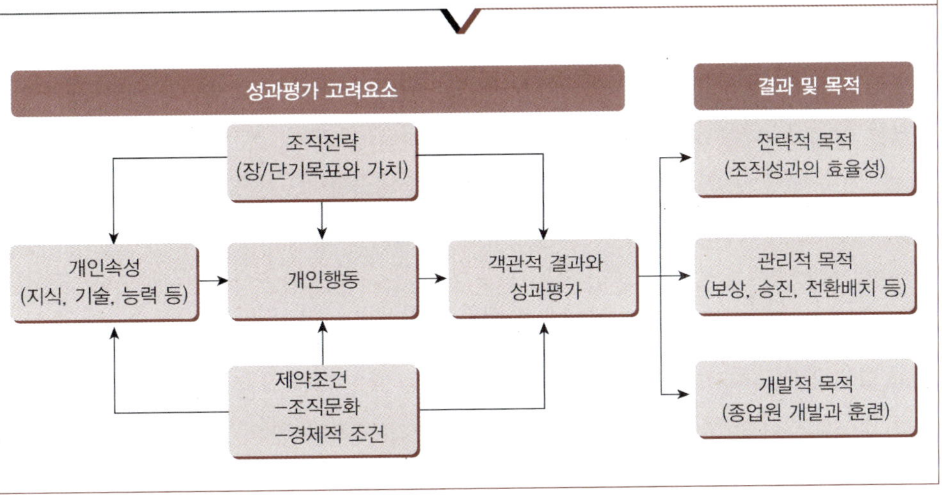

직원의 업무성과를 평가하는 데 있어 기본방향은 크게 네 가지로 정리된다. 첫째, 조직구성원들이 만들어 낸 산출물, 즉 결과물에 대해서 평가하는 것을 의미하는 결과평가(results approach)이다. 결과평가의 가장 큰 장점은 객관적이고 가시적인 성과결과를 통해 주관적 오류를 최대한 감소시킬 수 있으며, 성과지표에 대한 평가로 종업원들에게 평가에 대한 수용성과 타당성 또한 인정받을 수 있다는 것이다. 또한 조직전략과의 연계로 인하여 개인성과가 곧바로 조직성과 향상으로 이어질 수 있다는 장점이 있다. 그러나 성과에 대해 계량적 측정이 곤란한 직무이거나 개인성과가 장기간에 걸쳐 나타날 수 있는 직무일 경우 평가하기가 용이하지 않은 단점을 가지고 있다. 특히 인간에 대한 원조를 핵심직무로 하는 사회복지조직의 경우에는 결과를 쉽게 객관화하기 어렵기 때문에 결과를 중심으로 평가하는 데 많은 제한성을 갖는다.

둘째, 효과적인 업무를 수행하기 위해서 조직구성원이 반드시 나타내야만 하는 행동들을 보이는가를 평가하는 행동평가(behavioral approach)이다. 행동평가의 주된 장점은 직무행동 범위 내에 있는 행동들을 척도상에 직접적으로 표현하기 때문에 성과기준이 구체적이라는 것이다. 다음으로는 종업원들에게 조직에서 업무를 잘 수행하는 데 필요한 행동과 그렇지 않은 행동유형을 구체적으로 제시하는 데 유용하다. 또한 상사들이 행동척도에 따른 피드백을 통해 종업원들에게 구체적인 정보를 제공할 수 있다는 점에서도 유용하다. 반면 행동척도의 단점은 먼저 평가행동척도를 개발하는 데 많은 시간과 비용이 소요되며, 다음으로는 행동에 근거한 기법이 사용되기 때문에 종업원들의 행동에 대한 제약과 함께 행동의 경직성이 발생될 수 있다는 것이다. 또한 행동척도에 대한 기준은 명확하고 구체적이지만 평가항목에 제시된 행동만으로 피평가자의 전체 행동을 모두 파악할 수 없는 한계점이 있다. 마지막으로 빠르게 조직변화가 이루어질 경우, 이미 개발한 행동척도가 쓸모없게 되며, 오히려 조직변화 및 적응의 장애요인으로 작용할 수도 있다.

셋째, 조직의 성공적인 운영을 위해서 조직구성원이 나타내야 하는 바람직한 특성, 예를 들면 리더십, 발의성, 경쟁력 등을 얼마나 지니고 있는가를 평가하는 특성평가(traits approach)이다. 이와 같은 개인의 특성평가는 개인의 잠재적인 행동방향을 어느 정도 예측할 수 있다는 점에서 효과적이라고 볼 수 있으나 다음과 같은 비판이 존재한다. 먼저 특성평가는 평가자의 의식적 및 무의식적 편견이 존재할 수 있다는 비판을 받는다. 다음으로 피평가자의 업무성과보다는 개인 특성에 초점을 맞추고 있어 종업원 개인이 자신의 성과향상보다는 개인적 특성향상에만 몰두할 수 있다. 또한 앞서 제시한 이유로 특성평가는 조직전략의 방향성을 충분히 반영하지 못하고 개인 자체에 대한 평가로 그칠 수 있는 가능성이 존재한다. 마지막으로는 단지 측정항목의 개발과 적용이 용이하다는 이유만으로 사용되는 경우가 많아서 적용성 측면에서 제한성을 지닐 수 있다.

넷째, 조직구성원이 직접적인 통제력을 갖는 부문에 대해서 구성원이 얼마나 책임 있게 요구되는 행동을 보이고, 성공적인 일을 만들기 위해서 꼭 필요한 원인적 행동과 활동들을 만들어 냈으며, 조직을 위해 필요한 조직시민행동을 실천하였는가를 평가하는 종합적 품질관리평가(total quality management approach)도 시행된다(Noe et al., 1997). 종합적 품질관리평가는 우선 실제적일 수 있고 편리하게 종업원들 간 성과차이를 구분할 수 있다는 장점을 갖는다. 반면 종합적 품질관리평가는 상대적 평가의 방식으로 단점을 갖는데, 먼저 평가도구의 타당성이 없을 경우 종업원들 간 차이를 명확히 밝히지 못할 수 있다. 다음으로 명확하게 순위를 결정해야 할 경우 절대적 측정치에 기반한 객관적 정보를 제공하지 못하여 높은 수준의 성과자와 낮은 수준의 성과자의 구분이 애매해질 가능성이 존재한다. 또한 상대평가의 결과를 공개할 경우 종업원들 간 갈등을 초래할 수도 있다.

위에서 언급한 업무성과평가방향 중 첫째 결과평가의 대표적인 방법이 바로 목표관리법, 즉 MBO(Management By Objectives)이다. 이 방법은 목표를 설정해서 이에 대한 결과를 파악해서 평가하는 방법이다. 이와 같은 목표관리는 성과기준설정 시 구성원들이 맡고 있는 직무성격을 고려하여 특정 기간 동안에 수행하여야 할 명확한 목표와 책임을 규정하며, 성과결과에 대한 피드백을 제공함으로써 종업원의 동기부여를 통한 성과개선에 도움을 준다. 또한 조직에는 목표설정과정에서 부서 및 상사와 부하 간 의사소통과 상호조정을 용이하게 해 주며, 업무권한이양의 분권화를 촉진한다는 강점이 있다.

둘째 언급한 행동평가방식은 서비스 업종에서 많이 사용되는 것인데, 이 방법은 기본적으로 그 과업을 성공적으로 완수하기 위해서 절대로 필요한 일(critical incidents)을 파악하고 이의 수행 정도를 평가하는 방법으로서 중요사건법이 대표적이라고 말할 수 있다.

마지막으로 언급한 종합적 품질관리평가방법은 조직구성원의 성과평가에서 결과물만을 가지고 평가하는 것이 많은 경우에는 용이하지 않고 바람직하지 않다. 즉 조직구성원이 직접적인 통제력을 갖는 부문을 분명하게 설정하고 이 부문에서 성공적인 과업수행을 위해 반드시 필요한 원인적 활동을 어떤 수준에서 수행하였는지, 그리고 협력적 태도, 발의성, 의사소통의 원활함 등과 같은 조직의 발전을 위해 필요한 시민적 행동을 어느 수준에서 실행하였는지를 상대적으로 평가하는 방법이 대표적이다. 이상과 같은 업무성과평가방식 각각에 대한 신뢰도와 타당도를 정리하면 〈표 8-8〉과 같다(Noe et al., 1997).

표 8-8 성과평가방식에 대한 신뢰도와 타당도

성과평가방식	신뢰도	타당도
결과평가	높음	일반적으로 높은 편임
행동평가	일반적으로 높은 편임	일반적으로 높은 편임
특성평가	일반적으로 낮은 편임	일반적으로 낮은 편임
종합적 품질관리평가	높음	높음

이러한 내용을 측정하는 데 있어, 보통 조직들은 절대평가방식의 측정방법을 사용하기도 하고 상대평가방식의 측정방법을 사용하기도 한다. 절대평가방식의 측정방법으로 대표적인 것은 도표평정척도법(graphic rating scale)과 혼합표준척도법(mixed standard scale)이다. 전자의 방법은 주어진 평가기준에 따라서 평가받는 사람의 위치를 다른 이와의 비교하는 것 없이 체크하는 방법이고, 후자의 방법은 각 기준에 대해서 평균보다 더 잘하고 있는지, 평균의 수준인지 혹은 평균보다 낮은 수준인지를 체크하는 방법이다. 한편 상대평가방식의 측정방법에는 순위법(ranking), 강제배분법(forced distribution), 짝비교법(paired comparison)이 있다. 순위법은 평가대상자들을 각 평가기준, 즉 항목별로 순위를 매기고 이를 합하여 평가하는 방식이고, 강제배분법은 평가대상자들이 받을 수 있는 등급의 비율을 미리 결정해 놓고 이러한 할당된 비율에 맞춰 평가대상자들의 등급을 각 기준별로 평가하는 방식이다. 그리고 짝비교법은 모든 평가기준에 대해서 평가대상이 되는 모든 이들을 비교하고 이를 합하는 방식을 통해서 평가자들의 기준별 순위 및 전반적 순위를 계산하고 이를 통해 평가하는 방식이다(Noe et al., 1997). 이상과 같은 성과평가기법의 유형을 정리하면 [그림 8-6]과 같다.

성과평가방식과 함께 평가정보의 원천, 즉 누가 평가를 하는지에 대한 문제도 중요하게 고려되어야 한다. 평가정보의 원천은 상급자, 동료, 하급자, 자기자신, 고객 등으로 나누어 볼 수 있다(Noe et al., 2010). 평가정보의 원천으로 가장 많이 활용되는 것은 상급자(supervisors or managers)이다. 즉 상급자에 의한 평가가 가장 중요한 비중을 갖는 경향이고 다른 평가자들의 평가는 보충적 목적으로 사용되는 경향을 보인다. 상급자에 의한 평가는 상급자가 평가대상자의 직무에 대해서 평가대상자보다 넓은 지식과 이해를 하고 있다는 전제를 바탕으로 한다. 정말 이러한 전제대로라면 상급자가 제공하는 평가정보는 다른 평가자에 의한 정보보다 정확한 평가일 수 있다는 장점을 갖는다. 그러나 상급

그림 8-6 성과평가기법의 유형

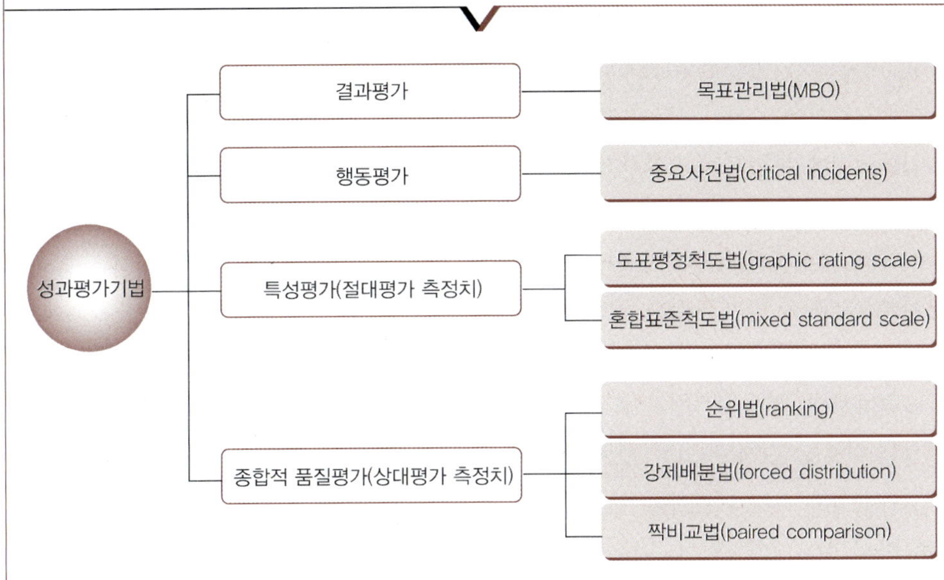

자에 의한 평가는 평가대상자가 처할 수 있는 특정한 상황에 대한 이해가 부족할 수 있다는 점 그리고 상급자의 개인적 편견이 반영될 수 있다는 점 등에서 한계점도 있다. 구체적으로는 평가대상자가 보이는 하나의 긍정 혹은 부정적인 것을 확대해석해서 전반적으로 긍정 혹은 부정적으로 평가하는 문제(halo effect), 평가에 있어 의심스러운 기준들에 입각해서 평가가 이루어지기 때문에 그런 독단적 평가 속에서 전반적으로 낮게 평가되는 문제(horns effect), 모든 것에 대해서 관대하게 평가하는 문제(leniency error), 평가자가 대상자들의 업무성과를 모두 유사하게 평가하는 문제(similarity error), 평가자가 대상자들의 업무성과를 평가함에 있어 우수한 사람과 그렇지 못한 사람을 제대로 구별해내지 못하는 문제(low differentiation), 평가자가 정말로 극단적으로 우수한 대상자를 기준으로 하기 때문에 다른 대상자들이 상대적으로 낮게 평가되는 문제(contrast error), 평가자가 너무나 엄격해서 그의 기준에서는 모두가 다 낮게 평가되는 문제(strict error), 평가자가 모두 중간 정도로 평가하는 문제(central tendency error) 등이 나타날 수 있다.

한편 동료(peers)에 의한 평가는 평가대상자의 특정한 상황을 좀 더 이해할 수 있다는 점에서 강점이 있기도 하나, 평가대상자와의 친밀도 등에 영향을 받는다는 점 그리고 평가 이후 동료 간의 관계에 영향을 줄 수 있다는 점 등의 단점을 갖는다. 하급자가 상급자를 평가하는 하급자(subordinates)에 의한 평가는 상급자의 하급자 관리 역량을 또 다른 각도에서 평가해 보고자 할 때 활용도가 높은 방법이라 할 수 있다. 그러나 하급자가 상급자의 권력에 종속되어 정확한 평가를 하기 어려울 수도 있다는 단점을 갖는다. 자기자신(self)에 대한 평가는 평가대상자가 자신에 대한 평가를 바탕으로 상사와 면담을 실시하며 진행하는 참여적 평가기법이라 할 수 있다. 자기평가는 아직 일반적이지는 않지만 자기점검을 통해 자기통제의식을 제고시킬 수 있다는 점 그리고 상호 의견교환을 통해 직무내용 및 성과수준을 보다 분명히 확인시켜줄 수 있다는 점에서 장점을 갖는다. 그러나 자기자신에 대한 평가에서 과대평가하는 경향이 나타난다는 점에서 단점을 갖기도 한다. 마지막으로 고객에 의한 평가는 서비스업에서 많이 사용되는 평가로 평가대상자의 업무가 고객과 직접 연결되어 있는 경우 그리고 평가를 통해 고객의 욕구를 확인하는 이점이 있는 경우 효과적으로 사용될 수 있다. 그러나 평가에 비용이 많이 투여된다는 점 그리고 고객 선정과정에서 제기되는 다양한 문제점 등의 단점을 갖는다. 성과평가의 과정에서 평가자와 관련해서도 정말로 많은 문제가 발생할 수 있다. 이러한 문제와 관련해서 행할 수 있는 대안적인 노력의 하나는 평가자들을 대상으로 그들이 범할 수 있는 문제점들에 관해 훈련을 통해 인식시키고 또한 그들이 어떻게 평가를 해야 평가가 더욱 객관적이고 정확할 수 있게 되는지를 훈련하는 것이라 할 수 있다(Noe et al., 2010).

어떠한 방식을 이용한다 해도 성과에 대한 평가는 문제를 가질 수 있다. 평가의 기준을 설정하는 문제에서부터, 기준에 대해서 측정하는 방식이 가져오는 문제, 평가자들의 설정이 가져오는 문제 등 성과평가는 매우 다양한 문제를 내포하고 있다. 이러한 문제로 인해 성과평가의 과정에서는 항상 이 평가가 객관적인가 하는 의문을 불러일으킨다. 평가기준과 관련해서 우리는 현재의 과업과 활동을 반영하는 정교한 업무분장표가 왜 그렇게 중요한가를 인식할 수 있다. 그리고 측정의 방식과 관련해서는 왜 보다 다양한 측정방법의 개발이 필요하고, 측정하는 이들과 관련해서는 평가하는 이들에 대한 훈련이 왜 필요한가를 인식할 수 있다. 또한 평가자들의 설정과 관련해서는 누가 평가해야 하는지 그리고 최근에 보다 적극적으로 논의·활용되고 있는 자기평가와 더불어 다양한 조직구성원 혹은 고객에 의한 평가가 왜 필요한지를 인식할 수 있다.

표 8-9 **평가정보의 원천에 따른 분류**

평가정보 원천	장점	단점
상급자 (supervisors or managers)	• 다른 평가자의 정보보다 정확 (직무에 대한 이해가 높다는 것을 전제)	• 평가대상자의 특정 상황에 대한 이해부족 • 평가자의 편견에서 자유롭지 못함
동료 (peers)	• 평가대상자의 특정 상황에 대한 이해도가 높음	• 평가대상자와의 친밀도에 영향을 받음 • 평가 이후 동료관계에 영향을 줄 수 있음
하급자 (subordinates)	• 상급자의 하급자 관리역량평가에서 활용도가 높음	• 하급자는 상급자의 권력에서 자유롭지 못함
자기자신 (self)	• 자기점검을 통한 자기통제의식 제고 • 평가대상자의 참여를 바탕으로 직무내용 및 수준 확인 가능	• 자기자신에 대한 과대평가 경향
고객 (customers)	• 고객욕구를 확인하는 데 있어 효과	• 비용이 많이 소요 • 대표성 있는 고객을 선정하는 어려움

정리해 보면 성과평가의 문제와 관련해서 우리는 다양한 과제를 갖는다. 첫째, 평가의 목표가 무엇이고 평가를 통해 우리가 추구하는 효용가치가 무엇인지를 분명하게 하면서 평가하는 것, 둘째, 평가대상자가 맡고 있는 업무 및 책임과 관련해서 평가를 진행하는 것, 셋째, 더욱 객관적일 수 있는 측정방법을 꾸준히 찾고 개발하는 것, 넷째, 성과의 평가내용을 조직의 상황에 맞춰 그리고 평가대상자의 업무와 책임에 맞춰 다양하게 구성하는 것이다.

그리고 성과평가의 과정에서 다음과 같은 원칙을 반드시 기억해야 할 것이다. 첫째, 평가는 평가대상자의 참여(participation)와 관여(involvement) 속에서 진행되어야 한다는 것, 둘째, 평가를 함에 있어 모든 대상자들에게 일관되게 적용되는 방법과 기준을 사용해야 한다는 것, 셋째, 평가는 일 년 내내 업무활동에 대한 피드백을 통해 지속적으로 수행되어야 하는 것이지 일 년에 단지 한 번 수행되는 것이 아니라는 것, 넷째, 평가는 사람에 초점을 맞추는 것이 아니라 그 사람이 수행한 일, 일의 결과, 일과 관련된 행동에 초점을 두어야 한다는 것, 다섯째, 평가는 문제를 해결하는 것이 기본취지이지 문제를 드러내고 이를 통해 문제를 악화시키는 것을 지향하지 않아야 한다는 것, 여섯째, 평가는 좋고 나쁨이라는 가치판단에 기초하는 것이 아니라 잘하고 못함이라는 실제적 활동에 초점을 두고 판단되어야 한다는 것, 일곱째, 평가는 구체적 목표를 정하고 일 년 내내 이 목표를 향한 전진의 과정을 리뷰하면서 진행되어야 한다는 것, 마지막으로 평가는 비판을 통한 폄하가 목적이 아니라 칭찬을 통한 성장과 발전이 기본목적이어야 한다는 것이다. 아울러서 성과평가와 관련해서는 조직구성원의 성과에 대한 평가에서 보편적인 최상의 평가방식이라는 것은 존재하지 않는다는 것을 기억해야 할 것이다. 즉 조직구성원의 평가는 반드시 조직의 상황, 조직의 욕구, 구성원의 욕구, 업무의 성격 등을 고려하면서 객관적이고도 정확하게 수행되어야 하는 것임을 기억해야 할 것이다.

5) 직원의 훈련과 개발 및 경력개발

높은 수준의 역량을 조직구성원이 지닐 수 있고 그 역량을 더 개발시킬 수 있다면 이는 조직에 엄청난 자산일 수 있다. 그리고 동시에 높은 수준의 역량을 갖게 지원해 주고 개발시켜 주는 조직에서 일하는 사람들은 조직에 대한 만족감과 조직에 대한 헌신도가 높을 수밖에 없고, 그러한 기회를 제공하는 조직에서 오랜 기간 동안 자신의 직업활동을 전개시키는 선택을 할 수밖에 없을 것이다. 즉 직원에 대한 훈련과 개발이야말로 조직이 역량 있는 직원의 이직을 막고 그러한 직원을 보유하는 데 큰 기여를 할 수 있는 요소이다.

이러한 시각에서 Pecora와 Austin(1987)은 보다 구체적으로 직원훈련과 개발이 다음의 네 가지 측면에서 조직에 엄청난 기여를 할 수 있다고 강조한다. 먼저 직원훈련과 개발은 조직의 효율성과 효과성을 높이는 것에 기여하고, 둘째로 직원의 사기를 제고하는 것에 기여하며, 셋째로 조직을 혁신적인 방법으로 재생시키는 것에 기여하고, 마지막으로는 조직의 안정성을 성취하는 것에 기여함을 강조한다. 다음에서는 이러한 중요성을 갖는 훈련과 개발 및 경력개발에 관한 일반적인 내용을 정리해 보고자 한다.

먼저 훈련은 조직구성원이 수행하고 있는 직무와 관련해서 필요한 지식, 기술, 행동 등에 대한 학습을 촉진시키기 위해서 조직에 의해서 실행되는 계획된 노력이다(Noe et al., 1997). 훈련과 관련해서 기억해야 하는 것은 훈련은 한 번만 실행되는 것이 아니라, 조직구성원들이 자신의 업무, 자신의 부서, 자신의 조직, 조직목적에 대해서 정확한 인식을 하면서 자신이 하고 있는 업무를 보다 잘 수행하게 하기 위해 지속적인 학습을 제공할 수 있어야 한다는 것이다. 훈련을 보다 효과적으로 수행하기 위해서는 기본적으로 다음과 같은 과제를 수행하는 것이 필요하다.

먼저 훈련과 관련된 욕구조사를 하는 것이 필요하다. 이 단계에서는 조직, 직원 개인, 그리고 그가 하는 업무 등의 세 차원을 보아야 한다. 즉 조직의 전략과 자원 등에 비추어 볼 때 어떠한 형태의 훈련이 적절한지, 직원 개개인은 어떠한 훈련이 필요한지, 그리고 각각의 업무를 보다 효과적이고 효율적으로 수행하기 위해서 어떠한 훈련이 필요한지를 파악해 내야 한다. 둘째로는 조직구성원들이 훈련을 위한 준비가 되어 있는지, 즉 학습을 위한 준비가 어느 정도로 되어 있는지를 파악하면서 학습에 대한 동기부여를 하는 것이 필요하다. 이 단계에서는 조직구성원들의 훈련에 대한 개인적인 욕구 및 자기효능감의 수준을 파악하면서, 훈련을 통해 얻을 수 있는 혜택을 인지시키고 훈련을 위한 동기를 부여시키는 것이 필요하다. 셋째로 조직구성원의 훈련을 더욱 효과적으로 하기 위해서는 조직 내에 학습환경을 조성하면서 훈련 프로그램을 개발하는 것이 필요하다. 학습환경을 조성하고 훈련 프로그램을 개발하는 과정에서 훈련의 목표를 분명히 하면서 훈련의 내용이 현재의 과업과 적절한 관련성을 갖게 하고, 훈련의 시점과 내용을 적절하게 판단하고 조정하며, 훈련의 목표에 맞춰 구성원들이 훈련을 제대로 받았는지에 대해서 피드백을 제공하는 것이 필요하다. 넷째로 훈련 프로그램을 개발할 때에 어떠한 훈련방법을 사용할 것인가를 검토하면서 적절한 방법을 선택하는 것이 필요하다. 훈련을 위해서 많이 사용되는 방법으로는 새로운 지식과 기술에 대해서 조직 내에서 혹은 조직 밖에서 강의 등을 통해 프레젠테이션을 받을 수 있게 해 주는 방법, 과업의 수행과 관련해서 현장에서 직접적으로 개별적인 훈련 및 사례의 분석 등을 통해 지식과 기술을 높여 주는 방법(hands-on techniques), 과업의 수행과 관련해서 팀원들 모두의 경험과 지식 및 아이디어를 공유하게 해서 지식과 기술을 높여 주는 방법(group-building techniques) 등이 있다. 다섯째로 보다 효과적인 훈련이 되게 하기 위해서는 조직구성원들이 훈련을 가진 이후에 새로운 지식과 기술 및 행동이 과업에 적절하게 반영되고 있는지, 즉 훈련의 전이(transfer of training)가 발생하고 있는지를 확인하는 것이 필요하다. 여섯째로는 훈련 프로그램이 적절하게 수행되었는지, 목표를 얼마나 달성하였는지, 앞으로 지속할 것인지, 앞으로 어떻게 개발시켜 나가야 하는 것인지 등을 평가하는 것이 필요하다. 이와 같은 훈련과정을 Goldstein(1993)의 정리를 참고하여 나타내면 [그림 8-7]과 같다.

그림 8-7 훈련과정에 대한 모형화

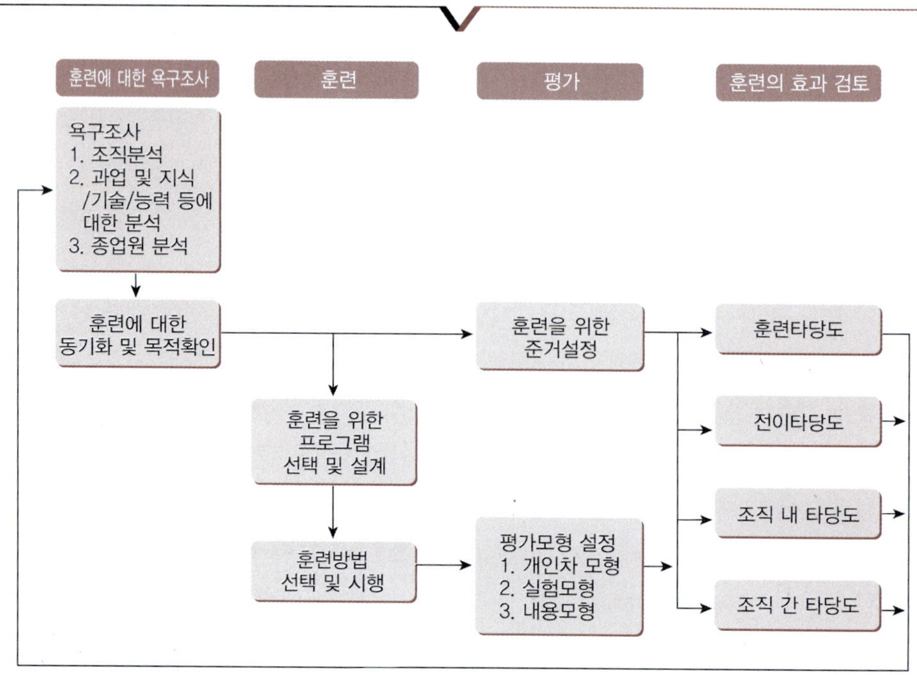

조직구성원의 현재 직무에 초점을 두는 훈련과는 다소 다르게 다양한 직무를 보다 잘 수행할 수 있게 조직구성원을 미래를 위해서 준비시키는 것에 초점을 두는 직원개발은 직원의 역량, 가치, 태도, 능력, 지식, 기술 등을 한 차원 더 높은 수준으로 개발시키는 것을 의미한다. 직원의 개발을 위해서는 기본적으로 공식적 교육, 역량 및 잠재력에 대한 사정 후 피드백, 업무경험 다각화, 멘토십(mentorship) 등의 네 가지 접근방법들이 사용되고 있다.

먼저 공식적 교육에 의한 방법이란 조직 밖 혹은 조직 내에 있는 공식적인 교육기관에서 다양한 부문의 역량을 제고시키기 위해서 교육을 받게 하는 방법이다. 이 방법은 이전에는 갖지 못했던 다양한 시각에 접할 수 있게 하고, 자신에 대한 확신을 높이게 하며, 문제에 대해서 새로운 시각에서 접근할 수 있게 하는 효과를 갖는다고 평가받는다.

둘째로 역량 및 잠재력에 대한 사정 후 피드백 방법이란 조직구성원의 강점과 제한점 등에 대해서 다각적인 방법을 통해 정보를 수집하여 그들의 행동, 의사소통방식, 지식과 기술 등에 대해서 피드백을 제공해서 구성원 스스로가 상위의 직무를 수행하기 위해서 필요한 역량을 개발할 수 있게 하는 방법이다. 이러한 방법을 사용함에 있어 주의할 것은 정보수집은 직원의 개발을 위한 방법이기 때문에 이러한 목적하에 사용되어야 하고 반드시 그 정보는 직원과 공유되어야 한다는 것이다. 그리고 그러한 공유에 기초해서 조직구성원 스스로가 자신의 역량개발을 위한 활동을 기획(action plan)할 수 있게 해야 한다.

셋째로 업무경험 다각화 방법이란 새로운 업무들에 대한 경험을 통해 새로운 시각, 지식 및 기술을 개발하면서 조직구성원들이 자신의 역량을 더 확장하고 확대시킬 수 있게 하는 방법이다. 이러한 방법으로는 현재의 업무를 확장시키는 방법(job enlargement), 조직 혹은 부서 내에서 다양한 업무를 경험할 수 있게 순환시키는 방법(job rotation), 다른 조직에서 업무를 익히게 하는 방법, 이전의 업무와 성격상 완전히 다른 업무를 수행하게 하는 방법(transfer), 현재의 업무보다 위 단계에 있는 업무를 수행하게 하는 방법(promotion), 현재의 업무보다 아래 단계의 업무를 수행하게 하는 방법(downward move) 등이 있다. 이러한 방법에서 일반적으로 이전의 업무와 성격상 완전히 다른 업무를 수행하게 하는 방법과 현재의 업무보다 아래 단계의 업무를 수행하게 하는 방법은 조직구성원이 받아들이기 힘든 부분이 많기 때문에, 왜 이런 과업수행이 결정되었는지 그리고 앞으로 긍정적인 차원에서 어떤 가능성들이 존재하는지 등에 관한 정보를 반드시 공유해야 한다.

마지막으로 멘토십의 방법이란 상위 단계의 업무에 대해서 아직 경험이 많지 않은 조직구성원들에게 경험을 공유시키면서 지혜를 갖게 하고 이를 통해 이들의 역량개발을 유도하는 방법이다. 현재 많은 선진조직들은 이러한 멘토링 프로그램을 공식화하면서 일정 자격을 갖춘 조직구성원 모두가 이 기회를 가질 수 있게 하고 있는데, 멘토링의 공식화는 구성원 모두가 공평하게 개발기회를 가질 수 있게 한다는 점에서 매우 의미 있는 것이라고 생각한다.

훈련 및 개발과 더불어 인적자원관리의 연관 과제로 부각되는 것은 바로 경력개발(career development)이다. 현대사회에서 우리는 다양한 직업경험을 쌓아 나갈 수 있고 같은 직업 내에서도 다양한 경력을 쌓아 나간다. 어떠한 직업이 본인에 있어 가장 적절한 것인지를 모른 채 평생 동안 한 직업을 경험하는 이들도 있고, 다양한 직업을 선택함에 의해서 혹은 외적 요인에 의해 경험하게 되는 이들도 있다. 또한 같은 직업 내에서도 제한된 경력만을 경험하는 이들도 있고, 다양한 경력을 구축하게 되는 이들도 있다. 조직구성원에 대해서 조직은 구성원 각각이 갖고 있는 경력 관련 욕구, 가치지향, 강점과 제한점 등을 파악하면서 함께 최선의 선택을 할 수 있고 이를 향해 갈 수 있게 지원해 주어야 한다. 조직의 관점에서 경력개발이란 바로 조직구성원 각각이 원하는 경력을 쌓아 나갈 수 있게 하기 위해 경력욕구, 가치지향, 강점과 제한점 등에 대한 파악과 함께 경력의 목표를 형성할 수 있게 지원하고, 경력의 목표를 이룰 수 있는 행동계획을 세우게 하며, 구성원의 경력목표와 관련되어 현재 유용한 조직 내 정보를 제공하고, 아울러서 관련된 업무 등을 경험할 수 있게 하는 것 등을 의미한다.

이러한 경력개발은 조직구성원 혼자의 노력으로 수행되는 것이 아니라, 조직구성원과 관리자 그리고 조직시스템이 함께 움직여야 하는 것이다. 특히 조직이 인적자원관리시스템 내에서 이러한 경력개발 프로그램을 체계화시키는 것이 필요하다. 예를 들어 조직이 구성원 각각이 경력개발에 대해서 인식할 수 있게 하는 프로그램과 경력개발과 관련된 카운슬링 프로그램을 개발하고 실행하면서 조직 내에서의 경력경로 등에 관해서 확실하게 구성원들에게 인식시켜 주는 것은 조직구성원들의 경력개발에뿐만 아니라 조직의 인적자원관리시스템의 효율적인 운영을 위해서도 매우 큰 의미가 있을 것이다. 아울러서 조직구성원들이 그들이 원하는 새로운 도전적 업무들을 수행할 수 있게 기회를 제공하고, 조직의 업무에 대한 내부공모를 통해서 자신이 원하는 업무로의 이전과 함께 업무에 대해서 다양한 경험을 가질 수 있게 기회를 제공하는 것도 경력개발과 관련해서 매우 필요한 과제일 것이다.

훈련과 개발과 관련해서 마지막으로 언급하고 싶은 것은 지속적인 훈련과 개발에 무엇보다도 핵심적인 기여를 할 수 있는 것이 바로 슈퍼비전(supervision)이라는 것이다. 슈퍼비전은 인적자원관리의 내용으로 논의되는 주제는 아닌데, Pecora와 Austin(1987)은 사회복지조직의 상황에서는 슈퍼비전이 매우 의미 있는 인적자원관리의 요소일 수 있음을 강조한다. 그 이유는 위에서 언급한 훈련 및 개발과 관련된 많은 과업들을 사회복지조직에서는 슈퍼비전의 과정을 통해 정보를 파악해 내면서 그 과정을 통해 실행시킬 수 있기 때문이라고 설명한다. 즉 슈퍼비전은 사회복지조직에서 조직구성원의 훈련과 개발을 위해 매우 유용한 도구가 될 수 있다는 것이다. 따라서 사회복지조직에서는 훈련과 개발을 위한 핵심기제의 하나로서 슈퍼비전을 사용할 수 있다는 사실을 인식하면서, 조직구성원을 위한 슈퍼비전이 제대로 실행될 수 있게 이에 대한 전반적인 시스템을 확립하고 이의 실행을 평가하는 과제를 수행하는 것이 필요하다고 생각된다.

6) 직원의 성과문제에 대한 인적자원관리 측면에서의 대응

조직구성원들은 누구나 업무의 수행과 관련해서 문제를 가질 수 있다. 이 경우 중요한 과제는 문제가 어떻게 발생하였는지를 파악하는 것이다. 사회복지조직의 인적자원관리의 과정에서 무엇보다도 먼저 구성원의 성과의 문제와 관련해서 이 문제가 개인의 문제인지 혹은 부서 등을 포괄하는 조직의 문제인지를 파악하는 작업을 수행해야 한다. 즉 업무와 관련된 개인의 지식과 기술이 부족해서 이러한 문제가 발생하였는지, 개인의 태도와 동기에 문제가 있는지, 개인의 능력 전반에 문제가 있는지, 혹은 시간활용 및 의사소통기법과 같은 기술적 측면에서 문제를 갖는지 등을 파악해 내야 한다. 동시에 조직에도 초점을 두고, 이 문제가 조직의 불명확한 정책에서 비롯된 것은 아닌지, 자원의 부족으로 인해 발생한 것은 아닌지, 업무에 대한 우선순위를 불명확하게 설정해서 발생한 것은 아닌지, 슈퍼비전이 부실해서 발생한 것은 아닌지, 너무나 과다한 업무가 부과되어서 발생한 것은 아닌지, 적절하지 않은 사례를 할당해서 발생한 것은 아닌지, 조직의 전반적인 분위기가 침체되어서 발생한 것은 아닌지 등을 파악해 내야 한다.

많은 경우, 조직에서 성과의 문제가 발생하면, 그 업무를 수행하는 개인들이 희생양이 되곤 한다. 실제로 성과의 문제는 개인의 역량 및 의지부족으로 발생할 수도 있고 조직 혹은 부서의 문제로 인해서 발생할 수도 있다. 따라서 인적자원관리 측면에서 이러한 성과의 문제에 대해서 접근할 때, 문제의 원인이 무엇인가를 분명하게 규명해 주는 것이 필요할 것이다. 이러한 접근이 실행될 때, 조직구성원들은 조직의 공정한 운영에 대해 긍정적인 인식을 갖게 되고 조직에 대해 더 높은 수준의 동기와 헌신을 가질 수 있게 될 것이다. 특히 인간을 대상으로 하면서 전문가를 조직의 핵심운영도구로 삼는 사회복지조직에서 조직의 성과가 발생할 때 문제의 원인을 공유하면서 함께 열린 자세로 해결해 나가는 방식은 성과의 문제를 해결하는 데 기여할 뿐만 아니라 조직구성원의 동기와 헌신을 제고시키는 데도 크게 기여할 것으로 본다.

7) 직원에 대한 보상관리

피고용인이 고용적 관계로 인해 받게 되는 모든 형태의 재정적 보답과 서비스, 그리고 부가임금(benefits) 등을 의미하는 보상(compensation)은 인적자원관리의 핵심요소의 하나로서 업무에 대한 직원의 동기를 고취시키고 조직의 목적달성을 보다 원활하게 하는 데 기여하는 매우 중요한 기제이다. 이와 같은 기능을 갖는 보상의 유형을 구분하면 〈표 8-10〉과 같다.

표 8-10 보상유형

보상구분	보상형태	보상내용
금전적 보상	직접보상	주급, 월급, 연봉, 보너스 등 화폐적 임금
	간접보상	사회보험, 교육, 건강 및 문화시설 등의 복리후생
비금전적 보상	직무 관련 보상	직무자율 및 권한확대, 훈련과 개발의 기회, 승진기회
	직무환경보상	쾌적한 직무환경, 변동적 근로시간제, 휴가, 안식월 혹은 안식년
인센티브	금전 + 비금전적 보상	금전적인 보너스와 복리후생, 그리고 비금전적 보상 포함

이러한 보상을 제대로 실행하기 위해서는 무엇보다도 임금을 통한 보상을 제대로 해야 할 것이다. 임금을 통해 제대로 보상을 하기 위해서는 먼저 임금구조를 정확히 디자인하는 것이 필요하다. 임금구조(pay structure)란 조직 내 모든 업무에 대해 제공되는 임금의 평균을 의미하는 임금수준(pay level)과 각 업무의 임금을 의미하는 업무구조(job structure)로 구성되어 있다. 많은 조직에서 임금수준은 평균적 임금이기 때문에 같을 수 있으나, 업무구조를 어떻게 디자인하는지에 따라서 임금의 구조는 매우 다양한 모습을 지닐 수 있다. 즉 임금수준이 같더라도, 업무별 임금지급을 큰 폭으로 설정하는지 혹은 작은 폭으로 설정하는지에 따라서 임금의 구조는 매우 다른 모습을 가질 수 있다. 이처럼 업무구조의 개발은 보상에 대한 관리에서 매우 중요한 의미를 지닐 수 있다.

업무구조는 기본적으로 조직에서 수행되는 모든 업무의 가치를 평가하고 각 업무의 상대적인 가치를 판단해서 형성되는 것인데, 전술하였듯이 이는 임금의 결정에 절대적으로 중요한 영향력을 갖는다. 이러한 업무구조의 결정에 기초해서 임금구조를 결정해야 하는데, 이 과정에서는 업무구조의 정보도 매우 중요하나 동시에 유사한 업무구조에 대해서 조직 밖에서의 임금이 어떻게 지불되고 있는지를 파악해서 이를 전략적으로 반영하는 것도 매우 중요하다. 그러한 이유는 이러한 반영은 외부 사람들이 조직에 참여할 수 있게 하는 전략적 유인책으로 기능할 수 있고 동시에 조직구성원을 지속적으로 보유하는 전략적 기제로 작용할 수 있기 때문이다.

임금구조와 함께 임금형태(wage payment method)에 대한 고려 역시도 중요하다. 임금형태는 노동자에 대한 임금의 지급방법 내지 산정방법을 의미한다. 임금형태는 근로자의 작업량이나 작업성과에 관계없이 근로시간을 기준으로 지급하는 시간급제(시급제, 일급제, 주급제, 월급제, 연봉제 등)와 성과급제(개인성과급제, 집단성과급제 등)가 있다. 현재 개별적인 성과와 관련지어 보상하는 성과급 방법이 영리조직의 영역에서는 많이 사용되고 있으나, 성과를 쉽게 측정할 수 없고 성과를 구분하는 데 보다 많은 노력이 요구되는 사회복지조직 등에서는 제한점을 갖는다고 볼 수 있다. 성과급제에서는 팀에 대해서 보상하는 방법 등도 활용되고 있는데, 이러한 방법은 팀의 성과를 제고하는 데 기여할 수 있으나 보다 높은 수준의 개인 노력을 유인하는 데 있어서는 다소 제한적이라는 평가를 받는다.

한편 시간급제에 해당되는 연봉제가 최근 확산되는 경향이 있다. 따라서 이에 관해 보다 구체적으로 살펴볼 필요성이 있다. 최근 들어 능력과 성과를 중시하는 방향으로 관점의 변화가 일어나면서 연봉제에 대한 관심이 증가하고 있다. 연봉제는 형식상으로는 임금형태에서 시간급제로 분류되지만 구성원의 능력과 업무성과 그리고 조직에 기여하는 정도를 평가하고, 계약에 의하여 연간 보상을 결정하는 능력 중심의 임금제도라 할 수 있다. 대부분의 일반기업에서는 연봉제를 과장급 이상의 간부직에 우선 적용하는 경향이 있다(이학종·양혁승, 2012). 연봉제 체계를 살펴보면, [그림 8-8]에서 인식할 수 있듯이 기존의 임금제도에서 사용되는 각종 수당을 정비하여 이를 기본연봉에 포함시키고 기본급 형태로 지급되고 있는 상여금 부분도 기본연봉에 포함시킴으로써 임금체계를 보다 간소화시킨다.

연봉제의 장단점을 정리해 보면, 장점은 능력과 업적에 따라 임금이 산정되기 때문에 직원의 동기부여에 효과적이며, 조직 차원에서는 유능한 인재확보에 용이할 수 있다는 점을 들 수 있다. 아울러서 임금체계가 간소화되어 임금관리가 보다 용이할 수 있다는 점이다. 그러나 연봉제는 직원 개개인의 능력과 업적에 대한 객관적이고 공정한 평가제도

그림 8-8 기존 임금제도와 연봉제도 비교

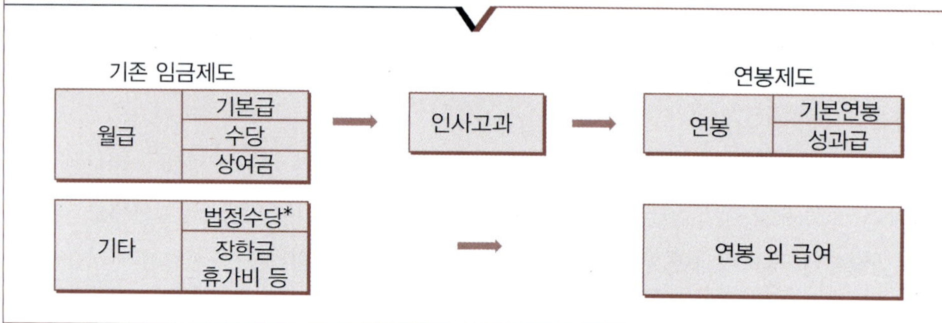

* 시간외수당, 야간근로수당, 휴일근로수당, 연월차수당 등.
출처: 이학종 · 양혁승(2012)

를 기본으로 하기 때문에 이를 충족하지 못하는 경우에는 여러 가지 문제점이 발생될 수 있다. 객관성과 공정성이 보장되지 않는 연봉제의 도입은 직원의 불신감을 불러일으키며 사기를 저하시킬 수 있다. 또한, 학력과 연공서열을 중시하는 고정된 개념에서 능력과 업무성과를 중시하는 가치관으로의 전반적 변화를 전제하지 못한다면 조직구성원 간의 갈등과 위화감을 조성하고 불건전한 경쟁을 야기할 수도 있다(이학종 · 양혁승, 2012). 사회복지조직의 경우에도 연봉제에 대한 관심이 높아지고 있는 상황이다. 그러나 연봉제 도입에 있어서 신중함을 가질 필요가 있다. 즉 조직구성원들이 이해할 수 있는 객관적이고 공정한 평가제도를 구축하면서 연봉제에 대한 실행을 병행시켜야 할 필요가 있다.

위에서 설명한 임금을 통한 보상 이외에도 대부분의 조직은 각종 보험혜택, 휴가, 안식(월)년 제도, 은퇴 후의 혜택 등의 간접적 보상 프로그램, 즉 다양한 형태의 부가급여 프로그램(fringe benefits programs) 또는 복리후생 프로그램을 갖는다. 현재 각 조직에서는 이러한 간접적 보상 프로그램들이 증가하는 추세에 있는데, 그 이유는 아마도 보다 높은 수준의 역량을 갖는 사람들이 조직에 참여할 수 있게 하고 그렇게 참여한 이들을 보유하기 위해서는 부가급여 프로그램을 보다 매력적으로 구성해야 하기 때문이라 할 수 있다. 즉 조직이 제공하는 혜택을 증가시켜 보다 경쟁력 있는 구성원들을 유인해 내고 이들을 통해 보다 경쟁력 높은 조직을 만들어 내기 위해서인 것이다. 임금의 부분에서뿐만 아니라 부가급여의 부분에서 사회복지조직은 자원의 제한성으로 인해서 많은 한계를 지닌다. 그러나 그럼에도 불구하고 임금을 통한 보상과 부가급여를 통한 보상의 수준을 전반적으로 높이는 과제는 보다 우수한 인력을 유인하고 보유하기 위해서 절대적으로 필요한 과제이기에 보다 특별한 노력이 필요하다고 생각된다. 특히 부가급여 프로그램에 대한 보다 적극적인 접근을 통해서 조직의 구성원들이 보다 안정적으로 사회복지조직을 위해 에너지를 생산해 내고 장기적으로 헌신할 수 있게 유인하는 노력이 필요할 것이라고 생각된다.

8) 직원에 대한 이직 및 유지관리

사회복지조직에서 훌륭한 인적자원을 획득하는 것만이 아니라 유지하는 것은 조직의 성패를 좌우할 수 있는 매우 중요한 과제이다. 따라서 다른 형태의 조직과 마찬가지로 사회복지조직도 인적자원의 유지에 대한 이해를 제고시켜 나갈 필요성이 있다. 구체적으로는 유지관리와 더불어 이직관리에 대한 이해가 필요하다. 따라서 다음에서는 이직관리 및 유지관리에 대한 내용을 정리해 보고자 한다.

먼저 이직관리에 대한 내용을 살펴보면, 조직구성원과 조직의 분리를 관리하는 것을 이직관리(separation management)라고 한다. 어떤 형태의 이직이던 간에 조직구성원과 조직은 언젠가는 분리된다. 따라서 이에 대한 관리가 인적자원의 관리 측면에서 요구된다. 인적자원관리의 측면에서 이에 대한 일관된 정책을 마련하면서 관리적 과제를 적절히 실행해야만 한다. 그러한 이유는 조직에서 이직은 항상 그리고 다양한 상황에서 발생할 수 있기 때문이다. 이직은 기본적으로 자발적 이직과 비자발적 이직 등의 형태에서 다양하게 발생할 수 있다(Noe et al., 2012). 즉 은퇴연령이 다 되어서, 다른 직장으로의 전직을 위해 사직함으로써, 조직구조조정에 의해서, 불만족스러운 성과의 지속으로 인해 바람직하지 않은 행동 즉, 비도덕적 행동에 의해서 이직이 발생할 수도 있다. 어떤 형태이던 간에 이직관리는 대부분 어려운 일이고 유쾌하지 않은 일이다. 그럼에도 불구하고 인적자원관리의 영역에서는 이를 정확하고 안정되게 처리해야만 한다.

Noe, Hollenbeck, Gerhart와 Wright(2012)는 기본적으로 이직관리는 공정성의 원칙(practice of justice)에 기반해서 실행되어야 함을 강조한다. 공정성은 크게 결과공정성(outcome fairness)과 절차공정성(procedural justice), 상호작용 공정성(interactional justice)으로 구분되는데, 이직관리에서뿐만 아니라 조직의 인적자원관리영역 모두에서 이러한 기준이 적용되어야 한다. 이직관리와 관련해서 결과공정성이 적용될 때, 다음과 같은 내용들이 담보되어야 한다. 결과공정성은 세 가지 요인을 적용하는데 첫째, 동일 사유에 대해 모든 조직구성원에게 적용되는 그 결과(해고, 감봉 등)는 일관성이 있어야 한다. 예로 조직구성원이 무단결근을 했을 때 누군가는 징계를 받을 수 있고 다른 누군가는 그렇지 않다면 이는 결과공정성이 확보되지 못한 상태이다. 둘째, 사전에 정확히 공지된 정보 및 지식에 기반해서 결과가 적용되어야 한다. 이를 통해 조직은 조직구성원이 자신의 행동에 따라 어떤 결과가 초래되는지에 대해서 인지할 수 있도록 해야 한다. 마지막으로 행동과 비례하여 결과가 적용되어야 한다. 예로 어떤 조직에서 연속 지각과 거액의 횡령이 같은 결과(해고)를 초래한다면, 이는 행동과 결과가 비례 적용되지 못한 것임을 의미한다. 이를 표로 정리하면 〈표 8-11〉과 같다.

표 8-11 결과공정성 결정요인

결과공정성 결정요인	세부내용
결과적용 일관성	동일 사유에 대해 모든 조직구성원에게 동일한 결과가 적용되어야 함
사전 정확한 지식 제공	결과의 적용이 사전에 정확히 공지된 정보 및 지식에 기반해야 함
행동과 비례한 결과의 적용	결과의 원인이 되는 행동과 상응하는 결과가 비례 적용되어야 함

이직관리와 관련해서 절차공정성이 적용될 때, 다음의 〈표 8-12〉에서 제시되는 여섯 가지 요인이 담보되어야 한다. 첫째, 대상 및 시기 등에서 일관성이 있어야 하고, 둘째, 적용과정 즉 실행절차에서 관리자의 편견이 배제되어야 하며, 셋째, 정확한 정보에 기반하여야 하고, 넷째, 이직결정에 대한 실수를 바로잡을 수 있는 보호장치가 있어야 하며, 다섯째, 이직결정의 절차에서 이해관계자(stakeholder)의 관심 및 이해관계가 포함될 수 있어야 한다. 마지막으로 이직결정의 과정에서 도덕적 기준이 충족되어야 하고 개인 사생활에 대한 침해가 방지될 수 있어야 한다.

표 8-12 절차공정성 결정요인

절차공정성 결정요인	세부내용
일관성(consistency)	적용대상 및 시기 등에 있어 일관성 있게 적용되어야 함
편견의 배제(bias suppression)	실행절차 중 적용대상에 대한 편견적 이해가 배제되어야 함
정보의 정확성(information accuracy)	결정에 절차가 정확한 정보를 기반으로 하여야 함(루머, 허위 등을 배제)
실수에 대한 수정(correctability)	이직결정에 대한 오류를 수정할 수 있는 보호장치가 포함되어야 함
대표성(representativeness)	절차는 모든 이해관계자의 관심사를 반영할 수 있어야 함
윤리성(ethicality)	이직결정의 과정에서 도덕적 기준을 충족하여야 함 아울러 개인의 사생활에 대한 침해가 방지될 수 있어야 함

상호작용 공정성은 절차가 수행되는 과정에서의 조직구성원의 느낌(feeling)에 중점을 두는 원칙이라 할 수 있는데, 이러한 공정성이 제고되기 위해서는 〈표 8-13〉에서 정리되는 바와 같이 이직 결정사항에 대한 설명(explanation), 결정사항 적용대상자의 존엄에 대한 존중을 포괄하는 사회적 민감성(social sensitivity), 적용대상자의 상황과 의견에 귀를 기울이는 배려(consideration), 적용대상자의 감정에 대한 기본적 공감(empathy) 등이 강조된다.

표 8-13 상호작용 공정성 결정요인

상호작용 공정성 결정요인	세부내용
결정에 대한 설명(explanation)	이직 결정사항에 대해서 설명
사회적 민감성(social sensitivity)	결정사항 적용대상자의 존엄성에 대한 존중
배려(consideration)	적용대상자의 상황 및 의견에 귀 기울이는 것
공감(empathy)	적용대상자의 감정에 공감하는 것

이직관리와 관련된 공정성을 제고시키기 위해 사회복지조직 역시 다양한 차원에서의 다각적인 노력이 필요할 것으로 본다. 앞서 언급한 결과공정성, 절차공정성, 상호작용 공정성과 관련된 차원에서의 노력이 지속적으로 강화되어야 할 것이다. 이러한 이직관리를 위한 노력이 있을 때, 이직관리는 보다 객관적인 것이 될 수 있고 관리자의 결정에 대한 정당성을 마련하게 될 수 있다.

이직관리가 정당성과 합법성의 토대 위에서 구성원을 조직과 분리시켜 조직의 성과에 기여할 수 있음에 반해, 유지관리는 조직구성원의 지속적인 보유를 통해 조직의 생산성 및 성과 제고에 기여하는 것이라 할 수 있다. 자신의 업무에 애착을 가지고 몰입하는 조직구성원의 보유는 조직의 성과와 직결될 수 있다. 조직의 입장에서는 이런 속성을 갖는 조직구성원이 이직하는 상황을 예방할 수 있어야 한다.

조직구성원이 직무에 대해서 불만족하게 되고 개선이 이루어지지 않을 경우 직무철회(job withdrawal)의 상황으로 갈 수 있는데, 이는 조직의 생산성과 성과에 큰 영향을 미칠 수 있다. 직무철회는 상사와의 갈등 및 노사분규와 같이 갈등이 외부로 표출되는 행동변화(behavior change) 그리고 행동변화가 어려운 경우 아프다는 핑계 등으로 회사를 결근하거나 전근요청을 하는 것 혹은 극단적인 경우에는 사직하는 등의 신체적 직무철회(physical withdrawal), 마지막으로는 조직에 머물러 있지만 일을 하지 않고 직무관여도와 몰입을 낮추는 심리적 직무철회(psychological withdrawal) 등의 다양한 형태로 나타날 수 있다.

[그림 8-9]에서 제시되는 바와 같이 Noe 등(2012)은 직무철회를 발생시키는 직무불만족의 원인을 안전하지 못한 작업환경(unsafe working condition), 개인적 성향(personal disposition), 과업과 역할(task and role), 상사와 동료(supervisors and co-workers), 급여 및 복리후생(pay and benefit) 등으로 나누어 설명한다. 이러한 설명은 사회복지조직에 있어서도 직무철회 그리고 더 나아가서 조직구성원에 대한 유지관리를 위해 어떤 부분에 대한 집중적 관리노력이 필요한지를 제시해 준다. 사회복지조직 역시 안전한 작업환경을 위한 끊임없는 노력이 필요하다. 아울러 직무불만족에 영향을 줄 수 있는 부정적인 정서와 관련해서 선발과정에서부터 적절한 직원의 선택이 필요하다. 또한 과업 및 역할과 관련해서는 역할이 모호한 경우 발생되는 역할모호성, 직무에 대한 요구가 상충되며 발생되는 역할갈등, 너무 많은 기대나 요구가 주어질 때 발생되는 역할과다, 그리고 역할이 너무 적을 때 발생되는 역할과소 등의 직무불만족 요인에 대한 정확한 인식과 대응이 필요하다. 아울러 상사와 동료의 부정적인 행동은 직무불만족에 큰 영향력을 가질 수 있기에, 상사와 동료가 서로 공유할 수 있는 가치관, 태도 및 철학을 지니고 서로를 지지할 수 있는 환경을 만드는 노력을 행하는 것이 필요하다. 마지막으로는 조직구성원의 경제적 삶의 안정의 원천이 되는 급여와 복리후생 프로그램의 제고를 통해 구성원의 직무불만족을 최소화하면서 구성원을 지속적으로 보유해 나갈 수 있어야 할 것이다.

그림 8-9 직무불만족 – 직무철회과정 모델

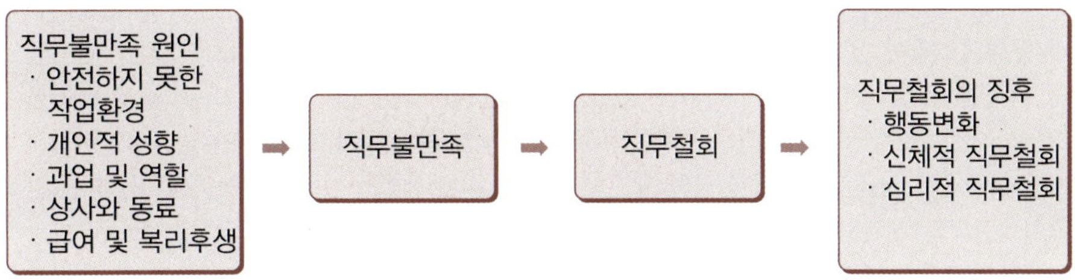

출처 : Noe et al.(2012)

사회복지조직의 성과는 조직구성원의 성과와 직결되는 경향을 갖는다. 이러한 이유 때문에 사회복지조직에서는 조직에 가장 적합한 사람을 조직구성원을 선발할 수 있어야 하고, 더 나아가서는 정말로 가능성이 없는 구성원과는 분리를 결정할 수 있어야 하고 정말로 적합한 구성원은 지속적으로 유지·관리할 수 있어야 한다. 즉 이직 및 유지관리에서 강조하는 직무불만족의 원인 등을 제거하는 노력을 실행되면서 사회복지조직의 성과를 지속시키며 존재의 이유를 제고시킬 수 있어야 할 것이다.

요약

조직의 부가가치 창출을 위해 조직의 구성원을 단순한 생산요소의 하나로 취급하며 관리해 나가는 전통적 방식의 인사관리 패러다임을 넘어서, 이제 조직구성원을 조직의 핵심자원으로 보며 이들 자원을 더욱 개발시키면서 이러한 자원을 통해 조직의 사명을 달성해 보고자 하는 인적자원관리의 패러다임이 지배적인 양상이다. 이러한 패러다임의 적용은 사회복지조직을 포함한 모든 조직에 적용되는 것이 당위적이다. 그러나 조직의 구성원을 통해 클라이언트에 대한 개입의 효율성 및 효과성을 제고할 수 있는 사회복지조직에서 인적자원관리 패러다임이 지니는 중요성과 필요성은 보다 높다고 말할 수 있다.

따라서 이 장에서는 이러한 패러다임하에서 사회복지조직의 인적자원관리를 핵심적으로 이해해야만 하는 네 가지 구성요소인 인적자원의 획득, 업무활동의 분석과 성과 등의 결과에 대한 평가, 인적자원의 개발, 그리고 인적자원의 보상관리에 관해서 먼저 살펴보았다. 아울러서 사회복지조직 인적자원관리과정에서 핵심적으로 요구될 수 있는 요소들인 모집과 채용, 직원에 대한 오리엔테이션, 직무의 분석과 설계 및 할당, 성과평가의 설계와 실행, 직원의 훈련과 개발 및 경력개발, 직원 성과문제에 대한 대응, 직원에 대한 보상과 이직관리 등의 주제와 관련해서 각각의 내용과 접근방법 및 기술들에 대하여 살펴보았다.

위에서 설명한 인적자원관리의 구성요소들은 개방체계(open system)적 관점에서 볼 때, 각 구성요소들이 상호밀접한 관련성을 갖고 있기에 인적자원관리시스템 구축이라는 전체적인 시각에서 바라보며 접근해 나가는 것이 필요할 것이다. 아울러서 사회복지조직을 포함한 모든 조직은 조직 외부환경과의 상호작용을 통해서 생존해 나가기 때문에, 인적자원관리시스템의 구축과 관리과정에서 환경의 요구에 따라 적절한 적응을 할 수 있어야 할 것이다. 인적자원관리의 체계를 구축하는 것과 관련해서 한 가지 기억할 것은 보편타당한 인적자원관리체계라는 정답은 존재하지 않기 때문에 조직의 특성을 고려해서, 그리고 조직의 환경을 고려해서 각 조직에 가장 적합하지만 경쟁력을 지속적으로 보유할 수 있는 방식에서 인적자원관리체계를 구축해 나가야 한다는 것이다. 이러한 방향으로의 발전과 관련해서 사회복지조직은 상대적으로 더 큰 제한성과 한계를 지니는 경향이 있다. 그럼에도 불구하고 사회복지조직이 지니는 사회적 사명을 더 효과적이며 효율적으로 달성하기 위해 보다 미래지향적이며 전략적인 인적자원관리체계의 구축을 위해 노력하면서 조직구성원의 안정과 성장 및 발전을 추구하고 이를 통해 조직의 성과를 최대화하는 것이 절대적으로 필요하다고 생각된다.

09 사회복지조직의 **재정관리**

1. 사회복지조직 재정관리의 특성

사회복지조직은 자원(특히, 재정 자원)의 외부 의존성이 높으며, 일반적으로 편성되는 예산에 따라 사업을 진행한다. 따라서 사회복지조직의 행정가들은 항상 안정적인 재원을 확보하고, 이를 효과적으로 관리하는 데 많은 노력을 기울여야 한다. 재원확보 및 관리의 구조와 과정은 사회복지조직의 구조 및 형태, 의사결정과정에도 상당한 영향을 미친다.

사회복지조직에서 재정관리는 사회복지서비스 제공에 필요한 재정 자원을 합리적이고 계획적으로 동원하고, 예산을 수립하여, 효율적으로 집행하는 과정으로 구성된다. 일반적으로 재정관리는 공공부문에서 사용하는 용어로 행정활동이나 공공정책의 시행에 필요한 재산을 조달하고 관리하는 일체의 경제활동을 의미하나, 비영리적이며 공익을 추구하는 사회복지조직에도 적용가능한 용어이다. 사회복지기관에서 재정관리는 기관의 목표달성을 촉진하고, 재원과 기타 관련 자원을 법적 및 사회복지윤리성에 근거하여 통제하고, 계획적으로 사용하는 것을 포함한다. 목적적 측면에서 볼 때, 사회복지조직에서 재정관리는 예산, 교부금 신청, 인건비, 세금 및 여비 지급 등과 같이 기술적이며 부차적인 과업이다. 그러나 수단적 측면에서 볼 때에는 재정관리가 사회복지기관의 근본적인 활동에 광범위하게 관계하고 있다. 따라서 재정관리는 사회복지조직의 관리과정을 구성하고 있는 가장 중요한 요소 중의 하나로 사회복지행정에 있어 필수불가결한 요소이다. 실제 사회복지시설평가에 있어서도 재정관리영역은 매우 중요한 지표이며, 계량적 척도이기 때문에 상대적인 편차가 많이 나는 부분이어서 행정을 담당하고 있는 실무자들에게는 늘 신경이 쓰이는 영역이다.

재정관리는 기획, 인사관리, 지역사회관계와 같은 다른 관리적 이슈와 구별되는 일련의 과업으로 구성된다. 예를 들어 재정획득, 예산수립, 예산의 집행 및 회계(세입·세출 정리), 재정평가 등의 과업이 있다. 사회복지조직에서 재정관리는 어느 정도 전문가에게 의존하고 있지만, 일반 관리자들도 자신의 역할과 관련된 재정문제에 지속적인 관심을 가져야 한다(Lohmann, 1980).

비영리조직으로서 사회복지조직들은 영리적인 이윤을 추구할 수 없기 때문에 모금활동과 같은 외부적 재원확보 노력에 많은 시간과 자원을 투자할 수밖에 없다. 이러한 비영리조직 재원확보 행태는 사회복지조직의 태생적 특성과 재원의 유형에 따라 영향을 받는다. 조직의 형성초기에는 재원확보체계가 다양하고 변동적이지만, 안정적인 단계에 돌입하면 비교적 고정적인 재원을 확보하게 된다. 조직의 업무특성과 양, 재원의 통제가능성과 예측가능성 등에 따라 다양한 차이를 보이게 된다.

비영리조직 중에서도 사회복지조직은 외부재원의 영향을 특히 많이 받는다. Hasenfeld (1992)는 사회복지조직과 재원의 관계에 관한 주요 특징을 다음과 같이 제시하고 있다.

첫째, 사회복지조직은 일반적으로 재원의 지속적인 조달을 직접적으로 통제할 수 없으며, 통제하려 하지도 않는다. 사회복지조직은 법적으로 위임된 서비스라 할지라도 재정할당 정도를 스스로 정할 수 없고, 입법기관에서 정해 주어야 한다. 이는 사회복지조직이 예산과 관련된 정책결정과정에 참여할 수 있는 권한을 제한당하는 것을 의미한다. 또한 영리부문과 비교할 때 사회복지조직은 그들이 제공하는 서비스의 전체 비용을 기꺼이 지불하거나 지불할 수 있는 소비자에게 접근할 준비가 미흡하다. 즉 수입을 늘릴 수 있는 홍보, 마케팅, 기타 시도를 충분히 하지 않고 있다. 한편 사회복지조직이 이러한 시도를 적극적으로 하게 되면, 영리조직으로부터 '부당한 경쟁'이라고 비난받을 수도 있다.

둘째, 사회복지조직은 매우 다양한 재원을 갖는다. 예를 들어 ① 정부로부터 직접적으로 받거나 계약의 형태로 지원받는 정부보조금, ② 재단지원금, 협찬후원금, 직접적인 개별기부, 유증, 종교기관 기부 등의 형태로서의 기부금, ③ 서비스 요금, 대여, 상품판매 등의 수익사업에 의한 이용료, ④ 기타 특별행사나 기증, 투자 등의 수입 등 다양하며, 이러한 각각의 유형들은 사회복지조직 특성에 따라 중요성의 비중이 달라진다. 미국 시카고 지역에서 사회복지조직을 분석한 결과에 의하면, 전체 사회복지조직 중 2/3는 정부보조금과 서비스 요금, 직접적인 개인기부를 동시에 받고 있는 조직이었으며, 2/5는 재단지원금이나 협찬후원금을 갖고 있었고, 1/4은 공동모금회, 기증 또는 다른 투자, 판매에 중점을 두었으며, 1/5은 종교단체나 다른 연방기금의 자원을 주요재원으로 하고 있었다(Gronbjerg, Kimmich, & Salamon, 1985).

셋째, 이들 다양한 원천으로부터 재원을 확보하기 위해 사회복지조직은 특별한 업무를 수행해야 한다. 즉 재단에 사업제안서(proposal)를 쓰거나, 정부와 계약관계를 맺고, 기부자에게 후원금을 요청하거나, 공동모금회 회원단체들과 연대하여 모금행사에 참여하고, 클라이언트에게 이용료를 지불하도록 요청하고, 마케팅 전략을 통해 기부금품을 모집하거나 접수받고, 특별행사를 조직화하는 등의 다양한 재원확보전략을 추진해야 한다.

이러한 특별한 업무는 각 기금주의 특성에 따라 다양하다. 또한 대부분은 수혜기관과 직·간접적으로 연관되어 있으며, 사회복지조직 입장에서는 재원을 확보하기 위해 의도적인 연계노력이 있어야 한다. 따라서 사회복지조직의 운영자들은 조직의 기능을 잘 유지하기 위해서 조직들 간에 어떻게 결합되고 상호작용하는지에 대해 이해하고 전략적으로 관리할 수 있어야 한다. 따라서 이 장에서는 사회복지조직에서 필요한 예산편성과 재원개발전략에 관해 논하고자 한다. 그러나 대부분의 사회복지조직들이 정부로부터의 예산지원을 받고 있는 만큼 정부의 예산구조에 대해서도 함께 설명하고자 한다.

2. 예산의 의의와 원칙

1) 예산의 의의와 기능

국가적 차원에서 예산(budget)이란 일정 기간에 걸친 국가의 수입·지출의 예정액 또는 계획안으로서, 국가의 재정수요와 이에 충당할 재원과를 대조하고 안배한 1회계연도에 있어서의 세입·세출의 예정계산서를 말하며, 「대한민국헌법」과 「국가재정법」에 따라 편성되어 국회의 심의·의결을 거친 재정계획이라고 할 수 있다. 조직적 차원에서 예산이란 일정 기간(회계연도)에 걸친 조직의 수입 및 지출에 관한 예정액 혹은 계획안이라고 할 수 있다. 사회복지법인 및 사회복지시설의 회계연도는 정부의 회계연도를 따르며, 사회복지조직의 회계는 법인의 업무 전반에 관한 회계(법인회계), 시설의 운영에 관한 회계(시설회계) 및 법인이 수행하는 수익사업에 관한 회계(수익사업회계)로 구분한다.

사회복지조직에서는 「사회복지법인 및 사회복지시설 재무·회계규칙」이 정하는 바에 따라 법인(시설)이 일정한 규칙과 형식에 의하여 편성하고 이사회 또는 예산(안)에 대한 심의·의결기구의 심의·의결을 거쳐 확정된 1회계연도 기간 동안의 재정계획(형식적 의미의 예산)을 말한다. 예산의 효력은 세입예산과 세출예산에 따라 다르나, 세입예산은 세출예산의 재원으로서의 예정수입일 뿐이며 세입예산의 범위 내에서 수납하는 것은 아니다. 반면에 세출예산은 1회계연도 내에 지출할 수 있는 최고액 한도를 표시한 것으로서 이를 초과하여 집행할 수 없다. 그리고 1회계연도에 속하는 법인 및 시설의 세입·세출의 출납에 관한 사무는 다음연도 2월 말일까지 완결하여야 한다.

예산의 측면에서 사회복지조직은 지역사회와 주민의 복지증진을 위하여 각종 복지사업을 수행하는 독립된 경제주체이다. 법인격을 가진 독립적 경제주체로서의 사회복지법인은 영리를 추구하는 민간기업 등과는 달리 지역사회와 주민 전체를 대상으로 하는 복지증진의 공익성과 봉사성, 비영리성, 책임성 등을 목적으로 운영해야 하는 특징을 지니고 있다. 따라서 수입에 있어 법인(시설)의 기본재산운용에 의한 과실금과 후원금 및 국고 또는 자치단체보조금, 그리고 지출에 있어서는 「사회복지법인 및 사회복지시설 재무·회계규칙」에 의한 엄정한 회계절차를 따라야 하는 책임성이 요구된다. 최근에는 재무·회계의 투명성을 강화하기 위해 컴퓨터 회계 프로그램을 강조하고 있다.

실제로 「사회복지법인 및 사회복지시설 재무·회계규칙」의 총칙에 제시된 목적에는 "이 규칙은 「사회복지사업법」 제23조 제4항, 제34조 제3항 및 제45조 제2항의 규정에 의하여 사회복지법인 및 사회복지시설의 재무·회계 및 후원금관리에 관한 사항을 규정하여 재무·회계 및 후원금관리의 명확성·공정성·투명성을 기함으로써 사회복지법인 및 사회복지시설의 합리적인 운영에 기여함을 목적으로 한다."라고 명시되어 있다. 또한 사회복지법인과 사회복지시설의 재무·회계는 그 설립목적에 따라 건전하게 운영되어야 한다는 점을 강조하고 있다.

일반적으로 정부의 예산은 다음과 같은 기능을 한다(유훈, 2003).

① 정치적 기능: 예산은 정치적 욕구와 재정적 가능성 간의 타협점을 표시한 것이기도 하다. 이 타협점이 어느 액수에서 결정되는가는 특히 민주정부의 체제에 있어서는 정치적 의의를 갖는 결정 또는 계획에 의하여 규정된다.

② 법적 기능: 예산은 법률이 아니지만 입법부에 의한 행정부에의 재정권 부여의 형식이라고 할 수 있다. 따라서 세출예산을 지출하기 위해서는 반드시 이것을 지원하기

위한 재원이 있음을 전제로 해야 한다.

③ 경제적 기능: 예산은 국가경제와 관련하여 다음과 같은 다양한 기능을 수행한다.

- 국민경제의 안정기능: 국민경제와 재정이 안정기능 면에서 국가예산은 민간경제 활동에 중대한 영향을 갖는다.
- 경제성장의 촉진기능: 국가예산은 투자의 실질적인 증대를 통하여 성장속도를 촉진하여 국민경제의 공급능력을 확장시키는 역할을 한다.
- 소득재분배의 기능: 국가예산은 국민의 소득 및 부의 재분배정책을 수행한다.
- 자원최적배분의 기능: 경제개발과정에 있어서의 투자주체로서 기능한다.
- 사회정책수행의 기능: 국가예산은 각종 사회적 경비를 지탱하며 완전고용을 촉진하고 사회보장을 증진시키는 역할을 한다.

④ 행정적 기능: 예산은 행정부가 가용자원을 효과적으로 동원하여 국가발전을 위한 각종 사업계획을 뒷받침하기 위하여 가능한 한 최대의 경제성, 효율성을 고려하면서 이를 관리하는 기능이다.

사회복지조직에서도 예산은 조직을 운영하는 기능과 함께, 법적·재정적·행정적 기능을 갖는다. 조직운영기능으로는 집행부 통제기능, 이해관계 조정기능, 정책형성의 기능이 포함된다. 법적 기능으로는 사회복지시설 운영자에 대하여 예산의 집행권한을 부여하는 기능을 포함하여, 세출은 예산에 따라 집행해야 하는 의무(의결기구의 심의·의결된 용도와 금액 이상 지출 불가)가 있으며, 세입은 연간수입의 추계에 불과하여 별도의 법적 근거가 있어야 실현이 가능하다는 의미를 갖는다. 재정적 기능은 사회복지조직에서 세입은 법인(시설)이 보유 중인 자원의 일부를 목적사업추진 재정으로 전환하는 것이며, 세출은 전환된 재정을 운용·관리하는 것을 의미이다. 행정적 기능으로는 예산이 사회복지조직사업 전반을 관리할 수 있는 도구가 되는 것을 의미한다.

2) 예산의 원칙

예산원칙이란 예산의 편성·집행에 있어서 준수되어야 할 원칙을 말하며 전통적으로 다음과 같은 원칙들이 강조된다(Smith, 1945).

① 공개의 원칙: 예산의 편성·심의·집행과정의 주요단계는 공개되어야 한다.

② 명료성의 원칙: 예산은 모든 국민이 이해할 수 있도록 짜져야 한다.

③ 포괄성의 원칙: 예산은 총계주의 원칙에 입각하여 모든 세입, 세출을 포괄해야 하며, 정부의 모든 활동을 나타내야 한다.

④ 예산통일성의 원칙: 모든 세입은 하나의 일반기금(통일국고)으로 납부되고 여기서 모든 세출이 나와야 한다. 이 원칙은 세입과 세출 간에 특별한 직접적인 관계가 있는 경우 등을 제외하고는 특정한 세출과 세입이 직결되는 것을 금지한다.

⑤ 명세성의 원칙: 예산수지는 구체적, 명세적으로 제시되어야 하며, 특별한 경우 외에는 예산의 이용·전용은 금지되어야 한다.

⑥ 사전승인의 원칙: 예산은 사전에 의회의 심의·의결을 받아야 한다.

⑦ 정기성의 원칙: 지출권한을 일정 기간에 한하여 부여하여야 한다. 이 기간이 끝날 때까지 사용되지 않은 예산은 효력을 상실하든지 금액과 용도를 정하여 의회의 재의결을 받아야 한다.

⑧ 정확성의 원칙: 예산의 추계는 가능한 한 정확해야 하며, 세출을 과다하게 적산하거나, 세입의 과소추계에 의한 은폐된 재원이 존재해서는 안 된다는 것이다.

이와 같은 전통적인 예산원칙들은 통제지향의 예산제도하에서 입법부에 의한 완전한 재정통제를 위하여 생겨난 것이라고 할 수 있다. 사회복지조직에 있어 예산의 원칙은 예산의 편성과 집행 및 결산에 있어 개별 사회복지법인 및 시설이 자의적으로 운영하지 않도록 「사회복지법인 및 사회복지시설 재무·회계규칙」에 의하여 전국적인 통일성과 행정의 표준화를 기하고 있다.

사회복지조직의 세입·세출예산구조(과목구분)는 그 내용과 기능을 고려하여 관·항·목의 구분과 설정을 할 수 있다. 특히 예산서는 예산의 과목구분에 따라 편제되므로 과목구분설정 시에는 예산의 체계와 특성 및 내용 등이 일목요연하게 파악되도록 제도화된 행정표준화 사항을 고려해야 한다.

- 관: 기능별·조직별·사업목적별 분류
- 항: 경산예산별, 사업예산별, 채무상환, 예비비 등
- 목: 사업의 성질별 및 사업내용별 구분

3) 예산의 종류

사회복지조직은 예산총계주의원칙에 따라 세입과 세출은 모두 예산에 계상하여야 한다(사회복지법인 및 사회복지시설 재무·회계규칙 제8조). 예산은 기준에 따라 일반회계와 특별회계로 구분되는데 사회복지조직에서는 주로 일반회계에 따라 다음과 같이 구분된다.

(1) 본예산

「사회복지법인 재무·회계규칙」 제10조에 의하면 본예산은 사회복지법인의 대표이사 및 시설의 장은 법인회계에 속하는 예산을 편성하여 매 회계연도 개시 5일 전까지 이사회의 의결 및 운영위원회 또는 어린이집 운영위원회에의 보고를 거쳐 확정하여 시·군·구청장에게 제출하여야 한다. 다만, 법인이 설치·운영하는 시설인 경우에는 시설운영위원회에 보고한 후 법인 이사회의 의결을 거쳐 확정한다.

동 규칙 제11조에는 예산에 첨부되어야 하는 서류를 다음과 같이 제시하고 있다(다만, 단식부기로 회계를 처리하는 경우에는 제1호·제2호·제5호 및 제6호의 서류만을 첨부할 수 있고, 국가·지방자치단체·법인 외의 자가 설치·운영하는 시설로서 거주자 정원 또는 일일평균 이용자가 20명 이하인 시설(이하 "소규모 시설"이라 한다)은 제2호 및 제6호의 서류만을 첨부할 수 있으며, 「영유아보육법」 제2조에 따른 어린이집은 보건복지부장관이 정하는 바에 따른다) :

1. 예산총칙
2. 세입·세출명세서
3. 추정대차대조표
4. 추정수지계산서
5. 임·직원 보수일람표
6. 당해예산을 의결한 이사회 회의록 또는 해당 예산을 보고받은 시설운영위원회 회의록 사본

(2) 추가경정예산

시설의 예산이 성립되고 회계연도가 개시된 후에 새로이 발생한 사유로 이미 성립된 예산에 변경을 가할 필요가 있을 때 시설장은 법인이사회에 추가로 예산을 편성하여 제출

하는데 이를 추가경정예산이라고 한다(사회복지법인 및 사회복지시설 재무・회계규칙 제13조). 본예산과 추가경정예산은 별개로 성립되나 일단 성립되면 시설예산의 총규모를 파악하기 위해서 하나로 통합되어 운영된다. 대표이사 또는 시설장은 추가경정예산이 확정된 날로부터 7일 이내에 이를 시장・군수・구청장에게 제출하여야 한다.

(3) 준예산

「사회복지법인 및 사회복지시설 재무・회계규칙」 제12조(준예산)의 규정에 따라 회계연도 개시 전까지 법인의 예산이 성립되지 아니한 때에는 법인의 대표이사 및 시설의 장은 시장・군수・구청장에게 그 사유를 보고하고 예산이 성립될 때까지 임직원의 보수, 법인 및 시설운영에 직접 사용되는 필수적인 경비, 법령상 지급의무가 있는 경비를 전년도 예산에 준하여 집행할 수 있다. 법인의 대표이사 및 시설의 장은 준예산 편성 전에 시・군・구청장에게 사유를 보고하여야 한다.

「지방재정법」에 의하면 준예산을 사용할 수 있는 기간에 대하여 명시되어 있지 않으나 제도의 취지로 보아 3개월 이내여야 한다고 해석하고 있으며 동법 제46조 제2항에 의하면 준예산은 의결기관의 심의를 거친 예산이기 때문에 별도의 의결을 요하지 않는다고 되어 있어 법인의 준예산도 별도의 이사회의 의결이 필요 없는 것으로 해석된다. 후에 본예산이 성립되면 준예산은 본예산에 의거, 집행해야 하기 때문이다.

3. 재정관리과정

사회복지조직에 있어 재정관리과정은 조직의 운영목표달성을 위하여 필요로 하는 재화와 용역을 조달하고 관리・운용하는 제반 경제활동, 즉 재정활동을 의미한다. 재정활동에는 예산뿐만 아니라 수입과 관련된 각종 경제활동과 결산 및 재산의 관리, 세입・세출의 현금출납업무까지 포괄하지만 이러한 활동은 주로 예산이라는 계획하에 진행된다. 따라서 재정관리의 과정은 일반적으로 예산편성 및 집행을 중심으로 이루어진다.

그림 9-1 재정관리과정

1) 예산편성절차

예산편성이란 조직의 특정 목표를 달성하기 위해 필요한 비용을 추정하는 과정이다. Weiner(1990)는 예산편성은 정치적 과정이며, 프로그램의 기획 및 관리과정임과 동시에 궁극적으로 조직을 변화시키는 매우 광범위하고 포괄적이며 미래지향적인 과정임을 강조한다.

사회복지서비스 프로그램들의 예산편성을 위한 예산안에는 ① 프로그램 목표에 대한 개요, ② 서비스에 대한 정의, ③ 욕구인구와 서비스 활용수준에 관한 추정치, ④ 프로그램 비용과 요청되는 자금 등이 기본적으로 포함된다(김영종, 2002).

예산편성과정은 예산의 유형에 따라 다소 차이가 있으나 일반적으로 다음과 같은 단계를 거친다(Flynn, 1985).

- 1단계 : 해결하기 위한 문제와 대상집단 정의, 목표와 세부목표의 설정, 프로그램 모델 혹은 개입들이 실제로 성취될 수 있는지 결정
- 2단계 : 세입과 세출 산정
- 3단계 : 프로그램 수행 이후 수입과 지출의 조정 및 수정
- 4단계 : 예산안 확정

우리나라 사회복지법인 및 시설의 예산편성절차는 사회복지시설관리안내에 따르면 다음 [그림 9-2]와 같다.

그림 9-2 예산편성절차

주 요 내 용	주 체	일 정
시 · 군 · 구에서 법인 또는 시설에 특히 필요하다고 인정하는 사항에 관해 예산편성지침 통보 가능	법인 또는 시설 소재지 관할 시장 · 군수 · 구청장	회계연도 개시 2개월 전까지
▼		
법인은 법인과 법인 산하 시설의 예산편성지침을 결정	법인 대표이사	회계연도 개시 1개월 전까지
▼		
회계별 예산(법인회계, 시설회계, 수익사업회계) 편성	법인 대표이사 및 시설의 장	회계연도 개시 전까지
▼		
시설회계 예산안에 대한 시설 운영위원회 보고 ※ 법인이 설치 · 운영하는 시설의 경우에도 시설회계는 법인 이사회 의결 전 시설 운영위원회에 보고 필요 ※ 법인회계 및 수익사업회계에 대해서는 불필요	시설의 장	예산안 편성 완료시
▼		
법인의 회계별 예산(법인회계, 시설회계, 수익사업회계)안에 대한 이사회 의결, 예산안 확정 ※ 법인이 설치 · 운영하는 시설의 시설회계도 포함 ※ 법인이 아닌 경우에는 시설 운영위원회 보고로 예산안이 확정됨	법인 이사회	예산안 편성 완료시
▼		
확정된 예산안을 시장 · 군수 · 구청장에 제출 ※ 법인은 법인의 회계별 예산(법인회계, 시설회계, 수익사업회계)을 법인 소재지를 관할하는 시장 · 군수 · 구청장에 제출하고, 시설의 장(법인이 운영하는 시설도 포함)은 해당 시설의 시설회계를 시설 소재지 관할 시장 · 군수 · 구청장에 제출	법인 대표이사 및 시설의 장	회계연도 개시 5일전까지
▼		
법인과 시설의 회계별 세입 · 세출 명세서를 시 · 군 · 구, 법인, 시설의 게시판과 인터넷 홈페이지에 20일 이상 공고 ※ 게시판 공고는 「신문 등의 진흥에 관한 법률」 제2조 제1호에 따른 신문 또는 「잡지 등 정기간행물의 진흥에 관한 법률」 제2조 제1호에 따른 정기간행물에 게재로 갈음 가능	시장 · 군수 · 구청장, 법인 대표이사, 시설의 장	예산안 제출 20일 이내

2) 예산모형

사회복지서비스의 예산모형은 예산편성과업이 어떻게 구성되고 조직되는가에 따라 분류된다. 일반적으로 품목별 예산, 성과주의 예산, 계획예산, 영기준예산 등으로 구분한다. 실제로 예산체계는 어느 한 모형이 전적으로 적용되기보다는 두 가지 이상의 모형이 결합되어 적용되는 경우가 많다(최성재 · 남기민, 2000).

(1) 품목별 예산

① 품목별 예산의 의의

품목별 예산(line-item budgeting)은 다가오는 해의 계획된 총비용을 보여주기 위해 사용되는 기관의 총영역과 돈의 액수를 단순하게 목록화한 것이다. 가장 기본적이고 널리 사용되는 예산체계로 이를 전개하는 데 4단계를 거친다(Kettner, 2002).

- 1단계 : 품목별 예산의 표준화된 형태 설계
- 2단계 : 공통적인 예산정의와 용어개발
- 3단계 : 모든 수입과 지출을 명확하게 산정
- 4단계 : 예산평가

품목별 예산의 형태는 매우 단순하고 간단하다. 각 품목들은 명백하게 정의되어 있으며 상호독립적이다. 구체적인 대상품목은 목적이나 이유에 의해서보다는 그 자체의 성격별로 구분된다(예 : 급료－봉급, 수당, 일급, 소모품－의약품, 식품, 음료, 사무용품 등). 모든 수입과 지출은 품목예산안에서 설명되어야 하고 모든 예상되는 수입은 모든 지출의 총계와 일치해야 한다. 이러한 예산상의 품목은 회계에 있어 회계계정이 되는 것으로 회계담당자가 지출을 통제하는 근거가 된다. 또한 전년도 예산을 근거로 하여 일정한 양만큼 증가(소폭증가)시켜 나가는 것으로 점진주의적인 특성을 가지고 있다.

② 품목별 예산의 장단점

품목별 예산의 장점은 일단 간편하고 비용을 조절할 수 있다는 것이다. 각 범주들은 시간이 지남에 따라 제한되고 고정된다. 또한 할당된 양과의 관계에 있어서 지출이 감시되도록 해 준다. 그러나 이 예산방법은 자원들이 구체적으로 특정 세부목표를 성취하기 위해 어떻게 공급될 것인지를 명백히 보여주지 않는다. 그러므로 프로그램 예산이 부적절할 경우에만 유용하다고 볼 수 있다. 그 외에도 프로그램 비용과 행정비용을 비교할 근거를 제공하지 못하고 있어 중요한 효과성 측정을 할 수가 없으며 효율성, 생산성, 질을 결정하는 데 사용될 수 있는 정보를 제공해 주지 않는다. 또한 예산을 결정하는 데 외부 기준이 존재하지 않기 때문에 관리자는 품목들 사이에서 예상되는 지출규모와 비율이 같아지는 수준에서 현재의 지출수준보다 훨씬 적은 증액을 사용하는 경향이 있다. 즉 창의성을 자극하고 수행을 강화하기보다 오히려 파괴시키는 방향으로 작용할 수 있다(Lewis et al., 2001).

(2) 성과주의 예산

① 성과주의 예산의 의의

성과주의 예산(performance budgeting)이란 1913년 뉴욕 시 리치몬드 구에서 시도한 원가예산제(cost data budget)에서 그 기원을 찾을 수 있으며, 정부의 기능, 활동 및 사업계획을 기초하여 정부예산을 편성하는 것이며, 사회복지조직에서 구입하는 물품, 용역보다 수행하는 업무에 중점을 두는 관리지향의 예산제도라 할 수 있다. 즉 성과주의 예산은 사업계획을 세부사업으로 분류하고 각 세부사업을 '단위원가 × 업무량 = 예산액'으로 표시하여 편성하는 예산을 말한다.

② 성과주의 예산의 장단점

- 장점
  - 일반인들이 기관의 사업과 목적을 이해하는 데 도움을 준다.
  - 행정부의 정책이나 계획수립을 용이하게 할 뿐만 아니라 입법부의 예산심의를 간편하게 한다.
  - 예산편성에 있어서 자금배정을 합리화할 수 있다.
  - 예산집행에 있어서 신축성을 부여한다.
  - 행정통제를 합리화시키며 실적의 평가를 용이하게 하고 실적의 분석을 통하여 얻게 되는 자료를 다음 회계연도 예산에 직접 반영시킬 수 있다.

- 행정관리에 있어서 계획과 통제를 내재적으로 활용할 수 있다.
- 장기계획의 수립·실시에 도움을 준다.

• 단점
- 업무측정단위와 단위원가를 산출해 내기 곤란하다.
- 회계책임이 명백하지 못하며, 충분한 공금관리확보가 곤란하다.
- 정책이나 사업계획에 중점을 두므로 품목별 분류에 비하여 입법부의 엄격한 통제가 곤란하다.
- 기능의 통합을 지나치게 확대시킬 우려가 있다.
- 실제 운영에 많은 난점이 있다.

③ 성과주의 예산제도 도입상의 문제점

• 업무측정단위선정의 곤란: 확실한 업무단위를 측정하는 데 애로가 있으며, 이러한 업무측정단위의 선정기준은 단위가 ㉠ 동질적이며, ㉡ 계산이 가능하고 완결된 업무를 표시해야 하며, ㉢ 영속성이 있고, ㉣ 가능한 한 단수이어야 하며, ㉤ 이해하기 쉬운 것이어야 한다.
• 단위원가계산의 문제: 단위원가란 업무측정단위 하나를 산출하는 데 드는 비용을 말하는데, 회계제도가 발달하지 못하고 유능한 회계직원이 부족한 경우는 단위원가계산의 문제가 어려운 문제의 하나이다.

(3) 계획예산

① 계획예산의 의의

계획예산(planning budgeting)의 대표적 형태인 PPBS(Planning-Programming-Budgeting System)는 예산의 통제지향과 관리지향으로부터 한 걸음 더 나아가 계획지향 또는 기획지향적 입장에서 국가의 장기적인 계획수립과 단기적인 예산편성을 프로그램 작성을 통하여 유기적으로 결합시킴으로써 자원배분에 관한 의사결정을 하는 것이다.

② 계획예산의 과정

계획예산의 과정은 [그림 9-3]과 같다.

그림 9-3 계획예산과정

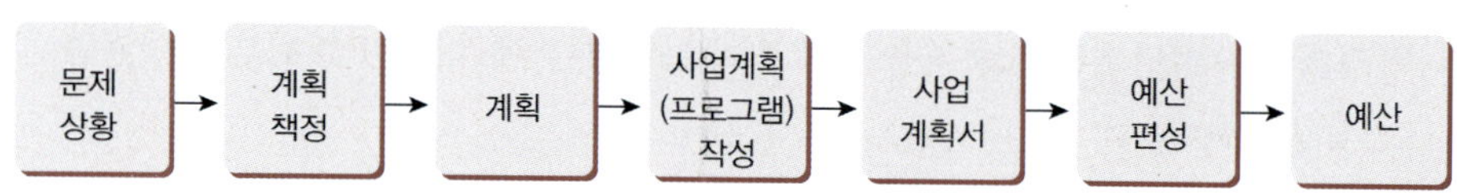

③ 계획예산의 3대 요소

- 목표의 정확한 파악이 있어야 한다. 즉 PPBS에 의하여 정부사업의 목표가 명확히 제시되어야 한다.
- 목표가 설정되면 이를 달성하기 위해 능률적이며 체계적으로 각종 대안을 검토할 수 있어야 한다.
- 현재 내리는 결정에 대한 미래의 비용이 포함되어야 한다.

④ 계획예산제도의 기본원리

- 절약과 능률: PPBS는 한정자원의 최적활용을 위하여 능률과 절약을 기하는 데 있다.
- 효과성: 가능한 한 목표의 달성 정도를 높이고자 하는 것이다.
- 과학적 합리성: PPBS는 체제분석 및 비용-편익분석 등의 과학적이고 합리적인 기법에 의하여 예산을 편성하는 것이다.
- 과학적 객관성: PPBS는 체계분석이나 비용-효과분석 등을 사용하여 의사결정에 있어서 가능한 한 주관적 편견을 배제하고 객관적 판단을 내리도록 한다.
- 조정: PPBS는 행정조직 및 운영에서 조화, 균형, 통합을 확보하고자 하는 것이다.

⑤ 계획예산제도의 장단점

- 장점
  - 조직목표를 보다 정확하게 파악할 수 있다.
  - 여러 목표 가운데서 가장 긴급한 것을 선택할 수 있다.

– 목표달성을 위한 효율적 수단의 분석이 가능하다.
– 합리적 의사결정이 가능하다.
– 장기적 사업계획에 대한 객관적 신뢰도가 높다.
– 조직의 통합적 운영이 편리하다.

• 단점
– 목표설정의 어려움 : 목표설정에는 여러 가지 이해관계 및 정치적 요인이 개입되므로 합리적 목표설정이 어렵다.
– 중앙집권화의 초래 : PPBS는 최고책임자에게 권한을 집중시키는 경향이 있다.
– 정량화 및 계량화의 어려움 : 달성되는 효과의 정량화가 곤란하다. PPBS는 산출 · 효과의 계량화에 중점을 두고 있는데 공공사업의 경우 대체로 계량화가 곤란하다.
– 이사회의 위상저하 : PPBS는 과학적 합리성에 입각하여 편성되므로 이사회의 예산심의에 있어서 이사들의 발언권이 제약을 받는다.
– 환산작업의 곤란 : PPBS는 조직품목과 예산이 직접 연결되지 않기 때문에 실제운영에 있어서 환산작업이 큰 문제이다.
– 간접비 배분의 어려움 : 직접비용이 아닌 간접비의 배분은 어떻게 할 것인가의 문제이다.

(4) 영기준예산

① 의의

영기준예산(ZBB : Zero-Based Budgeting)이란 행정기관의 모든 사업에 전년도 예산을 고려하지 않은 영기준을 적용하여 체계적으로 비용-편익분석 혹은 비용-효과분석을 하고 사업의 우선순위를 결정하며 이에 따라 예산을 편성하는 제도이다.

② ZBB의 절차 : 결정단위 확인 → 결정집단(decision package) 작성 → 우선순위 결정 → 실행예산편성

③ ZBB의 특성

• 예산의 효율성을 제고한다.

- 정책결정이 상향적이다.
- 목표의 효율적 성취에 중점을 둔다.
- 어떠한 목적을 세울 것인가에 최대의 관심을 기울인다.
- 기존의 프로그램이라고 해서 높게 평가하지 않는다.
- 집중적 예산편성방식에 대한 방식이다.

④ ZBB의 장단점

- 장점
  - 재정운영, 자금배정의 탄력성을 유지할 수 있다.
  - 하의상달의 촉진으로 사업의 효과성을 향상시킨다.
  - 관리자의 참여를 확대시킨다.
  - 자원배분의 합리화를 기할 수 있다.
  - 관리자에게 관리수단을 제공한다.
- 단점
  - 사업의 축소·폐지가 쉽지 않다.
  - 목표설정기능·계획기능이 위축된다.
  - 심리적·정치적 요인이 무시된다.
  - 업무부담의 과중 및 분석기법의 적용한계 등을 들 수 있다.

표 9-1 **예산유형의 특성 비교**

특성	항목별 예산 (1921~1939)	성과주의 예산 (1939~1960)	프로그램 예산 (1960~1970)	영기준예산 (1976~)
기준방향	통제	관리	계획	의사결정
범위	투입	투입·산출	투입·산출·효과·대안	투입·산출·효과·대안
기능	회계	관리	경제성·기획	관리와 기획
중요정보	지출대상	기관활동	기관목적	사업계획의 목적 또는 기관의 목적
정책결정방식	점증적	점증적	체계적	체계적
예산기관의 역할	재정적 적절성	능률	정책	정책의 우선순위화
기획책임	일반적으로 부재	분산적	중앙	분권화

4. 정부의 예산지원체계

1) 비용의 보조

국가 또는 지방자치단체는 사회복지시설의 설치 또는 운영에 필요한 비용 중 일부를 매년 예산의 범위 안에서 보조한다. 이 경우 사회복지시설의 운영에 필요한 비용의 보조 비율은 「보조금 관리에 관한 법률」 시행령이 정하는 바에 의한다. 국가 또는 지방자치단체가 사회복지시설의 운영에 소요되는 비용을 보조하는 때에는 시설평가(사회복지사업법 제43조의2)의 결과 등 당해 사회복지시설의 운영실적을 고려하여 차등하여 보조할 수 있다. 보조금 관련 법률로는 ① 「국가재정법」, ② 「보조금 관리에 관한 법률」, ③ 「사회복지사업법」, ④ 「사회복지법인 및 사회복지시설 재무·회계규칙」, ⑤ 각종 사회복지사업 안내지침이 있다.

2) 보조금의 지급대상

국가 혹은 지방자치단체는 사회복지사업을 수행하는 자 중 대통령령이 정하는 자에 대하여 필요한 비용의 전부 또는 일부를 보조할 수 있다(법 제42조). 여기서 '대통령령이 정하는 자'라 함은 ① 사회복지법인, ② 사회복지사업을 수행하는 비영리법인, ③ 사회복지시설 보호대상자를 수용하거나 보육·상담 및 자립지원을 하기 위하여 사회복지시설을 설치·운영하는 개인을 말한다(영 제20조).

3) 보조금 관리에 관한 법률 시행령

법 제9조 단서의 규정에 의하여 보조금의 지급대상이 되는 지방자치단체의 사업 및 기준보조율은 다음과 같다(영 제4조 보조금지급대상사업의 범위와 기준보조율). 기준보조율은 당해 회계연도의 국고보조금, 지방비 부담액, 국가의 재정융자금으로 조달된 금액 및 수익자가 부담하는 금액 기타 기획재정부장관이 정하는 금액을 모두 합한 금액 중 국고보조금이 차지하는 비율로 한다.

법 제5조 차등보조율의 적용기준에 의하면 ① 법 제10조의 규정에 의하여 기준보조율에 일정률을 가산하는 차등보조율(이하 '인상보조율'이라 한다)은 기준보조율에 20%, 15%, 10%를 각각 가산하여 적용하고, 기준보조율에 일정률을 차감하는 차등보조율(이하 '인하보조율'이라 한다)은 기준보조율에 20%, 15%, 10%를 각각 차감하여 적용한다. ② 인상보조율은 재정사정이 특히 어려운 지방자치단체에 대해서만 적용한다. ③ 기획재정부장관은 규정에 의한 인상보조율의 적용을 요구한 지방자치단체에 대하여 보조금을 교부하는 경우에는 당해 지방자치단체의 재정운영에 대하여 필요한 권고를 할 수 있다.

4) 보조금의 사용제한

① 이 보조금을 그 목적 이외에는 사용하지 못한다(사회복지사업법 제42조 제2항).
② 법인회계 및 시설회계의 예산은 세출예산이 정하는 목적 외에 이를 사용하지 못하는 것이 원칙이다(사회복지법인 재무・회계규칙 제15조).

5) 보조금의 성격

사회복지의 증진에 대한 국가책임이 현실적으로는 대부분 민간법인에 의한 시설보호사업으로 이루어지고 있다. 따라서 국가의 책임은 이러한 민간법인에 대한 보조금의 형태로 이루어진다. 우리나라의 국고보조금관리의 근거법인 「보조금 관리에 관한 법률」 제2조에서 보조금[1])을 "국가 외의 자가 행하는 사무 또는 사업에 대해서 국가가 이를 조성하거나 재정상의 원조를 하기 위하여 교부하는 보조금, 부담금 기타 반대급부를 받지 않고 교부하는 급부금을 말한다. 그리고 보조금은 지방자치단체에 관한 것과 기타 법인 또는 개인의 시설자금이나 운용자금에 대한 것에 한한다."고 정의한다.

1) 보조금과 부담금의 차이 : 보조금은 장려 또는 원조적인 의미를 가지고 있음에 비해, 부담금은 본래 그 지출하는 기관이나 단체에 속하는 사업을 다른 기관 또는 단체가 수행할 때, 그 책임 있는 단체가 자기의 책임분을 부담한다는 뜻으로 자기의 비용을 교부하는 것을 말한다.

6) 예산의 전용

「국가재정법」 제45조(예산의 목적 외 사용금지)에서 "각 중앙관서의 장은 세출예산이 정한 목적 외에 경비를 사용할 수 없다."고 규정하여 보조금의 목 간 전용은 허용되지만 항 간 전용은 금하고 있다. 그러나 사회복지의 전문성에 비추어 볼 때 예산운용은 자율성, 재량성, 개별성이 최대한 허용되어야 한다. 이 점에 대해서 신법은 「사회복지법인 재무·회계규칙」을 통해 해결하고 있다. 법인의 대표이사 및 시설의 장은 관·항·목 간의 예산을 전용할 수 있다. 다만, 법인 및 시설(소규모 시설은 제외한다)의 관 간 전용 또는 동일 관 내의 항간 전용을 하려면 이사회의 의결 또는 시설운영위원회에의 보고를 거쳐야 하되, 법인이 설치·운영하는 시설인 경우에는 시설운영위원회에 보고한 후 법인 이사회의 의결을 거쳐야 한다. 예산의 전용 시에 예산총칙에서 전용을 제한하고 있거나 이사회 및 시설 예산심의과정에서 삭감한 관·항·목으로는 전용이 되지 않는다. 법인의 대표이사 및 시설의 장은 관·항 간 예산을 전용한 경우에는 관할 시장·군수·구청장에게 결산보고서를 제출할 때 과목전용조서를 첨부하여야 한다(사회복지법인 재무회계규칙 제16조).

7) 세출예산의 이월

법인회계와 시설회계의 세출예산 중 경비의 성질상 당해 회계연도 안에 지출을 마치지 못할 것으로 예측되는 경비와 연도 내에 지출원인행위를 하고 불가피한 사유로 인하여 연도 내에 지출하지 못한 경비는 이사회의 의결 및 시설운영위원회 보고를 거쳐 다음 연도에 이월하여 사용할 수 있다(사회복지법인 재무·회계규칙 제17조).

8) 특정 목적사업예산

완성에 수년을 요하는 공사나 제조 그 밖의 특수한 사업을 위하여 2회계연도 이상에 걸쳐서 그 재원을 조달할 필요가 있을 때에는 회계연도마다 일정액을 계상하여 특정 목적사업을 위한 적립금으로 적립할 수 있다(사회복지법인 재무·회계규칙 제18조).

9) 보조금의 수준

현실적으로 사회복지법인은 자체 제정이 빈약하여 그 운영비의 대부분을 국가보조금에 의지하고 있는데, 그나마도 시설운영을 위한 실제예산과 이에 대한 정부보조금(국고와 지방비)의 차이가 너무 심해 이의 현실화가 이루어져야 한다. 이와 같은 차이점이 생기는 이유는 정부의 시설운영비 보조금의 책정기준과 시설에서 직접 수용자들을 보호하는 데 소요되는 실제비용의 책정과의 차이에서 오는 것이다.

10) 보조금의 환수

국가 또는 지방자치단체는 이미 교부한 보조금이라도 다음의 경우에 해당할 때에는 그 전부 또는 일부의 반환을 명할 수 있다(사회복지사업법 제42조 제3항). 즉 ① 거짓이나 그 밖의 부정한 방법으로 보조금을 받았을 때, ② 사업 목적 외의 용도에 보조금을 사용하였을 때, ③ 「사회복지사업법」 또는 사회복지사업에 따른 명령을 위반하였을 때 등이다.

5. 예산의 집행과 결산

1) 예산집행의 개념

예산수립이 아무리 잘되었다 할지라도 예산을 적절하게 집행하지 못한다면 사회복지조직의 목표를 효과적으로 달성하기 어렵다. 또한 잘못된 예산집행은 사회복지조직의 투명성을 훼손하여 조직의 발전과 존속에 치명적인 누를 끼칠 수도 있다. 예산집행이란 세입·세출예산안이 담고 있는 정책목표와 프로그램을 성취하는 데 필요한 수입과 지출을 실행하는 일체의 행위를 말한다.

예산집행의 목적은 예산안을 심의·확정한 본래의 의도를 충실히 구현하고 재정적 한계를 준수하여, 조직의 신뢰성을 높이는 것이다. 그러나 예산은 원래 정해진 대로만 집행할 수 없는 경우가 있기 때문에 재정관리에서는 예산의 이용·전용 등을 정해진 원칙에 따라 할 수 있도록 예산의 신축성을 허용하고 있다.

2) 재정통제의 원칙

재정관리는 예산의 통제를 규정하고 있는데, 그 기본원칙은 다음과 같다(최성재 외, 2001 : 263).

① 개별화의 원칙 : 재정통제는 개별조직 자체의 제약조건, 요구사항 및 기대사항에 맞게 고안되어야 한다.

② 강제성의 원칙 : 재정통제는 강제성의 효과가 있기 때문에 명시적인 강제규정을 두어야 한다.

③ 예외성의 원칙 : 규칙에는 예외사항을 고려하여야 하고 그러한 상황에 적용되는 다른 규칙이 있어야 한다.

④ 보고의 원칙 : 재정활동에 대한 보고의 원칙이 없으며 공식적으로 감시하고 통제하는 것이 불가능하다.

⑤ 개정의 원칙 : 규칙이 일정한 기간이 지나면 새로 개정할 수 있어야 한다.

⑥ 효율성의 원칙 : 통제는 비용과 시간을 최소화하는 정도에서 이루어져야 한다.

⑦ 동일의미의 원칙 : 효과적인 통제가 되기 위해서는 규칙, 기준, 의사소통 및 계약 등이 관계되는 모든 사람에게 동일한 의미를 가져야 한다.

⑧ 환류의 원칙 : 재정통제체계에 관한 모든 활동은 장단점 및 부작용 등을 고려하여 구성원 모두에게 전달되어야 한다.

⑨ 생산성의 원칙 : 조직의 서비스 생산에 장애가 되지 않도록 재정통제가 이루어져야 한다.

3) 예산집행 통제기제

재정통제의 원칙에 입각하여 예산집행을 통제하는 기제를 다음과 같이 일곱 가지로 구분할 수 있다(Weiner, 1990 : 301-304).

① 분기별 할당 : 예산의 수입과 지출을 분기별로 조정하여 수지의 균형을 유지하도록 하는 것을 의미한다.

② 지출의 사전승인 : 사회복지조직에서 일정액 이상의 지출을 할 경우 기관장의 사전승인을 받도록 하는 것을 의미한다. 지출액수에 따라 중간관리자의 사전승인을 받도록

하는 경우도 있다. 이와 같은 사전승인은 수입과 지출의 균형을 유지하는 데 도움이 되고 때로는 승인을 의도적으로 지연하여 지출을 억제하는 효과도 얻을 수 있다.

③ 지출의 취소: 예상된 재정원천으로부터의 수입이 인가되지 않았거나 또는 삭감정책에 의하여 예상된 수입액이 입금되지 않을 경우는 자금지출을 잠정적으로 취소하거나 영구적으로 취소할 수밖에 없다.

④ 정기적 재정보고: 행정책임자는 월별, 분기별로 재정현황을 보고받아 검토하여야 한다. 또한 법인이나 정부기관에 정기적으로 보고해야 한다. 보고서의 내용은 수입지출현황, 변제비용, 인원당 비용, 기능별 비용, 서비스 단위당 비용 등이 포함되는 것이 바람직하다.

⑤ 대체: 회계연도 말에 가면 재정현황이 사업별 또는 계정별로 과도지출이 되었거나 과소지출이 된 경우가 있다. 이때에는 과소지출분으로부터 과다지출분을 메우기 위하여 대체라는 기제를 사용할 필요가 있다. 대체는 조직의 구조와 액수에 따라 중간관리자 혹은 최고 행정책임자의 승인을 받아야 한다.

⑥ 지불연기: 조직 내·외부로부터의 지출요청에 대하여 의도적으로 적당한 방법을 통해 지불을 연기함으로써 수입예산의 입금 여유를 갖는 것을 의미한다. 지불연기로 벌칙이나 벌금이 없는 경우는 지출요청자의 양해를 얻어 최대한으로 지불연기를 할 수 있다.

⑦ 차용: 차용은 금융기관 또는 관련 기관이나 단체로부터 자금을 빌리는 것을 말한다. 수입예산이 계획대로 확보되지 않은 상황에서 불가피한 지출을 위해서는 일반적으로 은행, 사회복지관련 기관·단체 또는 정부기관으로부터 장기적 또는 단기적인 대부를 받을 필요가 있는 경우가 있다.

4) 결산

결산이란 한 회계연도 내에 발생한 모든 수입과 지출을 최종적으로 확정적인 계수로 표시하는 절차이다. 따라서 결산은 예산에 의하여 행동한 기관의 사후적 재정보고의 성격을 지니고 있다. 결국 사회복지조직은 결산에 의하여 사후감독을 받는 셈이다. 세입·세출 결산보고서 또는 수입·지출결산서는 법인의 대표이사 혹은 시설의 장이 작성하므로 예산집행의 마무리 단계라 할 수 있다. 또한 결산은 집행부가 예산의 심의·의결기관이나 기구의 의도대로 예산을 집행하였는가를 사후적으로 감독하는 것이기 때문에 이것은 집행부의 책임을 해제시켜 주는 역할을 할 뿐만 아니라 감독관청의 감독을 유도하는 역할도 한다(김기태 외, 2005).

6. 재원확보전략

Salamon(1995)은 미국의 비영리부문의 성장과 발달은 정부의 역할축소라기보다는 협력관계를 통하여 발달해 왔다고 주장하고 있다. 사회복지분야의 경우 서비스 전달체계에서 정부는 재정지원자의 역할을 담당한 반면, 다양한 사회복지조직들이 서비스의 직접적 전달자 역할을 수행해 왔다. 그러나 사회적으로 비영리조직의 역할이 확대되고, 정부도 비영리조직의 역할을 강조하고 있지만 비영리조직에 대한 정부의 재정지원은 불안정해지는 것도 사실이다. 이에 사회복지서비스를 제공하는 민간사회복지조직들은 수입원을 다양화하고 확대하는 방향으로 상황을 극복해 나갈 필요가 있다.

1) 재원의 유형

일반적으로 사회복지조직의 재원은 보조금, 기부금, 이용료 수입 등으로 구성된다.

(1) 보조금

보조금에는 정부보조금과 지방자치단체 보조금 및 민간재단으로부터 지원되는 보조금으로 나눌 수 있다. 정부나 자치단체의 보조금은 직접적으로 받거나 어떠한 계약의 형태로 지원을 받을 수 있으며, 이는 사회복지의 다른 조직에 비해 혁신적인 프로그램이나 서비스를 제공할 수 있을 때 지원받을 가능성이 높다. 민간재단의 보조금은 민간재단이 실천하려고 하는 사회복지가치와 철학에 합당할 경우나 지역사회의 이슈화된 특정 문제를 해결할 수 있는 프로그램일수록 자금의 지원확률이 높다.

정부나 지자체의 보조금은 이들 공공기관의 과제를 민간 사회복지기관을 통해 실천함으로써 민간조직의 융통성과 전문성을 활용하고자 하는 목적에서 배분되므로 이용료 등 기타 재원과 비교하여 사업내용의 제한, 보고, 재량권, 사후감사 등 효과성과 책임성 측면에서 상당한 외적 통제가 주어진다. 그러나 공공기금의 지속적이고 안정적인 특징으로 인하여 많은 사회복지기관들은 내부적인 관리시스템을 구축하고 이에 적응하려는 노력과 함께 상호관계를 구축하고 있다. 이러한 예로 사회복지조직의 책임자에게는 지역사회복지협의체 등 관련 기관의 활동참여가 요구되고 있다.

(2) 기부금

기부금은 부족한 예산을 보충할 수 있는 매우 중요한 재원이다. 기부금은 보통 개인 및 기업체(단체) 기부금, 유산, 지정기탁, 운영법인의 전입금 등으로 구분된다. 정부나 자치단체의 보조금 지원에 따르는 여러 가지 통제적인 요소 관계로 많은 사회복지기관은 고정적인 기부금을 확보하기 위해 다양한 마케팅 전략을 수립하여 재원확보에 대한 목표를 설정하고 체계적으로 노력한다. 최근 우리나라의 정치적인 환경변화에 따라 일반 기업체들이 사회공헌에 대한 많은 관심을 가지고 있는 상황에서 각 기업체들과 네트워크를 구축하여 고정적 재정지원은 물론 기업체의 인적자원을 활용하여 프로그램을 운영하는 방안이 활성화되도록 노력해야 한다.

(3) 서비스 이용료

사회복지기관의 재정보충을 위해 민간부문에서 활용하고 있는 기부금 조성방법으로 특정한 서비스 이용자에게 실비를 부담하게 하는 방법이다. 특히 사회복지조직에서 특정한 프로그램의 이용자 고객이 부담하는 서비스 이용료는 조직구성원들을 통하여 관리되고 운영되기 때문에 이용자들이 선호하고 있다. 그러나 이러한 재원이 고객의 특성이나 과다한 공급경쟁으로 인하여 적절한 통제가 어렵거나 서비스의 질 저하로 인하여 재원수입이 불확실하고 유동적이라면 효과적인 측면에서 재검토가 필요하다.

고객의 이용료는 기관재원확보의 중요한 수단으로 활용하는 조직들의 안정성에 영향을 미치는 매우 중요한 요소이다. 사회복지조직은 장기간 안정적으로 이용료를 지불할 수 있는 우수고객을 확보해야 하며, 이를 위해서는 조직은 유능한 서비스 인력을 확보하고 질 높은 서비스를 제공함으로써 고객감동의 경영을 실천해야 한다.

2) 재원확보전략

조직의 형성초기에는 재원확보체계가 다양하고 변동적이지만, 안정적인 단계에 돌입하면 비교적 고정적인 기금원을 확보하게 된다. 조직의 업무특성과 양, 재원의 통제가능성과 예측가능성 등에 따라 다양한 차이를 보이게 된다. 그러나 대부분(특히 사회복지서비스 조직)은 재원의 주요 세 가지 유형(보조금, 기부금, 이용료) 모두로부터 재원을 확보하고 있어 이에 적합한 전략을 모색하게 된다. 이에는 클라이언트에 대한 마케팅, 기부자 개발과 관리, 정부보조금의 확보와 관리 등이 있다(정무성 · 박차상, 2002).

(1) 클라이언트에 대한 마케팅

이용료나 다른 재원을 시장기제를 통해 벌어들이는 것은 자본주의 사회에서 매우 매력적인 자원 중의 하나이다. 특히 클라이언트(서비스 이용자)가 지불하는 것은 사회복지조직이 그 업무를 관리하는 시간, 구조, 내용, 스태프자원의 할당 등을 직접적으로 관리하는 것을 가능하게 해 주므로 선호될 수 있다. 그러나 문제는 이러한 재원은 클라이언트의 특성이나 공급에 대한 통제의 부족 등으로 유동적이고 불확실하다는 것이다. 일반적으로 지불요금의 수준은 상품을 판매하고 관리하는 조직의 능력을 나타내는 것이기 때문에 조직은 클라이언트의 서비스 욕구에 민감하게 반응하고 끊임없는 변화를 추구해야 한다.

이용료를 기관재원확보의 주요한 수단으로 활용하는 조직들의 안정성에 영향을 미치는 가장 중요한 요소는 이용료 총액에 대한 예측가능성이다. 특히 조직은 오랫동안 지불할 수 있는 예측가능한 클라이언트를 확보하기 위해 노력해야 하며, 이를 위해서는 개별적인 클라이언트보다 집단화된 조직 클라이언트를 찾게 된다. 또한 클라이언트의 확보를 위해 보다 유능한 서비스 인력을 확보하고 개발하는 데 많은 노력을 기울이게 된다.

(2) 정부보조금의 확보와 관리

정부보조금은 정부의 과제를 민간사회복지조직을 통해 행함으로써 민간의 융통성과 전문성을 활용하고자 하는 목적에서 배분된다. 따라서 이용료나 기타 재원과 비교하여 대부분의 공공기금이나 계약은 사업내용의 제한점을 갖거나, 강제적인 보고를 요구함으로써 많은 양의 관리업무를 부과하거나 재량권을 제한하는 등 상당한 외적 통제가 주어진다. 그러나 공공기금의 지속적이고 안정적인 특징 때문에 많은 사회복지조직들은 특별한 관리실천방식을 제도화함으로써 적응할 수 있고 예측가능한 관계를 만든다. 정부보조금의 이러한 특징 때문에 정부로부터 자유스러운 활동을 보장받고 싶어 하는 사회복지조직들은 공공기금의 활용에 대해 회의적인 태도를 취하게 된다.

(3) 기부자의 개발과 관리

이용료를 통한 재원의 확보는 경쟁이 치열해짐에 따라 지나치게 영리적인 행태라는 비난을 받기 쉽고, 정부보조금은 사회복지조직의 고유활동을 제한하기 때문에 대부분의 사회복지조직들은 자발적인 기부자의 확보를 통한 재원의 확보를 위해 노력한다. 그러나 클라이언트의 직접적인 이용료와 마찬가지로 대부분의 기부금은 사회복지조직에게 유동적인 재원이다. 따라서 사회복지조직들은 기부금을 만들기 위해 다양한 전략을 추구하며, 이러한 전략은 특히 이사진들에게 많은 참여를 요구하는데 이것이 지속되기 위해서는 조직 차원에서의 상당한 노력이 필요하다.

사회복지조직 중 일부는 보다 나은 기부자에게 접근하기 위해 특별한 마케팅 전략을 수립하고 목표를 정하여 체계적으로 접근한다. 그러나 대부분의 사회복지조직은 제한된 주요 기부자들만이 있으며, 이들은 단체의 도덕적 의무에 대해 개인적인 신념을 가진 개인들로 구성된다. 일부 사회복지조직들은 기부자와의 관계를 보다 예측가능하고 통제가능하게 하기 위하여 보다 공식적이고 체계적인 자금확보를 위해 노력한다. 그러나 무엇보다 중요한 것은 사회복지조직들이 민간의 재원을 기부금 형태로 확보하기 위한 제도상의 지원이 선행되어야 한다는 것이다.

어떠한 유형의 재원이든 획득을 위해서는 다음의 세 가지 기본원리에 충실해야 한다. 첫째, 조직의 임무와 클라이언트에게서 바라는 성과를 분명히 하는 것이다. 둘째, 재원획득을 위해서는 재원의 잠재적인 출처가 되는 정부관료, 입법자 및 개인과 자주 접촉해야 한다. 이는 조직의 환경에 대한 일관성 있고 강도 높은 개입을 의미한다. 셋째, 재원획득에는 고도로 발달된 프로그램 설계기술이 필요하다. 보조금사업계획안이든 새로운 사업에 대한 간단한 취지서의 형태이든, 프로그램 설계는 재원획득을 위한 다양한 노력 중 핵심이다(정무성 · 박차상, 2002).

최근 기부금에 대한 세제혜택이 증가함에 따라 재원확보의 책임과 능력은 사회복지조직의 과제가 되고 있다. 우선 사회복지조직들은 조직운영의 투명성, 신뢰성, 책임성을 확보하고 조직활동을 위해 지지적인 제도적 환경을 조성하는 것이 가장 중요한 과제이다. 즉 이사회와 위원회의 민주적이고 개방적인 운영에서부터 재정의 운영 및 기타 부문에 이르기까지 투명성을 위한 다각적이고 자발적인 노력을 수행하여 보다 발전적인 모금문화가 형성될 수 있도록 기여해야 할 것이다.

나아가서 체계적이고 지속적인 재정확보를 위해 모금전략을 세워야 한다. 사회복지조직의 모금기법에는 DM(직접우편), 이벤트, 대중매체광고, 자동응답시스템(ARS), 인터넷, 공익연계마케팅(CRM) 등이 있다.

① DM은 후원을 요청하는 편지를 잠재적 후원자들에 발송함으로써 후원자를 개발하는 방식으로 가장 전통적인 마케팅 방법 중의 하나이다. DM은 불특정 다수에게 보내기보다는 표적시장을 선정하여 지역, 나이, 사회적 지위, 소득 등에 따라 대상자 목록을 확보하여 보낼 때 효과를 발휘할 수 있다. DM은 겉봉투, 호소 서신, 첨부물 등으로 구성되어 있다. 겉봉투는 받는 사람들로 하여금 관심을 가지고 속을 뜯어 볼 수 있도록 디자인과 형식에 있어 세심한 고려를 해야 한다. 호소 서신에는 후원자 개발의 목적과 내용이 뚜렷하게 나타나야 한다. 가능한 한 간결한 문장으로 한눈에 들어오도록 구성하는 것이 중요하다. 또한 내용에 있어 구체적인 사례를 들어 긴급성과 욕구를 제시하고 도움을 통한 문제해결가능성을 제시하여야 한다. 첨부물은 사진, 관련 기사, 지로용지, 기관소개서 등이 포함되는데, 너무 산만하게 여러 가지를 첨부하기보다는 호소력이 강한 사진이나 신문기사를 잘 편집하여 동봉하는 것이 바람직하다.

② 이벤트는 후원의 특정 동기를 부여하기 위하여 특정 기간과 장소에서 사전계획하에 특별한 활동을 벌이는 커뮤니케이션 과정이라고 할 수 있다. 이벤트는 전달자와 수용자가 현장에서 시각, 청각, 촉각, 후각, 미각 등 오감으로 느끼고 커뮤니케이션함으로써 입체적으로 경험하고 지각하여 기억이 오래 남는 특징이 있다. 후원자 개발을 위한 사회복지기관의 이벤트로는 자선음악회, 모금만찬회, 전시회 등이 있다. 그러나 이벤트는 비용이 많이 들어 모금을 많이 하기 위한 목적만으로는 적합한 방법이 아니다. 그러나 이벤트를 통해 대중의 공감대를 형성하고, 잠재적 후원자와의 관계를 형성하며, 사회복지에 대한 대중교육의 효과를 얻을 수 있다.

③ 대중매체광고는 TV, 라디오, 신문, 잡지 등을 활용하여 모금광고를 하는 것이다. 주로 언론사의 협찬을 통해 공동으로 모금을 하는데 신문이나 잡지의 경우 일반상업광고의 형태로 나가기도 한다. 특히 잡지를 통해 후원자를 개발하고자 할 경우에는 잡지의 판매부수, 독자층, 성격 등을 고려하여야 한다. 또한 광고의 성과를 올리기 위해서는 한 잡지에 적어도 6개월 이상 광고를 해야 효과를 볼 수 있다.

④ 자동응답시스템(ARS)은 최근 가장 활성화되고 있는 모금방법이다. 이는 모금방송 시청자들이 이 시스템을 통하여 전화를 걸면 통화당 일정 금액의 후원금이 자동으로 전화요금에 부과되어 전화요금과 함께 기부금을 제공하도록 하는 방식이다. 최근 ARS가 성공을 거두고 있는 것은 손쉽게 적은 금액으로 부담 없이 후원에 참여할 수 있는 장점이 있기 때문이다.

⑤ 인터넷을 활용한 후원자 개발은 점차 활성화되고 있다. 정보화가 가장 앞선 우리나라의 경우를 포함해서 정보화 사회에서는 온라인을 통한 모금과 후원자 개발이 급속하게 증가하고 있다. 후원자들은 온라인상에서 신용카드 계좌를 통하여 후원금을 보내거나 기금후원을 약속한 후 우편을 통해 개인수표를 보낸다. 국내통신을 통해 후원자를 개발하는 방법으로는 기관 ID를 통해 직접후원을 요청하거나, 통신란의 게시판, 대화방, 동호회 등을 통해 후원요청을 할 수 있다. 또한 통신회사에 IP로 등록하여 기관홍보와 함께 후원자를 개발하는 방법도 있고, 광고비를 지불하고 후원자를 모집하거나 기부금을 요청하는 광고를 낼 수도 있다. 인터넷을 통해 홈페이지를 작성하여 기관의 홍보와 모금을 하는 경우도 늘어나고 있다. 최근에는 SNS (Social Networking Service) 도구의 발달과 함께 인맥을 활용한 모금기법이 다양하게 개발되고 있다.

⑥ 공익연계마케팅(CRM : Cause-Related Marketing)은 1980년 이후 사회복지기관을 포함한 비영리기관들이 모금을 위해 많이 활용하는 마케팅 기법이다. 이는 기업이 이미지 제고를 위해 비영리조직의 활동과 연계하는 마케팅이다. 미국의 American Express Card에서 처음 사용한 방법인데, 회사는 카드 속에 그려져 있는 자유의 여신상을 활용하여 판촉을 하기 위해 자유의 여신상 복원사업을 펼치는 시민단체와 연계하여 개인이 사용한 카드금액의 일정 비율을 시민단체에 기부하는 방식으로 이루어졌다. 이러한 방식은 기업의 이미지를 높여 주어 기업의 상품판매에 긍정적으로 영향을 미치면서 동시에 사회복지기관의 자원개발에도 기여하게 된다.

이를 위해 사회복지조직의 모금전문가 양성이 필요하다고 하겠다. 모금을 시작하기 전 전문적이고 체계적인 교육이 이루어져야 한다. 자원봉사자를 포함한 관련된 모든 사람들이 교육훈련에 참여하는 것이 중요하다. 모든 사람들이 동일한 메시지를 받을 필요가 있기 때문이다. 교육내용은 기금요청의 기법이나 거절에 대처하는 방법뿐만 아니라 기관의 비전과 목표, 기관이 그동안 해결한 사회문제와 앞으로 들어올 기금을 가지고 충족시키고자 하는 사람들의 욕구, 기부가능자에 대한 정확한 프로필 등을 포함해야 한다.

다음 단계는 확보한 기부자에 대한 체계적인 관리 프로그램을 통해서 기부의 보람과 만족을 극대화할 수 있어야 한다. 기부자들은 자신이 기부한 돈이 지역사회에서 사회복지조직에 의해 어떠한 영향을 미쳤는지 알고 싶어 한다. 얼마나 많은 사람들에게 서비스를 제공했고, 얼마나 많은 소외계층들이 혜택을 받았는지 등을 알고 싶어 하는 것이다. 또한 우리 지역사회의 욕구가 어느 정도인지를 알고 싶어 한다. 이러한 내용을 담은 안내서비스를 통해 기부의 지속성을 확보할 수 있어야 한다.

이러한 감사표시는 기관의 편의보다는 기부자의 필요와 희망에 기초하여 이루어져야 한다. 그러나 기부자들이 가장 바라는 것은 형식적인 감사표시가 아니라 기부의 결과로 대상자와 사회가 변화하는 것이다. 이러한 맥락에서 기부는 사회에 대한 위대한 투자이다. 단순히 적선하는 후원자, 기부자가 아닌 투자자로 만들어야 한다. 이를 위해서는 사회복지조직의 스태프나 자원봉사자들이 우선 조직의 사회적 사명에 대한 가치와 확신을 가지고 있어야 한다. 이를 통해 모금은 사회복지조직이 가지고 있는 가치를 기부자와 공유할 수 있는 과정으로 인식되어야 한다. 이를 위해 기부자들이 기관에 참여할 수 있는 기회를 제공하는 것이다.

기부가 단순한 적선이 아니고 사회에 대한 투자라는 인식을 심어 주기 위해서는 기관이 갖고 있는 가치와 철학을 공유하고 실천할 수 있는 기회를 제공해야 한다. 기부자들이 프로그램에 참여하고, 대상자와 접촉할 수 있는 기회는 기부의 가치를 더욱 체감할 수 있도록 해 준다. 이러한 무형적 혜택은 소속감을 높이고 투자의식을 고취시켜 함께 시민사회를 이루어 간다는 생각을 갖게 만들어 줄 것이다(정무성, 2000).

한편 사회복지조직의 자율적인 모금활동을 보장할 수 있는 제도적 장치가 마련되어야 한다. 사회복지조직의 모금활동은 단순히 재원을 확보하는 수단 이상의 의미가 있다. 사회복지조직은 모금활동을 통하여 목적활동의 사회적 중요성과 필요성을 알리며 시민을 참여할 수 있게 함으로써 복지사회를 활성화시키는 계기를 마련할 수 있다.

최근 우리나라에서도 과거의 기부금품의 모집을 규제하던 법에서 장려하는 법으로 개정하여 민간자원의 적극적인 동원을 지원하고 있다. 그러나 사회복지조직의 재정활성화를 위해서는 기부금에 대한 세금공제제도가 추가적으로 개선되어야 한다. 사회복지조직에 대한 정부의 지원도 미약한 데다가 민간의 자원을 끌어낼 수 있는 세금공제 등의 제도마저 아직은 미흡한 상태에서 사회복지조직은 민간자원을 동원하는 데 많은 제한점을 가질 수밖에 없는 상황이다. 그러나 민간모금을 통한 민간의 복지자원의 활용은 정부의 복지적 책임을 회피하는 수단이 되어서는 안 되며, 공공과 민간의 효율적이고 효과적인 연계방안이 강구되어야 한다.

요약

사회복지조직은 자원의존성이 높기 때문에 재정관리가 매우 중요하다. 그럼에도 사회복지조직은 일반적으로 재원의 지속적인 조달을 직접적으로 통제할 수 없으며, 통제하려 하지도 않는다. 또한 사회복지조직은 매우 다양한 재원(예 : 정부보조금, 기부금, 이용료, 기타 수입 등)을 갖는다. 이러한 각각의 유형들은 사회복지조직의 특성에 따라 중요성의 비중이 달라진다. 이들 다양한 원천으로부터 재원을 확보하기 위해 정부와 계약을 맺거나, 후원금을 요청하거나, 재단에 사업제안서를 제출한다.

재정관리는 재정획득, 예산수립, 예산의 집행 및 회계(세입 · 세출 정리), 재정평가 등의 과업이 포함된다. 예산은 정치적 · 법적 · 경제적 · 행정적 기능을 갖는다. 사회복지조직에서는 일반회계의 기준에 따라 본예산, 수정예산, 추가경정예산, 준예산 등이 사용된다. 예산의 모형에는 품목별 예산, 성과주의 예산, 계획예산, 영기준예산 등이 있다. 예산집행을 통제하기 위해 분기별 할당, 지출의 사전승인, 지출의 취소, 정기적 재정보고, 대체, 지불연기, 차용 등의 기제가 사용된다.

사회복지조직의 재원은 보조금, 기부금, 이용료 수입 등으로 구성된다. 체계적이고 지속적인 재정확보를 위해 모금전략을 세워야 한다. 사회복지조직의 모금기법에는 DM(직접우편), 이벤트, 대중매체광고, 자동응답시스템(ARS), 인터넷, 공익연계마케팅(CRM) 등이 있다. 그러나 민간모금의 확대가 정부의 재정지출을 축소하기 위한 대안이 되어서는 안 된다.

10 사회복지조직의 **마케팅과 홍보**

1. 비영리조직의 마케팅 도입배경과 필요성

비영리조직(NPO : Non-Profit Organization)이란 이윤이나 영리추구를 목적으로 하기보다는 공공이익의 실현을 최우선과제로 삼고 설립·운영되는 조직을 말한다. 이러한 조직들로는 사회복지기관, 시민단체, 환경단체, 교육기관, 문화예술단체 등 인간의 삶의 질을 개선하고 풍요롭게 하기 위한 다양한 조직들이 있다.

비영리조직은 민간자원봉사조직(private voluntary organization), 비정부조직(non-governmental organization), 공공노동조합에 가입된 비정부조직(government organized non-governmental organization), 준자치권을 갖는 비정부조직(quasi autonomous non-governmental organization), 기업이 조직한 비정부조직(business organized non-governmental organization), 기금주가 조직한 비정부조직(funder organized non-governmental organization), 정치성을 띤 비정부조직(political non-governmental organizations) 등 다양한 형태로 운영되고 있다(Sargeant, 2009). 이러한 조직은 개인적 이익이나 자산획득, 주주나 구성원들에게 잉여이윤을 배분하지 않으면서, 사회의 일반적인 개발과 발전을 위해 존재한다. 따라서 사회를 유지·발전시키는 데 있어서 비영리조직의 존재는 매우 중요하다.

현대사회는 정부의 기능과 역할만으로 해결할 수 없는 다양하고 복잡한 문제가 발생한다. 사회 전반의 욕구(예: 교육, 복지, 문화, 환경 및 일상생활의 욕구)해결은 다양한 민간기구의 활동과 참여로 시도하고 있다. 한편 민간비영리조직들에서는 지역사회와 시민의 욕구를 실현하는 데 있어 자원봉사수준의 활동을 넘어서면서 조직의 규모와 활동이 발전·지속되기 위해서 운영에 필요한 재원확보가 매우 중요한 현안으로 대두되어 재원마련을 위한 마케팅 개념의 도입이 요구되었다.

마케팅은 기업, 비영리조직 및 정부기관이 각 고객의 욕망을 잘 파악하고 그에 합치된 상품이나 서비스, 아이디어 혹은 그 전체를 기획·개발하고 이에 관한 사실을 전달하며 각 주체자가 최소비용으로 최대의 고객만족, 최대의 가치를 창출할 수 있도록 당해 상품 및 서비스를 제공하는 행위 및 처리과정을 포함하는 것이다(정익준, 1999). 이러한 맥락에서 사회복지조직에의 마케팅 개념 도입은 이용자 및 후원자의 욕구를 충족하고 자원확보를 강화하여, 조직의 효과성과 효율성을 증진시킬 수 있는 계기를 만들 수 있다.

서구사회에서 비영리기관들은 1960년대 이후부터 비용상승과 수익감소로 인한 어려움을 겪기 시작하였는데, 이때부터 서비스의 비용효과성에 대한 관심이 증가하게 되었다. 1970년대 중반 이후에는 복지국가 위기상황을 맞이하면서 사회복지행정에 있어서 경제적 운영원칙의 기본원리가 무시되는 사항들이 지적되었다. 특히 합리적인 결정을 위한 자료와 정보가 결여되었거나 그것을 수집하고 적용하는 데 필요한 전문기술이 부족함을 드러냈다(정무성, 1998). 이런 상황에서 비영리부문의 급속한 팽창은 인적·물적자원의 획득을 위한 비영리기관 간의 다양한 경쟁이 이루어지게 되었고, 이는 비영리기관에서의 마케팅 기법 도입을 촉진하게 만든 계기가 되었다. 우리나라에서도 비영리기관의 확대와 경쟁으로 인해 점차 비영리마케팅에 대한 관심이 늘고 있다.

비영리조직의 마케팅은 영리기업에서처럼 영리를 극대화하기 위한 목적이 아니라 비영리조직 자체의 미션과 사명을 효율적으로 달성하고자 도입하는 것이다. 따라서 비영리조직이 마케팅을 행하는 목적은 사회구성원의 발전을 도모하며, 사회적 이득을 설득하고 새로운 정보를 제공하여 행동의 변화를 유도하고자 하는 것이다. 영리조직과 비영리조직의 마케팅은 '고객만족'이라는 공통점을 가지고 있는데, 영리조직은 물건이라는 제품을 통해서 마케팅이 이루어지지만 비영리조직은 보이지 않는 가치를 중시하는 무형의 서비스를 통해 이루어진다.

사회복지기관에서 마케팅의 원리와 기법을 활용하는 분야는 주로 후원자 및 자원봉사자의 개발과 관리, 대상자 선정, 이용자 모집 등이다. 그런데 이 과정에서 사회복지의 윤리와 철학이 훼손되지 않도록 특별히 주의해야 한다. 사회복지조직의 마케팅은 사회적 약자에 대한 직접적인 서비스로 연결되는 것이기 때문에 다른 조직보다 윤리성이 강조되기 때문이다(정무성·황정은, 2013).

2. 사회복지마케팅의 개념과 특성

1) 마케팅 개념의 변화

마케팅 이론은 미국에서 처음 도입된 경영철학이다. 이 이론은 생산자는 잠재적 소비자의 욕구를 분석해야 하며 그들의 욕구를 만족시켜야 한다는 입장에서 출발한다. 이러한 입장은 사회복지조직의 운영에도 많은 함의를 제공한다.

(1) 마케팅의 개념

마케팅이란 시장에서 가치를 창출하고, 기본욕구와 수요를 충족시킬 목적으로 이루어지는 교환이 성취되고, 관계가 이루어질 수 있도록 시장을 관리하는 것을 의미한다. 따라서 마케팅은 제품과 가치를 창조하여 다른 사람과 교환함으로써 그들의 욕구와 수요를 충족시키기 위해 개인과 집단이 원하는 것을 획득하는 과정이라고 할 수 있다(조봉진・윤훈현, 1998). 이처럼 마케팅의 개념에는 교환의 의미가 매우 강하다.

영국의 마케팅특허협회에 따르면 마케팅의 개념에 대해 "유용한 고객의 수요를 만족시키고 예측하고 정의하려는 일련의 책임 있는 관리과정"이라고 정의하고 있다. 한편 Kotler에 의하면, 마케팅은 "조직의 목표를 달성하기 위하여 표적시장(target markets)에서 자발적인 가치의 교환(voluntary exchanges of values)이 이루어지도록 만들어진 프로그램의 분석, 계획, 집행, 조정이다. 또한 그것은 크게 조직이 제공할 수 있는 제품을 표적시장의 요구에 따라 결정하며, 사람들에게 알리고 동기를 부여하며, 서비스를 제공하기 위해 효과적인 가격설정(pricing)과 홍보(communication), 그리고 유통경로(distribution)를 사용하는 것이다." 즉 마케팅은 신중하게 정형화된 프로그램의 분석, 기획, 수행, 통제를 설계하는 것인데, 이는 조직의 목표를 성취하기 위하여 표적시장의 자발적인 가치의 변화를 유도하는 것이다. 그리고 조직이 제공하는 산출물을 설계하는 데 있어 표적시장의 욕구와 수요에 크게 의존하고, 효과적인 가격, 의사소통, 정보분배, 동기부여, 시장에 대한 서비스 측면 등을 주로 활용한다(Sargeant, 2009).

Kotler(1982)는 마케팅 정의를 바탕으로 다음 몇 가지의 구체적인 내용을 덧붙여 제시하고 있다. 첫째, 마케팅은 분석, 계획, 집행 그리고 조정을 포함하는 체계적 과정이다.

둘째, 마케팅은 비체계적 활동이 아닌 욕구충족을 위해 면밀하게 짜여진 프로그램 속에서 면밀하게 진행된다. 셋째, 마케팅은 모든 사람들에게 모든 제품을 대상으로 모든 시장을 찾아 비현실적으로 공략하기보다는 선정된 표적시장을 대상으로 해야 한다. 넷째, 마케팅의 목적은 효과적인 시장의 공략을 통해 조직의 생존과 건전한 유지를 돕는 것이다. 특히 효과적인 마케팅 계획을 위해서는 조직이 구체적 목표를 설정하는 것이 필요하다. 다섯째, 마케팅은 판매자의 입장보다는 표적시장의 욕구에 따른 조직의 공략체계에 의존한다. 여섯째, 마케팅은 마케팅 믹스(marketing mix)라 불리는 제품(product)설계, 가격(price)결정, 홍보/판촉(promotion), 유통장소(place) 등 소위 4P들을 혼합적으로 이용한다.

그림 10-1 마케팅 교환

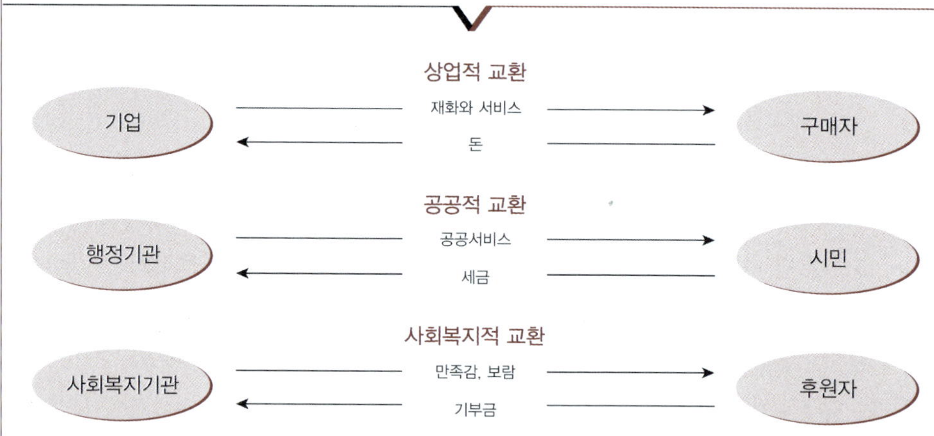

위와 같은 Kotler의 마케팅 정의로 종합해 볼 때 마케팅의 저변에 깔려 있는 중심개념은 교환이다. 교환이란 상대방에게 무엇을 제공함으로써 그로부터 무엇을 되돌려 받는 것을 의미한다. 영리기관에서 교환은 상업적인 제품이나 화폐의 교환을 의미하며 공공기관에서는 공공서비스와 세금의 교환이 일어난다. 그러나 사회복지기관에서의 교환은 후원자가 기부금을 주면 만족감이나 보람을 느낄 수 있도록 해 주는 것을 의미한다(그림 10-1 참고). 일반적으로 사회복지기관에서는 교환이라는 개념이 없었다. 주로 "서비스를 받는다" 혹은 "기부금을 준다" 등 일방적인 형태의 행위들만을 생각했다. 그러나 마케팅 관점에서는 쌍방적인 교환의 개념을 고려해야 한다. 후원자가 기부금을 주면, 그들에게 반드시 만족감을 돌려준다는 생각을 해야 한다는 것이다.

(2) 마케팅 개념의 확대

일반적으로 마케팅은 기업이나 영리단체에만 국한하여 왔으나, 1960년대 이후 미국의 많은 비영리조직들이 경영난을 겪으면서 마케팅 이론의 도입이 주장되었다. 또한 조직재정규모가 커짐에 따라 일반기업과 같이 효과적인 재정관리를 위한 필요성이 대두되었다. 따라서 더 이상 판매자 위주의 시장이 아닌 고객 중심의 시장이 되어야만 하는 상황에 직면하게 되었다(Kotler & Zaltman, 1971).

이러한 상황에서 1969년 2월 Kotler와 Levy의 "마케팅 개념의 확대(Broadening the Concept of Marketing)"라는 논문에서 "마케팅이란 이제 더 이상 기업에만 국한되는 기능이 아니다. 마케팅은 비영리조직에도 유효한 기능이며 모든 조직은 마케팅 관련 문제를 지니고 있어서 모든 조직이 마케팅을 이해할 필요가 있다."고 주장하게 되었다. 왜냐하면 병원, 대학, 박물관, 종교단체, 시민단체, 사회복지조직에서 겪는 경영난은 영리부문에서 경험했던 문제와 유사한 특성을 나타내고 있기 때문이다. 이러한 맥락에서 미국마케팅협회(AMA : American Marketing Association)에서는 마케팅은 "기업, 비영리조직 및 정부기관이 각 고객의 욕망을 파악하고 그에 합치된 상품이나 서비스 또는 아이디어 혹은 그 전체를 기획·개발하고 이에 관한 사실을 전달하여 각 주체자가 최소의 비용으로 최대의 고객만족, 최대의 가치를 창출할 수 있도록 당해 상품 및 서비스를 제공하는 행위 및 처리과정을 포함하는 것"이라고 정의하였다.

따라서 비영리조직에서도 이러한 경영난을 타개하기 위해 서구사회에서는 1970년부터 비영리기관들이 마케팅 개념을 도입하여 운영하기 시작했고, 마케팅의 주체는 영리기업에서 대학, 박물관, 교회, 사회복지단체 등 비영리조직으로 확장되어 갔다. 그리고 단체뿐 아니라 정치인, 의사와 개인도 마케팅을 필요로 하게 되었다. 마케팅의 객체 역시 상품이나 서비스뿐 아니라 사람, 장소, 아이디어, 경험, 조직 등으로 확대되었다(Andreasen & Kotler, 2008).

마케팅의 개념은 보다 폭넓게 확장되고 있다. 상품과 서비스를 더 많이 판매하고자 하는 것뿐 아니라 그러한 소비를 줄이기 위한 마케팅도 있다. 술, 담배, 고지방 식품, 총기류같이 소비를 줄여야 하는 제품이나 서비스에 대한 마케팅의 역할은 판매를 억제하는(unselling) 것이다. 따라서 비영리조직에서 마케팅의 중심목적은 단지 판매와 수요의 창출이 아니라 수요관리가 된다.

우리나라의 경우 1980년대부터 외국 원조를 받았던 대규모 사회복지조직들이 외원이 철수되면서 생존을 위하여 이벤트, 캠페인, 정기후원자 모집 등 마케팅에 의한 모금을 하기 시작하였다. 이는 주로 외국에서 사용되었던 기법을 한국에 적용해 보는 정도였다. 1990년대부터는 다양한 비영리조직에서 DM, ARS 모금, 이벤트, 정기 후원자 개발 등 본격적인 모금활동과 운동이 확산되었다. 아직도 전문적인 마케팅에 의한 모금운동은 대표적인 대규모의 일부 비영리조직을 통해서 이루어지고 있다. 사회복지조직이 세분화되고 복지욕구가 다양화되면서 사회복지의 시장화 개념이 도입되고, 민간자원 확보의 필요성이 증대되면서 많은 사회복지기관들이 마케팅 개념의 적용을 통한 자원개발에 관심을 갖고 있다.

(3) 마케팅 개념의 핵심요소

마케팅을 정의하기 위한 핵심요소는 소비자의 욕구(need)와 선호(want), 수요(demand), 소비자의 만족, 교환, 시장 등이라고 할 수 있는데 이를 자세히 설명하면 다음과 같다(안광호 외, 1998).

① 소비자의 욕구와 수요

마케팅은 인간의 욕구와 수요에서 시작한다. 인간의 필요는 기본적인 만족의 결핍을 느끼고 있는 상태이다. 인간은 생존을 위해 의식주, 안전, 소속감, 자존감 등을 필수적으로 갖추어야 하는데, 이 같은 것들이 결핍되었다고 느낄 때 그 사람은 욕구(need)를 가지고 있다고 볼 수 있다. 이 같은 욕구들은 사회나 마케팅에 의해 만들어지는 것이 아니라 인간이 생리적으로 갖고 있거나 인간의 조건 그 자체에 의해 생겨난다. 소비자들은 갖고 있는 욕구를 만족시킬 수 있는 구체적인 제품이나 서비스에 대한 선호(want)를 갖게 된다. 이러한 선호는 문화나 사회에 따라 다르며, 학교, 기업, 가족 등의 사회적 제도나 힘에 의해 형성되고 끊임없이 변형되어 간다. 특정 제품이나 서비스에 대한 욕구가 구매의사와 능력에 의해 뒷받침될 때 그것을 수요(demand)라고 한다. 즉 지불능력이 있는 욕구는 시장에서 수요가 된다. 소비자들은 제품이 가져다줄 혜택이나 이익을 계산하고, 지불되는 금액에 비해 가장 큰 이익을 제공하는 제품을 선택한다.

뛰어난 마케팅 기업들은 고객의 욕구를 파악하는 데 철저하다. 즉 그들은 소비자가 좋아하는 것과 싫어하는 것을 알기 위해 소비자 조사를 수행한다. 그리고 마케팅 기업들은 고객의 요구사항, 보증 및 서비스 자료를 분석한다. 또한 기업들은 자신의 제품과 경쟁되는 제품을 사용하는 고객들을 관찰하여 충족시키지 못하고 있는 고객들의 욕구를 간파하도록 판매원들을 교육시키고 있다. 따라서 고객의 욕구와 수요를 세밀하게 이해한다는 것은 마케팅 전략을 수립하는 데 중요한 투입요소를 제공한다(조봉진 · 윤훈현, 1998).

② 소비자의 만족과 가치

소비자들은 제품이나 서비스를 가지고 그들의 욕구와 수요를 충족시킨다. 그리고 소비자들은 여러 대안들 중에서 그들의 욕구를 가장 잘 만족시켜 줄 수 있다고 생각하는 대안을 선택한다. 그러나 소비자들은 욕구나 수요의 충족이라는 면뿐만 아니라 어떤 대안을 얻기 위해 지불해야 하는 대가를 동시에 생각한다. 따라서 소비자들이 제품을 선택하는 데 있어 지침이 되는 개념은 각 대안이 소비자에게 제공할 수 있는 가치라고 할 수 있다. 가치라는 것은 고객이 그 제품을 소유하고 사용하여 획득한 혜택(혹은 이익)과 그 제품을 획득하는 데 소요되는 비용 간의 차이이다. 대안의 가치는 가격을 고려한 대안의 고객만족수준이다. 만족은 소비자의 기대에 비하여 가치를 전달하는 데 있어 제품에 대해 지각하는 성능에 좌우된다. 만약에 제품의 성능이 소비자의 기대에 미치지 못한다면 그 구매자는 불만족하게 된다. 반면에 제품의 성능이 기대에 일치한다면 구매자는 만족하는 것이다.

③ 교환

마케팅은 사람들이 교환을 통해서 그들의 욕구나 수요를 충족하려고 결정하였을 때 발생한다. 교환(exchange)이란 어떤 측면으로부터 바람직한 목적물을 획득하고, 그 대신에 상대방에게 어떤 것을 제공하는 행위이다. 교환은 사람들이 바람직한 목적물을 획득할 수 있는 여러 가지 방법들 중의 한 가지이다. 어떤 제품이나 서비스가 소비자의 욕구나 수요를 충족시키고 소비자에게 만족과 가치를 제공한다고 하더라도 그 제품이나 서비스를 제공하는 기업에게도 무엇인가 이득이 있지 않으면 교환은 일어나지 않는다. 교환은 가치 있는 제품이나 서비스에 대해 대가를 제공하고 획득하는 행위를 말한다. 교환이 실제로 일어나기 위해서는 교환의 조건이 교환의 당사자로 하여금 교환 이전보다 더 나은 상태로 만들어 줄 수 있어야 한다. 그런 의미에서 교환은 가치를 창조하는 과정이라고 할 수 있다(조봉진·윤훈현, 1998). 따라서 욕구나 수요를 충족시키는 수단으로서 교환은 상당히 중요한 것이다.

④ 시장

시장(market)은 어떤 제품이나 서비스의 실제 또는 잠재적 구매자들의 집합을 의미하는 뜻으로 쓰이고 있다. 이러한 구매자들은 교환과 관계를 통해 충족될 수 있는 어떤 특별한 욕구와 수요를 소유하고 있다. 원래 시장이란 용어는 구매자와 판매자가 그들의 재화를 교환하기 위해 모인 장소, 즉 마을 광장과 같은 공간성을 갖는 장소를 의미하는 것이었다. 그러나 마케팅 관리자들은 판매자들을 어떤 산업을 구성하는 것과 관련되어 있는 반면에 구매자들을 어떤 시장을 구성하는 것과 관련되어 있는 것으로 인식한다.

현대경제는 노동의 분업원리에 따라 운영되는데, 노동의 분업이 이루어지는 곳에서 각 사람들이 어떤 것을 생산하는 데 전문화하고, 대금을 받고, 이러한 돈으로 필요한 것을 구입한다. 따라서 현대경제에서는 시장들이 다양하게 존재한다. 마케팅 기업들은 이들 시장에 대해 진지하게 관심을 기울인다. 기업은 마케팅을 통해 특별한 시장의 욕구와 수요를 파악하고, 최상으로 서비스를 제공할 수 있는 시장을 선정한다. 이러한 과정을 통해 기업들은 시장의 고객들에게 가치와 만족을 창출하는 제품과 서비스를 개발할 수 있으며, 그 결과로 기업은 판매와 이익을 얻게 된다.

(4) 사회복지마케팅 개념화

마케팅은 소비자의 욕구를 발견하여 충족시켜 주는 과정이라고 할 수 있다. 사회복지조직의 입장에서는 대상자의 욕구를 정확하게 파악하여 그에 맞는 서비스를 제공하는 과정이라고 할 수 있다. 사회복지조직에서의 마케팅 개념 도입을 위해서는 우선적으로 사회복지조직의 존립당위성을 제공하는 제품(서비스)이 무엇인지가 명확해야 한다. 또한 서비스를 제공할 표적집단에 대한 정의가 구체적이고 분명해야 한다. 이를 토대로 고객이 대상자들의 행동을 분석하고 차별화된 마케팅을 시도할 수 있다.

마케팅은 판매자 위주의 생산이나 제품판매의 개념이 아니라 소비자 중심으로 나아가야 하는데 이를 위해서 ① 고객지향성, ② 관계지향성, ③ 사회지향성, ④ 자기결정권 개념을 도입할 필요가 있다(박성연, 1998).

① 고객지향성은 마케팅 개념의 출발이 고객의 필요와 욕구를 파악해서 그 욕구를 만족시킬 수 있는 제품을 판매한다는 데서부터 시작한다고 보는 것이다. 즉 만들 수 있는 것을 파는 것이 아니라 팔릴 수 있는 것을 만드는 것이다. 따라서 고객인 대상자의 욕구에 맞는 서비스를 제공하는 것이 사회복지마케팅의 기본이다.

② 관계지향성은 구매자와 판매자 사이의 관계를 중시하는 것이다. 마케팅의 또 하나의 특징이 구매자와 판매자 사이에서 일어나는 가치의 교환과정이기 때문에 관계지향성일 필요가 있다는 것이다. 기업의 성장은 교환관계를 지속적으로 성사시키는데 있으며 따라서 마케팅은 관계지향적이어야 한다는 것이다. 따라서 마케팅에 성공적인 기업들은 급격한 시장의 변화로부터 기업을 지켜 줄 방파제의 역할을 고객과 기업 모두에게 이익이 되는 상생관계(win-win relationship)의 발전에서 찾고 있다. 판매 위주의 판촉 개념에서 벗어나 경제적·기술적·사회적 관계 강화를 통해 고객을 깊이 이해하고 고객과의 장기적인 유대를 강화한다는 개념인 관계마케팅은 고객만족경영과 상호밀착된 관계에 있다고 볼 수 있다. 따라서 사회복지조직에서 서비스를 제공받는 대상자의 만족도에 대한 관심을 가져야 한다.

③ 사회지향성의 도입이다. 지금까지의 마케팅 개념이 고객지향성, 즉 고객의 욕구를 충족시키고 만족을 준다는 점에 강조점을 두었는데 이것이 사회 전체의 장기적 이익에 위배되는 경우도 많았다. 따라서 기업의 사회적 책임을 강조하고, 기업이 생존하기 위해서는 기업외부 곧 사회와의 커뮤니케이션을 확대하여 공동의 관심사를 키워야 한다는 마케팅 개념, 즉 사회적 마케팅이 등장하게 된 것이다. 사회복지조직은 기본적으로 사회지향적 성격을 가지고 있으나 마케팅의 도입과 함께 지역사회와의 관계에 더욱 충실한 조직으로 거듭나야 한다.

④ 자기결정권 개념이 중요하다. 마케팅 개념 이전의 판매개념에서는 소비자를 소극적이고 수동적인 관점(X이론)에서 바라보았는데 정보화 시대를 살아가는 소비자는 스스로 정보처리를 하고 정보창조도 하는 능동적·주체적 존재라고 보는 관점(Y이론)

이다. 이는 대부분의 고객이 지성적이고 능동적이며 자아실현과 배움에 대한 욕구가 강한 동시에 다양한 욕구를 가지고 있다고 가정하고 있다. 따라서 소비자들은 합리적인 구매활동을 하며 삶의 질을 향상시켜 줄 수 있는 신제품과 새로운 서비스에 대해서 관심이 높아 적극적으로 배우고 이용하려 한다고 본다. 이러한 원리는 사회복지의 기본가치 중의 하나인 자기결정권의 존중과 관련이 깊다. 대상자가 자신의 복지를 스스로 결정할 수 있도록 해주는 배려가 필요하다.

2) 마케팅 관리의 철학

마케팅 관리란 표적시장과 바람직한 교환을 성취하기 위해 과업을 수행하는 것이다. 마케팅 관리 철학은 판매자의 입장에 선 경영철학들과는 달리 고객의 입장에 서서 여러 가지 활동을 전개해 나가고자 하는 고객 중심적 경영철학이다. 마케팅 개념을 경영철학으로 채택하고 있는 기업에서는 고객을 단순히 상품의 판매대상으로 보지 않고 그들의 상품과 관련하여 갖고 있는 문제들을 완전히 해결하여 만족을 얻을 수 있도록 하는 것을 목표로 한다. 고객만족은 조직이 생존하는 데 절대 필요한 삶의 방법이 되고 있으며, 또한 정보기술과 전략적 계획이 조직문화로 정착되고 있는 것과 마찬가지로 고객만족도 조직문화로서 자리 잡아야 한다.

마케팅 개념은 판매개념과 혼동되는 경우가 종종 있다. 그러나 판매개념이 기존 제품의 판매와 촉진활동의 강화를 통해 매출을 증가시켜 이윤을 남기려는 생각인 데 반해서 마케팅 개념은 시장의 고객들이 가진 욕구를 통합된 마케팅 활동을 통해 충족시킴으로써 이윤을 창출하려는 생각이라는 점이 다르다. 즉 판매개념은 누가 구매하며, 또는 왜 구매하느냐에 대해서는 거의 관심을 갖지 않고 단기적인 판매를 달성하는 것으로서, 고객획득에 주로 집중한다. 반면에 마케팅 개념은 조직외부에서 출발하여 조직내부로 향하는 관점이다. 이는 잘 규명된 시장에서 시작하고, 그 시장 내의 고객욕구에 집중하고, 고객에게 영향을 미칠 수 있는 모든 마케팅 활동을 조정하고, 고객가치와 고객만족에 바탕을 둔 장기적인 고객관계를 조성함으로써 이익을 창출하는 과정이다. 즉 마케팅 개념하에서 기업은 고객이 원하는 것을 생산하고, 그 결과로 고객을 만족시키며, 기업은 이익을 획득한다.

그림 10-2 대외판매부서로서의 마케팅 부서

그림 10-3 조직핵심으로서의 마케팅

조직에서의 마케팅 유형은 앞서 제시하였던 마케팅의 개념에 대한 설명을 토대로 고전적인 마케팅의 철학과 현재 변화된 마케팅의 철학을 비교하여 보는 두 가지 관점이 있다. [그림 10−2]는 마케팅 부서가 조직의 운영, 정보기술, 재정, 행정, 인적자원 등에 같이 포함되지 않는 단순한 대외적 판매를 위한 부서로 위치하는 것을 의미한다. [그림 10−3]은 마케팅 조직의 구성요소에서 핵심이라는 관리철학적 관점을 보여준다(Sargeant, 2009). 오늘날 대부분의 조직에서 마케팅은 조직의 핵심경영요소로서 모든 부서에서 고객만족을 위해 경영하도록 지원하고 있다.

이는 '기업의 장기적인 이익을 극대화한다는 기본목적을 위하여 다른 기능들과 융합하여 모든 마케팅 기능을 통합・협력하고자 하는 기업의 태도', '고객지향과 이익지향에 대한 필요성을 전사적으로 받아들이고, 시장의 욕구를 회사의 모든 주요 부서에 전달하여 주는 데 작용하는 마케팅의 중요한 역할을 인식하는 것에 근거한 조직관리의 철학(McNamara, 1972)'을 의미한다(손영석 외, 1999).

〈표 10−1〉에서는 기업마케팅과 사회복지마케팅의 차이를 비교하였다.

표 10-1 기업마케팅과 사회복지마케팅의 비교

기준	기업마케팅	사회복지마케팅
특징	기업의 내부욕구 강조	복지조직을 둘러싼 내부 및 외부욕구 강조
목적	목표시장이나 사회에 이익을 부여하면서 동시에 주목적인 이윤창출	이윤추구보다는 목표시장과 사회이익을 위해 봉사
노력의 초점	목표시장이 원하는 필요와 욕구를 충족시키기 위해 노력	목표시장의 태도와 행동을 변화시키기 위해 노력
마케팅 대상	아이디어를 수단으로 제품과 용역을 마케팅	사회의 전반적인 이슈나 이념 등을 마케팅
관심사	대체로 상품과 서비스에 대한 관심	상품, 서비스뿐만 아니라 사람, 장소, 조직에 대해서도 관심
교환	일반적으로 화폐의 형태로 이루어질 수 있음	무형(지지, 노력, 만족, 참여 등)의 형태로 이루어질 수 있음
목표	조직목표는 일반적으로 재정적인 것이며 투자에 대한 이익, 판매, 보고의 형태로 진술됨	조직의 목표는 상당히 복합적이고, 재정적인 이슈를 넘어서 다양함
이익, 지불	이익이 보통 고객의 지불과 관련됨	사회복지서비스의 이익은 수혜자, 후원자의 지불능력과 상관이 없는 경우도 있음
시장 분할	현재 또는 잠재적으로 가능성이 있는 시장분할을 하기 위해 노력함	사회복지조직에는 경제적으로 가능성이 없는 시장분할도 기대되거나 요구됨
고객	단일한 고객시장이 존재	두 고객(수혜대상자와 후원자) 이상의 시장을 보유함

3) 마케팅 믹스

마케팅 믹스(mix)는 기업이 표적시장에서 원하는 반응을 얻을 수 있도록 하기 위해서 혼합하여 통제가능한 전술적인 마케팅 도구의 집합을 뜻한다. 마케팅 믹스는 기업이 제품의 수요에 영향을 주기 위해 활용할 수 있는 모든 수단으로 구성되어 있다. 이러한 마케팅 개념을 토대로 성공적인 마케팅을 위한 요소인 마케팅 믹스에 대해 일반적으로 네 가지 요소(4P : Product, Price, Promotion, Place)를 제안하는데, 비영리기관의 마케팅에 관해 언급한 Fine(1992)은 비영리기관에서 4P만을 가지고 최적의 함수를 도출해 내는 것은 무리가 있다고 주장하면서 추가적으로 3P가 포함되어야 한다고 강조하였다. 즉 마케팅을 하는 주체인 생산자(Producer), 마케팅을 통해 호소해야 하는 대상자인 구매자(Purchaser), 과학적 탐구과정인 조사(Probing) 등이 마케팅 믹스에서 고려되어야 한다는 것이다. 이는 마케팅 전략을 수립하는 데 더욱 광범위한 틀을 제공하고 있어 사회복지기관의 마케팅 전략을 제시하는 데 더욱 적합한 모델로 보인다. 따라서 Fine의 7P 모델을 중심으로 사회복지기관의 마케팅 전략을 제시하는 것이 바람직하다고 여겨지며, 이러한 맥락에서 사회복지기관 마케팅의 기본 틀을 구성하는 마케팅 믹스는 다음과 같다.

(1) 제품(product) : 서비스

제품은 구매자의 욕구를 충족시키기 위한 산출물을 의미한다. 사회복지기관의 마케팅에서 제품은 주로 서비스가 된다. 제품을 개발할 때에는 구매자가 사려는 것이 무엇인지를 파악하는 것이 중요하다. 따라서 비영리기관의 후원자 개발을 위한 마케팅에서 후원금 자체에 중점을 두기보다는 후원행위를 통한 사회적 기여와 소외계층의 삶의 질 향상에 중점을 두어 제품이 개발되어야 한다.

(2) 가격(price) : 지불능력

가격은 구매자가 그 제품을 얻기 위해 기꺼이 지불하고자 하는 대가를 의미한다. 생산자는 가격을 결정하기 전에 사람들이 그 제품에 어떤 가치를 부여하고 있는지를 반드시 파악해야 한다. 제품의 거래에서 구매자가 지불하는 것에는 시간, 노력, 생활양식의 변화, 혹은 다른 기회비용이 포함된다. 그러나 사회복지기관에서 가격을 결정할 때에는 반드시 이용자의 지불능력이 고려되어야 한다. 지불능력이 높은 사람에게 더 많은 지불을 요구하고, 지불능력이 없는 사람에게는 실비나 무료로 서비스를 제공하는 가격정책이 수립되어야 한다.

(3) 판촉(promotion) : 홍보와 의사소통

판촉은 고객 마음속의 관심, 궁극적으로 구매할 의도를 자극하기 위해 활용되는 모든 판매촉진기술이다. 즉 그 제품의 유익함을 전달하는 과정이다. 이는 홍보와 의사소통(communication)을 의미한다. 홍보는 창의성과 다양성이 요구된다. 또한 홍보에 있어서 중요한 것은 기발한 소재이다. 일반적으로 대중매체가 많이 사용되지만, 광고, 대변, 로비활동, 교육 프로그램 등 사람들과의 직접적 대면방법도 사용된다.

(4) 유통장소(place) : 접근용이성

구매자들이 구입하기 가장 적합한 때와 장소에 마케팅 제품이 있도록 하는 것을 의미한다. 사회복지기관에서 장소는 서비스에 대한 접근용이성을 의미한다. 사회복지서비스는 공간적 접근성뿐만 아니라 심리적 접근성도 방해받지 않도록 제공되어야 한다.

(5) 생산자(producer) : 사회복지기관

마케팅을 위해 구매자와 교환할 아이디어를 창출하고 메시지를 생산해 내는 주체를 의미한다. 예를 들어, 사회복지기관에서 후원자 개발을 위한 마케팅을 하는 경우에 사회복지기관이 생산자가 된다. 비영리기관은 마케팅의 주체인 생산자가 되어 비영리기관의 목표에 대한 가치를 확신시켜야 한다. 이를 위해 비영리기관은 일반시민들로부터 믿을 만하고 의지할 만한 기관으로서 신뢰를 받아야 하고, 대상자들의 중요한 대변인 역할을 해야 한다. 마케팅 주체로서 비영리기관은 교환하고자 하는 아이디어나 메시지에 책임을 질 수 있어야 한다.

(6) 구매자(purchaser) : 고객, 후원자

기업의 마케팅에서 구매자는 일반적으로 잠재적 고객을 의미한다. 사회복지기관의 후원자 개발을 위한 마케팅에서 구매자는 잠재적 후원자들이다. 잠재적 후원자가 될 사람들은 마케팅의 초기단계에서 반드시 파악되어야 한다.

(7) 조사(probing)

소비자 조사는 마케팅 담당자들이 사용하는 가장 중요한 도구이지만 때로 지나치게 남용될 수도 있다. 따라서 조사는 필요성이 매우 높을 때 행해져야 하며, 철저하고 주의 깊게 이루어져야 한다(정무성·황정은, 2013).

4) 사회복지마케팅의 특성

비영리조직 마케팅의 특성을 기술한 Lovelock와 Weinberg(1990)의 설명은 사회복지

마케팅 특성의 복잡성을 이해하는 데 도움을 주는데, 이들에 의하면 비영리조직 마케팅은 조직을 둘러싼 구성원의 다양성으로 인해 복잡해진다고 주장한다. 또한 영리부문에서처럼 단순히 재정적인 목표만 가지고 있는 것이 아니라 다양한 목적들이 있고, 이들이 추상적인 경우가 많아 목표달성을 측정하기 어려운 경우가 있다(Sargeant, 2009).

대부분의 비영리조직에서는 물리적인 상품보다는 서비스를 생산한다. 영리부문에서 생산하는 물리적인 상품과 사회복지조직에서 생산하는 서비스 간에는 차이가 있어 마케팅에 영향을 미친다. 실제로 많은 비영리조직들은 명확하게 규정하기 애매한 서비스 같지 않은 서비스를 생산하기도 한다. 예를 들어 어떤 조직들은 표적집단과의 직접적인 의사소통을 통해서 혹은 간접적인 로비활동 등을 통해 사회행동의 변화를 시도하는 일이 주 업무인 경우도 있다. 이러한 비영리부문의 서비스가 영리부문의 상품과 다른 차이점은 다음과 같이 네 가지로 요약할 수 있다(Zeithaml et al., 1985).

첫째, 서비스의 무형성(intangibility)이다. 영리부문에서 고객이 상품을 구입할 때 보면 우선 그 상품의 외형, 냄새, 맛 등을 통해 그것을 평가하게 된다. 그리고 그 상품을 통해 얻게 될 이익에 대해 어느 정도 기대를 갖게 되고, 그동안의 경험 혹은 정보를 통해 품질에 대한 확신도 갖게 된다. 그러나 사회복지조직의 서비스는 그것을 이용해 보기 전에는 서비스 제공자의 주장을 확인할 수 있는 방법이 거의 없다. 이러한 비유형성으로 인해 서비스는 상품처럼 진열하거나 재고정리를 하기가 어렵고, 상대방을 설득하기 위해 홍보를 하거나 특허를 내기도 힘들다. 서비스는 이용자가 실제 이용을 해본 후에만 평가가 가능하기 때문에 마케팅의 어려움이 있다.

둘째, 서비스의 다양성(heterogeneity)과 복잡성(complexity)이다. 영리부문의 상품은 대량소비를 유도하기 위해 표준화를 통한 저비용을 유지하는 경우가 많아 다양성이 부족하다. 그러나 사회복지서비스는 이용자의 개별적인 욕구를 중시하기 때문에 다양한 서비스가 제공되어야 하며, 또한 서비스와 관련된 이해집단이 다양하여 욕구를 충족시키는 과정이 매우 복잡한 특징이 있다. 특히 스태프와 이용자 간의 관계에 따라 다양하고 복잡한 과정을 통해 서비스가 제공된다. 이러한 이유로 인해 대량생산이 불가능하고, 결국 사회복지서비스 단위비용은 영리부문 상품의 단위비용보다 훨씬 높을 수밖에 없다.

셋째, 사회복지부문의 서비스는 생산과 소비가 동시에 일어난다. 영리부문에서의 물리적 상품은 생산이 선행되고 고객에 의해 소비가 발생한다. 그러나 사회복지조직에서는 생산과 소비가 분리되지 않는 경우가 많다. 즉 서비스는 먼저 판매행위가 발생할 수 있지만 생산과 소비는 동시에 일어난다. 이는 생산자와 소비자가 서비스 생산과정에 동시에 참여한다는 것을 의미한다. 따라서 사회복지마케팅에서는 상품의 교환과정뿐만 아니라 생산자와 소비자의 상호작용을 강조할 필요가 있다.

마지막으로 서비스는 소멸성(perishability)이 있다. 사회복지기관의 서비스는 식품이나 가전제품처럼 쌓아 두거나 저장할 수 없다. 그래서 서비스는 반환하거나 되팔 수 없다. 서비스가 일단 시작되면 참여하지 않은 사람은 그 서비스를 잃어버린 것이다. 유사한 서비스가 다음에 제공된다 할지라도 정확하게 똑같은 것은 아니며, 그 서비스가 제공되기까지 일정 기간을 기다려야 한다. 따라서 사회복지마케팅에서는 서비스가 가능한 한 최적의 조건에서 제공된다는 것을 확신시키는 전략과 실제로 그렇게 제공하는 노력이 요구된다.

이와 같이 사회복지서비스는 영리부문의 상품과는 여러 가지 측면에서 다른 점이 있다. 더구나 취약계층을 위한 사회복지서비스는 대상자들에게 상당한 이익을 줄 수 있음에도 불구하고 반대세력의 저항에 부딪히는 경우가 많다. 예를 들어 사회복지관의 사회교육 프로그램이나 자활사업, 무료급식 등의 경우 지역사회 내 영리업자들과의 이해관계가 문제가 되곤 한다.

3. 마케팅 과정

마케팅 전략수립의 과정에서 핵심내용은 고객, 기관, 경쟁자와 고객세분화, 표적시장선택 및 포지셔닝이다. 또한 전략은 환경과 맞아야 하고, 조직구조는 전략과 어울려야 하며, 이들이 전략적 적합성을 가질 때 좋은 성과를 기대할 수 있다. 따라서 [그림 10-4]에서 보는 바와 같이 마케팅 과정은 기관환경분석, 마케팅 조사, 마케팅 목표설정, 시장분석, 마케팅 도구설정, 마케팅 실행, 마케팅 평가 등으로 구성된다.

그림 10-4 마케팅 과정

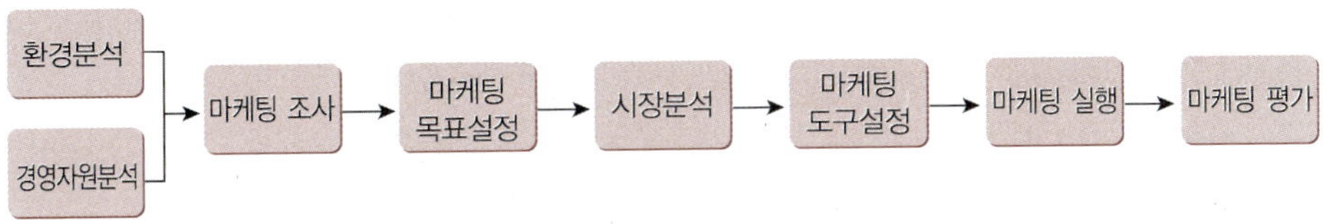

1) 기관환경분석

마케팅의 출발점은 기관 및 기관이 속한 환경의 분석으로부터 시작된다. 이 과정은 기관이 마케팅을 위한 준비상태를 확인하는 과정이기 때문에 기관의 존재이유, 기관 프로그램, 기관지원, 기관지원의 당위성, 지원자에 대한 혜택과 같은 사항들에 대한 분석이 필요하다.

기관의 환경요인을 분석할 때 환경요인은 사회제도적 환경과 조직내부환경으로 구분해 볼 수 있다. 사회제도적 환경은 모금과 관련된 각종 법규와 정부정책, 경제상황 등에 관한 내용을 포함한다. 조직내부의 환경은 조직의 경쟁력과 조직 내 자원의 분석을 의미한다(정무성, 1998). 조직이 활동하고 있는 환경을 분석하고 주요한 환경동향과 조직 간의 관계를 명확하게 하며 조직이 적응하려는 적응대상을 결정해야 한다. 환경분석은 주로 '우리가 일하고 있는 상황(context)은 무엇인가?'에 중점을 두고 있다. 즉 기회(상품, 시장, 기술 등)와 위협(정치, 종교 등이 압력과 경쟁 등)요소를 파악한다. 기관환경분석단계에서 쓰이는 기법은 SWOT(Strength, Weakness, Opportunity, Threat) 분석으로 이는 기관의 마케팅상의 강점과 약점을 확인하고, 외부환경인 기회요인과 위협요인을 규명하는 분석기법이다.

자원분석은 '우리가 가지고 있는 자원은 무엇인가?'에 중점을 두고, 강점(이미지, 자원 등)과 약점(결정과정, 지원부족, 유통망 등)을 분석한다. 환경분석을 마친 후 관리자는 경영자원과 능력을 분석해야 한다. 이 분석의 목적은 조직의 주요자원에 대해 강점과 약점의 관점에서 명확성을 기하기 위함에 있다. 그래서 조직은 강점에 의해 유지되므로 거기에 적합한 목표, 기회, 전략이 추구되어야 하고 자원 면에서 취약한 부문은 회피해야 한다.

주요자원은 인재, 자금, 시설, 시스템, 시장자산으로 분류되며, 각 자원이 갖는 강함과 약함의 정도를 알아 둔다. 구체적으로 보면 주요자원의 속성은 다음과 같다.

① 인력－충분한가? 숙련되어 있는가? 열심인가? 충실한가? 서비스 지향적인가?

② 자금－충분한가? 융통성이 있는가?

③ 시설－충분한가? 유연성이 있는가? 배치의 질은?

④ 시스템－정보시스템의 질은? 계획시스템의 질은? 통제시스템의 질은?

⑤ 시장자산－고객기반은? 기부자 기반은? 관계기반은? 일반적인 평가는?

기회를 고려할 때 조직은 필요한 자원이 충분한가를 검토하며, 최선의 기회를 포착하기 위해서는 조직의 독자적 능력, 즉 조직이 특별한 강점을 지닌 자원과 능력에 관심을 기울여야 한다. 또한 조직은 강점의 균형을 맞추어 골고루 잘하려고 추구하기보다는 한 가지의 최고 강점을 잘 운용하는 것이 훨씬 효과적이라 할 수 있다.

2) 마케팅 조사

오늘날 비영리 목적의 학교, 병원, 정부기관, 정당, 자선단체 등 거의 모든 형태의 조직들은 그 조직과 관련된 환경집단과 시장에 대한 마케팅 조사를 실시하고 있다. 정확하고 충분한 자료를 얻기 위하여 관리자와 소비자를 직접 연결시켜 줄 수 있는 최선의 커뮤니케이션 수단으로 마케팅 조사가 수행되어야 하는 것이다. 비록 마케팅 조사가 마케팅 활동을 지원하기 위해서 생겨난 것이지만, 오늘날 그 활용범위는 점차 확대되어 가고 있으며, 중요성이 커지고 있다.

마케팅 초기단계에서 이루어지는 시장조사에서 마케팅을 하는 기관은 시장에 관해 최소한 다음 네 가지 점을 사전에 분명히 파악하고 있어야 한다. 첫째, 상품이나 서비스에 대한 욕구가 있는가? 둘째, 욕구를 지닌 사람들이 상품이나 서비스를 사는 데 관심이나 잠재적 욕구가 있는가? 셋째, 그들이 상품을 사기 위한 돈이 있는가? 마지막으로 충분한 돈을 소유한 자들이 그들이 원하는 상품이나 서비스를 위해 기꺼이 쓰고자 하는 의지가 있는가?

사회복지시설에서 시장조사는 잠재적 후원자와 그들이 원하는 바를 찾아내는 작업이라고 할 수 있다. 이를 육하원칙에 입각하여 제시하면, "누가 후원하기를 원하는가(who), 무슨 분야에 후원을 원하는가(what), 언제 후원하기를 원하는가(when), 어디에서 후원하기를 원하는가(where), 어떤 방식으로 후원금 내기를 원하는가(how), 왜 사람들은 경쟁기관에 후원하지 않고 우리 기관에 후원하고자 하는가(why)"로 구성해 볼 수 있다.

마케팅 관리자는 일반적으로 내부보고시스템, 고객정보시스템, 마케팅지능시스템들에 의해 제공되는 정보와 의사결정지원시스템에 의한 분석결과를 토대로 의사결정을 내린다. 그러나 이와 같은 정보만으로는 마케팅 문제의 해결에 충분치 못한 경우가 흔히 발생된다. 예를 들어 시장환경에 큰 변화가 없는데도 불구하고 연간 1%씩 시장점유율이 5년째 감소하였다고 하자. 이 경우 광고비의 증액이나 영업사원의 사기진작을 통해 매출증대를 꾀할 수도 있을 것이다. 그러나 이러한 원인이 심리적 요인에서 기인하였다면 기존의 마케팅정보시스템에 축적된 정보만으로는 그 원인을 찾기 어려울 것이다.

따라서 마케팅 조사는 의사가 환자를 치료하는 과정에 비유될 수 있다. 의사는 병의 증상을 파악하고, 그 원인을 규명하기 위하여 다양한 진단방법을 도입한 다음, 수집된 진단자료를 토대로 적절한 처방을 내리는 절차를 거친다. 마찬가지로 시장조사도 조사문제의 파악, 시장조사설계, 자료의 수집과 분석, 보고서 작성의 4단계를 거친다(안광호 외, 1998).

3) 마케팅 목표설정

마케팅의 목표를 설정하기에 앞서 기관의 목적을 살펴볼 필요가 있다. 목적은 실행계획을 더욱더 구체적으로 제시하는 목표와는 구분이 된다. 사회복지기관의 목적은 대부분 소명헌장의 형식으로 기관의 현재 상태와 미래의 방향을 제시해 준다.

목표설정은 정확한 문제의 진술, 표적집단의 성격과 규모, 기관의 정책, 자원동원 등의 변수들에 의해 범위와 방향이 정해진다. 목표는 마케팅 기획의 초기단계에서 명확하게 규명되어야 하며, 특히 세부목표는 그 중요성의 우선순위가 제시되어야 한다. 목표는 목표 자체로 완성될 수 없으며 사전조사와 목표달성을 위한 프로그램 그리고 결과에 대한 평가가 항상 함께 있어야 한다. 세부목표는 SMART하게 구성되어야 하는데, 이는 구체적(Specific)이고, 측정가능(Measurable)하며, 달성가능(Attainable)하고, 결과지향적(Result-oriented)이면서 시간적 한계(Time-boundary)가 명확히 제시되어야 함을 의미한다(정무성, 1998).

4) 시장분석

시장분석은 시장세분화(segmentation), 표적시장선정(targeting), 시장 포지셔닝(positioning)의 세 단계로 구성되어 있다. 이를 표적마케팅이라고 부르는데 이는 전체 시장 속의 세분화된 특정 시장의 소비자 욕구에 대응하는 마케팅 활동을 의미한다.

그림 10-5 시장세분화, 표적시장선정, 시장 포지셔닝의 단계

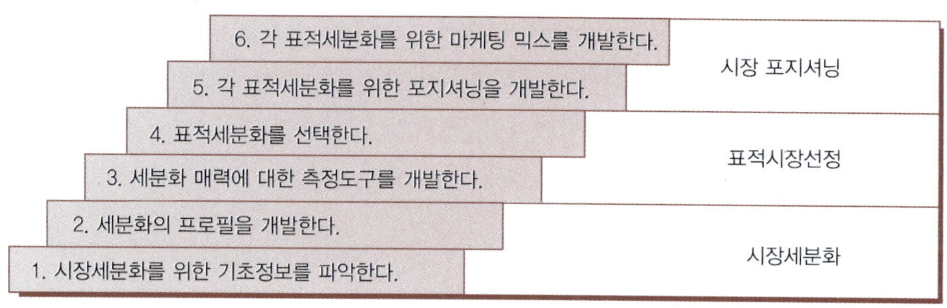

출처 : Armstrong & Kotler(2000)

시장세분화, 표적시장선정, 시장 포지셔닝은 [그림 10-5]와 같은 순서로 진행된다. 시장세분화란 분리된 상품과 마케팅 믹스를 요구하는 욕구, 특징, 행동을 기반으로 하여 구별되는 소비자 집단으로 시장을 구분하는 것이다. 시장을 표적화하는 것은 각 시장세분화의 매력을 평가하고, 하나 이상의 세분화를 선택하는 과정이다. 시장 포지셔닝은 경쟁되는 상품과의 비교에서 한 상품이 소비자의 마음에 명확히 구별되어 새기고 싶은 이미지를 형성하는 것이다(Armstrong & Kotler, 2000).

(1) 시장세분화

시장세분화(segmentation)란 전체 시장을 일정한 기준에 의해 동질적인 세분시장으로 구분하는 과정이다. 전체 시장을 세분시장으로 나누는 이유는 다양한 소비자의 욕구를 무시하고 하나의 제품만으로 제품시장에서 경쟁우위를 확보하기가 어렵기 때문이다. 그렇다고 너무 지나치게 고객지향적인 사고에만 집착하여 개별적인 고객의 요구를 모두 충족시키려는 마케팅 노력은 기업이 추구하는 이익의 달성을 불가능하게 만든다. 이에 전체 시장을 욕구가 비슷한 고객집단으로 구분하고 각 집단별로 차별적인 접근을 시도한다.

그림 10-6 시장세분화의 수준

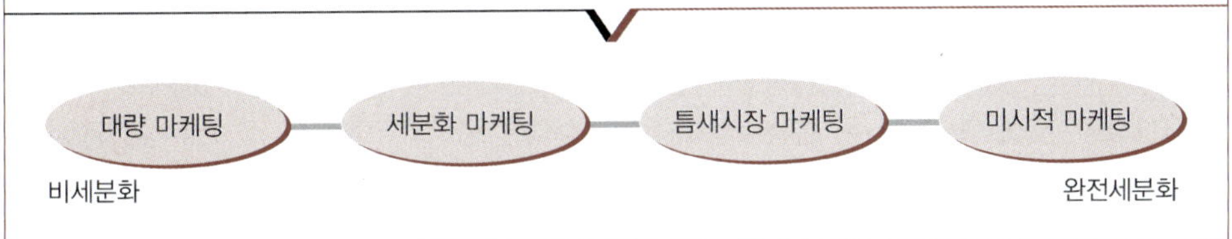

출처 : Armstrong & Kotler(2000)

마케팅 관리자는 시장세분화 과정에서 우선 어느 수준에서 하나의 세분시장으로 묶을 것인지에 대해 의사결정을 내려야 한다. [그림 10−6]에서 보는 바와 같이 모든 소비자를 하나의 세분시장으로 보고 접근할 수도 있고 반대로 각각의 소비자를 별도의 세분시장으로 간주할 수도 있다. 그러나 실제로 많은 기업들은 두 방법의 중간형태로 일정 수의 동질적 소비자들을 묶어 세분시장으로 나누는 방법을 채택하고 있다.

① 대량 마케팅 : 이는 제품시장 내 고객들을 구분하지 않고 전체 소비자에 대해 하나의 마케팅 프로그램을 제공하는 방법이다. 예를 들면 럭키치약, 농심라면, 기아자동차의 승합차 봉고의 경우이다. 대량 마케팅(mass marketing)이 제품시장에서 성공적으로 받아들여질 수만 있다면 대량생산을 통한 원가절감을 통하여 이익을 창출할 수도 있다. 그러나 현재와 같이 고객의 욕구가 다양화되고 기업 간 경쟁이 치열한 상황에서는 하나의 제품과 마케팅 프로그램만으로 모든 고객을 만족시키는 어려우며, 이 방법은 제품수명주기상의 도입기에 제한적으로 사용할 수 있는 접근 방법이다.

② 세분화 마케팅 : 고객들의 욕구가 다양해짐에 따라 기업들은 일부 세분시장에 마케팅 노력과 자원을 집중하여 경쟁우위를 확보하려는 접근방법을 도입하고 있다. 예를 들어 화장품 회사가 소비자의 연령대에 따라 고등학생, 20대 초반, 20대 후반, 30대 등으로 제품시장을 세분화(segment)하는 방법이다.

③ 틈새시장 마케팅 : 틈새시장(niche)이란 세분시장을 더욱 세분화한 보다 작은 규모의 소비자 집단을 의미한다. 예를 들어 유아식을 다시 연령대에 따라 초유성분의 제품, 3개월 미만, 그리고 3~6개월에 맞는 제품으로 구분하거나 30대를 겨냥한 화장품을 다시 주름살을 제거하는 화장품이나 기미를 제거하는 화장품 등으로 구분하는 경우이다. 틈새시장은 세분시장에 비해 규모는 작지만 경쟁자가 많지 않으며 독특한 고객욕구를 만족시켜 줌에 따라 소비자가 기꺼이 고가의 제품을 구매하는 경우가 많다. 이에 따라 틈새시장을 규모가 작은 기업들에게 제한된 자원을 집중하여 비교우위를 확보할 수 있는 기회를 제공한다.

④ 미시적 마케팅 : 미시적 마케팅(micro marketing)은 개별적인 고객수준에서 각 고객의 욕구에 맞춰 제품과 마케팅 프로그램을 개발하여 제공하는 방법이다. 이러한 방법은 한정된 경영자원을 효율적으로 관리하는 데 있어서의 어려움으로 인하여 일반 소비재시장에서는 널리 활용되지 못하였으며 소수의 거래고객들을 대상으로 하는 산업재나 소규모의 기업에서 제한적으로 적용되어 왔다. 그러나 최근에는 컴퓨터 기술의 발전과 함께 대량의 고객정보에 대한 분석과 처리가 가능해짐으로써 개별적인 고객에 맞는 마케팅 프로그램을 개발·적용하는 데이터베이스(DB : database)[1] 마케팅이 확산되고 있다.

시장을 세분화할 때에는 어떤 변수들이 소비자의 행동을 가장 두드러지게 나타내 주는지 구분되는 변수를 찾아내는 일이 중요하다. 소비자 시장의 변수는 크게 지리적 변수, 인구통계학적 변수, 심리적 변수, 행동적 변수 등으로 나눌 수 있다. 지리적 변수는 지역 단위, 지역의 크기, 인구밀도 등으로 구분하여 파악될 수 있다. 인구통계학적 변수는 후

1) DB마케팅이란 제한된 시장과 치열한 경쟁에서 우위를 확보하기 위해 ① 고객에 대한 여러 가지 정보를 컴퓨터를 이용하여 데이터베이스화하고, ② 이를 바탕으로 고객과의 장기적인 관계를 구축하기 위해 개별고객의 욕구에 맞는 차별화된 마케팅 전략을 수립하고 집행하는 과정으로 정의된다.

원자의 소득, 직업, 나이, 종교, 성 등에 따른 후원행위의 차이를 볼 수 있다. 심리적 변수는 사람들의 개성, 생활 스타일, 소속감, 관계의 지속성 등이 있다. 행동적 변수는 구매자들이 상품에 대하여 갖고 있는 지식, 태도, 사용반응 등에 기초하여 구분될 수 있다.

(2) 표적시장선정

시장세분화 작업을 통해 동질적인 범주를 파악하여 기관이 공략가능하다고 선택한 시장이 표적시장(target marketing)이다. 표적시장을 선정하기 위하여 마케팅 관리자가 여러 세분시장을 평가할 때 사용되는 기준은 다음과 같다. 첫째, 특정 세분시장에 진입하는 것이 기업의 사업목표 및 마케팅 목적과 일치하는가를 검토해야 한다. 둘째, 기업이 특정 세분시장에서 성공하는 데 필요한 기술과 자원을 갖추고 있는가를 고려해야 한다. 셋째, 세분시장이 적절한 규모와 성장을 유지하고 있는가를 검토해야 한다. 넷째, 세분시장이 수익성의 관점에서 매력성을 지니고 있는가를 검토해야 한다(예종석 외, 1998).

표적시장선정은 세분시장별 3C 분석과 수요예측 등을 통해 기업에 가장 유리한 시장을 선정하는 것이다. 3C 분석은 시장의 규모와 성장성을 평가하는 고객(customer), 상대적 경쟁력을 평가하는 경쟁사(competitor), 자사와의 적합성과 시너지 효과 등을 평가하는 자사(company)의 요소를 고려하여 세분시장별 매력도를 평가하는 것이다.

표적시장을 선정하는 데 있어 가장 중요한 제품과 시장이라는 두 요인을 고려하면 다음과 같은 다섯 가지 대안이 있을 수 있다.

① 단일구획집중화 : 단일구획집중화(single-segment concentration)는 가장 단순한 경우로 단일시장을 선택하여 거기에만 마케팅 노력을 집중하는 것이다.

② 제품전문화 : 한 가지 제품으로 다양한 고객층에 판매하는 전략이 제품전문화(product specialization)에 해당한다. 가령 냉장고 하나만을 생산하여 가정, 소매점, 병원, 학교 등에 판매하는 경우가 그것이다.

③ 시장전문화 : 시장전문화(market specialization)는 특정 고객층이 지니고 있는 상이한 여러 욕구의 충족에만 집중하는 전략이다. 가령 대학이 필요로 하는 각종 설비와 기자재만을 판매하고 있다면 그 회사는 시장전문화 전략을 채택하고 있는 것이다.

④ 선별적 전문화 : 선수익성이 높고 기업의 자원이나 목표와도 부합되는 몇 개의 시장만을 선별해서 진출하는 전략이 선별적 전문화(selective specialization)에 속한다.

⑤ 전체 시장 포괄 : 전체 시장 포괄(full market coverage)은 각 고객집단이 필요로 하는 모든 제품을 생산·판매하는 전략으로서 흔히는 대규모의 회사에 의해서 채택된다.

(3) 시장 포지셔닝

기업이 표적시장을 선정하여 고객이 원할 것으로 판단한 새로운 제품을 출시하였다 하더라도 표적시장 내 소비자들이 그 제품을 자신들에게 적합한 제품이 아니라고 생각한다면 마케팅 노력은 모두 허사가 된다. 이러한 문제점을 극복하기 위해 마케팅 관리자는 표적시장의 고객들에게 자사제품이 경쟁제품들에 비해 어떤 차별점을 갖고 있으며 고객의 욕구를 제대로 만족시켜 주고 있음을 확신시켜 주는 포지셔닝 전략을 펴야 한다(권익현 외, 1999).

이는 비영리조직에서도 서비스를 차별화하는 전략을 구사해야 한다는 함의를 제공한다. 포지셔닝이란 시장 내 고객들의 마음에 위치 잡기란 의미를 갖는다. 포지셔닝을 잘하기 위해서는 다른 기관들보다 차별적 위치를 차지하여 고객욕구를 잘 충족시키는 서비스를 표적시장에 제공해야 한다. 즉 포지셔닝이란 기관의 시장에 대한 의사결정을 종합적으로 반영하고 있다. 고객은 누구(표적시장)이며, 그들에게 어떤 이미지(제품·서비스 콘셉트)를, 어떤 방법(마케팅 믹스 전략)으로 심으려고 노력하는가를 포지셔닝 전략에 의해 파악할 수 있다는 것이다.

포지셔닝 전략의 유형은 다음과 같이 구분해 볼 수 있다(권익현 외, 1999).

① 제품속성에 따른 포지셔닝 : 표적소비자들이 중요하게 생각하는 제품속성에서 자사제품이 차별적 우위를 갖고 있음을 직접적으로 강조하는 방법이다. 예를 들어 이마트(E-mart) 같은 새로운 유통업, 승용차 티코는 저가격을 집중적으로 강조하여 경제성을 추구하는 소비자들에게 알리고 있다.

② 사용상황에 따른 포지셔닝 : 제품이 사용될 수 있는 적절한 상황과 용도를 자사제품과 연계시키는 방법이다. 예를 들어 술 마시기 전후에 마시는 컨디션, 김치를 보관하기 위한 싱싱냉장고 김장독이 사용상황에 따른 포지셔닝이다.

③ 제품사용자에 따른 포지셔닝 : 표적시장 내의 전형적 소비자를 겨냥하여 자사제품이 그들에게 적절한 제품이라고 소개하는 방법이다. 예를 들어 대우자동차의 라노스는 젊은 남성 소비자를 표적으로 한 로미오와 젊은 여성소비자를 겨냥한 줄리엣을 차별적으로 출시하였다.

④ 경쟁제품에 따른 포지셔닝 : 소비자의 마음속에 강하게 인식되어 있는 경쟁제품에 대비해 자사제품의 차별점을 제시하는 방법이다. 한국통신의 시외전화에 비해 9%까지 가격이 싸다고 강조하는 데이콤의 광고를 예를 들 수 있다.

5) 마케팅 도구설정

마케팅을 수행하기 위한 적절한 방법의 설정은 마케팅 대상을 선정하는 기부시장의 분석단계와 마찬가지로 중요성을 갖는다. 모금마케팅을 위해서는 연중모금, 자본모금, 전화 및 자동응답시스템(ARS), 특별행사, 재단기부금, 대중매체광고, 직접우편(DM)과 같은 방법을 활용할 수 있다. 그리고 마케팅 도구를 사용한 과거경험을 적절히 활용해야 하는데, 과거에 기관에서 활용한 마케팅 도구와 그 결과에 대한 면밀한 분석이 필요하다. 또 기부출처에 따라 좀 더 효과적일 수 있는 마케팅 방법이 무엇인가에 대한 분석도 과거 마케팅의 경험을 토대로 실시한다.

6) 마케팅 실행

마케팅 실행이란 전략적인 마케팅 목표를 달성하기 위해 마케팅 기획을 활동으로 옮기는 과정이다. 마케팅 기획이 어떤 마케팅 활동을 왜 하는가에 관한 것인 반면, 집행은 '누가, 어디에서, 언제, 어떻게 하는가'하는 것이다. 성공적인 마케팅 실행은 기업의 활동 프로그램, 조직구조, 의사결정 및 보상시스템, 인적자원 및 기업문화를 기업의 전략을 지원하는 종합적 프로그램으로 어느 정도 잘 규합하느냐에 좌우된다. 효과적 마케팅 실행을 위해서는 조직이 새로운 환경에서 목표를 달성하기 위해 전략을 개발하고 실행하는 데 요구되는 다음과 같은 시스템을 구축하는 일이 필요하다.

① 마케팅정보시스템 : 조직을 효과적으로 경영하기 위해 마케팅 환경요인과 조직내부에 관한 정보를 계속적으로 수집해야 한다. 이 정보를 제대로 수집·전달하려면 정확하고 적시에 포괄적으로 그것을 가능하게 해 주는 마케팅정보시스템을 개발·활용해야 한다.

② 마케팅계획시스템 : 모든 조직은 마케팅 활동을 수행하게 될 다음 기간에 대응하여

목표, 전략, 마케팅 실행계획 및 예산 등을 포함하는 계획을 수립하여야만 한다.

③ 마케팅통제시스템: 계획은 그것이 실행되고 감시될 때에만 유효하다. 따라서 마케팅 목표의 달성 여부를 검토하고 달성되지 않았을 때 마케팅 성과를 개선하기 위해 필요한 수정활동을 취할 수 있는 마케팅통제시스템의 구축이 요구된다.

④ 평가시스템: 전략적 마케팅 계획이 얼마나 목표에 접근했는가와 변화를 주어야 할 것은 무엇인가를 평가할 수 있도록 한다.

7) 마케팅 평가

마케팅 평가는 기부행위의 발생에 대한 종합적 평가와 함께 새로운 기관외부환경에 대한 분석으로 연계되는 과정이다. 기관 존재의 이유가 되는 사명에 기초한 사회적 욕구에 대한 분석이 필요하다. 이 점에서 마케팅 평가의 과정은 마케팅의 종료가 아닌, 새로운 과정으로의 변환을 의미한다(김형식 외, 2002). 마케팅 평가는 다음과 같은 네 가지 특성을 포함하고 있어야 한다.

① 포괄적 평가: 마케팅 평가는 소수의 문제발생분야뿐만 아니라 특정 기업이나 사업부의 모든 주요 마케팅 활동을 포함한다. 만약에 마케팅 평가가 가격결정, 광고결정 등의 한정된 마케팅 활동만을 평가한다면, 기능적 감사에 불과하고 마케팅 문제에 대한 근본원인을 규명하기에는 부족하다.

② 체계적 평가: 마케팅 평가는 마케팅 환경, 내부 마케팅 시스템, 특정 마케팅 활동을 포괄하는 체계적인 일련의 평가과정을 내포하고 있다. 따라서 마케팅 평가 이후에 기업의 마케팅 유효성을 개선하기 위한 장·단기 프로그램을 개발할 수 있다.

③ 독립적 평가: 마케팅 평가는 자체감사, 상호감사, 상부로부터의 감사, 기업의 감사부에 의한 감사, 외부감사 등으로 실시될 수 있다. 일반적으로 독립성, 객관성, 전문지식, 폭넓은 경험을 보유한 외부감사가 더 유용하다.

④ 주기적 평가: 마케팅 평가는 전형적으로 판매부진, 사기저하 등의 문제가 발생한 이후에 실시하고 기업의 상황이 좋을 때에는 실시하지 않는 것이 일반적이다. 그러나 기업의 상황이 좋은 경우에도 미래의 환경변화에 대처하기 위해서는 주기적으로 마케팅 평가를 실시해야 한다.

4. 사회복지조직 마케팅의 과제

비영리조직이 마케팅을 도입하는 이유는 기본적으로 마케팅이 이들 조직체로 하여금 그 목적달성을 보다 유효하게 해 줄 수 있기 때문이다. 영리추구를 목적으로 하지 않는 비영리조직에서는 이윤극대화보다는 자체 조직의 목적을 달성하기 위해 마케팅 활동을 한다. 따라서 비영리조직의 마케팅 목적을 살펴보면 그 효과를 짐작할 수 있다.

첫째, 개인의 발전을 도모하기 위해서이다. 예를 들면 여러 보건 관련 단체는 건강유지를 위한 정기진단의 필요성을 대중에게 알리며, 문화센터와 박물관 등에서는 예술과 문화의 이득을 알리고 있다. 이런 서비스들은 비록 방법은 다르지만 개인의 안전과 함께 발전을 촉진하기 위해서이다.

둘째, 사회적인 아이디어를 설득하기 위함이다. 예를 들어 낙동강 수질보호단체가 부산시민들이 맑은 물을 식수로 사용할 수 있도록 낙동강수질보호법을 입법화하는 캠페인을 전개하거나 의견선도자들에게 편지를 띄우며 국회의 입법 필요성을 탄원하는 일 등이 여기에 해당한다.

셋째, 새로운 정보와 실천을 전파하기 위함이다. 비영리조직은 대중에게 그들의 이익이 되는 정보를 전달하며 어떤 실천을 촉구한다. 예를 들면 보건당국에서는 설탕과 비만이 심장질환과 관계가 깊다는 생각에서 식이요법을 행하는 데 대한 비판적인 정보를 전파하고 알맞은 건강생활의 지침을 제공한다.

넷째, 행동변화를 유도하기 위해서이다. 비영리조직은 자신과 사회에 이로울 수 있도록 개개인의 행동을 변화시키려고 시도한다. 미국의 경우 암협회와 심장기금협회는 사람들로 하여금 담배를 끊도록 집요하게 홍보한다. 또 교통행정당국에서는 절대 음주운전하지 말 것과 좌석벨트를 매도록 습관화시키려 한다(정익준, 1999).

Narver와 Slater(1990)는 효과적 마케팅을 위한 조직의 행동적 특성을 고객지향성(customer orientation), 경쟁지향성(competitor orientation), 부서 간의 조화(inter-functional coordination)로 제시하고 있다.

① 고객지향성(customer orientation)은 조직의 가치보다 고객에게 가장 중요한 것이 무엇인지에 대한 충분한 이해를 통해서 가치를 창출하는 것을 의미한다. 가치창조의 서비스 환경은 관리자와 소비자의 상호작용에 많이 의존하므로 시장지향성의 목

표달성은 궁극적으로 조직 전체에 퍼지게 되는 문화적 특성의 적절한 개발과 정착을 요구한다(Deshpande & Webster, 1989).

② 경쟁지향성(competitor orientation)은 현재와 미래 경쟁자의 단기적으로 강점, 약점 그리고 장기적으로 능력, 전략을 이해하는 조직화를 포함한다. 이것은 조직이 경쟁적인 기술혁신에 의해 붕괴되는 것을 피하기 위해서는 필수적이다. 이 성과는 비영리기관에 상당한 전략적 편익을 제시하고, 효과적인 경쟁상대를 모니터링하는 시스템을 개발할 것을 요구한다. 이것은 벤치마켓 수행에 대해 중요한 데이터를 제공하고, 지속적인 경쟁우위(sustainable competitive advantage)의 근거로 사용될 수 있는 관리를 위한 핵심부분이라고 할 수 있다.

③ 부서 간의 조화(inter-functional co-ordination)는 표적소비자를 위한 보다 나은 가치의 창조를 위한 내부자원을 유용화하는 것이다. 부서 간 조화의 문제가 조사되고 그것의 유지를 위한 내부마케팅(internal marketing) 개념이 도입되었다.

따라서 시장지향(market orientation)은 이러한 세 가지 정의로 초점을 맞추고 자원의 활용과 그것을 개발하는 시장대응의 유형이라는 점에서 잠재적으로 조직에 상당한 편익을 제공한다. 이는 여러 가지로 조직체에서의 마케팅 철학의 구체화로 간주될 수 있다.

실제로 다음과 같은 방법으로 조직을 특성화할 수 있다.

① 조직화적인 구조와 전략적인 계획과정을 통한 시장요소의 폐쇄적 통합

② 개별적인 부분보다는 조직의 전체를 기본적으로 동일시

③ 경쟁보다는 상호협력을 기본으로 하는 상호부분적인 관계

마케팅으로 인한 비영리조직에서의 효과는 조직의 향상과 발전에 영향을 줄 뿐 아니라 조직과업의 틀을 제공할 수 있다. 이를 정리하면 다음과 같다.

① 마케팅은 소비자의 만족을 얻는 수준을 향상시킬 수 있다.

② 마케팅은 비영리조직의 자원동원에 도움을 줄 수 있다.

③ 마케팅의 전문적 접근을 채택하는 경우 차별화된 조직의 발전에 도움이 된다.

④ 마케팅의 전문적 접근을 통한 욕구조사에 의한 체계적 접근, 목표설정, 목표를 달성하기 위한 기획, 실질적으로 그것의 달성을 확실하게 하는 정형화되고 통제된 활

동의 유인 등은 가치 있는 마케팅 자원의 소모를 최소화할 것이다(Sargeant, 2009).

따라서 비영리조직도 마케팅 도입을 해야만 하는데 이를 위해서는 다음의 두 가지 측면에서 태도변화가 요구된다.

① 관리자와 스태프는 그들의 해야 할 일이 고객의 욕구를 이해하고 그것을 충족하는 것이라는 직무태도를 가져야 한다. 이런 태도의 변화는 고객만족의 개선을 위해 강력히 도입되어야만 한다.

② 마케팅 변수가 상호작용을 통해 시장에 어떠한 영향을 미치는가에 대한 기술적 지식을 알고 이를 활용해야만 한다. 이런 기술적 지식을 활용함으로써 더욱 능률적인 마케팅 활동을 수행할 수 있게 된다(방강웅, 1995).

한편 정익준(1999)은 비영리조직에서 마케팅 지향적 조직을 이루기 위해서는 다음과 같은 전제조건이 요구된다고 주장한다.

① 최고관리자 지원: 최고관리자가 신뢰하고 이해하며 또 다른 상급 경영자의 지지를 얻기 시작하면 강력한 마케팅 지향형 조직이 형성된다. 따라서 최고관리자는 조직 최고의 마케팅 담당임원이므로 마케팅에 대해 자주 언급함으로써 마케팅을 수용할 분위기를 조직 내에 환기시켜야 한다.

② 효과적인 조직설계: 최고관리자가 모든 마케팅 직무를 수행할 수 없기 때문에 마케팅 담당부장과 마케팅 담당이사를 추가적으로 조직에 포함시켜야 한다. 따라서 담당부장은 기본적으로 자원관리자로서 마케팅 자원계획과 마케팅 활동계획을 수립하고 조정하는 책임이 있다. 이를 토대로 마케팅 기능을 조직 내에 적절히 위치시켜야 한다.

③ 조직 내 마케팅 훈련: 마케팅 담당부장의 최초 과업은 조직의 여러 부서에 마케팅을 소개하는 일련의 워크숍을 개최하는 일이다. 왜냐하면 각 부서는 마케팅에 대해 잘못 생각하고 있거나 마케팅의 유용성에 대해 대부분 이해하지 못하고 있기 때문이다. 이러한 마케팅 훈련을 통해서 마케팅이 조직에서 효과를 발휘하도록 하는 것이 중요하다.

④ 보다 좋은 직원 고용: 비영리조직은 자원을 생산해 내지 못하므로, 적극적인 자원

개발이 필요하다. 이러한 자원개발을 하고, 프로그램을 실행하는 주체가 바로 비영리조직의 직원이다. 비영리조직에서는 다른 어떤 기관보다도 인적자원이야말로 재원이며 자산이기 때문에, 인적자원은 매우 중요하다 할 수 있다. 따라서 조직의 발전을 위해서 보다 좋은 인적자원을 확보하는 것은 조직의 발전과 연결된다 할 수 있다.

⑤ 시장지향적인 직원 포상 : 조직의 직원에게 시장지향의 중요성을 이해시키기 위해 최고관리층이 할 수 있는 한 방법은 시장지향적 태도를 보이는 직원을 포상하는 일이다. 고객에게 가장 뛰어난 활동을 수행한 직원을 포상하는 것이 바람직하다.

⑥ 시스템 개선계획 수립 : 조직을 마케팅 지향적으로 만드는 가장 효과적인 방법은 조직의 계획시스템을 개선하는 것이다. 그러기 위해서는 조직의 현재 상태를 파악하여 사업계획시스템을 발휘하도록 해야 한다.

5. 사회복지조직의 홍보

일반적으로 홍보라 함은 PR, 즉 대중관계(Public Relations)를 의미한다. PR은 '대중관계'라는 그 말 자체가 의미하듯이 '조직이 그의 사회적 환경이 되는 대중과의 원활한 관계를 유지하고자 하는 제반노력'을 일컫는다. 사회복지조직의 입장에서는 조직을 둘러싼 이해관계자(클라이언트, 가족, 지역사회, 후원자, 정부, 기타 기관 등)와 다양한 관계를 형성하는 노력을 의미한다. 이러한 과정을 통해 자원을 개발하고, 이용자를 확보하며, 조직 생존을 위한 지지를 얻기도 한다.

사회복지조직은 지역주민에게 복지서비스를 제공하기 위해서 존재하고 이를 위해서는 지역사회 내의 여러 개인, 단체 및 조직 등과 관계를 유지해야 한다. 서비스에 대한 정보 제공, 지역주민과 단체들의 협조 및 이해를 얻기 위해서는 홍보가 대단히 중요하다. Skidmore(1995)는 효과적인 홍보를 위해 다음과 같은 사항을 제시한다. ① 목표가 무엇이며 어디에 있는가를 알아야 한다. ② 접촉하려고 하는 사람이 누구인가를 알아야 한다. ③ 이용가능한 자원(돈, 정보, 인력 및 기술 등)을 고려해야 한다. ④ 돌아오는 이익이 접촉하고자 하는 상대방과 어떻게 연관되는가에 유의해야 한다. ⑤ 홍보에 관한 구체적인 기법을 알고 있어야 한다. ⑥ 절대적으로 정직해야 한다. ⑦ 사람들에게 감사해야 한다.

남기민과 전명희(2001)는 사회복지관 PR 활동의 중요성을 ① 사회복지관 시설 및 이미지 PR, ② 자원봉사자 모집 PR, ③ 후원자 개발 PR, ④ 프로그램 PR의 네 가지 측면에서 제시하고 있다.

홍보를 위한 매체는 크게 시각적 매체(신문, 잡지, 회보, 책자, 팸플릿, 보고서, 유인물, 사진 등), 청각적 매체(이야기, 좌담, 강연회, 라디오 등), 시청각적 매체(영화, 텔레비전, 비디오, 인터넷, 연극, 공개토론, 대중집회 등)가 있다. 이들 매체는 각각 고유한 특성이 있고 효과도 다르기 때문에 특정한 목표달성을 위해 가장 효과적이라 판단되는 매체를 선택해야 한다.

사회복지기관이 특정 이슈를 가지고 텔레비전, 라디오, 신문, 인터넷 등의 대중매체를 활용하는 경우 ① 일반인들의 기관에 대한 인지도를 높일 수 있다. ② 기관의 모금에 도움을 줄 수 있다. ③ 문제가 심각해지기 전에 여론화함으로써 사회문제를 예방할 수 있다. ④ 문제를 부각시켜 정책결정자들에게 영향을 미칠 수 있다는 이점이 있다.

이러한 대중매체를 적절히 활용하기 위해서 사회복지기관의 홍보담당자들은 다음과 같은 사항을 명심해야 한다.

① 평소 언론인들과의 지속적인 관계를 유지하라.
② 언론사 내 다양한 사람들과의 접촉을 유지하라.
③ 특정 사회문제에 있어 전문가임을 언론사가 인지하도록 하라.
④ 기관을 대변할 수 있는 위치임을 분명히 하라.
⑤ 언론사 관계자가 본인을 쉽게 접촉할 수 있도록 하라.
⑥ 언론사의 마감시간을 숙지하라.
⑦ 독점 인터뷰가 아닌 경우에는 자료를 동시에 모든 언론사에 제공하라.
⑧ 언론도 실수할 수 있음을 기억하라.
⑨ 기대했던 이야기가 실리지 않더라도 실망하지 마라.
⑩ 말하는 것이 그대로 실리지 않을 수 있음과 말한 모든 것이 실릴 수 있음을 기억하라.

우리나라 사회복지기관 PR의 가장 큰 문제점은 예산부족으로 인해 PR을 전문적으로 담당할 부서나 인력을 둘 수 없다는 것이다. 이로 인해 효과적인 PR을 적극적으로 펼치기가 어려운 실정이다. 따라서 PR 전문인력을 양성하고, PR 예산확보를 위해 노력해야 한다. 나아가서 사회복지기관의 PR 활성화를 위해서는 적극적인 언론 PR 활동을 실시할 필요가 있다. 현대사회에서 언론의 영향력이 워낙 크고 중요하기 때문에 언론을 통한 PR 활동에 중요한 비중을 두고 PR 활동을 실시해야 한다.

언론 PR 활동은 출입기자의 관계가 중요하게 작용하며 언론사, 방송사의 출입기자들을 어떻게 관리하느냐가 관건이다. 따라서 사회복지관의 PR 실무자는 취재기자들에게 사회복지관의 개념과 사회복지관 PR의 필요성을 인식시킴과 동시에 출입기자들이 원하는 기삿거리를 가급적 많이 준비해야 하며, 보도자료를 기회 있을 때마다 기자들에게 제공하는 노력이 더욱 필요하다.

또한 사회복지기관에 적합한 PR 매체를 개발해야 한다. 오늘날 CATV(cable television), 위성방송 등 유선계, 무선계의 뉴미디어의 활용과 멀티미디어의 활용, 인터넷과 PC 통신을 활용한 PR 활동, 블로그나 SNS를 통한 홍보, 팩시밀리를 이용한 DM 전략, 다양한 이벤트 형식의 PR 활동 등 사회복지관에서 활용할 수 있는 매체는 무한하다. 또한 인터넷을 통해 홈페이지를 작성하여 기관의 PR과 후원자를 모집하는 방법을 사용할 수 있으며, 배너광고를 활용하는 방법, 인터넷 업체와 연계하여 인터넷 이용자가 모은 적립금을 후원금으로 기부하는 형태도 나타나고 있다(남기민 · 전명희, 2001).

요약

사회복지에 시장논리가 도입되면서 마케팅 개념이 적용되어야 한다는 주장이 힘을 얻고 있다. 사회복지조직과 같은 비영리조직의 마케팅은 영리기업에서처럼 영리를 극대화하기 위한 목적이 아니라 비영리조직 자체의 목적달성에 있다. 비영리조직이 마케팅을 행하는 목적은 사회구성원의 발전을 도모하며, 사회적 이득을 설득하고 새로운 정보를 제공하여 행동의 변화를 유도하고자 하는 것이다.

마케팅의 핵심개념은 고객만족을 위한 교환이다. 기업에서 교환은 상업적인 제품이나 화폐의 교환을 의미하며, 공공기관에서의 교환은 공공서비스와 세금의 교환이다. 그러나 사회복지기관에서의 교환은 후원자가 기부금을 주면 만족감이나 보람을 느낄 수 있도록 하는 것을 의미한다. 사회복지마케팅은 고객 중심의 사고를 가져야 하는데, 이를 위해서 ① 고객지향성, ② 관계지향성, ③ 사회지향성, ④ Y이론의 패러다임을 도입할 필요가 있다.

마케팅의 핵심기법인 마케팅 믹스는 일반적으로 네 가지 요소(4P : Product, Price, Promotion, Place)를 의미하는데, 비영리기관에서는 4P만을 가지고 최적의 함수를 도출해 내는 데 한계가 있기 때문에 마케팅을 하는 주체인 생산자(Producer), 마케팅을 통해 호소를 해야 하는 대상자인 구매자(Purchaser), 과학적 탐구과정인 조사(Probing) 등이 마케팅 믹스에서 고려되어야 한다. 사회복지서비스는 독특한 무형성, 다양성과 복잡성, 생산과 소비의 동시성, 소멸성 등이 있어 영리부문의 마케팅보다 어렵고 차별적인 특징을 갖는다.

마케팅 전략수립의 과정에서 핵심내용은 고객, 기관, 경쟁자와 시장세분화, 표적시장선정 및 시장 포지셔닝이다. 또한 전략은 환경과 맞아야 하고, 조직구조는 전략과 어울려야 하며, 이들이 전략적 적합성을 가질 때 좋은 성과를 기대할 수 있다. 따라서 마케팅 과정은 기관환경분석, 마케팅 조사, 마케팅 목표설정, 시장분석, 마케팅 도구설정, 마케팅 실행, 마케팅 평가 등으로 구성된다. 사회복지조직에서 효과적 마케팅을 위해서는 고객지향성, 경쟁지향성, 부서 간의 조화 등이 요구된다.

사회복지조직들은 서비스에 대한 정보제공, 지역주민과 단체들의 협조 및 이해를 얻기 위해서 홍보를 강화해야 한다. 홍보를 위한 매체는 크게 시각적 매체(신문, 잡지, 회보, 책자, 팸플릿, 보고서, 유인물, 사진 등), 청각적 매체(이야기, 좌담, 강연회, 라디오 등), 시청각적 매체(영화, 텔레비전, 비디오, 인터넷, 연극, 공개토론, 대중집회 등)가 있다. 이들 매체들은 각각 고유한 특성이 있고 효과도 다르기 때문에 특정한 목표달성을 위해 가장 효과적이라 판단되는 매체를 선택해야 한다.

PART

04

Social Welfare Administration

사회복지프로그램관리

11 사회복지 기획과 **프로그램 개발**

성공적인 사회복지사업수행 혹은 프로그램 관리를 위해서는 현실성 있는 프로그램 기획이 전제되어야 한다. 불충분한 기획으로는 사업수행의 성공을 유도하기 어렵기 때문이다. 기획과 관련한 또 다른 중요한 측면은 사회복지기관에서 성공적 사업수행의 전제로서의 기획은 정확한 욕구측정을 기반으로 해야 한다는 것이다. 제품을 생산하여 판매하는 기업이 정확한 수요분석을 통해 사업의 성공 가능성을 높이는 것처럼, 사회복지기관도 클라이언트의 욕구에 대해 정확한 분석을 시도하고, 이를 바탕으로 사업을 기획해야 실패의 가능성을 줄일 수 있는 것이다. 욕구에 기반을 둔 프로그램 기획은 효과적인 사회복지서비스의 설계와 실현을 위해 필수적이다(Kettner, Moroney, & Martin, 2008).

이 장에서는 사회복지기관에서 새로운 사업을 개발하거나 기존 사업에 대한 중단, 혹은 확대, 수정 등을 시도할 때 어떻게 접근할 수 있는가에 초점을 두고 논의한다. 사회복지분야에서는 프로그램 개발이라는 용어로 접근되고 있다. 사실 사회복지현장의 프로그램 개발과정에서 사용하는 기본적인 논리나 용어는 '사회기획'(social planning)에서 출발한다. 정책학 혹은 행정학에서 연구되는 정책기획의 한 영역인 것이다. 정책기획 혹은 사회기획은 거시적 정책개발에 초점을 둔다면, 사회복지 프로그램 개발은 사회복지기관을 중심으로 사회복지서비스 프로그램 개발에 관심을 둔다는 차이가 있다. 사회복지기획은 사회복지 프로그램 개발을 포함하는 보다 넓은 의미의 사회복지분야에서의 기획을 의미한다.

1. 사회복지 프로그램

본격적인 논의에 앞서 프로그램의 개념에 대한 정확한 이해가 필요하다. 이 장에서 다루는 프로그램 기획의 내용은 사실 프로그램(program)을 넘어 정책(policy), 프로젝트

(project), 제도(institution)에도 적용되며 때로는 프로그램, 정책, 프로젝트, 제도 등이 혼용되는 경우도 있다. 예를 들어 공공부조정책의 하나로서 '기초생활보장제도'는 서구의 표현을 빌리면 사회정책의 일부로서의 특정 프로그램에 해당한다고 볼 수 있다. 하지만 우리 사회에서는 '제도'라는 표현을 자유롭게 사용한다. 정책, 제도, 프로그램의 구분이 모호해지는 것이다. 또한 개별 사회복지기관에서는 다양한 프로그램을 운영하며 동일한 내용의 사업도 어떤 복지기관은 프로그램이라는 명칭을 사용하고 다른 복지기관은 더 포괄적인 사업을 프로그램이라고 칭하기도 한다. 예를 들어 노인무료급식 프로그램의 경우 어떤 기관은 무료급식을 제공하는 사업만을 프로그램이라고 정의하고 어떤 기관은 무료급식을 위한 자원봉사관리도 무료급식 프로그램 안에 포함시킬 수 있는 것이다. 따라서 프로그램이라는 명칭을 사용할 때에는 프로그램의 정의를 명확하게 제시할 필요가 있다.

학자들의 프로그램에 대한 정의는 사실 다양하게 나타난다. 하지만 프로그램을 조직목적을 달성하기 위한 활동의 체계로 이해하는 데는 이견이 없는 것 같다(Kettner, Moroney, & Martin, 2013 ; Netting, Kettner, & McMurtry, 2008 ; Rapp & Poertner, 1992 ; Royse et al., 2001 ; Unrau, Gabor, & Grinnell, 2007 ; Weiss, 1998 ; 황성철, 2008). 보다 구체적으로 황성철(2008 : 18)은 프로그램을 "특정한 목적달성을 위하여 자원과 기술이 투입되어 일정한 절차에 따라 이루어지는 조직의 계획적인 활동체계"로 정의하고 있다. 프로젝트 혹은 정책과의 차이를 보면 프로젝트는 단기적 국지적 성격이 강하고 정책은 주로 의사결정과 관련성이 높은 것으로 이해되는 경향이 있다(Weiss, 1998). 물론 정책은 민간복지기관의 사업운영과 관련하여 논의되기보다는 정부의 행동방향과 연결하여 국가적 과제를 해결하기 위한 집합적 노력의 형태로 나타나는 경향이 있다.

프로그램에 대한 개념정의와 관련 Kettner, Moroney와 Martin(2013)은 객관적인 목적과 목표가 명시되어야 하고, 인력과 자원이 할당되어 있는 사업으로서 조직체계도에 반영되어 있어야 함을 구체적으로 제시하기도 하였다. 또한 Grinnell, Gabor와 Unrau (2012)는 프로그램이 상위 프로그램의 하위 사업형태로서의 또 다른 프로그램의 구조를 설명하기도 한다. 즉, 조직체계도에서 앞서 언급된 노인무료급식 프로그램의 경우 하위 사업인 자원봉사관리를 또 다른 프로그램으로 지칭하기도 하는 것이다. 결국 사회복지현장에서 프로그램이라는 용어를 사용할 때는 혼동을 피하기 위해서라도 명확한 개념정의가 절대적으로 필요함을 보여준다고 하겠다.

2. 기획과정

일반적으로 기획(planning)은 사회복지기관의 실무자들에게 가장 부담이 되는 업무 중의 하나이다. 훌륭한 사업계획서를 준비하는 과정도 상당한 경험과 기술을 요구하며, 성공가능성이 높은 효과성 있는 사업계획서를 제시해야 사회복지기관 내부에서도 인정을 받을 수 있기 때문이다. 또한 외부지원을 얻기 위한 공개 경쟁의 형태로 계획서(혹은 프로포절)를 준비하기도 한다. 선정되어 지원이 확정되었다면 긍지와 보람을 갖지만, 탈락되었을 경우의 낙담과 실망은 결코 작지 않은 것이다. 따라서 사회복지현장에서의 프로그램 기획은 담당자와 그 기관이 지닌 동원 가능한 모든 역량을 결집시키는 과정으로 나타난다고 보아도 무방하다.

하지만 이러한 과정을 거쳐 완성된 사업계획서가 지원심사과정 및 기관 내부의 사업설명을 위한 자료로만 활용되고, 실제 프로그램이 시행되는 단계에서는 담당자의 주관과 경험이 좌우하는 경우가 많다. 계획서와 사업시행이 겉도는 현상이 발생하는 것이다. 계획서는 책상서랍 속에 박혀 있고 사업이 종료될 즈음, 결과보고서를 짜 맞추기 위해 다시 들춰 보는 경우도 있는 것이다. 사업계획서 자체가 현실성이 없는 내용으로 구성되었을 가능성이 첫째 요인일 것이다. 현실성이 없으므로 계획서대로 사업을 수행하면 실패가 자명한 것이다. 둘째 요인은 담당자의 무사안일이다. 선정되어 지원받았으니 이제 다 되었고 더 이상 고민의 여지가 없으며, 계획서는 참고자료 이상이 될 수 없다는 인식이다. 어떤 경우이든 프로그램의 규모가 크면 클수록, 프로그램의 성격상 사회적 민감성이 높으면 높을수록, 예상치 못했던 상황이 발생했을 경우 돌이킬 수 없는 실패로 연결될 가능성이 높은 것이다. 계획서(혹은 프로포절)는 그럭저럭 흉내를 내어 선정 절차를 통해 운이 좋아 지원대상이 되었다고 하여도, 효과적인 기획 혹은 전문적인 기획의 사례는 결코 될 수 없는 것이다.

기획(planning)은 단순히 사업계획서(혹은 프로포절)를 작성하는 수준 이상을 의미한다. 통찰력과 체계적 사고, 그리고 조사연구를 통해 문제해결을 시도하는 것이며, 이 과정에서 어떤 행동을 취할 것인가에 대한 가치 선호행위로 보고 있기도 하다(Gilbert & Specht, 1977 : 1). 또한 성규탁(1993)은 "기획은 과거와 현재의 정보를 분석하고, 장래 발전에 대한 예측을 하며, 공식적 목표달성을 위한 전략을 수립하기 위하여 조직체가 취하는 일련의 활동이다."라고 설명한다. 이상과 같이 학자들 간에 기획의 개념에 대해 다소 이견이 있으나, 미래지향적이고 사회복지기관의 생존과 성장에 관련한 중요한 의사결정으로 이루어졌다는 점에서는 이견이 거의 없는 것으로 보인다.

기획의 개념과 관련하여 또 다른 논의는 사업의 실행 혹은 집행을 포함하는 '진행형'의 개념으로 보는 것이다. 따라서 기획은 기획과정의 결과로 단순히 계획서가 완성되는 것을 뛰어넘는다. 즉 기획은 계획서대로 실행하고 평가하여 예측하지 못했던 상황이 발생하면 이를 조정함으로써 사업의 성공 가능성과 효과성을 높이는 지속적인 개념인 것이다.

기획과정은 학자들에 따라 성공적 정책 혹은 프로그램 기획을 위한 5단계 혹은 7단계, 10단계 등으로 구성된 일련의 논리적 접근과정으로 설명되어 왔다(Kettner, Moroney, & Martin, 2008 ; Lauffer, 1978 ; York, 1982 ; 최일섭·이창호, 1993). 학자들의 강조점에 따라 혹은 적용영역에 따라, 선호에 따라 몇 단계의 과정을 거칠 것인가가 달라지지만, 동시에 상당부분 공통적 속성을 보이기도 한다. 이는 기획과정이 합리성, 과학성에 기초한 논리적 접근이 전제되어야 하기 때문으로 보인다.

예를 들어 Kettner, Moroney와 Martin(2008)은 기획과정을 '문제분석', '욕구측정', '전략선택', '목표설정', '프로그램 설계', '정보관리체계구축', '예산수립', '프로그램 평가'로 구성되는 8단계로 설명하여 주로 프로그램을 설계할 때 유념해야 할 측면에 주목하고 있다. 반면 김영종(2001)은 기획단계로 '문제확인', '목적설정', '프로그래밍', '실행', '평가'의 5단계로 설명한다. York(1982)와 Lauffer(1978)의 경우에도 각각 마지막 단계로서의 '평가' 직전에 '집행' 단계를 두어 기획과정이 진행형의 개념임을 보여주고 있다.

여기서는 기획과정에 대해 집행단계를 생략하고, Kettner, Moroney와 Martin (2008)의 기획 8단계를 주축으로 하여 기획과정을 설명하고자 한다. 이 가운데 정보관리체계구축과 평가를 제외한 '문제분석', '욕구측정', '전략선택', '목표설정', '프로그램 설계', '예산수립'의 6단계를 간략하게 소개할 것이다. '정보관리'와 '평가'는 기획과정을 뛰어넘어 사회복지행정에서 차지하는 비중을 감안하여 별도의 장으로 구분하여 심도 있게 다루고자 한다.

1) 문제분석

기획의 첫 단계는 문제분석이다. 어떤 개인 혹은 집단이 부정적이거나 병리적일 수 있는 상황에 놓일 때 사회문제가 될 수 있다. 일반적으로 이러한 사회문제는 하나의 사회적 현상에 가치를 반영한 기준이 적용되어 인식된다. 동일한 현상이 어떤 사회에서는 사회문제로 인식되는가 하면, 어떤 사회에서는 전혀 심각한 사회문제로 인식되지 않는 것이다. 사회적 가치체계 혹은 관습 등이 작용하는 것이다.

예를 들어 음주의 경우 우리 사회는 상대적으로 관대한 경향이 있다. 서구의 잣대를 적용하면 심각한 사회문제가 아닐 수 없을 것이다. 하지만 우리 사회에서는 서구와 같은 엄격한 잣대를 적용하지는 않는 것이다. 빈곤의 문제도 같은 경우라고 볼 수 있다. 다수의 사람들이 최저생계비에도 못 미치는 소득을 확보할 때 이는 사회문제가 된다. 문제의 심각성은 얼마나 많은 사람들이 최저생계비 이하이며, 얼마나 소득이 부족한가 하는 측면과 관련된다. 여기서 최저생계비는 하나의 기준이 되는 것이다. 그것도 그 사회의 가치체계가 나름대로 반영된 형태에서의 기준인 것이다.

문제분석에서는 현상을 문제로 인식하는 과정이 전제되어야 한다. 경험과 전문성에 의존하게 되며, 이 과정에서 문제에 대한 정확하고 객관적인 이해를 위해 노력하게 된다. 예를 들어 특정한 문제상황을 안고 있는 사람들의 특성을 파악하고, 이들에 대한 이해를 시도하는 것이 문제분석의 필수요소인 것이다. 관련 연구와 이론의 검토, 그리고 역사적 관점에서의 조명 등을 통해 문제에 관련되는 요인들을 규명하고자 시도해야 하는 것이다.

2) 욕구측정

문제가 확인되고 분석되면, 이를 욕구로 변화시키는 작업이 필요하다. 이때 개인들의 욕구를 집합적으로 수량화시키는 작업을 욕구측정이라고 하겠다. 다양한 방법으로 욕구측정을 시도하여 프로그램의 필요성과 정당성을 강조할 수 있어야 한다.

욕구측정에 대해 Rubin과 Babbie(1993)는 프로그램 기획과 관련지어 설명한다. 욕구측정은 프로그램 기획에 대한 평가작업으로 프로그램 개발이 필요한가에 대한 연구과정이라는 것이다. 구체적으로 욕구측정은 프로그램 기획이라는 목적 아래 데이터 수집을 위해 모든 가능한 기법을 사용하는 것이며, 이는 곧 프로그램 기획에 대한 평가작업과 대단히 흡사하다고 보는 것이다.

한편 Kettner, Moroney와 Martin(2008)은 욕구에 관해 "어떤 사람들이 다른 사람들과는 달리, 필수적으로 요구되는 재화 혹은 서비스에 접근할 수 없을 때 사회적 욕구(social need)가 존재하게 된다. 이러한 의미에서 욕구는 상대적이며, 결국 기획이라는 것은 분배와 재분배에 관한 사항이 되는 것이다."라고 설명한다. 사회적 욕구와 사회복지 프로그램 기획의 상관성을 보여준다고 하겠다.

욕구에 대한 개념정의와 관련하여, 미국의 경우 1974년에 의회 차원에서 사회보장법을 통해 정부지원이 가능하기 위해서는 욕구측정을 포함한 기획과정을 거치도록 명문화한 바 있다. 이때 미국의회가 정의한 '욕구(need)'는 "어떤 개인이 자신이 지닌 역량을 발휘하는 것을 제한받는 상황"이며, 일반적으로 사회적 · 경제적 · 건강상의 문제와 관련된 질적 측면을 갖는다. 여기서의 욕구측정은 유사한 개인들의 욕구가 총체적으로 합산되어 수치화된 개념이라고 보고 있다(Kettner, Moroney, & Martin, 2008 : 36).

이러한 욕구의 개념은 학자들 간의 상이성이 존재하나, 몇 가지의 속성을 갖는다. Kettner, Moroney와 Martin(2008)은 욕구는 가치관에 따라 달라지며, 생활수준, 사회정치적 환경, 그리고 가용자원과 기술에 따라 변화되는 탄력성을 지닌다고 설명한다. 더욱 구체적으로, 첫째, 욕구는 정적이며 절대적이라기보다는 탄력적이며 상대적이라 할 수 있다. 비슷한 상황에 놓여 있다고 하더라도 개인마다 욕구수준이 다르며, 욕구를 느끼지 않을 수도 있기 때문이다. 또한 욕구는 시간이 지나면서 변화하기도 한다. 둘째, 사회정치적 환경에 따라 욕구의 개념이 달라질 수 있다. 보육서비스 같은 경우가 대표적이다. 과거에는 보육서비스의 필요성에 대해 공감대가 높지 않았다. 하지만 사회변화 및 여성의 사회활동 증가, 정치력 신장과 더불어 사회적 공감대가 확산되면서 보육서비스에 대한 욕구도 증가하고 있다고 볼 수 있다. 셋째, 자원의 유용성과 기술수준은 욕구의 개념에 영향을 주는 또 하나의 요인이다. 인공심장, 장기이식은 기술개발이 전제되며, 기술개발이 수요를 창출하고 욕구로 나타나게 하는 것이다.

(1) Maslow의 욕구계층이론

Maslow(1954)에 의하면 인간에게는 다섯 단계의 욕구체계가 있으며, 일반적으로 생존을 위한 생물학적 욕구에서부터 자기성장과 발전을 위한 욕구 순으로 상향적으로 만족시키기를 원한다고 한다. 인간의 욕구를 위계적(hierarchical)으로 구분하여 설명하고 있는 것이다. 보다 구체적으로 인간은 가장 기본적인 하위의 욕구가 충족되어야 더 높은 단계의 욕구가 발생하고 충족을 기대한다고 설명하고 있다.

가령 사회복지사가 '아동학대' 사례에서 피해아동의 욕구를 파악하고자 할 때, Maslow의 이론을 적용하여 개입방법에 대한 설명이 가능하다. 사회복지사는 피해아동을 위해 가장 먼저 쉼터와 음식 등 생존과 관련된 욕구를 충족시켜 주고자 노력하게 된다. 의료서비스가 필요하면 이를 가능하게 하여 신체적·생물학적 욕구를 우선적으로 충족시키고자 노력하는 것이다. 이러한 상황에서 다른 유형의 욕구충족보다도 신체적·생물학적 욕구충족이 우선적으로 요구되며, 시기를 놓치면 치명적인 낭패를 볼 수도 있어 대단히 중요하다고 하겠다. 다음 단계로는, 부모상담을 통해 혹은 상황에 따라 보다 중장기적인 안전한 주택 혹은 보호시설을 연결할 수 있을 것이며, 동시에 위험요인으로부터 격리시키기 위한 법률서비스 등의 안전욕구를 충족시키고자 노력하게 된다. 그 다음 단계에서는 안전의 욕구가 충족되었다는 전제 아래, 피해아동의 정서안정이나 자존감 회복 등 상위의 욕구를 충족시키는 방향으로 프로그램을 기획하게 될 것이다(그림 11-1 참고).

그림 11-1 Maslow의 욕구계층론

Maslow의 욕구계층론은 사회복지 프로그램을 기획할 때, 욕구의 유형을 식별하여 사회복지적 개입의 우선순위를 설정해야 하는 경우 대단히 유용한 이론이다. 또 다른 사례로, 탈북난민을 위한 서비스 전달체계를 구축한다고 할 때도, 욕구계층론에 입각하여 임시쉼터(보호소)를 설치하여 긴급보호를 먼저 제공하고, 이후 법률적 문제를 풀어 주고, 나아가 한국 사회에 순조롭게 적응할 수 있도록 사회적응훈련서비스를 제공하는 순서로 접근할 수 있을 것이다. 이러한 접근은 욕구계층론에 입각하여 탈북난민의 욕구유형을 분류한 후, 서비스 제공의 우선순위에 따라 서비스 전달체계를 구축하는 것이라 볼 수 있다.

(2) Bradshaw의 욕구구분

Bradshaw(1972)는 욕구인식의 기준에 따라 욕구를 다음과 같이 구분하였다. 이러한 욕구구분은 욕구측정을 위한 접근방향의 다양성을 보여주기도 한다.

① 규범적 욕구

규범적 욕구(normative need)는 전문가, 행정가, 또한 사회과학자 등이 욕구의 상태를 규정하는 것이다. 용어상 규범적이란 일정한 기준(standards)이나 규범(norms)이 존재하고 있다는 것을 나타내는 용어이다. 즉 규범적 욕구란 관습, 권위, 일반적 합의에 의해 확립된 일정한 기준이 존재하며 이러한 기준이 욕구를 규정한다고 가정한다. 이러한 규범적 욕구는 지식의 발전과 사회의 가치기준 변화에 따라서 달라질 수 있는 한계를 가지고 있다. 전문가의 견해를 통해 욕구식별과 욕구수준에 대한 확신을 얻기도 하며, 객관성을 높이기도 한다.

② 감지된 욕구

욕구는 개인적인 생각이나 느낌으로 정의 내릴 수 있다. 감지된 욕구(perceived need, felt need)는 사람들이 어떤 욕구의 상태에 있는지(또는 어떤 서비스를 필요로 하는지) 느끼는 정도를 알아내어 파악하는 욕구이다. 이러한 욕구의 파악은 주로 서베이 등을 통해 가능하다. 감지된 욕구는 규범적 욕구의 경우 단일한 기준이 존재하여 전체적 의미에서의 욕구에 관한 논의가 가능하다. 하지만 감지된 욕구의 경우는 사람마다 그 기준이 변화하고 또한 서로 다르다는 것이다.

③ 표출된 욕구

표출된 욕구(expressed need)는 특정한 욕구를 지닌 사람이 그 욕구를 충족하기 위해 실제적으로 어떤 행동을 취하였는가에 초점을 둔다. 욕구충족을 위해 구체적인 행동으로 연결지었다면 단순히 느껴진 욕구보다는 욕구의 강도가 더 높을 수 있다고 보는 것이다. 대기자 명단(waiting list)을 보고 욕구의 정도를 파악하는 것이 하나의 사례이다.

표출된 욕구에 근거하여 프로그램을 기획하면 실제수요에 근접하여 기획하는 것이므로, 감지된 욕구에 근거하여 사업을 기획하는 경우보다 사업의 실패가능성이 더 낮다고 할 수 있다. 반면에 표출된 욕구에 지나치게 의존하는 것은 서비스 제공의 민감성을 제한하게 된다. 새로운 욕구에 대해 실험적으로 접근하기보다는 이미 사회문제가 심각해져 욕구의 강도가 높을 경우에만 반응한다는 한계가 있는 것이다. 따라서 전반적인 지역사회의 욕구에 대해서는 둔감할 수 있는 것이다.

④ 상대적 욕구

상대적 욕구(comparative need)는 어떤 집단에게는 욕구충족을 위한 개입이 이루어지고 어떤 집단은 같은 상황에 놓여 있으면서도 욕구충족을 위한 개입이 이루어지지 않는 경우 발생한다고 볼 수 있다. 지역 간의 비교를 통해 욕구를 추정하는 경우와 동일한 문제를 지닌 사람들을 분석하여 욕구충족을 위한 개입이 이루어지는 집단과 그렇지 않은 집단을 구분하여 상대적 욕구를 파악하는 것이 가능하다.

이상의 네 가지 욕구유형은 욕구에 대한 인식을 어떻게 하는지에 초점을 두고 있으며, 동시에 욕구측정에 대한 방향성을 제공하고 있다. 일반적으로 기획과정에서 욕구인식 및 측정을 시도할 때, 특정한 유형에만 의존하는 경우는 드물다고 하겠다. 정확한 욕구인식 및 측정을 통해 효과적인 프로그램 기획을 가능하게 하고, 나아가 프로그램의 성공가능성을 높이기 위해서는 두 가지 혹은 그 이상의 욕구유형을 응용하여 욕구측정을 하는 것이다. 전문가의 의견도 반영하고, 감지된 욕구파악을 통해 욕구의 규모 혹은 잠재적 욕구까지도 추정하고, 구체적으로는 표출된 욕구측정을 통해 사업의 실행규모를 추정할 수 있는 정보를 얻어 종합적인 의사결정을 시도할 수 있는 것이다.

욕구측정의 예 1(장애인그룹홈 개발을 위한 프로그램 개발의 예)

① 규범적 욕구 : 장애인복지기관 및 관련 단체를 방문하여 장애인그룹홈의 필요성과 현황에 대한 자료를 요청하여 분석하고, 장애인복지 전문가들의 의견을 수렴한다.
② 감지된 욕구 : 장애인, 장애인 부모, 관련 기관 종사자들을 대상으로 장애인그룹홈의 수요에 대한 설문조사를 실시한다. 필요하다고 생각하는 정도와 이용할 의향이 있는지에 대한 질문을 포함하여 설문을 구성할 수 있을 것이다.
③ 표출된 욕구 : 현재 지역사회 내에서 운영 중인 장애인그룹홈 프로그램의 데이터를 수집한다. 대기자 명단에 있는 사람들의 수를 파악하여 욕구를 측정한다.
④ 상대적 욕구 : 지역사회의 장애인비율을 감안할 때, 해당 지역에 장애인그룹홈이 타 지역에 비해 부족하게 운영되고 있다면 상대적 욕구가 높다고 판단할 수 있을 것이다.

3) 전략선택

기획과정에서 전략선택의 단계는 서비스 제공을 위한 프로그램 가설을 수립하는 과정이라고 할 수 있다. 문제의 원인과 결과('만일 ~라면, 어떤 결과가 나타날 것이다')를 서열화함으로써 프로그램의 목적을 구조화하는 과정인 것이다. 예를 들어 '장애인그룹홈이 운영된다면 장애인들은 생활훈련을 통해 지역사회에서의 적응가능성을 높일 수 있을 것이다', 또는 '부모교육을 실시한다면, 아동학대에 대한 예방효과를 기대할 수 있을 것이다' 등의 조건과 결과를 연결시키는 작업은 프로그램 가설을 수립하는 것이며, 이는 곧 프로그램 개발을 위한 전략선택의 과정인 것이다. 이러한 가설수립은 목표체계와도 연결된다.

프로그램 가설의 예(빈곤모자가정을 위한 개입의 경우)

- 만일 「국민기초생활 보장법」 수급권자인 모자가정의 여성가구주가 돈을 벌 만한 직업기술을 배울 수 있다면,
- 만일 그녀가 보육시설을 이용함으로써 양육에 대한 부담을 덜 수 있다면,
- 그러면 직업훈련을 마칠 수 있고, 안정된 직장을 가질 수 있으며, 자활할 수 있을 것이다.

4) 목적과 목표설정

(1) 목적설정

프로그램 목적(goal)은 프로그램이 예방·소거·개선하려는 문제를 다루면서 기대되는 성과를 진술한 것이다. 일반적으로 목적은 반드시 측정가능할 필요는 없으며, 프로그램의 방향을 제시하는 것으로서 최소한의 요건은 갖추었다고 볼 수 있다. 예를 들어 "장애인그룹홈을 운영하여 장애인의 사회적응가능성을 증진한다."라는 표현은 프로그램의 목적을 기술하는 사례가 된다. 또는 "직업훈련을 통해 국민기초생활보장제도 수급권자인 모자가정 가구주의 노동경쟁력을 높인다."라는 기술도 프로그램 목적을 기술한 사례가 될 것이다.

(2) 목표설정

목표(objective)는 일반적으로 목적을 달성하기 위한 수단적 성격과 함께, 하위목적으로서의 성격을 동시에 지닌다. 목적이 방향성을 제시하는 데 초점을 둔다면, 목표는 더욱 구체적이고, 명확해야 한다. 또한 구체적 시기, 변화의 대상, 성취될 수 있는 결과, 측정기준, 책임성 등을 반드시 제시해야 한다. 이러한 구체성은 프로그램 실행을 위한 기본 틀을 제공하는 의미도 동시에 지니게 된다. 즉 목표의 구체성이 프로그램 실행의 세부방법론을 제공하게 되는 것이다. 목표체계가 하위목표체계를 포함하는 계단식으로 설정될 때, 실행방법, 성과측정, 책임분담 등도 명료하게 제시되는 것이다.

5) 프로그램 설계

프로그램 설계는 목표체계가 제시하는 지침에 따라 실행방법 및 자원을 연결하여 하나의 일관성 있는 틀을 만드는 작업이다. 따라서 정밀성과 구체성이 요구된다고 할 수 있다. 프로그램 설계는 체계이론의 조직과정 틀인 투입, 전환, 산출, 성과의 개념을 적용하여 가능하다.

(1) 투입

투입(inputs)에는 일반적으로 다음의 요소들이 있으며, 이들에 대한 명료한 기술이 중요하다고 하겠다.

① 클라이언트와 관련된 요소

클라이언트의 적격성, 인구통계학적(연령, 수입, 교육 정도 등) 및 기술적 요인, 사회적 경험(아동학대경험 등), 클라이언트 문제의 유형과 심각성

② 직원(사회복지사)과 관련된 요소

인구통계학적 및 기술적 요인, 자격요인(전공학위, 자격증)

③ 물리적 자원

물질적 자원, 시설, 설비(교통수단, 컴퓨터 등)

(2) 전환

전환(throughputs)과정에서는 서비스 정의, 서비스 과업, 개입방법에 대한 명확한 기술이 요구된다.

① 서비스 정의 : 제공되는 서비스를 한두 문장으로 간단하게 정의
② 서비스 과업 : 서비스 제공에 포함되는 활동 정의
③ 개입방법 : 문제에 대한 이해와 프로그램 가설에 근거한 개입방법 제시

(3) 산출

사회복지현장에서 주로 실적이라고 표현하는 부분이다. 서비스 제공 건수는 대표적인 산출(outputs)에 대한 표현이다. 상담의 경우 30분 단위로 상담사례 1건으로 보는지, 아니면 60분 단위를 선택할 것인지에 대한 논의와 관련된 것이다. 실인원, 연인원의 개념도 사회복지현장에서 일상적으로 사용되는 산출에 대한 표현이다.

(4) 성과

프로그램을 통해 서비스를 받고 사례를 종결하는 동안 클라이언트에 의해 성취된 측정 가능한 삶의 질의 변화를 계량화시키는 작업을 성과(outcomes)측정이라고 할 수 있다. 표준화된 측정도구의 사용이 요구되며, 서비스 만족도의 경우도 성과를 추정할 수 있는 측정방법의 하나로 볼 수 있다.

6) 예산수립

기획과정에서의 예산수립은 프로그램 실행을 위한 자원을 할당하는 작업이라 할 수 있다. 비예산제도, 항목예산제도, 기능예산제도, 프로그램 예산제도를 중심으로 설명한다.

(1) 비예산제도

비예산제도는 수입과 지출계산에 초점을 두되, 총계를 기준으로 한다. 투입자원 중심 예산제로서 표준화된 예산과정이 없어 비구조적이다. 따라서 표준화된 예산계획양식이나 용어를 사용하지 않고, 수입과 지출의 분류화를 시도하지도 않는다. 단지 각각의 총액을 비교하는 예산과정으로, 현실적으로 사회복지기관에서 채택하지 않는 유형이지만 여기서는 비교목적상 제시한다.

(2) 항목예산제도

수입과 지출계산에 초점을 두되, 분류기법을 사용한다. 구조화된 예산과정이며, 표준화된 양식과 합의된 용어들을 사용한다. 항목예산제도는 수입과 지출 모두에 초점을 두어 지출예산제도 또는 전환예산제도라고도 한다. 현재 사회복지기관에 가장 많이 사용되는 유형이며, 정부기관에서도 일반화되어 있다.

항목예산은 예산제도에도에서 가장 중요하다고 할 수 있는데, 이후의 기능예산과 프로그램예산의 기초이며 전제가 되기 때문이다. 즉, 기능예산과 프로그램예산은 사실상 항목예산의 기반 위에서만 가능하다. 이에 대한 설명은 사회복지조직의 재정관리영역에서 확인할 수 있다. 항목예산의 또 다른 중요한 부분은 전체성과 배타성의 원칙을 반드시 준수해야 한다는 것이다. 항목예산을 수립하는 경우 단 하나의 항목이라도 누락되는 일이 없어야 정확한 예산관리가 가능하다는 관점이 전체성의 원칙을 반영한 것이다. 누락항목이 발생하는 경우 수입이든 지출이든 실제 자금과 서류상의 자금이 일치하지 않는 경우가 발생하는 것이다. 배타성의 원칙도 마찬가지이다. 한 항목이라도 중복되어 예산에 반영되는 경우 역시 자금의 불일치가 발생한다.

(3) 기능예산제도

서비스 제공비용에 초점을 두며, 서비스 및 생산물 등의 산출단위로 예산을 수립하여 산출예산제도라고 한다.

(4) 프로그램 예산제도

프로그램 목표달성의 비용에 초점을 두며, 목적 및 목표의 성과달성을 기준으로 예산을 수립하여 성과예산제도라고 하기도 한다.

표 11-1 **각 예산제도의 예**

비예산제도	
받은 대로 세입기록	
쓴 대로 세출기록	
현재의 균형을 유지	

항목예산제도	
세입	
(1) 정부보조금	70,000만 원
(2) 이용료 수입	10,000만 원
(3) 법인보조금	6,000만 원
(4) 후원금	20,000만 원
(5) 기타 수입	4,000만 원

항목예산제도	
세출	
(1) 인건비	60,000만 원
(2) 사업비	35,000만 원
(3) 관리운영비	10,000만 원
(4) 기타 비용	5,000만 원
기능예산제도	
(1) 장애인그룹홈을 통해 보호 서비스 2,190일 제공	3,500만 원
(2) 60명의 모자가정 가구주가 직업훈련을 받음	6,000만 원
프로그램 예산제도	
(1) 장애인그룹홈 운영을 통해 6명의 장애인이 사회재활	3,500만 원
(2) 직업훈련을 통해 20명의 모자가정 가구주에게 취업연결	6,000만 원

기능예산제도와 프로그램 예산제도는 일부 민간후원기관에서 프로그램 지원신청을 통해 예산지원을 할 때, 사업계획서상에 산출단위 및 성과단위당 비용을 계산하도록 요구하면서 부분적으로 적용되기도 한다.

3. 로직모델에 의한 성과 중심 프로그램 기획

1) 개념

프로그램 기획과 관련하여 최근에 로직모델(logic model)에 대한 관심이 증가하고 있다. 로직모델은 체계이론의 투입(input), 과정(process), 산출(output), 성과(outcome)의 기본 틀을 사용하여 사회서비스 프로그램의 전체적인 내용을 도표로 제시하고 프로그램의 전체 과정을 논리적으로 쉽게 이해할 수 있도록 하는 강점이 있다. 프로그램 운영을 위해 투입하는 자원과 프로그램의 활동들, 목표로 설정된 변화와 결과 사이의 관계를 선명하게 보여주는 것이다(Kettner, Moroney, & Martin, 2008 ; W. K. Kellogg 재단, 2004). 합리주의에 근거하여 문제해결을 위한 전략선택으로서 'If-Then' 구조(만약 ~한다면, ~할 것이다)의 논리적 연결관계를 가지고 있어 특정한 활동이 문제해결에 어떻게 연결되는지를 쉽게 설명한다.

로직모델은 프로그램 개발을 위한 기획과정에 적용할 수 있는 중요한 도구이며 성과를 평가하기 위한 기본 틀로서도 유용하다(Savaya & Waysman, 2005). 전통적인 프로그램 모델의 경우 과정이나 산출을 중요시하여 변화목표에 대한 강조가 약했으나, 로직모델은 이용자의 변화, 문제해결, 지역사회변화와 같은 목표달성을 강조하여 성과 중심의 기획모델로 주목받는 것이다.

이러한 로직모델에 의한 프로그램 기획은 앞서의 기획과정에서 설명된 '전략선택', '목적설정', '프로그램 설계'와 내용상 중복되는 부분이다. 다시 말하면 로직모델의 핵심은 기획과정의 전략선택, 목적설정, 프로그램 설계의 내용과 일치한다는 것이다. 앞서의 기획과정에서는 이러한 부분을 세부적으로 제시하여 전체적인 프로그램의 모습을 보여주지 못하는 한계를 가지고 있었다. 하지만 로직모델에서는 기획과정의 주요단계들을 보다 논리적이고 조직적으로 접근하여 전체 프로그램 모습을 간략하게 보여주는 강점을 가진다. 따라서 로직모델은 기획과정에 응용하여 사용할 때 그 효용이 극대화될 수 있을 것이다.

2) 로직모델의 기본구조와 구성요소

그림 11-2 로직모델에 의한 은퇴노인의 재취업 프로그램

투입	활동	산출	성과	영향
· 은퇴노인 20명 · 사회복지사 1명 · 자원봉사자 5명 · 전문강사 5명 · 프로그램실 25평 · 상담실 2평 · 예산	· 참가자 모집 · 봉사자 모집 · 자존감 향상 프로그램 실시 · 취업준비교육 프로그램 실시 · 모의면접 · 일자리주선	· 교육수료자 비율 · 출석률 · 교육시간 · 교육만족도 · 수료자 수	· 참여노인 역량강화 · 참여노인 재취업 · 참여노인 노후생활 만족도 향상	· 지역사회 내 긍정적인 노인 이미지 확립 · 경제활동참가 노인의 소득 증대에 따른 지역경제 활성화

로직모델은 기본적으로 체계이론에 근거하여 투입, 활동, 산출, 성과, 영향의 구조를 이루고 있다. 물론 이에 앞서 문제분석에 기초하여 문제해결을 위한 개입전략수립을 전제로 한다. 이는 앞서 설명된 'If-Then' 구조(만약 ~한다면, ~할 것이다)의 논리적 접근을 기반으로 한다. [그림 11－2]는 로직모델을 사용하여 은퇴노인의 재취업 프로그램이 어떻게 설계될 수 있는가를 보여준다.

(1) 투입

프로그램에서 사용하는 모든 종류의 자원을 의미하며 직원이나 자원봉사자와 같은 인적자원, 조직, 재정적 자원, 장비나 도구와 같은 물적자원, 공간, 기술 등을 모두 포함한다.

(2) 활동

프로그램에 투입되는 자원들을 가지고 목표달성을 위해 과정, 도구, 행사, 행동 등을 포함하여 실질적으로 수행하는 활동을 의미한다.

(3) 산출

프로그램의 활동으로 얻어진 직접적인 결과물로서 제공된 서비스의 크기, 범위 등 구체적이고 양적인 수치로 표현된다.

(4) 성과

프로그램 참여자들이 얻는 이익으로 행동, 지식, 기술, 지위, 기능수준의 변화를 의미한다. 1~3년의 단기성과, 4~6년의 중기성과로 구분된다.

(5) 영향

장기적으로 나타나는 성과로서 프로그램의 결과로 나타나는 조직적・지역사회적・체계적 차원의 변화를 의미한다. 7~10여 년 후에 나타나는 변화를 의미하며 상황개선, 역량강화, 정책변화 등을 포함한다.

4. 기획관리기법

프로그램 기획에 있어 실무자들에게 주어지는 또 하나의 고민은 예산이 배정되어 사업을 실행하면서, 어떻게 사업실행을 관리할 것인가와 관련된다. 성공적으로 사업계획서(프로포절)를 작성하여 예산을 확보하였다면, 이제는 어떻게 사업을 시행하여 효과성을 극대화할 것인가의 부담이 남는 것이다. 따라서 여기서 논의하는 기획관리기법은 기획과정의 일부로서 계획서를 기반으로 한 사업실행을 어떻게 관리하면서 완수할 것인지에 관한 것이다.

프로그램 기획기법은 프로그램의 목적을 달성하기 위해 조직의 인적·물적 자원을 효율적으로 활용하고, 프로그램을 효과적으로 실행하기 위한 방법이다. 일반적으로 프로그램 기획기법은 경영·행정분야에서 개발되기 시작하여, 현재 다양한 기법들이 소개되고 있다. 여기서는 고전적인 기획기법인 PERT와 Gantt chart 기법을 간략하게 소개하고, 보다 통합적이고 체계적인 기획기법인 '방침관리기획(breakthrough planning)'을 마지막에 소개하고자 한다.

1) 프로그램 평가검토기법

프로그램 평가검토기법(PERT : the Program Evaluation and Review Technique)은 1950년대 미 해군의 핵잠수함 건축과정에서 고안된 것으로, 작업의 성격이 복잡하여 종합적인 파악이 중요할 때 유용한 관리기법이다(성규탁, 1988 ; 최성재·남기민, 1993). 명확한 목표체계 아래 프로그램이 조직화되어 있고, 시간계획표에 따라 세부과업들이 유기적으로 연계되어 진행될 때, 전체적인 진행사항을 모니터링하는 데 효과적이다. 이 기법은 목표달성의 범위와 시간을 정해 놓고, 이들 목표를 달성하기 위한 세부목표 또는 활동목표의 상호관계에 초점을 둔다. 시간계획을 논리적 흐름에 따라 연결시켜 도표화함으로써, 주어진 일정 안에서 완수해야 되는 과업을 규정하고 통제하는 데 유용한 것이다(Lauffer, 1978 ; 성규탁, 1988 ; 최성재·남기민, 1993).

PERT의 기본원칙은 특정 프로그램의 목표에 따라 이와 관련된 과업과 활동, 세부활동 간의 관계를 논리적으로 시간순서에 따라 도식화하는 것이며, 이러한 도식화 작업은 프로그램과 관련된 활동 및 사건의 진행사항을 추적·감독할 수 있도록 시간의 흐름에 따른 사업진행 정도를 보여주는 지도를 제시하는 효과가 있다(성규탁, 1988).

PERT의 작성절차는 먼저, 최종목적 혹은 궁극적인 목적으로부터 시작하여, 이와 관련된 주요과업과 활동들을 역방향으로 연결하는 과정과 각 과업과 활동들의 소요시간을 추정하여 기입하는 과정으로 구분된다. 이를 순서도(flow diagram)를 사용하여 기록함으로써 보다 명확하고 포괄적으로 목표를 성취하기 위한 업무들을 체계적으로 나타내어 효과적으로 전체과업을 추진해 나갈 수 있도록 도와주는 것이다.

그림 11-3 그룹홈 개발의 PERT 적용 사례

코드	과업	경로	소요시간(주)
A	그룹홈 운영	F-B-A(임계통로)	총 20주
B	운영 프로그램 개발	F-B	12
C	보호대상자 확보	F-C	6
D	그룹홈 설치	E-D	6
E	대상지 선정	F-E	4
F	운영팀 구성	F	-

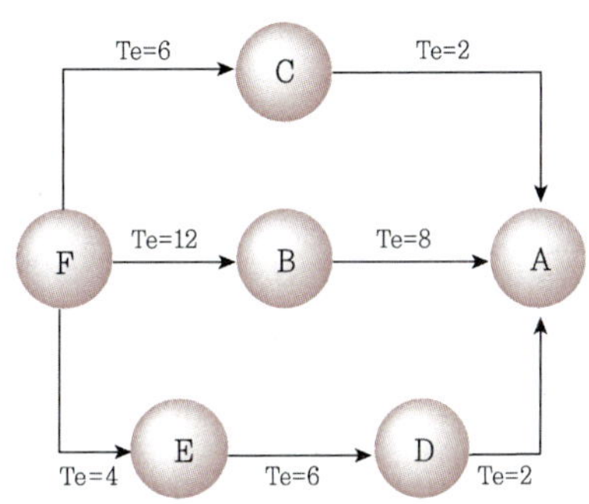

PERT의 사용방법을 구체적인 사례를 통해 살펴보면, [그림 11-3]과 같다. 이 사례의 최종목표는 '그룹홈 프로그램'을 개발하여 운영하는 것(A)이며, 이를 수행하기 위해서는 가장 먼저 프로그램을 개발할 운영팀 구성(F)이 요구된다. 또한 프로그램을 실행할 물리적 공간인 그룹홈 대상지를 선정하고(E), 그룹홈을 어떻게 운영할 것인가와 관련된 운영 프로그램을 개발해야 한다(B). 그 밖에도 보호대상자를 확보하고(C), 그룹홈 운영 직전에 그룹홈을 설치하는 과정이 필요하다(D). 이 과정에서는 일반적인 주거공간으로서의 쾌적함을 느낄 수 있는 수준의 기본요건이 갖추어져야 할 것이다. 여기서 최초과업(운영팀 구성)에서 최종과업(그룹홈 운영)에 이르는 가장 긴 경로를 임계통로(critical path)라고 하고,

최종과업을 달성하기 위해 걸리는 최소한의 소요시간을 나타내게 된다. 여기서의 사례는 진행과정을 단순화시킨 사례이므로 실제로 이를 적용하면, 개별 과업과 과업 사이에 세부과업이나 활동들을 제시하여 각 경로에 포함할 수 있으므로, 보다 복잡한 순서도가 제시될 수도 있다.

2) 시간별 활동계획도표

시간별 활동계획도표(Gantt chart)는 1910년 Gantt에 의해 고안된 기획기법으로 PERT 만큼 포괄적이지는 못하지만, 상당히 광범위하게 사용되고 있는 기법이다. 이 기법은 프로그램의 목표를 성취하기 위해 일정 기간 동안 수행되어야 할 과업과 활동을 나열하여 시간적 순서에 따라 막대도표(bar chart)를 사용하여 나타내는 방법이다. 앞서의 PERT 기법에서는 프로그램을 진행과정에서의 과업뿐만 아니라 세부활동까지도 과업들의 연관성 구도에서 순서도에 포함시켜서 나타낼 수 있다. 하지만 Gantt chart에서는 세부활동은 포함하지 않으며, 과업이나 활동 간의 연결과정도 표시되지 않는다. 따라서 상대적으로 복잡하지 않은 사업을 계획할 때 유용하게 사용되는 기법이며, 단순 명료하다는 장점이 있다.

표 11-2 그룹홈 프로그램 개발의 Gantt chart 사용 예

과업		기간(주)																			
		1	2	3	4	5	6	7	8	9	10	11	12	13	14	15	16	17	18	19	20
1	운영팀 구성	•																			
2	대상자 선정	•	•	•	•																
3	보호대상자 확보		•	•	•	•	•	•	•	•	•	•	•	•	•	•	•	•	•		
4	그룹홈 설치					•	•	•	•	•	•	•	•	•	•	•	•	•	•		
5	운영 프로그램 개발	•	•	•	•	•	•	•	•	•	•	•	•								
6	그룹홈 운영																			•	•

3) 방침관리기획

방침관리기획(breakthrough planning)은 PDCA(Plan-Do-Check-Act) 사이클에 따른 프로그램 기획기법으로, Hoshin Kanri(方針管理)라는 일본 기업의 기획방법에 기초한 것이다. 이 기법은 한 조직의 문제를 해결(breakthrough)하고, 핵심목표를 달성하기 위해 조직의 자원을 결집시키는 데 초점을 두고 있으며, 공통된 목표를 달성하기 위해 전체 조직 구성원의 노력을 적절하게 조정하기 위해 사용되는 기법이다(Cassafer, 1996). PDCA 사이클이란 계획(Plan)－실행(Do)－확인(Check)－조정(Action)의 순서로 구성되며, [그림 11－4]와 같은 모형을 갖는다.

그림 11-4 Plan-Do-Check-Act 사이클

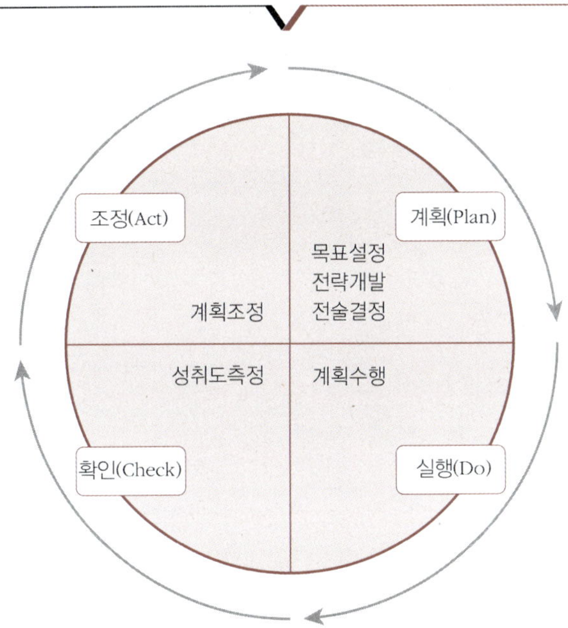

출처 : Cassafer(1996 : 178)에서 재구성

방침관리기획기법의 수행절차는 앞서 언급한 PDCA 사이클에 따라 원 계획(plan)이 수립되면, 이를 실행(do)하는 도중에 발생하는 상황과 문제를 확인(check)하여, 원래의 계

획을 수정 및 조정(action)하는 일련의 절차를 하나의 프로그램 기획관리과정으로 보는 것이다.

4) 논의

프로그램 기획기법은 효과적, 효율적으로 프로그램의 목적을 달성하기 위한 유용한 방법이며, 프로그램을 계획하는 데 있어서 적절한 프로그램 기획기법을 사용하는 것은 매우 중요하다. PERT와 Gantt chart, breakthrough planning 기법의 특징과 사용방법을 논의한 바와 같이, breakthrough planning 기법은 PERT나 Gantt chart 기법에 비해 보다 포괄적이며, 체계적인 기획기법으로 인식된다. 특히 breakthrough planning 기법은 첫째, 계획에 따라 원하는 결과가 달성되고 있는지 여부를 규칙적으로 측정・평가하고, 둘째, 예기치 않은 상황이 발생했을 경우, 이에 대한 적절한 계획조정이 적절히 이루어질 때 이 기법의 장점이 최대한 나타날 수 있다. 프로그램 기획가는 이러한 기법들의 특징을 고려하여, 프로그램의 규모나 성격에 따라 적절한 기법을 선택하여 사용할 필요가 있다.

요약

욕구에 기반을 둔 프로그램 기획은 효과적인 사회복지서비스의 설계와 실현을 위해 필수적이다(Kettner, Moroney, & Martin, 2008).

프로그램을 "특정한 목적달성을 위하여 자원과 기술이 투입되어 일정한 절차에 따라 이루어지는 조직의 계획적인 활동체계"로 정의하고 있다(황성철, 2008). Kettner, Moroney와 Martin(2013)은 프로그램은 목적과 목표가 명시되어야 하고, 인력과 자원이 할당되어 있는 사업으로서 조직체계도에 반영되어 있어야 한다고 정의하였다. 프로젝트 혹은 정책과의 차이는 프로젝트는 단기적 국지적 성격이 강하고 정책은 주로 의사결정과 관련성이 높은 것으로 이해되는 경향이 있다(Weiss, 1998).

욕구(need)는 "어떤 개인이 자신이 지닌 역량을 발휘하는 것에 제한받는 상황"이며, 일반적으로 사회적, 경제적, 건강상의 문제와 관련된 질적 측면을 갖는다.

Maslow(1954)에 의하면 인간에게는 5단계의 욕구체계가 있으며, 일반적으로 생존을 위한 생물학적 욕구에서부터 자기성장과 발전을 위한 욕구순으로 상향적으로 만족시키기를 원한다고 한다. 인간의 욕구를 위계적(hierarchical)으로 구분하여 설명하고 있는 것이다.

"기획은 과거와 현재의 정보를 분석하고, 장래발전에 대한 예측을 하며, 공식적 목표달성을 위한 전략을 수립하기 위하여 조직체가 취하는 일련의 활동이다."라고 설명한다(성규탁, 1993).

프로그램 목적(goal)은 프로그램이 예방 · 소거 · 개선하려는 문제를 다루면서 기대되는 성과를 진술한 것이다. 일반적으로 목적은 반드시 측정가능할 필요는 없으며, 프로그램의 방향을 제시하는 것으로서 최소한의 요건은 갖추었다고 볼 수 있다.

로직모델은 체계이론의 투입(input), 과정(process), 산출(output), 성과(outcome)의 기본틀을 사용하여 사회서비스 프로그램의 전체적인 내용을 도표로 제시하고 프로그램의 전체 과정을 논리적으로 쉽게 이해할 수 있도록 하는 강점이 있다.

12 정보관리

1. 정보화 시대의 사회복지행정

1) 정보화 시대의 조직변화

정보화 사회에서 조직에게 나타나는 가장 큰 변화 중의 하나는 수평적 조직구조의 보편화 현상이라고 할 수 있다(Bell, 1976 ; Toffler, 1980). 이는 사회 전반적으로 조직구조상의 관료주의적·권위주의적 특성이 약화되고 분권화를 바탕으로 한 수평적 조직으로서의 특성이 일반화될 것이라는 의미이다. 이러한 추정은 2000년대를 살아가는 오늘에 그대로 현실로 나타나고 있다.

정보기술의 발달은 구체적인 조직운영과정에서도 많은 변화를 가져오고 있다. 첫째는 업무환경의 변화와 함께 업무수행방법의 변화를 들 수 있다. 대부분의 조직구성원에게 있어서 책상 위의 개인 컴퓨터는 자연스러운 환경으로 인식되고 있으며, 컴퓨터를 작동시키기 위한 각종 주변기기와 인터넷을 위한 복잡한 배선의 연결은 업무환경의 필수요소가 되어 왔다. 또한 업무절차나 흐름도 전산장비에 의존하여 대폭 간소화되어 왔고, 전산을 이용한 자동화에 더 많은 의존을 하게 되었다. 둘째는 의사소통 및 의사결정방식의 변화이다. 전자우편, 화상회의, 전자결재는 이미 많은 조직에게 일상적인 업무의 일부이며, 동시에 조직 자체를 지탱하게 하는 수단의 역할도 하고 있다. 간단한 보고는 전자우편으로 처리하거나, 관련된 업무결재는 전자결재를 통해 이루어지는 것이다. 셋째는 인적자원관리부문에서 정보화 시대에 필요한 지식과 기술을 요구하는 현상이다. 신규직원이나 관리자를 막론하고 업무를 수행하는 데 있어 필수적인 정보화 지식과 기술은 누구에게나 요구되는 항목이 되어 왔다. 신규직원채용과정에서는 당연한 요건으로 인식되고 있으며, 기존의 직원 및 관리자들에게도 새로운 정보기술의 적용을 위한 보수교육은 주기적으로 실시되는 것이 일반적이다.

이러한 정보화에 따른 조직운영상의 변화는 사회복지조직에서도 발견되는 현상이다. 다만 사회복지조직의 경우 다른 유형의 조직보다도 강조될 수 있는 특징이 있다면, 정보관리체계를 통해 클라이언트에 대한 서비스를 향상시키고, 서비스 제공의 효율을 향상시킬 수 있다는 것이다. 사회복지분야의 경우 전형적인 서비스산업으로 분류될 수 있어, 정보체계의 활용은 필연적으로 클라이언트의 복지를 증진하는 결과로 연결될 수밖에 없다. 효율성의 측면에서도 상대적으로 기대 이상의 성과를 가능하게 할 수 있다. 비영리기관으로서의 사회복지조직은 예산확보의 어려움으로 인해 적극적인 정보화 체계 구축이 용이하지 않았다. 따라서 다른 분야에 비해 상대적으로 업무환경의 자동화 및 전산화, 정보체계구축이 낙후되어 있다. 이러한 상황에서 적절한 정보체계가 구축된다면, 개별 사회복지조직의 효율성 증진, 나아가 사회복지분야의 전반적인 효율성 향상을 기대할 수 있다.

2) 정보화 시대의 사회복지조직

과학기술정보통신부와 함께 한국정보화진흥원에서는 2018년 9~12월에 걸쳐 다단계층화 면접조사방식을 사용하여 전국표본 15,000명을 대상으로 디지털정보격차해소를 위한 실태조사를 실시한 바 있다(한국정보화진흥원, 2019).[1)]

위의 보고서에 따르면, 일반국민의 2018년 기준 인터넷 이용율은 91.5%, 스마트폰 보유율은 91.0%, 이용가능한 PC 보유율은 80.3%로 제시하고 있다. 취약계층인 장애인, 장노년층, 농어촌주민, 저소득층의 경우 일반국민에 비해 대략 20% 포인트 낮은 수준을 보여 디지털정보격차가 작지 않음을 보여주고 있다. 디지털정보격차의 문제와 더불어 주목할 수 있는 부분은 일반국민의 정보화환경 적응과 의존성이 꾸준히 증가하고 있다는 것이다. 일반국민의 사회관계서비스 이용율은 95.4%를 보여주어 이미 Social Network Service, 메신저, 개인블로그 등 다양한 수단을 활용하는 모습을 보여준다.

이상의 연구결과는 우리 사회가 현재 정보화 시대에 어떤 모습으로 적응하고 있는지를 단편적으로나마 보여주고 있다고 하겠다. 더하여서 정보기술의 발달이 일상생활의 급속한 변화로 이어지고 다채로운 정보문화를 형성해가고 있음을 알 수 있다. 동시에 사회활

1) 한국정보화진흥원에서는 2008년부터 정보문화관련 매년 실태조사를 실시하고 있다(한국정보화진흥원, 2019).

동의 정보체계에 대한 의존도와 활용도가 대단히 높아지고 있음을 확인하게 한다.

사회복지기관에서도 업무와 관련하여 활용하는 정보기술은 다양하다. 앞의 조사자료에 나타난 현상은 사회복지분야에서도 목격되는 것이다. 전자우편 활용, 홈페이지 구축, 업무자동화, 개인 컴퓨터 보급, 전산화된 회계관리업무 등은 사회복지조직에서도 일상화되어 있는 부분이다. 하지만 이러한 노력은 아직 개인직원들 차원의 접근, 혹은 사회복지기관의 단편적 접근의 차원이라고 할 수 있으며, 정보기술을 활용하여 체계적으로 관련 정보를 관리하고 이를 업무수행에 활용하고 의존하는 수준에 이르지는 못하고 있다.

사회복지분야의 정보관리는 초보수준이라고 할 수 있으며, 최근에야 비로소 정보관리체계개발의 필요성을 본격적으로 인식하기 시작했다고 볼 수 있다. 사회복지현장에서의 정보관리체계 개발은 전산 프로그램을 개발하여 업무에 활용하는 것을 주 내용으로 하며, 초보형태의 정보관리체계로 볼 수 있다. 그나마 이러한 초보수준의 정보관리체계도 여건이 좀 나은 사회복지기관의 경우에나 가능하며, 대부분의 사회복지기관은 예산상의 이유로 전산 프로그램의 활용이 어려운 형편이다. 따라서 개인 간의 정보격차(digital divide)에서 파생되는 불평등만이 문제가 되는 것이 아니라, 사회복지현장에서는 사회복지기관 간의 정보격차도 심각한 문제로 부각될 가능성이 있다고 하겠다. 사회복지기관의 전산 프로그램 활용은 종합사회복지관, 노인복지관, 장애인복지관, 그리고 아동 및 기타 사회복지시설에서 부분적으로 혹은 좀 더 확장된 형태로 이루어지기도 한다.

3) 사회보장정보시스템

사회복지시설의 정보관리시스템은 개별적으로 개발되어 비표준화의 문제와 분절성의 문제를 동시에 보여주고 있어 정보관리의 효용을 극대화하기가 어려웠다. 회계관리 위주의 업무전산화 작업을 중심으로 정보화 노력이 시도되어 왔으나 최근에는 전반적인 조직관리를 위한 정보관리체계의 모습을 보여주고 있다. 하지만 복지시설들은 자체적으로 정보관리 프로그램을 개발하거나 이미 개발된 프로그램을 응용하여 사용하는 경우가 대부분이었다. 따라서 이러한 정보관리에 의해 생성된 데이터를 다른 복지시설과 비교하거나 데이터를 집적하여 분석하는 등의 활용은 기대하기가 어려웠던 것이다. 또한 각 복지시설의 정보관리 프로그램이 정부의 주요 정보관리시스템과 연동하여 사용하는 것도 불가능하였다. 예를 들어 자원봉사인증관리시스템, 주민서비스통합정보시스템, 노인장기요양정보시스템 등과 정보를 교환하여 정보관리의 효용을 추구하는 것도 어려워 분절성의 문제를 가지고 있었다. 하지만 2004년 '사회복지시설정보시스템'의 도입, 2009년 사회복지정보관리 전담기구인 한국보건복지정보개발원(현, 사회보장정보원)의 설립, 그리고 2010년에 기존 각 정부부처에 분산되어 있던 복지관련 정보를 통합 관리하는 '사회복지통합관리망(행복e음)'의 구축 등이 이루어지는 변화를 가져왔다. 이는 사회복지분야의 정보관리에 있어 새로운 국면을 맞이하게 되는 계기가 되었다. 특히, 2013년 3월부터 시행된 개정 「사회보장기본법」 제6장 제37조(사회보장정보시스템의 구축 운영 등)'에서는 지금까지 구축된 사회보장관련 통합정보관리시스템을 '사회보장정보시스템'이라 칭하고 보건복지부장관이 운영관리를 총괄하도록 명시하였다.

통합된 정보관리시스템 구축으로, 정부는 국정 현안에 대해 국민 개개인의 특성과 수요에 부합하는 실천적 정책 수립을 통해 보다 합리적인 정책집행이 가능할 것으로 기대하고 있다(윤성오, 2013). 더불어 민간영역에서는 업무의 표준화 및 업무 효율성 제고의 효과를 기대할 수 있을 것으로 전망하고 있다. 또한 이러한 통합정보관리시스템을 통해 복지정책 및 복지시설 이용에 대한 국민의 신뢰를 구축할 수 있을 것으로 기대하기도 한다(한국보건복지정보개발원, 2013).

사회복지통합관리망의 구축은 사회복지서비스의 중복수혜 및 부정수급의 방지, 정보유출 오·남용을 예방하고 개인의 정보를 보호하고자 하는 것으로, 그 시도는 2004년 '사회복지시설정보시스템' 구축으로 나타났고, 2010년 '사회복지통합관리망(행복e음)'의 구축 및 시행으로 이어졌다. 이는 2013년 개정되어 시행된 「사회보장기본법」에 '사회보장정보시스템'으로 명명되어 현재에 이르게 된 것이다.

4) 사회보장정보원과 우리나라 사회복지정보관리체계

우리나라 사회복지관련 정보관리체계를 이해하려면 앞서 언급된 '사회보장정보원'(한국사회보장정보원으로 명칭 변경 예정)이라는 조직의 성격과 그 사업을 이해할 필요가 있다. 보건복지분야 및 정부 각 부처에 흩어져 있던 사회복지관련 정보를 일괄 관리하는 중앙조직이다. 한국에서 가장 강력한 정보관리체계 중의 하나를 구축하여 운영하고 있다고 해도 과언이 아니며 아마도 국세청 다음으로 영향력이 있을 것이다.

사회보장정보원의 정관에 따르면, 제1조(목적)에서 "이 법인은 「사회보장급여의 이용·제공 및 수급권자 발굴에 관한 법률」(이하 "법"이라 한다) 제29조에 따라 사회보장정보시스템의 구축·운영·지원 및 같은 법 또는 그 밖의 다른 법령에 따라 위탁받은 사업을 합리적이고 효율적으로 수행하여 공정하고 효과적인 사회보장을 통해 국민의 삶의 질 향상에 기여함을 목적..."으로 한다고 명시하고 있다. 복지대상자, 복지서비스 공급자, 복지사업을 운영하는 정부부처 및 기관 등에 대한 모든 정보를 수집하고 관리하는 것이다. 사회보장정보원이 추구하는 조직의 성격은 "포용적 복지를 실현하는 정보 플랫폼 선도기관..."으로 압축된다(출처, 사회보장정보원 홈페이지, 2020).

사회보장정보원이 수행하는 정보시스템과 포털운영 관련 사업은 아래와 같이 모두 9가지로 구성된다.

- 사회보장정보시스템(행복e음)
- 사회보장정보시스템(범정부)
- 지역보건의료정보시스템
- 사회서비스전자바우처
- 보육통합정보시스템
- 사회복지시설정보시스템
- 취약노인지원시스템
- 노인맞춤돌봄시스템
- 복지로
- G-health(공공보건포털)

이들 9개 정보관리체계 가운데 사회복지시설과 밀접하게 관련되는 대표적인 정보시스템인 사회보장정보시스템(행복e음), 사회보장정보시스템(범정부), 사회복지시설정보시스템을 간략하게 소개한다.

사회보장정보시스템(행복e음)은 각종 사회복지 급여 및 서비스 지원 대상자의 자격과 이력에 관한 정보를 통합 관리하고 있다. 지자체의 복지업무 처리를 지원하기 위해 기존 시·군·구별 새올행정시스템의 31개 업무 지원시스템 중 복지분야를 분리하여 개인별 가구별 DB로 중앙에 통합 구축한 정보시스템이다(사회보장정보원, 2020). 중앙의 5개부처와 기초연금, 영유아보육, 기초생활보장, 장애인연금, 긴급복지 등의 서비스와 120개 사회복지사업을 위한 서비스를 제공한다. 구체적으로, 복지대상자 선정·사후관리를 위해 소득·재산자료 및 서비스 이력정보를 연계하여 지자체에 제공한다. 이를 통해 수급자 선정의 정확성을 높이고 담당 공무원에게는 업무 효율성과 효과성을 높일 수 있는 여건을 제공한다. 이 시스템의 구성도는 아래의 그림과 같다.

그림 12-1 사회보장정보시스템(행복e음) 시스템 구성도

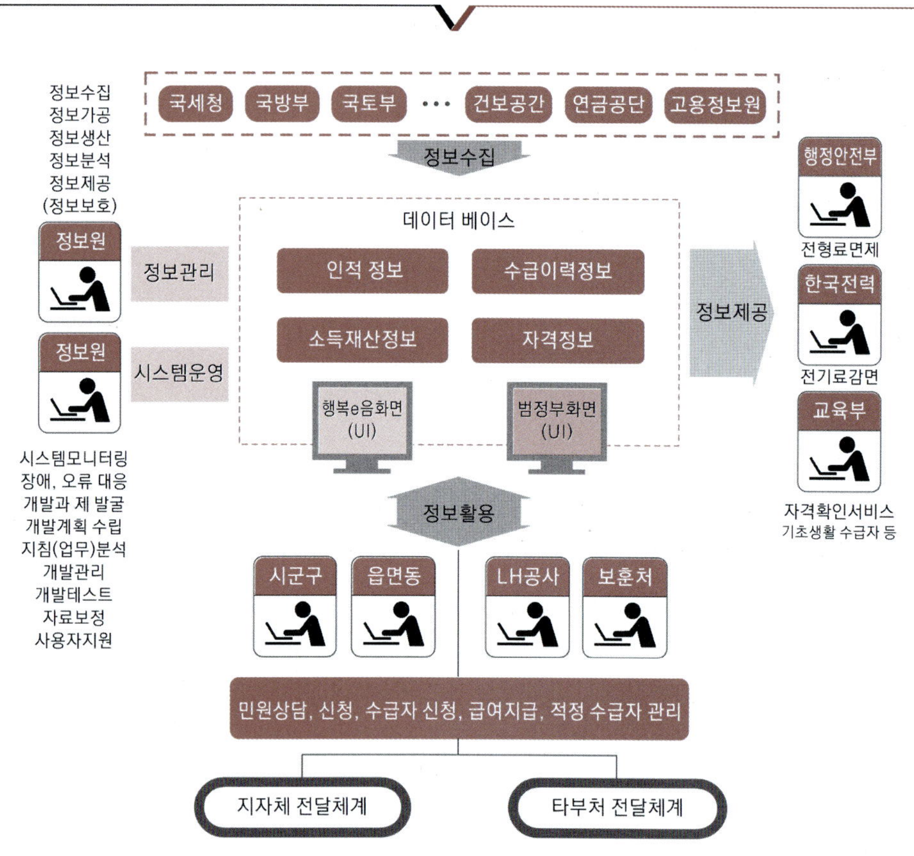

출처: 사회보장정보원 홈페이지(2020)

사회보장정보시스템(범정부)는 정부 각 부처에서 분산·운영되고 있는 복지사업 정보, 지원대상자 정보를 통합 관리하여 복지업무 처리 및 맞춤형 복지서비스 제공을 지원하기 위한 시스템이다(사회보장정보원, 2020).

그림 12-2 **사회보장정보시스템(범정부) 시스템 구성도**

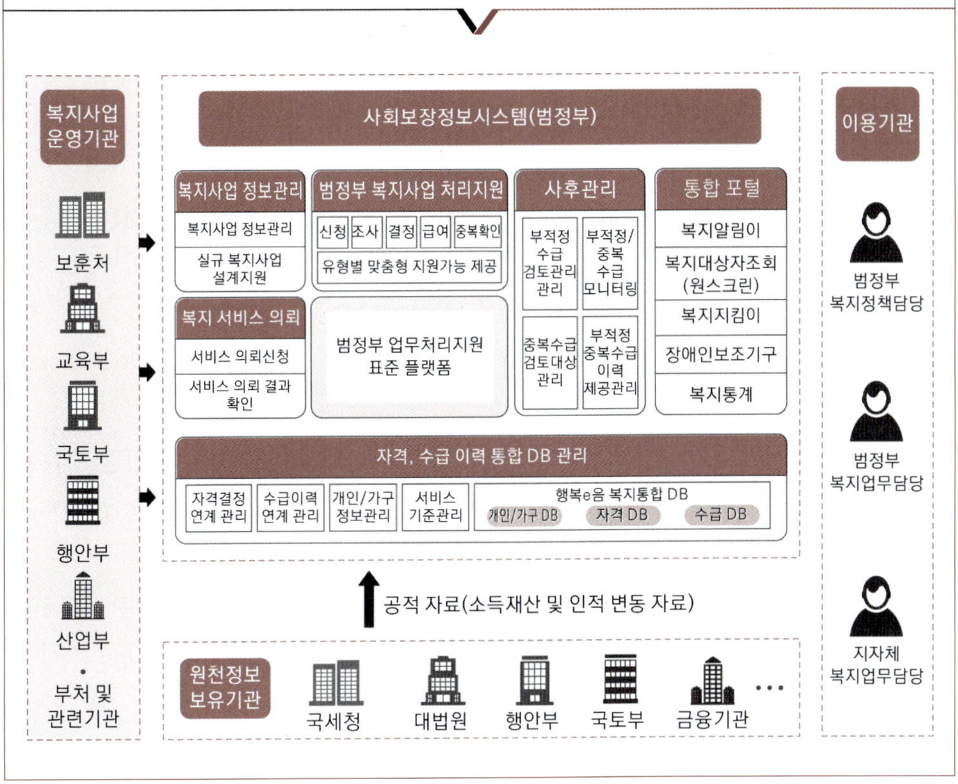

출처: 사회보장정보원 홈페이지(2020)

주요 서비스는 아래와 같이 요약된다.

- 복지알림이: 중앙부처 및 지자체 복지사업의 서비스 대상, 서비스 내용, 신청 절차 등을 각 부처 및 지자체(범정부포털, www.wish.go.kr(행정망)), 일반국민(복지로, www.bokjiro.go.kr)에게 제공
- 복지지킴이: 복지 대상자의 중복이나 부적정한 복지서비스 수급을 사전에 방지하

고, 사후 중단할 수 있도록 지원하기 위해 변동・부적정・중복 관리

- 업무처리지원 : 복지 대상자의 소득・재산, 인적자료, 수급이력 정보를 연계하여 정확한 복지대상자 선정 및 효율적 복지 업무처리를 지원
- 서비스의뢰 : 각 부처(기관)에서 복지서비스를 신청하기 위하여 방문한 민원인에게 중앙부처뿐만 아니라 해당 지자체의 각종 복지서비스 안내 및 서비스의뢰를 지원
- 자격・수급이력통합DB : 각 부처별로 분산・운영되던 복지서비스 정보(복지서비스 대상자 및 자격・수급이력 정보)를 연계하여 통합 관리(사회보장정보원, 2020)

사회복지시설정보시스템은 사회복지시설 업무의 표준화, 투명화 및 사회복지업무의 전자화를 위한 사회복지시설 통합업무관리시스템이다. 주요서비스는 아래와 같다.

- 회계(전표의 입・출력, 검색, 보고서 출력, 거래내역 관리(지출결의서, 수입결의서 등), 예산관리 및 예산실적, 잔액 관리),
- 인사・급여・자산 관리(임・직원의 인사관리, 근태관리, 임・직원의 급여관리, 퇴직적립금관리, 비품・소모품 등 자산관리),
- 세무(원천세 관리, 사업소득, 기타소득 관리, 각종 세무자료 출력 지원), 후원관리(후원자 등록, 후원금 입력, 영수증 발행, 후원자 및 결연자 정보 관리, 후원금 입금, 지급 관리 및 CMS),
- 이력(서비스종별 서비스 이력관리 기능, 생활자(이용자)등록, 검색, 입・퇴소의 정보 관리, 대상자관리, 상담관리, 일지관리, 프로그램관리, 급식관리 등의 상세정보 관리),
- 시・군・구보고(사회복지시설 소관 시・군・구로 문서 보고, 사회복지시설 보조금 교부금 신청 및 정산보고, 정기 및 수시 보고, 예산서, 추경예산서 작성 및 세입세출 결산 보고 등) 등을 포함하고 있다.

그림 12-3 사회복지시설정보 시스템 구성도

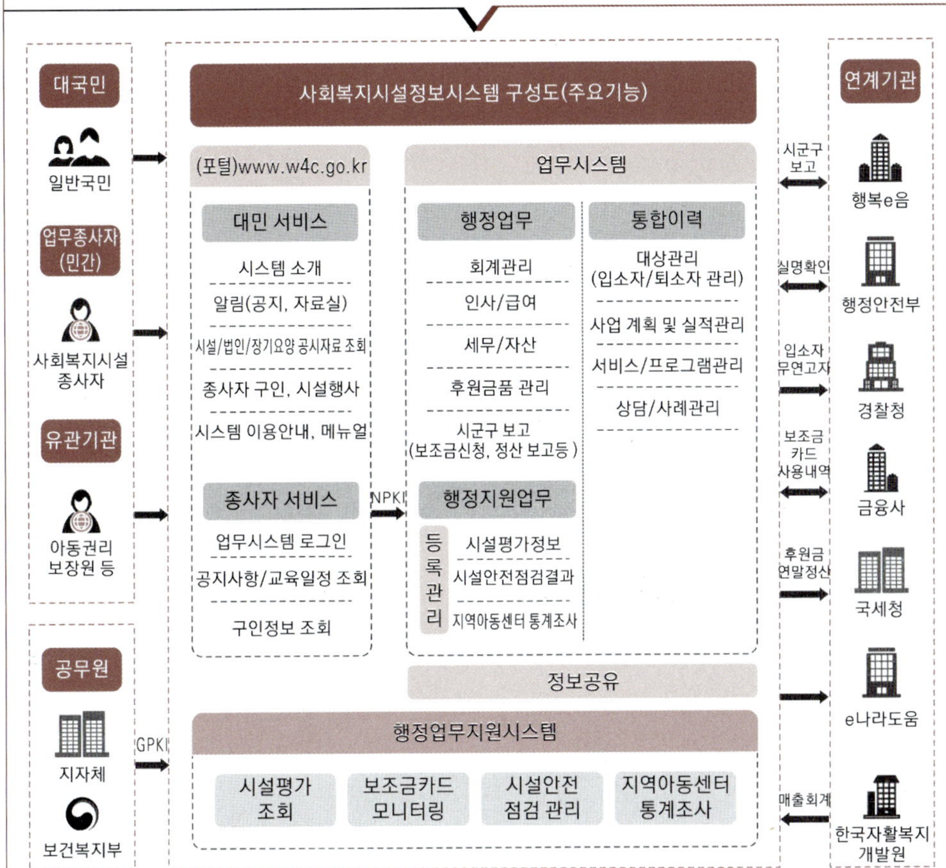

출처: 사회보장정보원 홈페이지(2020).

차세대사회보장정보시스템은 사회보장정보관리와 관련 2019년 4월 정부가 발표한 구상이다. 이른바 '차세대사회보장정보시스템'을 2022년까지 구축하여 개통할 계획이다(보건복지부 보도자료, 2019/04/03). 현재의 사회보장정보시스템이 가지고 있는 한계를 극복하고 3세대를 넘어 4세대 시스템 구축을 목표로 한다(그림 12-4 참조). 사회복지업무의 폭증은 기존 3세대 시스템의 정보처리역량 과부하라는 문제를 누적해왔고 이를 극복하고 포용적 복지를 위해서도 4세대 시스템이 필요하다고 보는 것이다. 차세대 시스템이 가져올 강점 중의 하나는 가칭 '복지멤버쉽' 프로그램의 도입이다. 복지멤버쉽에 가입하면 개인 및 가구단위로 관련 정보를 주기적으로 관리하여 일정 조건이 충족되면 자동으로 수급안내·신청안내를 받을 수 있을 것으로 기대된다. 물론, 정교한 프로그램 설계와 세심한 검토가 많이 요구되겠지만, 일단은 미국식의 '사회보장카드'(social security card)와 유사한 방식을 추정할 수 있게 한다. 그리고 이러한 접근은 현재의 신청주의 기반의 사회보장제도가 가지는 한계를 보완하는 의미도 있을 것으로 보인다.

그림 12-4 사회보장 관련 정보시스템의 발전단계

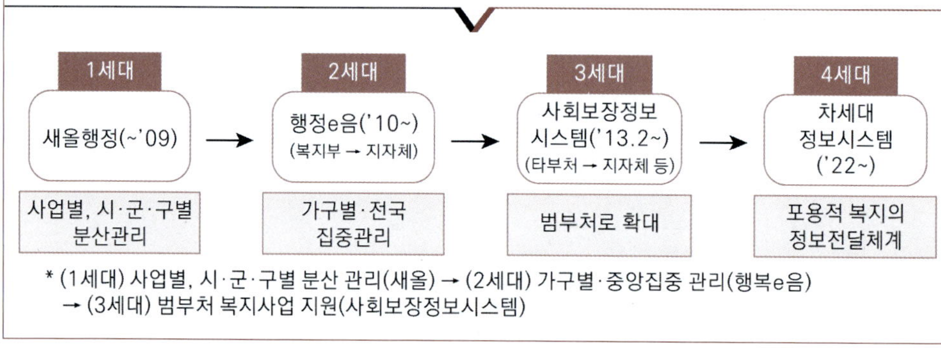

출처: 보건복지부 보도자료(2019/04/03).

2. 정보관리체계목적

1) 정보관리체계의 목적

사회복지서비스 영역에서는 책임성과 효과성 검증의 필요성이 강조되면서, 조사방법론적 접근에 대한 관심이 증가해 왔다(Kettner, Moroney, & Martin, 2008). 이러한 관심에 따라 사회복지기관들은 자신들의 활동이나 성과에 대해서 일목요연하게 설명할 수 있어야 하는 상황에 놓이게 되었다. 이를 위한 방법 중의 하나가 다양한 관련 정보를 취합하여 구조화된 문서로 완성하고, 이것을 지역사회, 클라이언트, 이사회, 이해관계자들(stakeholders)에게 제시하는 것이다(Lewis et al., 2001). 하지만 사업의 다양성과 사회변화, 그리고 정보기술의 발달은 보다 효율적인 정보관리를 요구해 왔다. 따라서 사회복지기관은 보다 앞선 방법을 사용하여 서비스 제공에 관한 막대한 양의 정보를 수집해야 하고, 필요할 때마다 이를 문서화하여 활용할 수 있는 능력을 갖추는 것이 중요하게 되었다. 이러한 일련의 과정을 가능하게 하는 것이 정보관리체계이다(성규탁, 1994).

사회복지기관에서 정보관리체계에 대한 논의가 이루어지는 배경에는 다음의 세 가지 요인이 있다(Lewis et al., 2001). 첫째, 다양한 사회복지사업(예: 아동학대예방 프로그램, 정신보건, 장애인직업재활, 노인치매예방 등)을 위해 예산이 집행되었고, 정책입안자와 국민은 이에 대한 결과가 제시되기를 기대한다. 이것은 사회복지조직의 책임성 및 효과성 검증 차원의 논의이며, 다양하고 많은 분량의 서류작업을 요구한다. 이를 위해 적절한 정보체계를 갖출 필요가 있다는 것이다. 둘째, 사회복지조직의 종사자들은 사회복지가 가치 있는 일이며, 클라이언트를 진정으로 돕고 있고, 문제를 해결하기 위해 노력하고 있다는 것을 확인하고 싶어 한다. 즉 사회복지종사자들은 성공적으로 맡은 일을 해내고 싶어 한다. 이 과정에서 업무수행을 위한 보조수단 혹은 일부로서 적절한 정보체계를 필요로 하는 것이다. 셋째, 사회복지기관의 종사자들은 업무성과에 대해 피드백(feedback)을 통해서 가치를 부여하고 싶어 한다. 자신이 수행한 사업에 대한 적절한 평가를 통해 수행방법에 대한 개선을 시도하고 나아가 전문성을 증진할 수 있기를 기대하는 것이다. 따라서 사회복지조직의 정보체계도입은 사업수행에 대한 평가를 위해서도 필요하고, 다양한 사회복지현장에서의 실천능력배양과 전문성 증진을 위해서도 필요성이 제기되는 것이다.

결국 이상의 세 가지 요인을 종합적으로 고려할 때, 정보관리체계의 필요성은 외부적 요구와 내부적 요구에 의해 제기된다고 볼 수 있다. 또한 정보체계는 단순히 사회복지기관의 관리운영상의 목적을 뛰어넘어 조직구성원의 업무수행능력을 증진하는 차원에서도 그 중요성이 크다고 할 수 있다. 따라서 정보체계는 사회복지조직의 기본적인 관리업무에 대한 통합뿐만 아니라 사회복지사업의 효율성을 제고하고, 나아가 조직성과를 대내·외적으로 보여줌으로써 사회복지서비스의 책임성을 검증받는 의미도 있는 것이다.

2) 정보관리체계의 개념

정보관리체계에 대한 본격적인 이해에 앞서 관련 용어의 개념을 명확히 할 필요가 있다. 정보체계에 관한 논의과정에서 가장 기초적이고 빈번하게 사용되는 개념은 자료(data),

정보(information), 지식(knowledge) 등이다. 이 외에도 보다 세부적인 관련 용어들이 있으나 이들에 대한 용어설명은 논의과정에서 필요한 경우에 추가적으로 설명하도록 하자.

먼저 자료는 그 자체로는 의미를 갖지 않는 단순한 숫자나 숫자들의 조합이라고 할 수 있다. 수학적으로도 의미가 없는 경우가 있다. 예를 들어, '03722'라는 숫자가 있다고 할 때, 이 숫자에서 숫자라는 것 이외에 어떤 의미를 찾을 수 없다. 이는 하나의 자료에 불과하다.

정보는 앞서의 자료의 개념을 뛰어넘어 자료 자체로서 특정한 의미를 갖도록 조직화된 것이다. 앞서의 '03722'라는 숫자에서 이 숫자가 하나의 우편번호를 의미한다고 하면, 서울 서대문 지역에 소재한 'Y' 대학교의 우편번호라는 것을 확인할 수 있을 것이다. 전반부의 '037'은 광역시와 자치구를 의미하고, 후반부의 '22'라는 것이 'Y' 대학교를 지정하고 있는 것이다. 이제, '03722'라는 숫자는 단순한 자료가 아니라 하나의 정보로서 역할을 하는 것이다.

지식은 특정한 대상의 실체에 대한 설명을 제공할 수 있고, 특정 관계를 보여줄 수 있는 정보를 의미한다. 앞의 우편번호에서 'Y' 대학교를 확인할 수 있었고, 'Y' 대학교는 기독교 정신에 입각하여 설립된 사립대학의 하나라는 것을 연상할 수 있다. 이러한 실체에 대한 설명 및 이해를 가능하게 하는 것이 지식이라고 하겠다.

이들 세 가지 용어는 정보체계에서 전달하고 전달받는 의사소통의 내용을 지칭한다. 그런데 정보체계에 대한 논의에서 자료, 정보, 지식의 개념에 대한 명확한 구분이 그다지 중요하지 않을 수도 있다. 때로는 혼동되어 사용되기도 하며, 가장 빈번하게는 '정보'라는 용어가 사용되는 것이다.

사회복지영역에서 논의되고 있는 '정보관리체계(information system)' 또는 '관리정보체계(management information system)'에 관해서 설명하면 다음과 같다. 정보관리체계는 엄격한 의미에서 "조직관리와 관련된 기본정보를 처리하기 위해 컴퓨터를 응용하는 것"이라고 할 수 있다(Schoech, 1999 : 88). 하지만 포괄적인 의미에서의 정보체계는 사람과 절차, 기술의 집합체라고 할 수 있으며, 이 요소들은 데이터와 정보를 모으고 그 처리과정을 강화하여, 그 결과물들을 활용하기 위해 존재한다(O'Brien, 1995 재인용; Schoech, 1999). 이러한 광의의 정보관리체계는 비공식적일 수도 있으며, 반드시 전산시스템의 응용을 전제하지도 않는다. 회의나 회식을 통해 조직 내의 정보교류 및 수집이 이루어진다면 이는 광의의 차원에서 본 정보관리체계의 사례일 수 있는 것이다. 따라서 이 장에서 논의하는 정보관리체계는 앞서의 협의의 개념을 사용한다. 사실 정보화 시대의 정보관리는 협의의 개념을 전제로 논의되고 추진되고 있기 때문이다.

협의의 개념을 사용할 때, 사회복지기관이 컴퓨터를 사용하고 있다고 해서 반드시 정보관리체계를 갖추었다고는 볼 수 없다. 효과적이고 효율적인 조직관리를 위해 전산화된 업무환경에서 정보처리기술을 응용하는 경우에만 정보관리체계를 활용하고 있다고 할 수 있는 것이다.

같은 맥락에서 Lewis 등(2001)은 정보체계는 이해할 수 없는(mysterious) 목적을 위해 사용되는 것이 아니라 모든 유용한 정보와 수집되어야 할 정보, 즉 서비스 단위 및 클라이언트의 성과(outcomes)로부터 직원의 이직률과 직무만족도까지도 포함하는 것으로 정보체계의 개념을 설정하고 있다. 그리고 사회복지조직에서 활용될 수 있는 정보체계 또는 관리정보체계의 개념과 전산화(computerization)는 구별되어야 한다고 한다. 대부분의 사회복지조직의 종사자들은 정보체계라고 하면 컴퓨터를 떠올린다. 물론 정보체계를 이루기 위해서는 컴퓨터가 필수적이다. 그러나 전산화(computerization)가 자동적으로 자료를 수집하고 정리하는 것이라고 한다면, 정보체계는 이러한 전산화를 사회복지조직의 목적과 조직의 성과에 초점을 두고 활용하는 방법에 관한 것이라고 할 수 있다(Lewis et al., 2001).

성규탁(1993)의 경우에도 정보체계는 인간이 가지는 인지능력과 시간적 한계성을 극복하도록 도와주며, 대량의 복잡한 정보를 신속히 효율적으로 활용하여 효과적 관리를 가능하게 하는 편리한 도구로 설명한다. 따라서 정책결정과 행정을 위한 각종 복잡한 자료와 사회복지실천에 필요한 정보를 포괄적이고 체계적으로 분류하는 작업이 요구된다.

결국 대부분의 정보체계는 보고서를 만들어 내고, 질문에 대답하기 위해서 정보를 수집하고, 관리하고, 조정하는 것에 초점을 맞추고 있으며, 정보체계의 산출(outputs)은 관리자 또는 임상실천가가 그들의 업무를 다루는 데 도움을 주기 위해서 고안된다. 드물게는 클라이언트와 임상실천가와의 관계를 강화시키기 위해 만들어지는 것도 있다. 정보체계는 조직의 기본기능을 통합하는 효과가 있기 때문에 이로 인해 직원들에게 미치는 파급효과도 대단히 크다.

3) 정보관리체계의 유형

사회복지조직의 업무를 지원하고 문제를 해결하기 위해 활용되는 정보체계유형 및 정보 프로그램들에 대해 설명하면 다음과 같다(Schoech, 1999 재편성). 1950년대 이전에는 자료를 수작업 또는 전자계산기로 처리하였으며, 1950년대는 현재와 비교할 수 없는 정도의 느린 속도를 가진 고가의 대형 컴퓨터가 일상적인 업무자료를 처리하였다. 주로 일반사무처리를 위해 전산응용 프로그램(회계 또는 재고관리)을 사용하였던 것이다. 그런데 1960년대에는 자료처리(data processing) 요구의 증가와 방대한 자료에 대처하기 위해 새로운 형태의 응용 프로그램이 필요하게 되었고, 이를 위해 관리정보체계를 개발하여 사용하게 되었다. 이후 1970년대는 의사결정지원시스템이 등장하였는데, 이는 데이터 관리기술이 정보체계를 좀 더 유연하고 접근성을 용이하게 하기 위한 노력이었으며, 데이터 관리기술의 한 차원 높은 발전이라 할 수 있었다. 의사결정지원시스템의 등장 이후, 1990년대의 데이터 관리기술은 정보기술의 발달에 힘입어 특정한 업무의 성과를 향상시키는 데 초점을 둔 업무수행지원체계의 개발을 가능하게 하였다.

이러한 역사적 발전과정을 정보기술의 발달과정에 따라 정보체계유형으로 재구분하면, 자료처리응용(data processing applications), 관리정보체계(MIS : Management Information Systems), 지식기반체계(KBS : Knowledge-Based Systems), 의사결정지원체계(DSS : Decision Support System), 업무수행지원체계(PSS : Performance Support System)로 설명할 수 있다.

(1) 자료처리응용

자료처리(data processing)는 기계, 사람, 절차 그리고 반복적인 사무업무를 가능하게 하는 장비로 구성되어 있다. 자료처리업무는 정보의 수집, 저장, 검색, 조정, 이송 그리고 자료출력을 포함한다. 자동자료처리응용 프로그램(automated data processing applications)은 비서업무와 직원들의 일상업무를 처리하는 데 소요되는 시간과 비용을 줄이기 위해서 고안된 것이다. 봉급명세서의 자동처리, 이용자 명부 관리, 영수증 자동발급 등이 사례가 될 것이다. 비교적 단순·반복적인 업무에서 발생되는 자료의 양이 증가함에 따라 기계적인 자료처리 필요성이 높아진 것이다.

(2) 정보관리체계 · 관리정보체계

정보관리체계(information system)는 사람의 모집, 절차, 자료와 정보수집기술, 일련의 절차를 통해서 자료와 정보를 향상시키는 기술, 그리고 그 결과를 출력하여 배포하는 것을 포함한다(O'Brien, 1995). 정보관리체계는 기초적인 조직정보를 처리하는 공식적이고 전산화된 응용 프로그램을 말하며, 자료처리(data processing)의 특성을 많이 가지고 있다. 정보체계는 많은 독립된 자료처리과정을 통합시키고, 단계별로 조직에게 도움을 주며, 보고의 형식으로 정보를 만들어 낸다. 예를 들어 이용자 실적을 사업부서별로 월별, 분기별 보고서를 자동작성하여, 사업현황을 정기적으로 점검할 수 있는 정보를 제공하는 것은 정보체계의 덕택이라 할 수 있다.

(3) 지식기반시스템

지식은 자료 또는 정보, 그리고 지식의 구조 그 이상의 의미를 포함하고 있기 때문에 더 복잡하고 어려운 처리기술을 요구한다. 사회복지조직에서의 지식기반응용 프로그램은 실험단계에 있지만 매우 중요하다. 그 이유는 사회복지조직의 지식기반응용 프로그램은 클라이언트와 임상실천가의 상호작용을 증진할 수 있는 복잡성을 다루고 있기 때문이다. 사회복지조직과 특별한 관계를 가지고 있는 지식기반 응용 프로그램의 세 가지 유형에는 전문가시스템(expert system), 사례기반추론(case-based reasoning), 자연음성처리(natural language processing)가 있다.

① 전문가시스템

많은 사회복지조직(human service)의 업무는 전문지식을 기반으로 하기 때문에 전문가시스템은 직접 서비스를 제공하는 사회복지사를 지원하는 데 유용하다. 예를 들어 아동보호담당 사회복지사는 다양한 학대와 방임의 상황을 만나게 되고, 상황과 유형별로 각기 다른 개입기술과 적절한 지식을 필요로 할 수 있다.

전문가시스템(expert system)은 사용자가 제공한 사실을 기초로 컴퓨터 안에 저장된 지식을 응용하여 사례에 관한 의사결정을 하는 것이다. 전문가시스템은 사례에 초점을 맞추고 있고, 보고서를 만들기보다는 오히려 의사를 결정하는 것이다. 현재 활용되고 있는 몇 가지 전문가시스템은 ECS(Expert Counseling System, 클라이언트에게 고용문제를 해결하도록 도와주는 시스템)과 ICS(환자에게 투여되는 약의 처방횟수를 줄이기 위하여 병원에 있는 환자의 기록을 배경으로 약 처방을 점검하는 것) 등이 있다. 전문가시스템이 가지고 있는 한계는 각 사례가 가지고 있는 사실과 관련된 불확실한 정보를 의사결정을 위해 결합하는 데 따르는 어려움이다. 불확실한 정보가 최종의사결정에 영향을 주고, 나아가 서비스 효과에도 예상하지 못한 영향을 줄 수 있는 것이다. 또한 전문가들은 그들 사이에서도 동일한 사안에 대해 서로 다른 견해를 가질 수 있으며, 전문가시스템을 유지하기 위해서는 전문성 차원에서의 지속적인 점검과 시스템의 재정비를 필요로 한다는 것이다. 결국 이를 위해 막대한 예산이 투입되어야 하는 재정적 부담의 문제도 검토되어야 한다.

② 사례기반추론

사례기반추론(case-based reasoning)은 수천 개의 클라이언트 사례(인구통계, 서비스, 성과)를 조사하여 저장하고, 이들 저장된 사례자료로부터 지식을 얻어 내는 것이다. CBR은 문제해결 중심 패러다임을 활용하며, 비슷한 특성을 가진 사례는 이미 해결했던 선례에 의존하여 해결하고자 하는 것이다. CBR이 활용되는 프로그램으로는 CAMP (Case- based Menu Planner, 개개인의 영양학적 선호도와 개인적 선호도의 요구를 식단과 연결시켜 주는 것)가 있다.

③ 자연음성처리

자연음성처리(NLP : Natural Language Processing)는 언어를 텍스트로 전환하는 것이다. 즉 사람의 언어(예를 들어 영어나 일어)를 이해하고 말을 하는 전환음성기(converting speech)나 외국어번역텍스트(영어에서 러시아어, 러시아어에서 영어)기를 말한다. NLP는 휴먼서비스 영역에서 키보드 또는 컴퓨터 기술을 가지지 못하는 많은 사람들에게 인간과 컴퓨터의 상호작용을 가능하게 할 것이다.

(4) 의사결정지원시스템

의사결정지원시스템(decision support system)은 효과성과 의사결정의 특성을 탐구하는 것에 초점을 두고 있다. DSS는 전문가가 복잡한 의사결정을 보다 쉽게 할 수 있도록 지원하기 위해 고안된 것이다. 사용자가 자료를 검색하고, 관리하고, 의사결정에 관한 정보를 얻는 데 도움을 준다. DSS는 사용자의 경험과 판단의 대리인이 아니라 단지 데이터이고 모델일 뿐이다. 즉 DSS가 의사결정을 하는 것은 아니고 전문가가 직접 의사결정을 한다. 의사결정과정에서 전문가는 DSS를 활용하는 것이다. DSS가 활용되는 한 예로는 미국의 미네소타에 있는 Ramsey County에서의 GAIN (General Assistance Intake)을 들 수 있다. 이 시스템은 접수일정을 자동으로 결정하며, 처음 접수할 때 온라인으로 제공되는 기록을 통하여 클라이언트에 대한 자료를 확보하고, 적절한 담당자에게 자료를 전송시키고 클라이언트에 대한 통계를 작성한다. DSS의 다른 예로는 캐나다 온타리오 주에서 활용하고 있는 '임상도구 및 정보관리를 위한 아동복지척도(The Child Well-being as a Clinical Tool and Management Information System)'이다. 이 시스템은 아동에 대한 정확한 서비스 계획수립을 돕기 위해 개발된 의사결정지원형 구조화된 사정도구이다.

(5) 업무수행지원시스템

업무수행지원시스템(performance support system)은 현장에서의 업무수행능력을 향상시키기 위해 개발된 통합정보제공시스템이다. 이를 통해 다른 사람으로부터 최소한의 도움을 받아 즉시 그 문제를 해결하거나 업무를 완수할 수 있도록 하는 것이다. PSS는 직접 서비스를 제공하는 사회복지사의 업무성과를 높이는 것에 초점을 두고 있으며, 의사결정에 초점을 두고 있지는 않다. PSS는 DSS보다는 오히려 덜 복잡하다. PSS의 목적은 즉각적으로 성과를 증가시키는 데 목적이 있는 것이다. PSS는 사용자가 업무수행을 위해 특정한 정보가 필요한 경우 이를 즉각적으로 도와주는 것이다. PSS는 일을 수행하는 방법에 관한 지시사항과 절차가 방대할 때, 직원이 재편성되고 업무교육이 일상적일 때, 기관이 적소에 기본적인 컴퓨터 시스템을 가지고 있을 때, 예산을 줄이고, 질을 향상시켜야 할 압력이 존재할 때 효과가 있다. 예를 들어 CASP(Computer-Assisted Services Planning, www.psp.info.com)는 문제를 정의하고 구조화하도록 도와주며, 측정과 개입을 위해 담당자를 지원해 주는 프로그램이다. 서비스 제공계획의 수립을 도와주는 것이다.

이상과 같이 사회복지조직의 업무영역에서 활용되고 있는 정보화의 활용유형을 도표화하면 〈표 12-1〉과 같다.

표 12-1 정보관리체계유형과 기능

정보관리체계유형	목적	기능	사례
DP (Data Processing) 전산자료처리시스템	효율	• 업무처리과정, 기록보관, 업무보고 • 사무적 업무처리의 능률향상에 역점	월급명세서
MIS (Management Information System) 관리정보시스템	보고	• 구조화된 의사결정을 위한 사무적 능률성 향상 • 정보교환의 매체를 통하여 운영하부시스템을 상호연결하여 조직의 산출을 최적화하는 데 목적을 둠 • 의사결정을 내리는 데 필요한 정보를 제공하고 이러한 과정에서 상승작용(synergistic organization)을 할 수 있는 체계를 조직 • 일상적이고 구조화된 의사결정의 능률향상에 목적을 둠	클라이언트 정보체계
KBS (Knowledge-Based System) 지식기반시스템	의사결정지원	• 클라이언트와 직접 서비스 제공자의 상호작용을 지원하기 위한 복잡성을 다루고 있음 • KBS의 유형에는 전문가시스템(Expert System), 사례기반추론시스템(Case-Based Reasoning), 자연음성처리시스템(Natural Language Processing)이 있음	Expert counseling system
DSS (Decision Support System) 의사결정지원시스템	효과	• 의사결정과 이의 집행을 돕도록 설계 • 의사결정의 효과성과 조직의 효과에 초점 • 비구조화되거나 준구조화된 의사결정을 위하여 모델링 기법을 이용하여 의사결정자를 도와줌 • 관리능률을 향상시키는 데 강조점을 두고 있음	General Assistance Intake
PSS (Performance Support System) 업무수행지원시스템	성과	• PSS는 업무를 완성하는 데 필요한 정보를 통합제공하여 업무를 향상시키는 것 • PSS는 서비스 제공자의 성과에 초점을 두고 있음 • PSS는 사용자가 업무수행을 위해 어떤 정보가 필요한지를 확인시켜 주고 도와주는 것	Computer-Assisted Services Planning

출처: Lewis et al.(2001); Blanchard & Horan(2000); Slevin(2000); Schoech(1999); Lyons et al.(1999); Butterfield(1995); Velasquez(1992)을 표로 재편집

3. 사회복지기관의 정보관리체계설계

정보체계의 개발 및 설계는 주관적 판단보다는 현실에 대한 객관적 이해에서 출발해야 한다. 정보체계는 적절하면서도 효과적이어야 하며, 동시에 효율성과 가치성을 내포해야 한다(Kettner, Moroney, & Martin, 2008; Lewis et al., 2001). 다음에서는 Schoech(1995)에 의해 개발된 7단계 정보체계의 설계과정을 설명하고자 한다. 여기서 소개되는 설계과

정은 현존하는 정보체계를 최신의 정보체계로 전환하거나, 교환 또는 재설계할 때 사용할 수 있다. 또한 사회복지조직에 새로운 정보체계를 도입할 때도 활용될 수 있을 것이다.

1) 현재상황에 대한 사정

정보체계를 개발하거나 현재의 시스템을 강화 혹은 재설계하고자 할 때, 본격적인 작업에 앞서 무엇보다도 관리자와 직원들 간의 충분한 논의가 있어야 한다. 정보체계를 개발하기 전에 반드시 사업의 목적과 목표를 직원들이 이해할 수 있도록 알려 주어야 하는 것이다. 그리고 현재상황에 대한 정확한 사정(assessment of the current situation) 및 정보체계개발(혹은 강화)을 위해 별도위원회(예: 정보화추진위원회)를 구성하고, 모든 직원들의 참여와 헌신을 유도할 필요가 있다. 예를 들어 전체 작업을 진행하기 위한 정보화추진위원회가 구성되었다고 할 때, 위원회에는 관리자, 사업부서별 대표, 총무회계분야 직원, 일반직원대표 등이 참여할 수 있어야 한다. 위원회 구성과정의 초기단계에서는 정보화추진위원회에 참여를 희망하는 사람들을 중심으로 시작하는 것이 바람직하다.

정보체계개발을 위해 현재상황을 사정하는 과정에서는 위원회 활동에 참여하는 구성원들의 시간, 현재 정보화의 수준과 내용, 정보화 자문비용 등이 포함되어야 한다. 또한 전체 직원들의 기술력(skills), 가치, 이념, 보유하고 있는 전산 관련 장비, 정보체계개발의 목적과 미래에 대한 비전 등이 반드시 사정(assessment)되어야 한다. 정보화추진위원회는 정보체계의 영향력을 포괄적이고 솔직하게 관찰해야 한다. 이를 바탕으로 현재의 상황에 대한 사정결과를 보고서로 정리하고, 결과보고서를 전 직원에게 공개한 후 정보체계개발 작업을 추진할 것인지, 아니면 현 단계에서 종결할 것인지를 결정해야 하는 것이다.

2) 기존 정보체계에 대한 분석

정보체계개발을 추진하기로 결정한 후의 다음 단계는 현재 사용 중인 정보체계 혹은 정보관리환경을 분석하는 것이다. 효과적인 정보체계는 정보체계가 사회복지기관의 특성을 반영한 사업계획, 경영, 그리고 평가욕구에 얼마나 잘 부합하는가에 달려 있다. 직원들은 가능한 한 필요한 자료의 유형, 자료의 출처, 수집되고 배포되어야 하는 자료의 유형을 정확하게 구분할 수 있어야 하고, 수집된 자료의 배포횟수를 확인할 필요가 있다. 정보화추진위원회는 정보체계개발의 주된 목적이 직원들의 업무성과를 향상시키고, 나아가 클라이언트와 지역사회에 도움을 줄 수 있다는 것을 공감해야 한다. 일반적으로 효과적인 정보체계를 설계하는 데는 다음과 같은 정보가 필요하다.

① 지역사회정보: 인구통계학적 정보, 사회적·경제적 특성에 관한 자료, 서비스를 받고 있는 대상자의 신원확인, 실질적인 서비스와 재원의 목록 등
② 클라이언트 정보: 클라이언트의 현존문제, 개인력, 서비스 수혜유형, 서비스 기간, 사회경제적·가족적 특성, 고용상태, 만족도 측정과 서비스 성과 등
③ 서비스 정보: 기관의 서비스 단위, 클라이언트 수, 주어진 기간 내에 서비스를 제공받은 클라이언트 수와 서비스가 종결된 클라이언트 수, 서비스와 관련된 활동들에 대한 설명 등
④ 직원정보: 사업수행에 참여한 시간, 도움을 준 클라이언트 수, 서비스 제공의 양, 서비스의 차별성 등
⑤ 자원할당정보: 전체 비용, 특수한 유형의 서비스 비용, 예산 및 결산보고서를 위해 필요한 자료 등

정보체계를 설계할 때에는 어떤 정보가 수집되어야 할 것인가를 결정하기 위해서는, 업무의 흐름도, 프로그램의 목적, 직원과 외부 이해관계자의 정보욕구에 대한 이해와 분석이 필요하다. 이를 바탕으로 정보체계개발을 위해 관련된 모든 영역의 정보를 수집해야 한다. 구체적으로, 조직이론의 체계모델에 근거하여 투입(직원, 장비, 시설, 재원, 클라이언트), 전환(서비스 전달업무), 성과(performance)로 구분하여 관련 정보를 수집할 수 있을 것이다(Kettner & Martin, 1993).

3) 세부설계

세부설계(detailed design) 단계의 핵심은 어떻게 자료가 사용될 것인지에 대한 이해를 정확히 하는 것으로부터 출발한다. 특정 정보에 대한 욕구가 구체화되면 정보를 얻을 수 있는 자료의 출처를 파악해야 한다. 설계자는 조직 내에서 어떤 부서의 어떤 직무단위가

필요한 정보를 가장 쉽게 기록할 수 있는지를 판단해야 한다. 그리고 누구에게 정보를 보고해야 하는지, 누가 보고된 정보를 분석할 책임이 있는지를 결정해야 한다. 또한 어떤 정보가 전산화되어야 하는지, 어떤 것은 지속적으로 수작업으로 관리해야 하는지를 결정하는 것도 이루어져야 한다. 정보체계는 서비스를 제공하는 직원과 정보체계를 관리하는 직원이 쉽게 사용할 수 있어야 한다. 관리자는 사업수행에 관한 과정을 추적하기 위하여 전산화된 자료를 사용할 것이다. 이때 이러한 정보체계와 맞는 소프트웨어 프로그램을 선정할 수 있다. 그리고 소프트웨어 프로그램에 적합한 새로운 하드웨어가 선택될 수 있다.

4) 정보관리체계검증과 준비

새로운 정보체계가 승인을 받은 후에는 직원훈련비용뿐만 아니라 소프트웨어나 하드웨어의 구입비용이 산정된다. 이때부터는 직원훈련, 소프트웨어와 하드웨어의 유지 및 업데이팅(updating) 지출이 적지 않은 규모의 정규예산항목이 된다. 직원훈련이나 프로그램 사용자에 대한 교육훈련을 중요하지 않게 여기는 경우가 있다. 그러나 새로운 소프트웨어나 하드웨어의 사용방법을 배우는 것은 정보체계개발의 성공을 위한 필수조건이며, 조직발전을 위해서도 중요한 일이다. 직원은 사업수행과정에서 프로그램을 계획·수정하기도 하며, 클라이언트에게는 직접 서비스를 전달하면서 정보체계를 이용하고 의지하게 된다. 따라서 정보체계에 대한 교육훈련은 정보체계개발의 성공을 좌우하는 요소가 될 수 있다. 교육훈련의 중요성에 관해, Schoech(1995)은 성공적인 정보체계발전을 위해 "…… 전체 재원의 10%는 하드웨어에 지출하고, 40%는 소프트웨어에, 나머지 50%는 개발, 실행, 교육훈련에 지출해야 ……."라고 하였다.

정보체계는 전산직원(information system coordinator)과 같은 새로운 직종을 만들어 낼 것이다. 그리고 이러한 변화는 직무규정, 업무평가범위에 대한 수정이 필요하다는 것을 의미하는 것이기도 하다.

5) 전환

시험적용과 교육훈련이 종결되면 새로운 정보체계가 실행되는 단계로 진입한다. 모든 것이 동시에 갑자기 전면적으로 변하는 것은 혼동을 가져올 수 있다. 새로 개발된 정보체계와 기존의 정보체계가 같이 사용되면서, 새로운 체계를 사용해도 불편하거나 손해 보는 것이 거의 없다는 확신을 사용자들에게 심어 줄 수 있어야 한다. 새로 개발된 정보체계가 정말 필요한 정보를 제공한다는 것을 테스트 기간 동안 확신하고 경험한 후에, 기존의 정보체계사용은 더 이상 허용되지 않는다. 그리고 사무실의 위치나 공간배치가 새로운 정보체계의 적용에 따라 변동이 있을 수도 있다.

6) 평가

정보체계개발은 클라이언트에 대한 서비스 향상, 후원자들에 대한 서비스 질 향상, 비용감소, 업무환경의 개선을 통해 사회복지기관의 목적을 달성하는 데 의의가 있다. 정보체계를 설계하고 실행하는 데 참여한 모든 직원들은 새로운 정보체계에 대한 최초의 목적, 목표, 기대를 관찰하고 현재의 결과와 비교해야 한다. 정보체계개발의 성공과 실패에 대한 평가는 관리자 차원, 정보화추진위원회 차원, 단위부서 차원, 직원 개인 차원, 서비스 대상자 차원에서 시도될 수 있을 것이다. 과거의 정보체계와 신규개발된 정보체계의 비교를 통해 가능한 것이다. 업무성과향상, 효율성 증진, 비용절감 등의 기준을 적용한 평가분석도 가능하다.

7) 운영, 유지, 수정

새로이 개발된 정보체계가 의도했던 바와 같이 운영되기 위해서는 적정한 관리유지와 발생할 수 있는 보완요소에 대한 준비가 되어야 한다. 이를 위해 다음과 같은 고려사항이 있을 수 있다. 첫째, 정보체계에 대한 전담직원이 별도로 확보되어야 한다. 조직규모에 따라 전담직원의 수도 달라질 수 있을 것이다. 정보체계 담당직원은 책임감을 가지고 지속적으로 정보체계를 모니터링하고 관리유지하는 역할을 담당한다. 이 직원은 정보체계가 기획했던 대로 사용되도록 지원하고, 사업목적에 따라 필요한 정보가 활용될 수 있도록 한다. 정보체계운영상의 IT 기술적 문제가 발생되는 경우 정보체계개발업체와 협력하여 문제해결을 위해 노력해야 할 것이다. 둘째, 전체 직원은 일상업무에 정보체계를 이용하여 데이터를 저장하고 사용하며, 관리자는 고유사업수행과 정보체계활용을 모니터링하여 필요한 경우 업무조정을 해야 한다. 또한 정보체계를 활용하여 보고서를 작성하도록 장려하고 실제업무에 사용해야 할 것이다. 셋째, 직원교육을 위한 예비예산을 확보하도록 한다. 신입직원과 직원이 교체되었을 때의 정보교육비용을 준비해야 한다. 넷째, 직원회의 때 정보체계를 사용하는 직원의 태도 및 감정을 모니터링하고, 직원들이 업무수행과정에서 정보체계를 활용하는 것이 조직의 사업목적을 달성하기 위해서도 가치 있는 것임을 강조한다. 다섯째, 관리자는 직원들이 정보체계를 통해 수집된 자료를 발표하고 공개적으로 활용하도록 유도한다. 직원들의 자료수집활동상황을 파악하여 직원들의 정보체계 활용이 사업수행과 서비스 제공에 있어서 얼마나 도움을 주고 있는지를 확인시켜 준다.

이상 7단계의 정보체계개발을 위한 설계과정은 앞서 논의된 바와 같이 처음으로 정보체계를 개발하는 조직이나 이미 개발되어 사용 중인 정보체계를 개선할 필요성이 있는 조직에도 적용가능한 모델이다(Schoech, 1995). 다만 사회복지조직 규모의 한계와 초기 개발비용의 부담으로 인해 1단계에서의 현재 상황에 대한 사정작업에 보다 신중하게 접근해야 할 것이다. 또한 아무리 우수한 정보관리체계가 개발되었다고 하더라도 사용자가 불편해하거나 이용을 기피한다면 소기의 성과를 얻지 못할 것이다. 세밀한 교육훈련과 관리자의 적절한 격려 및 자극이 전제되어야 정보체계개발의 성공이 가능할 것이다.

4. 사회복지조직 정보관리체계개발을 위한 과제

사회복지조직은 보다 적극적이고 조직적으로 정보화 시대에 적응해 가는 노력이 요구된다. 사회 전반적으로 정보화 시대에 부응하여 개인생활이나 조직환경에서 다양한 변화가 나타나고 있다. 이와는 대조적으로 사회복지조직이 정보화 사회에서 나타나는 변화를 따라가지 못한다면 사회복지조직은 사회구조적 차원에이다. 정보화 사회에서 사회복지조직에게 요구하는 기대수준은 기존의 전통적인 조직관리 차원을 뛰어넘는 수준일 것임이 분명하다고 하겠다. 따라서 사회복지조직은 보다 적극적이고 다양한 모습으로 정보화 사회에 적응하는 노력이 요구된다.

이러한 노력의 중요성에도 불구하고 여전히 복지서비스 정보관리체계의 연계 혹은 통합과 관련한 개선은 지속적으로 요구되어 왔다. 특히 민간복지기관 간의 정보공유 및 연계의 필요성은 많은 관심이 요구되는 부문이다. 민간에서의 기본적인 정보인프라의 부족과 더불어 민간기관 간의 정보관리연계 부족 문제는 정보화시대에 뒤처져 있는 사회복지서비스체계의 모습을 극명하게 보여준다고 하겠다.

이와 관련하여 윤성오(2013)는 현재 우리나라에서 활용되는 사회복지분야에서의 정보화는 복지서비스를 보다 효과적이며 효율적으로 제공하고자 하는 것이라고 주장한다. 이러한 정보화의 발전단계는 기본적으로 전자화 혹은 정보화를 통한 정보의 제공, 정부와 서비스이용자 간의 상호작용, 기관 간 정보 공유 및 상호운용, 업무처리절차의 개선, 인프라 지원, 맞춤형 서비스 제공 등의 발전단계를 포함하고 있다고 설명한다(윤성오, 2013). 이를 위해서는 복지정책 및 제도의 개선, 정보관리를 위한 복지인력의 확보, 복지정보화를 위한 인프라 구축에 대한 지원이 요구된다고 할 수 있다.

앞서 논의된 내용과 연관시켜 현 사회복지조직을 위한 정보관리체계의 개발을 논의해보면, 기본적인 전산 프로그램의 개발보급을 이룬 상태에서, 중·장기적으로는 지식기반체계(KBS : Knowledge-Based Systems), 의사결정지원체계(DSS : Decision Support System), 업무수행지원체계(PSS : Performance Support System)의 구축으로 발전해야 할 것이다. 아동학대예방 및 개입을 위한 프로그램을 운영하는 경우, 과거의 모든 사례가 일정한 포맷의 데이터베이스에 저장되어 있다고 가정해 보자. 사회복지사는 새로운 사례를 시작할 때마다, 데이터베이스에 저장된 과거 사례 중 가장 유사한 사례를 검색해 낼 수 있을 것이다. 이 과정을 통해 보다 정확한 진단과 분석, 효과적인 개입전략을 수립할 수 있게 된다. 주관성에 의존한 경험과 지식을 뛰어넘어 보다 객관적이고 전문적인 접근을 시도할 수 있는 것이다. 이러한 일련의 작업이 지식기반체계(KBS)에 의존한 사업수행의 일례라고 하겠다.

또한 급여대상자의 자격기준 일치 정도를 판단하여 급여대상자를 최종결정하는 경우, 표준화된 동시정보검색이 가능하다면 업무의 정확성이 향상될 것이다. 이러한 업무수행방식은 공공부조 관련 업무뿐만 아니라 사회복지시설 입소대상자 선정 및 기타 서비스대상자 선정과 같은 사회복지서비스 부분에서도 응용 가능할 것이다. 의사결정지원체계(DSS)를 통해 가능한 업무수행방식인 것이다.

끝으로 재가복지 봉사업무를 담당하는 사회복지사가 있다고 하자. PDS를 통해 대상자의 과거 서비스 수혜내용을 현장에서 확인하고, 방문 당일의 서비스 제공내역을 현장에서 입력한다고 하자. 입력된 내용은 무선망을 통해 사회복지관의 컴퓨터에 자동저장되고, 이는 필요한 경우 얼마든지 문서로 출력될 수 있는 체계가 갖추어져 있다고 하자. 이는 현장 중심의 업무수행을 강화하게 하고, 문서작성업무를 대폭 경감시키는 효과를 기대할 수 있게 한다. 이러한 과정을 가능하게 하는 것은 업무수행지원체계(PSS)인 것이다.

이상의 검토를 통해 정보체계개발은 사회복지기관의 업무수행방식 및 조직관리방식에 커다란 변화를 가져오는 것임을 짐작하게 한다. 이러한 변화는 사회복지조직 내부적 환경에서의 효율성 제고를 기대하도록 하고, 책임성을 향상하는 계기로 연결될 것이다.

요약

정보화 사회에서 조직에게 나타나는 가장 큰 변화 중의 하나는 수평적 조직구조의 보편화 현상이라고 할 수 있다(Bell, 1976 ; Toffler, 1980). 이는 사회 전반적으로 조직구조상의 관료주의적 · 권위주의적 특성이 약화되고 분권화를 바탕으로 한 수평적 조직으로서의 특성이 일반화될 것이라는 의미이다.

정보체계는 단순히 사회복지기관의 관리운영상의 목적을 뛰어넘어 조직구성원의 업무수행능력을 증진하는 차원에서도 그 중요성이 크다. 따라서 정보체계는 사회복지조직의 기본적인 관리업무에 대한 통합뿐만 아니라 사회복지사업의 효율성을 제고하고, 나아가 조직성과를 대내 · 외적으로 보여줌으로써 사회복지서비스의 책임성을 검증받는 의미도 있는 것이다.

정보관리체계는 엄격한 의미에서 “조직관리와 관련된 기본적인 정보를 처리하기 위해 컴퓨터를 응용하는 것”이라고 할 수 있다(Schoech, 1999 : 88). 하지만 포괄적인 의미에서의 정보체계는 사람과 절차, 기술의 집합체라고 할 수 있으며, 이 요소들은 데이터와 정보를 모으고 그 처리과정을 강화하여, 그 결과물들을 활용하기 위해 존재한다(O’Brien, 1995 재인용 ; Schoech, 1999).

사회보장정보시스템(행복e음)은 각종 사회복지 급여 및 서비스 지원 대상자의 자격과 이력에 관한 정보를 통합 관리하고, 지자체의 복지업무 처리를 지원하기 위해 기존 시 · 군 · 구별 새올행정시스템의 31개 업무 지원시스템 중 복지분야를 분리하여 개인별 가구별 DB로 중앙에 통합 구축한 정보시스템이다(사회보장원, 2020).

사회보장정보시스템(범정부)은 각 부처에서 분산 · 운영되고 있는 복지사업 정보, 지원대상자 정보를 통합 관리하여 복지업무 처리 및 맞춤형 복지서비스 제공을 지원하기 위한 시스템이다.(사회보장원, 2020).

사회복지시설정보시스템은 사회복지시설 업무의 표준화, 투명화 및 사회복지업무의 전자화를 위한 사회복지시설 통합업무관리시스템이다(사회보장원, 2020).

13 사회복지평가

제11장에서 사회복지 기획과 프로그램 개발, 제12장에서 정보관리영역을 사회복지프로그램관리라는 관점에서 검토해 보았다. 사회복지기관의 조직관리와 사업관리라는 차원에서 중요한 주제가 아닐 수 없다. 이제 지금까지의 논의의 연장선상에서 '사회복지평가'라는 주제에 접근하고자 한다. 사회복지실천현장에서는 '프로그램 평가' 혹은 '사회복지기관평가'라는 용어로 빈번하게 사용되고 있고, 이에 대한 관심도 최근 들어 그 어느 때보다도 고조되어 왔다. 물론 최근 들어 평가에 대한 관심이 고조된 배경에는 「사회복지사업법」에 제시된 평가 관련 규정의 직접적 영향도 크다고 할 수 있으나, 이와 더불어 사회복지행정의 틀에서 조직 및 사업관리의 주요수단으로서의 평가의 가치가 새롭게 인식되고 있기 때문이기도 하다.

사실 '프로그램 평가' 혹은 '사회복지기관평가'는 사회조사방법의 한 분야로서 이론적 틀이나 이념적 기반이 동일하다고 할 수 있다. 단지 평가대상이 단위 프로그램인가 아니면 단위조직인가라는 정도의 차이가 있다고 해도 틀리지 않는다. 이 장에서는 이러한 논의와 더불어 사회복지평가의 개념, 목적, 방법, 유형, 그리고 최근 사회복지현장의 평가경향을 중심으로 소개하고자 한다.

1. 사회복지평가의 개념과 목적

1) 사회복지평가의 개념

우리가 일반적으로 호칭하는 '평가'는 엄밀하게 말하면 '평가조사'를 줄여서 부르는 것이다. 평가조사는 영어로는 'evaluation research'를 의미하며, 이는 '사회조사(social research)'의 한 유형이라고 하겠다. 따라서 '평가조사' 혹은 '평가'는 단순히 사회복지분야에서만 사용되는 용어라기보다는 사회조사가 그러하듯이 범사회과학적 용어로서, 공공행정, 환경, 교통, 보건, 교육 등의 분야에서 다양하게 사용되고 있다. 여기서 평가대상 혹은 평가적용분야의 차이가 있다는 점은 분명하나, 평가방법상의 공통점은 대단히 높다는 점을 이해해야 할 것이다. 방법상의 유사성은 평가조사가 사회조사의 한 유형이기 때문에, 사회조사로서의 기본속성을 유지하는 한 평가방법상의 유사성을 피할 수 없는 것이다. 그러하기에 혹자는 평가조사를 사회조사의 한 분야로서 실제성을 강조한 응용사회조사(applied social research)로 표현하기도 한다.

평가의 개념에 대한 학술적 논의를 넘어서, 평가는 이미 일상생활에서 피할 수 없는 삶의 일부가 되어 왔다. 식당에서 음식의 맛을 논하거나, 지난밤의 텔레비전 프로그램을 화제로 논하거나 하는 등의 행위는 평가의 일상화된 사례를 보여주는 것이다. 물론 초등학교의 성적표, 각종 시험, 이후로의 학창생활 동안의 여러 유형의 시험제도, 대학진학을 위한 수능시험제도, 직장생활에서의 근무평가 등은 공식적이고 동시에 구조적인 평가행위의 사례로 지적할 수 있을 것이다. 결국 인간은 누구나 태어나서부터 끊임없이 평가받는 상황에 놓이며 동시에 부단하게 누군가 무엇인가를 평가하고 있는 것이다. 결국 이러한 평가의 일상성 속에서 유추하게 되는 평가의 일반론적 의미는 '좋고 나쁨의 가치판단 행위' 혹은 '보다 바람직한 상황을 만들고자 하는 진단 및 수정행위'라고 할 수 있다.

학술적 차원에서의 평가의 개념에 대해, Weiss(1998 : 4)는 평가(evaluation research)를 "정책이나 프로그램의 개선을 목적으로 일련의 내재적·외재적 기준에 따라 효과성 혹은 시행상태를 체계적으로 사정하는 작업"으로 정의하고 있다. 또한 Rossi와 Freeman(1993 : 5)은 평가조사를 "사회개입 프로그램의 개념화·설계·시행·효용성을 사정하기 위해 사회조사방법을 체계적으로 응용하는 것"이라고 정의한다. 결국 이러한 논의를 근거로 평가는 '논리적이고 과학적인 사정방법을 사용하여 정책이나 프로그램의 효용성을 높이고자 하는 의도적 노력'이라고 이해될 수 있으며, 이 과정에서 과학적인 접근방법과 효용성이 강조된다는 것을 알 수 있다.

사회복지행정에서는 이러한 평가를 행정관리수단으로 인식한다. 즉 사회복지평가는 사회복지서비스가 욕구를 지닌 사람들에게 정확하게 제공되는가, 적절한 서비스를 제공하는가, 서비스는 효과적인가, 그리고 효율적인가를 파악하는 데 초점을 두게 되어 행정관리수단으로서의 역할을 지닌다는 것이다(성규탁, 1994).

2) 사회복지평가의 목적

왜 평가를 하는가에 대해서는 비교적 다양한 이유나 목적이 제시되고 있다. Rossi와 Freeman(1993)은 평가대상으로서의 프로그램, 조직, 혹은 정책에 대한 가치판단, 개선, 효용성 판단, 운영의 효과성 증진, 책임성 제고, 정보제공 등을 제시한다. 그들은 평가의 기본목적으로 효과성을 측정하여 사업의 지속, 중단, 확대, 축소 등과 관련된 의사결정을 위한 정보를 제공하는 것이라고 주장한다(최재성, 1998 재인용).

그런데 Weiss(1998)는 자신의 책 서문에서 자신의 경험을 근거로 평가조사의 결과가 반드시 주요의사결정에 영향을 미치거나 프로그램이나 정책에 어떤 변화를 가져와야 되는 것은 아니라고 주장한다. 관련된 정보를 제공하는 것으로도 평가조사로서의 의의는 이미 충분할 수 있다고 보는 것이다. 이러한 주장은 실제상황에서 특정한 평가연구의 결과로 변화가 촉진되기보다는, 불가항력적이고 외생적이라 할 수 있는 정치적 이해관계 등에 의해 평가결과가 활용되지 못하는 경우가 발생한다는 사실에 기인한다(최재성, 1998 재인용).

또한 사회복지평가의 목적에 관해 성규탁(1994 : 187-189)은 다음과 같이 환류적 과정평가, 책임성 이행평가, 학술적 평가연구의 세 가지로 들고 있다. 첫째, 환류적 과정평가는 프로그램 계획이나 운영과정에 필요한 정보를 확보하여 보다 바람직한 프로그램 운영이 되도록 노력하는 것으로서 프로그램 과정상의 환류기능에 초점을 둔다고 볼 수 있다. 둘째, 책임성 이행평가는 프로그램 운영에 대한 사회적 책임을 강조하고 책임성을 이행하는 차원에서 평가를 수행하는 경우로 볼 수 있다. 셋째, 학술적 평가는 사회조사의 한 분야로서 평가연구의 학술성을 강조하며 이는 평가연구에서 보조적인 목적으로 나타날 수도 있다. 프로그램 속에 내재된 변수 간의 인과관계를 검증하여 이론형성에 기여하는 기능이 있을 수 있다.

이러한 성규탁(1994)의 평가목적분류는 상호배타적 목적을 의미하지는 않는다. 일반적으로 평가연구는 앞에서 제시된 세 가지 목적이 복합적으로 설정되어 다목적적 성격을 갖는 경우도 있기 때문이다.

평가의 목적과 관련된 논의에서 Shadish와 Epstein(1987)의 연구는 실증적 분석을 통해 다양한 평가목적이 있을 수 있음을 보고하고 있다(최재성, 1998 재인용). 이들은 미국의 평가학회 회원 350명이 실제 평가활동에 관한 설문조사에서 응답한 내용을 분석했다. 분석결과는 평가활동의 주목적이 프로그램의 효과성 측정, 프로그램의 성과향상, 의사결정자에게 영향을 주는 것의 순서로 나타난다고 밝히고 있다. 그 다음으로는 프로그램의 가치성 판단, 필요한 정보제공 등을 목적으로 한다고 제시한다.

이상의 평가목적에 대한 논의에서 평가는 실질적으로 다양한 목적을 위해 수행될 수 있다는 사실을 확인할 수 있으며, 효과성과 책임성 검증의 차원에서 수행되는 평가의 중요성에 대한 공감이 높다는 점을 파악할 수 있다. 특히 Weiss(1998)가 제시하는 평가연구의 의의에 대한 견해는 주목할 만하다고 하겠다. 평가결과가 즉각적인 사업의 중단, 확대, 수정 등을 포함하는 변화로 연결되는 것도 중요하지만, 이러한 특성이 평가의 절대적 목적이자 성공적 평가의 필수요건은 아니라는 것이다. 평가의 결과로서 대상에 대한 유익한 정보를 생산한 것 자체가 이미 의의가 있으며, 이는 언젠가 있을 수 있는 후속연구 혹은 평가대상에 대한 보다 정확한 이해에 도움이 될 수 있기 때문이다.

2. 사회복지평가의 기준과 조직이론적 접근

1) 사회복지평가의 기준

평가에 관한 논의에서 평가목적에 대한 명확한 이해가 중요한 만큼, 기준에 대한 이해도 중요하다. 평가대상이 되는 프로그램이나 조직, 혹은 정책의 무엇을 평가하겠느냐의 질문에 관한 것이며, 평가설계(틀)의 핵심부분이라 하겠다.

일반적으로 사회복지분야에서의 평가기준은 다양한데, 이에 대해 김영종(2001)은 노력성, 효과성, 효율성, 영향, 질, 과정, 공평성의 일곱 가지를 제시하고 있다. 또한 성규탁(1994)은 노력(effort), 수행(performance), 적절성(adequacy), 효율성(efficiency) 및 과정(process)의 다섯 가지를 제시한다. 이러한 기준들은 Tripodi(1983)와 Bennett와 Weisinger(1977)의 연구에서도 유사하게 제시되고 있으며, Patti(1987)의 경우 이용자 만족도와 사회복지개입의 성공 여부를 서비스 질과 함께 제시하고 있다는 점에서 약간의 차이가 있을 뿐이다.

여기서는 이들 기준 가운데, 평가연구에서 활용빈도가 비교적 높다고 판단되는 노력성, 효과성, 효율성, 서비스 질, 만족도, 과정의 개념을 검토해 보고자 한다.

(1) 노력성

노력(efforts)은 프로그램을 위해 동원한 자원이 어느 정도인가에 대한 것이다. 주로 투입(inputs)요소에 관한 것으로 공장의 경우 제품을 만들기 위해 어떤 원자재와 자원(토지, 인력, 공장 등)을 사용했는가에 대한 논의이다. 사회복지사업에서는 서비스 제공을 위해 양질(quality)의 물리적 공간과 인력, 기타 자원을 어느 정도(quantity)나 사용했는가에 대한 논의이다. 다만 사회복지서비스의 특성상 클라이언트의 수와 특성에 대한 정보가 중요하게 고려된다는 점에 유의할 필요가 있다.

일반적으로 사회복지사업은 클라이언트의 긍정적 변화 혹은 더 이상의 악화를 지연하기 위한 현상유지에 초점을 둔다. 여기서 만일 클라이언트의 특성과 욕구가 강도 높은 집중적 서비스를 필요로 하는 것이라면 사회복지기관이 보여주는 노력 정도도 달라야 할 것이다. 예를 들어 중증장애인을 위해 서비스를 제공하는 경우와 경증장애인을 위해 서비스를 제공하는 경우, 투입요소의 배합방식이 달라져야 한다는 것이고, 이러한 특성이 평가과정에서 충분히 반영되어야 한다는 것을 의미한다.

(2) 효과성

사업의 산출(outputs)을 말하는데 클라이언트의 변화 정도와 이러한 실적에 관한 정보가 포함된다. 다시 말하면 노력의 결과를 측정하는 것이라 할 수 있다. 하지만 효과성(effectiveness)은 평가연구에서 영향(impact), 성과(outcome or performance), 결과(results) 등의 개념과 빈번하게 유사한 의미로 사용된다. 이러한 단어를 사용한 평가연구는 서비스 제공 혹은 정책집행으로서의 개입방법의 효과성을 분석하는 연구로 해석해도 무리가 없다.

(3) 효율성

효율성(efficiency)은 일반적으로 '최소의 자원을 투입하여 최대의 효과'를 내는 것을 의미하여, 투입자원(자금, 시간, 인력, 물리적 공간 등)과 산출물(클라이언트의 변화 정도, 서비스 제공실적 등)의 비율관계를 통해 측정한다(Pruger & Miller, 1991 ; 최재성, 1995). '노력' 대비 '성과'의 비율이라 할 수 있으나, 간혹 서비스 질을 희생하여 성과를 높이는 경우에도 효율성이 달성된다고 잘못 인식하는 경우가 있다. 하지만 엄밀한 의미에서의 효율성은 서비스 질을 일정한 수준 이상으로 유지하는 것을 전제로 한다. 따라서 서비스 질을 희생하거나 포기하여 비용을 절감하였다고 하였을 때, 이는 효율적인 것이 아니라 단지 투입요소를 희생하여 비용이 적게 든 것뿐이다.

(4) 서비스 질

서비스 질(quality)은 사회복지기관이 서비스 목적을 달성하기 위해 필요한 방법과 기술을 얼마나 적절하게 사용하였는가와 관련된 것으로, Patti(1987)는 시기적절성, 일관성, 접근성, 인간성(humanness), 서비스 기술의 숙련성을 포함한다고 하였다.

(5) 만족도

만족도는 클라이언트가 직접 서비스의 효과성과 질을 평가하는 것과 관련되며, 프로그램 출석률, 조기종결, 서비스 재신청, 과거 클라이언트로부터의 의뢰 등과 같은 자료를 통해 객관적 측정분석이 가능하다(Patti, 1987). 물론 만족도를 측정하는 설문지를 개발하거나 기존의 설문지를 응용하여 인지된 만족도를 측정하는 방법도 빈번하게 사용된다.

(6) 과정

과정은 노력이 산출로 옮겨지는 중간과정 또는 절차를 말하는데, 이후에 소개될 평가연구에 대한 조직이론적 접근에서 보다 자세하게 논의될 체계이론(system theory)의 개념에서 쉽게 설명된다. 산출물이 만들어지기 위한 이전 단계로서의 중간과정이 체계적이고 합리적으로 어떻게 구조화되어 있는지, 그리고 미리 정해진 절차나 규정에 따라 서비스가 제공되는가 등에 초점을 둔다. 이들 과정적인 요소들은 결국 프로그램 효과에 영향을 주기 때문에 현재의 서비스 제공방식 혹은 조직운영방식에 대한 내부분석적 및 진단적 특성을 갖는다.

2) 사회복지평가의 조직이론적 접근

사회복지평가의 틀은 조직이론적 측면에서 목표달성모델과 체계모델로부터 주로 영향을 받는다고 해도 지나치지 않다. 이들 두 가지 이론적 접근을 장단점을 중심으로 검토하고, 어떻게 평가 틀을 이론적으로 뒷받침하는가에 대해 살펴보기로 하겠다.

(1) 목표달성모델

평가연구에서 목표달성모델을 사용하는 것은 전통적이고도 일반적인 효과성 분석방법으로, 모든 조직은 특정의 목표를 달성하기 위해 만들어진 합리적인 도구라는 명제를 전제로 한다(Weber, 1968). 따라서 프로그램이나 조직의 효과성을 판단하는 기준으로서는 목표체계 자체가 절대적인 중요성을 지닌다. 목표달성 접근방법에 따르면 조직체는 달성하고자 하는 목표를 분명하게 세울 수 있고, 조직체가 산출하는 것을 정확하게 예측할 수 있으며, 주어진 목표를 성취하기 위해 공식적 구조를 통해 인적·물적자원을 조작할 수 있다는 것이다. 이 방법은 목표성취를 강조함으로써 조직체의 탄생과 그 존재이유를 정당화하는 장점이 있다(성규탁, 1994).

그러나 일반적으로 사회복지조직의 경우 목표가 구체적이지 못하고 추상적이거나 포괄적이기도 하고, 다수의 목표를 동시에 추구하기도 한다. 따라서 목표체계 자체가 효과성 판단의 주요한 지표임에도 불구하고 효과성 평가가 쉽지 않은 것이다. 또한 현대의 조직체들은 보다 복합적인 환경에서 생겨나기 때문에 조직의 복잡성은 점차 증가하고, 조직은 합법성에 대한 지속적인 위기를 극복하기 위해 보다 다양한 목표들을 찾아낸다. 즉 이러한 외적 환경의 변화에 따라 능동적으로 적응하려고 하기 때문에 조직의 목표가 보다 복잡해지고 또 변화하게 된다. 결국 조직의 목표는 단순하게 표현될 수도 있지만 실질적으로는 매우 복잡한 의미를 지니고 있으며, 정도의 차이는 있지만 이해관계가 있는 다양한 관련 집단의 특성을 반영한다고 볼 수 있다(권선진, 1994 ; 전혜승·최재성, 1999).

이러한 목표달성모델의 약점에도 불구하고 연구자들은 이 측정방법을 효과성 평가에 매우 유용한 것으로 간주하고 있다. 이 접근법은 기본적으로 조직의 존속을 위해 조직이 지향하는 목표가 있으며, 또한 조직성원들도 목표달성의 측면에 관심을 기울이고 있음을 전제한다. 또한 이 방법은 밖으로 드러나지 않은 목표갈등이나 모호한 목표를 명확하게 해 줄 수도 있다. 결국 목표달성모델은 조직이 측정가능하거나 관찰가능하고 상대적으로 단순하며 많은 사람들이 동의하는 목표를 가지는 조직에서 가장 유용하다고 할 것이다 (Cameron, 1986 ; 권선진, 1994).

(2) 체계모델

평가연구에 있어서 체계모델은 목표나 산출 그 자체보다는 목표달성을 위해 필요로 하는 수단과 과정에 초점을 두고 있으며, 따라서 프로그램 혹은 조직효과성 평가는 주요기능 간의 상호독립성을 강조하고 있다. 즉 조직평가의 경우 모든 조직을 상호연관적인 하위체계들로 이루어진 사회적 체계로 보며, 각 조직은 외부환경으로부터 투입(input)요소를 받아들여 조직 내의 변환과정(throughput process)을 거쳐서 환경으로 산출(output)을 내보내는 과정을 지속함으로써 조직의 생존과 성장이 보장된다고 전제하는 것이다(권기성 외, 1995 ; 전혜승 · 최재성, 1999).

사회복지조직은 사회로부터 인적 · 물적자원을 제공받아 조직 내의 프로그램 등의 개입과정을 거쳐서 클라이언트의 변화를 도모하고자 만들어진 사회기관이며, 이 과정을 도식화하여 제시하면 [그림 13－1]과 같다.

그림 13-1 사회복지기관의 투입-변환-산출과정

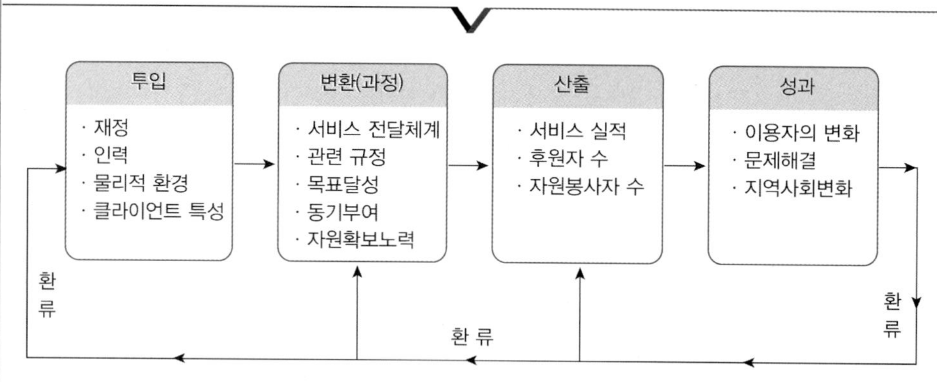

목표달성모델과 체계모델은 사회복지조직 및 프로그램 평가의 틀로 가장 흔히 사용되는 모델이다. 하지만 목표체계(혹은 결과)에 지나치게 비중을 두는 것이 사회복지기관과 같은 서비스 조직에는 부적절할 수 있다는 비판, 그리고 목표설정이 다소 애매하여 객관적인 분석이나 평가가 어렵다는 이유로 사회복지평가에서는 체계모델이 더 환영받는 경향이 있다. 물론 여기에는 사회복지환경과의 지속적인 상호작용 및 이의 중요성을 강조하는 것에 대한 공감대가 확산되는 것도 관련이 있다.

(3) 성과평가모델

평가연구에 있어 앞서 소개된 목표달성모델 및 체계모델 이외에 최근에 주목받아 온 모델로는 성과평가모델이 대표적이다. 성과평가라는 개념과 더불어 '영향평가'(impact evaluation), '가치평가'(value evaluation), '사회적 성과'(social impact), '임팩트 투자'(impact investment), '사회문제해결지향성'(problem-solving orientation), '사회변화기여도'(contribution to social change) 등의 개념들이 프로그램개발과 평가조사의 영역에서 활발하게 사용되고 있다. 이러한 다양한 개념들의 공통점은 한결같이 성과지향적이라는 점이다. 즉, 눈으로 확인할 수 있고 객관적 변화의 증거를 보여줄 수 있는 사업들만이 성공적이라고 판단할 수 있다는 인식이 바탕에 깔려있다. 이러한 인식의 배경에는 사회문제 및 사회복지문제 해결을 위해 동원할 수 있는 자원의 한계를 지적할 수 있다. 자원이 부족하니 성공 가능성이 높은 사업에만 선택적으로 투자해야 한다는 주장이 그것이다. 또 다른 배경은 빈곤을 포함한 다양한 사회문제 해결을 위해 지금까지 투자해 온 노력이 생각했던 만큼의 가시적 변화를 가져오지 못했다는 내외부적 비판이다. 효과가 입증되기 어려운 사업에는 자원을 투입할 명분이 약하다는 인식인 것이다. 간단하게 요약하면 사회문제 해결을 위해 열심히 노력한 과정, 그것만으로는 부족하며 노력의 결과로서 변화의 증거를 요구하는 것이다. 최소한, 문제해결을 위한 노력 과정 및 단순한 실적보다는 변화목표달성을 포함하는 성과달성에 보다 더 주목해야 한다는 사회전반적 흐름이 반영된 것으로 이해할 수 있다.

성과평가모델을 이해하기 위해서는 성과의 개념에 대한 정확한 이해가 필요하다. 사실 성과는 어떤 활동의 결과로 얻어낸 것, 성취한 것, 혹은 달성한 것의 의미를 가진다. 농부가 열심히 농사를 지어 그 결실을 가을에 수확하는 것이 성과이다. 그런데 '성과'(outcome 또는 performance)는 유사한 용어로 '결과'(result), '효과'(effect), '영향'(impact), '변화'(change), '산출'(output) 등과 혼재되어 사용되어왔다. 따라서 이들 용어를 사용할 때는 그 개념적 정의 혹은 조작적 정의를 명확하게 하는 것이 필수적이며 중요하다. 관련하여 성과관리의 중요성도 높아졌는데, 공공부문의 예를 들면, 정부의 성과관리 정의는, "...기관의 임무와 비전, 중·장기목표, 연도별 목표 및 성과지표를 미리 제시하고, 집행과정 및 결과를 경제성·능률성·효과성 등의 관점에서 관리하는 일련의 활동..."으로 제시하고 있다(정부업무평가기본법, 2019).

성과에 대한 개념적 이해를 넘어 성과평가모델을 실제로 사용하기 위해서는 지금까지 익숙해 왔던 평가모델들과 비교하여 접근할 필요성이 있다. 즉, 목표달성모델 및 체계모델과 비교하여 성과평가모델은 어떤 차이가 있는가에 주목하여 이해를 시도하자는 것이다. 앞서 소개된 [그림 13-1]은 체계이론모델을 사용하여 프로그램과정 혹은 조직과정을 논리적으로 보여주는 사례이다. 투입, 활동(변환 혹은 과정), 산출, 성과(혹은 결과), 영향의 단계로 설명되고 있다. 여기서 목표달성모델은 투입과 활동 보다는 산출과 성과에 주목한다. 기업에서는 매출액과 순이익이 될 것이다. 사회복지관에서는 이용자서비스제공실적 혹은 서비스이용만족도가 될 것이다. 따라서 연초에 설정한 목표치 대비 100% 달성이라는 식의 평가가 가능하다. 목표달성을 이루었다면 투입요소 및 활동과정은 별로 중요치 않은 것이다.

반면에 체계이론모델은 투입, 활동, 산출, 성과, 영향의 각 단계들을 모두 중요하게 고려한다. 산출과 성과도 중요하지만 이를 달성하는 과정에서의 절차의 적절성도 중요하다고 보는 것이다(아래, 표 참조). 기본적으로 전체 과정에서 투입과 활동의 전반부 단계가 적절했다면 산출과 성과, 그리고 영향까지도 긍정적으로 기대할 수 있다는 논리가 깔려 있다. 이러한 체계이론모델은 기업조직보다는 보건의료 및 사회복지조직에 더 적합하다는 평가를 받는다. 절차의 공정성과 민주성이 기업조직보다 더욱 강조되기 때문이다. 또 다른 이유는 사실 보건의료 및 사회복지조직에서 성과 및 영향을 측정하기가 용이하지 않을 수 있다는 한계에 기인한다.

예를 들어, 복합적 사회문제를 가지고 있는 복지사각지대에 놓인 가구를 위해 지역사회복지관이 개입한다고 가정하자. 사회복지사가 체계적인 사례관리를 통해 6개월에 거친 지속적인 상담과 서비스제공으로 문제 상황을 극복하도록 하는 성공적인 경우도 있다.

하지만 더 많은 경우는 경제적, 의료적, 가족갈등, 정신건강, 지역사회 자원부족 등의 복합적 문제로 인해 단기간에 긍정적 변화로 이어지지 않을 수도 있다. 그렇다면 정해진 기간 내에 긍정적 변화가 없었기에 사회복지사의 사례관리 노력은 아무런 의미가 없었던 것일까? 최소한 상황을 악화시키는 것을 지연시키는 효과는 없었을까? 아니면 더 나아가서 사회복지사의 노력으로 1년 후 혹은 2년 후 긍정적 변화가 나타나고 복합적 문제가 해결되어 당당하고 건강한 가족으로 다시 활동하게 되었다면 이는 평가과정에서 어떻게 반영되어야 하는가? 결국, 체계이론모델의 강점은 성과나 영향을 단기간에 측정하기 어려운 경우에 유용한 평가모델이 될 수 있는 것이다.

목표달성모델 및 체계이론모델과 비교하여 성과평가모델은 앞서 두 모델에 대한 일종의 하이브리드모델로 볼 수 있다. 산출실적 목표치 달성도 중요하고 성과목표달성 및 변화의 정도, 사회문제해결기여도 등도 중요하게 보는 것이다. 하나의 사례로 체계이론모델에 근거한 평가방식이 투입, 활동, 산출, 성과, 영향의 5단계 과정에 각각 배점 20%씩 할당하여 총점 100%로 평가했다고 가정하자. 반면에, 목표달성모델은 투입, 활동, 영향에는 배점이 없고 산출과 성과(혹은 결과)에만 각각 50%씩 배점을 할당하는 경우라고 할 수 있다. 여기서 성과모델평가는 성과 및 영향에 더 많은 배점을 할당하여 예를 들면, 투입(10%), 활동(10%), 산출(10%), 성과(40%), 영향(30%)라는 방식으로 평가모델을 설계할 수 있을 것이다. 결과적으로 성과와 영향을 더 중요하게 본다는 의미가 된다.

표 13-1 조직이론적 사회복지평가모델 비교

목표중심모델	체계이론모델	성과평가모델
산출, 실적, 성과를 강조하며 투입과 활동은 중요하지 않음	투입, 활동, 산출, 성과, 영향 모두 강조하는 경향	투입, 활동, 산출, 성과, 영향 중 결과 및 영향을 더 많이 강조하는 경향
사회복지기관의 사업결과보고서 및 사회복지시설평가에서 일부 사용	• 사회복지조직의 프로그램개발과정에서 기본로직으로 폭넓게 활용됨 • 사회복지시설평가의 기본틀을 구성함	• 사회복지조직 및 NGO 등에서 확장적으로 응용하고 있음 • 비영리재단 및 기업사회공헌 분야에서 활발하게 활용
기업조직에서 보편화되어 있음	비영리조직 및 보건의료조직에 보편적으로 사용됨	공공・비영리민간・영리민간

일반적으로 성과평가는 어렵다고 한다. 이러한 인식은 사실상 성과지표 개발이 어렵다는 의미이기도 하다. 하지만 공통적으로 논의되는 보편적 성과지표는 변화의 정도를 보여주는 것이다. 변화의 정도를 보여주는 방식이 객관적 수치로 표현될 수 있다면 가장 바람직할 것이다. 예를 들어, 직업훈련 이수율, 자격증 취득율, 6개월 이내 취업률, 자존감 향상정도, 이용자만족도, 사업의 지속가능성, 자활의지 등 등 다양한 측정지표가 성과지표가 될 수 있다.

그러면, 성공적인 성과평가는 어떻게 가능할 수 있을까? 첫째는 사업에 참여하는 누구나가 공감하는 성과지표의 개발이다. 둘째는 객관적이고도 규칙적인 사업 관련 통계수치 수집이다. 셋째는 객관적 성과지표가 마땅치 않은 경우 정성적 성과를 찾아내는 것이다. 대게의 경우 성공사례를 찾아내어 이를 통해 감동을 얻을 수 있도록 해야 한다. 넷째는 성공적 성과평가는 사업기획단계, 즉 프로그램개발과정에서 동시에 출발해야 한다. 마지막으로는 관리자들이 성과측정을 위한 통계수치 관리에 지속적으로 관심을 가지는 것이다.

3. 사회복지평가의 유형과 방법

사회복지평가는 평가목적, 평가주체, 평가대상, 접근방법 등에 따라 여러 유형으로 구분되며 그에 따른 평가방법도 달라진다. 우선 사회복지평가는 평가주체에 따라 내부평가와 외부평가로 나누어지며, 평가대상에 따라 사회복지기관평가와 사회복지 프로그램 평가로 나누어진다. 또한 사회복지 프로그램 평가는 평가를 하는 시점과 접근방법에 따라 총괄평가와 형성(과정)평가로 나누어진다.

여기서는 각 유형별 사회복지평가의 개념과 특성을 중심으로 살펴보기로 하겠다.

1) 내부평가 대 외부평가

사회복지평가는 평가주체에 따라 내부평가와 외부평가로 구분된다. 내부평가(inside-evaluation)는 프로그램을 기획하거나 운영을 담당하는 사람 또는 같은 조직 내의 다른 구성원이 실시하는 평가로서 자체평가로 불리기도 한다. 내부평가는 조직이나 프로그램 운영의 과정이나 결과에 대한 자기반성적 성격을 가진다. 이러한 내부평가는 평가를 통해 얻은 정보를 조직 내에 환류(feedback)함으로써 조직운영이나 프로그램을 개선하고자 할 때 주로 활용된다.

반면 외부평가(outside-evaluation)는 프로그램을 수행하는 조직체가 아닌 대학교수, 조사연구기관 등 외부의 제삼자가 행하는 평가이다. 외부평가도 내부평가와 마찬가지로 조직운영이나 프로그램 개선을 목표로 하고 있다. 그러나 평가결과가 제한적으로나마 외부에 공표되거나, 다른 기관과의 비교자료로 활용되는 등 평가결과의 활용방법에 있어서는 내부평가와 차이가 있다.

2) 프로그램 평가 대 기관평가

사회복지평가는 평가대상이 기관(조직)인가 프로그램(단위사업)인가에 따라 기관평가와 프로그램 평가로 구분된다. 기관평가에서는 기관(조직)의 효과성이나 목표달성을 주로 강조하는 반면 프로그램 평가에서는 프로그램의 효과성, 효율성, 만족도에 주된 관심이 있다. 이처럼 프로그램 평가와 기관평가는 평가대상을 기준으로 명확하게 구분되지만, 여러 선행연구에서는 기관의 평가기준으로 프로그램 평가를 포함시키는 경향이 있다. 그러나 각각 평가의 틀과 기준이 다르게 설정되므로 기관평가와 프로그램 평가는 구분되어 접근될 필요가 있다(최재성, 1998).

3) 총괄평가 대 형성평가

사회복지평가는 평가시점과 접근방법에 따라 총괄(결과)평가와 형성(과정)평가로 구분된다.

(1) 총괄평가

총괄평가는 프로그램이 종결된 이후 프로그램 결과를 평가하여 궁극적으로 프로그램이 미친 영향(impact)을 파악하기 위한 것이다. 형성평가는 프로그램 수행 중간에 프로그램 운영 및 활동을 분석함으로써 프로그램의 긍정적인 효과나 부작용의 발생과정을 밝히고,

향후 프로그램 운영개선에 필요한 정보를 얻기 위한 것이다.

성규탁(1994)은 총괄평가를 그 목적에 따라 다시 효과성 평가와 효율성 평가로 세분하고 있으며, 각 평가가 파악해야 할 기본질문을 다음과 같이 정리하고 있다.

첫째, 효과성(effectiveness) 평가는 프로그램이 원래 의도했던 목표를 달성하였는지를 판단하기 위한 것으로 다음과 같은 내용을 파악함으로써 이루어질 수 있다. ① 의도했던 프로그램 효과가 과연 그 프로그램 때문에 발생했는가? ② 발생한 프로그램 효과는 프로그램 목표와 대비하여 어느 정도인가? ③ 프로그램 효과의 크기는 해결하고자 했던 원래의 사회문제를 해결하는 데 충분한가?

둘째, 효율성(efficiency) 평가는 프로그램 효과와 프로그램 비용을 함께 고려한 평가로서 주로 프로그램의 확대 여부를 결정할 때 사용한다. 효율성 개념을 단순화하면 프로그램 투입 대비 산출(산출・투입)이 되는데 투입을 프로그램 비용으로 하고, 산출을 프로그램 효과로 할 경우 효율성은 프로그램 비용 대비 프로그램 효과(프로그램 효과・프로그램 비용)가 된다. 여기에서는 다음과 같은 내용을 파악하는 데 초점을 둔다. ① 프로그램의 직접적 비용은 얼마인가? ② 부작용이나 사회적 충격을 포함한 사회적 비용은 얼마인가? ③ 프로그램 효과는 비용을 상쇄시킬 만큼 큰 것인가?

(2) 형성평가

형성(과정)평가는 프로그램 수행 중간에 프로그램의 운영 및 활동을 분석함으로써 다음의 두 가지 기능을 수행한다. 첫째, 형성평가는 프로그램이 원래 의도한 대로 운영되고 있는지 파악하여 향후 프로그램 운영전략을 세우고 프로그램의 중단・축소・유지・확대 여부를 결정하는 데 필요한 정보를 제공한다. 둘째, 형성평가는 프로그램이 의도한 효과나 예상치 못한 부작용 등이 발생하는 경로를 파악함으로써 총괄평가를 보완하는 기능을 한다.

성규탁(1994)은 첫째 기능을 수행하는 형성평가는 운영과정평가로, 둘째 기능을 수행하는 형성평가는 좁은 의미의 형성평가로 세분하고 있다.

운영과정평가는 활동을 계획에 근거하여 확인하면서, 그 활동에 영향을 미치는 절차와 자원, 서비스 전달, 프로그램의 대상영역을 점검하는 것이다. 이것은 주로 다음과 같은 내용을 파악함으로써 이루어질 수 있다. ① 원래 운영계획대로 활동이 이루어졌는가(activity)?

② 계획된 양 · 질의 자원(인적 · 물적)이 계획된 시간에 투입되었는가(inputs)? ③ 원래 의도한 프로그램 대상집단을 상대로 실시되었는가(coverage)? ④ 관련된 법규나 규정에 순응하였는가(compliance)?

좁은 의미의 형성평가는 프로그램의 효과를 결과로 하고 프로그램을 원인으로 한 인과관계와 개입에 영향을 미치는 매개변수를 파악하고자 하는 것이다. 이것은 다음과 같은 내용을 파악함으로써 이루어질 수 있다. ① 프로그램 효과는 어떠한 경로를 거쳐서 발생하게 되었는가? ② 프로그램 효과가 발생하지 않는 경우 어떤 경로에 잘못이 있었는가? ③ 프로그램 효과에 보다 강한 영향을 미치는 경로는 없는가?

두 가지 유형의 형성평가 모두 총괄평가에서 제외될 수 있는 운영과정 및 활동을 분석함으로써 궁극적으로 총괄평가를 보완하는 기능을 한다.

4. 우리나라 사회복지시설평가제도의 특성

1) 사회복지시설평가제도의 도입배경과 목적

1997년 개정된 「사회복지사업법」 제44조의2 및 동법 시행규칙 제27조의2에 의거하여 정부와 지방자치단체는 매 3년마다 1회 이상 전국 사회복지시설을 대상으로 시설평가를 실시하도록 되어 있다. 사회복지시설평가제도 도입 이후 20년 이상이 지난 2019년 현재에도 사회복지시설평가가 진행 중에 있다. 사회복지시설의 양적 성장에 따라 한정된 자원의 효율적인 배분과 활용이 사회적 관심사로 대두되면서 사회복지시설의 책무성 차원에서, 그리고 사회복지서비스 질의 향상을 통한 사회복지시설의 전반적인 전문성을 강화하기 위한 배경에서 사회복지시설평가가 도입되었다고 할 수 있다(정무성, 2007).

사회복지시설평가의 목적은 크게 장기적 목적과 단기적 목적으로 구분할 수 있다(한국사회복지협의회 · 보건복지부, 2012). 먼저 장기적 목적의 경우, 첫째, 사회복지시설의 투명성을 확보하고 서비스 질의 향상을 통해 사회복지시설 이용자와 국민의 복지수준을 증진하는 것이다. 둘째, 사회복지시설의 평가결과를 정부의 사회복지정책에 반영함으로써 예산집행의 효율성과 합리성을 강조하고 사회복지시설의 선진화를 지원하여 복지시설의 상향평준화를 추구하는 것이다. 셋째, 사회복지시설에 대한 일련의 정보를 복지수혜자 및 일반국민에게 정확하게 제공하여 향후 노인장기요양보험제도 및 시설이용권제도 등 국민의 시설선택에 관한 기초자료로 활용하게 하는 목적도 가지고 있다. 넷째, 전국적인 사회복지시설평가를 통하여 사회복지시설 운영수준에 대한 지역 및 시설종별 차이를 파악하고, 이를 통해 사회복지시설의 균형적 발전을 추구하는 목적도 가지고 있다.

이를 달성하기 위한 사회복지시설평가의 단기적 목적은 첫째, 생활시설 및 이용시설에 대한 평가를 통해 효율적이고 효과적인 사회복지시설의 운영기반을 정착시키고 시설 간 선의의 경쟁을 유도하는 것이며, 둘째, 시설이용자의 인권을 보호하고 지역사회와의 긴밀한 연계 속에서 사회복지시설의 책임 있는 운영을 도모하는 것이다. 마지막으로 사회복지시설의 정확한 운영실태파악을 통해 정부지원정책을 위한 과학적 근거자료를 제공하는 데도 그 목적이 있다.

이상의 장·단기적 목적에서 출발하여, 최근에는 사회복지시설의 효율성 제고, 서비스 질 향상, 지역간 사회복지서비스 격차해소, 사회복지시설운영정보에 대한 이용자 접근성 제고를 강조하고 있으며, 궁극적으로는 사회복지시설 이용자의 삶의 질 향상을 지향하는 것으로 설정되어있다(사회보장정보원홈페이지, 2020).

2) 사회복지시설평가제도의 추진경과

개정 「사회복지사업법」에 근거한 최초의 사회복지시설평가는 1999년 장애인복지관과 정신요양시설을 대상으로 실시되었다. 사회복지시설평가의 실무작업은 보건복지부로부터 용역을 받아 한국보건사회연구원이 1999년부터 2003년까지 수행하였고, 2004년부터 2016년까지는 한국사회복지협의회가, 그리고 2017년부터 지금까지는 사회보장정보원이 맡고 있다.

사회복지시설 유형 중 매년 3~4개 시설유형을 미리 평가대상으로 선정하고 공지한 후 시설평가를 실시하고, 이들 시설들은 3년 후에 다시 순차적으로 평가를 받는 방식으로 진행되어 왔다. 이는 사회복지사업법의 규정, 즉, 모든 사회복지시설이 매 3년마다 평가를 받아야한다는 점, 그리고 전국의 모든 사회복지시설을 3년마다 동시에 평가를 하기에는 물리적으로 쉽지 않다는 점을 고려하여 선택한 방법으로 볼 수 있다.

사회복지시설평가에서 사용하는 평가지표는 2020년 현재 크게 공통지표와 개별지표로 구성된다. 공통지표는 모든 사회복지시설에 공통적으로 적용되는 지표를 의미한다. 개별지표는 개별 사회복지시설의 특수성을 반영하여 시설유형별로 적용되는 지표이다. 평가영역은 A부터 F까지의 6개 영역으로 구성되며, 여기에 포함되는 영역은 시설 및 환경(A), 재정 및 조직운영(B), 프로그램 및 서비스(C), 이용자의 권리(D), 지역사회관계(E), 시설운영전반(F)이다(사회보장정보원, 2020). 여기서, 프로그램 및 서비스 영역이 주로 개별 시설유형별로 적용되는 개별지표에 해당한다.

3) 사회복지시설평가의 추진체계와 평가지표

(1) 사회복지시설평가의 추진체계

사회복지시설평가를 위한 추진체계를 2020년 기준으로 살펴보면 [그림 13-2]와 같다.

그림 13-2 사회복지시설평가 추진체계도

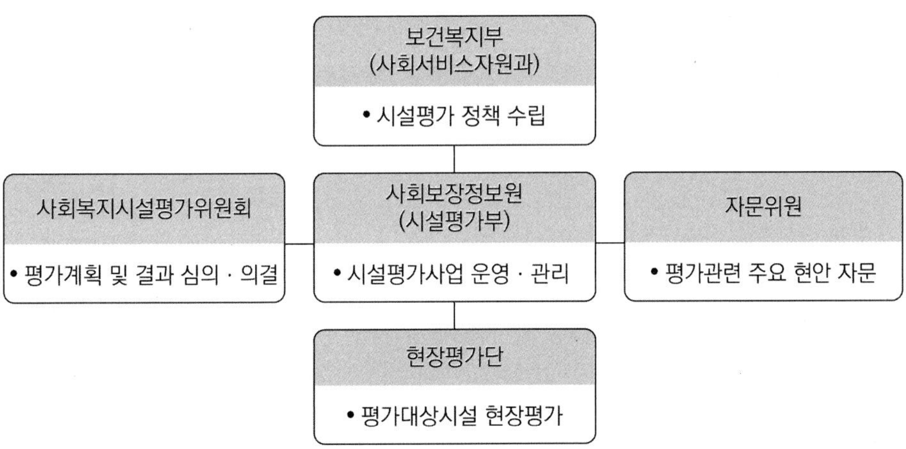

출처: 사회보장정보원홈페이지(2020). 사회보장정보원사회복지시설평가 http://www.w4c.go.kr/favl/intro/businessIntro_new.do

우선 사회복지시설평가에 대한 기본 정책 수립 및 지도 감독은 보건복지부의 사회서비스자원과 소관으로 되어있다. 실제업무는 사회보장정보원이 보건복지부와 용역계약을 체결하여 맡고 있다. 이 과정에서 사회보장정보원은 원활한 평가사업 추진을 위해 사회복지시설평가위원회, 자문위원단, 현장평가단을 조직하여 운영하는 것이다.

그림 13-3 사회복지시설평가 평가절차

절차	내용	역할
자체평가	• 사회복지시설정보시스템을 통한 해당 시설의 자체평가서 입력(완료)	해당시설
현장평가	• 사회복지시설정보시스템을 통한 해당 시설의 자체평가서 입력(완료)	평가위원
이의신청 확인 및 1차 결과분석	• 사회복지시설정보시스템을 통한 해당 시설의 자체평가서 입력(완료)	사회보장정보원
확인평가 및 결과확정	• 사회복지시설정보시스템을 통한 해당 시설의 자체평가서 입력(완료)	사회보장정보원
평가종료	• 사회복지시설정보시스템을 통한 해당 시설의 자체평가서 입력(완료)	사회보장정보원

출처 : 사회보장정보원홈페이지(2020). 사회보장정보원사회복지시설평가
http://www.w4c.go.kr/favl/intro/businessIntro_new.do

사회복지시설평가절차는 자체평가와 현장평가를 핵심내용으로 한다. 우선, 평가대상 사회복지시설은 미리 공고된 사회복지시설평가지표에 따라 자체평가를 실시하고 자체평가보고서를 사회복지시설정보시스템에 탑재하게 된다. 그러면 사회보장정보원에서 위촉된 평가위원들이 자체평가보고서를 현장평가를 통해 재확인하는 방식으로 진행되는 것이다. 물론, 현장평가 이후에는 사회보장정보원이 이의신청을 받고 평가분석을 실시하여 평가결과를 확정하는 순서로 진행된다.

(2) 사회복지시설평가지표

지난 20년 이상에 걸쳐 사회복지시설에 대한 평가가 지속적으로 시행되어 왔으나 아직까지도 평가지표의 수정과 보완작업이 계속해서 이루어지고 있는 상황이다. 급변하는 사회복지환경에 따라 부득이하게 일부 지표에 대한 수정이 불가피할 수 있으나 평가주체(혹은 평가단)의 성향에 따라서도 지표의 구성은 달라질 수 있다.

아래에 소개되는 사회복지시설평가지표는 최근에 사회복지정보원에서 배포한 '2021년도 사회복지시설평가지표: 사회복지관'의 사례이다. 앞서 언급된 바와 같이 모든 평가대상 사회복지시설에 공통적으로 적용되는 공통지표 23개, 이용공통지표 2개, 그리고 사회복지관에만 적용되는 개별지표 11개를 포함하여 모두 36개 지표로 구성된 것을 알 수 있다.

평가조사연구의 관점에서 평가지표의 특성을 규명하면 다음과 같다(최재성, 2001).

첫째, 사회복지시설평가의 지표구성은 목표 중심 모델을 기반으로 하였다기보다 체계이론을 중심으로 형성되고 있다. 평가모형을 제시할 때 별도로 이론적 설명을 제시하고 있지는 않지만, 평가영역을 시설기관의 물리적 환경, 조직운영 및 인력관리, 재정, 이용자의 권리, 지역사회관계, 시설운영전반, 프로그램 및 서비스 등으로 설정하고 있어 체계이론의 투입, 변환, 산출, 성과의 구조와 유사한 맥락을 보여주고 있다.

표 13-2 2021년도 사회복지관 평가지표 구성사례

• 전체 공동지표(23개)

평가영역	평가항목	
A. 시설 및 환경	A1	편의시설의 적절성
	A2	안전관리
	A3	응급상황 및 화재예방 안전체계 구축
B. 재정 및 조직운영	B1	사업비 비율
	B2	후원금 비율
	B3	회계의 투명성
	B4	사회적 가치실현기업 구매 금액(미배점)
	B5	직원충원율
	B6	직원근속률

평가영역	평가항목	
	B7	직원 교육활동비 및 내·외부교육 참여시간
	B8	직원채용의 공정성
	B10	직원교육
	B11	직원복지
	B12	직원의 권리 및 인권보호
D. 이용자의 권리	D1	비밀보장
	D2	학대예방 및 인권보장
	D3	고충처리
E. 지역사회관계	E1	외부자원개발
	E2	자원봉사자 관리
	E3	후원금(품) 개발 및 관리
F. 시설운영전반	F1	시설운영의 전반적 수준(시설장 인터뷰)
	F2	서비스 질적 수준(직원 인터뷰)
	F3	자체평가의 정확성

※ 2021년도 사회복지시설평가 해당시설(사회복지관, 노인복지관, 양로시설, 한부모가족복지시설)에 공통적으로 적용되는 지표

• **이용 공동지표(2개)**

평가영역	평가항목	
B. 재정 및 조직운영	B9	시설장 및 최고중간관리자(부장)의 전문성
D. 이용자의 권리	D4	서비스 정보제공 및 이용자의 자기결정권

• **개별지표(11개)**

평가영역	평가항목	
B. 재정 및 조직운영	B13	사회복지관 직원의 급여(보수)수전 향상을 위한 노력
C. 프로그램 및 서비스	C1-1	사례관리 실행체계
	C1-2	사례관리 인력이 전문성
	C1-3	사례관리 수행의 전문성

평가영역	평가항목	
	C1-4	사례관리 협력 연계
	C2-1	프로그램 기획의 전문성
	C2-2	프로그램 수행과정
	C2-3	프로그램 평가
	C3-1	지역조직화 실행체계
	C3-2	지역조직화 수행의 전문성
	C3-3	지역사회 네트워크

출처: 사회보장정보원. (2019). 2021년도 사회복지시설평가지표 사회복지관, 9~11쪽.

둘째, 정량적 실적평가지표보다는 정성적 질적 평가지표의 활용비중이 높다. 전반적으로 전체 평가지표수의 20%의 수준으로 정량적 기준을 사용하고 있다. 사회복지관평가의 경우, 영역별 배점도 총점 100% 기준으로 할 때, A~F 6개 영역중 B.재정 및 조직운영 영역이 30%, C. 프로그램 및 서비스영역이 47%를 차지하여 비교적 높은 비중을 보여주고 있다.

셋째, 전반적인 평가모형의 경향이 사업의 성패를 판단하기 위한 영향평가 혹은 결과평가라기보다는 문제발견을 통한 개선을 시도하는 모니터링(혹은 형성평가)의 형식을 취하고 있다. 이러한 형식의 평가는 시설운영의 적절성을 진단하고 자발적인 개선을 유도함으로써 시설운영의 지침서 역할을 하게 한다.

(3) 사회복지시설평가제도의 평가방법론적 특성

사회복지시설평가는 1999년도에 장애인복지관 및 정신요양시설에 대한 평가를 시작으로 도입되었다. 그동안 20여 년간에 거쳐 다양한 사회복지시설들이 평가를 받아왔다. 사회복지시설평가제도가 도입된 초창기부터 모든 평가대상 시설들에게 지속적으로 적용되어온 평가방법론적 특성을 파악하면 다음의 몇 가지로 정리할 수 있다.

첫째, 자기평가방식을 선택하고 있다. 평가대상 사회복지시설들은 사전에 배포된 평가지표에 따라 '자기평가보고서'(self-evaluation report)를 작성하여 제출한다. 평가대상기관들에게는 심리적으로 안정감을 주면서 동시에 자기학습의 기회를 제공한다. 물론, 평가에 대한 거부감을 상당부분 해소한다는 긍정적 측면도 있다. 제출된 자기평가보고서는 현장평가위원들이 현장에서 직접 확인하는 방식으로 검증되는 것이다.

둘째, 사업메뉴얼 형식의 평가지표 구성이다. 모든 평가지표는 지표별 해설이 제공되고 각 지표가 어떻게 측정되는지가 평가사업메뉴얼에 제시된다. 평가대상기관이 평가사업메뉴얼에 따라 시뮬레이션을 하면 그 시설의 평가점수도 추정이 가능하다. 투명성이 높아지는 계기가 되었다고 볼 수도 있다. 더 중요한 부분은 각 지표의 개념을 이해하고 측정방법도 알고 있다면 이는 사회복지시설을 어떻게 운영해야하는가를 스스로 판단할 수 있게 한다는 것이다. 사회복지현장에서 업무메뉴얼이 취약한 경우 업무의 표준화 및 전문성 향상에도 도움이 된다.

셋째, 평가지표구성 및 현장평가에 평가대상기관들이 참여하는 참여적 평가의 성격을 가진다. 대부분의 경우 평가지표안이 사전에 공개되고 공청회 등을 거쳐 다양한 의견을 수렴한다. 이러한 결과로 최종 평가지표가 확정되는 것이다. 평가대상기관들이 평가과정에 참여할 기회가 열려있는 것이다. 더하여서, 현장평가위원들 중에는 평가대상기관들에서 자발적으로 참여하여 위촉된 위원들이 있다. 이들 현장평가위원들은 실제로 평가과정이 어떻게 진행되는가를 직접 체험하면서 사회복지시설평가에 도움을 주는 것이다. 참여적 평가의 성격은 평가제도 전반의 투명성 제고와 더불어 평가제도의 개선에도 크게 기여하는 것으로 볼 수 있다.

넷째, 평가지표 중 고객만족도 누락의 한계이다. 앞서 참여적 평가의 강점을 설명하였으나 사실 참여대상 중 가장 중요할 수 있는 고객은 정작 어디에도 찾아볼 수 없다. 평가지표상에서도 고객만족도는 전혀 반영되지 않고 있다. 고객만족도 누락은 현행 시설평가제도의 특성이자 구조적 한계인 것이다. 사실 초기부터 이 논란은 있었으나 20여년간 이 문제에 대한 대응은 대단히 소극적이었다. 이론적으로 영리기업이나 공공영역에서 고객만족도가 차지하는 부분의 중요성은 아무리 강조해도 지나치지 않다. 특히, 서비스 질의 향상을 추구한다면 공공과 민간을 망라한 모든 영역에서 고객만족도가 차지하는 비중이 사실상 매우 높은 것이다. 사회복지시설평가제도가 이용자의 삶의 질 향상을 궁극적 목적으로 제시하면서 정작 이용자만족도는 전혀 반영되지 않고 있다는 점은 자기모순 일 수 밖에 없다.

4) 사회복지시설평가의 성과와 문제점

지난 20여 년간 수행된 사회복지시설평가는 부족한 평가예산과 평가인력수급의 부족, 평가과정상에서 발생하는 다양한 시행착오 등으로 많은 어려움에 부딪혔던 것이 사실이지만 사회복지분야에 미친 긍정적 영향은 상당히 크다. 사회복지시설들의 투명성과 책무성의 향상이 가능했다는 것이며, 나아가 전반적인 서비스 질의 개선을 통한 전문성의 측면에서도 적지 않은 성과가 있었다고 보는 것이다.

이러한 성과에도 불구하고 그동안의 사회복지시설평가제도가 많은 한계와 문제점을 드러낸 것도 사실이다. 가장 큰 문제점으로 지적되는 것은 사회복지시설의 고유성이 반영되지 못했다는 점이다(정무성, 2007). 물론, 이러한 지적에 따라 최근에는 평가지표 자체를 공통지표와 개별지표로 구별하여 개별 복지시설유형의 특수성을 반영하였다는 점은 긍정적 변화라고 볼 수 있다. 또한, 사회복지관의 경우 서비스제공부문 평가에서 사회복지관이 자율적으로 여러 프로그램 중 5개만을 선정하여 평가받도록 하는 방법도 개별 시설의 특수성을 반영하는 노력의 하나라고 볼 수 있다. 사회복지시설을 단순히 수량적 산출결과만을 통해 평가하는 것은 매우 위험한 일이다. 즉, 사회복지시설의 설립연도, 규모, 위치, 재정도, 설립목적 등 태생적으로 결정되는 기관의 고유한 특성이 평가체계에 반영되지 못한다면 공정한 평가가 이루어지기란 힘들며 이에 대한 평가결과도 신뢰하기란 어렵다. 이러한 시설의 고유성은 해당 시설 직원의 의지와 내부노력으로 통제하기가 어렵기 때문에 시설의 고유성이 반영되지 못한 평가는 타당하다고 볼 수 없는 것이다.

또 다른 문제점은 평가의 객관성과 신뢰성이 떨어진다는 것이다(한국사회복지협의회 · 보건복지부, 2008). 이는 직접적인 현장평가를 담당하는 평가위원 간의 격차에 따른 것으로서 이에 대한 문제는 초기 평가단계부터 끊임없이 제기되어 왔다. 사회복지시설평가제도의 이해부족과 불충분한 사전교육으로 평가지표를 자의적으로 해석하는 등의 문제가 발생하기도 하였다. 또한 평가위원단에 따른 편차로 인해 어떤 평가위원단에 의해 평가를 받느냐에 따라 평가결과에 격차가 발생하는 위험도 있었다. 또한 평가위원의 주관적인 의사가 개입될 소지가 많은 정성적인 평가지표의 비율이 높다는 점 역시 지속적으로 지적되고 있다.

마지막으로 평가 이후의 시설운영에 대한 지원방안 등 사후관리지원체계가 미비하다는 지적이 적지 않았다. 평가를 통해 나타난 결과를 어떻게 활용할 것인지에 대한 구체적인 지침과 대안마련이 없어 사회복지실천현장에서는 소위 평가를 위한 평가라는 비판이 있었던 것이다. 이에 대해서는 현재 사회복지시설평가를 맡고 있는 사회보장정보원이 '사회복지시설 서비스품질관리'사업을 통해 보완하려는 모습을 보여주고 있다. 사회복지시설평가결과를 근거로 전문성 향상을 위한 컨설팅이 필요한 사회복지시설을 대상으로 관련 서비스를 제공한다는 것이다. 하지만, 이러한 서비스품질관리사업이 어떤 실질적 효과를 가져오고 있는지는 아직 보고되지 않고 있다.

관련하여 최근에 피평가자로서의 사회복지시설들이 평가결과를 사회복지시설운영에 어떻게 반영하고 활용하고 있는가에 대한 연구가 발표된 바 있다. 이러한 연구는 피평가자인 사회복지시설들이 평가결과를 적절하게 활용하지 못하고 있다는 비판이 제기되는 상황에서 의미가 있다. 사회복지시설평가 결과 활용에 영향을 미치는 요인들을 분석하여 현행 평가제도의 개선 과제를 제시하려는 연구였다(윤재영 · 이종환, 2010). 이들 연구자들은 제3기(2005~2007) 사회복지시설평가에 참여하였던 1,269개 사회복지시설 중 486개소(38.30%) 실무자들을 대상으로 설문조사를 실시하였다. 조사내용을 바탕으로 평가의 우수성을 구성할 수 있는 '현장 평가자의 질', '지표 개발과 평가수행과정', '현장 평가의 시기 및 기간의 적절성' 등이 평가결과의 활용도에 미치는 영향을 분석했다. 분석결과 '지표 개발 및 평가수행과정'에 대한 실무자들의 만족수준이 높을수록 평가결과를 사업기획 및 사업개선 그리고 이용고객을 위하여 활용하는 데 긍정적인 영향을 미치는 것으로 제시한 바 있다.

5) 사회복지시설평가의 전망과 과제

성공적인 사회복지시설평가를 위해서는 평가목적을 보다 명확하게 설정하고 이에 따라 평가체계의 구축, 평가인력의 훈련, 평가예산의 확보가 우선적으로 이루어져야 한다. 과정과 절차에 대한 고려 없이 사업결과 혹은 실적만을 강조한다면 사회복지의 가치를 근본적으로 훼손하는 결과를 낳을 것이다. 사회복지가치를 지키면서 사회복지시설의 책무성을 강화하고 전문성을 증진하는 평가제도를 정착시켜야 할 것이다. 이를 통해 이용자의 만족도를 극대화하고 효과성과 효율성을 동시에 추구하는 사회복지시설문화를 확산시켜야 한다.

이를 위해 현재의 이벤트적 시설평가를 지양하고 상시평가가 가능한 체계를 마련하여야 한다. 또한 상시평가를 통해 평가 관련 자료의 축적과 분석을 가능하게 하여 사회복지시설 관련 정책개선을 위한 귀중한 정보를 제공해야 한다. 평가제도 관련 한계를 극복하고 개선하기 위해 사회복지시설 전문평가인증제도(accreditation)와 같은 과정 중심의 접근을 적극적으로 검토할 필요가 있다. 실제로 최근 들어 사회복지시설 평가인증제도의 도입 필요성 및 도입방안, 평가인증제도에 대한 현장 전문가들의 인식 등에 대한 연구들이 활발히 이뤄지고 있다(김형모 · 이수연 · 전미숙, 2011 ; 선은애, 2012 ; 이중섭 · 모지환 · 김용민, 2012). 이들 연구에서는 문헌연구 및 설문조사에 따른 분석을 통해 평가인증제도의 도입을 제언하고 있다. 한편 평가인증제도뿐만 아니라 성과중심의 평가지표체계 개발(초의수 · 이신정, 2011), BSC(Balanced Score Card) 성과측정모델의 사회복지시설평가 적용 등에 대한 논의(김만호 · 박순미 · 송영달, 2012) 역시 찾아볼 수 있다. 이러한 연구들은 모두 현행 사회복지시설평가제도의 개선과제에 주목하고 향후 더 나은 평가체계 구축을 위한 시도로써 이해할 수 있겠다.

요약

평가의 일반론적 의미는 '좋고 나쁨의 가치판단행위' 혹은 '보다 바람직한 상황을 만들고자 하는 진단 및 수정행위'라고 할 수 있다.

학술적인 차원에서의 평가의 개념에 대해, Weiss(1998 : 4)는 평가(evaluation research)를 "정책이나 프로그램의 개선을 목적으로 일련의 내재적 · 외재적 기준에 따라 효과성 혹은 시행상태를 체계적으로 사정하는 작업"으로 정의하고 있다. 또한 Rossi와 Freeman(1993 : 5)은 평가조사를 "사회개입 프로그램의 개념화 · 설계 · 시행 · 효용성을 사정하기 위해 사회조사방법을 체계적으로 응용하는 것"이라고 정의한다. 결국 이러한 논의를 근거로 평가는 '논리적이고 과학적인 사정방법을 사용하여 정책이나 프로그램의 효용성을 높이고자 하는 의도적 노력'이라고 이해될 수 있으며, 이 과정에서 과학적 접근방법과 효용성이 강조된다는 것을 알 수 있다.

사회복지평가의 목적을 성규탁(1994 : 187-189)은 다음과 같이 환류적 과정평가, 책임성 이행평가, 학술적 평가연구의 세 가지로 들고 있다. 첫째, 환류적 과정평가는 프로그램 계획이나 운영과정에 필요한 정보를 확보하여 보다 바람직한 프로그램 운영이 되도록 노력하는 것으로서 프로그램 과정상의 환류기능에 초점을 둔다고 볼 수 있다. 둘째, 책임성 이행평가는 프로그램 운영에 대한 사회적 책임을 강조하고 책임성을 이행하는 차원에서 평가를 수행하는 경우로 볼 수 있다. 셋째, 학술적 평가는 사회조사의 한 분야로서 평가연구의 학술성을 강조하며 이는 평가연구에서 보조적인 목적으로 나타날 수도 있다. 프로그램 속에 내재된 변수 간의 인과관계를 검증하여 이론형성에 기여하는 기능이 있을 수 있다.

사회복지분야에서의 평가기준은 다양한데, 이에 대해 김영종(2001)은 노력성, 효과성, 효율성, 영향, 질, 과정, 공평성의 일곱 가지를 제시하고 있다. 또한 성규탁(1994)은 노력(effort), 수행(performance), 적절성(adequacy), 효율성(efficiency) 및 과정(process)의 다섯 가지를 제시한다.

<부록> 전문평가인증제도

1. 전문평가인증제도의 의미

전문평가인증제도(accreditation)란 사회복지시설에 대한 운영 및 서비스 제공의 준칙(standards)을 설정하고, 이를 근거로 평가기준을 마련하여 전문가들에 의한 정기적 평가를 실시하고, 인증(accreditation)을 해 주는 것을 의미한다. 이러한 전문평가인증제도는 사회복지기관을 비롯한 학교, 기업체 등 대부분의 민간부문에서 해당 기관을 평가하는 경우에 폭넓게 적용되고 있으며 국내에서는 2000년 6월 두송종합사회복지관이 사회복지분야에서는 최초로 영국 NQA(National Quality Assurance)인증기관으로부터 ISO9001(국제품질경영시스템인증)을 획득한 바 있다(http:// www. dusong.or.kr).

2. 사회복지시설 전문평가인증제도의 의의

현재 사회복지시설의 특징적 경향은 서비스의 품질 중심과 고객 중심의 체제전환이 활발하게 이루어지고 있다는 것이다. 사회복지시설에서 전문평가인증제도는 사회복지서비스에 대한 품질을 보장하고 사회복지수혜자를 고객으로 인식하여 복지수혜자의 선택권을 확대해 가는 것을 의미한다.

따라서 우수한 품질의 서비스를 제공하지 못하는 시설, 이용자로부터 선택받지 못하는 시설은 사회복지서비스체계에서 지속적인 압박을 받게 되고 도태될 수밖에 없다. 이는 복지서비스 제공자 간의 경쟁제고와 기존의 제공자 중심의 복지체계가 이용자 중심의 체계로 전환됨을 의미한다.

사회복지시설은 인증결과에 따라 정부 및 민간지원단체가 신뢰할 수 있는 사회복지시설에 사업비 및 운영비 지원을 용이하게 할 수 있고 인증을 받지 못한 시설은 관리운영의 개선을 통해 인증을 받고자 하는 노력을 하게 된다. 인증을 받지 못한 시설은 전문평가인증기구의 지속적인 자문과 지원을 통해 관리운영을 개선할 수 있어야 하며 이를 위한 별도의 지원 프로그램을 개발운영하여야 하는 것이다. 미국의 경우 이미 30년 전부터 이러한 평가인증제도를 도입하여 전문성과 책임성을 증진시켜 가고 있다.

3. 평가제도와 인증제도의 비교

전문평가인증제도는 사회복지시설의 단점을 위주로 평가하는 기존의 사회복지시설평가제도와는 달리 심사 및 교육, 지도를 통해 시설의 서비스 질을 개선하여 서비스 제공기관의 투명성과 신뢰성을 높여 주는 일종의 품질보증규격제도이다(서울복지재단, 2006). 기존의 사회복지시설평가제도가 피평가대상에 대한 일방적이고 결과 중심의 평가라면 인증제도는 평가대상과 피평가대상 간의 쌍방적이고 과정 중심의 평가제도로 설명될 수 있다.

구분	평가제도	인증제도
심사	· 일회성 심사를 통해 시설평가 · 결과의 공표로 평가기관과 평가대상시설과 관계종료	· 인증심사 이후에도 인증기관과 피인증대상 기관이 사후심사나 정기진단을 통해 지속적 관계 유지
사후 진단	· 시설평가 후 사후진단의 부재	· 교육 및 자문을 제공하며 지속적 연계와 정기적 점검 실시
심사 전문 인력	· 전문인력의 교육이 거의 부재 · 평가자 간 의견의 편차가 심하고 평가인력 수준의 조정체계가 미비	· 인증심사에 대한 전문인력 양성이 가능 · 인력에 대한 정기적이고 지속적인 교육을 통해 심사의 객관성과 신뢰성을 높일 수 있음
지표	· 시설종별로 개발되어 있음 · 시설 간 비교가 어렵고 전체 사회복지시설의 수준파악 역시 어려움	· 시설종별 간 비교가 가능한 공통지표와 서비스 종류에 따른 세부지표로 구성 · 시설종별 간 비교가 가능하고 서비스의 특수성을 감안한 심사가 가능
절차	· 평가지표개발→자체평가→현장평가 →평가결과 통보 · 모든 평가과정이 단시간 내에 이루어져 피평가기관이 평가의 취지를 이해하고 적용할 시간적 여유가 없음	· 평가제도와 유사한 절차 · 미리 인증지표를 시설에 제공하여 교육시키고 자문서비스를 제공하여 시설 및 서비스의 총체적 개선 추구
결과	· 평가결과정보에 대한 접근성이 떨어지고 평가대상기관별로 통보가 이루어지지 않음 · 평가결과가 시설의 서비스 품질개선에 도움이 되지 못함	· 피인증시설에 인증결과를 보고서로 통보하며 이를 통해 시설 및 서비스 개선을 지침으로 이용가능 · 인증받은 기관은 지속적 개선을 위한 보고서를 제출하며 인증받지 못한 기관은 인증을 위한 교육과 자문이 지속적으로 이루어짐 · 서비스 이용자의 경우 시설선택에 대한 평가결과정보를 활용할 수 있음

[부록그림-1] 평가제도와 인증제도의 비교

출처: 한국사회복지협의회·보건복지부(2007), p. 176에서 재인용

4. 국내외 전문평가인증제도의 사례

1) (재)한국보육진흥원(한국)

보육서비스의 질적 수준을 향상시키고 영유아들의 건강한 성장발달을 도모하기 위하여 어린이집과 같은 보육시설에 대한 평가인증 업무를 실시하는 기관이다. 「영유아보육법」 제30조에 근거하여 평가인증 업무를 수행하며 지난 2012년 1월 보건복지부 산하 기타 공공기관으로 지정되었다. 보육서비스에 대한 효과적인 질적 수준 관리시스템을 구축하여 모든 보육시설이 영유아에게 양질의 보육서비스를 제공할 있도록 지원한다. 보육시설평가인증제도는 2년여에 걸친 준비과정을 통해 시설 규모 및 유형에 따라 5~7개 영역의 80항목의 평가지표를 개발하였으며 2005년 1,000개소의 보육시설을 대상으로 시범운영을 실시한 뒤 2006년부터 제도의 본격적 도입으로 확대실시되고 있다. 2012년 12월 현재 전체 어린이집의 90.70%인 36,128개소(전국보육시설 39,842개소)가 보육시설평가인증사무국으로부터 인증을 받았다((재)한국보육진흥원 홈페이지 http://www.kcpi.or.kr).

2) Council on Accreditation(미국)

1997년 미국아동복지연합과 미국가족복지서비스협회에 의해 설립된 COA는 아동가족서비스와 행동건강관리서비스(behavioral healthcare accrediting)에 대한 인증을 담당하는 세계적인 비영리독립기구이다. 2014년 현재 COA는 약물남용, 부랑자, 보육, 국내입양 등 50개 이상의 서비스 영역에 대한 인증관리서비스를 제공하고 있으며, 700만 명 이상의 개인과 가족에게 서비스를 제공하는 약 2,000개 사회복지기관의 인증업무를 담당하고 있다. COA의 인증기준은 크게 3개의 카테고리 내에 약 16여 개의 영역으로 구분된다. 3가지 카테고리 중 첫 번째는 '조직의 행정 및 관리에 대한 기준'(administration and management standards)이고, 두 번째는 '조직의 서비스 전달체계에 대한 기준'(service delivery administration standards), 마지막 세 번째는 실제로 '실천되는 서비스와 관련한 기준'(service standards)으로 구성된다(http://www.coanet.org).

표 보육시설평가인증사무국과 Council on Accreditation의 비교

구분	(재)한국보육진흥원	Council on Accreditation
기관 목적	효과적인 보육관련 사업을 통해 보육의 질을 향상시키고 체계적인 보육정책 지원을 통해 영유아와 부모, 보육교직원 등 수요자의 만족에 기여함	사회복지서비스조직과의 협력을 통해 인증기준을 개발, 적용, 확대하여 서비스 전달체계의 성과를 개선하기 위함
기관 특징	어린이집의 평가인증업무를 관장하는 위탁기관으로써 보건복지부 산하의 기타공공기관임	미국아동복지연합과 미국가족복지서비스협회에 의해 설립된 세계적인 비영리독립기구
인증 기준	시설규모와 유형에 따라 70여 개 평가지표 • 40인 이상 : 6개 영역 70항목 • 39인 이하 : 5개 영역 55항목 • 장애아전담보육시설 : 6개 영역 75항목	3개의 카테고리로 구분 • 조직의 행정 및 관리에 대한 기준 (administration and management standards) • 조직의 서비스 전달체계에 대한 기준 (service delivery administration standards) • 실제로 실천되는 서비스와 관련한 기준 (service standards)
인증 과정	참여신청 → 참여확정(자체점검) → 현장관찰 → 심의	인증신청 → 시설자체평가 및 자체평가보고서 제출 → 현장방문조사 → 인증 여부 결정
인증 결과	인증, 인증유보, 불인증	3~4년 인증, 1년 유예인증, 미결, 인증거부

5. 전문평가인증제도의 기대효과

1) 사회복지시설 중심에서 고객 중심으로의 전환 : 사회복지시설의 자원 한계에도 불구하고 서비스 품질개선을 위한 지속적인 시설의 노력을 기대할 수 있다.
2) 사회복지시설의 책임과 권한의 명확성 : 인증에 대한 일반절차가 수립되고 이를 이용함에 따라 업무영역이 구체적으로 정해지며 이로 인해 책임회피현상이 감소되고 원활한 업무협조가 이루어진다.
3) 사회복지시설관리의 용이성 : 문서화된 내규(규칙)가 현실적이며 실질적으로 수립되고 이를 통해 일관성 있는 업무처리가 수행되어 복지시설운영의 투명성이 향상된다.
4) 사회복지시설의 이미지 향상 : 인증서를 취득한 사회복지시설의 경우 공인된 기준에 충족하는 내부체계가 구축되어 있다는 점에서 서비스 업무가 체계적이고 투명함을 증명할 수 있어 사회복지시설의 이미지 향상에 기여할 수 있다.
5) 종사자 간 의소소통의 향상 : 업무개선을 위한 부서 및 직원 간 의사소통이 원활해진다.
6) 이용자 만족을 위한 사회복지시설 운영의 토대 확립 : 업무의 표준화 및 기준의 수립으로 인한 효과적인 업무수행체계를 수립할 수 있으며 이를 통해 이용자 만족 운영의 토대를 확립할 수 있다.

PART

05

Social Welfare Administration

사회복지환경관리

14 사회복지행정의 환경변화와 조직혁신

1. 사회복지행정의 환경변화

1) 사회복지행정실천의 동향

사회복지행정은 서비스의 효과적 제공과 조직의 효율적 유지관리를 의미한다. Weinbach (2002)는 사회복지에서의 행정과정은 환경에 긍정적인 영향력을 발휘하고, 효과적인 서비스 전달을 위해 보다 많은 지원자원을 확보하고, 효과적인 서비스 전달을 어렵게 하는 제반 요소들을 제거하거나 최소화하는 방법을 찾는 것이라고 하였다. 이러한 사회복지행정의 과정에서 관리자가 수행해야 할 과업내용으로는 기획, 조직설계, 인적자원개발, 리더십, 재정관리, 평가, 마케팅, 홍보 등이 있다. 사회복지행정에서 이러한 실천기법들의 수월성이 사회복지조직의 경쟁력을 높인다.

오늘날 사회복지부문도 경쟁의 시대에 진입하였다. 그리하여 인적·물적자원의 획득을 위한 다양한 경쟁이 이루어지고 있다. 특히 우리나라도 노인장기요양보험제도가 도입되면서 사회복지의 시장화가 본격화되고 요양시설 간의 경쟁이 치열해졌다. 나아가서 노인들이 본격적인 국민연금의 수혜자가 되면서 재정능력을 갖추게 되고, 스스로 서비스를 선택할 수 있는 권한이 생겼다. 이는 사회복지대상자를 지불능력이 있는 소비자(consumer)로 만드는 결정적 계기가 되고 있다. 사회복지서비스 부문도 본격적인 시장경쟁시대에 돌입하였다고 볼 수 있다.

최근 고실업문제 등을 사회적경제를 통해 해결하려는 시도가 많아지면서 사회복지계에서도 협동조합 및 사회적기업에 대한 관심이 높아지고 있다. 그러나 전통적으로 정부보조금이나 후원자들의 기부금에 의존해오던 사회복지조직들은 이러한 새로운 형태의 조직 운영방식에 익숙하지 않은 경우가 많다. 사회적경제에 따른 조직들은 비영리적 요소를 많이 갖고 있지만 기업이라는 형태를 띠고 있어서 필수적으로 시장경쟁과 조직의 경영원리를 이해할 필요가 생긴 것이다.

실제로 복지서비스를 제공하는 민간사회복지계의 발달단계는 다음과 같이 나누어 볼 수 있다.

① 개인적 자원봉사 단계 : 개인이 자원봉사 차원에서 사회복지사업을 시작하는 단계이다.

② 자선의 조직화 단계 : 사회적 지지와 후원을 얻어 사회복지사업을 위한 재원을 마련하는 시기로서, 공신력과 책임성을 확보하기 위해 법인화를 추진하는 등의 조직화 노력을 경주한다.

③ 전문화와 권리주장 단계 : 사회복지에 대한 국가의 책임을 인식하고 정부의 지원을 강조하는 단계이며, 정부의 확대된 지원을 바탕으로 전문인력을 충원하는 단계이다.

④ 경쟁적 시장 단계 : 사회복지욕구의 증가와 다양화에 따라 사회복지서비스의 공급을 민간부문에서 경쟁적으로 제공하는 시기이며, 그 결과 사회복지서비스 공급에서 점차 영리부문과 비영리부문의 경계가 없어지게 된다.

이러한 복지국가의 추세를 한마디로 요약하면 'less state more market'으로 표현할 수 있다. 이는 정부의 역할축소와 함께 시장기능을 강화한다는 의미이다. 그러나 이는 정부의 복지예산이 축소되었다는 의미가 아니라 정부의 복지서비스 기능을 민간의 경쟁을 통해 제공한다는 의미이다. 이러한 맥락에서 사회복지동향은 정상화의 이념을 기초로 한 지역 중심의 대인서비스, 재가복지의 활성화, 자조를 강조하는 모델 확산, 자원의 효율적 활용을 위한 네트워크 구축 등으로 요약할 수 있다. 따라서 우리나라 민간사회복지계도 ① 시설복지에서 지역복지로의 전환, ② 공급자 중심의 서비스에서 이용자 중심의 서비스로의 전환, ③ 욕구(need)충족을 위한 복지에서 수요(demand)충족을 위한 복지로의 전환, ④ 클라이언트의 개념에서 소비자(consumer) 개념으로의 전환, ⑤ 원조(help) 중심에서 자립(self-help) 중심으로의 전환을 모색하고 있다.

2) 사회복지조직의 환경분석

사회복지조직에 있어 성공적인 혁신을 위해서는 조직을 둘러싼 내・외부환경을 이해하고 환경의 변화에 적응해 나가는 것이 필요하다. 먼저 내부환경을 이해할 필요가 있다. 많은 내부적 요소는 상호역동적이며, 전체 기관과 각각의 단위들이 서로에게 영향을 준다. 조직구성원들이 이해해야 할 내부환경은 다음과 같다(Lewis et al., 2001).

① 기관의 목적, 사명, 철학 : 잘 운영되는 기관은 조직을 관통하는 사명(mission)과 철학을 가지고 있다.

② 기관기획 : 전략적·장기적 전략, 그리고 프로그램 기획은 상호일관성이 있고 서로 상호작용을 한다.

③ 기관 상호작용 : 각각의 부서, 프로그램, 단위들의 기능을 주기적으로 조사해야 한다.

④ 서비스 : 서비스 기능은 그들 내부의 일관성을 위해 요약되고 매년 보고되고 사정된다.

⑤ 기술자원 : 기관의 모든 부서, 프로그램, 단위들은 적어도 최근의 통합된 기술의 최상수준에 머물러 있어야 한다.

⑥ 재정자원 : 재정기록은 누적되어 있어야 하고, 투명하게 공유되어 실무자들의 역할 수행에 미래지향적으로 영향을 미쳐야 한다.

다음으로 외부환경을 이해해야 하는데 흔히 외부환경을 이해할 때 PEST(Political, Economic, Social, Technological Trends) 분석을 이용한다.

① Political Trends(정치적 경향)에서는 규제, 법률, 정치적 풍토(분위기), 전문가 의견에 관한 사정을 해야 한다.

② Economic Trends(경제적 추세)는 재정자원, 비현금수입, 소비자, 공급자, 경쟁자에 관한 사정이 필요하다.

③ Social Trends(사회적 추세)에서는 지역사회의 인구통계, 지역사회의 문제와 욕구, 이용가능한 노동력에 관해 사정해야 한다.

④ Technological Trends(기술적 추세)는 새로운 기술, 새로운 실행모델에 관한 사정 등을 요구하는데, 정보화 사회에서 기술은 거의 '컴퓨터'의 뜻으로 쓰이며, 사회복지분야에서는 보다 넓은 의미로 해석하여 투입을 산출(물질 또는 서비스)로 전환하는 데 쓰이는 작업규정, 도구, 능력이나 자질 또는 정보를 의미한다.

3) 사회복지행정의 환경변화와 과제

Martin과 Kettner(1996)는 미국의 사례를 중심으로 사회복지행정과 관련된 앞으로의 전망을 다음과 같이 제시하고 있다.

① 경쟁성 강화(more competitive behavior) : 사회복지기관 사이의 관계는 전통적으로 협조적(cooperative) 관계였지만, 앞으로는 기금, 프로그램, 고객유치 등에서 협조보다는 경쟁적 분위기가 주도하게 될 것이다.

② 민영화 경향(more privatization) : 보수적이고 정부의 개입이 억제되는 분위기가 지배적일 것이기 때문에 계약, 보조금, 이용권(vouchers), 공동생산(co-production), 자원봉사자 활용 등과 같은 '민영화' 기법을 사용하지 않을 수 없을 것이다.

③ 재구조화 경향(more restructuring) : 경쟁이 심화되고 민영화가 지속적으로 진행되면서 동시에 정보기술이 비약적으로 발전하면 사회복지기관의 재구조화는 필연적일 것이다.

④ 마케팅 활성화(more marketing) : 전통적인 사회계획이나 욕구사정 같은 기법은 더 이상 통용될 수 없고, 클라이언트와 기금주들의 관심을 유발할 수 있는 프로그램 구성과 포장, 그리고 서비스의 제공이 더 중요한 문제가 될 것이다.

⑤ 기업경영적 행정강화(more entrepreneurial management) : 사회복지시스템의 분권화, 민영화가 촉진되기 시작하면 연방 · 주정부의 기금을 확보하기 위해서는 규격화되고 획일적인 프로그램의 구성과 포장으로는 불충분하게 된다. 따라서 새롭고 창조적인 것을 추구하는 기업가적 경영이 더욱 필요하게 될 것이다.

⑥ 품질관리강화(more quality management) : 과거 사회복지분야에서 사회복지전문가가 서비스의 질을 결정하는 접근방법(quality assurance approach)이 사용되어 왔다면 앞으로는 고객과 클라이언트 중심의 서비스를 제공하는 서비스 품질관리접근법이 필요하게 될 것이다.

⑦ 결과에 대한 강조(more emphasis on result) : 앞으로의 사회복지는 과정보다는 결과를 중시하게 될 것이므로 성과측정, 성과할당 등의 분야에 보다 많은 노력을 기울여야 할 것이다.

⑧ 전략적 기획강화(more strategic planning) : 사회복지는 주변 여건이나 환경에 대한

보다 체계적인 분석을 통하여 외부환경이 클라이언트, 프로그램, 기관 등에 미칠 영향을 면밀하게 분석하여 적응할 것은 적응하고, 피할 것은 피하는 등의 전략적인 대처가 필요할 것이다.

이와 같은 내용들은 모두 경영학에서 이전부터 사용되어 오던 개념이라는 점에서 앞으로 사회복지행정의 나아갈 방향과 관련해 매우 시사적이라고 보고 있다. 그동안 비영리조직은 기업과는 달리 영리를 추구하지 않는 조직으로 이해해 왔고, 그래서 기업과는 다른 운영원리가 적용되어야 한다고 생각하였다. 사회복지조직은 주로 외부로부터 재원을 지원받아 사용하는 비영리조직이며, 그 조직의 사명(mission)을 위해 존재하는 조직이다. 영리단체의 경우는 자기들의 재원을 자기들의 목적을 위해서 임의대로 쓸 수 있지만, 사회복지조직은 그 기관을 믿고 그 기관에서 봉사하며 재정적으로 기부해 주는 사람들의 순수한 신뢰를 조직의 활동으로 교환(exchange)하여 제공하는 조직이라고 할 수 있다. 따라서 사회복지조직의 경우 영리조직보다 재원을 효율적으로 활용해야 할 책임이 훨씬 크며 재원의 사용에 더욱 신중해야 할 책임이 있다.

사회복지행정과 관련하여 환경변화의 두드러진 점은 서비스 기대수준 제고와 복지수요의 증가이다. 즉 교육수준의 향상 및 소득의 증가에 따라 시민의 복지행정서비스에 대한 기대수준이 높아지는 것과 함께 소득격차 및 고령층 인구의 확대에 따라 복지수요가 크게 증가하고 있다. 따라서 사회복지행정은 이와 같은 사회변화에 적절히 대처해 나가야 한다. 우선 소득격차의 확대 및 고령층의 증가에 맞추어 볼 때 새로운 복지서비스의 획기적 확대가 요구된다. 이를 위해 일차적 노력은 중앙정부의 복지지출을 확대하는 것이다. 또한 소득수준에 걸맞은 보다 양질의 복지행정서비스를 제공해야 한다. 한편 사회복지조직들은 한정된 재원의 효율적 사용을 통해 서비스의 우선순위 조정, 복지행정 생산성의 제고, 구조조정, 사용자 부담 등 효율화를 위한 다각적 방안의 검토와 적용이 요구된다.

4) 사회복지조직에서의 고객변화

이러한 변화에 따라 사회복지기관들은 클라이언트를 소비자(consumer)로 인식하고 고객 중심적인 서비스를 실시해야 한다. 또한 사회복지행정의 관점에서는 구체적이고 측정

가능한 목표의 설정을 통한 책임 있는 경영을 해 나가야 한다고 주장한다. 현대사회는 소비자의 이질성이 높아지고, 비영리조직의 사회적 책임에 대한 요구가 확산됨에 따라 고객만족을 위한 고객 중심적 경영이 필수적으로 요구된다. 그럼에도 불구하고 대상자들이 고객으로 대우받지 못하는 이유는 다음과 같은 사회복지조직의 독특성 때문이다(Sargeant, 2009).

첫째, 사회복지조직들은 서비스 공급에 있어 경쟁적 위치에 있기보다는 독점적 지위를 차지하고 있는 경우가 많다. 즉 대부분의 사회복지조직들은 지역에서 서비스의 독점적 공급자 지위를 확보하고 있다. 지역별로 인구비례로 설치되어 있는 사회복지기관이나 시설들은 지역 내에서 특별한 서비스 경쟁자가 없기 때문에 클라이언트들은 그 기관의 서비스에 전적으로 의존하게 된다. 특히 한국과 같이 사회복지서비스 공급이 제한되어 있는 사회에서는 클라이언트 입장에서 다른 대안들이 없기 때문에 할 수 없이 특정 기관의 서비스를 이용하는 경우가 많다. 이 경우 사회복지조직들은 클라이언트의 욕구를 충분히 반영하지 않는 매너리즘에 빠지기 쉽다.

둘째, 사회복지서비스는 항상 공급보다 수요가 초과되는 특징이 있다. 더구나 공급이 수요를 재창출하는 경우가 많아 일단 서비스가 공급되면 수요가 급속하게 증가하는 것이 사회복지서비스의 특성이다. 이 경우 아무리 많은 서비스를 공급한다 할지라도 극히 일부의 욕구만 충족시킬 수 있기 때문에 사회복지조직은 클라이언트의 다양한 욕구를 반영하지 못하고 기존의 서비스만 반복적으로 제공하려는 유혹에 빠지기 쉽다. 결국 일부 클라이언트들은 사회복지조직으로부터 철저하게 무시당했다는 기분을 갖게 된다.

셋째, 사회복지조직은 잘못하면 무의식중에 가진 자의 온정주의적 태도를 취하기 쉽다. 특히 공급에 비해 수요가 매우 많아 극히 일부의 클라이언트만이 서비스를 받게 되는 경우에 이러한 태도를 갖기 쉽다. 서비스를 받게 된 사람은 선택된 소수이기 때문에 서비스를 공급하는 사회복지조직에 감사하는 태도를 가져야 한다고 생각하는 것이다. 따라서 클라이언트가 서비스에 불만을 표시하거나 불평하는 것은 온당치 못하거나 심지어 배은망덕하다고 간주할 수 있다.

넷째, 전문가의 자부심이 클라이언트의 모든 욕구를 완벽하게 알고 있는 사람으로 착각하게 만들 수 있다. 사회복지조직에는 자신의 분야에서 고도의 훈련과 교육을 받은 고학력 전문인력이 많다. 이들이 사회복지의 가치와 철학에 투철하지 못한 경우에는 클라이언트의 욕구판단에 지나친 자신감을 갖기 쉽다. 그리하여 클라이언트를 개별화하지 못하거나 다양한 개인의 욕구를 차별화하지 못하는 우를 범하게 된다.

다섯째, 사회복지조직은 사명에 기초한 동기를 갖는 경우가 많다. 특히 종교성을 강하게 띠는 사회복지조직일수록 종교적 신앙의 관점에서 클라이언트의 욕구를 설명하려는 경향이 있다. 이 경우 클라이언트 본인의 욕구인지와 사회복지기관의 욕구분석은 서로 상반될 수 있다. 이럴 때 클라이언트는 철저하게 무시당하는 느낌을 갖게 된다.

이러한 이유들로 인해 혹자는 비영리조직이 태생적으로 고객의 욕구를 충족시키는 데 한계를 지니고 있다고 주장한다. 그러나 최근 사회복지조직을 포함한 비영리부문의 문화에 상당한 변화가 일어나고 있다. 고객욕구충족의 중요성에 대한 인식이 높아지고 있는 것이다. 사회복지실천은 고객인 대상자들의 욕구에 대한 관심으로부터 시작된다는 사실을 명심해야 한다.

2. 사회복지기관의 경쟁력 요소

과거에는 조직의 목적과 관련하여 기술체계를 강조하였으나 최근에는 사회체계의 중요성이 인식되고 인적자원개발의 필요성이 강조되고 있다. 사회복지시설은 다양한 모습으로 존재하지만, 기본적으로 욕구를 가진 사람들의 삶의 질을 유지·향상시킴으로써 보다 나은 행복한 삶을 살 수 있도록 영향을 주기 위해 전문직업적인 기술을 제공하도록 사회적으로 위임받은 곳이라고 할 수 있다. 따라서 사회복지시설이란 사람들의 기본욕구를 충족시키고 삶의 질을 보장하기 위해 사회적으로 위임받은 곳이라고 할 수 있다.

사회복지조직은 다른 관료제조직과 구별되는 특성을 지닌 수급권을 가진 클라이언트와 직접 접촉을 하며 활동을 하는 사회복지제도의 최일선(front line)에 위치한 기구라고 할 수 있다. 또한 사회복지조직은 사회성을 가지고 있어서 그 존재의 정당성은 사회로부터 부여받을 수 있다. 나아가서 전문가들의 전문적 역량과 기술이 서비스의 효과성을 좌우할 수 있다. 따라서 사회복지조직은 ① 클라이언트 중심적이어야 하고, ② 조직구조가 탄력성이 있어야 하며, ③ 전문적 조직이 되어야 한다. 즉 사회복지서비스는 전문인력이 있는 사회복지기관이나 시설을 매개로 하여 대상자에게 전달된다. 사회복지행정은 이러한 시설을 효율적으로 운영하여 서비스의 효과성을 극대화하고자 하는 전문적인 노력이다.

이러한 시설들의 효과적 운영은 사회복지서비스 전달체계의 원칙에 입각해야 한다. 일반적으로 사회복지서비스 전달체계에서 고려해야 할 원칙으로는 포괄성, 접근성, 연계성, 통합성, 책임성 등이 있다(Gates, 1980). 포괄성은 충분한 양, 질, 충분한 기간에 걸친 일련의 서비스 제공이며, 접근성은 서비스를 필요로 하는 사람들에게 서비스 이용의 물리적·사회심리적 장애요인을 없애는 것이다. 연계성은 전체적인 프로그램과 기관 내에서 조직 상호 간 접근성의 관계이다. 통합성은 프로그램 간의 연결이 결여되거나 프로그램에 대한 불확실성으로 인한 서비스의 단절을 최소화하는 것이다. 책임성은 종종 이용자의 유일한 문제나 욕구에 대해 책임을 지거나 이용자들이 그들의 불만이나 불평을 처리할 수 있는 일련의 과정이 있어야 함을 의미한다. 따라서 사회복지행정가는 서비스 전달과정에서 이러한 원칙들이 준수될 수 있도록 노력해야 한다.

그런데 최근 사회복지서비스 추세의 하나는 대상자들에게 선택의 자유를 보장해 주는 방향으로 나아가고 있다. 선택의 자유를 제공하기 위해서는 서비스 공급자들이 다양해야 한다. 이를 위해 정부는 민간부문의 경쟁을 유도하는 경향이 있다. 실제로 많은 나라에서 민간사회복지계는 경쟁의 시대에 진입하였다. 급격한 사회변화에 따라 사람들의 복지요구는 급격하게 변하고 고급화, 다양화된다. 정부의 보조금만으로는 대상자들의 욕구를 도저히 충족할 수 없는 단계에 이르고 정부도 더 이상 재정적 지원을 확대할 수 없는 시점에 이르면 사회복지서비스 공급자의 자격을 완화하여 경쟁을 유도하는 방향으로 나아가게 된다. 사회복지서비스는 다양한 공급자의 경쟁을 통해서 제공되고 경쟁력을 갖는 조직만이 생존하게 되는 시장경쟁의 단계에 이른 것이다.

사회복지기관이 경쟁력을 갖기 위해서는 최소한 다음과 같은 요소들을 고려해야 한다.

첫째는 저비용의 서비스이다. 영리조직이든 비영리조직이든 간에 경쟁력의 가장 큰 핵심은 비용의 문제이다. 경쟁력을 갖기 위해서는 다른 조직보다 저렴한 비용으로 서비스를 제공할 수 있는 체계를 만들어야 한다.

둘째는 서비스의 품질이다. 사회복지서비스에 있어 서비스의 품질은 이용자의 욕구를 얼마나 충족하느냐에 달려 있다. 따라서 이용자 중심의 서비스 체계를 갖추어야 한다. 또한 시설이 소재하고 있는 지역의 욕구를 반영한 중요하고도 차별화된 서비스를 제공하는 것도 품질을 가늠하는 중요한 기준이 된다.

셋째는 접근성이다. 아무리 저렴하고 품질 좋은 서비스가 있다 할지라도 접근성이 떨어지면 경쟁력에서 뒤질 수밖에 없다. 현대사회에서 스피드는 많은 조직에게 아주 중요한 경쟁력 요소가 되고 있다. 접근성은 신속하게 다가가는 서비스를 의미한다. 사회복지서비스도 점차 신속한 개입, 다가가는 서비스를 요구받고 있다. 또한 접근성을 어렵게 하는 사회심리적 요인도 고려되어야 한다. 접근성을 높이기 위해서는 사회적 편견, 소외 등을 제거하기 위한 노력도 있어야 한다.

넷째는 자원동원력이다. 다양한 욕구에 대응하기 위해서는 그만큼 많은 인적·물적자원이 필요하다. 우수한 전문인력을 확보하는 것이 무엇보다 중요하며, 새로운 프로그램을 위한 후원자의 확보능력도 경쟁력의 중요한 요소이다. 인력과 돈이 있어야 서비스를 제공할 수 있기 때문이다.

사회복지조직이 경쟁력이 있다는 것은 대상자와 후원자 모두에게 매력을 주는 것을 의미한다. 대상자들이 선호하는 조직이나 서비스는 후원자들에게도 기부의 동기를 강화시켜 줄 것이다. 그럼에도 불구하고 사회복지조직에서 책임성의 위기에 대한 논의가 반복되고 있는 것은 기관운영과 관련된 사회복지행정의 미숙에서 기인한다. 사회복지에 대한 사회자원의 투자가 괄목할 만큼 증대되고 사회복지조직이 다원화되어 경쟁이 일어나고 있음에도 불구하고 사회복지조직들은 효과성을 제시할 수 있는 객관적 증거를 성공적으로 확보하지 못하고 있기 때문에 책임성 논쟁이 계속되고 있다고 할 수 있다.

따라서 이러한 책임성의 문제를 해결하기 위해서는 행정적 차원에서 서비스의 성과(performance), 법규의 준수성(compliance), 직원의 전문성 등에 대한 정확한 통제와 관리가 요구된다. 실제로 이러한 관리를 통해 행정효과성을 높이는 경우 책임성에 관한 논란의 소지는 줄어들고 조직의 성과도 높아지게 된다. 이는 자연적으로 사회복지조직에 대한 사회적 신뢰를 높이게 되고, 그 조직에 소속되어 있는 사회복지조직직원들의 전문직에 대한 위신을 높여 주며, 사회적 후원이나 지지도 향상시키게 될 것이다.

사회복지의 목표는 소외계층과 지역사회 모두에게 의식을 고취시키고, 인적자원을 개발하여, 개인과 지역사회의 역량강화를 이루어 내서, 스스로 문제를 이해하고 해결할 수 있도록 도와주며, 생계를 위해 새로운 환경을 창출할 수 있도록 도와주는 것이라고 할 수 있다. 그동안 우리나라에서 지역사회를 거점으로 하는 민간사회복지체계가 비난을 받은 이유 중의 하나가 대상자의 참여를 제대로 이끌어 내지 못했기 때문이라고 할 수 있다.

이제 사회복지기관들이 대상자들의 역량을 강화시키고, 지역사회의 자원을 효과적으로 조직화해 내는 노력이 가시적으로 나타나야 할 것이다. 특히 그동안 정책결정과정에서 소외되었던 대상자들이 자신들의 복지에 영향을 미치는 결정들과 정책형성과정에 참여하도록 도와줄 필요가 있다.

3. 사회복지조직의 혁신 필요성

사회복지행정의 혁신이 무엇인가에 대하여는 논자에 따라 다양하게 제시될 수 있으나 일반적으로 '사회복지행정체제를 서비스 욕구와 수요의 변화에 적절히 대응하도록 개선함으로써 목표를 보다 더 효과적으로 달성하기 위한 인위적이고 계획적인 활동'이라고 할 수 있다. 이와 같이 사회복지행정의 혁신을 위해서는 사회복지의 환경변화를 고찰할 필요가 있다.

어떠한 조직이든 지속적으로 성장하기 위해서는 성공하고 있는 바로 그때 조직의 초점을 재조정하고 변화를 모색해야 한다. 한 번의 성공으로 모든 것이 끝나는 것이 아니라 성공의 꼬리를 물고 계속 다음의 성공으로 성장해야 한다는 것이다. 그렇기 하기 위해서는 변화에 적응할 수 있는 자세와 태도를 항상 잊지 말아야 한다. 시작에 있어 가장 중요한 것은 바로 변화가 위협이 아닌 기회라는 것을 인식하는 것이다. 성공적인 혁신에서 제일 먼저 요청되는 것은 주변에서 일어나는 변화를 위협이 아니라 잠재성이 있는 기회로 보는 자세이다. 지속적으로 이익을 창출하고 생존할 수 있는 기업이 되기 위해서는 결국 새로운 환경에 적응하여 경쟁우위를 유지하고 창출하는 것이 중요한데, 그러기 위해서는 혁신적 활동과 혁신성이 매우 중요한 원천이 된다(Drucker, 1991).

경영학에서 혁신이란 새로운 아이디어(Van de Ven & Ferry, 1980)라고 정의하고 있는데, 이 아이디어는 현재의 질서, 공식에 도전을 주는 체계이면서 낡은 아이디어들의 재조합이고, 관련된 개개인에 의해서 새롭게 인지되는 고유한 접근방법이라고 정의한다. 조직혁신이란 조직 내 구성원이 새로운 아이디어나 창의적인 태도와 행동으로 조직의 목표를 달성하는 것을 의미한다.

개인적 수준에서 혁신에 영향을 주는 선행요인을 살펴본다면 먼저 일반 조직구성원의 특성을 들 수 있다. 첫째, 조직구성원의 자신이 맡고 있는 업무에 관한 능력과 혁신에 대한 태도이다. 둘째, 리더의 특성을 들 수 있는데 리더는 혁신에서 핵심역할을 한다. 리더는 혁신을 관리하고 혁신의 내용을 결정할 수 있는 위치에 있기 때문에 리더가 갖추고 있는 비전 제시력, 추진력, 다양한 이해관계를 적절히 조화시키는 능력이 혁신에서 매우 중요하다(Kanter, 1983). 최고경영자 자신이 혁신에 대한 강력한 의지와 혁신이 성공할 수 있다는 확신이 있을 때 조직의 혁신이 효과적으로 일어나고 구성원들 사이에서 실행될 수 있다.

다음으로 조직적 차원에서 혁신에 영향을 주는 선행조건을 들 수 있다. 첫째, 조직구조가 유기적일 때, 즉 수평적으로 분화되어 있거나 공식화 수준이 낮거나 집중화의 수준이 낮은 경우 이러한 조직은 융통성과 적응력을 촉진하므로 혁신채택이 쉽게 일어난다. 둘째, 조직의 나이도 혁신에 영향을 줄 수 있는 조직 차원의 선행요인인데 조직은 시간이 지나면서 조직 본연의 성격이 변화하게 되는데, 가령 관료화의 정도 및 관리방법·기술을 채택하는 정도가 달라지게 되어 혁신에 영향을 준다. 셋째, 조직문화를 들 수 있다. 조직문화는 조직구성원이 조직생활을 통하여 학습하고 공유하는 신념, 규범, 관행으로 조직구성원들의 생각과 의사결정 및 행동에 방향성과 힘을 부여하는 것이다. 넷째, 조직의 보상체계는 혁신에 영향을 주는 가장 가시적인 요인으로, 보상체계가 혁신을 고무하느냐 그렇지 않느냐에 따라 조직구성원들의 행동과 태도는 영향을 받게 된다. 다섯째, 조직전략으로, 조직전략은 조직의 사명과 이를 실행할 수 있는 세부방안으로 구체화시켜 놓은 것을 말한다. 여섯째, 조직규모로, 조직규모가 작을수록 혁신에 유리한 신속한 대응과 적응력이 높아지므로 혁신이 빈번히 일어나며, 조직규모는 다른 조직변수들보다 혁신에 미치는 영향이 크다는 점은 실증적으로 입증되었다(Rogers & Kim, 1985).

환경 차원에서 조직혁신의 선행요인으로는 첫째, 조직에 속해 있는 산업으로 한 조직이 속해 있는 산업은 조직혁신에 영향을 줄 수 있다. 둘째, 환경의 급변(turbulence)은 혁신이 필요하다는 단서를 조직에게 줌으로써 조직혁신에 영향을 준다. 셋째, 시장구조로 시장구조가 진입장벽이 높거나 낮음에 따라 혁신에 영향을 준다(김성국·백영미, 1998).

4. 사회복지조직의 혁신모델

변화에 관련된 사람들이나 다양한 유형의 저항 때문에, 어떤 변화를 성공적으로 성취하는 것은 매우 힘든 일이다. 조직의 변화는 다양한 방식으로 이루어질 수 있다.

1) 위로부터의 혁신 : 변혁적 리더십

변화가 없는 조직의 리더십은 주로 거래적인 경우가 많다. 거래적 리더십(transactional leadership)은 조직이 기대하는 성과를 부하가 달성할 경우 반대급부로 부하가 원하는 것을 제공함으로써 동기부여하는 리더십이다. 즉 부하의 조직을 위한 노력과 조직의 부하를 위한 보상을 상호교환하는 리더십이며, 이는 부하의 개인적 이익에 호소하고 합리성을 전제로 한다. 이런 의미에서 거래적 리더십은 종래의 '리더-부하 교환관계'를 기초로 한 것이라 하겠다(Burns, 1978).

반면에 변혁적 리더십(transformational leadership)은 새로운 패러다임이라 할 수 있다. 변혁적 리더십은 거래적 리더십과 같은 교환관계를 떠나 개인의 이익을 초월하여 초월적 목표를 향하고 상위욕구를 충족시킬 수 있도록 동기부여한다. 변혁적 리더십의 핵심은 리더가 부하를 몰입시키고 기대를 초월하는 성과를 달성하도록 동기부여하는 데 있으며, 이를 위한 구체적인 방안으로 세 가지를 제시한다. 첫째, 목표달성을 위한 성과의 중요성과 가치에 대한 인식수준을 제고한다. 둘째, 집단의 이익과 목적을 위해 사적 이익을 초월하도록 한다. 셋째, 욕구수준을 상승시켜 상위욕구를 중시하도록 한다.

거래적 리더는 원래 기대했던 것을 달성할 수 있도록 동기부여하는 반면, 변혁적 리더는 원래 기대했던 것보다 더 많은 일을 할 수 있도록 동기부여한다. 경쟁력 강화를 위해서 구성원들의 조직몰입이 필수적이다. 그러나 경쟁력 강화는 조직구조의 개편과 구조개혁을 요구하기도 하는데 이는 구성원의 저항을 유발하고 조직몰입을 저해하는 결과를 낳는다. 변혁적 리더십은 바로 이러한 딜레마를 해결하기 위해 출현하였다고 볼 수 있다. 최근 한국에서도 구조조정의 열풍으로 조직구조가 급변하고 있으며 환경변화에도 민감하게 대처할 수 있는 조직이 요구되는 실정이므로 이러한 변화에 적합한 변혁적 리더의 역할이 강조되는 시점이다(Bargal & Schmid, 1992).

2) 아래로부터의 혁신 : 직원 주도의 조직변화

흔히 '아래로부터의 변화' 혹은 '내부로부터의 변화'라고 부르는 하위계급 고용인들이 시도하는 변화전략은 Holloway(1987)가 SIOC(Staff-Initiated Organization Change)라고 요약하고 있다. 이 과정은 원래 Resnick(1978)이 정의한 것으로 사회복지조직에서 하위 혹은 중간위치의 직원이 궁극적으로 클라이언트에 대한 서비스를 향상시키기 위한 조직의 환경, 정책, 프로그램, 절차 등을 수정하거나 개선하고 실행하는 일련의 활동을 말한다. 이와 관련되는 활동은 전문적인 목적과 기관의 규범에 의해 정당한 것으로 인정을 받는 것이다.

아래로부터의 혁신은 다음과 같은 다섯 단계를 거친다.

① 1단계(초기사정 단계) : 문제확인, 흥미와 관심을 가진 평범한 개인들로 이루어진 행동체계(action system) 구성, 자료수집, 변화목표설정, 가능한 해결책에 대해 고려하는 단계이다. 특별히 조직의 의사결정자가 연관되어 있는 관심부분에 대해 주목하면서, 변화관리자(agent)의 잠재적 영향사정, 조직의 상황, 변화관리자에 미칠 수 있는 위험과 유익, 추진 및 제어력에 대한 사정이 필요하다.

② 2단계(개시 전 단계) : 사회복지인력들이 그들의 영향력과 신뢰성(사회적 자본)을 전제로, 문제가 처리될 수 있도록 스트레스를 유발하거나 증대시키는 단계이다.

③ 3단계(개시 단계) : 어떻게 하면 주요한 의사결정자의 관심사에 맞는 것처럼 보일 수 있을지를 고민하며 변화목표를 제시하고, 변화관리자는 다른 주요 개인 및 집단들과 동맹이나 지원을 개발하며, 주요행동가의 관심과 가치에 부합하도록 구체적인 사업계획서를 준비한다. 의사결정자와 대면할 대표자를 선출하고, 변화의 목표와 사업계획서를 소개한다.

④ 4단계(실행 단계) : 변화목표가 승인되었다는 가정하에, 이 단계에서는 관련 직원의 지원과 책임을 얻어 내고, 저항을 처리하며, 변화계획을 이행했을 때의 기대가 이해되도록 설득한다.

⑤ 5단계(제도화 단계) : 궁극적으로 변화는 기존의 전략계획, 표준운영절차, 조직문화의 일부가 되어야 한다. 다른 체계와의 연계도 필요하여 기관의 예산과정, 새로운 지위, 역할이나 보상체계 등이 인적자원체계에서 공식화되어야 한다. 모든 변화는

모두가 변화를 인식하고 그에 대한 모든 질문에 답할 수 있도록 하기 위해, 게시판, 회보, 미팅을 통해 규칙적으로 모든 직원과 의사소통되어야 한다. 클라이언트 혹은 고객 중심 시각과 주요한 조직성과에 미치는 영향에 초점을 두도록 해야 한다. 기관은 교란된 환경 속에서 운영되기 때문에 변화에 대한 관리는 계속적으로 이루어져야 하며 조직의 생활방식이 되어야 한다.

3) 조직혁신 방해요인

조직혁신 노력이 별다른 변화가 없다거나 저항에 부딪히거나, 직원 입장에서 또는 조직 내 위 단위에서 불편감이나 스트레스를 느낌으로써 실패를 맞게 된다. 아래로부터 시작되는 변화는 기존의 권력구조로 충분히 이행되지 못할 때, 위로부터의 변화는 권위적인 방식으로 이루어짐으로써 실패하게 되는 것이다.

Kotter(1996)는 조직의 변화와 혁신노력이 실패하는 경우를 다음과 같이 제시하고 있다.

① 지나치게 무사안일한 경우 : 변화대리인은 사람들이 변화를 원하도록 동기화하기 위해 사람들이 고도의 긴박감을 형성하도록 할 필요가 있다.

② 충분히 영향력 있는 지도력 연합을 형성하지 못한 경우 : 핵심리더는 변화노력을 공개적으로 지지할 필요가 있다.

③ 비전의 힘을 과소평가하는 경우 : 비전 있는 리더십 사례에서 나타난 것처럼, 비전은 다수의 사람들의 행동을 이끌고 동조시키고 고무하는 것을 도움으로써 유용한 변화를 초래하는 데 결정적인 역할을 한다.

④ 열 중의 한 요소로(혹은 백 중의 하나, 심지어 천 중의 하나) 비전을 충분히 의사소통하지 못하는 경우 : 사람들은 자신에게 돌아올 이득이 비용을 능가하는지 명확하게 보고, 자신의 리더들이 자신들에게 말한 의도와 가치에 맞게 행동하는지 확인할 필요가 있다.

⑤ 새로운 비전을 차단하는 장애물을 허용하는 경우 : 변화 비전은 변화로 조정되지 않는 조직구조나 보상체계 등과 같은 기존 체계에 의해 좌초될 수 있다.

⑥ 단기간의 승리를 이루어 내지 못하는 경우 : 나태함이나 좌절을 극복하기 위해 직원들은 몇 가지 신속한 성공을 경험할 필요가 있다.

⑦ 너무 일찍 승리를 선언하는 경우: 분화의 변화같이 대규모의 변화는 완전하게 성취하는 데 수년이 걸린다.

⑧ 변화가 있으나 이를 조직문화에 확실하게 정착시키는 것을 무시하는 경우: 변화결과는 조직의 업무수행도 향상에 가시적으로 반영될 필요가 있다. 새로운 행동과 체계는 새로운 규범과 가치에 근거해야 한다.

4) 통합적 모델

최근 국제적 경쟁이나 기타 압력이 야기되면서 경영문헌에서 transformation(변혁), reinvention(재창출), reengineering(재구조화) 같은 용어들이 자주 등장하는데 이는 모두 조직에서 대규모로 계획된 변화(planned change)전략을 요구하고 있다.

표 14-1 성공적 조직변화패턴

구분	내용
1단계(압력과 자극)	내부적, 외부적으로 변화에 대한 압력이 높다. 최고경영에 대한 압력이 생기면서 업무수행의 갭과 변화 필요에 대한 인식이 보편화된다.
2단계(개입과 방향전환)	• 새로운 사람이 변화의 리더로 등장한다. 성공적인 변화를 실행한 기록을 가지고 있으며, 조직의 리더나 리더와 함께 일하는 컨설턴트로서 조직에 들어온다. • 새로운 사람이 과거의 실무나 현재의 문제에 대한 재검사를 이끈다. 그는 자신의 목적과 오래된 관점과 합리적 근거를 검사하고 '실제' 문제에 집중하기 위해 외부 인식을 사용한다. • 최고관리진이 이 재검사에 신중하게 관여한다. 기관장과 그 부하는 직접 신중하게 재검사에 관여한다.
3단계(진단과 인식)	변화리더는 진단에서 다각적인 수준으로 실시한다. 변화리더는 현재의 문제를 확인하고 진단하기 위해 협력, 사실조사, 문제해결을 위한 토론을 다양한 수준과 단위별로 실시한다.
4단계(개입과 책임이행)	변화 리더는 많은 수준을 포함하여 창조적 해결책을 찾도록 자극한다.
5단계(실험과 조사)	해결책을 개발, 실험, 소규모 단위에서 입증한다. 문제해결, 실험이 장려된다.
6단계(강화와 수용)	성공을 강화하고 퍼트리며 더 나은 성공을 조성한다. 사람들은 보상을 받고, 성공은 수용되고 제도화된다.

조직혁신의 전통적 통합모델로 간주되는 Greiner(1967)의 성공적 변화의 패턴에서는 혁신의 성공은 발달과정을 필요로 하며 그 과정에서 권력공유 역할의 중요함을 강조하고

있다(표 14-1 참고). 한편 Kotter(1996)는 조직혁신의 성공요건으로 비전과 지도적인 연합을 강조한다(표 14-2 참고). 이는 최근 연구들에서 강조하는 '공유된 가치' 리더십 팀과 맥을 같이하고 있다.

이들 조직혁신모델의 공통점을 분석해 보면 ① 변화필요에 대한 신념의 보편화, ② 분명하고 지속가능한 리더십(최고관리자의 지원 포함), ③ 문제진단과 변화계획에 있어서 참여확대, ④ 융통성 있고 실현에 기여하는 계획실행 등으로 요약할 수 있다. 따라서 사회복지조직의 변화와 혁신을 위해서는 조직이 가지고 있는 비전과 사명을 공유하고, 전략적인 계획과 리더십으로 조직문화를 개발해 나가야 한다. 또한 조직의 변화과정에 모든 조직구성원들이 적극적으로 참여할 수 있도록 해야 하며, 조직 내·외적으로 지지를 획득할 수 있는 전략도 구사해야 한다. 이와 함께 재정·인사관리, 정보관리체계의 개선도 병행되어야 한다.

표 14-2 성공적 조직전환단계

구분	내용
1단계: 긴박감을 형성한다.	• 시장과 경쟁상황을 조사한다. • 위기와 기회를 확인한다.
2단계: 강력한 지도적 연합을 형성한다.	• 변화노력을 주도하기에 충분한 힘을 가진 집단을 소집한다. • 집단이 팀으로서 일할 수 있도록 장려한다.
3단계: 비전을 창출한다.	• 변화노력을 이끄는 데 유용한 비전을 만든다. • 이 비전을 성취할 수 있는 전략을 개발한다.
4단계: 비전에 대해 의사소통한다.	• 새로운 비전과 전략에 대해 논의할 수 있는 모든 가능한 방법을 사용한다. • 지도적 연합으로 하여금 필요한 새로운 행동을 가르치도록 한다.
5단계: 다른 사람들이 비전을 실행할 수 있도록 능력을 강화한다.	• 변화의 장애물을 제거한다. • 현재 장애가 되는 체계나 구조를 바꾼다.
6단계: 단기적 승리를 창출한다.	• 눈에 두드러지는 업무수행상의 개선점을 계획한다. • 이러한 개선을 이룬다. • 이러한 개선을 보인 직원을 인정하고 보상한다.
7단계: 개선된 점을 굳건히 하고 더 많은 변화를 야기한다.	• 비전을 추구하기 위한 정책, 구조, 체계를 변경하는 데 있어서 신빙성을 증가시킨다. • 비전을 실행할 수 있는 직원을 고용하고 개발한다.
8단계: 새로운 접근을 제도화한다.	• 새로운 행동과 조직의 성공의 관계를 유기적으로 연결한다. • 리더십 개발과 성공을 확실시한다.

요약

사회복지에서의 행정과정은 환경에 긍정적인 영향력을 발휘하고, 효과적인 서비스 전달을 위해 보다 많은 지원자원을 확보하고, 효과적인 서비스 전달을 어렵게 하는 제반 요소들을 제거하거나 최소화하는 방법을 찾는 것이다. 이 과정에서 관리자가 수행해야 할 과업내용으로는 기획, 조직 설계, 인적자원개발, 리더십, 재정관리, 평가, 마케팅, 홍보 등이 있다. 이러한 실천기법들의 수월성이 사회복지조직의 경쟁력을 높이게 된다.

최근 복지국가의 추세는 정부의 역할축소와 함께 시장기능 강화의 방향으로 나아가고 있다. 이는 정상화의 이념을 기초로 한 지역 중심의 대인서비스, 재가복지의 활성화, 자조를 강조하는 모델 확산, 자원의 효율적 활용을 위한 네트워크 구축 등으로 요약할 수 있다.

사회복지조직들은 한정된 재원의 효율적 사용을 통해 서비스의 우선순위 조정, 복지행정 생산성의 제고, 구조조정, 사용자 부담 등 효율화를 위한 다각적 방안의 검토와 적용이 요구된다. 사회복지기관들이 경쟁력을 갖기 위해서는 저비용의 서비스, 서비스의 품질, 접근성, 자원동원력 등이 요구된다. 조직의 혁신과 변화를 위해 transformation(변혁), reinvention(재창출), reengineering(재구조화) 등의 개념들이 주로 사용된다. 사회복지조직의 변화와 혁신을 위해서는 조직이 가지고 있는 비전과 사명을 공유하고, 전략적인 계획과 리더십으로 조직문화를 개발해 나가야 한다. 또한 조직의 변화과정에 모든 조직구성원들이 적극적으로 참여할 수 있도록 해야 하며, 조직 내·외적으로 지지를 획득할 수 있는 전략도 구사해야 한다.

15 사회복지행정에서의 **협력**

신체적 제한성을 갖는 인간이 생존을 넘어 만류의 영장이 될 수 있었던 이유를 설명하는 이론 중 하나가 바로 협력이다. 복잡성(complexity)와 다양성(diversity)이 점차 증가하는 현대사회의 사회적 장(social contexts)에서 협력은 보다 중요시되고 있다(Gintis & Bowels, 2013). 이런 의미를 갖는 협력은 비단 개인(individual) 차원을 넘어 조직(organization) 차원에서도 절대적으로 중요한 의미를 갖는데, 사회복지조직의 경우에도 예외는 아니다. 사회복지조직은 일반적으로 도움이 필요한 사람들에게 서비스를 제공하는 일을 중심으로 다양한 활동을 전개(Hasenfeld, 1983)하고 있는데, 그 과정에서 조직 내 협력과 조직 간 협력은 필수적인 일이다. 특히 보다 효율적이고 효과적으로 서비스를 전달하기 위해 그리고 좀 더 높은 파급력을 창출하기 위해 다각적인 협력은 반드시 이행되어져야만 하는 활동이라 할 수 있다, 이런 피할 수 없는 현실 속에서 협력에 대한 이해를 공고히 하며 이를 제대로 실천하는 것은 너무나도 중요한 과제라 할 수 있다.

이 장에서는 이런 중요성을 지닌 협력에 대해 다음과 같은 구성을 통해 정리해 보고자 한다. 먼저 사회복지서비스 전달의 장에서 협력의 유전자(gene)가 어떤 관련 개념과 함께 발현되어져 왔는지를 간략히 살펴보고자 한다. 구체적으로는 서비스 통합(service integration)과 사례관리(case management)와 협력이 어떠한 연관성을 갖는 것인지를 간략히 정리해 보고자 한다. 이후 협력의 개념과 함께 사용되기도 하는 유사 개념이라 할 수 있는 협조(cooperation)과 조정(coordination)에 대한 소개와 함께 협력과 어떤 연관성을 갖는지 그리고 개념 상 차이가 무엇인지를 서술해 보고자 한다. 다음으로는 "왜 협력인가?"란 질문에 대한 답을 협력이 발생되고 요구되는 상황에 대한 이해와 협력을 통해 얻을 수 있는 편익(benefits)이 무엇인지를 살펴봄으로써 정리해 보고자 한다. 이후 협력에 대한 전체적 이해의 제고 및 심화를 위해 협력의 과정(process)과 구조를 소개하고자 한다. 이와 함께 과연 협력은 어떤 요인들에 의해서 촉진될 수 있는 것인지 그리고 어떤 요인들에 의해서 저해될 수 있는지, 즉 협력의 성공요인과 실패요인은 무엇인지를 정리해 보면서 사회복지실천 현장에서 협력을 모색할 때 주의해야 하는 것이 무엇인지를 서술해 보고자 한다. 마지막으로는 협력을 토대로 논의되는 새로운 주제어이자 경향(trend)이라 할 수 있는 집합적 임팩트(collective impact)를 소개하면서 더 큰 파급력을 모색하는 과정에서 필요한 새로운 협력 방식에 대해서도 다루고자 한다.

1. 사회복지서비스 전달의 장(場)에서의 협력 : 서비스 통합과 사례관리

사회복지조직 현장에서 협력은 이미 오래전부터 강조되어져 왔고 실행되어져 왔다. 사회복지서비스 전달의 장에서 협력은 크게 두 가지 연관 개념을 중심으로 모색되어져 왔는데, 그 하나는 서비스 통합(service integration)이고 다른 하나는 사례관리(case management)이다. 다음에서는 이 두 개념을 중심으로 사회복지서비스 전달의 장에서 어떻게 협력의 유전자가 발현되어져 왔는지를 간략히 정리해 보고자 한다.

서비스 통합이란 클라이언트에 초점을 두면서 클라이언트에게 필요한 서비스에 대한 접근과 서비스 욕구에 대한 충족을 단순화시키고 촉진시킬 수 있는 전략의 조합(combination of strategies)을 기반으로 서비스 전달의 효과성(effectiveness)과 효율성(efficiency)을 제고시키는 것을 의미한다. 서비스 통합이 모색된 계기가 공공 및 민간 서비스 시스템 속에서 직면했던 문제점, 즉 서비스가 단편적이고 분절적이며 중복적으로 이뤄진다는 점에 기인(Ooms & Owen, 1991)하였다는 사실도 이를 명확히 보여준다. 1960년대부터 1970년대에 이르기까지 미국 중앙정부는 모든 사회서비스의 분절적 제공에 대한 개선을 위해 다양한 주체가 함께 협력하고 서비스를 조정하며 전반적인 효율성을 높이는 것에 대해 높은 관심을 보였다. 특히 1970년대 초 미국 보건복지부(Department of Health, Education, and Welfare[1], DHEW) 장관이었던 Elliott Richardson은 건강 및 사회서비스의 분절적 제공에 대한 대안으로 서비스 통합(service integration, SI)을 제시했다. 즉 협력적 접근을 통한 유연한 서비스 제공 및 통합을 강조하면서 이를 촉진시키기 위한 예산 배분 정책을 도입했는데, 이러한 새로운 시도는 1980년대에 이르러서는 주 정부 차원에

1) 현재 United States Department of Health and Human Services

서 서비스 통합을 위한 협력적 노력을 강조하는 결과로 이어졌고 결국 지역사회 차원에서의 서비스 통합을 위한 다각적 노력이라는 성과를 가져왔다(Ooms & Owen, 1991). 서비스 통합의 역사를 통해 인식할 수 있듯이, 사회복지 서비스 통합[2)]의 과정에서 다양한 서비스 제공 주체들 간의 협력은 필수적인 요소이다. 서비스 제공 주체들 간의 협력적 노력이 없이는 어떤 시간과 공간에서도 서비스의 통합은 요원할 수밖에 없기 때문이다. 즉 서비스 통합은 협력을 토대로 발생될 수밖에 없다는 점에서 알 수 있듯이, 사회복지실천의 현장에서 협력은 오래전부터 필수적인 것으로 간주되어져 왔다.

사회복지의 장에서 매우 중요하게 여겨지는 사례관리(case management) 역시 협력과 매우 연관성이 높다. 집중적인 서비스 제공이 필요한 클라이언트에 대한 개입 과정에서의 지속적이고 통합적인 서비스를 제공을 의미하는 사례관리 역시 사회복지서비스 전달의 장에서 오래전부터 강조 및 실행되어져 온 개념이다(Woodside & McClam, 2016). 사례관리에서 강조되는 원칙들을 통해서 사례관리와 협력의 연관성을 쉽게 이해해 볼 수 있다. 사례관리의 첫 번째 원칙은 서비스의 통합이고, 두 번째 원칙은 돌봄의 지속성 담보이며, 세 번 째 원칙은 서비스에 대한 평등한 접근권 보장이고, 네 번째 원칙은 질 높은 돌봄의 담보, 다섯 번째 원칙은 클라이언트의 역량을 강화하는 것(empowerment)인데, 이들 원칙의 기저에는 협력이 절대적으로 요구된다는 것을 인식할 수 있다(Woodside & McClam, 2016). 즉 서비스 통합, 돌봄의 지속, 질 높은 돌봄 등의 과제 수행을 위해서 지역사회에서 조직 내외간 협력적 노력은 절대적으로 필요한 과제로서, 사례관리의 맥락 속에서도 협력은 지속적으로 필수적인 것으로 간주되어져 왔다.

이상의 간략한 설명에서 제시되는 바와 같이 사회복지서비스 전달의 장에서 협력은 오래전부터 핵심적이고 필수적인 과제였다. 서비스의 통합과 사례관리의 중심에는 협력이 중추적인 것으로 자리하고 있었던 것이다. 즉 사회복지서비스의 장 안에서 협력의 유전

---

2) 서비스 통합은 크게 공간적 기준에서의 물리적 통합과 기능적 통합 그리고 시간적 기준에서의 수평적 통합과 수직적 통합으로 구분될 수 있다. 물리적 통합은 하나의 물리적인 공간에 다양한 서비스를 제공하는 조직들이 배치될 수 있게 하여 클라이언트가 다양한 서비스를 같은 공간 안에서 받을 수 있게 하는 것을 의미하고, 기능적 통합은 같은 공간에 존재하지 않는 서비스 제공 조직들이 협조 및 협력체계를 구축하면서 서비스들이 포괄적으로 전달될 수 있게 하여 클라이언트에게 다각적인 서비스가 제공되어질 수 있게 하는 것을 의미한다(Austin, 1997). 한편 수평적 통합(horizontally integrated approach)은 클라이언트의 현 상황의 다양한 욕구들에 대해 포괄적인 서비스가 전달될 수 있게 하는 것을 의미하며, 수직적 통합(vertically integrated approach)은 클라이언트의 생애주기에 초점을 두며 다음 주기로의 이동에 맞춰 변화되는 욕구를 충족시킬 수 있게 서비스가 연계되어 새로운 상황에 맞춰 포괄적으로 제공될 수 있게 하는 것을 의미한다(OECD, 1998).

자는 매우 중요하게 내재되어 왔다. 더 나아가 복잡성과 다양성이 더욱 촉진되고 있는 현대사회의 특징은 사회복지조직 내외 간 협력적 노력의 모색이 더욱 진지하고 적극적으로 이뤄지도록 요구하고 있다. 즉 사회복지조직에서 협력의 유전자를 더욱 개발시키고 발전시키는 것은 피할 수 없는 과제라 할 수 있다.

2. 협력과 관련 개념

협력에 대한 정의는 다소의 차이점은 있으나 핵심 강조점은 유사하다고 볼 수 있다. 다음에서는 협력에 대한 정의를 소개한 후, 협력과 관련된 핵심 유사 개념들을 구분하고 각각의 핵심 속성들을 정리해 보고자 한다. 이러한 작업은 협력에 대한 이해의 심화 및 확장을 위해 도움이 될 수 있다.

협력의 개념은 영어 표현을 통해 쉽게 이해될 수도 있다. 협력은 영어로 collaboration인데, 이 단어의 구성은 두 부분으로 나눠볼 수 있다.하나는 '함께'를 의미하는 'col-'이고 다른 하나는 '노동'을 의미하는 'labor'이다. 이를 통해 협력은 '함께 노동력 투입하기' 또는 '함께 일하기'의 의미를 갖는다는 것을 쉽게 파악해 볼 수 있다. 이런 어원상의 해석에 더해 협력에 대한 이해를 좀 더 명확하게 하기 위해 정의들도 살펴볼 필요가 있다.

먼저 Gray(1989)는 협력을 조직 간 상호작용 및 관계측면에서 조망하면서 협력은 이해당사자 간 상호의존성, 자원 및 의사결정권한의 공유, 연대책임 등의 속성을 기본으로 하는 체계라고 설명한다. Mattessich, Murray-Close와 Monsey(2001)는 협력이 공통의 목적 달성을 위해 둘 이상의 조직이 상호 이익을 기반으로 구축되는 관계로서 목적을 위한 헌신, 함께 기획한 조직구조, 상호 간 공유되는 권한과 결과에 대한 책임, 자원과 보상의 공유 등을 포괄하는 특징을 갖는다고 설명한다. 협력의 발생시점에 초점을 맞춰 협력을 설명하는 Linden(2003)은 협력은 다른 조직의 구성원들이 함께 지향하는 것을 위해 노력하고, 자원 및 의사결정을 공유하며 최종 제품 또는 서비스의 소유권을 공유할 때 발생하는 것이라고 설명한다. 협력이 발생되는 과정적 특징을 강조하는 측면에서 정의하는 Thomson과 Perry(2006)는 협력을 해결하고자 하는 문제에 관심을 두는 자율적 행위자들이 이들 간의 관계 구축 및 문제해결의 방식을 결정하며 통치 구조와 규칙 및 제반 역할들에 대해 함께 창조해 나가는 과정이자 동시에 공유 규범의 형성 및 상호 편익을 위한 상호작용의 과정이라고 설명한다. 이러한 정의들을 종합적으로 살펴보면, 협력은 공통의 목적을 성취하기 위한 집합적 관계이고, 이전과는 달리 함께 문제를 해결하기 위해 새로운 공유물을 창조하는 과정이며, 공동의 자원 투여 및 보상을 공유하면서 상호 간의 편익을 증대시키기 위한 노력이라는 것을 인식할 수 있다.

사회복지조직의 관점에서 협력과 관련된 유사 개념들을 살펴보고자 할 때 전술하였던 서비스 통합 개념과 관련지어 탐색해 보는 것은 개념이해에 있어 보다 유익할 수 있다. 서비스 통합에서는 문제 해결에 대한 노력의 강도(intensity) 등의 차이에 따라 협조(cooperation), 조정(coordination), 협력(collaboration), 통합(integration) 등의 단계를 제시한다(Autsin, 1997 ; Hassett, 2014). 유사하게 서비스 통합의 과정을 단계적으로 설명하는 Ragan(2003) 역시 서비스 통합의 이전 및 이후의 과정을 정보교환(communication), 협조(cooperation), 조정(coordination), 협력(collaboration), 통합(integration), 합병(consolidation)의 순으로 좀 더 구체화시켜 제시한다. Ragan의 논의를 중심으로 각 개념의 핵심 의미를 정리해 보면, 정보교환은 서로 간 관계유지를 위한 정보의 교환이 발생되는 것을 의미하고, 협조는 서비스 목표의 달성을 위한 정보공유와 함께 사안에 따라 공조하는 것을 의미하며, 조정은 각 조직이 독립적 운영 속에서 의사소통 및 협조 노력이 좀 더 집중적으로 이루어지며 서로에 대한 관여가 발생되는 것을 의미하고, 협력은 공동의 이익과 성과를 위해 공동의 목적과 목표를 설정해서 자원의 공유노력이 발생되는 새로운 변화의 단계를 의미하며, 통합은 협력을 넘어 본격적으로 미션과 목표, 프로그램과 예산 등의 다양한 영역에서 조직들 간 재구조화 노력이 발생하는 것을 의미하고, 마지막으로 합병은 각 기관들이 하나로 합쳐져서 공동의 성과를 함께 추구하는 것을 의미한다.

서비스 통합의 관점에서 이렇게 다양한 단계가 제시될 수 있으나, 통합의 길에서 핵심 단계는 공동의 목적과 목표가 공식적으로 공유되기 시작하는 협력의 단계라 할 수 있다. 즉 협력이 서비스 통합의 과정에서도 공식성이 제고되는 중심점의 위치에 있음을 인식할 수 있다. 이런 이해 속에서 협력을 최종점으로 설정해 놓고 그 이전 단계의 협조 및 조정과 같은 관련 개념들에 대한 비교차원의 이해를 모색하는 경향이 있는데, 다음에서는 이들 세 개념에 대해 Mattessich와 Johnson(2018)이 제시한 바를 정리해 보고자 한다. Mattessich와 Johnson(2018)은 각 개념의 차이를 비전 및 관계, 구조 및 책임과 의사소통, 권한과 합법성, 자원과 보상 차원으로 나눠 정리하는데, 각각의 구체적 내용은 아래의 〈표 15-1〉에서 제시되는 바와 같다.

표 15-1 협조, 조정, 협력 개념적 차이

핵심요소	협조(Cooperation)	조정(Coordination)	협력(Collaboration)
비전 및 관계	• 보통 개인단위를 기초로 발생함. 제3자의 요구에 의해 발생될 수도 있음 • 조직의 목적 및 목표가 크게 고려되지는 않음 • 상호작용은 필요에 따라 지속될 수 있음	• 개인들 간 관계를 넘어 조직 차원에 의해 모색되고 지원됨 • 개별 조직의 목적과 목표가 양립 가능한지를 검토하면서 이를 기초로 모색됨 • 상호작용은 일반적으로 특정 프로젝트의 기간에 초점을 둬서 이뤄짐	• 조직 및 최고 관리자의 헌신이 뒷받침되며 모색됨 • 관련 조직들이 공유하는 새로운 목적과 목표가 만들어짐 • 장기적 관점을 갖고 모색하는 결과를 창출하기 위해 프로젝트가 수행됨
구조 및 책임과 의사소통	• 비공식적인 관계 속에서 이뤄짐 • 조직 간 공동의 계획이 필요치 않음 • 정보는 필요한 경우에 한해 전달됨	• 관련된 조직들은 필요한 역할들을 수행하지만 각자는 독립적임 • 특정 프로젝트와 관련된 세부적 계획이 필요함 • 의사소통을 위한 역할이 설정되고 서로 간 상호작용을 위한 채널이 만들어짐	• 새로운 조직 구조 하에서 새로운 공식적인 분업이 발생하고, 명확하게 정의된 상호 관련된 역할이 생성됨 • 공동의 전략과 성과측정방식을 포괄한 새로운 전반적 계획이 필요함 • 다차원적인 공식적 의사소통 채널이 구축되고, 선명한 의사소통이 성공적 과업 수행을 위해 강구됨
권한 및 합법성	• 협조를 위한 권한은 개별조직에 의해 통제됨 • 리더십과 통제는 각 조직 중심이기에 공유의 관점이 적용될 수 없음 • 모든 권한과 책임은 각 조직에 있음	• 권한은 여전히 개별조직에 속해 있으나 참여자들 간 조정이 발생 • 리더십과 통제에 있어 일정부분에서 공유 노력이 발생함 • 일정 부분 및 일정 수준의 공유로 인한 위험이 있을 순 있으나, 여전히 모든 권한과 책임은 각 개별조직에 속해 있음	• 권한은 목적 달성과 개별조직 간 균형 속에서 협력 체계에 의해 결정됨 • 리더십이 분산되고 통제는 상호 간 공유됨 • 공유로 인한 위험은 협력 체계에 동참하는 모든 조직에 동일한 수준에서 발생
자원 및 보상	• 자원(직원, 예산, 역량 등)은 개별조직이 자신의 필요에 따라 투입함.	• 상호간 각각의 자원을 존중하고 인정하나, 특정 프로젝트를 위해선 타 조직의 자원이 다른 조직에 의해 사용될 수도 있음 • 보상이 상호 간에 용인됨	• 협력 체계 속에서 장기적 노력을 위해 자원이 공동으로 투여되고 공동으로 관리됨 • 서비스 및 제품은 공유되고, 개별조직이 달성할 수 있는 것보다 더 많은 성과가 집합적으로 성취됨

위의 표에서 제시되듯이, 협조(cooperation)는 사안에 따라 개별적인 차원에서 발생되는 것을 특징으로 한다. 이에 반해 조정(coordination)에서는 협조의 단계에서보다는 특정한 프로젝트를 중심으로 좀 더 발전된 형태에서 조직 간 제한되지만 양립가능성을 모색하면서 상호작용하는 것을 특징으로 한다. 협력(collaboration)의 단계에서는 조정의 단계에서 진일보하여 조직 간 함께 노력하는 것의 공식성을 성취하면서 장기간 동안 공동으로 자원을 투여하면서 공동으로 관리하며 집합적인 성과물을 창출하는 것을 특징으로 한다. 협력을 논의할 때 협조와 조정 등의 관련 개념들이 동의어로 사용되기도 하는데, 위에서 살펴본 바와 마찬가지로 세 개념이 의미하는 바에서 큰 차이가 존재한다. 따라서 향후 사회복지의 장에서 협력을 논의할 때, 개념상의 차별적 속성을 분명하게 이해하면서 협력을 위한 노력을 좀 더 정확하고 체계적으로 전개할 필요가 있다.

3. 협력의 상황과 편익들

현실적으로 협력은 쉽사리 이루어지지 않는다. 따라서 다음에서는 먼저 협력이 좀 더 용이하게 발생할 수 있는 상황에 대한 살펴보고자 한다. 이와 함께 "무슨 이유에서 우리가 협력을 모색할 필요성이 있는가?"의 질문과 관련해서 협력이 발생시키는 다양한 편익(benefits)을 소개하면서 협력을 모색할 이유에 관해 논의해 보자.

1) 협력이 용이하게 발생될 수 있는 상황과 협력이 요구되는 상황

인간에게는 협력의 유전자가 있고 사회복지조직에게도 협력의 유전자가 존재한다. 그러나 전술하였듯이, 협력이 그리 쉽게 창출되는 것은 아니다. 이런 문제와 관련해서 협력이 상대적으로 보다 용이하게 발생되는 상황에 대한 이해가 필요하다. Waibel(2010)은 협력이 좀 더 용이하게 발생될 수 있는 상황(collaboration context)을 다음과 같이 정리한다.

첫 번째, 협력은 공통의 행정체계 속에서 좀 더 용이하게 나타날 수 있다고 설명한다. 예를 들어, 정부에 속한 서비스 전달 조직들의 경우와 같이 공통의 행정 기반을 갖고 있을 때, 즉 동일한 행정체계에 속해 있을 때, 협력의 발생은 상대적으로 보다 용이할 수 있다는 것이다. 두 번째로 공통의 이해관계(common interests) 속에서 협력은 보다 용이하게 나타날 수 있다고 설명한다. 예를 들면, 지역사회에서 장애를 갖는 시민들을 위해 서비스를 제공하는 사회복지조직들은 동일 대상자를 위해 노력하는 공통의 이해관계에 기반 한다고 말할 수 있다. 이런 경우, 협력은 상대적으로 좀 더 용이해 질 수 있다는 것이다. 세 번째로 공통의 가치체계(the same value) 속에서 협력은 좀 더 용이하게 나타날 수 있다고 설명한다. 예를 들어, 크게 보면 사회복지조직에 속한 사회복지사들이 추구하는 가치는 유사하다고 볼 수 있다. 이들은 공통의 가치를 중심으로 일하는 전문원조직업인으로서 공통의 가치를 추구하면서 각자가 속한 조직에서 활동을 하고 있는데, 이런 경우 역시 가치 공유가 원활할 수 있기에 협력은 좀 더 용이하게 발생될 수 있다는 것이다.

협력이 발생될 수 있는 상황에 대한 이해에 더해, 협력적 노력이 요구되는 상황 역시 협력적 노력을 강구하게 하는 중요한 동인이 될 수 있다. 협력적 노력이 요구되는 상황에 대한 논의를 정리해 보면, 다음의 〈표 15-2〉에서 제시되는 바와 같다.

표 15-2 협력이 요구되거나 협력적 노력이 필요한 상황

- 함께 해결해야 하는 문제가 존재하는 상황
- 함께 해결해야 하는 문제에 대한 다수의 이해관계자들이 존재하는데, 이들이 상호의존적일 수밖에 없는 상황
- 함께 해결해야 하는 문제가 매우 복잡한 문제이고 불확실성의 수준이 높은 상황
- 함께 해결해야 하는 문제에 대한 이해관계자 각자의 시각이 다르고, 이런 차이로 인해서 상호 적대적인 관계로 변화되고 있는 상황
- 문제 해결을 위한 각자의 점진적 접근 방식이 기대에 미치지 못하고 있는 상황
- 문제 해결을 위한 기존의 방식이 불충분하고 비효과적임이 입증되고 있는 상황

협력이 요구되는 상황, 즉 협력적 노력이 필요한 상황의 첫째는 함께 해결해야 하는 문제가 존재하는 상황이다. 전쟁에서 인간이 협력하는 것은 맞서 싸워야할 공동의 적이 있기 때문이었다. 이와 마찬가지로 사회복지조직이 대응하는 시민의 다양한 욕구와 사회문제는 결코 혼자서 해결해 내기 어렵다. 따라서 사회복지조직에서 협력은 항시 중요한 과제가 되는 것이다. 둘째는 함께 해결해야 하는 문제에 대해 다수의 이해관계자들이 존재할 수 있는 데 이들이 상호 의존적일 수 밖 에 없는 경우이다. 상호 의존할 수밖에 없

는 이해관계자들은 협력을 제외하곤 대안을 갖지 못한다. 현대사회에서 사회복지조직들은 실타래처럼 상호의존적인 관계를 형성하고 있다고 여겨지는데, 바로 이런 상황에서 협력적 노력은 현실적인 제한성을 넘어설 수 있는 핵심적 열쇠가 될 수 있는 것이다. 셋째는 함께 해결해야 하는 문제가 매우 복잡하고 불확실성의 수준이 높은 경우이다. 복잡한 것 그리고 불확실한 것은 그만큼의 이해가 필요하고, 더 나아가서 그만큼의 위험을 발생시킬 수 있다. 따라서 이런 상황에서는 협력이 절실히 요구될 수밖에 없는 것이다. 그 이유는 협력을 통한 공동의 대응이 복잡성과 불확실성을 극복하는데, 보다 큰 장점을 갖기 때문이다. 넷째는 함께 해결해야 하는 문제에 대한 이해관계자의 시각이 각각 다르고, 이로 이해 상호 적대적인 관계로 변화되고 있는 상황이다. 시각이 다른 것은 수용되나, 각자가 선한 일을 수행하면서 적대적으로 변화되어가는 것은 용납하기 어려운 현상이다. 이런 상황에서의 과제는 선한 결실을 추구하는 이해관계자들 모두가 상황을 더 악화시키지 않고 공통의 해결책을 모색하는 것이다. 이를 위해선 협력이란 방식이 어렵긴 하나 문제 상황에 대한 가장 적합한 대안적 답이 될 수 있다는 것이다. 다섯째는 문제해결을 위한 개별적인 노력과 접근방식이 기대에 미치지 못하는 상황이고, 마지막으로는 다섯째와 유사하게 문제해결을 위한 기존 방식이 불충분하고 비효과적이라는 것이 입증되고 있는 경우이다. 즉 개별적 노력이 전혀 문제를 해결하는데 기여하지 못하는 경우 그리고 기존의 개입 노력이 노력에 비해 너무 미미하고 효과적이지 않은 경우, 협력적 노력은 이런 제한성들을 극복하게 이끄는 새로운 대안이 될 수 있다. 분절적인 노력, 비효과적인 노력, 불충분한 노력이 입증되는 상황에서는 협력에 입각한 집합적인 노력이 새로운 대안이 될 수 있는 것이다.

협력이 발생될 수 있는 상황과 협력적 노력이 필요한 상황에 대한 정리는 사회복지조직이 어떻게 협력을 모색할 수 있는지 그리고 어떤 상황에서 협력을 모색해야만 하는지에 대해 새로운 이해를 제공한다. 이러한 이해를 기반으로 각 사회복지조직과 관리자는 어떤 동인을 활용하면서 협력의 길에서 협력의 기반을 마련해 내야만 하는지를 정확하게 인식할 필요가 있다.

2) 협력의 편익(benefits)

협력이 거부할 수 없는 새로운 부가적 편익을 제공하지 않는다면, 협력에 동참할 이유는 없다. 분명히 협력은 거부할 수 없는 새로운 편익을 제공한다. 이와 관련해서 University of British Columbia의 질병예방 및 건강증진 프로젝트인 Harmonization Project에서 운영하는 'Collaboration Primer'에서 제시되는 내용들은 협력에 따른 편익을 이해하는 데 매우 유익하다. 구체적 내용은 다음의 〈표 15-3〉에서 제시되는 바와 같다.

표 15-3 **협력을 통해 얻을 수 있는 편익(benefits)**

- 성과와 파급력의 제고
- 추가적인 자원의 확보
- 유익한 정보의 공유와 개입 기술들의 조정
- 혁신 및 집합적 전문성 제고
- 연계능력 및 관계망 활용역량의 강화
- 사회적 합법성 및 조직 인지도 제고
- 중복적 서비스 및 개입노력의 감소

협력에 따른 첫 번째 편익은 바로 혼자서 혹은 개별 조직이 수행할 때의 기존 성과와 파급력을 비교도 되지 않는 수준으로 제고시킬 수 있다는 점이다. 개별조직의 노력은 고립된 성과 차원에 머물 수 있다. 그러나 협력의 방식을 통하면 이와는 크게 비교되는 차별적이고 포괄적인 파급력을 창출할 수 있다. 두 번째 편익은 개별적 노력에 비해 협력적 노력에 대한 사회적 인정과 지원은 비교할 수 없는 수준에서 제공될 수 있다. 이를 통해서 해결해야만 하는 과제들에 대한 추가적인 자원의 확보가 보다 용이해 질 수 있다. 세 번째 편익은 문제해결의 과정에서 얻게 되는 정보가 공유되면서 보다 풍부한 정보를 갖게 되고 더 나아가서 이를 기반으로 개입 기술들을 정확하게 배열해 보면서 문제에 대한 개입을 새롭게 조정할 수 있게 한다. 개별적으로 일함으로 인해 얻게 되는 정보는 제한적일 수밖에 없고, 관련해서 개입 기술의 사용 역시 제한적이고 반복적일 수밖에 없다. 그러나 협력적 노력을 통해 확보하게 되는 정보와 개입 기술에 대한 이해는 기존 노력의 차원을 넘어설 수 있게 한다. 새로운 정보와 시각 및 효과적인 기술에 대한 이해를 좀 더 용이하게 축적할 수 있게 한다. 네 번째 편익은 개별적인 노력 및 고립된 노력에서 쉽게 취득하기 어려운 혁신을 보다 용이하게 달성할 수 있게 하고, 혁신과 함께 혼자만의 해결 노력을 넘는 집합적인 전문성을 더욱 제고시킬 수 있게 한다. 협력의 과정은 다양성 관점의 적용을 용이하게 하고, 이에 따라 새로운 변화의 모색을 가능하게 한다. 더 나아가서 문제해결 상황에 적합한 새로운 전문성이 집합적인 수준에서 축적될 수 있게 한다. 다섯 번째 편익은 협력을 통해 연계능력의 함양 및 관계망 활용 역량이 더욱 강화될 수 있게 하는데 기여한다. 개별 조직이 문제를 해결하는 과정에서는 협력적 노력과는 다른 차원의 제한적 연계 능력과 관계망 구축이 사용되는 경향이 크다. 협력적 노력에서 취득하게 되는 다양한 연계망 구축 능력과 관계망 활용 능력은 문제를 해결하는 과정에서 핵심적으로 기여하는데, 바로 이러한 역량의 강화가 협력을 통해 발생될 수 있다. 여섯 번째 편익은 협력을 통해 개입하는 노력에 대한 사회적 합법성을 보다 제고시킬 수 있고, 이에 따라 협력에 참여하는 조직의 사회적 인지도 역시 제고시킬 수 있다. 기본적으로 사회는 사회문제 해결과정에서 개별조직의 고립적인 접근보다는 다양한 주체가 참여하는 집합적인 접근에 대해 보다 높게 평가한다. 그 이유는 문제해결의 파급력과 효과성 및 효율성이 집합적 접근에서 보다 높기 때문이다. 따라서 협력의 방식을 통한 접근은 개입 활동에 대한 사회적인 합법성 취득 및 조직 인지도에 보다 유익할 수 있다. 마지막 편익은 협력을 통해 중복적 서비스 및 관련 개입 노력들을 감소시켜 나갈 수 있다는 점이다. 지역사회에는 여전히 많은 분절적이고 중복적인 서비스가 제공되곤 한다. 이에 따라 서비스 전달의 효율성 문제가 심각하게 제기되곤 한다. 협력적 노력은 바로 이런 문제에 대한 대안으로서 과거로부터 지속되어져 온 이런 관행들을 개선시켜 나가는데 크게 기여할 수 있다.

협력은 어려움만큼이나 귀중한 편익들을 제공한다. 현대사회에서는 그 편익들의 가치에 대한 인식이 보다 제고되고 있어 협력적 노력의 요구 역시 좀 더 증대되어져 나가는 상황이다. 이러한 상황에서 협력이 가져오는 편익들에 주목하면서 협력적 노력을 다각적으로 모색하며 새로운 성과를 창출하는 것은 사회복지조직에 있어서도 선택적 사항이 아닌 필수적인 과업이라 여겨진다.

4. 협력의 성공과 실패요인

지속적으로 강조하고 있듯이, 인간은 생존을 위해 협력이란 유전자를 지니고 있긴 하나 그리 쉽게 발생되는 것은 아니다. 인간이 갖는 이해관계 등의 요인들은 협력이 발생되는 것을 어렵게 하기도 한다. 그럼에도 불구하고, 성공적 협력의 사례들이 존재하고, 실패의 사례들도 존재한다. 이러한 사례들을 중심으로 많은 연구자들은 협력의 성공요인과 실패요인을 규명해 보기 위해 노력하고 있는데, 아래에서는 이들 요인에 관해 정리해 본다. 성공 요인들과 실패 요인들에 대한 이해는 협력적 노력을 강구해 나갈 때 과연 무엇을 위해 노력해야만 하고 또한 무엇을 극복해 나가거나 피해 나가야만 하는지를 보다 선명하게 제시해 준다. 또한 이들 요인은 사회복지조직이 협력의 길을 모색하는 과정에서 스스로를 점검해 보는 기준으로 작용할 수도 있다.

1) 협력의 전반적 과정

협력의 성공요인과 실패요인에 대한 논의에 앞서 협력의 전반적 과정에 대한 이해를 선명하게 하는 것이 필요할 수 있다. 이와 관련해서 Thomson & Perry(2006)는 협력의 과정에 초점을 맞추어 협력이 발생되는 상황, 협력이 구축되는 과정, 협력적 노력에 따른 결과 등을 제시해 주고 있는데, 이러한 설명은 협력에 대한 전체적 이해를 위해 매우 유익하다. 협력의 선행요인과 과정 및 결과로 구분해서 설명하고 있는 전반적 과정은 아래의 [그림 10-1]에서 제시되는 바와 같다.

Thomson & Perry(2006)는 높은 수준의 상호의존성, 자원에 대한 욕구 및 위험분산의 욕구, 자원의 희소성, 협력 노력의 이전 역사, 개별조직이 갖는 결핍된 것을 보완 및 보충할 수 있는 참여자들, 혼자 해결하기 어려운 문제들이 협력이 발생될 수 있는 상황적 요인이라고 설명한다. 즉 이러한 조건들이 조직들 간 협력이 모색될 수 있게 이끄는 요인들이라는 것이다. 협력이 모색되는 과정에서는 정말로 어려운 과제들이 이행되어져야만 한다. 함께 문제를 해결하기 위해 자원을 함께 투입하는 과정에서 무엇보다도 중요한 것은 다양한 조직들간 의사결정 및 통치를 어떻게 할 것인지에 대한 체계를 구축하는 과제가 있다. 또한 통치체계 하에서 원활한 행정체계를 구축하는 과제가 있다. 더 나아가서 함께 노력하는 체계, 즉 집합적 노력 하에서 어떻게 개별조직들이 균형적으로 자율성을 담보해 나갈 것인지를 모색해 내어야만 하는 과제가 존재한다. 아울러서 개별 조직만의 시각을 넘어 서로간의 관계, 즉 상호성에 입각하여 협력을 실행하면서 신뢰와 상호 호혜성의 규범을 구축하는 과제가 존재한다. Thomson & Perry(2006)는 바로 이런 과제들을 수행하는 것이 협력의 과정(process)이라고 설명한다. 마지막으로 이러한 협력 과제들을 성공적으로 수행하는 과정을 통해 집합적 노력은 일정한 수준의 성과(outcome)를 창출하게 되는데, 성과에서 가장 핵심적인 것은 협력을 통해 이루고자 하는 공통의 목적을 달성해 내는 것이다. 공통의 목적 달성 이외에도 조직간 도구적인 거래관계를 초월하는 관계가 발생될 수 있다. 즉 사회적 바람직성에 기초한 관계로 조직들 간 관계의 성격이 변화될 수 있는 놀라운 결과가 발생될 수도 있다. 또한 협력적 노력이라는 새로운 가치를 기반으로 집합적인 성과를 창출해 내는 결과, 자원유입을 지속적으로 확대시킬 수 있는 역량이 더욱 강화될 수 있다. 아울러서 협력의 과정에서 내부적으로 발생되는 문제들에 대한 자치적인 집합적 행동체계가 새롭게 구축될 수 있는 결과도 발생될 수 있다. Thomson과 Perry(2006)는 이러한 바람직한 성과가 발생될 때 협력의 성과는 일회적인 것에 그치지 않고 다시 환류하게 되어 지속적으로 또 다른 협력적 노력이 촉진되는 순환적인 모습을 지닌다고 설명한다.

그림 15-1 Thomson & Perry(2006)의 협력 과정

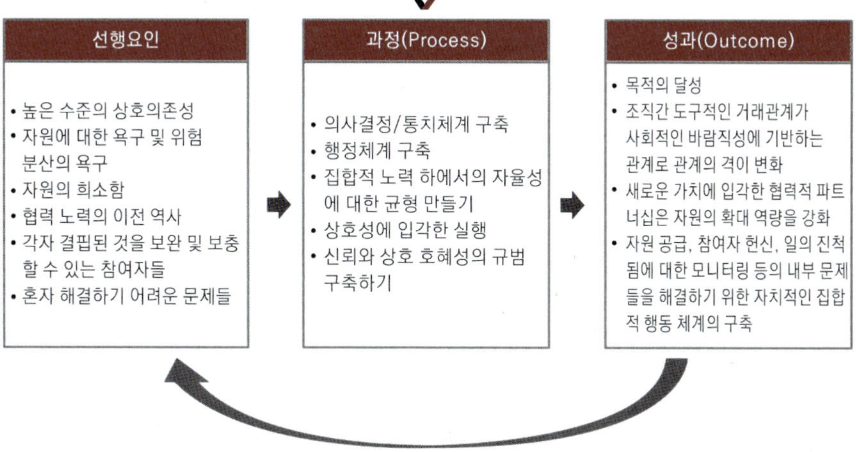

Thomson과 Perry(2006)의 협력 과정에 대한 모형은 협력이 발생되게 이끄는 조건, 협력의 과정 중에 수행해야만 하는 과제, 협력의 결실, 그리고 협력의 순환 체계에 대한 이해를 증진시키고, 더 나아가서 각 단계 별 핵심 요인이 무엇인지에 대한 이해를 제고시킨다는 점에서 매우 유익한 설명이라 할 수 있다. 구체적으로는 이들 각 요인이 협력의 성공과 실패를 이끄는 요인으로 작용할 수 있다는 단초를 제공해 준다.

2) 협력의 성공을 촉진시키는 요인

Mattessich와 Johnson(2018)은 협력에 대한 기존 연구들을 종합해서 〈표 15-4〉에서 제시되는 바와 같이, 6개 영역(환경, 구성원 특징, 과정·구조, 의사소통, 목적, 자원) 하에서 협력을 성공으로 이끄는 22개 하위요인을 제시한다. 이들의 정리는 협력의 성공요인들을 종합적이며 다각적으로 이해하는 데 매우 유익하다.

이전 연구들을 토대로 할 때, 협력의 성공을 촉진하는 것은 첫째, '환경(environment)' 부문에서 ① 협력의 이전 역사, ② 협력적 접근에 대한 합법성 취득 및 지역사회로부터의 인정, ③ 협력에 우호적인 사회정치적 환경이다. 둘째, '구성원 특징(membership characteristics)' 부문에서 ① 상호존중, 이해, 신뢰, ② 대표성과 더불어 함께하는 이들의 적절한 수준의 전문영역 상의 구분, ③ 함께 하는 이들 모두가 협력에 대한 이해관계를 충분하게 인식, ④ 서로의 견해를 조정하는 능력이다. 셋째, '과정 및 구조(process and structure)' 부문에서는 ① 의사결정체계의 선명성, ② 구성원 모두가 협력의 과정과 결과에 대한 지분을 공유, ③ 함께 하는 이들이 다양한 층(위, 아래)에서 참여, ④ 신축성(유연함), ⑤ 선명한 역할 및 선명한 정책적 가이드, ⑥ 상황 변화에 대한 적응력(즉 협력과정의 불만해결 수단의 마련 여부), ⑦ 선명한 성과 및 책임성 체계, ⑧ 선명한 자원배분 가이드이다. 넷째, '의사소통(communication)' 부문에서 ① 개방된 소통과 빈번한 소통, ② 비공식적 관계와 소통 방식의 활용이다. 다섯째, '목적(purpose)' 부문에서 ① 구체적이고 성취 가능한 목적과 목표, ② 모두에게 공유되는 비전, ③ 모두를 이끄는 유일한 사명의 확립 여부이다. 여섯째, '자원(resource)' 부문에서는 ① 충분한 자원, 인력, 필요 물품 및 시간, ② 능숙한 리더십이다. Mattessich와 Johnson(2018)은 많은 선행 연구들을 종합해

본 결과 조직들 간의 협력적 노력이 성공적인 결실을 맺게 하는 데에는 바로 이러한 다차원적 부문의 다양한 요인들이 핵심적으로 작용한다는 것을 파악할 수 있었음을 밝힌다. 이들의 정리는 실천적인 측면에서 매우 의미있는 함의를 주는데, 첫째는 협력적 노력의 성공은 단일한 부문의 노력만으로는 가능하지 않다는 것을 인식하게 한다. 즉 협력의 환경, 협력에 참여하는 구성원, 협력의 과정과 구조, 협력을 위한 의사소통, 협력의 목적, 자원과 같은 다차원적인 부문에 속한 다양한 요인들이 작용하는 것임을 인식하게 한다. 둘째는 협력이 성공적으로 이뤄지기 위해서는 과정과 구조, 목적과 자원 등의 체계가 구축되어져야 할 뿐만이 아니라 구성원들 간의 존중, 이해, 신뢰, 개방적 의사소통 등의 요인들이 결합적으로 작용해야만 한다는 것을 인식하게 한다.

표 15-4 **협력의 성공 요인**

부문	협력을 성공으로 이끄는 요인
환경 (Environment)	① 협력의 이전 역사 ② 협력적 접근에 대한 합법성 취득 및 지역사회로부터의 인정 ③ 협력에 우호적인 사회정치적 환경
구성원 특징 (membership characteristics)	① 상호존중, 이해, 신뢰 ② 대표성과 더불어 하는 이들의 적절한 수준의 전문영역 상의 구분 ③ 함께 하는 이들 모두가 협력에 대한 이해관계를 충분하게 인식 ④ 서로의 견해를 조정하는 능력
과정 및 구조 (process and structure)	① 의사결정체계의 선명성 ② 구성원 모두가 협력의 과정과 결과에 대한 지분을 공유 ③ 함께 하는 이들이 다양한 층(위, 아래)에서 참여 ④ 신축성(유연함) ⑤ 선명한 역할 및 선명한 정책적 가이드 ⑥ 상황 변화에 대한 적응력: 협력과정의 불만해결 수단의 마련 여부 ⑦ 선명한 성과 및 책임성 체계 ⑧ 선명한 자원배분 가이드
의사소통 (communication)	① 개방된 소통과 빈번한 소통 ② 비공식적 관계와 소통 방식의 활용
목적 (purpose)	① 구체적이고 성취 가능한 목적과 목표 ② 모두에게 공유되는 비전 ③ 모두를 이끄는 유일한 사명의 확립
자원 (resource)	① 충분한 자원, 인력, 필요 물품 및 시간 ② 능숙한 리더십

Mattessich와 Johnson(2018)이 정리한 요인들 이외에도 협력을 성공으로 이끄는 요인에 대해 다양한 연구자들의 새로운 시각에서의 연구 결과도 지속적으로 제시되고 있는데, 먼저 국내 연구로서 김경민, 강철희, 이영빈(2019)은 협력적 네트워크의 역량을 고려한 단계별 접근, 협력사업을 이끄는 지도자들의 스스로를 낮추는 자세도 중요함을 강조한다. 해외의 연구 결과로서 먼저 Thompson 등(2002)은 협력에 대한 긍정적 태도가 협력의 성공에 중요한 토대로 작용한다고 설명한다. 또한 Southby와 Gamsu(2018) 협력체계에 참여하는 참여자들 간의 인간적 관계의 형성, 참여조직들 간의 지리적 근접성, 협력적 훈련과 팀웍의 형성이 협력의 성공에 중요한 영향요인임을 제시한다. 마지막으로 Williams와 Sullivan(2010)은 협력 발생의 중요한 환경이라 할 수 있는 제도 및 구조적 요인이 협력이 진행되게 하고 협력이 성공적으로 지속되게 하는데 매우 의미있게 작용하는 요인임을 제시한다.

위에서 제시하였듯이, 협력의 성공과 관련해서 참으로 다양한 부문에서 다양한 요인들이 작용할 수 있다. 그리고 협력의 성공을 촉진하는데 있어서 시간과 공간이라는 특수한 요인들도 작용할 수 있다. 즉 위에서 설명한 요인들은 보편적인 성공 요인일 수 있으나 이외에도 특수한 문화 및 영역에서만 관찰될 수 있는 차별적 요인들도 협력의 성공 요인으로 작용할 수 있다. 따라서 이런 점에서 유의하면서 협력을 성공적으로 촉진시키는 요인들에 대한 균형적 이해를 지속적으로 확대시켜 나갈 필요가 있다.

3) 협력의 실패 요인

협력의 성공과 실패는 동전의 앞뒷면과 같이 어떤 요인의 충실한 수행 혹은 불성실한 수행의 결과일 수도 있다. 즉 협력적 노력의 성공을 촉진시키는 요인들을 충실하게 실행하지 못할 경우 협력은 실패하게 될 수 있다. 그러나 또 다른 시각에서 볼 때, 협력의 실패를 가져오는데 기여하는 좀 더 특별한 요인들이 존재할 수 있다. 이런 점에 주목해서 다음에서는 협력의 실패를 발생시키는 요인들에 대한 연구 결과를 정리해 본다.

전반적으로 협력의 성공 촉진 요인에 대한 연구에 비해 협력의 실패를 발생시키는 요인에 대한 연구는 상대적으로 그리 활발하게 진행되지는 않는 경향이 있다. 국내에서는 특히 그러한 경향성이 큰데, 국내 연구로 김경민, 강철희, 이영빈(2019)은 민간재단이 지원하는 지역사회 기반 협력사업의 사례를 통해 성공요인과 더불어 실패요인을 파악하여 제시하고 있는데, 업무만으로 한정된 관계, 충분한 신뢰기반 없이 전개되는 급격한 진전, 공동 목표 수립·공유 과정의 누락 혹은 생략, 핵심 인력에 집중되는 과도한 업무로 인한 소진 발생, 참여자 혹은 참여기관의 기회주의적인 행동(성과 가로채기), 참여자의 잦은 이직으로 인한 관계성·연속성의 단절, 협력에 참여하는 공공기관의 협력에 대한 권위적 태도와 경직성 등을 협력적 노력의 실패를 발생시키는데 기여하는 요인임을 밝힌다.

해외의 연구로 Wondolleck과 Yaffee(2000)는 협력의 실패를 가져오는 요인, 구체적으로는 협력적 노력이 방해받는 것에 기여하는 요인을 크게 제도 및 구조적 요인, 태도 및 인지 요인, 과정상의 요인으로 나눠 제시하는데, 이들 요인의 내용은 협력을 촉진하는 요인들과 연결된 것이기도 하다. 먼저 제도 및 구조적 요인으로 참여기회 및 인센티브의 부족, 목표와 미션의 충돌, 경직된 정책과 과정, 제한되거나 부족한 자원을 제시한다. 다음으로 태도 및 인지 요인과 관련해서는 불신, 참여 조직 간 적대감, 개별 조직의 규범 및 문화와 협력적 노력의 충돌, 협력활동에 대한 조직의 지원 부족을 제시한다. 마지막으로 과정상의 요인으로는 협력적 노력 자체에 친숙하지 않은 것, 협력을 위한 기술이 부족한 것, 협력과정과 그를 둘러싼 환경과의 긴장에 대한 관리가 부실한 것을 제시한다. 이외에도 다른 연구들에서는 특정 기관의 일방적 착취 및 억압, 의심스러운 관리 관행, 비대칭적인 권력, 자치권의 상실(Hardy & Phillips, 1998)을 제시하기도 하고, 타 영역 기관에 대한 상호 이해부족, 신뢰가 형성되지 못한 것, 협력적 노력을 위한 통치체계 구축의 미비, 협력에 참여하는 소수 구성원에게만 집중된 부담, 성급한 협력구축 시도 과정에서 발생하는 상호신뢰 및 협력적 역량 발현에서의 제한성(Cairns & Harris, 2011) 등이 제시되기도 한다.

협력의 실패와 관련해서도 협력의 성공과 마찬가지로 참으로 다양한 부문에서 다양한 요인들이 작용할 수 있다. 또한 협력적 노력의 성공과 마찬가지로 협력적 노력의 실패와 관련해서 보편적인 실패 요인이 파악될 수도 있고, 동시에 특수한 문화 및 영역에서만 관찰될 수 있는 차별적 요인들이 협력의 실패 요인으로 작용할 수 있다. 따라서 이런 점에서 유의하면서 협력의 발생과 지속을 저해하는 요인들에 대해서도 균형적 이해를 지속적으로 모색하면서 쉽지 않은 과업인 협력에 대해 좀 더 세심한 노력을 기울일 필요가 있다.

3) 협력의 길에서 질문하고 고려해야 하는 과제

이상의 정리에서 인식할 수 있듯이, 협력의 길은 결코 쉽지 않은 길이다. 막연한 기대만으로는 협력의 길에 나서지 않는 편이 나을 수도 있다. 즉 사회복지조직이 협력의 길을 가기 위해서는 스스로에게 질문해 봐야 하는 것들이 존재한다. 따라서 다음에서는 협력적 노력에 동참하고자 하는 조직이 스스로에게 먼저 던져봐야 하는 질문들에 관해 먼저 정리해 본 후 조직이 협력의 길에 동참하는 과정에서 반드시 고려해 봐야만 하는 내용들에 관해 정리해 보고자 한다.

먼저 협력의 길에 나서기 전 조직이 스스로에게 질문해야 하는 내용들로 Parkinson (2006)은 다음과 같은 다섯 가지를 제시한다. 첫째, 협력적 노력에 동참하려는 이유에 대해 스스로에게 질문해 봐야 한다. 협력의 성공요인과 실패요인에서 제시하고 있듯이, 명확한 목적과 목표의 수용이 매우 중요하다. 협력적 노력에 동참할 이유를 찾지 못한다면 협력의 길에 동참하는 것 자체가 필요 없을 수 있다. 둘째, 협력의 길에 나서려 하는 과정에서 스스로의 헌신 수준에 대해 질문해봐야 한다. 협력은 일정 수준의 헌신을 요구한다. 이러한 헌신과 관련해서 조직이 얼마만큼 헌신할 준비가 된 것인지를 질문해야만 한다. 그 이유는 헌신의 정도가 협력적 노력의 성공적 운영과 성과에 연결되기 때문이다. 셋째, 헌신의 수준과도 연관된 것인데, 협력적 노력이 조직이 과연 얼마나 시간과 에너지를 투입할 수 있을 것인지에 관해 스스로 질문해 봐야 한다. 협력적 노력에서 시간과 에너지가 투입되기 어려우면, 이는 협력적 노력의 실패를 가져오는데 크게 기여할 수 있다. 다른 조직들과의 긴장과 갈등의 원인으로 작용할 수도 있다. 또한 시간과 에너지가 역량 이상으로 투입되면 조직의 고유 업무에 큰 부담으로 작용할 수도 있다. 넷째, 조직의 문화, 특히 협력에 지향적인 조직문화를 지니고 있는지에 대해서도 질문해 봐야 한다. 협력을 위한 행동양식에 익숙하지 않은 경우, 즉 협력이란 방식을 소화할 수 있는 조직문화가 갖춰지지 않은 경우, 협력의 길에 동참하는 시작 과정에서부터 조직에게는 어려움이 발생하고 함께 하는 다른 조직들에게는 큰 민폐가 될 수밖에 없다. 다섯째, 협력에서 가장 중요한 것 중 하나는 자원을 공히 투입하는 것이기에, 조직은 과연 스스로의 자원을 투여할 수 있는지 그리고 얼마나 투여할 수 있는지에 관해 질문해 봐야한다. 자원의 투입이란 어찌 보면 개별적 이해관계를 극복할 수 있는지 없는지를 판단하는 매우 중요한 기준점이라 할 수 있다. 바로 이 부분에서 첨예한 긴장과 갈등이 발생될 수 있기 때문에, 조직은 자원의 투입 정도와 가능성 등의 시각에서 협력의 길을 가기 전 엄정하게 스스로를 파악해야 할 것이다.

스스로에 대한 질문들에 더해 협력적 노력에 동참하고자 하는 과정에서 Parkinson (2006)은 다음과 같은 구체적이고 현실적이며 세심한 고려가 병행되어져야 할 필요가 있음을 강조한다. 조직은 협력적 노력에의 동참이란 아름다워 보이는 모습만을 바라보지 않고 자기 조직 생존의 시각에서 협력을 조망하면서 협력의 길에 나서고 지속적인 노력을 투여하는 것이 과연 현실적으로 올바른 판단인지를 가늠할 필요가 있다. 이러한 시각에서 사회복지조직이 협력의 길에서 신중하게 고려해야만 하는 사항들로 Parkinson(2006)은 다음과 같은 일곱 가지를 제시한다.

첫째, 협력의 길에 동참하는 것이 조직의 핵심 목적달성에 과연 얼마나 기여할 수 있는지를 고려해야 한다. 사회복지조직 존재의 이유인 미션과 관련해서 협력을 통해 조직의 핵심 목적의 달성이 보다 용이해 진다면 협력은 적극적으로 고려되어져야 하나 만약 무관한 것이라면 조직이 굳이 협력에 참여할 필요가 없을 수 있다. 둘째, 협력의 길에 동참할 때 모두가 win-win하는 결과를 가져올 수 있을 것 같은지를 고려해야 한다. 협력의 과정 중 발생되는 편익은 다양한 참여자들 간에 균형적이지 않을 수 있다. 협력의 열매가 일부의 조직들에게 돌아갈 수 있는 가능성도 존재한다. 따라서 협력의 길에 동참하고자 할 때, 협력에 참여하는 모두가 win-win할 수 있는 구조와 체계가 갖춰질 수 있을 것인지에 대해 고려해 봐야 한다. 셋째, 조직이 협력에 대해 얼마나 확고한 이해관계를 갖고 있는지를 살피고 고려해 봐야한다. 협력이란 선한 노력 역시 각 조직이 갖는 이해관계의 결합을 통해서 모두에게 유익한 결실로 이어질 수 있는 것이기에, 현실적으로 자신의 이해관계를 정확하게 살피고 고려할 수 있어야 한다. 넷째, 함께 하는 조직들이 협력적 노력의 사명과 목표들에 과연 얼마나 동의할 수 있을 것인지를 고려해 봐야한다. 대다수의 참여조직들이 새로운 사명과 목표들에 대해 일치된 견해를 보일 때, 협력적 노력이 진정한 결실로 이어질 가능성이 높아지는 것이기에 협력의 길을 준비하는 과정에서 이 기준에 대한 고려 역시 매우 신중하게 이행되어져야만 한다. 다섯째, 함께 하는 조직들이 과연 얼마나 효과적으로 사업을 함께 모색하며 변화시켜 나갈 수 있는지, 즉 이를 위한 충분한 기본 토대와 역량을 지니고 있는지를 고려해 봐야 한다. 협력적 노력의 과정에서 참여하는 다양한 주체들 간 기본 역량의 차이가 너무나 클 때, 협력의 동력이 상실될 수 있다. 따라서 이런 현실적인 기준에서 협력의 길에 동참하는 것이 적절한 것인지를 매우 진지하게 고려할 수 있어야만 한다. 여섯째, 함께 하는 조직들 중 일부 조직은 너무나 작지는 않은지 그리고 작음으로 인해 그런 조직이 보이지 않게 되고 중도 탈퇴하게 되는 문제가 발생될 수 있는데 이를 미연에 방지할 수 있는 방안들을 갖고 있는지도 고려해봐야 한다. 다양한 주체들에 의해 진행되는 협력의 과정에서 조직 크기의 차이 및 역량의 차이로 인한 참여 노력의 위축과 중도 탈퇴는 협력적 노력의 과정 및 성과 창출의 부분에서 심각한 부작용을 발생시킬 수 있다. 따라서 협력적 노력이 모색되는 과정에서 이런 문제가 발생될 가능성이 있는지 그리고 이런 문제를 예방할 수 있는 대안들을 마련할 수 있을 것 같은지를 진지하게 고려할 수 있어야만 한다. 마지막으로는 협력적 노력에 동참하는 조직과 자신의 조직이 지금 어떤 문제와 어떤 대상에 초점을 두면서 협력적 노력을 수행하려는 것인지 그리고 그 문제와 그 대상에 대해서 과연 얼마나 충분한 정보, 지식 및 경험들을 축적하고 있는지를 고려해 봐야한다. 때때로 사회문제로 여겨지는 것들 그리고 관련 인구집단에 대해 충분한 정보, 지식, 경험이 구축되지 않은 채 개입노력이 발생되는 경우가 있다. 따라서 바로 이런 기준에 대한 고려와 함께 조직이 협력의 길에 동참하는 것이 과연 얼마나 적절하고 현명한 것인지를 살펴보고 판단할 수 있어야만 한다.

개별 조직의 시각에서 볼 때 협력의 길이 항상 필요한 것이고 항상 바람직한 것이라고 말할 순 없다. 어떤 상황에서는 다양한 이유에서 사회복지조직이 협력적 노력에 동참하지 않는 것이 보다 현실적인 현명한 판단이 될 수 있다. 위에서 제시되는 협력의 길에 나서기 전 스스로에게 던져야 하는 질문들과 그 밖의 다양한 요소에 대한 고려사항들은 협력적 노력에 대해 보다 진정성 있게 대응하는 조직이 되기 위해 그리고 조직의 각자의 미션에 집중하면서 그 책임을 다하기 위해 필수적으로 점검해 나가야 할 내용들이다. 즉 이런 내용들도 간과하지 않고 스스로 질문해 보고 신중하게 고려해 보면서 사회복지조직이 협력의 길에 동참하는 것에 대해 좀 더 현실적이고 현명한 결정을 내릴 필요가 있다.

5. 집합적 임팩트(Collective Impact): 협력의 새로운 트렌드

최근 집합적 임팩트(collective impact)가 협력과 관련하여 새로운 트렌드로 주목받고 있다. 다음에서는 집합적 임팩트의 개념과 핵심 내용을 살펴보고자 한다. 특히 집합적 임팩트와 협력이 어떠한 개념적 유사성을 갖는 것인지를 비교하며 정리해 본다. 아울러서 성공적인 집합적 임팩트의 핵심적 속성을 정리해 보면서 집합적 임팩트의 개념이 한국 사회복지조직의 장에 제공하는 함의가 무엇인지를 간략히 서술해 보고자 한다.

1) 집합적 임팩트의 개념

협력의 새로운 트랜드로 최근 주목받고 있는 집합적 임팩트(collective impact)는 Mark Kramer와 John Kania가 스탠포드대학교 경영대학원에서 출간하는 저널인 *Stanford Social Innovation Review*를 통해 제시한 개념이다. 집합적 임팩트는 다양한 영역에 속한 다양한 주체들이 더 이상 개별적으로 해결노력을 실행하지 않고 특정 사회문제와 관련해서 더 파급력 높은 진정한 해결을 위해 공동의 아젠다를 설정하고 구조화된 협력의 체계를 구축하며 이를 기반으로 함께 헌신적으로 해결을 모색하는 것을 의미한다. 이런 특징을 갖는 집합적 임팩트의 개념은 기존의 방식인 개별적 접근, 즉 '고립된 임팩트(isolated impact)'와 비교할 때 보다 명확하게 이해될 수 있다. 따라서 Kramer와 Kania(2011)가 설명하는 고립된 임팩트와 집합적 임팩트의 속성상의 차이가 정리될 필요가 있는데, 그 내용은 다음의 〈표 15-5〉와 [그림 1-2]에서 제시되는 바와 같다.

표 15-5 집합적 임팩트와 고립된 임팩트의 개념적 차이

고립된 임팩트 (Isolated Impact)	집합적 임팩트(collective impact)
• 기부자는 가장 뛰어난 해결책을 제시하는 proposal을 제출한 기관을 개별적으로 선정	• 기부자/프로젝트 수행자는 사회문제 및 해결책이 거대한 시스템 안에서 다양한 조직간 상호작용으로 나타난다는 것을 이해
• 비영리기관들은 독립적으로 일하며, 각자 가장 큰 임팩트를 보이기 위해 경쟁	• 프로젝트의 발전수준은 얼마나 동일한 목적을 향해 협업하면서 동일한 척도 등의 기준을 갖고 측정해 나가느냐에 따라 달라짐

고립된 임팩트 (Isolated impact)	집합적 임팩트(collective impact)
• 개별조직이 보여주는 임팩트를 근거로 평가가 이루어짐	• 다양한 주체들의 협력수준과 서로 학습하는 정도에 따라 임팩트 수준이 달라짐
• 변화는 결국 한 개별조직의 성과를 어떻게 높이느냐와 관련됨	• 기업 및 정부는 필수적 파트너임
• 재단과 비영리기관의 변화노력은 기업이나 정부섹터와는 별개로 운영	• 조직은 적극적으로 전체 활동내용을 조율하며, 학습한 내용들에 대해 공유함

그림 15-2 집합적 임팩트와 고립된 임팩트 모형

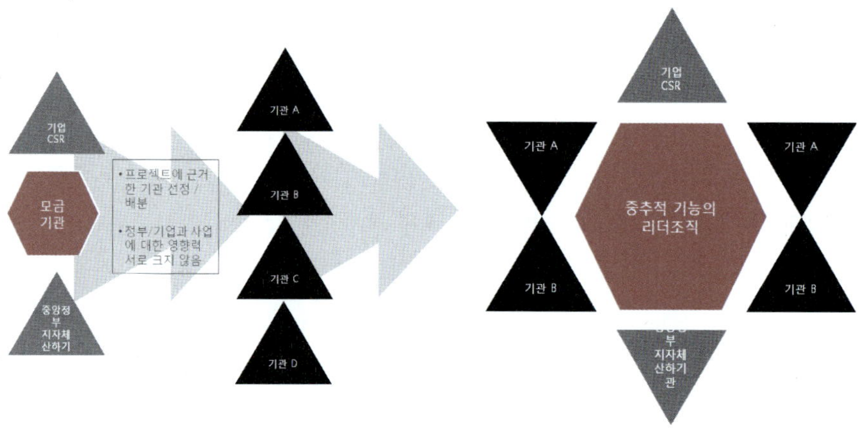

고립된 임팩트 모형 :
개별조직의 제한된 임팩트 창출

집합적 임팩트 모형 :
공동의 목표달성을 향한 임팩트 극대화

위의 〈표 15-5〉에서 제시되는 바와 같이 과거부터 현재까지 많은 조직들은 홀로 대상 사회문제에 대해 제한적인 영역 내에서 제한적인 노력을 수행하는 모습을 견지해 왔다. 그 노력은 아름다울 수는 있으나, 사회적 파급력의 관점에서 보면 매우 비효율적이고 비효과적일 수 있다. 현대사회처럼 복잡하고 상호의존적인 시공간에서 단일 조직에 의한 단일 노력 혹은 단일 프로젝트만으로 거대한 사회문제에 대응하는 것에는 분명한 한계가 존재한다. 그 어떤 단일 조직도 독립적으로 거대한 사회문제에 대해 온전히 대응하면서 문제를 해결해 낼 수는 없다. 바로 이 점에서 기존의 접근 방식인 고립된 임팩트는 큰 제한점이 가질 수밖에 없다. 이에 반해 집합적 임팩트는 개별 조직 차원에서의 접근을 넘어 사회를 구성하는 영역, 즉 정부부문, 영리부문, 비영리부문 등의 경계를 넘어서 협력을 모색하면서 문제해결에 집중하는 접근이라 할 수 있다. 즉 정부만이 어떤 문제에 대응하는 차원을 넘고, 기업이 사회공헌을 독립적으로 수행하는 차원을 넘으며, 비영리조직이 기존의 방식대로 홀로 특정 사회문제에 대응하는 차원을 넘어 협력을 모색해 내고, 이를 통해 기존에는 상상도 할 수 없었던 문제 해결이라는 더 큰 파급력을 실질적으로 창출해 보기 위한 접근이라 할 수 있다. 물론 영역 내 협력과 더불어 영역 간 협력이라는 과제를 실행해 내야만 하는 매우 어려운 과제를 지니고는 있으나, 집합적 임팩트라는 새로운 접근 방식은 사회문제 해결에서 고립된 임팩트가 지니는 제한성을 극복하면서 참여하는 주체들 간 역할 및 책임의 분담과 함께 협업을 통해 문제해결에 집중하며 성과를 창출시킴을 통해 실질적으로 보다 큰 지속가능한 파급력을 보다 효율적이고 효과적으로 달성하게 한다는 점에서 매우 매력적인 모형이라 할 수 있다.

이러한 속성을 기반으로 하는 집합적 임팩트는, 전술한 내용 즉 협력과 무관할 순 없다. 즉 집합적 임팩트의 시작과 실행 등의 모든 과정에서 협력은 집합적 임팩트의 토대로 작용할 수밖에 없다는 것을 인식할 수 있다. 따라서 최근에는 협력, 연합, 네트워크, 집합적 임팩트 등의 유사 개념들에 대해 비교차원에서 설명하기도 하는데, Mattessich과 Johnson(2018)이 제시하는 정리는 협력, 연합, 네트워크, 집합적 임팩트에 대한 비교차원의 이해를 위해 유익할 수 있다. 각 개념의 차별적이고 핵심적 속성은 다음의 〈표 15-6〉에서 제시되는 바와 같다.

표 15-6 집합적 임팩트와 관련 개념적 특성 비교

구분	개념정의 (Definition)	참여 구성원 (Membership)	특성(Defining Characteristics)
협력 (Collaboration)	공통의 목표 달성을 위해 둘 이상의 조직이 상호 이익을 기반으로 정의되는 관계	조직	공동 목적 달성을 위한 협력에 둘 이상의 조직이 명확하게 업무를 분담
연합 (Coalition)	외부적으로 영향력의 행사를 위한 합의된 목적을 달성하기 위한 것으로서 의사결정을 공유하는 회원들 간의 연합	개별조직 또는 개인(여러 조직 내 개인)	외부 옹호활동에 초점을 두고 있으며, 대부분 단기적 활동

구분	개념정의 (Definition)	참여 구성원 (Membership)	특성(Defining Characteristics)
네트워크 (Network)	사회적 운동(social movement) 등을 위해 수평적으로 조직되는 경향이 있는 것으로서 일정 수준의 관련성을 지닌 자율적인 참여자들로 구성되는 구조	개인, 소규모 그룹, 조직 등	분산된 리더십, 자율적 특성을 기반으로 행동
집합적 임팩트 (Collective Impact)	특정 사회문제 해결을 위해 다양한 영역에 속한 다양한 주체들이 공동의 아젠다를 설정하면서 참여하며 구조화된 협업방식을 활용해 사회문제해결에서 더 큰 파급력을 창출하고자 하는 노력	사회를 구성하는 정부조직의 영역, 영리조직의 영역, 비영리조직의 영역의 경계를 넘는 다양한 색채의 조직	공동의 아젠다, 공유된 성과측정 척도, 서로 영향을 주며 강화하는 활동, 지속적인 의사소통, 중추적 기능을 수행하는 조직이 존재

위의 〈표 15-6〉에서 나타내듯이, 협력과 집합적 임팩트의 공통점은 모두 공동의 목적 달성에 초점을 두고 있다는 점이다. 집합적 임팩트의 경우에는 특정 사회문제의 해결에 초점을 좀 더 분명하게 두는 점에서 일정한 차이를 관찰할 수도 있으나, 기본적으로 공동의 목적 달성을 위해 모두가 체계적인 업무분담 하에서 과업들을 수행한다는 점에서 공통점을 발견할 수 있다. 즉 협력과 연관지어 집합적 임팩트를 이해해보면, 집합적 임팩트는 협력의 방식을 토대로 특정 사회문제의 해결에 초점을 두는 새로운 접근방식이라 할 수 있다. 다음으로 차이점은 바로 협력의 경계와 관련이 있다. 협력에서는 일반적으로 영역 혹은 부문 내에서의 협력이 모색되는 경향이 큼에 반해, 집합적 임팩트에서는 특정 사회문제의 해결을 위해 기존의 영역 혹은 부문 내 협력을 넘어 보다 큰 지속가능한 사회적 파급력의 창출을 위해 정부, 기업, 재단 등을 포괄하는 비영리조직들이 참여하며 함께 사회문제해결이란 목적의 수행을 위해 노력한다는 점이다. 또 다른 차이점은 협력에서는 중추조직(backbone organization)이란 존재가 다른 참여 조직들에게 큰 부담으로 다가올 수 있기에 그런 표현 자체가 존재하지 않고 다양한 조직들의 동등한 참여가 및 관계가 강조됨에 비해, 집합적 임팩트에서는 특정 사회문제의 해결을 위해 전반적인 기획과 더불어 리더십을 갖고 보다 큰 파급력의 창출을 전체를 이끌어 나가는 중추적 조직의 필요성과 중요성이 강조된다는 점에서 일정 수준의 차이가 있다.

다시 정리하자면, 협력과 집합적 임팩트는 위에서 제시된 바와 같이 모두가 협력을 기반으로 한다는 공통적 속성을 가지나, 집합적 임팩트의 경우 특정 사회문제에의 초점, 영역 간의 경계를 넘어서는 협업, 중추조직의 리더십에 의한 운용이란 점에서 일반적 협력의 개념과 비교할 때 차별적 속성을 지닌다. 집합적 임팩트가 나타내는 차별적 속성은 협력의 일반적 속성으로부터 현대사회가 직면하고 있는 복잡한 사회문제에 대한 해결 노력이 보다 실용적으로 진화되는 과정에서 발생된 속성인 것으로 이해된다. 이러한 이해를 기반으로 사회복지조직 역시 상황에 맞는 다양한 대응 방식을 모색할 수 있어야 할 것이다.

2) 성공적인 집합적 임팩트의 특징

다음에서는 집합적 임팩트의 특징, 특히 성공적인 집합적 임팩트의 특징에 대해 정리해 보고자 한다. Kramer와 Kania(2011)은 성공적인 집합적 임팩트의 특징을 다음의 〈표 15-7〉에서와 같이 제시한다. 즉 집합적 임팩트가 성공적으로 이뤄지기 위해서 필수적인 요소로 공동의 아젠다, 공유된 성과측정 척도, 서로 영향을 주며 강화하는 활동, 지속적인 의사소통, 중추적 기능을 수행하는 조직의 존재와 같은 다섯 가지를 제시하는데, 이런 요소에 대한 이해 역시 의미 있는 시사점을 제공하기에 매우 유익할 수 있다.

표 15-7 성공적인 집합적 임팩트적 특징

핵심요소	세부내용
공동의 아젠다 (A common agenda)	• 모든 참여자들이 사회문제 및 해결책에 대한 이해도를 함께 하며 변화를 향해 공유된 비전을 가짐
공유된 성과측정 척도 (Shared measurement systems)	• 참여자 모두가 함께 지속적 데이터 수집 및 성과측정을 하며 목적달성을 향해 서로 책무성을 다할 수 있도록 함
서로 영향을 주며 강화하는 활동 (Mutually reinforcing activities)	• 전체 행동계획 안에서 참여자 각자의 활동은 차별적 기여를 할 수 있어야 함
지속적인 의사소통 (Continuous communication)	• 참여자 간 신뢰구축, 목적 강화, 공동 동기부여 등을 위해 일관 및 개방적 의사소통이 지속적으로 이루어져야 함
중추적 기능을 수행하는 조직의 존재 (Backbone support organizations)	• 전체 집합적 임팩트 과정을 이끌고 중추적 기능을 수행할 수 있는 조직의 리더십이 반드시 있어야 함

성공적인 집합적 임팩트와 관련해서 첫 번째 특징은 공동의 아젠다를 설정해 냄을 통해서 협력적 노력에의 헌신적 참여를 발생시킨다는 것이다. 즉 모두가 고민해 왔던 문제, 모두가 해결 노력을 추구해 보고자 하는 그런 문제를 중심으로 공동의 아젠다를 형성시켜 모든 이해관계자들이 해결노력에 집중하며 진정성 있는 참여가 발생되게 한다는 것이다. 두 번째 특징은 성공적인 집합적 임팩트는 사회적 파급력 창출을 가시화 하는 차원에서 문제를 해결한 그 결과를 과연 어떻게 파악하면서 해결 노력을 집중할 필요가 있는 것인지를 구체적으로 파급력 측정을 통해 제시하고 공유하면서 접근한다는 것이다. 해결 노력의 결과가 파악될 수 없다면, 이는 참여의 동력을 상실케 하는 계기가 될 수 있기 때문에, 집합적 임팩트에서는 개입의 결과를 실제로 측정할 수 있는 측정 시스템을 마련하고 공유하면서 성과의 측정을 통해서 해결노력의 동력을 강화시키는 방법을 사용한다는 것이다. 세 번째 특징은 성공적인 집합적 임팩트는 특정 사회문제 해결을 위해 참여하는 다양한 영역에 속한 다양한 조직들이 전체의 행동 계획 내에서 일정한 역할과 책임을 맡아 각 조직의 전문적 역량이 발현되게 서로를 이끌고 강화시키는 방법으로 실행된다는 것이다. 각자의 차별화된 기여는 각 부분에 대한 책임 이행을 통해 전체적인 변화, 즉 문제해결이란 파급력을 창출하는데 필수불가결한 요소이다. 성공적인 집합적 파급력은 각 참여조직의 역량을 존중하면서 역량의 강화를 위해 상호 간 긍정적인 영향을 주면서 문제해결의 노력을 전반적으로 더욱 제고시키는 방향으로 운용된다는 것이다. 네 번째 특징은 성공적인 집합적 임팩트는 협력에서도 강조된 바와 같이 원활한 개방적 의사소통이 다각적이고 다차원적으로 실행된다는 것이다. 인간이 행하는 일에서 의사소통은 필수불가결한 요소이다. 의사소통으로 인해서 신뢰가 쌓을 수도 있고 신뢰가 붕괴될 수도 있다. 의사소통에 의해서 목적이 강화될 수도 있고 약화될 수도 있다. 의사소통에 의해서 공동의 목적을 향한 동기가 더욱 부여되고 강화될 수도 있고 저하되고 약화될 수도 있다. 즉 협력을 기반으로 하는 집합적 임팩트에 있어서도 보다 성공적인 운용을 위해서는 개방적이고 지속적인 의사소통을 위해 보다 적극적으로 최선을 다해야만 한다는 것이다. 다섯 번째 특징은 성공적인 집합적 임팩트는 전체 과정과 체계를 이끄는 리더십, 특히 등뼈(backbone)와 같은 역할을 행하는 중추 조직의 구심점 역할이 매우 중요하다는 것이다. 이런 조직이 스스로를 더 낮추면서 좀 더 공정하고 투명하며 책임있게 참여하는 조직들을 이끌어 나가고 작은 문제에 대해서도 해결노력을 기울이면서 상황에 맞춰 조정을 해 나가는 노력이 필요하다는 것이다.

성공적인 집합적 임팩트를 위해 중추적 기능을 담당하는 조직(Backbone Organization)의 역할과 책임은 매우 핵심적이다. 집합적 임팩트의 창출 과정에서 중추 조직이 영역 간의 경계를 넘어 다양한 배경을 가진 참여 조직들의 기여를 제고시키면서 전체적인 통합적 노력을 성공적으로 이뤄내기 위해 과연 어떠한 활동들이 필요한 것인지 그리고 필요 활동의 단기 및 중기 성과는 무엇인지를 정리해 보면, 다음의 〈표 15-8〉에서 제시되는 바와 같다.

표 15-8 **성공적인 임팩트의 단기 및 중기 성과**

활 동	단기 성과	중기 성과
1. 비전과 전략 가이드	파트너 각각이 문제개입의 필요성과 기대 성과에 대해 공유함	파트너 각각의 업무가 프로젝트의 공동 아젠다에 맞추어 일목요연하게 배열됨
2. 전략에 맞춰진 지원	파트너 각각이 공동의 목적을 향해 활동을 조율하고 소통을 증대함	파트너 각각이 프로젝트 선도에 필요한 새로운 접근법을 협력적으로 개발함
3. 공유된 척도활용을 통한 계획실행	파트너 각각이 데이터 공유의 가치를 이해함	파트너 각각이 데이터의 활용도를 높임으로써 전략을 수정하고 가다듬음
4. 대중적 의지를 구축	비전과 전략에 지역사회 구성원의 이해도가 제고됨	더 많은 지역사회 구성원들이 사회이슈에 대한 행동실천에 관해 동기부여됨
5. 정책의 발전	파트너 각각이 공동목적을 향해 활동을 조율하며 활동의 일관성 제고에 기여	프로젝트 목적에 맞춰 정책이 실행되는 실제적 변화가 일어남
6. 모금·기금 조성	프로젝트 활동을 위한 자금확보	프로젝트 목적에 맞춰지는 자선기금 및 공공기금이 증가함

중주조직에 의해 수행되어져야만 하는 핵심 활동은 첫째, 비전을 제시하고 전략을 세우면서 전체적 활동을 가이드하는 것이다. 이는 단기적으로는 각자의 역할과 기대 성과에 대한 이해를 보다 명확하게 하고, 중기적으로는 공동의 아젠다에 보다 집중할 수 있게 한다. 둘째, 전략에 맞춰진 지원을 하는 것이다. 전략의 실행을 위해선 선택과 집중의 방식에 의한 노력이 필요한데, 이를 위해선 부족한 부분에 대한 지원이 항상 요구된다. 즉 전략에 맞춘 지원 단기적으로는 활동의 조율이 이뤄질 수 있게 하고, 중기적으로는 새로운 접근에 대한 실질적 협력이 발생될 수 있게 한다. 셋째, 공유된 척도활용을 통해 집합적 임팩트의 세부계획이 실행될 수 있게 하는 것이다. 이는 단기적으로는 성과의 측정을

위해 각 참여조직이 어떤 자료를 축적해야만 하는지에 대한 이해를 구축하고, 중기적으로는 참여조직들 모두가 성과 측정 자료에 대한 이해도를 높여 자료의 활용도를 더욱 제고시킬 수 있게 한다. 넷째, 특별 문제와 관련해서 해결 의지를 강하고 피력하면서 문제해결의 의지를 대중적으로 구축하는 것이다. 이는 단기적으로는 비전에 대한 지역사회 구성원의 이해도를 제고시키고, 중기적으로는 지역사회 구성원의 특정 사회문제에 대한 해결노력에의 참여와 지지를 이끌어 내는데 기여할 수 있다. 다섯째, 문제해결을 위한 정책을 마련하는 노력을 실행하는 것이다. 이는 단기적으로는 참여하는 모든 조직이 어떤 것에 집중해야만 하는지를 이해시켜 활동의 일관성을 제고시키는 결과를 가져오고, 중기적으로는 목적과 정책에 맞춘 전반적 활동의 결과 추구했던 실제적 파급력, 즉 문제 상황의 변화를 발생시킬 수 있다. 마지막으로는 자원의 개발을 위한 노력을 중추적으로 실행하는 것이다. “No money, No mission”이라는 말이 시사하는 바와 같이, 자원이 없이는 협력적 노력 및 집합적 파급력 창출의 노력이 지속가능하지 않을 수 있다. 중추적 조직의 자원개발 활동은 단기적으로는 문제해결을 위한 프로젝트들이 운용될 수 있게 하고, 중기적으로는 문제해결을 위한 프로젝트들에 지원되는 공공의 기금이 증대될 수 있게 한다.

집합적 임팩트는 해결해야만 하는 사회문제에 초점을 두면서 다양한 영역에 속한 조직들 간의 협업을 통해 실질적으로 사회문제의 해결을 보다 효율적이고 효과적으로 모색하면서 이전의 방식에서는 이룰 수 없었던 더 큰 파급력을 창출하기 위한 것이다. 위에서 제시되었듯이, 집합적 임팩트의 성공을 위해서는 전술한 다섯 가지 요소의 균형적 운용이 필요하고, 운용의 과정에서 중추적 기능을 수행하는 조직의 리더십과 활동이 무엇보다도 중요하게 요구된다. 한국 사회복지의 장에서도 개별 조직에 의한 ‘고립된 임팩트’는 지양되고 실질적인 문제해결을 위해 영역 간 경계를 넘는 협업을 이뤄내는 집합적 임팩트가 지향될 필요성이 있는데, 위에서 정리한 내용들은 집합적 임팩트 형태의 노력을 모색하는 과정에서 새로운 이해와 통찰을 제공한다.

요약

만류의 영장으로 인간이 진화되는 과정에서 협력의 유전자는 매우 중요하게 기능했다. 인간이 만든 조직의 생존과 번영을 위해서도 협력은 필수적인 것이다. 사회복지조직의 경우에도 협력적 노력 없이 클라이언트의 욕구를 온전히 충족시키는 것은 불가능하다. 협력은 개입의 효과성을 증진시킬 뿐만이 아니라 개입 노력의 효율성을 제고시키는데 기여할 수 있다. 이런 이유로 인해 점차 사회복지조직에도 더 높은 수준의 협력적 노력을 요구되는 상황이다. 이러한 상황에서 사회복지조직의 관리와 관련해서 협력에 대한 이해는 너무나도 중요하기에, 이 장에서는 협력의 개념을 탐색해 보면서 사회복지 현장에서 사용되는 협력과 관련된 개념들을 살펴보았다. 즉 서비스 통합 및 사례관리와 같은 관련 개념을 소개하면서 협력이 사회복지 서비스의 전달 과정에 있어 중심적인 개념이라는 것을 파악해 볼 수 있었다.

또한 협력의 개념을 조직 간 관계의 시각에서 좀 더 구체적으로 이해해 보기 위해 협력과 높은 관련성을 지닌 협조(cooperation) 및 조정(coordination)과 협력(collaboration)이 개념 상 어떤 차이를 갖는지를 비교해 보았다. 비교를 통해 협력은 협조 및 조정의 단계에서 보다 진일보한 개념으로서 공통의 목적을 성취하기 위한 집합적 관계란 속성을 갖고, 문제를 해결하기 위해 새로운 공유물을 창조해 내는 과정이란 속성도 지니고 있으며, 동시에 공동으로 자원을 투여하며 상호 간 편익을 증대시키기 위한 집합적 노력이란 점도 파악해 볼 수 있었다.

개념적 이해와 함께 본 장에서는 협력이 보다 용이하게 발생되는 상황과 협력이 제공하는 편익들에 대한 이해가 조직이 협력을 추구하는 과정에서 긍정적인 영향을 미칠 수 있기 때문에 이에 대한 이해를 좀 더 확장 및 심화시키는 차원에서 정리를 시도해 보았다. 또한 협력의 전반적 과정에 대한 이해의 구축과 협력의 성공 요인과 실패 요인에 대한 이해 역시 협력을 모색하고 이끌어 나가는 과정에서 너무나도 중요한 것이기 때문에, 협력의 전반적 과정과 성공 및 실패 요인에 관해 관련 문헌들에서 제시하는 내용이 무엇인지를 살펴보았다.

마지막으로는 협력적 노력의 새로운 트렌드로 자리매김하고 있는 집합적 임팩트 개념을 소개하면서 집합적 임팩트가 협력과 어떤 공통점과 차별점을 갖는지를 살펴보았다. 특정 사회문제에 초점을 맞춰 영역(sector)을 넘어 다양한 조직들이 참여하며 문제해결의 과정에서 기존의 고립된 접근방식과는 다른 차원의 사회적 파급력을 창출하고자 하는 집합적 임팩트의 개념을 소개하면서 새로운 접근방식에 대한 이해의 구축을 도모해 보았다. 아울러서 성공적인 집합적 임팩트의 다양한 특성들에 관해 정리해 보면서 핵심적 특성이라 할 수 있는 중추조직의 중요성과 역할에 대해서도 구체적으로 설명해 보았다.

이 장에서는 한국 사회복지조직에 요구되는 협력적 노력 및 집합적 임팩트에 대한 이해가 좀 더 공고하게 구축될 수 있도록 그 기반이 되는 내용들을 체계적으로 정리해 보았다.

참고문헌

강철희(1999). 『한국 모금문화의 선진화 과제』. 사회복지공동모금회.

강흥구(2001). 조직문화가 조직유효성에 미치는 영향에 관한 연구 : 의료사회복지사의 인식을 중심으로. 『한국사회복지학』, 47, 7-33.

국가복지정보센터(2008). 2008년도 국가복지정보시스템 기능개선 및 확산사업. Retrieved 2009. 8. 18. from http://www.w4c.go.kr

권기성 · 나운환(1995). 장애인복지기관의 조직효과성 지표에 관한 연구. 『한국사회복지학』, 27, 9-33.

권익현 · 임병훈 · 안광호(1999). 『마케팅』. 서울 : 경문사.

김경민 · 강철희 · 이영빈(2019). 교육복지 네트워크 참여 비영리조직 간 협력의 성공 및 실패 요인 연구: 협력사업 코디네이터의 경험을 통한 탐색. 『사회복지연구』, 50(2), 207-240.

김만호 · 박순미 · 송영달(2012). 사회복지관 평가의 BSC성과측정모델 도입에 관한 탐색적 연구. 『한국사회복지행정학』, 14(4), 115-139.

김성국 · 백영미(1998). 조직 혁신의 선행요인에 관한 이론적 연구. 『경영논총』, 16. 이화여자대학교 경영대학원.

김영종(2000). 사회복지조직 리더의 외부환경 관리에 관한 역할. 『한국사회복지행정학』, 3, 37-64.

김영종(2002). 『사회복지행정』. 서울 : 학지사.

김우식(1999). 조직문화와 조직문화연구. 『사회과학논총』, 20, 113-136.

김항규(2009). 『행정철학』. 대영문화사.

김형모 · 이수연 · 전미숙(2011). 사회복지시설 평가인증제도 도입방안. 『임상사회사업연구』, 8(3), 1-17.

김형식 외(2002). 『사회복지행정론』. 서울 : 동인.

남기민 · 전명희(2001). 사회복지관의 PR현황과 활성화 방안. 『한국사회복지행정학』, 5, 115-144.

노동부(2007). 2007 직무분석 및 직무평가 가이드북.

민 진(1996). 『조직관리론』. 서울 : 대영문화사.

박성연(1998). 마케팅 개념의 확장과 효과적인 비영리조직 운영. 『경영논총』, 16. 이화여자대학교 경영연구소.

변재관 외(2000). 『사회복지시설평가모형개발 및 평가결과』. 한국보건사회연구원 · 보건복지부. pp.43-127.

보건복지가족부(2008). 2007 보건복지가족백서.

보건복지가족부(2009). 2009 사회복지시설 관리 안내.

보건복지가족부(2009. 1. 13). 2008년도 사회복지시설평가결과발표. 보도자료.

보건복지부(2012). 사회복지법인 및 사회복지시설 재무 · 회계 규칙(시행 2013.1.1.). 보건복지부령 제152호.

서울복지재단(2006). 사회복지시설인증 시범사업 워크숍 자료집.

선은애(2012). 사회복지시설의 평가제도에 관한 고찰. 『토지공법연구』, 56, 401-420.

성규탁(1988). 『사회복지행정론』. 서울 : 법문사.

성규탁(1994). 『사회복지행정론(제2판)』. 서울 : 법문사.

손영석 · 나운봉 · 이진용(1999). 기업의 전략유형이 광고회사와의 관계유지 결정에 미치는 영향. 한국광고학회 춘계 광고학 세미나 자료집.

신유근(1998). 『신조직환경론』. 서울 : 다산출판사.

안광호 · 하영원 · 박흥수(1998). 『마케팅원론』. 서울 : 학현사.

양용희 외(1997). 『비영리조직의 모금전략과 자원개발』. 서울 : 아시아미디어리서치.

양원규 · 김광주 · 정우열(2011). 『조직이론 제대로 알기』. 서울 : 대왕사.

양창삼(1993). 『한국의 경영사상』. 서울 : 양영각.

예종석 · 김명수(1998). 『마케팅』. 서울 : 한영사.

오석홍(1999). 『조직이론』. 서울 : 박영사.

유호룡 · 이준호 · 장인봉(2008). 『조직관리이해』. 대구 : 대명.

유 훈(2003). 『재정행정론』. 서울 : 법문사.

윤상오(2013). 빅데이터 기반 복지서비스 전달에 관한 연구. 한국행정학회 하계학술발표논문집. 943-975.

윤재영 · 이종환(2010). 사회복지시설평가 결과에 대한 피평가시설의 도구적 활용. 『한국사회복지행정학』, 12(1), 89-115.

이용수(2009). 비정규직 고용 결정의 조직특성에 관한 연구. 『한국사회학』, 43(1), 130-164.

이인재 · 변재관(2010). "복지전달체계의 이론적 접근". 이태수 편저. 『사회복지전달체계의 개편과 민관협력』. 서울 : 학지사. 22-38.

이종찬(1996). 최고경영자의 가치지향성이 조직문화와 조직효과성에 미치는 영향. 연세대학교 대학원 박사학위논문.

이주희(2012). 비정규직의 사회권 인식에 대한 연구. 『한국사회정책』, 19(1), 123-161.

이중섭 · 모지환 · 김용민(2012). 전라북도 사회복지시설 인증제 도입에 대한 현장 실무자의 인식. 『사회연구』, 23(2), 67-96.

이창순(1998). 『조직』. 서울 : 박영사.

이창순(2006). 『조직(제2개정판)』. 서울 : 박영사.

이창순(2006). 『조직(구조와 과정)』. 서울 : 박영사.

이학종 · 양혁승(2012). 『전략적 인적자원관리(개정판)』. 서울 : 도서출판 오래.

임창희(2006). 『경영학원론』. 파주 : 학현사

장금성 · 김영숙 · 김안자(1996). 병원의 조직문화 유형과 조직유효성 간의 관계에 관한 연구. 『간호과학논집』, 1, 125-144.

전종수 외(2012). 2012 정보문화실태조사. 서울 : 한국정보화진흥원.

전혜승 · 최재성(1999). 부랑인시설의 조직 효과성 분석-체계이론과 목표달성모델을 중심으로. 『한국사회복지행정학』, 창간호, 119-156.

정동섭 외(2008). 『조직행동』. 서울 : 삼영사.

정무성(1998). 사회복지기관의 후원자 개발을 위한 마케팅 전략에 관한 연구. 『가톨릭대학교 사회복지리뷰』, 2.

정무성(2007). 2007년 사회복지시설평가 방향과 과제. 『월간복지동향』, 105, 21-23.

정무성 · 박차상 공역(2002). 『사회복지기관행정』. 서울 : 나눔의 집.

정무성 역(2000). 『비영리기관의 모금』. 서울 : 나눔의 집.

정무성 · 황정은(2013). 『사회복지 마케팅』. 서울 : 신정.

정익준(1999). 『비영리조직 마케팅』. 서울 : 영풍문고.

정인근(1996). 조직문화별 GDSS 선택요인에 관한 탐색적 연구. 『경영학 연구』, 25(4).

조봉진 · 윤훈현(1998). 『최신마케팅원론』. 서울 : 석정.

조상균(2010). 비정규직 관련법의 문제점과 개선방안. 『産業關係硏究』, 20(1), 111-134.

조희숙 외(1999). 종합병원에서 조직문화와 조직유효성과의 관계. 『예방의학회지』, 32(3), 374-382.

초의수 · 이신정(2011). 사회서비스기관 성과평가지표체계 개발을 위한 연구. 『한국사회복지행정학』, 13(1), 161-198.

최성재 · 남기민(2000). 『사회복지행정론』. 서울 : 나남출판사.

최승아(2002). 조직문화와 사회복지사의 임파워먼트에 관한 연구 : 서울시 종합사회복지관을 중심으로. 연세대학교 사회복지대학원 석사학위논문.

최원규(1998). 초기 사회사업 개념 형성에 미친 회원단체활동의 영향. 『사회복지연구』, 11, 161-203.

최일섭 · 이창호(1993). 『사회계획론』. 서울 : 나남출판사.

최일섭 · 황성철 · 정무성 · 김통원 · 박광준(1998). 『사회복지관 평가모형 개발연구』. 서울 : 동인.

최재성(1995). 미국 노인요양원 산업의 효율성 분석 : 확률전선비용모델을 적용한 사례. 『연세사회복지연구』, 2, 3-25.

최재성(1998). 사회복지기관 평가모델개발의 방향과 과제. 『연세사회복지연구』, 5, 265-290.

최재성(2001). 사회복지분야의 평가경향과 과제. 『한국사회복지행정학』, 4, 89-115.

최재성 외(1999). 1998년도 서울특별시 사회복지관 실적평가 결과보고서. 서울특별시 사회복지관협회 · 연세대학교 사회복지연구소.

최창현 외(1996). 『새조직론』. 서울 : 대영문화사.

통계청(2011). 경제활동인구 부가조사.

한국사회복지협의회 · 보건복지부(2007). 2006년 사회복지시설평가. 한국사회복지협의회 · 보건복지부.

한국사회복지협의회 · 보건복지부(2008). 2007년 사회복지시설평가. 한국사회복지협의회 · 보건복지부.

한국사회복지협의회 · 보건복지부(2009). 2008년 사회복지시설평가(I). 한국사회복지협의회 · 보건복지부.

한국사회복지협의회 · 보건복지부(2012). 2012년 사회복지시설평가(Ⅰ). 한국사회복지협의회 · 보건복지부.

한국정보문화진흥원(2003). 2002 국민정보생활현황 조사. 서울 : 한국정보문화진흥원.

한국정보화진흥원(2013). 2013 국가정보화백서. 서울 : 한국정보화진흥원.

한국정보화진흥원(2019). 2018 디지털정보격차실태조사. 과학기술정보통신부/한국정보화진흥원.

황규대 · 박상진 · 이광희 · 이철기(2007). 『조직행동의 이해』. 서울 : 박영사.

황성철(2000). 사회복지관의 지역사회 자원동원능력 결정요인 분석. 『한국사회복지행정학』, 2, 173-189.

황성철(2002). 임파워먼트(Empowerment)모델과 사회복지조직관리. 『한국사회복지행정학』, 6, 65-90.

황성철(2003). 사회복지관 조직문화와 사회복지사 임파워먼트. 『한국사회복지학』, 9, 113-135.

황성철(2005). 『사회복지 프로그램 개발과 평가』. 경기도 : 공동체.

황성철 · 강혜규(1994). 『사회복지관 운영평가 및 모형개발』. 한국보건사회연구원.

황진수(1990). 『현대사회복지행정론』. 서울 : 부루킨모로.

Adams, J. S.(1963a). Toward an understanding of inequity. *Journal of Abnormal and Social Psychology*, 67.

Adams, J. S.(1963b). Wage inequities, productivity and work quality. *Industrial Relation*, 3.

Adams, J. S.(1965). Inequity in social exchange. In L. B. Erkowitz(Ed.), *Advances in experimental social psychology*, 2. New York : Academic Press.

Adams, J. S.(1968). Effects of overpayment : Two comments on Lawler's paper. *Journal of Personality and Social Psychology*, 10.

Alderfer, C. P.(1972). *Existence, relatedness, and growth*. New York : Free Press.

Aldrich, H. E. & Pfeffer, J.(1976). Environments of Organizations. *Annual Review of Sociology*, 2, 79-105.

Aldrich, H. E.(1979). *Organizations and environment*. Englewood Cliffs, NJ : Prentice-Hall.

Andreasen, A. & Kotler, P.(2008). *Strategic Marketing for Nonprofit Organizations(8th ed.)*. Upper Saddle River, NJ : Prentice Hall.

Armstrong, G. & Kotler, P.(2000). *Marketing : An Introduction(5th ed.)*. Upper Saddle River, NJ : Prentice Hall.

Au, C. F.(1994). The status of theory and knowledge development in social welfare administration. *Administration in Social Work*, 18, 27-58.

Austin, D. M.(2000). Social work and social welfare administration : a historical perspective. In Rino J. Patti(Ed.), *The handbook of social welfare management*. Thousand Oaks, CA : Sage Publication.

Austin, M. J.(1997). *Human services integration* (Vol. 21). Psychology Press.

Bargal, D. & Schmid, H.(1992). Special Issue : Organizational Change and Development in Human Service Organizations. *Administration in Social Work*, 16(3/4).

Barker, R. L.(1995). *The Social Work Dictionary(3rd ed.)*. Washington, DC : NASW Press.

Bass, B. M.(1985). *Leadership and Performance beyond Expectations*. New York : Free Press.

Bass, B. M.(1990). From Transactional to Transformational Leadership : Learning to Share the Vision. *Organizational Dynamics*, 18(3), 22.

Bass, B. M.(1990). *Handbook of Leadership : A survey of theory and research*. New York : Free Press.

Bell, D.(1976). *The Coming of Post-Industrial Society*. New York : Basic Books.

Blake, R. R. & Mouton, J. S.(1978). *The New Managerial Grid*. Houston : Gulf.

Blake, R. R. & Mouton, J. S.(1986). *The Managerial Grid III : The Key to Leadership Excellence*. Houston, Tex. : Gulf Publishing Co.

Blanchard, A. & Horan, T.(2000). Virtual Communities and Social Capital. In Garson, G. David(Ed.), *Social Dimensions of Information Technology : Issues for the New Millennium*. Hershey : PA. Idea Group Publishing. pp.6-21.

Boehm, W.(1959). *Objectives for the social work curriculum of the future, 1*. New York : Council on Social Work Education.

Bowles, S., & Gintis, H. (2013). *A cooperative species : Human reciprocity and its evolution*. Princeton University Press.

Bradshaw, J.(1972). *City classification handbook : Methods and classification*. New York : John Wiley.

Bryman, A.(1992). *Charisma and Leadership in Organizations.* London : Sage.

Burger, P. L. & Luckman, T.(1967). *The Social Construction of Reality*. New York : Doubleday.

Burns, J. M.(1978). *Leadership*. New York : Harper & Row.

Burns, T. & Stalker, G. M.(1961). *The Management of Innovation*. London : Travistock.

Butterfield, W. H.(1995). Computer Utilization. *Encyclopedia of Social Work(19th ed.)*. Washington, D.C. : NASW Press.

Cairns, B., & Harris, M.(2011). Local cross sector partnerships: Tackling the challenges collaboratively. *Nonprofit Management and Leadership*, 21(3), 311-324.

Cameron, K. S. & Freeman, S. J.(1991). Cultural congruence, strength, and type : Relationships to effectiveness. *Research in Organizational Development*, 5, 23-58.

Cassafer, D. J.(1996). How Can Planning Make It Happen? In Pecora, P. J. et al.(Ed.), *Quality Improvement and Evaluation in Child and Family Service.* Washington, D.C. : CWLA.

Cherin, D. & Meezan, W.(1998). Evaluation as a means of organizational learning. *Administration in Social Work*, 22(2), 1-21.

Cohen, B. J. & Austin, M. J.(1994). Organizational learning and change in a public child welfare agency. *Administration in Social Work*, 18(1), 1-19.

Cohen, M. D., March, J. G., & Olsen, J. P.(1972). A Garbage can model of organizational choice. *Administrative Science Qurterly, 17*(March), 1-25.

Conger, J. A. & Kanungo, R. N.(1998). *Charismatic Leadership in Organizations*. Thousand Oaks, CA : Sage.

Council On Accreditation(2009). http://www.coastandards.org

Cregg, S. & Dunkerley, D.(1980). *Organization : Class and Control*. London: Routledge & Kagan Paul.

Cutlip, S. M.(1965). *Fund raising in the United States : Its role in American philanthropy*. New Brunswick, NJ : Rutgers University Press.

Czarniawska-Joerges, B. & Wolff, R.(1991). Leaders, managers, entrepreneurs on and off the organizational stage. *Organization Studies, 12*(4), 529-546.

Daft, R. L.(1999). *Leadership : Theory and Practice.* New York. : The Dryden Press.

Day, P. J.(2000). *A new history of social welfare*. Needham Heights, MA : Allyn & Bacon.

Deal, T. E. & Kennedy, A. A.(1982). *Corporate Cultures : the Rites and Rituals of Corporate Life*. Addison Wesley.

Den Hartog, D. N. & Koopman, P. L.(2001). Leadership in organizations. In N.

Anderson, D. S. Ones, H. Kepir-Sinangil, & C. Viswesvaran(Eds.), *Handbook of industrial, work and organizational psychology*, 2. London : Sage.

Denison, D. R.(1990). *Corporate Culture and Organizational Effectiveness*. New York : John Weiley & Sons.

Deshpande, R. & Webster, F.(1993). Corporate Culture, Customer Orientation and Innovativeness in Japanese Firms : A Quadrad Analysis. *Journal of Marketing*, 57, 23-37.

Dill, W. R.(1958). Environment as an Influence on Managerial Autonomy. *Administrative Science Quarterly*, 2, 409-443.

DiMaggio, P. J. & Powell, I. W.(1983). The Iron Cage Revisited : Institutional Isomorphism and Collective Rationality in Organizational Fields. *American Sociological Review*, 48, 147-160.

DiMaggio, P. J.(1988). Interest and agency in institutional theory. In L. Zucker(Ed.), *Institutional patterns and organizations*. Cambridge, MA : Ballinger.

DiNitto, D. M.(2000). *Social Welfare : Politics and Public Policy*. Needham Heights, MA : Allyn & Bacon.

Dolgoff, R. & Feldstein, D.(2000). *Understanding Social Welfare(5th ed.)*. Needham Heiglhts, MA : Allyn and Bacon.

Drucker, P. F.(1992). *Managing the Non-profit Organization : Principles and Practices*. New York : Harper Business.

Duncan, R. B.(1972). Characteristics of Organizational Environments and Perceived Environmental Uncertainty. *Administrative Science Quarterly*, 17, 313-327.

Dunham, A.(1939). *The administration of social agencies. In Social work yearbook*, 16. New York : Russell Sage Foundation.

Ellis, R.(1998). Accepting the Nomination : From Martin Van Buren to Franklin Delano Roosevelt. Richard Ellis(Ed.), *Speaking to the People : The Rhetorical Presidency in Historical Perspective.* Amherst : University of Massachusetts Press.

Emery, F. E. & Trist, E. L.(1965). The Causal Texture of Organizational Environments. *Human Relations*, 18(February), 21-32.

Englewood Cliffs, NJ : Prentice-Hall.

Ernest, R. C.(1985). *Corporate Culture and Effective Planning*. Personnel Adminstrator, Mar.

Evan, W. M.(1966). The Organization Set : Toward a Theory of Interorganizational

Relations. James D. Thompson(Ed.), *Approach to Organization Design*. Pittsburgh : University of Pittsburg Press.

Farling, M., Stone, A., & Winston, B.(1999). Servant leadership : setting the stage for empirical research. *Journal of Leadership Studies*, 61(2), 49-72.

Fiedler, F. E.(1964). A contingency model of leadership effectiveness. In L. Berkowitz (Ed.), *Advances in experimental social psychology, 1*. New York : Academic Press.

Fiedler, F. E.(1967). *A theory of leadership effectiveness*. New York : McGraw-Hill.

Fiedler, F. E.(1972). Personality, motivational systems, and behavior of high and low LPC persons. *Human Relations*, 25(5), 391-412.

Field, R.(1982). A test of the Vroom-Yetton normative model of leadership. *Journal of Applied Psychology*, 67(5), 523-532.

Fillppo, E. B.(1984). *Personnel Management*. U.S.A. : McGrew-Hill Inc.

Fine, S. H.(1992). *Marketing the Public Sector*. New Brunswick, NJ : Transaction Publishers.

Flieshman, E. A., Harris, E. F., & Burtt, H. E.(1955). *Leadership and supervision in industry*. Columbus, OH : Bureau of Educational Research, Ohio State University.

Flynn, J.(1985). *Social Agency Policy : Analysis and Presentation for Community Practice*. Chicago : Nelson-Hall.

Freeman, J. & Hannan, M. T.(1983). Niche width and the dynamics of organizational populations. *American Journal of Sociology*, 88(6), 1116-1145.

Gates, B. L.(1980). *Social Program Administration : The Implementation of Social Policy*.

Gawthrop, L. C.(1984). Public Sector Management System and Ethics. Indiana Univ. Press.

Gibelman, M.(2000). Structural and Fiscal Characteristics of Social Service Agencies. In Rino J. Patti(ed.), *The Handbook of Social Welfare Management*(pp. 113-132). Thousand Oaks, CA : Sage Publication.

Gilbert, N. & Specht, H.(1977). *Planning for Social Welfare*. Englewood Cliffs, NJ : Prentice-Hall.

Gilbert, N. & Terrell, P.(1998). *Dimensions of Social Welfare Policy(4th ed.)*. Boston : Allyn and Bacon.

Goldberg, L. R.(1993). The structure of phenotypic personality traits. *American Psychologist*, 48, 26-34.

Goldstein, I. L.(1993). *Training in organization : Needs assessment, development, and evaluation(2nd ed)*. Monterey, C.A. : Brooks.

Gordon, G. G. & DiTomaso, N.(1992). Predicting corporate performance from organizational culture. *Journal of management Studies*, 29, 783-798.

Graen, G. B. & Uhl-Bien, M.(1995). Relationship-based approach to leadership : Development of leader-member-exchange (LMX) theory over 25 years : Applying a multi-level multi-domain perspective. *Leadership Quarterly, 6*, 219-247.

Graham, P.(Ed.)(1995). *Mary Parker Follett : prophet of management : a celebration of writings from the 1920s*. Boston : Harvard School Press.

Gray, B.(1989). Collaborating: Finding common ground for multiparty problems.

Greenleaf, R .K.(1977). *Servant Leadership.* New York : Paulist Press.

Greiner, L. E.(1967). Patterns of Organizational Change. *Harvard Business Review*, 45, 119-128.

Grinnell, R. M., Gabor, P. A., & Unrau, Y. A.(2012). *Program Evaluation for Social Workers : Foundations of Evidence-Based Programs*(6th ed.). Oxford University Press.

Grint, K.(2000). *The arts of leadership*. Oxford, UK : Oxford University Press.

Gronbjerg, K. A.(1993). *Understanding nonprofit funding*. New York : Russell Sage Foundation.

Gronbjerg, K. A., Kimmich, M. H., & Salamaon, L. M.(1985). *The Chicago Nonprofit Sector in a Time of Government Retrenchment*. Washington, DC : Urban Institute.

Hagerty, J. E.(1931). *The training of social workers*. New York : McGraw-Hill.

Hall, R. H.(1991). *Organizations : Structures, Processes, and Outcomes.* Englewood Cliffs, N.J. : Prentice Hall.

Hammer, M. & Champy, J.(1993). *Reengineering the Corporation*. New York : Harper Business.

Handy, B. C.(1976). *Understanding Organizations*. Harmondsworth : Penguin.

Hannan, M. & Freeman, J.(1984). Structural Inertia and Organizational Change. *American Sociological Review*, 49, 149-164.

Hannan, M. & Freeman, J.(1988). Density dependence and the growth of organizational populations. In G. Carroll(Ed.), *Ecological models of organizations*. Cambridge, MA : Ballinger.

Hardy, C. & Phillips N.(1998). Strategies of engagement: Lessons from the critical examination of collaboration and conflict in an interorganizational domain. *Organization science*, 9(2), 217-230.

Harrison, R.(1972). Understanding your organization's character. *Harvard Business Review*, May/June, 119-128.

Hasenfeld, Y. & English, R. A.(1983). *Human service organizations*. Englewood Cliffs, NJ : Prentice-Hall.

Hasenfeld, Y.(1980). Implementation of Change in Human Service Organizations : A Political Economy Perspective. *Social Service Review*, 54.

Hasenfeld, Y.(1992). The Nature of Human Service Organizations. In Y. Hansenfeld (Ed.), *Human Services as Complex Organizations*, pp. 3-23. Newbury Park, CA : Sage.

Hasenfeld, Y.(1996). The administration of human services : what lies ahead? In P. R. Rattoul & C. A. MeNeece(Eds.), *Future issues for social work practice*. Neeham Height, MA : Allyn & Bacon. pp.191-202.

Hasenfeld, Y., &Paton, A.(1983). *Human service organizations* (p. 50). Englewood Cliffs, NJ: Prentice-Hall.

Hassett, S.(2014). Service integration: Something old and something new. In *Human Services Integration* (pp. 17-38). Routledge.

Hatch, M. J.(1997). *Organization Theory*. Oxford University Press.

Hersey, P. & Blanchard, K. H.(1977). *The management of organizational behavior*. Englewood Cliffs, NJ : Prentice-Hall.

Hersey, P. & Blanchard, K. H.(1988). *Management of Organizational Behavior : Utlizing Human Resources(5th ed.)*. Englewood Cliffs, N.J. : Prentice-Hall.

Hersey, P.(1985). *The Situational Leader.* New York : Warner.

Herzberg, F.(1966). *Work and the nature of man*. Cleveland : World Publishing.

Herzberg, F., Mausner, B., & Snyderman, B. B.(1959). *The motivation to work*. New York : Wiely.

Hogan, R. & Hogan, J.(1992). *The Hogan Personality Inventory Manual*. Tulsa : Hogan Assessment Systems.

Hollander, E. P.(1992). Leadership, followership, self and others. *Leadership Quarterly, 3*, 43-54.

Hollis, E. V. & Taylor, A. L.(1951). *Social work education in the U.S.* New York : Columbia University Press.

Holloway, S.(1987). Staff-initiated Organizational Change. In A. Minahan(Ed.), *Encyclopedia of Social Work(18th ed.)*. Washington, DC : NASW Press.

House, R. J.(1971). A Path-goal Theory of Leader Effectiveness. *Administrative Science Quarterly*, 16.

House, R. J.(1976). A 1976 theory of charismatic leadership. In J. G. Hunt & L. L. Larson(Ed.), *Leadership : The cutting edge*. Carbondale, Ill. : Southern Illinois University Press.

House, R. J.(1977). A 1976 theory of charismatic leadership. In Hunt, J. G. & Larson, L. L.(Eds.), *Leadership : The Cutting Edge.* Carbondale, IL : Southern Illinois University Press. pp.189-207.

Hoy, W. K. & Moskel, C. G.(1987). *Educational administration : theory, research, and practice*. New York : Random House.

Jermier, J. M.(1993). Introduction : Charismatic leadership : Neo-Weberian perspectives. *Leadership Quarterly, 4*, 217-233.

Jones, G. R.(1983). Transaction Costs, Property Rights and Organizational Culture : Exchange Perspective. *Administrative Science Quarterly*, 28.

Kania, J., & Kramer, M.(2011). *Collective impact* (pp. 36-41). FSG.

Karger, H. J. & Stoesz, D.(2002). *American Social Welfare Policy : A Pluralist Approach (4th ed.)*. Boston : Allyn & Bacon.

Kast, F. & Rosenzweig, J.(1979). *Organization and management.* McGraw-Hill.

Kats, D. & Kahn, R.(1966). *The Social Psychology of Organization*. New York : Wiley.

Katz, D. & Kahn, R.(1978). *The Social Psychology of Organizations(2nd ed.)*. New York : John Wiley.

Katz, R.(1974). Skills of an Effective Administrator. *Harvard Business Review*, 52(5), 90-102.

Kelley, R. E.(1992). *The Power of Followership*. New York : Doubleday,

Kerry, T. & Murdoch, A.(1993). Education managers as leaders : some thoughts on the context of the changing nature of schools. *School Leadership & Management*, 13(3), 221-230.

Kettner, P. M. & Martin, L.(1993). Performance, accountability, and purchase of service contracting. *Administration in Social Work*, 17(1), 61-79.

Kettner, P. M.(2002). *Achieving Excellence in the Management of Human Service Organizations*. Boston, MA : Allyn & Bacon.

Kettner, P. M., Daley, J. M., & Nichols, A. W.(1985). *Initating changes in organizations and communities : A macro practice model*. Monterey, CA : Brooks/cole.

Kettner, P. M., Moroney, R. M., & Martin, L. L.(2008). *Designing and Managing programs : an Effectiveness-Based Approach(3rd ed.).* LA : SAGE.

Kettner, P. M., Moroney, R. M., & Martin, L. L.(2013). *Designing and Managing Programs : An Effectiveness-Based Approach(4th ed.).* Sage.

Keys, P.(1995). Japanese Quality Management Techniques. In L. Ginsbers & P. Keys (Ed.), *New Management in Human Services(2nd ed.).* Washington, DC : NASW Press. pp.162-170.

Kimberly, J. P. & Quinn, R. E.(1984). Paradox, Planning and Perseverance : Guidelines for Managerial Practice. *Managing Organizational Traditions.* Illinois : Irwin.

Kindeigh, J. C.(1950). Social Work Administration-An Area of Social Work Practice? *Social Work Journal*, 31.

Kirschner, D. S.(1986). *The paradox of professionalism :reform and public service in urban America, 1900-1940.* Westport, CT : Greenwood.

Klein, K. J. & House, R. J.(1995). On fire : Charismatic leadership and levels of analysis. *Leadership Quarterly*, 6, 183-198.

Komaki, J. L., Coombs, T., & Schepman, S.(1996). Motivational Implications of Reinforcement Theory. In *Motivation and Leardership at Work.* McGrew-Hill.

Kotler, P. & Levy, S. J.(1969). Broading the Concept of Marketing. *Journal of Marketing*, 33, 10-15.

Kotler, P. & Zaltman, G.(1971). Social Marketing : An Approach to Planned Social Change. *Journal of Marketing*, 35, 10-15.

Kotter, J. P. & Hesket, J. L.(1992). *Corporate Culture and Performance.* New York : Free Press.

Kotter, J. P.(1990). What leaders do. *Harvard Business Review*, May-June. pp. 103-111

Kotter, J. P.(1996). *Leading Change.* Boston : Harvard Business School Press.

Kouzes, J. & Mico, P.(1979). Domain Theory : An Introduction to Organizational Behavior in Human Service Organizations. *Journal of Applied Behavioral Science*, 15(4), 44-469.

Kurtz, P. D.(1998). A case study of a network as a learning organization. *Administration in Social Work*, 22(2), 57-73.

Laub, J.(1999). Assessing the Servant Organization : Development of the Servant Organizational Leadership(SOLA) instrument. *Dissertation Abstracts International*, 60(2), 308.

Lauffer, A.(1978). *Social Planning at the Community Level*. Englewood Cliffs, NJ : Prentice-Hall.

Lawless, D.(1972). *Effective Management : Social Psychological Approach*. NY : Printice-Hall.

Lawrence, P. R. & Lorsch, J. W.(1967). *Organization and Environment : Managing Differentiation and Integration*. Boston : Harvard University Press.

Lewin, K. & Lippit, R.(1938). An experimental approach to the study of autocracy and democracy. *Sociometry*, 1, 292-300.

Lewis, J. A., Lewis, M. D., Packard, T., & Souflee, F., Jr.(2001). *Management of Human Service Programs(3rd ed.)*. Belmont, CA : Brooks & Cole.

Likert, R.(1961). *New patterns of management*. New York : McGraw-Hill.

Likert, R.(1967). *The human organization : Its management and value*. New York : McGraw-Hill.

Linden, R. M.(2003). *Working across boundaries : Making collaboration work in government and nonprofit organizations*. John Wiley &Sons.

Livovich, M. P.(1999). An Investigation of Servant Leadership in Public School. *Superintendents in the State of Indiana*. Unpublished doctoral dissertation, Indiana State.

Locke, E. A. & Latham, G. P.(1990). *A theory of goal setting & test performance*. N.J. : Prentice Hall.

Lohmann, R.(1980). *Breaking Even : Financial Managment in Human Service Organizations*. Philadelphia : Temple University Press.

Lovelock, C. H. & Weinberg, C. B.(1990). *Public and Nonprofit Marketing(2nd ed.)*. San Francisco, CA : The Scientific Press.

Lubove, R.(1965). *The professional altruist : The emergence of social work as a career, 1890-1930*. Cambridge, MA : Havard University Press.

Luft, J. & Ingham, H.(1955). The Johari Window H. A Graphic Model of Interpersonal Awareness. *Proceeding of Western Training Laboratory in Group Development*. University of California, Los Angeles Extension Office.

Lundberg, C. C.(1984). *Strategies for organizational transitioning.*

Lundstedt, S.(1972). Consequences of Reductionism in Organizational Theory. *PAR*, 32(4), 328-333.

Lyons, P., Doueck, H. J., & Koster, A. J.(1999). The child well-being as a clinical tool and management information system. *Child Welfare,* 78(2), 241-258.

Manfred F. R. Kets De Vries & Miller, D.(1986). Personality, Culture, and Organization. *Academy ot Managvmani ftevlew*, 11(2), 266-279.

Martin, L. & Kettner, P.(1996). *Measuring the Performance of Human Service Programs*. Thousand Oaks, CA : Sage.

Maslow, A. H.(1943). A theory of human motivation. *Psychological Review*, 50, 370-96.

Maslow, A. H.(1954). *Motivation and personality*. New York : Harper & Row.

Maslow, A. H.(1968). *Toward a theory of being*. New York : Van Nostrand Reinhold.

Mattessich, P. W., & Johnson. K. M.(2018). *Collaboration : what makes it work. A review of research literature on factors influencing successful collaboration, 3rd ed.* Amherst H. Wilder Foundation,

Mattessich, P. W., Murray-Close, M., &Monsey, B. R. (2001). Collaboration: What makes it work. Saint Paul. *MN : Wilder Publishing Center*.

Mayo, E.(1933). *The human problems of an industrial civilization*. New York : Macmillan.

McClelland, D. C.(1961). *The achieving society*. Princeton, N.J. : Van Nostrand.

McClelland, D. C.(1962). Business drive and national achievement. *Harvard Business Review*.

McClelland, D. C.(1965a). Achievement motivation can be developed. *Harvard Business Review.*

McClelland, D. C.(1965b). Toward a theory of motive acquisition. *American Psychologist*.

McClelland, D. C.(1971). *Assessing human motivation*. New York : General Learning Press.

McGregor, D.(1960). *The human side of enterprise*. New York : McGraw-Hill.

Merton, R.(1957). *Social theory and social structure*. New York : Free Press.

Meyer, J. W. & Rowan, B.(1977). Institutionalized organizations : Formal structure as myth and ceremony. *American Journal of Sociology*, 83, 340-363.

Miles, R.(1975). *Theories of Management : Implication for Organizational Behavior and Development*. New York : McGraw Hill.

Mintzberg, H.(1973). *The nature of managerial work*. NY : Harper & Row.

Mintzberg, H.(1979). *The structuring of organizations*. Upper Saddle River, NJ : Prentice Hall.

Mintzberg, H.(1983). *Structure in Fives : Designing Effective Organizations.* New Jersey : Prentice-Hall.

Morse, J. & Lorsch, J.(1970). Beyond theory Y. *Harvard Business Review*, 45, 61-68.

Murdick, R. G., Ross, J. E., & Claggett, J. R.(1984). *Information System for Modern Management(3rd ed.)*. Englewood Cliffs, New Jersey : Prentice-Hall, Inc.

Narver, J. C. & Slater, S. F.(1990). The Effect of a Market Orientation on Business Profitability. *Journal of Marketing*, 54, 20-35.

Netting, F. E., Kettner, P. M., & McMurtry, S. L.(1993). *Social work macro practice*. New York : Longman.

Netting, F. E., Kettner, P. M., & McMurtry, S. L.(2001). *Social Work Macro Practice*. New York : Pearson.

Netting, F. E., Kettner, P. M., & McMurtry, S. L.(2008). *Social Work Macro Practice(4th ed.)*. Boston, MA : Allyn & Bacon.

Neugeboren, B.(1985). *Policy and Practice in the Human Services*. New York : Lougman.

Noe, R. A., Hollenbeck, J. R., Gerhart, B. G., & Wright, P. M.(1997). *Human resource management : Gaining a competitive advantage(2nd ed.)*. N.Y : McGraw-Hill.

Noe, R. A., Hollenbeck, J. R., Gerhart, B., & Wright, P. M.(2012). *Human resource management : Gaining a competitive advantage(7th ed.)*. Irwin.

Ooms, T., & Owen, T.(1991). *Coordination, collaboration, integration : Strategies for serving families more effectively, Part one : The federal role*. In Washington, DC: Family Impact Seminar.

Organisation for Economic Co-operation and Development(1998). *Co-ordinating Services for Children and Youth at Risk : A World View*. OECD Publishing.

Ott, J.(1989). *The Organizational Culture Perspective*. Chicago : The Dorsey Press.

Ouchi, W. G.(1981). *Theory Z : How American Business Can Meat the Japanese Challenge*. Reading, Mass. : Addison-Wesley.

Parkinson, C. (2006). *Building Successful Collaborations : A guide to collaboration among non-profit agencies and between non-profit agencies and businesses*. Cambridge &North Dumfries Community Foundation.

Pascale, R. T. & Athos, A. G.(1981). *The Art of Japanese Management.* New York : Penguin Book.

Patti, R. J.(1983). *Social Welfare Administration : Managing Social Programs in a Developmental Context*. Englewood Cliffs, NJ : Prentice-Hall.

Pecora, P. J. & Austin, M. J.(1987). *Managing Human Services Personnel*. U.S.A. : Sage Publications.

Pecora, P. J.(1995). Personnel Management. In *Encyclopedia of Social Work(19th ed.)*. 1828-1836. U.S.A. : NASW Press.

Pennings, J.(1973). Measures of Organization Structure : A Methodological Note. *American Journal of Sociology*, 79(November), 686-704.

Perrow, C. A.(1967). A Framework for the Comparative Analysis of Organizations. *American Sociological Review*, 32(April), 194-208.

Perrow, C. A.(1986). *Complex organizations : A critical essay(3rd ed.)*. New York : Random House.

Peters, T. J. & Waterman, R. H., Jr.(1982). *In Search of Excellence*. New York : Harper & Row.

Pfeffer, J.(1978). *External Control of Organizations*. New York : Harper and Row Publication.

Pinder, C. C.(1998). *Work Motivation in Organizational Behavior*. Upper Saddle River, N.J. : Prentice-Hall.

Pittman-Munke, P.(1985). *Mary Richmand and the wider social movement, Philadelphia 1900-1909*. Doctoral dissertation, University of Texas at Austin.

Porter, M. E.(1985). *Competitive Advantage*. New York : Harper & Row.

Posner, B. Z., Kouzes, J. M., & Schmidt, W. H.(1985). Shared values make a difference : An empirical text of corporate culture. *Human Resource Management*, 24, 293-310.

Pruger, R. & Miller, L.(1991). Efficiency and the social services : Part A. *Administration in Social Work,* 15(1-2), 5-23.

Quinn, R. E. & McGrath, M. R.(1985). *Organizational Culture*. Sage, Beverly Hills, CA.

Quinn, R. E., Fareman, S. R., Thompson, M. P., McGrath, M. R., & St. Clair, L. S. (2007). *Becoming a Master Manager : A Competing Values Approach(4th ed.)*. Wiley Press.

Ragan, M.(2003). *Building better human service systems : Integrating services for income support and related programs*. The Institute.

Rapp, C. & Poetner, J.(1992). *Social Administration : A client-cetered approach*. NY : Longman.

Resnick, H.(1978). Tasks in Changing the Organization from Within. *Administration in Social Work*, 2(1), 29-44.

Robbins, S. P.(1990). *Organizational Theory : Structure, Design and Applications(3rd ed.)*. Prentice-Hall International, Inc.

Roberts, G.(1997). *Recruitment and selection : a competency approach*. CIPD Publish.

Robey, D.(1986). *Designing Organization(2nd ed.)*. Richard D. Irwin Inc.

Rogers, E. M. & Kim, J.(1985). Diffusion of Innovations in Public Organizations. In R. L. Merrit(Ed.), *Innovation in the Public Sector*. Thousand Oaks, CA : Sage.

Royse, D., Thyer, B. A., Padgett, D. K., & Logan, T.(2001). *Program Evaluation : An Introduction(3rd ed.)*, Belmont, CA : Brooks & Cole.

Rubin, A. & Babbie, E.(1993). *Research Methods for Social Work(2nd ed.)*. Pacific Grove, CA : Brooks/Cole Publishing Company.

Salamon, L. M.(1995). *Partners in Pubic Service : Government-Nonprofit Relations in the Modern Welfare State.* Baltimore : The Johns Hopkins University Press.

Sargeant, A.(2009). *Marketing Management for Nonprofit Organization*. Oxford University Press.

Sarri, R.(1987). Administration in Social Welfare. *Encyclopedia of Social Work(18th ed.)*, I, 27-40.

Sathe, V. J.(1985). *Culture and Related Corporate Realities*. Homewood, IL : Irwin.

Schein, E. H.(1992). *Organizational Culture and Leadership(2nd ed.)*. San Francisco : Jossey-Bass.

Schoech, D.(1995). Information systems. In R. Edwards(Ed.), *Encyclopedia of social work(19th ed.)*. Washington, DC : NASW Press.

Schoech, D.(1999). *Human Services Technology : understanding, designing, and implementing computer and Internet applications in the social services*. New York : Haworth Press.

Scholz, C.(1987). Corporate Culture and Strategy : The Problem of Strategic Fit. *Long Range Planning,* 20(4).

Scott, W. R.(1998). *Organizations : Rational, Natural, and Open Systems*. Englewood Cliffs, N.J. : Prentice-Hall.

Selber, K. & Austin, D.(1997). Mary Parker Follett : Epilogue to or return of a social work management pioneer? *Administration in Social Work*, 21(1), 1-15.

Sendjava, S.(2003). Development and Validation of Servant Leadership Behavior Scale. Proceedings of the Servant Leadership Roundtable. Retrieved September 25, 2008, from http://www.regent.edu/acad/global/publications/sl_proceedings/2003/ sendjaya_development_validation.pdfSpears(1995)

Senge, P. M.(1990). *The fifth discipline : the art and practice of the learning organization*.

New York : Doubleday.

Shamir, B., House, R. J., & Arthur, M. B.(1993). The motivational effects of charismatic leadership : A self-concept based theory. *Organization Science*, 4, 577-594.

Shamir, B., Pillai, R., Bligh, M. C., & Uhl-Bien(2007). *Follower-centered perspectives on leadership : a tribute to the memory of James R. Meindl*. Greenwich, Connecticut : IAP.

Shannon, C. & Weaver, W.(1948). *The Mathematical Theory of Communication*. Urbana : University of Illinois Press.

Shea, M.(1990). *Leadership rules*. London : Century.

Skidmore, R. A.(1995). *Social Work Administration : Dynamic Management and Human Relationships(3rd ed.)*. Needham Heights, MA : Allyn & Bacon.

Skinner, B. F.(1974). *About behaviorism*. New York : Vintage.

Slevin, J. M.(2000). Organizations and the internet. In Slevin, James M., *The Internet and Society*. Cambridge, UK : Polity Press. pp.118-156.

Smith, H. D.(1945). *Management of Your Government*. New York : McGrow-Hill.

Southby, K., & Gamsu, M.(2018). Factors affecting general practice collaboration with voluntary and community sector organisations. *Health & social care in the community*, 26(3), 360-369.

Spears, L. C.(Ed.)(1998). *Insights on Leadership : Service, Stewardship, Spirit, and Servant-leadership*. New York : John Wiley & Sons, Inc.

Spencer, S.(1959). *The Administration Method in Social Work Education*. New York : Council on Social Work Education.

Spencer, S.(2007). *The New Frontier of Servant Leadership*. The School of Global Leadership & Entrepreneurship, Regent University.

Steers, R. M., Porter L. W., & Bigley, G. A.(1996). *Motivation and leadership theory at work*. New York : McGraw-Hill International Editions.

Stein, M.(1970). Social Work Administration. In Harry A. Schatz(Ed.), *Social Work Administration : A Resource Book*. New York : CSWE.

Stoesz, D.(1989). A Theory of Social Welfare. *Social Work*, 34(2), 106.

Stogdill, R. M.(1948). Personal factors associated with leadership : A Survey of the literature. *Journal of Psychology*.

Taylor, F. W.(1911.) *The Principles of Scientific Management*. New York : Harper Bros.

Taylor, F. W.(1947). *Scientific management*. New York : Harper & Row.

Thomas, K. W. & Velthouse, B. A.(1990). Cognitive Elements of Empowerment : An Interpretive Model of Intrinsic Task Motivation. *Academy of Management Review*, 15, 666-681.

Thomas, K. W.(1976). Conflict and Conflict Management. M. D. Dunnette(ed.), *Handbook of Industrial and Organizational Psychology*. Chicago : Rand McNally. pp. 889-935.

Thompson, D., Socolar, R., Brown, L., & Haggerty, J.(2002). Interagency collaboration in seven North Carolina counties. *Journal of Public Health Management and Practice*, 8(5), 55-64.

Thompson, J. D.(1967). *Organizations in Action*. New York : McGrew-Hill.

Thomson, A. M., & Perry, J. L.(2006). Collaboration processes: Inside the black box. *Public administration review*, **66**, 20-32.

Toffler, A.(1980). *The Third Wave*. New York : William Morrow.

Tosi, H. L.(1984). *Theories of organization*. New York : John Wiley.

Unrau, Y. A., Gabor, P. A., & Grinnell, R. M. Jr.(2007). *Evaluation in Social Work : the art and science of practice(4th ed.)*. NY : Oxford.

Van de Ven, A. H. & Ferry, D. L.(1980). *Measuring And Assessing Organizations*. New York : Wiley-Interscience.

Velasquez, J.(1992). GAIN : A Locally Based Computer System Support Line Staff, *Administration in Social Work*, 16(1), 41-54.

Vroom, V. H. & Jago, A. G.(1974). Decision Making as a Social Process : Normative and Descriptive Models of Leader Behavior. *Decision Sciences*, 5(4), 743-769.

Vroom, V. H. & Jago, A. G.(1988). *The new leadership : Managing participation in organizations*. Englewood Cliffs, N.J. : Prentice-Hall.

Vroom, V. H. & Yetton, P.(1973). *Leadership and Decision-Making*. Pittsburgh, PA : University of Pittsburgh Press.

Vroom, V. H.(1964). *Work and motivation*. New York : Wiely.

W. K. Kellogg Foundation(2004). *Using logic models to bring together planning, evaluation, and action : Logic model development guide*. Battle Creek, MI : Author.

Waibel, G.(2010). *Collaboration contexts : framing local, group and global solutions*. OCLC Research.

Wallach, E. J.(1983). *Training and Development Journal*, 37, 29-36.

Walton, E. J.(1981). The Comparison of Measures of Organization Structure. *Academy of Management Review*, 6, 155-160.

Weber, M.(1947). The theory of social and economic organization. Talcott Parsons(Ed.), *A. M. Henderson and Talcott Parsons(trans.)*. New York : Free Press.

Weick, K. E.(1969). *The Psychology of Organization : Reading*. MA: Addison-Wesley.

Weinbach, R.(2002). *The Social Worker as Manager : A Practical Guide to Success(4th ed.)*. Brown : Allyn & Bacon.

Weiner, M. E.(1990). *Human Service Management : Analysis and Applications(2nd ed.)*. Belmont, CA : Wadsworth.

Weiner, Y.(1998). Forms of Value Systems : A Focus on Organizational Effectiveness and Cultural Change and Maintenance. *Academy of Management Review*, 13(4).

Weiss, C. H.(1998). *Evaluation(2nd ed.)*. Prentice-Hall Inc.

Wiener, Y.(1988). Form of Value systems : A Focus on Organizational Effectiveness and Culture Change and Maintenance. *Academy of Management Review*, 13, 534-545.

Wilensky, M. & Lebeaux, C. N.(1965). *Industrial Society and Social Welfare*. New York : Free Press.

Wilkes, G.(1996). *Jesus on Leadership : Becoming a Servant Leader*. Nashville, TN : Lifeway Press.

Williams, P., & Sullivan H.(2010). Despite all we know about collaborative working, why do we still get it wrong? *Journal of Integrated Care*, 18(4), 4-15.

Wondolleck, J. M., & Yaffee S. L.(2000). *Making collaboration work : Lessons from innovation in natural resource management,* Washington: Island Press.

Woodside, M., & McClam, T.(2016). *Generalist case management : A method of human service delivery*. Nelson Education.

Woodward, J.(1965). *Industrial Organization : Theory and Practice*. London : Oxford University Press.

York, R. O.(1982). *Human Service Planning : Concepts, Tools and Methods*. Chapel Hill, North Carolina : The University of North Carolina Press.

Young, M. & Dulewicz, V.(2005). *Similarities and differences in the competencies of effective Leadership and Management in the British Royal Navy*. Henley Working Paper, HWP 0510.

Yukl, G.(1998). *Leadership in organizations*. Englewood Cliffs, NJ : Prentice Hall.

Zaccaro, S. J., Foti, R. J., & Kenny, D. A.(1991). Self-monitoring and trait-based variance in leadership : An investigation of leader flexibility across multiple group situations. *Journal of Applied Psychology*, 76, 308-315.

Zastrow, C.(1999). *The Practice of Social Work(6th ed.)*. Pacific Grove, CA : Brooks & Cole.

Zell, D.(1997). *Changing By Design : Organizational Innovation At Hewlet-Packard*. Itaca, NY : ILR Press.

Zucker, L.(1988). Where do institutional patterns come from? Organizations as actors in social systems. In L. Zucker(Ed.), *Institutional patterns and organizations,* 23-52. Cambridge, MA : Ballinger.

(재)한국보육진흥원(2014). http://www.kcpi.or.kr

두송종합사회복지관(2009). http://www.dusong.or.kr

보건복지부(2014). http://www.mohw.go.kr

사회보장정보원. (2020). 사회보장정보시스템(행복e음). http://www.ssis.or.kr/lay1/S1T749C765/contents.do

정부업무평가기본법(2019). 정부업무평가기본법, 제1장 제2조 제6항, www.law.go.kr/법령/정부업무평가기본법/(14118).

한국보건복지정보개발원(2013). http://www.khwis.or.kr 사업소개.

Council On Accreditation(2014). http://www.coanet.org

찾아보기

〈인명〉

저자소개

황성철 University of Illinois at Urbana-Champaign 사회복지학 박사
신라대학교 사회복지학과 명예교수
사직종합사회복지관 관장 역임
신라대학교 인문사회과학대학 학장 역임
한국사회복지행정학회 회장 역임
〈저서 및 논문〉 사회복지 프로그램 개발과 평가, 재가노인복지 정책과 실천 외 다수

정무성 University of Chicago 사회복지행정학 박사
숭실사이버대학교 총장 숭실대학교 사회복지학과 교수
보건복지부 전국사회복지시설평가단장
한국사회복지학회 회장(2019년) 역임
한국사회복지행정학회 회장 역임
〈저서 및 논문〉 사회복지 마케팅, 사회복지프로그램 개발론 외 다수

강철희 University of Pennsylvania 사회복지학 박사
연세대학교 사회복지대학원 원장 및 사회복지학과 교수
한국사회복지학회 2020년 회장
세계공동모금회(United Way Worldwide) 이사
미국 비영리학회지 *Nonprofit & Voluntary Sector Quarterly*(NVSQ) 편집위원
〈저서 및 논문〉 한국사회 이타적 행동에 대한 이해 외 다수

최재성 University of California at Berkeley 사회복지학 박사
연세대학교 사회복지학과 교수
연세대학교 사회복지대학원장 역임
서울사회복지공동모금회 배분분과실행위원장 역임
한국사회복지행정학회 회장 역임
〈저서 및 논문〉 노인요양원과 문화변화, Dynamics of Innovation in Nonprofit Organizations, 사회복지조직의 집단화(체인화) 현상 연구 외 다수

[제4판]

사회복지행정론

1판 1쇄 발행 2003년 8월 22일
1판 11쇄 발행 2009년 1월 30일
2판 1쇄 발행 2009년 9월 10일
2판 8쇄 발행 2013년 3월 10일
3판 1쇄 발행 2014년 2월 28일
3판 9쇄 발행 2019년 8월 30일
4판 1쇄 발행 2020년 2월 28일
4판 5쇄 발행 2023년 8월 30일

저 자 황성철 · 정무성 · 강철희 · 최재성
발 행 인 회장 박철용 · 대표 박세원
발 행 처 정민사
출 판 등 록 1979년 1월 22일 No. 406-2004-000130호
주 소 경기도 파주시 직지길 522 파주출판도시
전 화 031-955-8030
팩 스 031-955-8025
홈 페 이 지 http://www.jmpub.co.kr
이 메 일 yswgroup@naver.com

I S B N 978-89-5809-817-1
정 가 24,000원